步平　王建朗　主编

中国抗日战争史

A HISTORY OF
THE CHINESE WAR OF RESISTANCE AGAINST
JAPANESE AGGRESSION

第五卷
战时外交

王建朗　著

社会科学文献出版社
SOCIAL SCIENCES ACADEMIC PRESS (CHINA)

目 录

前　言 …………………………………………………………………… 001

第一章　争取国际社会的支持 …………………………………………… 007
　第一节　中日华北交涉 ……………………………………………… 007
　第二节　国际社会的最初反应 ……………………………………… 021
　第三节　向国际联盟申诉 …………………………………………… 031
　第四节　九国公约会议上的努力 …………………………………… 039

第二章　中苏关系的调整与争取苏联援华 …………………………… 051
　第一节　订立《中苏互不侵犯条约》 ……………………………… 051
　第二节　苏联提供军事援助 ………………………………………… 060
　第三节　争取苏联出兵 ……………………………………………… 066

第三章　中德关系的维系与逆转 ……………………………………… 073
　第一节　争取德国保持中立 ………………………………………… 073
　第二节　陶德曼调停 ………………………………………………… 081
　第三节　德国转向亲日 ……………………………………………… 093

第四章　争取英美援华 ………………………………………………… 104
　第一节　英美对日妥协 ……………………………………………… 104
　第二节　英美迈出援华制日第一步 ………………………………… 117

第三节　中国战时外交方针的调整 …………………………………… 138

第五章　欧战爆发后的外交新局与困境 …………………………………… 144
第一节　中国对欧战的因应 …………………………………………… 144
第二节　苏日订立中立条约 …………………………………………… 158
第三节　滇缅路禁运与解禁 …………………………………………… 164
第四节　中德关系的延续与断绝 ……………………………………… 171

第六章　国民政府与日本的秘密接触 ………………………………………… 176
第一节　欧美列强的调停企图与多渠道的中日秘密接触 …………… 176
第二节　蒋汪分道扬镳 ………………………………………………… 189
第三节　欧战爆发后的中日秘密接触 ………………………………… 201

第七章　英美逐步走上援华制日道路 ………………………………………… 212
第一节　争取英国借款与中英军事合作磋商 ………………………… 212
第二节　促使美国加大援华力度 ……………………………………… 217
第三节　最后关头的美日谈判 ………………………………………… 224

第八章　世界反法西斯联盟的形成与发展 …………………………………… 234
第一节　积极推动联盟建立与派兵入缅作战 ………………………… 234
第二节　支持周边国家的抗日活动 …………………………………… 249
第三节　调解英印纠纷 ………………………………………………… 257
第四节　争取战略优先与争取经济援助 ……………………………… 263

第九章　争取国家平等地位 …………………………………………………… 276
第一节　废除不平等条约问题的重新提出 …………………………… 276
第二节　中美中英订立平等新约 ……………………………………… 288
第三节　九龙租借地问题 ……………………………………………… 304

第十章　中国大国地位的确立与筹建联合国 ………………………………… 313
第一节　签署《莫斯科宣言》 ………………………………………… 313

| 第二节　战后处置构想与开罗首脑会议 | 320 |
| 第三节　筹建联合国 | 340 |

第十一章　中英美关系暗流涌动 …… 353
　第一节　盟国缅甸作战方案迁延不决 …… 353
　第二节　史迪威指挥权危机 …… 364
　第三节　中英关系矛盾重重 …… 389

第十二章　中共外交政策的起源与发展 …… 404
　第一节　中共对英美政策的转变 …… 404
　第二节　美军观察组派驻延安 …… 415
　第三节　赫尔利介入国共问题 …… 427

第十三章　中苏关系的曲折发展 …… 446
　第一节　新疆的内向与苏联势力的撤出 …… 446
　第二节　改进中苏关系的设想与挫折 …… 468
　第三节　中苏订立友好同盟条约 …… 480

第十四章　盟国间的受降之争 …… 502
　第一节　日本宣布投降 …… 502
　第二节　中英香港受降权之争 …… 506
　第三节　中国军队在越南主持受降 …… 515

主要参考文献 …… 521

人名索引 …… 529

前　言

如今，很少有人再怀疑这样的说法了：抗日战争是中国近代历史的一个重要转折点。中国不仅成功地抵抗了日本的侵略，取得了近代以来抵抗外来入侵的第一场完全胜利，中国与其他大国的关系也发生了巨大变化。可以说，抗日战争不仅是中华民族救亡图存的抵抗日本侵略的战争，也是中国从英美盟国那里获得平等地位的具有另种解放意义的战争。

我们同样可以说，八年全国抗战时期的外交是近代以来最为波澜起伏也是最为成功的外交。中国的国际地位在这场战争中获得大幅度提高，从国际舞台的边缘地带一跃而进入中心地带，成为新的国际组织的核心成员，对国际事务拥有了重要的发言权。中国国际地位提升的基础，固然是中国人民坚持抗战，但中国采取了明智的外交方针，也是一个不可或缺的重要因素。

一

抗战初期，中国外交的首要任务是唤起国际社会对日本侵华战争的关注，争取国际社会对中国的支持。此时，与远东事务有密切关系且可发生重要影响的国家大致可分为三类：一是英、美、法等国，它们是第一次世界大战后所形成的远东华盛顿体系的缔造国，反对任何以武力变更现状的企图；二是德国，它被排斥于凡尔赛－华盛顿体系之外，要求打破既有的世界秩序；三是当时世界上唯一的社会主义国家苏联，它受到整个资本主义世界的排斥，无论是与英、美、法，还是与德、意、日以及与中国，都存在着矛盾。这三类国家是当时世界上最具影响力的国家。抗战前期的中国外交，就是要明智而妥善地处理与这三类国家的关系，争取一切可能争取的力量。

中国向国际社会发出呼吁，争取欧美列强干预中日争端。中国首先向国际联盟提出申诉。国联给了中国以道义上的支持，而把是否采取实质性措施的问题留给了一个月后的九国公约会议。九国公约会议继续给中国以道义支持，但仍未在采取援华制日的实质性措施方面取得进展。尽管如此，这两次国际会议对中国道义上的援助仍具有积极意义。

作为中日两国唯一的大国邻居，苏联在国民政府的外交中受到高度重视。1937年8月，中苏签订互不侵犯条约。从1938年3月到1939年6月，中苏订立了三次贷款协定，贷款总额为2.5亿美元。利用这些贷款，中国从苏联购得了大批军事物资。与此同时，中国还曾争取苏联出兵参战。尽管争取苏联全面军事介入的努力未获成功，但苏联先后派遣了2000名空军志愿队员来华作战。他们对打击日军、阻缓日军的进攻做出了重大贡献。1941年4月，苏联与日本签订《苏日中立条约》，严重侵犯了中国的领土主权。但出于继续争取苏联援助的考虑，国民政府采取了克制态度。

从战略上来说，德国是日本的天然盟友，他们要改变世界秩序的企图具有一致性。但中国政府仍竭力争取德国中立，阻缓德国迅速倒向日本。战争初期，德国继续维持对中国的军火供应，德国驻华军事顾问仍在继续活动，参与了中国作战计划的制订。"陶德曼调停"失败后，德国政策开始发生逆转，陆续下令撤出在华军事顾问、对华禁运军事物资。但对华禁运军事物资的命令实际上并未严格执行。1940年9月，德意日成立同盟协定。1941年7月，德国公开承认汪伪政权。中国政府随即宣布与德国断交。

抗战前期，英国对日本表现出比较严重的妥协倾向。英日先后订立有损中国利益的海关协定和《有田－克莱琪协定》。1940年7月，英国在日本的高压下，宣布滇缅路禁运特定物资三个月。英国在做出妥协的同时，也开始了援华活动。1938年12月，英国宣布向中国提供50万英镑的贷款（后扩大为300万英镑）。此后，陆续宣布向中国提供总计1500万英镑的贷款。1941年，中英之间开始磋商军事合作，就组训游击部队、协防香港、缅甸等问题初步达成协议。

在中国全国抗战初期，美国弥漫着浓厚的孤立主义情绪，竭力避免卷入中日冲突。中国政府努力推动美国政府改变其中立政策。1938年11月，日本提出建设"东亚新秩序"的口号后，美国政府发出了语气强硬的照会。1938年底，美国宣布向中国提供桐油贷款，迈出了援华第一步。1939年7月，美国宣布中止现行的美日商约，消除了对日禁运的法律障碍，此后两年中，美国政府先后四次向中国提供贷款，总额达1.45亿元。1941年3月，美国《租借法》成立。不久罗斯福（F. D. Roosevelt）即宣布，中国可以获得租借援助。8月，美国决定派出以马格鲁德（John Magruder）将军为团长的军事代表团使华。罗斯福总统还签署命令，同意美国军人辞职后赴华加入陈纳德组织的志愿航空队。这样，在太平洋战争爆发之前，美国已开始走上军事援华的道路。

二

太平洋战争爆发后，中国外交的主要任务已不只是争取盟国支持以打赢这场战争，积极参与国际事务，争取中国的大国地位，成为中国外交的主要任务之一。

珍珠港事变爆发后，中国立即对日、对德意宣战，中国努力推动盟国在远东的军事合作，随着《联合国家宣言》的发表和中国战区的成立，世界反法西斯同盟的正式形成。中国参与领衔签署《联合国家宣言》及蒋介石出任盟国中国战区的最高统帅，显示了中国地位的迅速提升，中国积极发挥一个反法西斯大国的作用，对国境以外的事务展现关怀，发挥影响，对周边国家的抗日活动给予力所能及的支持。尽管中国战场本身也急需兵员，但中国以反法西斯战争全局为重，派出精锐部队组成远征军出征缅甸，联合英军进行缅甸保卫战。中国积极扶助周边国家的抗日活动，对朝鲜和越南的独立运动给予大力支持。蒋介石一行出访印度，努力调解英印当局与国大党之间矛盾，力图说服他们顾全大局，共同抗日，展现了中国对于国际事务的责任感。

废除近代以来订立的不平等条约，是民国时期外交的一个重要目标。1942年10月起，中国与英美开始废约谈判。1943年1月，中美、中英订立新约。此后中国陆续与其他国家谈判，签订平等新约。不平等条约的废除是中国人民长期斗争的结果，是中国军民坚持抗战的结果。它使中国摆脱了近代以来的不平等地位，是中国国际地位提高的一个重要阶梯。

抗战后期，中国积极参与国际事务，国际地位大幅度提升。1943年10月，美、英、苏、中联合签署《莫斯科宣言》。《莫斯科宣言》的发表是中国成为四强之一的一个重要标志。不久，中美英首脑在开罗举行最高峰会，讨论对日作战及战后对日处置问题。会议决定剥夺日本过去的侵略成果，中国不仅收回了东北，还收回了半个世纪前被割取的台湾。《开罗宣言》奠定了战后远东秩序的基础，影响深远。中国还积极参与战后国际安全组织的设计。中国主张建立一个具有高度权威和制裁能力的国际组织，并主张承担战时主要作战任务的中、美、英、苏四大国在战后继续发挥领导作用。中国的这些主张，与其他盟国不谋而合，成为日后联合国组织的基本原则。中国成为安理会常任理事国，从体制上正式确定了大国地位。

抗战后期的盟国关系，既有合作，也充满了矛盾。英国政府轻视中国在东方抵抗日本侵略战争中所发挥的作用，且在香港问题和西藏问题上依然秉持过去殖民主义的思维，给中英两国关系的发展蒙上了阴影。中美关系在抗战后期全面发展，联系空前紧密，但中美之间的矛盾也开始显露出来。这一矛盾因缅甸反攻作战问题及史迪威（J. W. Stilwell）与蒋介石之间个人矛盾的恶化而加剧。豫湘桂战役的败退，使美国企图将欧洲盟军指挥模式运用于中国。美国提出了由史迪威指挥所有盟国在华军事力量的要求，由此而引发了"史迪威指挥权危机"。蒋介石坚决要求美国召回史迪威。在要中国还是要史迪威这样的选择面前，美国最终不得不召回了史迪威。

抗战后期，中苏关系日渐冷淡。新疆问题是这一时期中苏关系中的一个重要问题。此前，中央政府对新疆鞭长莫及，新疆几乎已成为苏联的势力范围。1942年，新疆主政者盛世才与苏联关系突然恶化，国民政府不计前嫌，抓住时机，支持盛世才，逐渐消除苏联在新疆的势力与影响，恢复了中央对新疆的控制。战争即将结束之前，中苏之间以《雅尔塔协定》为基础展开了谈判。在苏联的强势态度面前，在苏军已挺进东北的情况下，国民政府不得不订立了有损国家主权的《中苏友好同盟条约》。

抗战时期，中共外交政策逐步走向成熟。欧战爆发后，中共将其定性为是一场两个帝国主义集团之间争夺世界的战争，反对中国站在英法一边。但随着英美对华援助的增加，中共认识逐渐发生变化。苏德战争爆发后，中共明确提出了联合英美共同反对德意日的方针。太平洋战争爆发后，建立反法西斯国际统一战线的方针最终确立。中国积极开展对美外交，努力争取美国对中共的了解和支持。美军观察组进驻延安，发回了有关国共状况的大批报告，认为中共已获得人民支持，主张发展与中共的关系。抗战后期的中共外交政策展现了自己的成熟与灵活。遗憾的是，由于美国政策的僵化，机会最终消逝。

三

从世界范围来看，中国全国抗战时期，正是旧的国际秩序崩溃与新的国际秩序的形成时期。在世界秩序的再造中，中国抓住了机遇，并满怀热情地参与了国际新体系的创造。纵观抗战时期的中国外交，可说有得有失，总体来说是成功的。

其一，中国国际地位获得了前所未有的提升。抗战时期，中国以更加积极的姿态活跃在国际舞台上。至抗战后期，中国的国际地位及在国际事务中所扮演的角色发生了很大变化。中国形象几乎被重塑。中国成为安理会常任理事国，对战后世界安全被赋予巨大责任及权利。这一责任，全世界只有五国享有。中国在新的国际组织体系中拥有了一个实实在在的大国席位，这一体制性的安排对中国的国际地位，对中国于国际事务的发言权，产生了长久的重大影响。

其二，中国积极承担起一个大国的责任。中国国际地位的提高不是天上掉下来的，也不是他人恩赐的，而是中国确实发挥了大国作用。抗战前期，中国独力支撑反抗日本侵略的战争，阻缓或阻止了日本"南进"、"北进"的企图。太平洋战争爆发后，中国积极推动建立反对轴心国的军事同盟。中国军队两次入缅作战，并大力支持朝鲜、越南两国人民的抗日斗争。中国努力推动建立公正合理的国际新体系，在创建联合国的过程中，对若干原则的确立，做出了自己的贡献。展现了一个负责任的东方大国的形象。

其三，中国收复了曾经丧失的若干国家主权。中国挣脱了长达一个世纪之久的不平等条约的束缚，使中国成为一个拥有独立主权的国家，取得了在国际社会中的平等地位。这一平等要求在战前努力多年而不可得。抗战结束时，中国不仅收回了 15 年前被日本占领的东北，还收回了 50 年前被日本割占的台湾及澎湖列岛。巩固边疆地区的努力也取得了一定成效。国民政府抓住时机，积极、果断又谨慎地采取措施，促使新疆内向，结束了新疆的数十年的半独立状态。但国民政府对西藏政策惜未成功。

当然，我们应该看到，战时中国国际地位的提升是相对于自己的近代历史而言的，与盟国其他三强相比，中国仍处在弱势地位。《雅尔塔协定》的产生及中苏谈判中中国的尴尬处境便充分说明了中国的这一地位。因此，对于战时中国国际地位的提高，必须有着恰如其分的估价。而就国民政府的外交而言，它在若干时候仍然表现出与大国地位不相符合的稚嫩，显示出了一种难以挥去的弱国心态，从而未能使外交的成就增至最大，使损失降至最低。

第一章
争取国际社会的支持

在日本军政当局扩张政策的主导下，卢沟桥地区的地方冲突发展成日本全面侵华战争，中国不得不奋起抵抗。欧美列强最初对中日冲突持中立态度。处于弱势地位的中国，努力争取国际社会的支持。中国向负有和平保障责任的国际组织提出申诉。在国际联盟大会、九国公约签字国会议上，中国努力争取各国的支持。各国基于不同的利益考虑，未能做出积极响应，未在援华制日方面采取实际措施。但这两次会议均在道义上给中国以支持，为日后转化为实质性支持打下了基础。

第一节　中日华北交涉

1937年7月7日深夜至8日凌晨，日本"中国驻屯军"第一联队第三大队第八中队在卢沟桥地区进行非法夜间演习，声称一士兵失踪和受到中国军队的非法射击，要求进入中国军队驻守的宛平县城搜查，在遭到拒绝后，悍然向宛平县城发动攻击。驻守该城的中国陆军第二十九军第三十七师第二一九团所部官兵奋起抵抗，由此爆发了日后被载入史册的"卢沟桥事变"。

卢沟桥事变本系一地方冲突事件，但日本军队蓄意扩大事态。无理要求中国军队撤出宛平县城，并于9日、10日多次向中国军队发起挑衅性的进攻。7月11日，日本政府发表声明，颠倒是非，声称华北事变"完全是中国方面有计划的武装抗日"，因此，"为维护东亚和平，最重要的是中国方面对非法行为，特别是排日侮日行为表示道歉，并为今后不发生这样的行为取得适当的保证"。显然，日本的要求已经超出了对事件本身的解决，而志在谋取对华北更广泛的控制权。为此，日本政府"决定采取必要的措施,立即增兵华北"。①

中国政府对卢沟桥事变高度重视。事变发生时,蒋介石等中央政要正在庐山举办暑期训练团。7月8日,蒋介石闻讯后即预做应战准备。他命令第二十九军固守宛平城,并做全体动员,以备事态扩大,同时命令有关部队北上增援。7月11日,蒋介石致电北平市市长秦德纯、天津市市长张自忠、河北省主席冯治安等分掌地方大权的第二十九军将领,指出"我军非有积极决战之充分准备,与示以必死之决心,则必不能和平了结"。②

中国政府尽管在做应战准备,但对日本意欲何为,对卢沟桥事变这一地方冲突是否一定会引发中日间的大规模战争,此时尚未能做出明确的判断。蒋介石在7月8日的日记中记载了他的思考和疑问:倭寇在卢沟桥挑衅,"彼将乘我准备未完之时,使我屈服乎?""与宋哲元为难乎,使华北独立化乎?"③ 这表明,蒋介石此时对日本人意在讹诈还是真刀实枪地大干尚未得出结论。因此,南京政府确定了一个做两手准备的应变方针:"应战而不求战"。南京政府给宋哲元的指示是"不挑战必抗战",如其因环境关系,"认为需要忍耐以求和平时,只可在不丧失领土主权原则之下,与彼方谈判,以求缓兵。但仍需作全般之准备"。④ 同时,中国政府公开宣示其对卢事解决的最低立场。7月11日,国民政府立法院院长孙科在上海对记者发表谈话时表示,卢沟桥事变有扩大可能,中央决不容再失寸土。⑤

通过卢沟桥事变而确立日本在华北的统治地位是日本处理这一事变的直接目标。为此,日本在两个层面上同时展开了活动。其一,在对中国中央政府的外交上,日本打出了所谓"现地交涉"的旗号,拒绝与南京方面交涉;其二,在华北对中国地方当局威胁利诱,力图取得对华北的实际控制权。7月8日,日本政府提出了处理卢沟桥事变的方针,内称:"不扩大事态,通过现地交涉迅速解决"。7月11日,日本外务省训令其驻华使馆:

---

① 日本外務省編纂『日本外交年表並主要文書:1840—1945』下册、原書房、1955、366 頁。
② 《蒋介石致秦德纯、张自忠、冯治安电》(1937年7月11日),秦孝仪主编《中华民国重要史料初编——对日抗战时期 第二编 作战经过》(2),台北,中国国民党党史会,1981,第39页。
③ 《蒋介石日记》,1937年7月8日,原件藏美国斯坦福大学胡佛档案馆,藏所下略。
④ 中国第二历史档案馆编《抗日战争正面战场》上册,江苏古籍出版社,1987,第210页。
⑤ 中共中央党校中共党史资料室编《卢沟桥事变和平津抗战(资料选编)》,编者印行,1986,第6页。

"日本政府准备迅速在现地解决卢沟桥事件，所以希望南京政府不要妨害对于时局的紧急处理。"① 当日，日本大使馆参事日高信六郎会见中国外交部部长王宠惠，转达了日本政府的这一要求。

所谓"现地交涉"，其含义绝不只限于字面上所理解的在现场就地谈判解决这一冲突。在这一特定场合下，它反映了日本图谋在谈判中撇开中国中央政府，而由日本驻军与华北地方当局商讨事件的解决办法，即以现地交涉排斥中央交涉。日本此举目的有二：一是以此突出华北的特殊性，削弱中国中央政府对华北的控制；二是便于他们从对华北地方当局的讹诈中得到更多的好处，因为日军驻兵华北，直接构成威胁，且华北当局一些负责人的态度当时明显较中央政府软弱，日本希望从他们那里得到中国中央政府所难以给予的东西。

因此，中日间有关卢事的交涉实际上是在两个不同的层面上进行着。一是在中央一级，即中国外交部与日本外务省及其驻华使馆之间，这是中国政府所期望的，但日本显然对与中国中央政府的交涉不感兴趣，中国政府所提出的各种建议屡屡为日本所拒绝；二是在地方一级，即在华北地方当局与日本华北驻屯军之间，这是日方所期望的。日方曾多次要求中国中央政府不要妨碍华北地方的谈判。实质性的交涉是在华北地方进行的。南京政府在坚持中央交涉的同时，密切关注并力图指导华北谈判的进行，防止华北当局陷入日本的阴谋之中。

在华北，日军在与地方当局的交涉中竭尽胁迫之能事。日方提出了道歉、惩办有关责任者、撤退中国军队、取缔排日活动及反共等四项条件。7月11日，张自忠、张允荣代表华北地方当局与日方代表松井久太郎、和知鹰二签订了关于卢沟桥事变的"现地协定"。其内容大致如下：

一、第29军代表声明向日军表示道歉、处分有关责任者，并负责防止今后不再发生此类事件。

二、中国军队不在接近丰台日本驻屯军的宛平县城和龙王庙周围驻军，改由保安队维持治安。

三、鉴于本事件多胚胎于蓝衣社和其他抗日团体的指导，今后要

---

① 上村伸一著、鹿岛平和研究所编『日本外交史』第20卷、鹿岛研究所出版会、1971。

对此类团体彻底取缔。①

但日本仍不满足于华北地方当局做出的这一让步。三天后，日方提出了更进一步的要求。7月14日，日方向刚刚由山东乐陵回到天津的宋哲元提出七点要求：（1）彻底镇压共产党的策动；（2）罢黜排日要员；（3）从冀察撤出有排日色彩的中央系机关；（4）从冀察撤出蓝衣社、CC团等排日团体；（5）取缔排日言论；（6）取缔排日教育；（7）北平城改由保安队担任警备，中国军队撤出城外。② 7月17日，日方还要求宋哲元在7月11日的协议上签字，彻底实行该协议条款，并撤换主张坚决抗日的三十七师师长冯治安。宋哲元似乎也对与日本达成妥协存有幻想。他在回津后发表谈话表示："余向主张和平，爱护人群，决不愿以人类作无益社会之牺牲"。宋哲元认为，只要中方表示一下让步，局部解决仍有可能。③

根据以往中日交涉的经验，中国政府对日本惯于使用的离间分裂、威胁、利诱等伎俩有所警惕，故而对于日本提出的"现地交涉"做出了两方面的回应。一方面，它在与日本外交机构的交涉中坚持事件的最后解决权在中央，不给日本人以从中投机取巧的余地。中国外交部在7月11日的照会中指出："无论现地已经达成之协定，还是将来成立之任何谅解和协定，须经中央承认后才能生效。"④ 7月12日，中国外交部发言人再次明确指出："任何解决办法，未经中央政府核准，自属无效。"⑤

另一方面，南京政府频频致电宋哲元、秦德纯等华北将领，说明中央应付卢事的方针，指示其在谈判中应持的立场，告诫其切勿妥协，不得丧失丝毫主权，不要上日本人的当。7月13日，蒋介石在致宋哲元电中详述了中央政府的看法。他认为此次卢沟桥事变难以和平解决，"无论我方允其任何条件，而其目的则在以冀察为不驻兵区域，与区内组织用人，皆须得其同意，造成第二冀东。若不做到此事，则彼必得寸进尺，决无已时"。蒋介石表示中央已下定决心，要运用全力抗战，宁为玉碎，毋为瓦全。他

---

① 上村伸一『日本外交史』第20卷、68頁。
② 秦郁彦『日中戦争史』河出書房新社、1961、205—206頁。
③ 田体仁等编《全民抗战汇集》，上海民族书局，1937，第96页。
④ 上村伸一『日本外交史』第20卷、126頁。
⑤ 中国第二历史档案馆藏档案（以下简称二档馆）：787/890。

提醒宋哲元说:"此次胜败,全在兄与中央共同一致,无论和战,万勿单独进行,不稍与敌方各个击破之隙,则最后胜算必为我方所操。"7月17日,蒋介石再次致电宋哲元和秦德纯,指出"倭寇不重信义,一切条约皆不足为凭。上海一二八之战,本于开战之前已签订和解条约,承认其四条件,乃于签字八时以后仍向我沪军进攻"。他提醒宋、秦等人勿为日本所欺。①

同时,中国政府还企图诉诸国际社会的压力。7月16日,中国政府向九国公约签字国政府送交了有关中日冲突的备忘录,批驳了日本"现地解决"的主张。备忘录明确指出:"中国方面现仍准备谈判任何种荣誉之协定,惟中国国民政府对于谈判解决之基本条件,不得不加以密切控制,盖恐吓地方当局,促成华北分裂,原本为日本军人惯用策略,而为世人所熟知也。"②

卢沟桥事变后,由军委会参谋总长、军政部部长、训练总监等人组成的中国统帅部会议,自7月11日起每天就事态的发展进行会商,决定中方的应对策略。在7月14日的会议上,军委会办公厅主任徐永昌提出,我方现在准备不足,如与日本开战难操胜算。倘若日方果真如其宣传,不欲使事态扩大,则我方似应抓住其意向,表示可以妥协。因此,中央最好给宋哲元确定一个妥协标准,以便其与日本商谈。但训练总监唐生智认为此议不妥,他指出,宋现在已在中央许可范围之外从事妥协活动,"如中央再给以和平妥协之意图,则前途将不可问"。他建议"目前中央宜表示强硬,而任宋哲元之妥协运动之进行,如结果不超出中央期望之外,则中央可追认之,否则,中央仍予以否认"。③

看来,南京政府是采纳了唐生智的这一策略。这就是:一方面给宋哲元打气,要求其做好应战的军事准备;另一方面,也不完全禁止宋哲元在华北为谋求事件的解决而做出一定的妥协和让步,中央则视其让步程度,予以默认或否认。无论怎样,中央须保留最后决定权。

---

① 《蒋介石致宋哲元电》(1937年7月13日)、《蒋介石致宋哲元、秦德纯电》(1937年7月17日),秦孝仪主编《中华民国重要史料初编——对日抗战时期 第二编 作战经过》(2),第43、55页。
② 秦孝仪主编《革命文献》第106辑,台北,中国国民党党史会,1986,第254页。
③ 中国第二历史档案馆编《抗日战争正面战场》上册,江苏古籍出版社,1987,第215页。

7月17日，蒋介石于庐山发表关于中日问题的谈话。谈话宣称，中国已经临近无可退让的"最后关头"，"如果卢沟桥可以受人压迫占领，那么我们百年故都、北方政治文化的中心与军事重镇的北平就要变成沈阳第二！今日的北平果若变成昔日的沈阳，今日的冀察亦将变成昔日的东三省。北平若可变成沈阳，南京又何尝不可变成北平！所以卢沟桥事件的推演是关系国家整个的问题"。蒋介石在表示到了最后关头"只有牺牲，只有抗战"的决心的同时，还表明了中国力求避免战争的愿望。他声称："我们的态度只是应战，而不是求战"，"在和平根本绝望之前一秒钟，我们还是希望和平的，希望由和平的外交办法求得卢事的解决"。

卢沟桥地区的重要战略地位不容中国政府再做以往那样的妥协。为了不使日本当局再存此幻想，谈话阐述了中国政府对于卢事解决的最低立场，指出任何解决方案不得违背以下四点：任何解决不得侵害中国主权与领土完整；冀察行政组织不容任何不合法之改变；中央政府所派之地方官吏，如冀察政务委员会委员长宋哲元等，不得任人要求撤换；第二十九军现在所驻地区不能受任何的约束。① 庐山谈话是卢事以来中国政府对于这一事件的判断、态度和基本立场的最完整的表述。它为华北的谈判立场定下了一个大体的框架。

蒋介石在卢沟桥事变后所表现出来的态度确实不同于以往。庐山谈话及有关的军事调动明白地向世人表明，在万不得已的情况下中国政府准备应战。蒋介石做出比以往明显强硬的态度，一方面固然是真的在做谈判破裂后被迫应战的准备，同时，亦是企图通过表明中国的应战决心并摆出应战阵势，使日本知难而退。此时的策略可概括为"示强求和"或"以战求和"，即通过坚决的抵抗，使日本看到中国的坚定决心和难以轻取的实力，打消投机念头，使其三思而行，知难而退，重新坐到谈判桌上来。

蒋介石一直认为，日本在对华政策上存在着投机心理。他后来一再说："倭寇向来利用投机取巧的方法，来夺取我们的土地"；"倭寇只会投机取巧，不愿真正牺牲"；"（日本）初意就想运用不战而屈的政略，唱出什么平津局部化，地方事件要求就地解决等外交原则，想继续因袭其占我

---

① 秦孝仪主编《先总统蒋公思想言论总集》卷14，台北，中国国民党党史会，1984，第582—585页。

东北四省、侵我冀东察北的故伎,恫吓威逼,诈伪欺骗,来安然占有平津"。① 因此,蒋介石认为,面对日本投机性的企图不战而屈的政略,只有显示抗战决心或可使中国免于战祸。

7月9日,蒋介石密电阎锡山,令其准备应战措施,并询以应变策略。阎在两日后的复电中表明了他的看法:"山意对方利用形势,野心爆发,我方必须有抗战之决心,或可有和平之希望。"这与蒋不谋而合。蒋对此电批曰:"尊意先获我心,当在不求战而必抗战之决心下,努力一切。"② 蒋在此后几天的日记中也一再写道:"如我不有积极准备,示以决心,则不能和平解决也";"芦案已经发动十日而彼徘徊威胁,未取正式开战,是其无意激战,志在不战而屈之一点,此其外强中干之暴露也";"倭寇使用不战而屈之惯技暴露无余,我必以战而不屈之决心待之,或可制彼凶暴,消弭战祸乎"。③ 可以认为,以应战姿态而求免战结果是蒋介石处理卢沟桥事变的一个重要指导思想。

关于蒋介石的这一示强求和的策略,7月中旬奉蒋之命北上的国民党中央执行委员刘健群对宋哲元曾有一段非常形象的比喻。宋询问中央是否真的准备与日本人打仗。刘比喻说:"日本人的牌是货真价实的三筒。中国方面,顶多是表面的一大对。现在日本人出了牌,蒋先生看牌是输,不看牌也是输。唯一的办法是来一下反烘。让日本人有若干分之一的顾虑,也许会知难而退,以求得万一的和解。这叫做以战求和。"宋问:"万一日本人真要看牌,蒋先生怎么办呢?"刘回答:"这时人事已尽,只好推翻桌子打架,不计较输赢不问生死了。"④ 刘健群的这一席话虽无资料证明系出于蒋介石的授意,但作为衔命北上的特使,他对蒋的意图的理解是很有参考价值的。

中国外交部多次向日方提议,双方停止军事调动,将军队撤回原地,但日本拒绝与中国中央政府进行交涉。7月17日,日本驻华使馆参事日高信六郎向中国政府外交部递交照会,指责中国政府妨碍冀察当局与日本和

---

① 秦孝仪主编《先总统蒋公思想言论总集》卷30,第218、231页。
② 李云汉:《中国对日抗战的序幕:从卢沟桥事件到平津沦陷——国民政府决定应战的过程》,秦孝仪主编《革命文献》第107辑,台北,中国国民党党史会,1986,第285页。
③ 《蒋介石日记》,1937年7月10、16、17日。
④ 刘健群:《我与宋哲元将军的几次交往》,秦孝仪主编《革命文献》第107辑,第204页。

解，要求中国政府立即停止一切挑战言行，并不得妨碍华北地方当局实行以达成的解决条件。日高还声称，只要中国政府将外交权交予冀察自行交涉，而冀察当局能忠实履行它所签订的条约，事件即可和平解决。①

同日，日本还向南京政府发出威胁。日本驻华武官喜多诚一来到中国军政部，递交了一份书面文件，内称，如中国政府派兵北上及派飞机北上，"则日本将有适当处置，以资应付，因此而引起之事端，应由中国方面负其责任"。②

但中国政府仍然努力争取在中央级外交机关进行交涉。7月19日，中国外交部在致日本的备忘录中再次提议，双方约定一具体日期，届时双方停止军事调动，并将已派出的武装队伍撤回原地。备忘录表示，中国政府愿经外交途径与日本政府立即商谈，使事件获得适当解决，"倘有地方性质，可就地解决者亦必经我中央政府之许可"。备忘录还表示："我国政府极愿尽各种方法以维持东亚之和平。故凡国际公法或国际条约对于处理国际纠纷所公认之任何和平方法，如两国直接交涉、斡旋、调解、公断等，我国政府无不乐于接受。"中国政府并请英国政府帮助转达中方的撤兵建议。③

同日，国民政府军政部部长何应钦在会见日本驻华陆军武官喜多诚一时也表示，如日本能将新增之军队撤退，中国方面亦可考虑采取同样之行动。他指出，事态扩大与否，将取决于日本而不是中国。

卢沟桥事变发生时，中国驻日大使许世英已在国内病休数月。许世英因年高多病，曾屡次呈辞。但卢事发生后，为加强中日两国国家级外交机关之间的交涉，许世英毅然打消辞意，奉命东渡返任。7月18日，许世英临行前发表谈话称："目前中日局势确极严重，但外交人员系以和平解决为职志，本人返任，实抱有一种宏愿，冀能本诸'正义诚意'四字，对于两大民族目前之危机，双方努力消弭于无形。"④ 7月19日，许世英对日本记者发表谈话，声明中国政府对于卢事的解决方针，一是不扩大事件，二

---

① "中华民国外交问题研究会"编《卢沟桥事变前后的中日外交关系》（《中日外交史料丛编》第4编），台北，编者印行，1966，第203页。
② 《抗日战争正面战场》上册，第219页。
③ 《卢沟桥事变前后的中日外交关系》，第203页。
④ 二档馆：787/889。

是以外交交涉解决事件。①

但日本断然拒绝与中国外交部交涉。日本外务次官堀内谦介对转达中国政府意见的英国驻日代办道滋（James Dodds）声称，卢沟桥事变是日本与华北地方当局之间的事情，日本目前正致力于地方解决，它不接受南京政府的这一提议。7月20日，日本外务省发表声明，辩称："冀察政务委员会乃有别于其他地方政权的大规模特殊政治形态"，南京政府"主张我方和冀察政权对话，必须经其承认，完全是故意为圆满解决事件设置新的障碍。目前事态恶化的原因，在于南京政府一面阻碍现地协定，一面不断调中央军北上"。声明并威胁说，如果南京政府不幡然醒悟，解决时局将完全无望。②

在华北，日本威胁讹诈地方当局的活动正在加紧进行。日本不满足于华北当局所做的让步。它逼迫华北当局接受更为苛刻的条件，如罢免所谓排日要员、撤除在冀察的中央系统各机关等。宋哲元在日本的威胁面前期望以有限度的妥协来维持华北岌岌可危的和平。在日方的压力下，7月19日，第二十九军代表与日本驻屯军代表签订了包含上述内容的"细则协定"。

做出这一让步后，宋哲元以为局势和缓有望。7月20日，宋哲元发表书面谈话，表示："本人向主和平，凡事以国家为前提。此次卢沟桥事件之发生，决非中日两大民族之所愿，盖可断言。甚望中日两大民族，彼此互让，彼此相信，彼此推诚，促进东亚之和平，造人类之福祉。"③ 宋哲元并下令取消了一些必要的防御措施。

南京政府不安地注视着日本与华北地方当局之间的谈判。它坚决反对"现地解决"的阴谋，坚持中央政府的核准权。同时，南京政府也准备做出一些让步以求得事件的妥协性解决。7月23日，南京政府的中枢要员讨论了宋哲元报送来的7月11日的"现地协定"。尽管会议对华北地方当局让步过多有所不满，但为了消除日本人所谓"中央妨碍地方解决"的借口，以示中央和地方的一致，也为了避免谈判破裂，中央政府复电宋哲

---

① 朱汇森主编《中华民国史事纪要（中华民国二十六年九至十二月份）》，台北，"国史馆"，1987，第150页。
② 日本防卫厅防卫研究所战史室：《中国事变陆军作战史》第1卷第1分册，田琪之译，中华书局，1979，第185—186页。
③ 《文史资料选辑》第1辑，中国文史出版社，1986年合订本，第25页。

元,表示"中央对此次事件,自始即愿与兄同负责任。战则全战,和则全和,而在不损害领土主权范围之内,自无定须求战、不愿言和之理。所拟三条倘兄已签字,中央当可同意与兄共负其责"。中央同时希望宋哲元向日方声明:(1) 第三十八师撤离宛平县应为临时性的;(2) 对于共产党的镇压及其他排日团体的取缔应由中国方面自行决定,"不由彼方任意要求为限"。而要求得事件的真正结束,日方亦应撤退其新增派的部队。①

这里,南京政府实际上已经修正了自己的立场,已从"庐山谈话"四条件的最低立场上后退,因为7月11日协议的一些内容是与四条件相违的,承认这一协议显示了南京政府尚愿妥协的意向。而且,南京政府这时已经得知华北地方当局又于7月19日签订了对日让步更多的"细则协定",但宋哲元并未呈报这一协定,南京政府也就佯作不知,未予追究。蒋介石在其7月23日的日记中记载了他对这一问题的想法。他写道:"明轩只报告十一日与倭方所协商之三条,而对十九日所订细则尚讳莫如深,似不加深究为宜,使其能负责也。"② 由此可以看出,南京政府是准备让宋哲元在前台做些妥协的,它所一直坚持拥有的中央决定权实际上是以"现地解决"的方案为基础。如果日本的欲求不太过分的话,卢沟桥事变是有可能以中国方面的部分退让而告解决的。

然而,日本方面无节制的扩张欲望最终粉碎了"现地解决"的希望。此时,无论是在日本文官政府内,还是在军方,都存在着强大的反对外交解决的势力。他们主张"惩罚中国军队,铲除华北纠纷的根源",而不以外务省所标榜的"现地解决"为满足。③ 再加上驻华日军蓄意制造事端,扩大冲突,谈判解决的希望遂成泡影。

在日本内部,出于对苏战略的考虑,其时在对华战略上也确实存在着所谓扩大派和不扩大派之争。但前者人多势众,占有绝对优势。这些扩大派主张以武力压服中国,认为只要对中国做一次沉重的打击,便可以瓦解中国的抵抗。陆相杉山元就曾向天皇保证,可以在一个月内结束中国的战争。一些强硬派认为,卢沟桥事变的发生为日本施展其对华谋略提供了极

---

① 《蒋介石致电熊斌转宋哲元》(1937年7月23日),秦孝仪主编《中华民国重要史料初编——对日抗战时期 第二编 作战经过》(2),第61—62页。
② 《蒋介石日记》,1937年7月23日。
③ 《中国事变陆军作战史》第1卷第1分册,第177页。

好的时机,"多年悬案的中国问题,如今才是解决的极好机会。所以,没有必要进行当地谈判,如已达成协定,也予以撕毁"。① 他们认为:"若处以温和态度,势将助长其抗日气势,给今后对华政策带来障碍,因此需要给予沉重一击";"若我方采取强硬态度和暗示,那么中国方面一定会屈服"。他们主张以武力解决卢事,一举夺得对华北的控制权。②

早在 7 月 10 日,日本陆军部就做出了派兵决定,决定从关东军中抽调 2 个混成旅团,从驻朝鲜军中抽调 1 个师团,并从本土调遣航空兵团和 3 个步兵师团赶赴华北。7 月 11 日,日本参谋总长向关东军司令部正式发出指令,令其即派独立混成第一、第十一旅团主力及航空兵、炮兵、铁道兵各一部开赴华北。不久,参谋本部又向驻朝鲜军发出指令,命令第二十师团立即开赴华北。11 日夜,日本陆、海、空军各兵种都获得命令,紧急动员起来。同日,日本陆军省任命陆军教育总监本部部长香月清司为华北驻屯军司令官,取代病危的田代皖一郎指挥华北军事。日本加紧向华北增派兵力,至 7 月 16 日,日军入关部队已达 5 个师团,拥兵 10 万之众,完成了对平津的战略包围。此后,日军便频频在平津一带挑起战事,多次轰炸中国列车,炮轰宛平县城、长辛店。

日本陆续向华北大举增兵,它所表现出来的借此控制华北的意图使宋哲元等人产生了疑虑。南京政府向华北派出的特使、军委会参谋次长熊斌亦于 23 日晚由保定抵达北平,向宋说明了此次中央政府的抵抗决心,指出日军必将发动大规模进攻,希望宋提高警惕。宋哲元的态度开始发生变化,他下令停止原已与日方议定的第三十七师的撤退,并令第一三二师第二十七旅进入北平担任城防。

7 月 25 日,"廊坊事件"爆发。廊坊为平津间之交通枢纽,战略地位十分重要。日军攻占廊坊后,便切断了平津之间的交通。随着廊坊事件的发生,宋哲元更加明白了局部妥协的无望。26 日,宋哲元对前去华北的外交部特派员孙丹林表示:"战事恐不能免,外交大计仍应由中央主持",表明了华北当局再无与日本妥协的幻想。③

7 月 26 日下午,日军向第二十九军发出最后通牒。通牒要求第二十九

---

① 〔日〕《今井武夫回忆录》,天津政协编译委员会译,中国文史出版社,1987,第 32 页。
② 《卢沟桥事变和平津抗战(资料选编)》,第 21 页。
③ 《卢沟桥事变前后的中日外交关系》,第 202 页。

军将驻卢沟桥及八宝山附近的第三十七师,于 27 日正午以前退至长辛店,将北平城内和西苑的第三十七师部队,同时退往平汉路以北地区。至 28 日正午时,须将该师迁至永定河以西之地带,此后还须将该师运往保定方向。倘中国军队不照此办理,将承担一切责任。日军无疑是要中国军队拱手让出北平。这份蛮横无理的通牒被二十九军拒绝。秦德纯在退回通牒的同时,对日军的行径提出了口头抗议,并要求日军立即退出北平城。

7 月 26 日晚,"广安门事件"发生。宋哲元在致何应钦电中,报告了广安门冲突,认为"似此情形(日方)颇有预定计划,大战势所难免",并报告说,他已命令所属各部"即日准备应战"。7 月 27 日,中国外交部发言人发表重要谈话,指出两旬以来中方已为和平尽最大努力,今后事态发展的一切责任应由日方负责。①

广安门事件后,冲突空前升级,日军悍然在华北发起全面进攻,第二十九军准备不足,仓促应战,在日军的优势兵力和火力的攻击之下,二十九军伤亡惨重。30 日,北平和天津均告陷落。

由此,卢沟桥事变发展成为中日两国之间的战争,所谓"现地解决"就此夭折。日本以武力威胁华北当局、在排除中国中央政府的情况下分裂华北的图谋彻底破产。北平失守后,蒋介石发表谈话,声明现在已到"最后关头",中国政府不能坐视日本在华北为所欲为。他指出:"政府有保卫领土主权与人民之责,惟有发动整个之计划,领导全国一致奋斗,为捍卫国家而牺牲到底,此后决无局部解决之可能",即使中国军队作战失败,"亦必存与国同尽之决心,决无妥协与屈服之理"。7 月 31 日,蒋介石发表《告抗战全军将士书》,宣称"到了今日,我们忍无可忍,退无可退了!我们要全国一致起来,与倭寇拼个他死我活",现在"和平绝望","只有抗战到底,举国一致,不惜牺牲来和倭寇死拼,以驱逐倭寇,复兴民族"。②

8 月 7 日,中国国防会议开会讨论战和大计。蒋介石、国民党中央政治委员会主席汪精卫、国民政府主席林森、中央各军事部门长官以及冯玉祥、阎锡山、白崇禧、刘湘、余汉谋等和地方军政大员出席了会议。国民

---

① 二档馆:787/7202/889。
② 《蒋介石答记者问》(1937 年 7 月 29 日)、《告抗战全军将士书》(1937 年 7 月 31 日),秦孝仪主编《中华民国重要史料初编——对日抗战时期 第二编 作战经过》(2),第 75、86—88 页。

党中央常委及行政院各部部长出席了晚间的会议。蒋介石在会上表示："这回中日战争，实在是我们国家生死存亡的问题。"他要求大家抛开个人得失，从国家的立场出发，坦言战和利弊、胜败可能及胜败对国家前途和命运的影响。针对一些人主张将东北与冀察明白地划个疆界使日本不再肆意侵略的主张，蒋介石表示："划定疆界可以，如果能以长城为界，长城以内的资源，日本不得有丝毫侵占之行为，这我敢做。可以以长城为疆界。"但蒋随即指出，日本是不讲信义的，它是要中国的国防地位扫地，以任其为所欲为。所以，"如果认为局部的解决就可以永久平安无事，是绝不可能，绝对做不到的"。蒋介石的这番话，再明白不过地表明了他的心理：中国无论怎样妥协也不能满足日本的欲望，只有一战求存。

汪精卫在发言中指出："目前中国的形势，已到最后关头，只有以战求存，绝无苟安的可能。"尽管中国目前准备不足，但战时的准备速度并不会因战事而受到阻碍，相反，还会比平时做得更快。林森亦认为"只有抗战，予打击者以打击，才能谈生存"。阎锡山、刘湘等地方实力派也表示"愿在政府领导下，作不顾一切的为民族求生存战"。① 最后，会议对战和问题以起立方式进行表决，所有与会者不约而同，齐刷刷起立表示决心抗战。至此，中国政府的抗战决心终于下定。蒋介石对于这一群集各方将领共赴国难的会议，甚表满意，他在当天的日记里写道："国防会议开成，全国将领集京赴难，得未曾有之盛况，是为胜利之基也。"②

平津的陷落并未能使中国政府像以往那样屈服。于是，日本方面有人认为，要彻底解决问题，仅仅在远离中央的华北地区采取行动，仅仅打击非中央军系的第二十九军是达不到目标的。上海是中国最重要的工业、金融和对外贸易中心，在经济、军事及政治上均具有重要的战略地位，必须在这样的要害地区对国民党的直系军队予以打击，才能产生预期的效果。驻守上海地区的日本第三舰队司令官长谷川清中将的想法很具代表性。他认为"要想以武力打开日中关系的现状"，仅仅惩罚华北的第二十九军是不够的，"除了使中国的中央势力屈服以外，别无它途"。因此，日军必须控制上海和南京地区。长谷川要求增兵上海，对中国军队予以突然袭击。③

---

① 二档馆：787/2431。
② 《蒋介石日记》，1937年8月7日。
③ 上村伸一『日本外交史』第20卷、622页。

中国驻日大使许世英根据其在日所闻所见，看出了日方欲扩大战争的意图。8月上旬，中国外交部曾电令许世英与日本外相广田弘毅进行商谈。但许世英回电提出异议。他报告说，日本人正在积极扩充军备，所谓不扩大只是"对内欺君民，对外欺国际之口号"而已，本月中旬以后日军必大举攻华。他认为日本历来是"口号与手段，莫不相反"，"邀请商议，仍是要我履行各种协议，并增加新协定。若为其口号所迷惑，则协定必无已时"。许世英主张"与其以协定招致重重束缚，终胜必亡，何如一举而脱于枷锁。最后胜败之时，再负兴衰之责，天下后世，庶可相谅"。[①]

中国政府意识到战争的扩大不可避免，决心奋起抵抗。其时，日军在上海驻有海军陆战队4000余人，海军第三舰队的舰艇也常驻上海。而中国军队受1932年"一·二八"事件后所达成的《淞沪停战协定》的限制，不得驻防于上海市区及周围地区，在上海市内担任守备任务的只有警察总队和保安部队两个团。为防止日军发动突然袭击，或在必要时发起先发制人的攻击，中国政府于8月上旬秘密调遣京沪警备司令张治中所部第八十七、第八十八师推进到吴县、常熟、无锡一带。

8月上旬，上海不断发生日军士兵及日本浪人的挑衅事件。9日下午，日本海军陆战队中尉大山勇夫携一士兵乘车强闯虹桥机场进行侦察，拒不听从守卫该机场的中国保安队士兵的劝阻，双方发生冲突，大山勇夫二人被中国士兵击毙。以这一事件为借口，日方乘机提出中国政府从上海市撤出保安部队，并拆除停战协定地区内军事设施的无理要求，同时，长谷川下令驻扎在日本本土的第三舰队的机动部队迅速驰援上海。8月12日夜，日本首、外、陆、海相四相会议通过了向上海派遣陆军部队的方针，日本军令部向第三舰队司令官发出了放手行动的指示。

为了缓和上海的紧张局势，中日之间进行了一些外交交涉，但均毫无结果。欧美列强也不愿在其在华利益的集中地区发生武装冲突，曾出面调解。8月11日，英、美、法、意四国驻华大使联合发出通告，要求不要把战争扩大到上海。12日，由英、美、法、意、德、中、日各国委员组成的停战协定共同委员会召开会议，讨论解决目前上海危机的办法，但也毫无结果。8月13日，淞沪抗战终于爆发。

---

① 《卢沟桥事变前后的中日外交关系》，第272—273页。

8月14日，新组成的中国国防最高会议举行第一次会议，决定自卫抗战。同日，国民政府发表《自卫抗战声明书》，宣布"中国为日本无止境之侵略所逼迫，兹不得不实行自卫，抵抗暴力"。声明在列举了九一八，尤其是七七以来日本对中国的种种侵略行径后，郑重声明"中国之领土主权，已横受日本之侵略；国际盟约，九国公约，非战公约，已为日本所破坏无余。此等条约，其最大目的，在维持正义与和平。中国以责任所在，自应尽其能力，以维护其领土主权及维护上述各种条约尊严。中国决不放弃领土之任何部分，遇有侵略，惟有实行天赋之自卫权以应之"。①

8月15日，日本政府发表声明，称："中国方面如此轻侮帝国，非法暴戾已极……为了惩罚中国军队之暴戾，促使南京政府觉醒，于今不得不采取断然措施。"这一声明实际上是日本发动侵略的公开宣言。8月17日，日本内阁会议做出决议，决定"放弃以前采取的不扩大方针，筹划战时形势下所需要的各种对策"。②

第二节　国际社会的最初反应

中国是一个具有半殖民地特征的大国，这一特性决定了中国在国际关系中的地位以及中国外交的特殊性。作为半殖民地，列强在中国分别据有重大权益，这种关系错综复杂，牵一发而动全身，某一强国的异军突起必将以其他列强权益的削弱为代价；作为大国，它无论是在经济意义上还是在战略意义上，在远东都占有重要的地位。因此，中日之间的冲突乃至战争，其影响必定不局限于中日两国，它必将引起世界各大国的反应。

中国政府意识到，在中国据有重大利益的西方列强必不赞成日本扩大侵华。因此，它在一面谋求外交解决，一面准备军事解决的同时，力求引起国际社会对卢事的关注，敦促欧美列强出面讲话，企图借列强之力迫使日本做出让步。南京政府的这一想法，在7月12日蒋介石给宋哲元的密电中就已有明确的表述。该电称："平津国际关系复杂，如我能抗战到底，

---

① 复旦大学历史系编《中国近代对外关系史资料选辑（1840—1949）》下卷（2），上海人民出版社，1977，第13—14页。
② 日本防卫厅防卫研究所战史室：《中国事变陆军作战史》第1卷第2分册，齐福霖译，中华书局，1981，第5页。

只要不允签任何条件,则在华北有权利之各国,必不能坐视不理,而且有关各国外交,皆已有把握。"①

中国不断向国际社会发出呼吁,表明中国的和平立场,期望能引起欧美列强对中日冲突的关注。7月11日,中国外交部就卢沟桥事变发表声明,公开表明"中国国策,对外在于维护和平,对内在于生产建设,举凡中日间一切悬案,均愿本平等互惠之精神,以外交方式谋和平解决"。② 7月13日,正在美国访问的中国行政院副院长孔祥熙在纽约向美国记者发表谈话。他指出:"日军所造成之华北异状,不仅为中日两国政府之烦恼问题,且亦为世界和平之危机!又不只损害两国之关系,且亦将破坏各关系国之利益;星火不灭,足以燎原,如火如荼之侵略,苟不加以制止,势将蔓延及各国。"孔祥熙呼吁各关系国协力改变此种局势。③

7月16日,中国向九国公约各签字国政府送交备忘录,通报卢沟桥事变的真相,谴责日本在华北的行为"实属破坏九国公约所规定之中国领土主权完整,倘任其发生,则足以在亚洲及全世界产生重大后果",要求各国政府对此予以注意。中国政府同时声明"中国方面现仍准备谈判任何种荣誉之协定"。④

欧美列强对中日冲突的反应最初是比较谨慎的。无论是被中国政府寄予厚望的英、美、法,还是被视为日本反共伙伴的德国和意大利,都不急于表明立场,他们大都抱着审慎的观望态度。英国外交部认为,现在难以搞清事件的真相,明辨责任所在。因此,7月12日,外交部官员在回答议员的质询时,表明英国的现时政策是"在我们有更确切的情报之前,最好什么都不说"。⑤

美国政府对中国指责日本挑衅的声明也持有怀疑态度。7月10日,美国国务院远东司长亨贝克(S. K. Hornbeck)等人在华盛顿会见了正在美国访问的孔祥熙。亨贝克表示,最近几年来中国在建设方面取得了相当的成

---

① 《蒋介石致宋哲元电》(1937年7月13日),秦孝仪主编《中华民国重要史料初编——对日抗战时期 第二编 作战经过》(2),第43页。
② 秦孝仪主编《革命文献》第106辑,第250页。
③ 《卢沟桥事变和平津抗战(资料选编)》,第3页。
④ 秦孝仪主编《革命文献》第106辑,第254页。
⑤ W. N. Medlicott, E. L. Woodward & others eds., *Documents on Britain Foreign Policy, 1919-1939*, series 2, vol. 21 (Her Majesty's Stationery Office, 1984), p. 150.

就,"对于中国来说,继续这一进程,把它的注意力和精力都集中在重建的努力上,而不是与外国政府发生冲突不是很明智吗?"①

虽然英美政府对于卢沟桥事变的发生有着相似的看法,都认为并非日军蓄意挑起事件,但在如何对待事件的发展上,它们表现出不同的态度。作为老牌殖民帝国,英国在华享有最大的权益。如果在中国发生战争,英国的损失在列强中也将是最大的。因此,英国政府对卢事的发展较为关切。英国外交大臣艾登(Anthony Eden)认为,虽然事件并非由日方挑起,但日本很可能扩大事态,利用这个机会加强其在华北的地位。外交次官贾德干(Alexander Cadogan)也表示:"日本人现地解决的保证,不禁使我想起六年前的往事,我对他们难以持有太大的信心。"② 英国政府决定暂停筹划已久的英日修好谈判,以作为对日本的警告。7月12日,艾登对日本驻英大使吉田茂表示:"如果现在北平周围的局面继续下去甚或恶化,英国政府认为这样的会谈是难以进行的。"③ 7月21日,艾登进一步公开声明,只要华北局势继续下去,英日关于改善关系的谈判就不会举行。

美国的态度显然不如英国积极。孤立主义的思潮此时正在美国盛行。美国人普遍认为美国参加第一次世界大战是个错误,是政府的非中立政策把美国推向战争的。他们认为美国有得天独厚的两洋保护,世界上其他国家间发生的纠纷与美国关系不大,美国无须卷入。这种孤立主义的思潮对美国政府的外交政策有着不可忽视的制约作用。此时,美国政府不想因中国而卷入冲突,它奉行一种避免采取任何行动的观望政策。7月12日,美国务院在新闻发布稿中不分侵略和被侵略之别而笼统地声称:"中日之间的武装冲突,对和平事业及世界进步将是一个沉重打击。"在与中日两国外交官员的谈话中,美国始终坚持同等劝告的原则,要求"双方都应有所克制"。④

7月12日,中国外交部致电美国国务院,询问美国是否可以为中日调停做些什么。但是,美国担心它的主动行动会引起日本的反感。亨贝克认

---

① *Foreign Relations of the United States* (*FRUS*), *1937*, vol. 3 (Washington, D. C.: Government Printing Office, 1954), p. 134.
② Bradford A. Lee, *Britain and the Sino-Japanese War, 1937–1939* (Stanford: Stanford University Press, 1973), p. 26.
③ *Documents on British Foreign Policy, 1919–1939*, series 2, vol. 21, p. 154.
④ *FRUS*, *1937*, vol. 3, pp. 148, 143.

为,在目前这个时刻,美国政府可能采取的任何有关调停的步骤都是"不成熟的和不明智的,它将可能恶化而不是缓和局势"。他建议美国政府"不对中国或日本当局采取任何步骤,并不做任何公开评论"。① 国务卿赫尔(Cordell Hull)持有同样的见解,他担心"一项调解的意图只会激怒日本政府,并给予其机会以告诉日本人民,西方列强正试图干预他们所谓日本在华的自卫权利"。于是,美国拒绝了中国的调停要求。②

美国既不愿采取任何实际行动,以免得罪日本,又不愿看到日本在中国肆意妄为。因此,它热心于发表道义原则上的声明,要求中日双方都遵守国际社会所认可的准则,以维护中国的正常经济生活秩序。7月16日,赫尔向包括中、日在内的白里安－凯洛格非战公约各签字国政府发出声明。声明认为,目前在世界若干地区存在着紧张局势,"表面看来,这仅仅牵涉到邻近的那些国家,但它归根结底必然会涉及整个世界。武装冲突已经发生或即将发生的形势,使所有国家的权利和利益都受到了或将会受到严重的影响",美国自然也不例外。声明指出:"世界上的任何严重的敌对行为,无不以这样或那样的方式影响美国的利益、权利和义务。"为此,美国政府感到有必要阐明对于它深为关切的国际问题和国际形势的立场。声明简要列举了美国希望能得到普遍遵守的国际准则,其主要内容有:在本国和国际上自我克制;在推行政策时不使用武力,不干涉他国内政;通过和平谈判和协商的途径,调整国际关系中的有关问题;信守国际协议;维护条约神圣不可侵犯的原则;贸易机会均等。③

但美国这时并没有促使声明的原则付诸实现的行动计划。在声明发表后的一次新闻发布会上,有记者问赫尔,是否存在着援引九国公约的可能性。赫尔回答说,在远东局势混乱得让人无法弄清楚那里所发生的事情的时候,如果美国或其他国家以"赢家的地位"出场,谈论援引九国公约,这只会严重损坏和平解决的前景。既然如此,7月16日声明的效果便可想而知。正如赫尔在回忆录中所说:"60个国家很快对这些原则给予充分支持。可笑的是,其中包括德国、意大利和日本"。但也有国家提出批评意见,如

---

① *FRUS*, *1937*, vol. 3, p. 144.
② Cordell Hull, *The Memoirs of Cordell Hull* (New York: Macmillan Company, 1948), p. 535.
③ *FRUS*, *Japan*, *1931–1934*, vol. 1, p. 326.

葡萄牙就认为这是"用含糊的公式作为解决重大国际问题的旧习"。①

与日本签有反共产国际协定的德国，对中日冲突也表现出中立的姿态。7月14日，德国外交部部长牛拉特（C. F. Neurath）分别会见了日本驻德大使武者小路和中国驻德大使程天放。牛拉特表示："德国政府觉中日间有此冲突，深为不幸，甚盼能和平解决，否则非世界之福。"当程天放询问，如果冲突扩大，德国将持何种立场时，牛拉特向程天放保证："德政府对双方都很友好，必然采不偏不倚的中立政策……德国决不致帮助日本来压制中国。"②

由于德日签有共同反共的条约，中国政府对这一条约是否会为日本所利用仍难以释怀。因此，德国数次就这一条约的实用性向中方做出解释。7月16日，德国外交部政治司司长魏泽克（Ernst Weizacker）在与中国使馆参赞谭伯羽的谈话中声明，德日条约纯粹为防共性质，其作用在精神方面，和中日纠纷决不发生任何联系。在表示中立态度的同时，德国还伸出触角，探求中日妥协的可能性，但由于日本的拒绝，旋即中止。

与西方列强比较起来，苏联对卢沟桥事变的判断则要敏锐得多，它立即意识到这是日本的侵略行动。7月11日，苏《真理报》发表了一篇题为《卢沟桥事件》的评论，指出："日本军阀企图在华北进行一次新的挑衅"，"日本军阀企图消灭南京政府在华北日益扩大的影响，并强迫华北当局接受日本的要求，以便使南京政府承认这一新的既成事实"。③

7月16日，苏联驻华大使鲍格莫洛夫（Dmitri Bogomolov）致电苏联外交部，比较准确地评估了目前的局势及发展趋势。他推测，如果日本人的目的只限于取得一些经济利益，并改善战略地位，中国政府会做出让步。但如果日本人要援殷汝耕之例，马上建立冀察自治区，并调集大批日军，中国就只好背水一战，奋起抵抗。④

7月22日，苏联官方通讯社塔斯社转发的《消息报》的一篇评论进一步指出，日本之志绝不仅限于华北。它认为华北事件是"日帝国主义经长

---

① *The Memoirs of Cordell Hull*, p. 536.
② 《卢沟桥事变前后的中日外交关系》，第504页；程天放：《使德回忆录》，台北，正中书局，1979，第198—199页。
③ 安徽大学苏联问题研究所、四川省中共党史研究会编译《苏联〈真理报〉有关中国革命的文献资料选编》第3辑，四川省社会科学院出版社，1988，第25页。
④ 《苏联外交文件》第20卷，莫斯科，1976，第384—386页。

期周密布置的征服中国第二阶段计划之初步",种种迹象表明日本还将侵入华中和华南。文章还批评了西方列强的消极态度,指出:"形势如此,而仍企图邀得日方军阀之承诺,使其业已开始的扩张计划局部化,尚有何用?"① 苏联除了在舆论上给中国以道义支持外,还积极谋求国际社会的集体行动,并就援华问题开始与中国政府进行秘密商谈。

卢沟桥事变发生后,中国一再向英、美、法等国政府提出要求,希望它们帮助促成中日间的和解。法国政府对此表示了比较积极的态度,指示驻华和驻日使馆,准备配合其驻在国的英国大使,共同向驻在国提出和解的建议,并将此意通知了英国政府。英国政府决定同时向中日双方提出停止冲突的建议,并表示愿意在中日谈判中提供它力所能及的帮助。英国希望出现几个大国共同居间调停中日冲突的局面。艾登指示英国驻美大使林赛（Ronald Lindsay）询问美国国务卿赫尔,美方是否愿意采取合作行动。

但美国政府不愿与英法采取联合行动。7月14日,美国国务院答复说,美国完全同意英国关于促成中日和平解决的想法,但美国愿意采取的是"平行的而不是完全一致的"的行动。它认为这样的合作将比联合行动更加有效,更不致事与愿违。② 由于美国持如此态度,英、美、法之间采取联合行动的第一次计划遂告吹。

7月19日,中国政府公开发表了蒋介石17日的庐山讲话。该谈话表示,卢沟桥事变是否会扩大为中日战争,将完全取决于日本方面的态度。这是若干年来中国政府所发表的第一次态度比较坚定的讲话。欧美列强注意到了这一信息,认为中国政府已决心进行军事抵抗。鉴于中日间的事态日趋严重,英国政府决定再次寻求美国的合作。7月20日,艾登致电林赛大使,令其尽快向赫尔陈述远东局势的严重性,要求美国与英国一起对中日政府进行交涉,促使其停职调动所有部队,并接受英美提出的旨在结束现存对峙局面的建议。同日,艾登会见了美国驻英大使宾厄姆（Robert Bingham）,表示"我们愿意与美国政府在它所愿意采取的任何步骤上进行合作"。他解释说,英国不想单独采取进一步的行动,因为英国驻日大使馆发来的电报表明,在日本人中已经形成了英国政府比美国政府更为关切

---

① 秦孝仪主编《革命文献》第 106 辑,第 337—338 页。
② *Documents on British Foreign Policy*, *1919–1939*, series 2, vol. 21, p. 158.

中国局势的印象，产生这种印象是英国所不愿看到的。①

但美国国务院认为，日本军方已经控制了文官政府，现在什么也阻挡不了他们，英美的联合行动只能使局面更加恶化。美国务院在7月21日给英国的一份备忘录中答复说："我们认为我们两国政府在平行路线上所采取的行动是真正合作性的。两国政府在继续共同努力以改变敌对状态时，应各自以自己的方式再度敦促日本和中国政府认识维护和平的重要性。"②同时，美国通知英国，赫尔已在华盛顿会见日本和中国驻美大使，要求中日两国政府做有效的克制。于是，英国第二次要求联合行动的提议又告搁浅。

随着时间的推移，日本的侵略意图越来越明显，原先曾强调中国有战争意图的英国驻华大使许阁森（H. M. Knatchbull-Hugessen），现在也开始改变他的观点，认为中国政府是愿意与日本谈判的，但它不想听由日本人摧毁它在华北的统治，而且国内舆论也不允许它向日本屈服。问题的关键在日本，日本军方正在扩大事态，日本坚持"现地解决"就是要夺取冀察的控制权，而这必然要引起中日间的战争。美国驻华武官史迪威的报告这时也传到了美国国内。史迪威警告说，日本的目标是要占领天津、京山铁路并控制北平，"现在日本将要完成其大陆计划的另一步的可能性非常巨大"。③

在这同时，中国政府不断向英美提出调解的要求。7月21日，蒋介石会见许阁森，要求许阁森转告英国政府，说明中国方面希望和平解决，"现在局势只有英、美从中设法，或可变为和缓，东亚和平亦可维持"。24日，蒋介石再次会见许阁森，表示宋哲元将军所签订的三项条件是中国政府对日本所做的最后让步，"经此退让后，日本再在华北或敝国其他领土内掀起事变，则其居心侵略，违背信义，不仅敝国所不能忍受，即世界任何主持公道维护正义之国家，亦不能坐视"。蒋介石指出日本正在增兵，事态将进一步扩大，日本人必将提出强硬苛刻的最后通牒，中国必然不能接受此种要求，由此势必酿成战争。他要求英国政府与美国政府共同行动，采取防止战争爆发的措施。④

---

① *Documents on British Foreign Policy, 1919–1939*, series 2, vol. 21, p. 180.
② *Documents on British Foreign Policy, 1919–1939*, series 2, vol. 21, p. 184.
③ United States Military Intelligence Reports, China, 1911–1941, （缩微胶卷）vol. 2, no. 0673.
④ 《卢沟桥事变前后的中日外交关系》，第473—474页；秦孝仪主编《先总统蒋公思想言论总集》卷38，第75页。

7月25日，蒋介石又会见了美国驻华大使詹森（N. T. Johnson）。蒋介石询问美国政府为何不与英国联合劝告日本。詹森答称，美国政府的政策，不得不受国会态度与中立法的支配。他表示英美不能联合行动，但愿意采取单独和平行的行动。蒋介石告诉詹森，现在中国的让步"已到最后限度，若日方再提其他要求向我威逼，我方决难接受，唯有出于一战"，"现在应请美国政府与英国协商，警告日本，预阻其再向中国提出任何要求。否则局势危急，战祸必不能免"。蒋介石并指出，美国作为九国公约之发起国，无论是在法律上还是在道义上都有协助制止日本之义务。①

7月28日，英国内阁会议讨论远东问题。首相张伯伦（Neville Chamberlain）认为，英美的联合行动将比平行行动更有效果，即使战争降临，仍值得一试。同日下午，艾登会见宾厄姆，指出华北局势正急剧恶化，英美共同行动的时机已经到来，要求美国再次考虑英国的建议。

这一次，美国接受了英国的建议，同意由美国驻日大使格鲁（J. C. Crew）和道滋在东京分别向日本政府做非正式的提议。然而，日本婉言拒绝了英美的提议。日本外相广田弘毅声称，日本正在与中国进行有关谈判的接触。英美对此亦无可奈何。

就这样，在冲突爆发后的一个月中，英国的三次联合行动的提议均无结果。不难看出，美国对于远东冲突的反应明显比英国消极。这与1931年九一八事变时恰好相反。那时，美国竖起"不承认主义"的旗帜走在前面，但英国不予积极配合，致使美国人对此一直耿耿于怀。美英态度的差别从格鲁的日记中也可明显地感觉出来。格鲁颇有几分快意地评论说："幽默家对1931年与1937年之间的形式彻底颠倒过来会感到幽默。那时是我们站在台前，而英国人却不愿追随……现在，本政府正在非常聪明地玩牌，或捏牌不放。""据我及我们这里所有的人看来，日本政府真诚地赞赏我国政府自此次冲突开始以来的态度和行动"，"只要广田有机会写信给我，他总是加上一句赞赏美国人（在目前的冲突期间）坚持对日友好态度的话"。②

中国政府对美国的无所作为多次表示不满，敦促美国政府对远东冲突

---

① 《卢沟桥事变前后的中日外交关系》，第423—424页。
② Dorothy Borg, *The United States and the Far Eastern Crisis of 1933 – 1938* (Cambridge：Harvard University Press, 1964), pp. 294 – 295.

采取更为积极的态度。7月16日,中国外交部次长徐谟会见美国驻华使馆参赞裴克(W. Peck)。徐谟指出,在当前的冲突中,美国政府的态度不如英国积极。发生在远东的重大冲突一定会产生严重的世界反响,美国很难避开它。他询问裴克,对美国来说,致力于消除这样一种冲突是否真的不如主张孤立更为明智?

蒋介石在8月下旬转交给罗斯福的一封信函中更直接地抱怨说:"对于美国未与英国合作,努力防止目前能够通过对日本和中国的联合交涉予以防止的危机,我深感失望。中国和世界将铭记1931年西蒙(John Simon)在东北问题上未能与美国合作,而现在英国人将铭记美国的不合作。美国不应丧失它在世界上作为国际正义支持者的威望,如果它继续推行史汀生(H. L. Stimson)政策,目前的冲突将不会扩展到包括美国在内的其他国家。"蒋介石表示:"我并不想让美国卷入战争,但我盼望它能维持其在太平洋的地位及该地区的和平。现在采取行动,还不太迟,我相信美国能为永久和平做出公正的解决。"①

中国政府对英国比较积极的态度予以肯定,并寄予一定的希望。8月上旬,中国外交部部长王宠惠和苏联驻华大使鲍格莫洛夫的一次谈话即反映了中国政府的一些想法。王宠惠在谈及西方列强对中日冲突态度时评论说:"美国持完全不干预态度,拒绝任何集体行动;英国在设法阻止日本进一步侵华,英国已对日声明,两国之间暂时停止任何谈判。中国政府相信,英国会尽可能让日本对中国的侵略不超过'一定的界限'。"②确实,英国对于中日冲突的反应要比美国积极些,但英国的行动也是有"一定的界限"的,它绝不会超出这个界限去采取有效的强硬行动。因此,当日本一意孤行,决意不理睬英国时,英国也只得无可奈何地作壁上观。不久,事态的发展便证明了这一点。

8月13日,上海燃起了战火。上海是中国现代经济的中心,也是英美等列强在华利益最为集中的地方。上海的战争不仅将使中日间的矛盾更加激化,而且会大大损害英美在华利益。因此,英美积极寻求调解上海的冲突。8月13日,英美等5国驻沪领事提出了第一个调停计划,提议日本撤

---

① *FRUS*, 1937, vol. 3, pp. 460-461.
② 《苏联外交文件》第20卷,第436—437页。

回其派往上海的增援部队，只留下一支警备队保护侨民。同时，中国也把正规军撤至战前的驻地，把保安队撤至公共租界两英里之外，在撤防地区只留下警察。日本拒绝了这一建议，声称其军队需要在上海保卫它的两万侨民。

8月18日，英国再次向中日双方提出撤兵建议，并表示如果日本同意将其侨民的保护委托外国当局，如果其他大国愿意共同参加，英国政府准备承担这一责任。日本再次拒绝了英国的建议。19日，日外务次官堀内谦介会见英驻日代办道滋，递交了日本的拒绝复文，声称："日本侨民之生命财产，濒于万分危险……帝国政府对于此等多数侨民自有加以保护之重大职责，而不便以其责任委诸外国。"①

8月20日，英国外交部训令道滋向日本指出拒绝接受调停的后果："日本政府必须意识到英国的舆论以及整个世界舆论已必然地把上海事件的发展主要归咎于日本在那里的行动。因此，英国政府认为，日本政府尤其应义不容辞地协助采取结束这一对它国人民具有潜在灾难的事态的行动。"② 然而，日本政府依然拒绝英国的建议，继续扩大其战争行动。对此，英国人颇感愤怒，但又无可奈何。正如驻华英军总司令李特（Charles Little）所悲叹："这对白种人来说是一种耻辱。白种人尤其是英国人苦心经营建立了这座美好的城市，它是远东的一颗明珠，但他们现在却没有力量阻止日本人破坏它或利用它。"③

对于中日战争的扩大，美国的反应是重申"七一六声明"的原则。美国务院在8月23日发表声明中再次强调了"七一六声明"原则的普遍意义。这种声明对日本政府自然不会产生什么影响。声明以对中日的等距离立场表示："我们不想评判争端的是非，我们呼吁各方不要诉诸战争"。"从当前的远东争端一开始，我们就努力劝告中日双方政府，重要的是避免军事行动，维持和平"。声明唯一有意义的也许是它隐约包含的"和平不可分割"的观点，这是一个尚未为当时世界的政治家所真正认识的国际关系命题。只有美国及其他各国政府深刻地意识到这一点，它们才会在远东采取积极的行动。历史证明，这一认识过程是缓慢的。8月23日的声明

---

① 《卢沟桥事变前后的中日外交关系》，第513—514页。
② *Documents on British Foreign Policy, 1919–1939*, series 2, vol. 21, p. 258.
③ Bradford A. Lee, *Britain and the Sino-Japanese War, 1937–1939*, p.39.

是其中的一级阶梯。声明指出："世界上任何一个地方产生对立的威胁，或者存在严重的对立，总是关系到所有国家"，"当前太平洋地区的局势与本国政府有着重大关系，它远远超出仅仅保护美国侨民和利益的直接问题"。声明主张"各方按照那些不仅我国人民而且世界上大多数民族都确认的支配国际关系的原则，解决他们之间的分歧"。①

第三节　向国际联盟申诉

中日冲突升级为全面战争之后，日本政府企图竭力缩小中日战争的国际影响，它把这场战争解释为只关系中日两国的事，坚决排斥第三国的参与，而鼓吹中日间的直接交涉。这一伎俩与此前所鼓吹的"现地交涉"同出一辙，手段依旧，只不过是应用范围扩大了一些，其目的在于阻止国际社会的干预而任由它以在中国战场上的军事胜利来勒索中国政府。

与此针锋相对，中国政府则竭力强调中日战争对远东和国际安全的重大影响，希望把欧美列强引进中日问题的交涉中，借其力量压迫日本，以获得一种条件不致过分苛刻的结局。中国政府认为："目前的中日纠纷，如得各国参加，来谋解决，即令我国不能无所迁就，仍是于我有利。反之，如坠日本计中，实行两国直接交涉，虽是成功，亦是失败。"中国政府对在没有欧美列强参与的情况下，日本能否尊重中日双方直接交涉所达成的协议也极为怀疑，认为"日本背信无义，目无公理，如由两国直接交涉，毫无其他保证，无论条件如何，其结果必使中国国家生命陷于随时随地可被消灭之危险，永无独立自由之机会"。②

因此，促成事件的"国际化"，即让中日冲突引起国际社会的关注，使国际社会来参与中日冲突的解决，成了中国政府所追求的目标。为此，中国努力求助于有关国际条约组织，意图在国际讲坛上揭露日本对中国的侵略，唤起世界各国对中国的同情，并力图以国际条约来保护自己。

中国政府所诉求的第一个国际组织便是国际联盟。中国是国联创始会员国之一。《国联盟约》第 11 条规定："凡任何战争或战争之威胁，不论

---

① *FRUS*, *Japan*, *1931－1941*, vol. 1, pp. 355－356.
② 秦孝仪主编《先总统蒋公思想言论总集》卷 14，第 648 页；卷 38，第 10 页。

其直接影响联盟任何一会员国与否，皆为有关联盟全体之事。联盟须采取适当有效之措施以保持各国间之和平。"该条规定，当事会员国有权要求召集国联行政院会议，以促其履行盟约所规定之义务。①

7月14日，中国驻英大使郭泰祺奉命向英国政府提出中国向国联申诉问题。但贾德干认为，这样做不会产生什么结果，由于日本已不是国联成员国，中国政府只能引用盟约第17条，但在日本政府的反对下很难应用这一条。② 艾登也对郭泰祺表示，他不大赞成中国援用盟约第17条。他说，在阿比西尼亚危机时甚至使用了制裁，但都未起作用，在目前情况下，就更难奏效。英外交部远东司司长奥德（Charles Orde）在8月22日的一份备忘录中指出，目前与日本开战的危险是非常现实的，"我们从1931年至1933年的经历中知道，当日本受到威胁时，它会变得更为鲁莽"。③ 因此，他反对在国联对日本采取制裁措施。

法国政府也不赞成中国向国联申诉。7月中旬，中国驻法大使顾维钧向法国外交部部长德尔博斯（Y. Delbos）提议国联应采取联合行动。但德尔博斯回答说，目前肯定不能指望从日内瓦得到什么具体东西。他以九一八事变和意大利侵略阿比西尼亚为例，说它们都曾经提交国联讨论，但国联的反应很令人失望。有这些先例，如果现在把中日问题也提交国联，那将是白费力气，国联根本谈不上制裁。

对于国联的软弱，中国自九一八以来已早有体会，但目前的危局中，任何一点可借力的希望都是要极力争取的。这一思想明显反映在8月26日中央政治委员会致国防最高会议的一封信函中。该函分析说："国际联盟近年来虽失去盟约上之有力地位，然既未正式解散，会员国之盟约责任依然存在，我国若诉诸国联，纵然不能得其实力上之援助，则至少亦可得国际舆论上之同情，而舆论上之同情在国际战争上，往往发生不可思议之助力。""在战争期间，国际间之助力无论如何微小，均有一顾价值，而况国际联盟会员六十余国，其心理上之同情与精神上之援助，其力量亦正不可

---

① 该书编辑部编《国际条约集（1927—1923）》，商务印书馆，1961，第270页。
② 国联盟约第17条规定："若一联盟会员国与一非联盟会员国或两国均非联盟会员遇有争议，应邀请非联盟会员之一个或数国承受联盟会员国之义务，俾按照行政院所认为正当之条件，以解决争议。"见《国际条约集（1927—1923）》，第273页。
③ William R. Louis, *British Strategy in the Far East, 1919 – 1939* (London: Oxford University Press, 1971), p. 242.

忽视"。①

因此，中国政府决定尽可能地利用国联这一国际讲坛。8月30日，中国向国联秘书处递交了一份照会。照会指责日本的侵略系有预定计划，并且违反了现行的各种国际条约，如国联盟约、1927年非战公约及九国公约等。中国要求秘书处将中国的照会通知国联远东咨询委员会成员。② 8月31日，蒋介石在对路透社记者发表的谈话中公开声称，国际社会对中日之间不宣而战的战争，很有必要进行干涉。这种国际干涉，不只是为了中国的安全，也是为了谋求国际社会整体安全。

同时，中国继续与有关大国商讨正式向国联提出申诉的时间、步骤和适用条款问题。国联盟约第16、17条规定了对侵略国的制裁，中国准备援引这两个条款提出申诉。但欧美列强不赞成中国这样做。9月8日，贾德干与英国外交部的一些法学专家对郭泰祺说，如引用第16、17条，则表示中国与各会员国正式承认中日已进入战争状态。这样，"恐一则使日本实行其交战团体权利，封锁香港，检查第三国商船，二则使美政府不能不施行其中立法案"。③

9月11日，顾维钧会见国联秘书长爱维诺（Joseph Avenol，法国人），继续讨论中国向国联的申诉问题。顾维钧要求国联对日本的侵略行动予以制裁。爱维诺回答说，在目前情况下，制裁是无论如何也办不到的。国联过去对意大利入侵阿比西尼亚制裁的失败，使得那些曾经赞成实施制裁的国家，现在也反对制裁，大多数会员国对"制裁"一词畏之如虎。爱维诺所说并非虚言。情况对中国确实不利。一年多前，由于对意制裁未起作用（主要是执行得不彻底），英国和许多欧洲小国就主张取消有关对侵略国实行制裁的盟约第16条。此后，国联开了许多次会，要进行修改盟约的工作，主要是取消制裁的规定，但始终未得出具体结果。

显然，在不少国家有着取消第16条的要求的情况下，中国在这时提出制裁要求是难以成功的。在制裁明显无望的形势下，顾维钧改而提出，中国虽无意坚持制裁，但要求国联宣布日本是侵略者，因为一个反对侵略者的正义宣言对中国也是有利的。

---

① 《卢沟桥事变前后的中日外交关系》，第348页。
② 田体仁等编《全民抗战汇集》，第84—85页。
③ 《卢沟桥事变前后的中日外交关系》，第427页。

9月12日，中国代表团首席代表顾维钧正式向国联秘书长递交了中国政府的申诉书，指出日本正以其陆海空军全力进攻中国，侵犯了中国领土完整与政治独立。中国为国联会员国，根据盟约第10条和第11条，此种事件实已关系到国联全体成员国，因此，国联应受理此案。申诉书"请求适用国联会章第十条第十一条及第十七条，并向国联行政院诉请对于上述各条所规定之情势，建议适宜及必要之办法，采取适宜及必要之行动"。①

同日，出席国联大会的中国代表团向报界发表声明，揭露日本军队在中国的侵略行为和野蛮的战争罪行，指出日本的侵略不只威胁着中国，也危及世界的和平。声明指出："日本不仅威胁中国作为一个独立国家的生存，而且使外国在中国的租界及其利益受到威胁。日本违反其庄严签署的国际条约，疯狂推行占领中国的政策，并梦想在亚洲和太平洋建立其霸权统治。""远东危机现在有了世界意义。日本的侵略不仅威胁着中国的独立和领土完整，而且也威胁着全世界"。声明呼吁说："作为一个由多数爱好和平国家参加的大型集体组织，国联应当制定和采取迅速而有效的措施，制止日本对中国的侵略，以维护神圣的国际义务。中国政府和中国人民并且希望，忠于和平事业与主持国际正义的美利坚合众国支持国联就这一问题所采取的行动，以此来帮助反击侵略并恢复远东的和平。"②

9月13日，国联大会开幕。次日，国联行政院宣布了中国的申诉，并将它列入议程。英法方面仍然力劝中国不要诉诸盟约第17条。9月15日，艾登、德尔博斯、爱维诺在与顾维钧的会谈时，一致建议中国政府不要坚持援引第17条，因为这样势必引向采用第16条，而在目前情况下制裁是毫无希望的。他们还声称，援引第17条是要以存在战争状态为先决条件的。英法认为，最要紧的是获得美国的合作，他们对中国代表说："美国政府的合作具有极大的重要性"。鉴于美国不是国联成员，它不可能参加国联行政院会议，英法便提议把问题提交到有美国观察员出席的远东咨询委员会上去讨论，从而把美国也拉入国联的讨论中来。他们认为"与行政院比较起来，美国将更易于与远东咨询委员会合作"。③

欧美列强还希望中国不要提出要国联宣布日本是侵略者的要求。9月

---

① 田体仁等编《全民抗战汇集》，第91页。
② 《苏联〈真理报〉有关中国革命的文献资料选编》第3辑，第200页。
③ William R. Louis, *British Strategy in the Far East, 1919–1939*, p. 322.

15日，顾维钧对国联秘书处政治部主任维吉埃（Henri Vigier，法国人）说，国联有必要宣布日本是对中国的侵略者，并采取必要的措施，阻止日本获得武器和借款，而使中国更容易取得这种援助。维吉埃对这一要求表示了疑虑。他认为如果正式宣布侵略，就可能被视为确认战争状态的存在，美国就可以以此为借口而实施中立法，这对中国是不利的，而且，一旦宣布日本的行为为侵略，将会引起各国代表的担心，怕中国会据此进一步要求国联采取制裁措施。另外，如果中国正式提出宣布日本为侵略者的要求，而未获大会通过，则会对中国产生不利影响。因此中国倒不如不去追求这一空洞的决议，而去着眼于获得具体的援助。①

由于日本的缺席（日本不是国联会员国，且很可能拒绝国联会议的邀请），为了所谓"公正"起见，英法最初企图把中国排斥于远东咨询委员会之外。这遭到了中国方面的强烈反对。中国代表指出，国联盟约中没有任何可以排除中国参加远东咨询委员会会议的条文，中国作为行政院成员国，对于问题的审议一直是可以随意参加的，它无论如何也应在该委员会中有一席之地。日本退出国联是它自己选择的，因此而取消中国在咨询委员会上的发言权是不公正的。如果这样，中国宁可把问题交回行政院审议，要求按第17条程序行事。

9月16日，国联行政院正式指派远东咨询委员会调查中日冲突问题。秘书长将此事通知了委员会的全体成员国和美国，并向中国、日本、德国和澳大利亚发出邀请。结果，美国同意按1933年议定的条件，作为不参加投票的观察员出席会议。日本和德国拒绝了邀请，日本给国联秘书长的答复重申只有中日直接交涉才能真正解决问题："关于本事件之解决，本帝国政府前已屡次声明，现仍坚信，凡涉中日两国之问题，其公正、持平以及切乎实际之解决办法，当能由两国自行求得之。""对于国际联合会之政治活动，本帝国政府现无改变其从来行动路线之理，故对于咨询委员会此次邀请，歉难予以接受。"②

正在国联开会期间，日本于9月下旬的最初几天对中国非军事目标的南京和广州地区公然进行了大规模轰炸，激起世界舆论的强烈反对。英、

---

① 《顾维钧回忆录》第2分册，中国社会科学院近代史研究所译，中华书局，1985，第486—487页。
② 二档馆：18/3428。

美、法、苏以及德、意政府都向日本的这一野蛮行为提出了抗议。中国代表团决定利用这一事件，为要求宣布日本为侵略者和对日本实行石油禁运打开道路。9月24日，蒋介石在南京答外国记者问时，再次强调，中国抗战，不仅在中国之存亡，亦为九国公约、国联盟约伸张正义。他要求各签字国应遵守其义务，援助中国。他特别指出，美国为华盛顿会议的召集者，"九国公约的订立，胥属美国之力，故其责任尤为重大"。①

面对日本的肆无忌惮，英法也想做出适当的反应。9月25日，秘书长为英法准备了一份关于中日局势的备忘录，该备忘录显然是经过英法双方协商后才拟就的。其计划采取的主要行动有：宣布不承认由日本武力所造成的任何变动；拒绝承认中日纠纷只是这两个国家之间的问题，坚持认为，从和平的利益来看，它也是关系到国联和其他国家的问题；出于人道主义考虑给中国以援助；声明保留在将来适当的情况下进行调节和采取类似措施的可能。当天晚上，英国代表团向报界发表声明，表示英国将支持中国，拟免除中国在当年度的应付债务款项，并将向中国提供救济捐款。②

9月27日，在举行第一次咨询委员会之前，中国代表顾维钧、郭泰祺、胡世泽，法国代表德尔博斯，英国代表埃利奥特（Walter Elliot）、克兰伯恩（Cranborne）及国联秘书长爱维诺再次进行磋商。顾维钧提出，中国政府要求咨询委员会依据国联盟约第10条和第11条，宣布日本的行为为侵略。同时，应对日本诉诸战争的做法进行谴责。中国政府还希望咨询委员会促成国联成员国禁止向日本提供贷款、军火，以及煤、铁、毛、棉之类的原料，禁止向日本出口石油，及组织对中国的医疗援助。英法不愿中国提出任何类似制裁的要求，他们竭力劝说中国不要在会上提出这些具体措施。德尔博斯认为中国"虽然没有援引第16条，但实际上是在要求制裁"。埃利奥特进一步断定，如果顾维钧提出具体的制裁要求，"这将是一个巨大的错误"。克兰伯恩认为："国联在阿比西尼亚问题上所得到的教训是，如果没有以全部力量去支持的决心，实施制裁是毫无用处的。"在目前的政治环境下，他非常怀疑国联能否走得像中国政府所期望的那样远。③

为了更灵活地推进和加快有关工作，咨询委员会又酝酿组成小组委员

---

① 秦孝仪主编《先总统蒋公思想言论总集》卷38，第79页。
② 《顾维钧回忆录》第2分册，第496—497页。
③ *Documents on British Foreign Policy*, 1919–1939, series 2, vol. 21, pp. 351–352.

会。10月1日，咨询委员会决定由英、法、苏、澳、比、荷及中国等13国组成小组委员会，授权它审查和探讨有关问题，并向咨询委员会提供可供讨论的主导意见。

此后，小组委员会便开始了起草准备提交国联大会通过的报告书的工作。在小组委员会的讨论中，英国代表提出了召开九国公约签字国会议讨论远东冲突的建议。顾维钧形容这个建议"像从天而降的炸弹，这个意想不到的显然是将责任推卸给美国的巧妙手段，一时惊呆了所有在场的人"。[①] 会议接受了英国的这一建议。

10月5日，小组委员会提出决议草案，并获远东咨询委员会通过。10月6日，国联大会通过了由咨询委员会提交的决议。

决议由两个报告书组成。第一报告书指责日本违反条约义务。该报告书在结论部分指出："对日本以陆海空军对中国实行军事行动一节，不得不认为与引起冲突之事件殊不相称……上述行动不能根据现行合法约章或职权认为有理由，且系违反日本在九国公约及巴黎非战公约下所负之义务。"第二报告书驳斥了日本人所声称的中日争端只能由两国自行解决，第三国不能介入的说法，认为"目前中国之局势，不只关系冲突之两国，且对于一切国家均有若干关系，许多国家与其人民皆已直接蒙受其影响……故国联有依照盟约及条约下之义务，以谋迅速恢复远东和平之职责与权利"。

决议对中国的抗战表示了一定程度的同情和支持。决议声明："大会对于中国予以精神上之援助，并建议国联会员国应避免采取一切结果足以减少中国抵抗之能力，致增加中国在现时冲突中之困难之行动。"决议建议国联会员国"应考虑各该国能单独协助中国至何种程度"。会议还决定提议召开九国公约签字国会议讨论中日冲突。[②]

国联会议给了中国以道义上的支持，但中国争取物资援助或制裁日本的目标均未达到，国联把采取实质性的具体行动的问题推给了九国公约会议。其实，会议产生这样的结果也是不奇怪的。因为在整个国联会议的过程中，各大国都不想承担采取实际行动的义务，不肯抛头露面，走在别人前面，唯恐招来日本的怨恨。它们总是希望把别人推到前面。美国并非国

[①]《顾维钧回忆录》第2分册，第506页。
[②]《卢沟桥事变前后的中日外交关系》，第359—362页。

联成员，但英法两国都观望着美国的态度，希望得到美国明确的事先承诺，而美国则坚守不做任何事先承诺的立场，不肯越雷池一步。赫尔给国联秘书长的一份照会就明确地表示了美国愿意合作但不愿意承担义务或做事先承诺的立场。照会声称："在本政府被告知国联希望该委员会履行何种职能之前，不可能说出本政府在多大程度上能够同它有效地合作"。美国"不可能承担那些国联各国由其成员国资格而衍生的责任……它对国联向它提出的明确建议，准备予以认真的考虑，但是，对于以假设的名义提出的政策与计划，它不准备表明其立场"。①

如此，一方说先有承诺才敢行动，另一方说先有行动才可做判断才能有支持，互为条件，互相推卸，从而形成了一个解不开的循环结。可想而知，这样的会议不会取得什么突破性的进展，尽管中国代表在会议上疾呼援华制日，但并不能影响会议的进程。顾维钧曾力图在将要提交国联大会通过的报告中加上希望国联成员国以"物资供应及金融措施援助中国"的字句，但未被采纳。同时，会议还拒绝对日本的侵略行为使用"侵略"的字样。

日本政府深知西方列强的弱点，断定它们不会形成反对日本的统一战线，因而敢于与国联持公然对抗的立场。在国联报告书通过之后，日本政府于10月9日发表了反驳声明。声明颠倒是非，指责中国顽固地实行排日抗日，企图把日本的权益排除出中国，并称中国系有计划地挑起冲突，日军在中国的行动只不过是在进行自卫，以消除中国对日挑衅行为的根源，使其抛弃排日抗日政策，在两国之间真诚合作，以实现东亚的和平。声明称国际联盟和美国"全然不理解本次事变的真相和帝国的真意"，对此表示甚为遗憾。②

当然，就对国际舆论的影响来说，国联会议还是发生了一些积极作用的。顾维钧认为，会议"虽然没有达到我们期望的目标，但是公众舆论要比大会初开幕时我们所预料的好"。③ 蒋介石也认为，国联会议在舆论上道义上已产生了积极效果，"英美舆论反倭甚激，众怒已成，与倭一大打击，国联亦对倭谴责，但尚不敢认倭为侵略国也"。"国联决议亦较有力"。④ 国联会议还为今后中国要求国际援助打下了基础。在国联大会闭幕的次日，

---

① *FRUS*, *1937*, vol. 4, p. 24.
② 上村伸一『日本外交史』第 20 卷、172—173 頁。
③ 《顾维钧回忆录》第 2 分册，第 509 页。
④ 《蒋介石日记》，1937 年 10 月 2、9 日。

中国代表团致电外交部，建议应当利用国联赞成给予中国援助的决议，对中国的需要和外国可能的供应，做出具体计划或明确要求。

第四节　九国公约会议上的努力

当召开九国公约会议的建议提出之时，人们对该会普遍存在着一定程度的希望。之所以要召开这一会议，无非要把美国拉到讨论远东问题的前台，因为美国是九国公约的发起国。实际上，英国的提议也反映了当时许多国家的普遍想法。法国一直认为，没有世界最强国家——美国的参与，远东问题是无法解决的。澳大利亚代表在大会发言中曾提出过召开太平洋国家会议，以便让在东亚有直接重大利益的非国联成员国参加的建议。苏联代表也曾在会议期间对中方代表表示，希望能召开太平洋国家会议以加强国际联盟的行动。因此，可以说召开九国公约会议是众望所归。

在国联会议没有取得中方所预期的进展后，中国政府期望九国公约会议能有所作为。美国的态度似乎给人们带来了某种希望。10月5日，美国总统罗斯福在芝加哥发表了著名的"防疫隔离"演说，措辞颇为强硬。罗斯福指出，目前"国际上毫无法纪的瘟疫正在蔓延"，有的国家正违反庄严的条约，侵犯那些对其从未造成任何危害的国家的领土。这些无法无天的人，对世界和平与每一个国家的幸福与安全形成了威胁。罗斯福认为，不论是否正式宣战，战争都是一种传染病，它能够危及那些远离战争发源地的国家和人民。当侵害人们身体的瘟疫开始蔓延时，整个社会会确认并参与对病人实行检疫，以防止疾病蔓延。因此，当出现战争瘟疫时，"最为重要的是，所有爱好和平的国家必须坚持表达和平的愿望，以使那些图谋破坏彼此间协定和他国权利的国家停止其作为"。①

10月6日，即在国联决议通过的当天，美国国务院也发表声明说："美国政府鉴于远东事态的发展，不得不得出结论说，日本在华之行动，与国和国之间的关系不符，也有违九国公约、凯洛格 - 白里安公约的条款"，表示"本国政府所得结论与国联大会之结论相符合"。② 就连艾登也

---

① 黄德禄等选译《一九一七——一九三九年的美国》，商务印书馆，1990，第148—152页。
② *FRUS, Japan, 1931 - 1941*, vol. 1, p. 397.

被美国的这一姿态所鼓舞。他在10月6日的内阁会议上说,召开九国公约会议,是目前能够采取的最好步骤,它将给美国最充分的机会去提供他们能提供的任何合作。在罗斯福总统的演说发表之后,美国政府几乎不能拒绝这个建议。

中国政府也注意到了美国政府的这一积极姿态,认为国际形势将趋向好转。蒋介石认为:"国际形势因美国总统声明有急转直下之佳象,此为抗战第一之目的幸已奏效矣。"因此,中国应抓住机会,推动美国继续前进,争取九国公约签字国会议能有所作为,蒋介石提出:"一、设法使倭参加九国会议;二、使美国总统主张公道"。①

但实际上,这时无论是美国还是英国都不想走到制裁这一步,尽管他们内部对于这一问题时有争议,不时出现一些比较积极的意见,但决策人物的意见是不主张制裁的。

英国首相张伯伦就极力反对卷入中日冲突。他在内阁会议上说道:"想象不出在欧洲形势如此严重的时候,还有什么比在此时向日本寻衅更带有自杀性质。如果我国卷入远东冲突,那么独裁国家就可能抵抗不住在东欧或在西班牙采取行动的诱惑。"②英国外交部认为,布鲁塞尔会议的成果可能不大,但英美合作的事业将由此而向前推进。但张伯伦不同意这一看法,认为布鲁塞尔会议将一无所成,只是浪费时间。他说,英国在布鲁塞尔"将要得到的主要教训是在获得美国有效合作方面的困难"。因此英国政府确定了这样的指导方针:"我们在这种危险和困难的局势中应和美国齐步前进,步伐一致,不前不后。"③

在美国,尽管中国的抵抗侵略已经赢得了一般民众的同情,但道义同情和出手支持毕竟是两码事,这两者之间还有一段漫长的道路。正如10月4日的一份民意调查所显示,接受调查的人中有59%表示同情中国,但其中又有63%的人表示,对中国的同情并不足以使他们不买日货。④ 可见,这时美国的民意尚处于同情但又不愿挺身而出的阶段。

---

① 《蒋介石日记》,1937年10月9、13日。
② 〔英〕约翰·科斯特洛:《太平洋战争》,王伟等译,东方出版社,1985,第66页。
③ 〔英〕安东尼·艾登:《艾登回忆录——面对独裁者》,武雄等译,商务印书馆,1977,第60页。
④ Dorothy Borg, *The United States and the Far Eastern Crisis of 1933–1938*, p.637.

这时，孤立主义的实力仍很强大。在罗斯福的"隔离演说"发表之后，孤立主义者便指责罗斯福是在鼓动战争，攻击罗斯福是战争贩子，反对的声势颇为浩大。六大和平组织宣布总统企图把美国引上战争道路，联合发起一场征集2500万人签名的运动，要求"避免使美国卷入战争"。有的众议员提议弹劾总统。罗斯福对他的一位朋友说："你一心想领着人民朝前走，可是回过头来朝身后一看，没有一个人跟你走，这真可怕啊。"①于是，罗斯福很快从他芝加哥演说的立场上后退。他降低调门对记者说，制裁是个"可怕的字眼"，"应该扔到窗外去"，他声称自己"压根就没有提议制裁"。10月12日，罗斯福在炉边谈话中告诉美国人民，九国公约会议的目标仅仅是通过协商来寻求解决远东冲突的方案。②

美国驻日大使格鲁也提醒政府应谨慎行事。他在给赫尔的电报中说道："任何斡旋或集体调停的建议，不管其措辞如何谨慎，能为日本政府接受，这是难以置信的，因为日本人将发现其中暗含一种外国压力的因素。""为了不关闭这种终将发生的调停之门，布鲁塞尔会议应避免对有关中日冲突的责任和起源再表示任何意见，而且它应该严格遵守试图以协商促进和平的委托……最终调停成功的机会将与奉行的公正程度而成正比地增加。"③

日本政府对罗斯福的演说颇感不安而前来探询。10月7日，日本驻美大使斋藤博奉命拜访赫尔，询问美国是否在考虑采取新的方针。赫尔回答说："我们目前不考虑采取任何特别的步骤；我们将继续遵循以往所遵循的方针和政策。"④

美国国务院的决策者经过一番争论后，对美国出席布鲁塞尔会议的指导原则做出了如下的规定：

问：美国是否愿意从事制裁？
答：到现在为止，会议的范围与目的只要求以协议来结束冲突。

---

① 〔美〕巴巴拉·塔奇曼：《史迪威与美国在华经验》，陆增平译，商务印书馆，1985，第245页。
② Dorothy Borg, *The United States and the Far Eastern Crisis of 1933 – 1938*, pp. 283 – 284; *The Memoirs of Cordell Hull*, p. 551.
③ *FRUS*, 1937, vol. 4, pp. 124 – 125.
④ *FRUS*, Japan, 1931 – 1941, vol. 1, p. 398.

问：美国能否同意任何会侵犯中国领土完整或九国公约原则的解决方式？

答：不能。①

罗斯福也向出席布鲁塞尔会议的美国代表戴维斯（Norman Davis）发出指令，要求他务必记住，美国不想被推到第一线，成为未来行动的领导者或倡导者，它不想成为英国风筝上的尾巴。10月28日，出席九国公约会议的中国代表顾维钧在巴黎与戴维斯会晤。顾力劝美国带头对日本实施禁运政策。但戴维斯认为，除非以军事实力为后盾，否则禁运和经济制裁是不起作用的。日本的物资储备充足，在制裁的情况下也可以支持一段较长的时间。戴维斯还表示，在此各国正试图进行调停之时，又讨论其他方案是不合理也不适宜的，同时进行调停和采取积极援助敌对行动的措施是自相矛盾的。

在布鲁塞尔会议尚未开始之时，种种迹象已经显示这一会议将注定要失败。对此，前往布鲁塞尔参加会议的苏联外交人民委员李维诺夫（Maxim Litvinov）对这一会议的结果也颇为悲观，他对中国代表郭泰祺说，此次会议只不过是"重演伦敦不干涉委员会故事，别无结果"。鉴此，他称"此来仅系作客，即委员会亦不拟加入"。②

中国方面对此亦有所估计。国防参议员傅斯年曾预言："此会议成功之可能固远不如其失败之可能为大，然必吾国尽力图助其成事，方可于失败后不负责任，而留为下一步国际助我之张本。"③

10月19日，中国政府特派顾维钧、郭泰祺和钱泰组成出席该会的中国代表团。蒋介石对这一会议所确定的与会方针是："甲、不得妥协。乙、不拒绝调解。丙、调解不成之责，由敌人负之。丁、目的使各国怒敌，作经济制裁，及促英美允俄参战。戊、上海与华北为整个不可分之解决。"④ 10月24日，中国外交部致电中国代表团，指示了政府对于布鲁塞尔会议的应付方针。该电第一条便指出："依照目前形势，会议无成功希望，此

---

① Dorothy Borg, *The United States and the Far Eastern Crisis of 1933 – 1938*, p. 405.
② 《卢沟桥事变前后的中日外交关系》，第393页。
③ 吴相湘：《第二次中日战争史》上册，台北，综合月刊社，1973，第422页。
④ 《蒋介石日记》，1937年10月23日。

层我方须认识清楚"。但同时该电又要求代表团对各国代表态度须极度和缓，并须表现出中方希望会议获得成功，争取在九国公约的精神下解决问题的愿望，使各国认识到会议的失败责任应由日本担负，而切不可由于中方态度的强硬致使各国责备中国。该电说明了中国之所以如此应付九国公约会议的真正原因，明确告诉代表团"我方应付会议之目的，在使各国于会议失败后，对日采取制裁办法"。外交部还要求代表团应设法促使英美赞成并鼓励苏联以武力对日。[①]

这时，在淞沪战场上，中国军队败象已露。从军事角度看，应立即主动做有组织有层次的后撤，以免出现全面崩溃，一退而不可收的危险后果。但为了配合九国公约会议，蒋介石决定在这个列强利益最为集中的中国最大的工商城市再死拼一段时间，以期引起欧美列强的同情甚至干预，至少也可使它们不会觉得中国的势力太弱而失去援华信心。蒋介石在10月22日致各战区司令及全军将士电中说："世界各国之同情，亦随我奋勇坚决的抗战而日益普遍。国联大会有严重之决议在先，东西诸邦社会民众，均发动抵制日货，以为应援。比京九国公约会议，克日即将召集。以足证我愈团结，人愈重视，我之团结抵抗愈坚强奋勇，则友邦之同情与援助，必日益增强……当此比京九国公约会议即将举行之际，敌必倾全力，以期获得军事上的胜利，而转移国际之形势，我全体将士尤当特别努力，加倍奋励，使敌人速战速决之企图，不能侥幸以逞。且当于此时机表示我精神力量，以增加国际地位与友邦同情。"[②] 李宗仁曾明确指出蒋介石的意图是"在上海和敌人的主力火拼一番，不特可以转变西人一向轻华之心，且可以引起欧美国家居间调停，甚或武装干涉"。[③]

布鲁塞尔会议向九国公约签字国（包括英、美、法、意、中、日等国）和在远东有重大利益的苏联、德国等共21国发出了邀请书。日本和德国拒绝参加这一会议。日本在致各国政府的照会中辩称："此次会议显系出于根据国联会议而召集者，而国联既下有关日本帝国名誉之断案，且

---

① 中国第二历史档案馆编《中华民国史档案资料汇编 第五辑第二编 外交》，江苏古籍出版社，1997，第28页。
② 《蒋介石致各战区司令及全军将士电》（1937年10月22日），秦孝仪主编《中华民国重要史料初编——对日抗战时期 第二编 作战经过》（1），第55页。
③ 《李宗仁回忆录》下册，广西政协文史资料研究委员会，1980，第702页。

对帝国复采非友谊的决议，不得不使帝国认为此次会议难期由关系国举行充分而无隔阂之交涉，以使中日事变导于根据事实之公正妥当的解决。"而且，"由对于东亚利害关系不同，甚至毫无利害关系之各国开会解决，其必反使事态益趋纠纷，而有碍正常之收拾"。①

11月3日，九国公约签字国会议在布鲁塞尔开幕。英、美、法代表相继在大会上做基调发言。戴维斯指出，中日战争不特使中日受损，世界各国都感受其害。因此与会各国应设法寻找双方可以接受的基于条约的公正条件。艾登则强调，战争易于传染，即使是局部战争，也与全世界有关。他表示愿以最大的合作来求和平的实现。德尔博斯指出，与会各国应积极工作，此不仅为对于人类的义务，亦为维持和平及公平的义务，如意存自私不加努力，反有被牵入旋涡的危险。

意大利代表马柯迪（Aldrovandi Marescotti）的发言明显倾向于日本。马柯迪声称，这次会议不能用强制的方法，亦不能进行谴责。会议的目的不在于调查争端起点，因为这往往不易判明。他鼓吹会议的目的在于邀请中日双方直接交涉，此后之事各国即不必过问。

苏联代表李维诺夫的发言表现出比较积极的态度。李维诺夫批评以往的国际会议往往忘了它成立的目的。为获一时苟安不断对侵略者让步，结果，新侵略事件不断发生，新会议也不断召集。再加上各国间意见不一，就更给侵略者造成机会。李维诺夫还提醒会议不可掉入侵略者的和平陷阱。这种和平一方面对侵略者说："放心好了，抢来的都是你的"；一方面对受害者说："爱你的侵略者。不要与邪恶对抗"。② 他希望"此项会议不蹈覆辙，得有结果，立成一公正之和平，不可因求会议之成功，牺牲被侵略者"。③

此后，会议开始进行两方面的磋商。一是协商成立由少数几个国家组成的小组委员会，以便更有效更迅速地研讨远东冲突问题，承担调停任务。戴维斯提议由美英及东道主比利时组成这一小组委员会，但遭到意大利反对，它主张由中日直接谈判。法国和苏联则对该小组的构成提出异

---

① 《卢沟桥事变前后的中日外交关系》，第383页。
② 中华文化复兴运动推行委员会主编《中国近现代史论集》第26集（上），台北，1985，第481页。
③ 《卢沟桥事变前后的中日外交关系》，第395页。

议。于是，组织小组委员会的计划只好取消。

二是，会议还在忙于起草对日本拒绝参会的书面复信，并决定再次向日本发出邀请。但是，日本于11月12日再次拒绝了邀请。日本答称："日本既迫不得已而采取目前之自卫行动，则此项行动自不在九国公约范围之内。""日本政府深信以集体机构，如比京会议所为之干涉，徒刺激两国之民情，而使有关各方引为圆满之解决更不易得"。①

为了对抗和破坏九国公约会议，日本在10月下旬即开始促请德国出面调停中日战争，以此排斥他国的干预。对此中国政府亦有所察觉，并未做出积极响应，而仍把主要注意力放在九国公约会议方面。11月5日，蒋介石对传递信息的德国驻华大使陶德曼（Oskar Trautmann）表示，中国现在不能正式承认收到日本的要求，因为中国现在正是九国公约会议各国关注的对象，各国"有意要在九国公约会议的基础上觅取和平"。② 同日，蒋介石在国防会议上明确阐述了中国此际应当奉行的外交政策。他说道："我们一贯的外交政策，是什么呢？就是中日问题的解决，应该使各国参加，以打破日本侵略中国、独霸远东，排斥第三国干涉的阴谋。"③

英美列强也风闻陶德曼调停之事，它们不赞成中国接受德国的调停。11月6日，戴维斯就此事询问顾维钧和程天放，程天放予以否认。戴维斯复问中国是否愿意接受德国单独调停。程天放答称，此事未受政府训令，不能正式答复，但个人意见认为，任何调停应有先决条件，即须恢复七七以前的状态。戴维斯进而建议，若德国以后再提及调停，中国政府可以说这件事关系九国公约各国，非仅中日两国之间的事。④

11月7日，蒋介石在答记者问时，否认当时流传的有在九国公约会议之外进行调停的说法。他声明："中国立场始终为尊重九国公约及国际一切条约。中国除竭诚与合法集团努力合作以外，决无单独行动之理。中国最重信义，断不自行违反一贯之立场。"⑤

---

① 《卢沟桥事变前后的中日外交关系》，第387页。
② Raymond J. Sontag, J. Marshall-Cornwall, Paul R. Sweet, Howard M. Smyth & other eds., *Documents on German Foreign Policy, 1918—1945*, serics D, vol. 1 (Her Majesty's Stationery Office, 1949), pp. 780–781.
③ 秦孝仪主编《先总统蒋公思想言论总集》卷14，第648页。
④ 《卢沟桥事变前后的中日外交关系》，第396—397页。
⑤ 秦孝仪主编《先总统蒋公思想言论总集》卷38，第101页。

11月8日，中国外交部就调停一事致电顾维钧，表示："我方唯一途径只求由此会议获得适当解决。日本于此时使用离间手段，自在意中。而德国亦未尝不欲利用时机以调人自居，借以抬高其在远东之地位。德大使已频频微露其意。"外交部指示代表团："可斟酌情形，密商英、美二国。如有关于调停具体计划，不妨于会外与德国随时商洽；必要时并可请德国与英美等国向日本斡旋。如此既可打破日本之离间计划，而以集体力量图谋解决之政策，亦可始终贯彻。"①

在等待日本复函期间，英美代表频频在会外活动，协调双方的行动，探讨可能的行动方式。戴维斯向艾登透露："总统对远东的前景大为不安，他认为大不列颠可能被迫撤出那里的阵地，结果美国有朝一日也许不得不单枪匹马地与大大加强了的日本太平洋力量打交道。现在正是这种可怕的前景使总统力求制止事态的继续恶化。"戴维斯声称，如果会议失败，"不能排除美国将采取进一步行动"。②戴维斯和亨贝克一再向艾登表明，会议可能失败，但世界舆论尤其是美国舆论可以从中得到教育。他们不知道美国下一步会采取什么步骤，但希望会议能在教育公众方面发挥作用，使他们能获得公众更有力的支持。

关于可能采取的行动，戴维斯说美国不会采取别的制裁行动，但可以"不买日本货"。他认为英美共购买日本出口货的75%，这一制裁是一定会起作用的。但艾登怀疑这一措施的有效性，指出这种特别措施曾被用来对付意大利，1935年国联会员国所占意大利出口贸易的比例数字也是这么多，但制裁并未取得显著效果。艾登提醒戴维斯，制裁不外两种：有效制裁和无效制裁。搞无效制裁，只会惹人动火而没有实效，搞有效制裁，就必须看到要冒战争的风险。他认为英美对此应有足够的认识，并应有共同承担风险的意愿，不论风险多大，都应坚持到底。

中国政府期望在欧美列强出面斡旋下进行中日间的谈判。11月12日，外交部指示中国代表团："倘各国已正式或非正式促令日本仿照华盛顿会议解决山东问题办法，与中国直接谈判，同时受有关关系国之协助，则我方可不反对。至停战问题，倘各国向中日提议双方先行停战，中国亦可

---

① 吴相湘：《第二次中日战争史》上册，第423—424页。
② 《艾登回忆录》下册，第961—962页。

同意。"①

日本拒绝会议的再次邀请，表现出丝毫不肯让步的态度，这使英、美、法代表大为不满，并促使其态度转向强硬。在 11 月 13 日的会议上，戴维斯、艾登和德尔博斯一致反驳了日本有权侵入中国反对共产党的荒谬理论。他们指出，各国内政制度有自由选择之权，他国不能强行干涉，充当"意识形态的十字军"。中国代表亦就此强调指出，日本政府已以它最近的答复在各国代表面前关上了调停与和解之门。因此，中国吁请各国停止对日本提供战争物资及信贷，并对中国提供援助。英美代表准备采取某些行动。戴维斯要求美国政府拒绝向日本提供贷款，不承认日本的征服，并要求艾登保证英国在这一方面给予合作。艾登对此做出积极的反应。②

同时，会议开始起草批驳日本第二次拒绝声明的宣言。宣言由亨贝克起草，经英、法代表团修改于 11 月 15 日获大会通过。宣言批驳了日本鼓吹的中日战争仅仅是中日两国之间的事情的观点，指出："这场冲突实际上涉及 1922 年华盛顿九国公约和 1928 年巴黎非战公约的全体签字国，实际上也涉及国际大家庭的所有成员。"它"使国际交通中断，国际贸易受阻，给各国人民带来一种恐怖感和愤慨，使整个世界感到不安和忧虑"。针对日本要用武力"使中国放弃现行政策"的企图，宣言指出："在法律上根本不存在任何国家动用武装力量去干涉他国内政的根据"。

宣言对日本主张的中日两国单独解决的公正性表示怀疑，认为："如果听任他们自己解决，没有任何理由可以相信中日两国会在不久的将来达成给该两国间的和平、其他国家的权益保障以及远东的政治和经济的稳定带来希望的协议。""恰恰相反，倒有一切理由相信，如果这个问题完全留待中日单独解决，则武装冲突及随之而来的生命财产的毁灭、混乱不安、动荡不定、苦难、不和、仇恨和整个世界的不安宁，将永无止境。"宣言最后宣称，对于日本"固执与其他所有签字国相反的见解"，"各国代表不得不考虑其共同态度"。③

宣言通过后，会议决定休会一个星期，以便各国代表有机会与本国政府商讨下一步的行动。中国政府对这一宣言比较满意，命令中国代表团向

---

① 《卢沟桥事变前后的中日外交关系》，第 407 页。
② *FRUS*, *1937*, vol. 4, pp. 183–185.
③ *FRUS*, *Japan*, *1931–1941*, vol. 1, pp. 410–412.

美英代表团转达中国政府对他们的同情和协助态度的赞赏。

然而，出于战略利益、实际力量、国内舆论等方面的考虑，英美政府此时尚未想迈出由道义支持到行动支持这一步。戴维斯希望采取某些行动的积极想法，未能获得美国国务院的同意。在宣言通过之前，赫尔就泼了一盆冷水。他致电戴维斯，声称目前采纳不承认政策的决议的时机尚未成熟，而戴维斯所建议的反对政府及私人对日借款的宣言也超出了会议的范围。数小时后，赫尔又致电戴维斯，表示出他对布鲁塞尔气氛的不安。他说："来自布鲁塞尔的新闻报道，尤其是过去几天的，予人以一种印象：其他与会国家愿意并热心采取对日施加压力的方法，只要美国也肯这么做。这些报道的语气似乎在说，美国应单独对决定此次会议的态度负责……我也请你注意布鲁塞尔会议开会的目的。请你注意对日施加压力方法的问题是在会议范围之外的。"① 副国务卿韦尔斯（Sumner Welles）则声称戴维斯在布鲁塞尔已经走得太远了。宣言通过之后，美国国内对戴维斯的批评之声甚高，孤立主义势力在国会和舆论界发出了"召回戴维斯"的强烈呼声。

一直以不安的目光注视着布鲁塞尔会议进程的日本政府在会外对美国政府施加压力。会议决议中"共同态度"一词，在日本传为"联合行动"，这引起了日本人的某种担心。11月16日，日本外相广田弘毅会见了美国驻日大使格鲁。广田认为，"联合行动"之意，似乎是实行某种制裁，"这种行动不仅无助于停止战争，而且只会使中国人得到鼓励，从而无限期地延长战争"。广田声称根据他们得来的消息，美国正在布鲁塞尔会议上起着积极的领导作用。广田并含有威胁性地说道，这些消息不久将会出现在日本的报刊上，它将会产生"很坏的影响"，日本的民众将会认为美国应负反日的主要责任。②

英国决策集团也不赞成采取积极行动。英国参谋部11月12日的一份重要报告指出，英国不具备同时抵抗德、意、日的能力。因此，从国防角度来看，英国应该努力"减少我们的潜在敌人的数目，获得潜在盟友的支持"，这一工作的重要性"怎样估计也不会过高"。③ 张伯伦赞成这种少树敌的观点。

---

① *FRUS*, *1937*, vol. 4, pp. 181, 197.
② 〔美〕约瑟夫·格鲁：《使日十年》，蒋相泽译，商务印书馆，1983，第228—229页。
③ Bradford A. Lee, *Britain and the Sino-Japanese War, 1937–1939*, p. 80.

在来自国内的压力下,布鲁塞尔会议代表的态度又趋向消极。中国代表曾奉命拜访英美代表,对他们的支持表示感谢。对此,美国代表似乎颇感不安。亨贝克希望中国代表不要在外面宣扬美国是中国最好的朋友,以免给美国人民带来一种印象,说美国代表团在会议中处处带头,并且负起了全部重担。戴维斯也认为这一点很重要,并声称事实上英国的表现也一直是非常之好的。美国代表团的这番苦心,充分反映了美国国内舆论的压力。美国人害怕被卷入战争,当时还不准备采取坚定的立场。

在休会期间的另一次拜访中,顾维钧向亨贝克提出,事至如今,会议应考虑采取援助中国削弱日本的措施。但是,亨贝克表示,九国公约仅仅规定在缔约国之间交换意见,当缔约一方仍不停止公约所禁止的行为时,公约并未规定任何强制措施,它没有为签字国规定采取措施的义务,各国采取措施只是出于自愿,而不是公约义务。他指出,美国人同情中国,但现在他们还不愿冒战争的风险。戴维斯则更直率地对中国代表钱泰说:"(国联)盟约有制裁办法,尚且不能执行,九国公约无制裁办法,中国岂可奢望"。[1]

中国代表还与苏联代表、外交次长波将金(Vladimir Potemkin)进行了长谈,提出了苏联在蒙古和东北边境地区举行军事演习的建议。苏方提出了其他大国的保证问题,认为如果苏联以军事演习这样的实际行动支持中国,而无第三者保证援助的话,那就等于要求苏联去冒独自面对日本的危险。

11月22日,布鲁塞尔会议复会。在会前磋商中,中国代表向英、美、代表提出,会议应采取助华制日的有效办法,如提供军事物资,英美法联合进行军事演习等。但英美代表声称,如各国明显助华,恐反促成日本实行封锁,使中国现有的物质援助亦不可续得,且这一办法难望在大会获得通过。顾维钧又提出,可以在九国公约会议之外由英、美、法、苏、荷、比等国举行圆桌会议,就对华援助问题达成一项总的谅解。但美国代表反对共同商讨,主张中国与各国单独交涉。亨贝克说,如果美国得知戴维斯先生参加援助中国的会议的话,他首先将会得到华盛顿将他召回的电报。

11月24日,与会国举行最后一次会议,再次通过了一项宣言。该宣

---

[1] 《民国档案》1989年第2期,第39页。

言除了重申了11月15日宣言的原则外别无新意。宣言声称："九国公约所载各项原则，乃系维护世界和平促进有秩序的国家生活与国际生活所必须加以尊重之基本原则"，它向中日双方建议"停止战争，并改取和平程序"。会议还宣布："为使与会各国政府得有充分时间以交换意见，并赓续觅求和平方式起见，认为暂时延会实乃贤明之举。"① 至此，九国公约会议实际上无限期暂停。中国代表对会议结果深表失望。顾维钧在闭幕会上对会议所采取的软弱态度提出严重抗议。

与国联会议一样，布鲁塞尔会议并没有解决任何实际问题，无论是在向中国提供物质援助还是在对日实施制裁方面，都没有取得中国政府所期望的实质性的进展。因此，会议的结果不仅招致中国方面的批评，也引起英美内部一些人士的批评。但国联会议和布鲁塞尔会议还是有积极意义的。不难看出，这两次会议的报告书或宣言都是对日本持批评态度的。它使世界更清楚地了解了中日冲突的真相，使世界舆论更多地倾向于中国。这打破了国际上从前对中日冲突"绝对中立"的状态，中国在国际讲坛上赢得了正义的一票。会议使中日问题的解决"国际化"，挫败了日本企图"直接交涉"的图谋，使这一问题成为国际社会所共同关注的一个中心问题。而且，道义上的援助必将为以后的物资援助打下基础。

中国参谋本部早在7月下旬所拟的《国防外交政策提案》对这一情况就曾有所预计。该提案在逐一分析与远东问题有关的英、美、法、苏、德、意等国与中日交往的历史及现状后指出，中国在国际上的处境实较日方优越。但要认为欧美各国在中日冲突中对我将有积极援助，则亦未免奢望，因为各国在远东均无生死关系之利害，且各有其他牵制问题。目前我国所能期望于各友邦者，不外乎精神援助、经济援助及军事上的牵制力量。该提案并具体分析指出："精神援助虽似空洞，但对于敌人方面，随时有变为经济制裁之可能。"国联和九国公约会议的积极结果正是为这种转变准备了不可或缺的条件。② 蒋介石对此一结果也并不意外，并比较乐观地看待今后的形势发展："九国会议宣言软弱，不足为虑，其后共同行动必能实现也。"③

---

① 外交学院编《中国外交史资料选辑》第3册，编者印行，1958，第138—140页。
② 二档馆：787/2041。
③ 《蒋介石日记》，1937年11月15日。

第二章
中苏关系的调整与争取苏联援华

远东华盛顿体系产生之时,新生的苏俄被排除在外。作为世界上唯一的共产党领导的社会主义国家,苏联一直受到以英美为主导的国际社会的排斥,同时苏联本身对东西方资本主义国家也一直怀着警惕的目光,不愿因轻举妄动而陷入纠纷之中。中国争取国际援助的活动并不仅仅局限于英、美、法这样希望维持旧秩序稳定的国家,它还竭力争取被排除于旧秩序之外的苏联的支持。中国与苏联从国家安全利益上找到共同点,形成了共同对抗日本的阵线。在抗战的最初阶段,苏联给了中国最为实际的援助。

第一节 订立《中苏互不侵犯条约》

苏联是诸强中唯一与中国和日本领土相邻的国家。中日战争的发展对于它的国家安全有着直接的影响。如果中国被征服,一个强大的可使用中国巨大的人力和物力资源的日本将对它构成重大威胁。因此,它对中日冲突的关心之切自非其他大国所能相比。另外,苏联的举动对中日双方也将发生最为直接的影响,无论是援助也罢,威慑也罢,它都处于最方便最直接的地位。因此,苏联对于中日战争的立场便显得尤为重要。

中苏两国在意识形态上有着巨大分歧,但在对付具有强烈扩张性的日本这一问题上,中苏有着共同的利益。就苏联的国家利益来说,它不希望看到日本过于强大,在中日两方中,抑强扶弱自然是它的上策。因此,援助中国对抗日本便成为苏联远东政策的一个基本出发点。中国对利用苏联制约日本也寄予较大的希望,这不仅是基于对苏联战略利益的判断,还因为在各大国中唯有苏联拥有在东亚迅速干预的力量,苏联在其远东地区驻有强大的陆军和空军。因此,在中苏关系的发展中,意识形态的考虑(尽管这种考虑并不限于纯意识形态领域,而与当时的中国政治有着极大的关系）便逐步让位于对国家安全利益的考虑。联苏制日成为中国政府的一个重要战略。

早在战争爆发前两年，中苏之间就已经开始了订立有关中苏条约的商讨。1935年秋，国民党中央执行委员陈立夫曾与苏联驻华大使鲍格莫洛夫讨论过一旦中日战争爆发时苏联如何对华援助的问题。陈立夫提出了订立中苏互助条约的建议，但鲍格莫洛夫认为这一条约"太危险"，未接受这一建议。[1] 不久，蒋介石在与鲍格莫洛夫的谈话中也表示了愿与苏联签订一个军事协定的意向。蒋介石声称他愿以"中国军队总司令"的身份，与苏联订立"有实质性的真正促进中苏亲密关系并能保障远东和平的协定"。[2] 1936年10月，蒋廷黻出使苏联，他在莫斯科与苏方要员讨论了互助条约和互不侵犯条约的问题。苏方对互助条约反应冷淡，但表示愿与中国签订互不侵犯条约。

随着欧洲和远东时局的日趋紧张，苏联希望借重中国以牵制日本。鉴于其本身的国际处境以及它所面临的东西线作战的危险，苏联在欧洲鼓吹集体安全原则的同时，在东方也努力推行集体安全的方针。1937年3月10日，苏联外交人民委员李维诺夫在记者招待会上重新提起苏联在1933年曾经提出过的订立太平洋地区公约的主张。

1937年4月，刚从莫斯科接受新使命而返华赴任的鲍格莫洛夫，频繁地与孔祥熙、陈立夫、蒋介石等中国要人会见，转达了苏联政府请中国发起太平洋地区公约谈判的建议，并希望开始进行中苏互不侵犯条约的磋商。4月12日，鲍格莫洛夫与中国外交部部长王宠惠详细地进行了有关中苏在远东协调行动问题的会谈。鲍格莫洛夫提出了依次分为三个步骤的共同防御外患的计划：（1）以中国政府名义邀请太平洋有关各国（包括英、美、法国）召开一国际会议，商定集体互助协定，苏联将协助向各国疏通，使他们能共同接受中国的提议；（2）若第一项未能实现时，中苏商讨订立互不侵犯协定；（3）中苏订立互助协定。[3]

---

[1] John W. Garver, *Chinese-Soviet Relations*, *1937－1945*（New York：Oxford University Press, 1988），p. 18.
[2] 《苏联外交文件》第18卷，第538页。
[3] 《王宠惠致蒋介石电》（1937年7月8日），秦孝仪主编《中华民国重要史料初编——对日抗战时期 第三编 战时外交》（2），第325页。

鲍格莫洛夫建议立即开始苏中互不侵犯条约的谈判。他声称签署这一条约不仅会给中国带来具体好处,而且"必定会为进一步加强苏中关系创造一个有利的气氛,并在很大程度上有助于未来可能就互助条约进行的谈判"。鲍格莫洛夫并表示:"我国政府无论如何也闹不明白,究竟为什么中国政府对这一问题持否定态度?"但中方对苏联的动机持有疑虑,担心与苏联缔约将会影响英美对中国的援助,引起德国的不满,并刺激尚处于和平状态的中日关系,因而对苏联的提议未做积极响应。中方一时看不清苏联这一提议的利弊究竟如何,只觉它"关系我国存亡至深且巨,我国似不宜轻易拒绝,亦不宜仓促赞成"。[①]

抗战爆发前夕,中国行政院秘书长翁文灏以参加一国际学术会议为名访苏。李维诺夫在与翁文灏会见时再次提出签订互不侵犯条约问题。李维诺夫明确指出,蒋介石政府与苏联的关系本来是很坏的,现在从头做起,建立交情,应当立即订立互不侵犯条约。他表示苏联根本不会侵略别国,订立互不侵犯条约就是表明中国可以得苏联帮助的意思。实行帮助的办法是订立中苏易货合同,这样苏联便可以向中国提供一部分设备。翁文灏将苏方要求如实向南京最高当局做了报告,但仍未引起积极的反应。[②] 这样,直到七七事变时,中苏对于以上条约的交涉仍处于不定状态,没有什么进展。

卢沟桥事变发生后的次日,蒋介石立召立法院院长孙科和外交部部长王宠惠到庐山。蒋对他们说,如果事态扩大,可能会演变成一场全面战争。在这场全面战争中,"最关键的因素"是与苏联达成协议,由苏联供应军事装备并缔结一个中苏互助条约。[③] 次日,孙科与王宠惠立即赶赴上海,与鲍格莫洛夫就此事进行商谈。

中国政府并拟定了一份中苏互助条约的草案,其条文规定:"中华民国或苏联远东领土有被第三国直接或间接侵犯之恐怖或危险时,两国应即商定办法,以实行国际联合会盟约第 16 之规定",一旦发生这种侵犯,"两国即彼此予以军事及其他援助"。为防止出现中国政府所担忧出现的另一种情况,草案还提出:"一方军队为实行上列两款之义务起见,经双方

---

① 《王宠惠致蒋介石电》(1937 年 7 月 8 日),秦孝仪主编《中华民国重要史料初编——对日抗战时期 第三编 战时外交》(2),第 326 页;《苏联外交文件》第 20 卷,第 167—168 页。
② 《文史资料选辑》第 1 辑,第 65 页。
③ 孙科:《中苏关系》,中华书局,1946,第 16 页。

同意而调至他方领土内,若他方请求调回应即调回。"①

然而,苏联此时不愿与中国讨论互助条约。鲍格莫洛夫对孙科与王宠惠说,缔结互助条约的目的在于以其威慑力量防止战争的爆发。如果在九一八事变之后不久就签订这样的条约,那么,日本的侵略是有可能被制止的。但如今战争已经开始了,再缔结这种条约为时已晚。他坦率地说,如果现在苏联与中国签订这样的互助条约,即意味着苏联必须参战,日本就很可能进攻苏联,但苏联现在尚未做好与日本作战的准备。因此,以互助条约去刺激日本人来进攻是不明智的。鲍格莫洛夫提议中苏签订一个互不侵犯条约。

但中国政府对缔结互不侵犯条约不感兴趣。为了促使苏联政府同意签订互助条约,中国要员不断向苏方强调日本对苏联也具有重大的也许是更大的威胁。陈立夫在7月19日与鲍格莫洛夫的谈话中声称:"中国是日本进攻的首当其冲的目标,而苏联则是第二个"。② 蒋介石也向苏联驻华武官雷平(M. E. Lepin)指出,从日本方面来看,根本的问题不是中国问题,而是苏联问题。

鲍格莫洛夫则认为:"不管日本政客们的准则如何,他们在做出实际决策时都必须依据实际的想法。一方面,他们不可能不考虑我国红军的强大威力,另一方面,他们也会考虑到华北诸省几乎未有防卫的状况。"他认为日本不会铤而走险与苏联打一场吉凶未卜的战争,而会去夺取能轻易取得的华北资源。鲍格莫洛夫觉得中国政府正在"把赌注固定地押在日苏战争上",这是中方对互不侵犯条约持消极态度的原因,也是其对外政策的失误所在。于是,鲍格莫洛夫反驳了日本将会进攻苏联的看法,声称:"我们完全相信,日本不可能对苏单独开战,因为现在苏联在军事方面已经比日本强大,日本人现在也明白这一点,他们只有考虑到苏联在西方也将被卷入战争时,才会制订进攻苏联的计划。"他表示,苏联"只能根据自己的力量制订我国的整个政策"。③

苏联外交部反对与中方进行互助条约的谈判。李维诺夫在给鲍格莫洛

---

① 《王宠惠致蒋介石电》(1937年7月8日),秦孝仪主编《中华民国重要史料初编——对日抗战时期 第三编 战时外交》(2),第327页。
② 《苏联外交文件》第20卷,第392页。
③ 《苏联外交文件》第20卷,第388—390、392—394页。

夫的电报中指出:"与过去相比,目前更加不宜签订互助条约,因为这样的条约会意味着我们立即对日宣战。"苏方多次明确拒绝中方签订互助条约的要求。鲍格莫洛夫先后对王宠惠、徐谟和蒋介石宣称:"苏联政府认为,当前关于互助条约的任何谈判都是不合时宜的"。①

苏联仍然希望缔结太平洋地区公约或中苏互不侵犯条约。但中方多次表示难以承担发起太平洋公约的任务,因为日本肯定不会同意参加缔结这一公约的谈判,即使它同意参加,由于公约通常是以维持地区现状为目标,日本便会提出要人们承认已经存在的伪满洲国等要求。此外,中苏以外的其他国家对太平洋公约不会很感兴趣,因为它们只是在中苏被打败后才会受到威胁。

于是,苏联只得把重点放在签订互不侵犯条约上。鲍格莫洛夫对中方强调说:"苏联政府认为这个问题具有特别重要的意义。如果需要有其他一些意义深远的协定,那就更有必要立即就互不侵犯条约开始谈判。"其时,中苏之间正在就军事物资的援助问题进行商谈。于是,鲍格莫洛夫向苏联外交部提议,在同意向中国提供军事物资之前,"应立即坚持签署一项互不侵犯条约,为此可提出一个理由,说我们必须得到保证,使我们的武器不被用来对付我们"。②

苏联之所以坚持签订互不侵犯条约,实际上反映了其对中国仍存疑心,担心中国经不起日本的硬打软拉而倒向日本,与日本缔结对苏联不利的反共协定。签订互不侵犯条约就是要得到中国不与日本合伙反共反苏的保证。然而,中国政府并不愿意签订互不侵犯条约,它要么要求订立互助条约,要么就连互不侵犯条约也不签订。这种两个极端的态度看似矛盾,但它恰好说明,中国政府不想在得不到苏联重大支持的情况下给外界造成亲苏的印象,因而影响它与其他列强的外交。这时,英美等国对苏仍存顾忌之心,而德意与苏联的敌对则是公开的。所以,中国政府不愿轻易地迈出这一步。但是,如果苏联同意签订互助条约,公开帮助中国打日本,中国政府则可以不顾忌任何影响问题,毕竟目前这有关生死存亡的抗战压倒一切。

当然,中国政府中也有人主张积极大胆地推行联苏政策,立法院院长

---

① 《苏联外交文件》第 20 卷,第 430、436 页。
② 《苏联外交文件》第 20 卷,第 392—394 页。

孙科便是一个代表。他在7月下旬发表谈话时指出，法国为欧战的战胜国，它还在竭力寻找朋友，"中国为弱国，当然更须朋友，决不能因怕得罪敌人，而不敢觅取友邦，自陷孤立"。现在与远东政局有关系者为英、美、苏三大国。英美为海军国，绝不会运用其海军以参加大陆战争。而"苏联为远东唯一大国，且为陆军国家"，"故中国唯一可找之朋友为苏联"。① 但是，持孙科这种看法的人在中国政府中毕竟只是少数，他们无法对中国的对苏政策产生决定性影响。

中国政府反对把签订互不侵犯条约作为获得军事物资的先决条件。7月26日，国民党中央执行委员张冲会见鲍格莫洛夫，转达蒋介石的意见说，目前中日战争已势不可免，任何政治问题的解决都需耗费许多时间，因此应该把军事物资供应问题与一切政治问题分开来单独解决。考虑到华北事态的迅速恶化，鲍格莫洛夫接受了中国政府关于单独解决军事供货问题的意见。他向苏联外交部建议改变他原来的提议。他认为"更妥善的办法是不把军事供货问题同互不侵犯条约搅在一起，而从商务方面入手解决这个问题"。但苏联外交部驳回了鲍格莫洛夫的新建议。7月31日苏外交部在给鲍格莫洛夫的特急电报中指出："提供军事物资务必以首先签署互不侵犯条约为先决条件。"②

中国政府对苏联的这一坚定立场颇感无奈。它甚至想求诸列强来推动苏联援华。中国选中了列强中与苏联关系相对来说比较缓和的法国。7月27日，蒋介石在与法国驻华大使那齐雅（P. E. Naggiar）的谈话中带有夸张地说："苏俄在此次事件后态度非常冷淡，殊出乎常理常情之外，敝国一般人士原来希望联俄者，现甚失望！对于苏俄非常不满。"蒋介石问那齐雅"有何办法，能促使苏俄政府态度之转趋积极否？"③ 7月30日，中国驻法大使顾维钧在会见法方要人时也提出，希望法国政府作为中间人，代为探询莫斯科对与中国缔结军事同盟的态度。他认为："法国实际上是俄国的盟国，可以运用法国的影响，帮助促进南京与莫斯科的相互了解。"④ 然而，法国是否如中方所愿，积极活动以促成苏联援华，则无从

---

① 田体仁等编《全民抗战汇集》，第36—37页。
② 《苏联外交文件》第20卷，第405、430页。
③ 秦孝仪主编《先总统蒋公思想言论总集》卷8，第88页。
④ 《顾维钧回忆录》第2分册，第430页。

知道。

8月初，蒋介石与鲍格莫洛夫进行了一次关键性的会谈，着重讨论互不侵犯条约问题。蒋介石声明他不能同意把军事供货和这一条约用任何形式联系起来。他表示如果互不侵犯条约中不含有招致侵犯中国主权的内容，他原则上同意签约。但如果把这一条约作为中国为军事援助协定而付出的报酬，那他是绝不会同意的。鲍格莫洛夫不同意所谓"报酬"之说，他认为互不侵犯条约的实质在于双方承担互不进攻的义务，十分清楚，不进攻另一方这个义务绝不能被说成为某事物而付出的报酬。他希望中国政府理解苏联的处境："我们如果不能以互不侵犯条约的形式作为起码的保证，不致让中国用我们的武器打我们，那我们是不能向中国提供武器的。"对此，蒋介石向苏联保证，中国绝不会进攻苏联。他并另有深意地说，日本正是要与中国结成反苏军事同盟，为此日本愿意做出很大的让步，但是中国政府断然拒绝了日本的要求，且以后任何时候也绝不会同意这个要求。

双方还讨论了签署互不侵犯条约的时间问题。蒋介石希望能先签订军事供货协定，可待互不侵犯条约签订后再履行供货协定。但鲍格莫洛夫主张至少两个条约应同时签署。蒋介石声称这将使他很为难，因为这使得互不侵犯条约看起来就像是对军事供货协定所付的报酬。鲍格莫洛夫坚持先签互不侵犯条约。[1]

蒋介石对于苏联坚持把两者挂钩且毫不让步的态度颇为不满，他在日记中反映了这一情绪："苏俄允接济武器，但以订不侵犯条约为交换条件，余斥驳之，俄之外交狡诈无比也。"蒋介石并推测，苏联有可能想以与中国订约来推动苏日间订约，以确定其中立自保的地位，"苏联先与我订不侵犯条约，借此威胁倭寇，要求与倭亦订不侵犯约以为固守中立之计乎？"蒋介石不希望出现这一局面。[2]

这以后，中苏之间又进行了多次磋商。尽管中苏在战略上有着互相依存的关系，但就此时局势而言，中国对苏联支持的需求更为迫切些。中国亟须获得苏联的军事物资。因此，磋商的结果自然是中方做出了让步，双方商定于8月21日先行签订互不侵犯条约。

---

[1] 《苏联外交文件》第20卷，第437—440页。
[2] 《蒋介石日记》，1937年8月1、2日。

然而，在条约签订的当天又发生了一点波折。中国外交部次长徐谟突然通知鲍格莫洛夫说，中国政府坚持同时签署互不侵犯条约和军事供货协定。鲍格莫洛夫当即要徐谟转告蒋介石，"这将会在莫斯科造成极不愉快的印象，并把整个事情拖延下去"。这一天内，鲍格莫洛夫几次会见孙科，直率地说："中国政府似乎是在玩火，我根本不明白中国政府对我们有什么要求，是要飞机抗日，抑或只不过是要一个目的不明的书面担保？"晚上，蒋介石会见鲍格莫洛夫，解释说是徐谟个人的误会把两个条约联在一起。蒋介石同意立即签约。事后，鲍格莫洛夫急电苏联外交部，他认为这说明亲日派在最后时刻对蒋介石施加了强大压力以拖延条约的签署。他希望尽快把军事物资运抵中国，以加强抗日派的地位。①

《中苏互不侵犯条约》如期签署。条约规定：

> 两国约定不得单独或联合其他一国或多数国家，对于彼此为任何侵略。倘两缔约国之一方受一个或数个第三国侵略时，彼方缔约国约定：在冲突全部期间，对该第三国不得直接或间接予以任何援助，并不得为任何行动，或签订任何协定，致该侵略国得用以施行不利于受侵略之缔约国。②

此外，双方还有一绝密的口头约定，苏联承诺在中日未恢复正常关系之前不与日本缔结互不侵犯条约，中国承诺不与任何第三国签订共同防共协定。③

《中苏互不侵犯条约》正式公布的时间是8月29日。为了不致引起欧美列强的猜疑和日本的敌视，8月29日，苏联外交部分别致电驻英、美、法、德、意、日等国大使，其主旨是说明这一条约并没有在现时针对某一国的含义。该电所说明的几点是：（1）签订这一条约的谈判已进行了一年以上；（2）谈判的拖延是中方受内政和外交某些因素的影响而引起的；（3）近来中国人民对苏同情急趋高涨，远东局势变化引起中国与苏联增进友好关系的愿望；（4）签订这一条约是苏联在一贯的和平政策的道路上迈

---

① 《苏联外交文件》第20卷，第472—473页。
② 秦孝仪主编《中华民国重要史料初编——对日抗战时期 第三编 战时外交》(2)，第328页。
③ 吕芳上主编《蒋中正先生年谱长编》第5册，台北，"国史馆"等，2015，第386页。

出的新的一步。①

中国政府也担心引起国际社会的误解，从而疏远英美等西方国家。因此，在条约公布前，中国政府事先通告有关国家驻华使节，并向他们保证签订条约的目的在于实现中苏邻邦的和睦相处，别无他意。中国政府声明此条约"没有秘密协定"，并表示"中国愿意与任何国家签订同样的条约。本条约并不意味着中国改行容共政策，中国的政策依然不变"。中国驻日大使许世英奉命向日本外相做了类似的解释，并特意声明，根据1924年中苏条约所确定的禁止在中国进行共产主义宣传的各项规定继续有效。许世英还表示，如果日本愿意，中国也准备与日本签署互不侵犯条约。②

中国政府在公布《中苏互不侵犯条约》时，还以外交部发言人发表谈话的形式，公开申述了中国方面的立场。谈话解释说："此项条约内容，极为简单，纯系消极性质，即不以侵略及不协助侵略国为维持和平之方法。约文简赅而宗旨正大，实为非战公约及其他维持和平条约之一种有力的补充文件。世界各国在最近十年间，缔结不侵犯条约者不知凡几，即双方所抱主义迥然不同之国，亦多有缔结此约者，中苏两国签订之不侵犯条约，与各国缔结者并无异致。"③

尽管中苏订立这一条约的用意不一，但由于个中内幕并不为外人所知，这一条约还是对外部世界产生了积极的影响。在当时的特殊条件下，在各主要大国都在力图表明自己的中立立场时，苏联单独声明不与战争中的一方为敌，以条约形式表明它与中国的非敌对立场，这对抗战中的中国军民在精神上是一大声援。孙科认为这一条约"有着十分重大的意义，一方面表明了苏联对我的友好态度，对于我们在艰苦奋斗中的人民自是一种精神上的鼓励；另一方面无疑坦白地告诉日本侵略者，他们这种不义的举动是绝不同情的"。④ 中国国内舆论普遍对这一条约持欢迎态度。可以说，外界对于《中苏互不侵犯条约》的这种理解一直持续了半个世纪之久。人们从常识出发，一般皆认为这一条约是苏联应中国政府的要求而签订的。殊不知恰恰相反，是苏联政府在强烈要求签订这一条约。然而，就其效果

---

① 《苏联外交文件》第20卷，第481—482页。
② 上村伸一『日本外交史』第20卷、163页。
③ 密勒氏评论报编《中国的抗战》第1集，编者印行，1939，第305页。
④ 孙科：《中苏关系》，第35页。

而言，不可否认，这一条约对中国是有利的。

中苏条约的签订对日本是一个打击。9月1日，日本外相广田弘毅对美国驻日大使格鲁表示，苏联和中国选定这个时刻和在这个局势下缔结条约，令人十分不满。① 日本还怀疑这一条约另有秘密条款，其内容传说有：（1）在有第三国入侵内蒙古和外蒙古时，中苏进行军事合作；（2）苏联将向中国提供武器、弹药及其他军事物资，派遣军事顾问；（3）中国接纳共产党参加政府，并不与任何第三国订立反共协定。② 不管传说是真是假，日本人心中总是留下了疑问。后来广田曾对格鲁说，他感到自从中苏协定成立后，中国政府的对日态度转向强硬。

第二节　苏联提供军事援助

1930年代，苏联虽然居于世界大国之列，但由于其独特的社会主义制度，其他西方大国曾长期反对和孤立它，阻碍其介入国际事务，同时它本身也对参与国际活动持有高度的警惕。这两个因素便使得苏联在国际上的发言权与其国力颇不相称。考虑到苏联在国际政治舞台上的特殊处境、它在国际组织中的地位、它对其他国家的影响力都远不如英美的状况，抗战初期，中国对苏活动的重点并不放在敦请其出面调停或参加联合行动等国际外交活动方面，而是放在争取实实在在的物资援助上。

增强中国的抵抗能力，也符合苏联的战略利益。因此，抗战初期，在向中国提供军事物资方面，苏联表现出相当积极的态度，其热心程度远非英美所能相比。随着互不侵犯条约的签订，军事供货的障碍终告消除。8月27日，中苏达成协议，苏联同意向中国提供价值1亿法币的军事物资，其详细条约留待以后在莫斯科签署。由此，中国开始从苏联源源不断地获得军事物资。

由于军工基础薄弱，中国自己不能制造飞机。仅有的由意大利援建的南昌飞机修配厂装配出来的意大利飞机质量低劣，不适应战斗需要。陈纳德称意大利的斐亚特战斗机"在战斗中是一种害人的陷阱"，而它的萨伏

---

① *FRUS, Japan, 1931–1941*, vol.1, p.360.
② *United States Military Intelligence Reports, China, 1911–1941*, vol.13, no.0456.

亚-马奈蒂式轰炸机"则完全是废物",根本不能用于作战,中国人只好把它当作运输机使用。这样,当抗战开始时,中国空军实际可用于作战的飞机只有91架。[1] 抗战初期,在与日本空军的作战中,中国空军又遭受了很大损失。因此,获取作战飞机是中国最迫切的要求。

1937年8月下旬,中国政府即派航空委员会处长沈德燮出使苏联,商洽飞机采购事宜,要求苏联提供200架驱逐机和100架重型轰炸机。为了进一步争取苏联的援助,并主持获取具体项目的军事物资的申请和交接事宜,9月,中国政府派遣军事委员会参谋次长杨杰和国民党中央执行委员张冲出使苏联。杨杰之行名义上为考察实业,实际上负有获取军援的重要使命。他频繁地与苏联要人会谈,并直接与蒋介石进行联系。

谈判进展顺利,据9月4日杨杰的一份报告,苏联已同意向中国提供包括轰炸机62架、驱逐机163架、坦克82辆、防坦克炮200门、高射炮1营在内的战争物资,总价高达1亿元,其中飞机已谈定在10月底前务必启程运出。[2] 11月中,苏联援华的第一批飞机运抵兰州,此时正值中国军队在淞沪作战失败之际,中国空军损失惨重,能作战的飞机不过12架而已。[3] 日本飞机在中国上空活动猖狂。苏联飞机的到来给中国空军带来了新的打击力量,迅即有一部分飞机投入南京保卫战中。

南京保卫战亦以中国军队的重创而告终。这时,经过半年的艰苦作战,中国的作战物资损耗甚巨。南京作战失败后,中国外交部部长王宠惠约见了苏联驻华代办梅拉美德(G. M. Melamed),表示:"交战6个月后,中国现在正处于十字路口,中国政府应该解决下一步做什么的问题,因为没有外来援助,中国无力继续抗战。中国政府决意继续抗战,但是资金业已枯竭。中国政府随时面临着抗战能坚持到几时的问题。"王宠惠要求苏联紧急援助中国,他强调说:"一旦中国失败,日本就会把中国变成反苏基地,利用中国的一切资源、人力物力去打苏联。""苏联为了自己的利益,不能也不应该眼看着中国失败"。[4]

---

[1] 〔美〕陈纳德:《陈纳德将军与中国》,陈香梅译,台北,传记文学出版社,1978,第40页。
[2] 《杨杰、张冲致蒋介石电》(1937年9月14日),秦孝仪主编《中华民国重要史料初编——对日抗战时期 第三编 战时外交》(2),第465页。
[3] 〔美〕陈纳德:《陈纳德将军与中国》,第64页。
[4] 《苏联外交文件》第20卷,第654—655页。

1937年底,中国向苏联提出提供20个师的武器装备的要求。经过会商,苏联同意除步枪由中国自制外,按每师重炮4门、野炮8门、防坦克炮4门,重机枪15挺,轻机枪30挺的配额,向中国提供20个师的装备。根据这项计划,中方共得到重炮80门(附炮弹8万发)、野炮160门(附炮弹16万发)、防坦克炮80门(附炮弹12万发)、重机枪300挺、轻机枪600挺(共附弹1000万发)。①

由于中国国力有限,一时难以支付向苏联订购的大批军用物资的费用。中国希望从苏联获得财政贷款以作采购之用。1938年1月,中国政府派立法院院长孙科为特使,率团前往苏联,以争取苏联的贷款。3月1日,中苏成立第一次贷款协定,议由苏联向中国提供价值5000万美元的贷款,供中国向苏联购买各种物资,贷款年息为3%。协定规定从1938年起,在以后5年内,中国每年向苏联偿还1000万美元,其偿还方式是向苏联提供各种农矿产品。② 实际上,这笔贷款从1937年10月即已开始动用,从那以后中国获得的苏联物资均被作价计入贷款之中。4月初,顾维钧曾满意地对美国外交官员说,苏联在向中国提供武器装备方面"非常慷慨"。③

在具体交涉过程中,中苏双方总是免不了要有一些分歧和矛盾,但苏联当局一般都从维持对日抗战的大局出发,予以化解。1938年3月,苏方将1937年10月24日至1938年2月14日已经交付中国驻苏代表的苏联军火分开甲、乙、丙三份账单。甲单为30321164美元,乙单为8379294美元,丙单为9856979美元。除甲单由借款合同相抵外,苏联要求中国以现金支付其余账单,尤其是丙单,它主要是运华军火的打包费、装配费、载卸费、运输费等,系由苏联政府垫款办理,且当时曾言明由中方以现金支付。因此,苏联要求中方"速予归垫,以清手续"。④

中国方面希望以农矿产品作抵,还希望从苏联再获得一笔借款,以抵清前账,并续购新的军火。但苏方坚持索要现款,声称"苏联之军火资源亦感缺乏之品,常以现金向各国购买,中国当谅其困难,亦须给以若干现

---

① 《杨杰致蒋介石》(1938年1月5日)、《杨杰致蒋介石》(1937年3月29日),秦孝仪主编《中华民国重要史料初编——对日抗战时期 第三编 战时外交》(2),第472、488页。
② 王铁崖编《中外旧约章汇编》第3册,三联书店,1962,第1115—1117页。
③ FRUS, 1938, vol. 3, p. 136.
④ 《杨杰致蒋介石》(1937年3月29日),秦孝仪主编《中华民国重要史料初编——对日抗战时期 第三编 战时外交》(2),第484页。

金，庶接济中国方不致有竭蹶之虞"。① 中方表示实在无款可付。

付款问题相争不下，牵动了中苏最高当局。蒋介石在一份呈阅的电报上批示说："决无现款可汇，如此则苏俄无异与我有意为难也。"② 蒋介石决定直接诉诸斯大林（J. V. Stalin）。5月5日，他在给斯大林的电报中，先是对苏联的援助表示了一番感谢，随后即提出："上次垫借之款，未能如期清还，实深歉愧，但请谅解，我国实无外汇现金可资拨付，倘稍有可能，不待贵方催询，早应全偿。"他希望苏联能同意中国以货物抵运，"庶不致影响外汇，而经济得以维持，战事亦可顺利进行"。考虑到中国的实际困难，斯大林和苏联国防人民委员伏罗希洛夫（Kliment Voroshilov）于5月10日复电表示："吾人完全理解中国金融财政之困难情况……因之，吾人对武器之偿价，并不要求中国付给现金和外币。然吾人愿得中国之商品，如茶、羊毛、生皮、锡、锑等等。"③ 这一争端遂告解决，中国以农矿产品的现货偿还了苏方的丙单款项。

为了解决源源不断而来的军事物资的付款问题，孙科又开始与苏方商谈第二笔借款。1938年7月，中苏订立了第二笔信用贷款协定。贷款总额仍为5000万美元，年息与偿还方式与第一次相同。中方自1940年7月开始偿还，每年交付1000万元，5年还清。④

第二次贷款协定成立时，中国正面临着即将到来的武汉大会战，亟须补充大量的军事物资，遂向苏联提出紧急援助的要求，苏联尽力满足中国的这一需求。不久，中苏便签订了两项供货合同，合同规定，苏联将在1938年7月5日至1939年9月1日之间向中国提供16架轰炸机、174架战斗机、30架运输机、200门野炮、100门防坦克炮、2120挺各式轻重机枪、2000万发步枪子弹、510万发机枪子弹及若干飞机配件和发动机。⑤

1939年，中苏又开始商订一次更大规模的易货贷款。至5月中旬，孙科与苏方达成借款1.5亿美元的意向。但在即将订约之时，苏方突以消息

---

① 《杨杰致蒋介石》（1937年3月29日），秦孝仪主编《中华民国重要史料初编——对日抗战时期 第三编 战时外交》（2），第485—486页。
② 《宋子文致蒋介石电》（1938年4月29日），秦孝仪主编《中华民国重要史料初编——对日抗战时期 第三编 战时外交》（2），第493页。
③ 《民国档案》1985年第1期，第46—47页。
④ 王铁崖编《中外旧约章汇编》第3册，第1118—1121页。
⑤ 《国外中国近代史研究》第11辑，中国社会科学出版社，1988，第379页。

外泄"外交团均已哄传,实于苏联不便"为由,决定暂停这一交涉。中国方面不知真正原因何在,因而十分着急。蒋介石先是电令时在巴黎的杨杰速回莫斯科查明原因,随后又直接致电斯大林说:"中所深知,并深信阁下仗义扶弱,决不因此区区关系,有所犹豫,而于中国抗御侵略之革命圣战,必能援助到底也。惟最近战事日激,武器消耗甚大,全国官兵急盼贵国之接济,如大旱之望云霓,实有迫不及待之势,务请阁下照前所允者,提早拨运,以济眉急。"①

经过紧急交涉后,苏联的疑虑解除。6月13日,中苏正式订立了第三次易货贷款协定。贷款金额为1.5亿美元,年息仍为3%。中方自1942年7月1日起开始偿还,每年交付1500万美元的物资,10年还清。偿还物资的品种大体与前两次相同。②

这样,在抗战前期,苏联共向中国提供了三次易货贷款,总数为2.5亿美元。使用这些贷款购买苏联物资的具体程序是,苏方将中方所需要的一批军用物资交齐后,即结算累计用款,交由中方签具认购偿债书,以副本交中国财政部结账,作为对苏方贷款的动支。苏德战争爆发后,由于苏联本身对军事物资的巨大需求,它无法再向中国提供军事物资,第三次易货贷款的使用便告中断。第三次贷款实际只动用了不足一半,约73175810.36美元。加上第一、第二次易货贷款,整个抗战期间,中国共动用苏联贷款约173176810.36美元。除此而外,尚有一部分以现货抵付的,如前述丙单款项,即未计入苏联的易货贷款中。

据统计,从1937年9月至1941年6月苏德战争爆发,苏联共向中国提供飞机924架(其中轰炸机318架、驱逐机562架、教练机44架)、坦克82辆、牵引车602辆、汽车1516辆、大炮1140门、轻重机枪9720挺、步枪5万支、子弹约1.8亿发、炸弹31600颗、炮弹约200万发,以及其他一些军事物资。③当时苏联也在积极备战,它的军事装备确实并不宽裕,

---

① 《蒋介石致斯大林电》(1939年5月24日),秦孝仪主编《中华民国重要史料初编——对日抗战时期 第三编 战时外交》(2),第516页。
② 王铁崖编《中外旧约章汇编》第3册,第1135—1139页。
③ 有关抗战期间苏联向中国提供的军事物资数量,由于档案资料的散失不全,无论是中方还是苏方,均有各种各样的统计数字。李嘉谷对此进行了较为详细的研究,认为苏联学者M.斯拉德科夫斯基的统计结果比较可信。本书采纳了这一研究成果。参见李嘉谷《评苏联著作中有关苏联援华抗日军火物资的统计》,《抗日战争研究》1994年第2期。

对中国的援助意味着对自己军备的一定程度的牺牲。

苏联向中国所提供的军事装备有许多在苏军中都是属于第一流的。如 H-15、H-16 战斗机,都是当时世界上比较先进的战斗机,尤其是 H-16 战斗机,是当时世界上最先进的战斗机之一,1933 年 12 月才研制成功,在 1937 年的西班牙战争中第一次投入使用。它在苏军前线一直使用到 1943 年夏。T-26 坦克,则是 1930 年代苏军的主战坦克之一,曾用于西班牙内战和苏芬战争。在 1938 年春的台儿庄战役中,T-26 坦克发挥了重要作用。8 月,以苏联提供的装备为基础,中国成立了第一个机械化师,其 T-26 坦克支队在 1939 年的昆仑关战役中功不可没。

总之,苏联的军火供应对于改善中国军队的火力配备,增强中国军队的战斗力有着重大价值。它大大削弱了日本军队在战争最初几个月中所拥有的火力优势。此外,苏联给中国提供的军事订货的价格也相当便宜。如苏联提供的飞机每架仅折合 3 万美元,这比当时国际市场的售价要低得多。对此,中方负责与苏联进行贷款谈判的孙科很感满意。他曾高兴地对顾维钧说,他从苏联获得了一笔新的 1.6 亿卢布的贷款(即第二次贷款),由于苏联给中国订货所定的价格特别便宜,这笔贷款如按国际价格计算,实际上相当于 4 亿卢布。按此价格,装备一个中国师仅用中国货币 150 万元即可。①

中国方面对于苏联的援华态度给予了积极的评价。1938 年 9 月,一位中国驻苏外交官员曾对美国驻苏代办声称,中国在获取军事物资方面不再存在困难。② 10 月,新由外交部次长调任驻德大使的陈介在给驻美大使胡适的信中也肯定说:"自抗战以来,苏联助我最力",他希望中国与其他国家之间的外交不要有损中苏邦交。③ 中国政府对苏联政府多次致谢。1939 年 3 月 1 日,中国行政院院长孔祥熙致信苏联人民委员会主席莫洛托夫(V. M. Molotov),内称:"自从中国开始武装抗日以来,贵国一直以贷款方式给予我国慷慨和珍贵的援助……使我们有可能削弱敌人的侵略势力和继续进行长期斗争。为此,中国政府和中国人民感激之至。我作为行政院院长和财政部部长,对于这一援助表示特别的感谢,因为它使我们财政的紧

---

① 孙科:《中苏关系》,第 39 页;《顾维钧回忆录》第 3 分册,第 136 页。
② *FRUS*, *1938*, vol. 3, p. 295.
③ 中国社会科学院近代史研究所中国近代档案馆藏《胡适档案》:553 号。

张状况根本好转。"① 立法院院长孙科在 1944 年这样评价了苏联的援助："外援方面，自一九三七年七七以后，直到一九四一年苏德战争以前，整整四年间，我们作战所需物资，大部分独赖苏联的援助。"②

第三节　争取苏联出兵

抗战初期，在争取苏联物资援助的同时，中国还再三提出了希望苏联出兵参战的要求。中国政府提出这一要求，并非完全是异想天开。实际上在相当长的一段时间内，苏联政府对这一问题从未予以明确的拒绝。也许是为了不使中国绝望，为了维持中国坚持抵抗的信心，苏联并不排斥在一定时候武装介入中日战争的可能。它总是一面婉拒中方的现时参战的要求，同时又给中国保留在将来可以争取实现的某种希望。

早在 1937 年 8 月，中国军事委员会参谋次长白崇禧在与鲍格莫洛夫的谈话中就曾表示，尽管目前难以指望苏联干预中日战争，但希望在经过一段长期的战争之后，苏联能够起到类似美国在上一次世界大战中所起的作用。在《中苏互不侵犯条约》的商讨过程中，尽管苏联已经表示了不愿卷入中日战争的态度，但中方并未就此放弃这一念头。蒋介石在 8 月 26 日的日记中仍然写道："对俄外交应促其加入战争。"

一个月后，中国驻苏大使蒋廷黻询问苏联外交部，苏联能否在现在给中国以武装支持。苏方表示，由于日本威胁着苏联，很可能将来苏联也要对日作战，"不过现在预言苏联将来的立场还为时过早，一切取决于国际形势"。③

杨杰出使苏联后，争取苏联出兵参战成为他的一项重要活动内容。11月 1 日，杨杰奉命向苏联国防人民委员伏罗希洛夫提出苏联的参战问题，询问如果中国决心抵抗到底，苏联是否有参战决心，并希望苏联坦率相告参战的时间。④

---

① 《国外中国近代史研究》第 11 辑，第 379 页。
② 孙科：《我们唯一的路线》，《苏中文化》1944 年 7 月号。
③ 《苏联外交文件》第 20 卷，第 481、520—521 页。
④ 《杨杰、张冲致蒋介石电》（1937 年 11 月 1 日），秦孝仪主编《中华民国重要史料初编——对日抗战时期 第三编 战时外交》（2），第 334 页。

也许是为了鼓励中国坚持抗战的信心，苏联在表示它目前不可能直接参战的同时，也向中国发出了它有可能在将来采取军事行动的信息。11月11日，斯大林会见了杨杰和张冲。斯大林表示："若中国不利时，苏联可以向日开战。"但他又强调指出目前苏联不宜对日开战，因为这样做只能促使日本人民向其政府靠拢，"日人民必以为苏联亦系分润中国之利益者，刺戟日本国民之反抗，激成日本全国民之动员，结果反助日本之团结"。而且，"若即时与日开战，必使中国失去世界同情之一半"，"故苏联对日本之开战须等待时机之到来"。次日，伏罗希洛夫对杨杰表示，确实如中国所说，苏联如果参战，一举可奠定东方和平的基础，"但苏联敌人甚多，东方开战，西方必接踵而起，东西兼顾恐无胜利把握"。因此，苏联正为应付这一局面做积极准备。伏罗希洛夫并说这种准备"已快了"。他还表示"如英、美海军能在太平洋上示威，则苏联亦可向东方迈进"。此后，伏罗希洛夫还曾对张冲表示，当中国抗战到了"生死关头"时，苏联将出兵参战，绝不坐视中国失败。①

12月上旬，中国首都南京危在旦夕。行政院副院长孔祥熙致电蒋廷黻，要他向苏联说明中苏有共同的利害关系，如中国失败，日本必将以中国的人力物力去进攻苏联。因此，"如能即时动员，共同合作，必得胜利。若仍迟疑不决后患迨不堪设想"。②

苏联援华自有其战略考虑，它绝不会出于利他目的而把自己卷入战争。面对着中国越来越迫切地要求苏联出兵参战，苏联不断地降低其应允参战的调门。12月，斯大林和伏罗希洛夫联名致电蒋介石，表示苏联目前不能对日出兵，声称如果这样做，恐怕会被认为是侵略行动，舆论将对苏联和中国不利。苏联提出了一个在当时不大可能实现的出兵条件，即"只有在九国公约国或其中主要一部分，允许共同应付日本侵略时，苏联就可以立即出兵"。来电还声称，只有最高苏维埃会议才能决定出兵事宜，而该会在近期内不会召开。③

---

① 《杨杰、张冲呈蒋介石签呈》（1937年11月2日）、《张冲致蒋介石电》（1937年11月18日），秦孝仪主编《中华民国重要史料初编——对日抗战时期 第三编 战时外交》（2），第335—336、338页。
② 《卢沟桥事变前后的中日外交关系》，第203页。
③ 《斯大林、伏罗希洛夫致蒋介石电》（1937年12月），秦孝仪主编《中华民国重要史料初编——对日抗战时期 第三编 战时外交》（2），第339—400页。

南京陷落后，根据伏罗希洛夫曾对杨杰做过的如日本占领南京苏将出兵的允诺，中国再次要求苏联出兵。然而，苏联的答复是消极的。李维诺夫对蒋廷黻说，杨杰关于苏方曾允出兵的报告不确实，苏联并未做此允诺。

5月上旬，斯大林与孙科进行了一次长达6小时的谈话。斯大林表示他完全明白"中国既是为自己而战，也是为苏联而战"，"日本的最终目标是要占领远至贝加尔湖的整个西伯利亚"。他表示苏联将继续向中国提供军火、飞机等各种可能的帮助，但不在军事上卷入。斯大林担心，如果苏联对日宣战，德国可能进攻苏联。斯大林还认为，无论是英国还是美国都不会允许日本被苏联摧毁。[①]

1938年7月，日军和苏军在张鼓峰地区发生激烈战斗。张鼓峰事件大大鼓舞了中国对苏联参战的希望。有不少人认为，这是日苏战争开始的信号，甚至有人预言到9月日本在财政方面就会垮台，国民政府明年便可还都南京。但刚刚从苏联离任回国的蒋廷黻认为，苏联不可能参战，张鼓峰战斗只是边境事件而已。蒋介石同意蒋廷黻的见解，但他仍希望这一战斗能扩大开来，从而增加日苏间的对抗程度。蒋介石于7月27日致电杨杰，指示他劝说苏联官员不要在张鼓峰与日本妥协。

尽管随着时光的流逝，苏联参战的希望也日益渺茫，但负责与苏方交涉的中国官员仍未放弃努力，他们仍在想方设法促使苏联参战。8月上旬，孙科致电蒋介石，提出一份建议。他认为现在形势发生了对中国有利的变化。从前苏俄不允参战，系顾虑两点，"一虑我决心不足，战不力，彼若急参战，恐我或中途变计；二虑参战远东，将授德、意机缘，促成大战，自陷戎首"。而如今中国抗战已达一年之久，其决心已无可怀疑，又有英法合作，力图控制德意。这样，远东战事不一定会引起欧洲局势的波动。因此苏联现在对远东战事"必有决心"。

为促使苏联下定决心，孙科建议中国除应表示对日一致外，还应确立对苏友好善后方针，以示与苏联的精诚合作之意。孙科提议中国应做出三方面的表示：（1）中苏合作不限于战时，战争结束之后仍应互相提携，缔结永久盟好关系，在政治、经济、外交上采取一致行动，经济商务上互惠

---

① *FRUS, 1938*, vol. 3, p. 65.

有无。(2) 在国内实现民族平等，人民参政，实行民权，扶助蒙、回、藏各族自治自决，成立自治邦。东北善后，亦基此原则与苏方协议解决。(3) 在经济方面采取平均地权、耕地农有、发展工业、建立国资等措施，实行民生。孙科指出，后两项虽为我内政，但因苏俄当局"心中未尝不怀疑我战胜后，有法西之危险，我若自动解除其疑虑，合作前途则更有把握"。[1]

孙科此电是中国促使苏联参战整个交涉过程中唯一涉及中国内政的文电，它主张为了获得苏联的合作，中国要进行有利于联苏的内政改革。如果说此前中国促使苏联参战的主要理由还是基于国家间"唇亡齿寒"的说词，那么这份文电则实际上是以战后中苏盟好，亦即有利于苏联在华利益作允。孙科的建议并非没有根据。苏联方面早在1937年11月就曾提出过希望中国的内政情况有所改变的想法。苏方表示，它对中国的抗日运动，"仍是坚决的援助，不过中国的内政，总须按照民族革命的道路，实行彻底改变，苏联之援助，才更有力，更积极"。但是，没有资料表明此时仍对苏联心存顾忌的蒋介石接受了孙科的提议。

武汉会战的紧要关头，中国再次提出希望苏联出兵的要求。9月30日，蒋介石召见苏联驻华大使，强烈要求苏联立即采取行动遏制日本。次日，蒋介石又致电杨杰，要求他向苏方说明，经历了15个月的中国抗战现在"已到最艰苦之严重关头，中国本身力量已完全发动，使用殆尽"。中国希望苏联趁目前欧局暂可望安定而不必有后顾之忧的时机，"予远东侵略者日本以教训，使他日德国亦无能为患"。[2]

然而，苏联还是没有同意参加对日作战。实际上，中国的这一要求从一开始就注定是不可能实现的，它超过了苏联所确定的援华限度。从根本上说，苏联援华的目的正在于遏制日本，使日本没有进攻苏联的余力，因此它是不会自己主动去轻启战端的。

但在拒绝全面地公开地参加对日战争的同时，苏联采取了一些不致引起苏日战争的局部的、暗中的军事介入行动。苏联以志愿队的名义有组织

---

[1] 《孙科致蒋介石电》(1938年8月7日)，秦孝仪主编《中华民国重要史料初编——对日抗战时期 第三编 战时外交》(2)，第408—409页。
[2] 《蒋介石致杨杰电》(1938年10月1日)，秦孝仪主编《中华民国重要史料初编——对日抗战时期 第三编 战时外交》(2)，第343页。

地向中国派出空军作战人员，投入中国的抗日战争。

抗战初期，年轻的中国空军还处于初创阶段，再加上战前训练方面的种种弊病，不少飞行员的驾驶技术不过关，甚至在驾驶飞机作正常飞行时还常常出事。在淞沪战役中，中国空军屡出差错，有时误炸租界繁华地段，有时误炸英国军舰和美国轮船。中国需要加强自己的空中作战力量。1937年8月27日，蒋介石向鲍格莫洛夫提出了希望现在或稍晚一些时候"苏联政府将允许苏联飞行员以志愿身份加入中国军队"的要求。①

淞沪战役后，中国空军几乎全军覆没，日本空军牢固地控制了中国的天空。在中国亟须获得空军作战人员之时，苏联果断地迈出了派遣空军志愿人员参战的一步。1937年11月，第一批苏联空军人员到达兰州。12月1日，苏军飞行员驾驶着23架战斗机和20架轰炸机抵达南京，并立即投入战斗。苏联空军志愿队的到来，打击了极为嚣张的日本空军的气焰，给日本空军造成了很大损失，从而有力地支援了中国地面部队的抗战。

苏联志愿队实际上是由苏联空军的建制单位组成。它由原部队的苏联军官指挥，并带来了一整套后勤人员和设施。为了应付日本，不使苏日矛盾公开化，来华苏军官兵都脱下了军服，穿着平民服装。但实际上他们都保留着各自的军阶，一旦返回苏联后都会得到升迁。

日本还是得知了苏联的这些伪装活动，并获得了一些直接证据。1938年4月4日，日本驻苏大使重光葵就此事向苏方提出抗议。苏联政府拒绝了日方的抗议。李维诺夫承认有志愿兵来华，但声称他们是以个人身份行事的，就像在中国军队中服务的其他西方国家的来华公民一样，但日本政府从未就西方志愿人员提出任何抗议。他声称苏联政府不便干涉志愿人员的活动。李维诺夫并指出："照日本当局的说法，目前在中国没有战争，日本也根本没有同中国作战，日本仅仅把目前中国发生的事情看作某种程度上的偶然事件而已，那么，日本政府的要求则更令人无法理解。"②

次日，日本外务省情报部部长河相达夫发表声明，公开指责苏联除了向中国提供武器援助外，还"向中国派遣红军将士，直接参加中方作战"。河相达夫反驳了"志愿兵"之说，他声称苏联实际上处于一种近乎锁国的

---

① 《苏联外交文件》第20卷，第480—481页。
② 〔苏〕维戈兹基等编《外交史》第3卷（下），大连外国语学院俄语系译，三联书店，1979，第900页。

状态，苏联人不能自由出国，而且苏联的军事航空和民用航空事业都处于政府的控制之下，而今苏联军人加入中国军队作战，以"志愿兵"做解释是难以令人信服的。他认为："苏联的对华援助是在苏联政府的直接命令和领导下进行的，这一事实无庸置疑。"① 苏联对日本的抗议不予理睬，照旧派遣志愿队员来华作战。

苏联来华飞行员一般每 6 个月便调换一批，每批 200—300 人。整个抗战期间，苏联先后共派遣了 2000 名空军志愿队员来华作战。他们为中国的抗日事业做出了重大贡献，有 200 多名官兵为之献出了生命。

在承担作战任务的同时，苏联还在兰州开办大型空军训练基地，在伊犁创办航空学校，由苏联军事专家担任教官，对中国飞行技术人员进行强化训练。据统计，到 1939 年底，苏联已帮助中国空军训练出飞行员 1045 人、领航员 81 人、无线电发报员 198 人、航空技术人员 8354 人。② 中国飞行员最初参加由苏飞行员驾驶的飞行和作战活动，随后便单机编入苏联飞行队组，与苏联飞行员一起作战，再以后才编入中国空军的建制单位。

1938 年 5 月，德国决定召回驻华军事顾问，孙科遂建议改聘苏联和法国军事顾问。蒋介石亦希望由此而笼络苏联，以便得到更多的援助。6 月 2 日，蒋介石致电杨杰，指示他要求苏联派一个能干的将军到中国来担任军事总顾问。于是，苏联改变了由其驻华武官兼任军事总顾问的做法，派出专任军事总顾问切列潘诺夫（A. I. Cherepanov）。

1938 年中，随着苏联军事顾问的大批来华，苏联在中国建立了比较完整的军事顾问体系。在中央军事机关和战区司令长官部，在空军、坦克兵、炮兵、工程兵等军兵种，在陆军大学等军事院校，都建立了苏联军事顾问组。这些顾问均经过严格挑选，拥有丰富的作战经验和军事理论素养，他们对中国军队的战术训练、掌握现代化武器甚至在制定某些战略计划方面都做出了有益的贡献。

应该指出的是，在对中国的援助上，苏联始终注意把握一定的分寸，即一方面不能使中国的抵抗力量趋于崩溃，以始终保持对日本的牵制能力；另一方面又不能超过日本所能容忍的限度，防止日本孤注一掷对苏联

---

① 『日本外交年表並主要文書：1840—1945』下册、388—389 页。
② 《国外中国近代史研究》第 11 辑，第 393 页。

发动进攻。苏联对援华武器种类的严格控制反映了它的这一考虑。苏联在向中国提供战斗机和轻、中型轰炸机方面颇为慷慨。这些飞机受航程限制,"防卫海岸则有余,攻击敌国境内则不足"。中国希望订购重型轰炸机,以作空袭日本本土之用。在1937年9—10月的谈判中,中国提出订购这类轰炸机100架,但苏联严格控制这类飞机的援华,交涉结果,苏联只同意向中国提供6架重型轰炸机。①

此外,苏联在对中国的援助过程中,有时还流露出过于维护自己的国家利益而轻视别国利益的大国强权倾向,从而不得不使人们对于苏联援华的好感打一些折扣。蒋廷黻在1937年11月24日致胡适函中曾透露说:"对于新疆问题,苏联当局明白地告诉我,俄不反对中国保存新疆,但决不让日本插足其中。如中国不能抗日,他将先动手。你看:我们的困难太多了!"② 不管苏联给了中国多少援助,这种强调自己的国家利益而无视中国主权的言论,听起来总是有些刺耳。尤其对过去与苏联长期处于敌对状态的中国国民政府来说,这不能不增加它对苏联的戒心。

事实也确实如此。1938年元旦时,中国正处于南京失陷后的危急时刻,亟待苏联提供援助,蒋介石还在这一天的日记中写道:"倭祸急而易防,俄患隐而叵测。"③ 由此也可以理解,尽管苏联是抗战初期中国最坚定的道义支持者和最大的物资援助国,但中苏关系没有因此而发展成更加亲密的关系。除了意识形态等方面的原因之外,这不能不说是一个重要因素。

---

① 《民国档案》1987年第3期;《杨杰、张冲致蒋介石电》(1937年9月20日),秦孝仪主编《中华民国重要史料初编——对日抗战时期 第三编 战时外交》(2),第468页。
② 中国社会科学院近代史研究所中国近代史档案馆藏《胡适档案》:655号。
③ 《蒋介石日记》,1938年1月1日。

第三章
中德关系的维系与逆转

德国作为第一次世界大战的战败国，理所当然地被排斥于战后建立的华盛顿体系之外，其在远东的殖民地和权益被悉数剥夺。南京国民政府成立后，中德之间建立了比较密切的合作关系。作为国际旧秩序的颠覆者，德国与中国在国家战略利益上互相背离，而与日本互有战略需求。尽管如此，中国仍努力争取德国的中立及有限的支持，尽量延缓德国与潜在战略盟友日本的靠拢进程。

第一节　争取德国保持中立

中德关系在战前已有长足发展。由于中德贸易具有互补性，中国需要德国在经济和军事方面的技术和经验，德国扩充军火工业需要从中国进口其必不可少的钨、锑等稀有金属，中德关系的发展势头极为迅速。到1936年上半年时，德国对华出口额已超过英国和日本，仅次于美国。德国在中国的经济建设中扮演着越来越重要的角色。1936年，它帮助中国制定了一个雄心勃勃的《中国工业发展的三年计划》，这个计划的主要目标是在华中华南建立新的经济中心，以抵御日本的可能的入侵，并为未来中国工业的发展打下基础。为了帮助中国获得建设资金，中德于1936年签订了数额为1亿马克的易货贷款协定，其方式是在5年之内，中国每年可用2000万马克向德国购买军火和机器，而以向德国出口价值1000万马克的钨、锑、桐油等农矿产品作偿还，偿还期为10年。[①] 这实际上等于德国分期向中国提供了5000万马克的贷款。由于不愿引起日本的注意，这一协定一直未对

---

① William C. Kirby, *Germany and Republican China* (Stanford: Stanford University Press, 1984), p. 137.

外公开。

中德关系中最为密切的合作是在军事领域。在中国1930年代建立军事工业和使军队现代化的努力中，德国发挥了极为醒目的作用。它帮助中国扩建和新建了一批兵工厂，并先后派出以前国防部部长赛克特（Hans von Seeckt）和前参谋总长法肯豪森（Alexander von Falkenhausen）为团长的军事顾问团，协助中国进行军事改革和军事训练。到抗战爆发前，约有30万中国军队接受了德式训练和装备，整个中国军队都采用德式操典、训练和组织方法。中国的军火供应大部分也来自德国。1936年，中国从德国订购军火6405万马克，占德国出口军火的28.8%，占中国自国外输入军火武器的80%。① 同时，中国也向德国提供其国防工业所必需的稀有金属。

这一时期中德关系的密切程度及合作之顺利，实超出一般人的想象。1936年11月27日，中国外交部部长张群对德国驻华大使陶德曼说："德国迄今在同中国友好的国家中处于首位"。② 考虑到当时中国与英美的紧密联系，这样明确地把中德关系的友好程度置于中外关系之首位的评价，是非同寻常的。

中德关系的这一状况使德国在中日战争中处于一种非常微妙的境地。一方面，维护中德关系的继续发展无疑符合其国家利益。随着德国在华利益的不断增长，它也不希望日本独占中国，使自己的在华利益被取而代之。因此，它不赞成日本大举侵华。但另一方面，德国在战略利益上与日本有较大的一致性，它在争霸欧洲乃至争霸世界的过程中需要得到日本在东方的协助。德日在1936年11月订立了《反共产国际协定》，形成了一种非正式的盟友关系。因此，德国的远东战略就具有两个层次：第一，如果可以在中日的战与和之间选择，它将赞成和解；第二，如果必须在中日之间做出明确的舍弃选择，它将偏向日本。在演变趋势明朗之前，德国的上策是在中日间保持中立。

7月20日，德国外交部在给其驻英、美、法、意、日、中、苏等国使馆的电报中表明了德国对中日冲突的立场。该电称："德国政府将在远东冲突中保持严格的中立"。"为了我们在远东的经济利益并考虑到我们的反

---

① William C. Kirby, *Germany and Republican China*, p. 221.
② *Documents on German Foreign Policy*, *1918–1945*, series C, vol. 6, pp. 121–122.

共产国际政策，我们对事态的发展极为关注，并真诚地希望这一事件能早日得到和平解决。"德国外交部认为："中日之间的决战将使苏联政府得利，它很乐意看到日本在其他地方受到牵制，并由于军事作战而受到削弱"，"苏联正在以各种方式煽动冲突，以转移日本对苏联的压力"。①

在这同时，德国还力图劝诱中国加入反共产国际协定，企图以此弥合中日间的冲突。7月22日，德驻英大使里宾特洛甫（Joachim von Ribbentrop）在伦敦会见了正在访问欧洲各国的中国行政院副院长孔祥熙和中国驻英大使郭泰祺。里宾特洛甫力劝中国加入反共产国际协定。但中国显然不愿意追随日本，充当其反共协定中的小伙伴，并担心这样做将为日本提供在反共作战的借口下干涉中国内政的机会。因此，里宾特洛甫的这一建议未被接受。

中国政府希望德国能利用其有利地位对日本做一些劝告，而不希望出现德国因签有德日条约而站到日本一边的局面。1937年7月27日，蒋介石约见德国驻华大使陶德曼，声称日本的行动正危害着东亚和平，他请德国以德日《反共产国际协定》签字国之地位，劝告日本停止在华行动。陶德曼答称："日本已申明不愿第三国干涉，故敝国虽欲调解，恐亦不能收效"。为打消中国对德日条约的担心，陶德曼表示德日两国外交仅限普通关系，反共产国际协定仅为防止各自国内第三国际之行动，且自签订该协定后，德日两方始终未有任何举动，该协定所规定成立的委员会亦未组织，故该协定实与现在中日形势无关。蒋介石又询问，若英苏卷入，形成世界大战，德是否据约参战。陶德曼表示，这"与日德协定并无关系，盖此项协定之目的在防止共产党之活动，其中实无军事条款"。②

三天后，陶德曼告诉中国外交部次长徐谟，德政府认为陶德曼关于反共协定之说明"甚为适当"，"德政府认为不能以该协定为根据，请求日本停止在华行动。反之，日方亦不能以该协定为根据，请求德方为任何协助。但德政府业已再向日政府劝取和缓态度"。③

7月28日，德国外交部在给其驻日大使狄克逊（Herbert von Dirkson）

---

① *Documents on German Foreign Policy*, 1918–1945, series D, vol. 1, pp. 733–734.
② 《卢沟桥事变前后的中日外交关系》，第459页；秦孝仪主编《先总统蒋公思想言论总集》卷38，第79页。
③ 《卢沟桥事变前后的中日外交关系》，第496页。

的电报中表明了它不赞成日本扩大侵华作战的观点。该电指出："日本企图将其在华行动解释为履行反共产国际协定而进行反共作战，这是故意曲解"。"协定的目标不是在第三国的领土上与布尔什维克主义作战。相反，我们认为日本的行动是与反共产国际协定背道而驰的，因为它将阻碍中国的团结统一，导致共产主义在中国的进一步蔓延，其最后结果将驱使中国投入苏联的怀抱"。该电认为，日本在中国的行动"对日本准备未来与俄国的可能的摊牌不会带来任何好处。日本在华北得到的地盘越多，它所激化的中国人对日本人的仇恨的结果将越多，并将长期延续下去。因此，日本人可能必须面临两线作战"。德国外交部明确通知说："日本人没有任何理由期望我们赞同他们的举动。"①

日本一再声称它是在中国与共产主义作战，要求德国履行义务支持它。但陶德曼在给德外交部的报告中指出，这是日本人的宣传，"日本曾同样地以进行反共斗争的名义作为其建立冀东政权和进行绥远作战的理由，但实际上却毫不相干。这种宣传是日本人的陈词滥调，在远东没有任何人相信它"。相反，陶德曼认为，日本的行动恰恰推动了中国向共产主义的靠拢。他报告说："中国完全可能正在被日本人的行为推向苏联的怀抱。在国内的政治战线上，中国政府停止了它对左翼力量的斗争。蒋介石长期以来一直反对与苏联签订协定，现在他不能再完全拒绝这一想法了。"②

国民政府意识到了德国的这一担心，它很注意利用反共这一点来取得德国的支持。程天放曾对牛拉特说："日本侵略中国就是替共党制造机会，世界上真正反共的国家，应该出来阻止日本的侵略。"③ 国民政府向德国保证，它不会让共产主义在中国发展。孔祥熙在一封致希特勒的信函中暗示中国的制度更接近于德国的制度。他说，中国有一个"唯一的民族主义的执政党，一个强有力的领袖"，这样的国家绝不会成为苏俄式的社会主义国家。而日本有一个"日益腐朽的议会制度，国内无产阶级力量日益增长，随时都有可能爆发革命"。④

---

① *Documents on German Foreign Policy，1918 – 1945*，series D，vol. 1，pp. 742 – 743.
② *Documents on German Foreign Policy*，*1918 – 1945*，series D，vol. 1，pp. 748.
③ 程天放：《使德回忆录》，第 210 页。
④ 《民国档案》1988 年第 1 期，第 95 页。

国民政府还曾多次向德国表示，如果日本一定要灭亡中国，中国将倒向苏联。孔祥熙就曾明确地对德国人说，假如中日间的和谈不成功，中国将抗战到底，甚至使国家经济崩溃，使中国人民投入苏联的怀抱也在所不计。德国对中苏关系的改善和苏联对华援助的增加惴惴不安："俄国对中国日益增加的援助很快将使我们面临抉择——是撒手离开中国，还是促使敌对行动停止？"德国不愿它的地位被苏联取而代之。①

中日战争扩大之后，德国仍决定尽可能保持中立的态度。8月16日，希特勒在与牛拉特关于对华政策的谈话中指出，他"原则上坚持同日本进行合作的意见，但在目前的中日冲突中，德国仍须保持中立"。关于与中国所订合同物资的交货问题，希特勒指示："只要中国方面用外汇购买或提供相应的原料，这些物资就应该继续出口，当然对外应尽量加以伪装。"同时，他又指示："对中国方面对军事物资的新的订购要求，则尽可能地不予接受"。② 9月下旬，牛拉特会见中国驻德大使程天放时，表示了德国将继续中德合作现状的态度。牛拉特说他曾与总理"商议远东时局多次，决定仍严守中立，只须双方不正式宣战，德对于中国之经济合作办法必仍继续"。牛拉特表示，尽管日本曾对此事提出异议，但德国的态度"丝毫不变"。他还要求程天放保持这一绝对秘密，以免引起麻烦。③

其时，关于德国在中日战争中应持的立场，德国政府内明显存在着两种意见。一是以希特勒、戈林（Hermann Goring）及里宾特洛甫等纳粹或亲纳粹者为代表，持比较亲日的立场。一是以牛拉特、国防部部长白龙柏（Werner von Blomberg）、经济部部长沙赫特（Hjalmar Schacht）等人为代表的一些政府人士，他们主张持谨慎的中立立场。前者在纳粹党中占主导地位，他们控制着国家的最高权力，后者则多为职业外交家、职业军人和经济专家，他们多年来一直控制着政府重要部门的运行。希特勒的纳粹党势力此时尚未完全控制这些政府部门。因此，在抗日战争的最初阶段，实际主持德国对远东政策的是这些务实的政府官员。但希特勒也不时进行干预，使德国政策不断从中立向亲日方向倾斜。

在日本宣称要退出反共产国际协定的威胁下，10月上旬，希特勒发出

---

① *Documents on German Foreign Policy*, 1918–1945, series D, vol. 1, pp. 791.
② *Documents on German Foreign Policy*, 1918–1945, series D, vol. 1, pp. 750.
③ 《卢沟桥事变前后的中日外交关系》，第508页；程天放：《使德回忆录》，第210页。

指示：" 在目前的中日冲突中，武装部队要避免采取可能以任何方式妨碍和阻止日本实现其标的任何行动。" 他决定 " 要对日本采取毫不含糊的态度 "。① 根据希特勒的指示，戈林发布了停止向中国出口战争物资的命令。但军方一些重要人士，如参谋总长凯特尔（Wilhlm Keitel）上将、国防部部长白龙柏元帅等对此持有不同看法。经与军方和外交部磋商后，10月20日，戈林指示托马斯（George Thomas）上校 " 仍以目前的方式继续与中国的贸易 "。随后，白龙柏向有关军事机关发出命令，许其 " 继续以迄今沿用的伪装方式与中国进行贸易 "。②

此后，德货常常由第三国船只通过第三国港口转运。当日本获得有关情报而向德国提出抗议时，德外交部回答说，对于中立国船只运送外国武器，甚至德国私人船只运送德国出口武器之事，德国政府不承认有任何责任，因为远东 " 没有战争 "，不存在禁止此类活动的法律。德外交部政治司司长魏泽克表示：" 不仅日本无权控制或质问德国武器输华，就连德国政府亦无权阻止私人对华军售。" 牛拉特则强调：" 德国武器输往中国，保持适当之限量。中德经济之发展，是基于纯粹商业基础，并非经由德日谈判所能解决 "。③

在此方针指导下，德国继续维持对中国的军火供应。由于日军封锁中国沿海，中国进口的军火大部分途经香港转运。据估计，在战争爆发的前16个月中，平均每月有6万吨的军火经香港运入中国内地。其中，德国军火占60%左右。根据德国资料，德国易货供应中国的作战物资，1936年为23748000马克，而1937年则增为82788600马克。④ 据一些史学家统计，在抗战的最初几个月，中国对日作战的军火有80%左右来自德国。⑤ 美国国务院的情报也表明，德国确实是中国进口军火的最大来源。据1938年7

---

① *Documents on German Foreign Policy*, 1918-1945, series D, vol. 1, pp. 768-769.
② *Documents on German Foreign Policy*, 1918-1945, series D, vol. 1, p. 772.
③ John P. Fox, *Germany and the Far Eastern Crisis*, 1931-1938（New York：Clarendon Press, 1982），p. 247；王正华：《抗战期间外国对华军事援助》，台北，环球书局，1987，第70页。
④ John P. Fox, *Germany and the Far Eastern Crisis*, 1931-1938, p. 246; *Documents on German Foreign Policy*, 1918-1945, series D, vol. 1, pp. 852-856, 874-876.
⑤ 台湾史学家张玉法、吴相湘、张水木等先生均持此说。参见张玉法主编《八年抗战》，台北，联经出版公司，1982，第375页；吴相湘《第二次中日战争史》上册，第456页；张水木《对日抗战时期的中德关系》，《中国近现代史论集》第26集（上），第527—551页。

月5日美国国务院远东司制成的一份《中国输入军火备忘录》统计，自卢沟桥事变以来，各国输入中国的武器包括步枪、重炮、飞机、坦克、载重汽车、防空武器等，而德国军火无论是在数量上还是在品种上都占据第一位，其次为苏联。① 应该说，在英美观望之际，在苏联大批援华物资到达之前，德国军火对于维持中国初期的抗战起了一定的作用。

在这同时，总数达30人之多的德国驻华军事顾问仍在继续活动。② 对于这些人在中国前线的活动，当时外国通讯社有很多报道。美联社就曾报道说，有5名德国顾问在上海闸北协助中国军队作战。德国驻日大使狄克逊也向德外交部报告说，德国驻华军事总顾问法肯豪森及两名德国顾问确实在上海前线。

陶德曼在给外交部的报告中否认这些说法，他声称外电的有关报道是捏造的。但事实证明，陶德曼显然是在做掩饰。当时曾帮助中国空军工作的美国退役军官陈纳德后来在回忆录中，曾有名有姓地记述了一位德国顾问"参与领导上海抗战，是蒋介石很重用的军事顾问，指挥着蒋介石的教导总队和空运中队"。陈纳德还曾与另一德国顾问设计在夜间空袭日军阵地。③

更有权威的证据是，德国军事总顾问法肯豪森后来在回忆录中也证实了这一情况。他回顾说："我们系以个人身份为中国聘雇，无理由让我们的中国朋友们独自面对他们的命运。所以我派遣团员们去任何需要他们的地方，而那里通常都是前线。"法肯豪森曾在给军事委员会参事室主任朱家骅的一封信中表示："我和我的部属皆认为在中国危急时刻为其服务是我们应尽的责任"。④ 法肯豪森等人积极参与了中国军事计划的制订，他们对华北、华东的作战以及日后对华北、东北甚至朝鲜西岸的空袭都提出过设想和计划。德国顾问不只是在后方图上作业，他们还常常深入前线的战区指挥部参赞戎机。华北抗战爆发不久，法肯豪森便奔赴保定，淞沪作战中又多次前往淞沪前线。法肯豪森还参与了台儿庄战役的战略规划。⑤

---

① *FRUS*, *1938*, vol. 3, p. 214.
② *Documents on German Foreign Policy*, *1918–1945*, series D, vol. 1, p. 854.
③ 〔美〕陈纳德：《陈纳德将军与中国》，第64页。
④ 转引自该书委员会编《蒋中正先生与现代中国学术讨论集》，编者印行，1986，第82页。
⑤ 刘馥：《中国现代军事史（1924—1979）》，梅寅生译，台北，东大图书公司，1986，第111页。

1937年9月，德国军事顾问和其他各类顾问计71人在各个方面积极活动着，这是一个公开的秘密。英国驻华人员的报告曾指出："德国提供了大量的武器弹药，远远超过其他任何国家。不仅如此，它们的军事顾问实际上正指挥着战争。"该报告认为，德国在军事上这样支持中国，有一个重要的政治原因，即防止中国依赖苏联的援助。①

日本对德国的远东政策非常不满，一再向德国提出抗议，强烈要求德国停止对华军火供应，并撤回驻华军事顾问。日本认为德国的行动"是对1936年秋德日条约继续存在的一个威胁"，并声称德如继续以军火支援中国，日本将不惜退出德日反共协定。然而德国的回答却是劝日本"不要言过其实"。② 日本陆军次官曾对狄克逊表示："德国军事顾问在目前的紧张局势下协助中国的行动，严重地损害了日本军官对德国的情感。尽管日本军队的指挥官无法在法律上对德国军事顾问提出反对，但德国的行为极大地危害了德日合作的政策，因为已经存在于一部分军官中的反对意见有扩展到整个军队中去的危险"。③

面对中日冲突的日益扩大，德国方面也有人提出召回军事顾问的主张。但陶德曼反对这一做法，他在9月22日致德国外交部电中指出："现在改变我们的政策太迟了。如果我们召回顾问，这将引起严重的后果。"德国外交部拒绝了日方提出的撤出其驻华军事顾问的要求，称："在目前情况下召回驻华军事顾问，即意味着与南京政府为敌，德国不考虑采取这一行动。"德国政府也对驻华军事顾问的行动加以限制，命令他们不得参与中国前线的作战。④

德国还拒绝了日本要其在外交上与日本采取共同姿态的一些提议。9月22日，日本驻德大使武者小路会见牛拉特，要求德国政府召回其驻华大使。牛拉特直率地予以拒绝，他说："我们没有撤回大使的惯例，即使日本的轰炸机把炸弹投到我们大使居住的不设防城市中。"⑤ 此外，日本还要求德国承认"满洲国"，要求德国给予伪满驻德商务专员以外交官待遇，

---

① John P. Fox, *Germany and the Far Eastern Crisis, 1931–1938*, p. 244.
② *Documents on German Foreign Policy, 1918–1945*, series D, vol. 1, p. 744.
③ *Documents on German Foreign Policy, 1918–1945*, series D, vol. 1, p. 740.
④ *Documents on German Foreign Policy, 1918–1945*, series D, vol. 1, pp. 743, 761.
⑤ *Documents on German Foreign Policy, 1918–1945*, series D, vol. 1, p. 760.

德国政府均未接受。牛拉特声称："目前承认满洲国是不适当的，因为我们会因此而放弃至今在远东冲突中所持的立场，而公开偏袒日本。"① 希特勒也对日本驻德大使说，现在还不可能正式承认"满洲国"，因为这将导致与中国贸易关系的中断，而给德国的原料供应带来严重的困难。但希特勒同时也对日本大使允诺，德国将不断地对日本的这一要求进行考虑。

德国在这一时期的中立态度，给其他国家的驻华外交官也留下了鲜明的印象。美国驻华使馆武官处在给国内的情报中报告说，德国对华态度不同于意大利，"德国的态度看上去是冷静的，经过周密考虑的，由对中国的友谊和真诚的感情所支配着，尽管它与日、意订有条约"。他们认为德国军事顾问尽管是以个人身份在华服务，但政府仍可召回，这些人"对于中国政府的价值是不容低估的"。他们还报告说，尽管德国与日本签有反共协定，但在中国人中很少听到对德国的怨言。相反，人们都认为德国是中国的老朋友。②

由于德国继续向中国提供大量军火，又由于德国军事顾问继续在中国尤其是在前线积极活动，日本有人把这场战争称为"德国战争"。③ 这虽太过夸张，但它鲜明地反映了日本人对德国的不满。中国政府对中德关系的继续发展则感到比较满意，1937年10月1日，中国政府委托程天放大使向牛拉特颁赠了一等采玉勋章，以表彰他对发展中德关系所做出的努力。

第二节 陶德曼调停

处于两难境地的德国一直期望中日能坐到谈判桌子上来，结束正日益扩大的战争。但日本对第三国调停一直持拒绝态度，德国亦觉无能为力。中国曾多次希望德国以日本友好国家的身份出面调停，但德国均以时机不成熟、日本未必肯接受调解而婉拒。德国希望中国邀请英美出面来结束这一让德国感到为难的冲突。德方曾对中国驻德大使程天放表示，德国已对日本进行了劝说，但毫无结果，"德国在远东只有经济利益而无政治力

---

① *Documents on German Foreign Policy*, 1918–1945, series D, vol. 1, pp. 785–787.
② *United States Military Intelligence Reports, China*, 1911–1941, vol. 2, no. 0777, 0756.
③ John P. Fox, *Germany and the Far Eastern Crisis*, 1931–1938, p. 447.

量"。因此,"中国如需第三者出面干涉,以邀英美为宜"。① 德国外长牛拉特甚至对美国驻德大使多德(W. Dodd)表示,如果英美能在远东促成和平,德国将支持他们。这表明德国对调解中日冲突持积极态度,它未采取行动只是在等待着一个适当的机会。

9月中旬,日军参谋次长多田骏预计其军队将于10月中下旬在淞沪和华北战场上取得胜利,他认为"这将是媾和的最好时机,失去这个时机就会变成长期战争。所以从现在起,需要在外交方面展开秘密活动"。② 因此,以慎重派为主要掌权者的参谋本部展开了秘密活动,指示日本驻德国陆军武官大岛浩试探德国方面是否愿意出面调停中日战争。10月中,参谋本部又派马奈木敬信中佐与德国驻日武官奥特(Eugen Ott)少将进行联系,二人并共赴上海,邀德国驻华大使陶德曼出面调停。

日本外务省也展开了活动。10月21日,日本外相广田弘毅会见德国驻日大使狄克逊,表示"日本随时准备和中国直接谈判,假如有一个和中国友善的国家,如德国、意大利,劝说南京政府觅取解决办法,日本是欢迎的"。10月28日,日本外务次官堀内再次对狄克逊表示,日本不赞成两个或两个以上的国家联合调停,但如果德国能够推动中国政府进行和谈,日本政府是欢迎的。③

日本之所以在这时频繁发出希望他国"调停"的信息,还有一重要的国际因素。其时,专门讨论中日冲突的九国公约签字国会议即将在布鲁塞尔召开。日本不论出席与否,都将处于不利的被告地位。日本如此急切地推出德国出面调停,企图与中国政府直接谈判,也是为了抵制和破坏布鲁塞尔会议,防止出现英美等列强联合干涉的局面。广田在10月21日与狄克逊的谈话中就曾表示,日本在原则上反对召开九国公约会议这样的广泛性的会议的想法,因为这种会议对于冲突的解决是有害的。

无论是参谋本部还是外务省,所伸出的触角都指向了德国。这无非因为德国是所有大国中唯一与日本没有尖锐利害冲突的国家,它既是日本的准盟国,又与中国保持着良好的关系。确实,德国也一直希望中日能达成妥协,平息战事。因此,在收到日本发出的欢迎德国出面调停的信息之

---

① 程天放:《使德回忆录》,第210页。
② 《中国事变陆军作战史》第1卷第2分册,第54页。
③ Documents on German Foreign Policy, 1918–1945, series D, vol. 1, pp. 770, 773.

后，德国外交部几乎没有什么犹豫便担当起了"递信员"的角色。10月29日，陶德曼会见中国外交部次长陈介，表示德国愿作中日之间的联系途径，并指出现在正是解决中日问题的时机。陈介以中国希望先知道日本所提条件作答。针对中国对即将召开的九国公约会议所寄予的期望，陶德曼指出该会议不会产生任何实际结果，奉劝中国不可抱有幻想。

这时，中国方面也正在考虑停战问题。至10月下旬，中国军队在南北两个战场上均处于不利状态，集中了31个师、13个旅在北线所进行的太原会战和集中了70万兵力在南线所进行的淞沪作战，其失败的征兆已经很明显。面对国内军事的严重情况，10月25日，中国国防最高会议讨论了停战问题，从军事角度分析了它的可行性。会议讨论了停战对于中国军事的利弊，认为"停战对士气不利"，但同时又指出："目下现役部队略已使用完尽，此后补充者多系新募，未经训练，故战斗力益见低劣，故以适时停战为有利"；"械弹器材，被服粮秣之积储已用至半数，后续补充堪虞，故以适时停战为有利"。会议还认为，由于目前晋、鲁、沪方面作战成败尚未最后决出，"故在目前停战，外交形势尚不恶劣"。

会议还就停战对于中日双方的利害进行了分析和比较，认为敌我双方都会利用停战来进行调整补充，但对中国有利的因素更多一些。诸如"增筑防御工事及设备，于我有利，因我方为防御。组织民众及游击队，于我有利，因在我国土作战。增强各地防空组织与设备，于我有利，因我空军劣势，不能袭击敌国。整理后方交通，于我有利，因无空袭。军械弹药器材之输入，于我有利，因我方所购之弹药等，愈迟则到者愈多"。因而，国防最高会议的结论是："综观以上利害比较，停战或短期停战于我物质上均较有利。故在有利之条件下，自可接受。"①

10月30日，日本外务省发言人对外国记者发表谈话，公开表示，假如中国直接提出和平建议，日本将不拒绝举行谈判。但德国外交部认为："现在很难期望中国采取主动，而日本在达到了它的军事目标之后，是可以采取第一个步骤而不失面子的。"②

经过一番试探后，11月2日，广田外相会见狄克逊，正式提出日方的

---

① 《中国近代对外关系史资料选辑（1840—1949）》下卷（2），第14—16页。
② *Documents on German Foreign Policy, 1918–1945*, series D, vol. 1, p. 775.

议和条件。该条件主要包括 7 个方面的内容:(1) 内蒙古自治,建立一个与外蒙古相似的自治政府;(2) 扩大华北非军事区,由中国警察和官吏维持秩序,中日如能缔结和约,则华北行政权交给南京政府,但要委派一亲日首长,如不能缔结和约,华北将建立新的行政机构;(3) 扩大上海非军事区;(4) 停止反日政策;(5) 共同防共;(6) 减低对日本货物的关税;(7) 尊重在华外侨权利。①

11 月 3 日,德外交部电令陶德曼将日方条件转告中国。11 月 5 日,陶德曼会见蒋介石,转告了日方条件。相比较而言,蒋介石对于中日议和成功的可能性抱持怀疑态度。此前,面对社会上及政府内出现的主和论调,他即不表赞成,认为这实在是书生误国之见:"除牺牲到底外再无他路,主和之见,书生误国之尤者,此时尚能议和乎?"② 11 月上旬,布鲁塞尔会议刚刚开始,蒋介石希望在英美列强的参与下解决中日问题,无意立即与日本直接谈判。对于日方的要求,蒋介石虽未明确拒绝,但表现出相当冷淡的态度。蒋介石的回答主要表示了中国方面的三点意见:一是如果日本不愿意恢复战前状态,中国不能接受日本的任何要求;二是日本现在执行的政策是错误的,假如日本继续作战,中国不会放下武器;三是中国现在不能正式承认收到日本的要求,因为中国现在正是布鲁塞尔与会各国关切的对象,各国"有意要在九国公约会议的基础上觅取和平"。利用日本及德国当局的反共心理,蒋介石还声称,如果中国政府被打垮了,"那么唯一的结果就是共产党势力将在中国占据优势"。这就意味着日本无法与中国议和,因为共产党是从不投降的。

蒋介石对立即停止正在进行的军事行动表现得更感兴趣。他向陶德曼提出:"在敌对行动继续进行的时候,是不可能进行任何谈判的。"他表示,假如德国"向中国和日本提议停止敌对行动,作为恢复和平的最初步骤,中国愿意接受这一提议"。③ 关于中国政府接受调停的动机,顾维钧曾在布鲁塞尔对美国代表戴维斯解释说,中国政府之所以接受陶德曼调停,是因为考虑到中国军队需要一个喘息的时间巩固阵地,以阻挡日军机械化部队的进攻。从军事的观点来看,安排停止敌对行动是有必要的。

---

① 上村伸一『日本外交史』第 20 卷、179—180 页。
② 《蒋介石日记》,1937 年 9 月 9 日。
③ Documents on German Foreign Policy, 1918 – 1945, series D, vol. 1, pp. 780 – 781.

中国政府希望在九国公约会议与会国的参与下与日本谈判。中国政府在给出席会议的中国代表团的指示信中，提出了基本议和条件。其主要原则是：（1）东北问题至少按李顿报告书之建议加以解决；（2）华北不容许任何傀儡组织或察绥特殊化，中国如能确保华北主权和行政权，则将在经济开发和资源供应方面做相当让步；（3）上海恢复8月13日以前的原状，一切仍照原《上海停战协定》的规定办理，该协定所规定的区域不能格外扩大。①

陶德曼向德国外交部转告了中国政府的这一态度。陶德曼还报告说，中国的重要人士都反对与日本妥协，但他们愿意由英美出面调停，先成立停战协定。于是，德国的调停行动暂时中止。

但中国并未断然关闭与日本谈判的大门。11月19日，行政院副院长孔祥熙在给一位日本人的密电中，表示了愿在日本有所悔悟的情况下进行谈判的愿望。孔在该电中说道："倘日方不急悬崖勒马，必致两败俱伤，坐使渔人得利……现在日本已获相当面子，倘再事续进，则胜负无常，我方步步为营拼死抗御，虽日军有犀利之武器，然以中国之大，若深入内地，何能立获胜利。"孔祥熙指出中日间长期战争将给日本带来灾难性后果的前景，他提醒说，中日战争"代价既巨，消耗必多。现在日本已处孤立，列强忌猜日甚，一旦有事恐无力应付"。"倘再不悔悟，恐不仅自耗防共之国力，且促使中国联共赤化，后患无穷。唇亡齿寒之意，甚望日本明达之士注意及之"。②

但在公开场合，中国政府的态度则显得较为坚决。11月20日，国民政府发表迁都重庆宣言，指出日本"分兵西进，逼我首都，察其用意，无非欲挟其暴力，要我为城下之盟"。中国"为国家生命计，为民族人格计，为国防信义与世界和平计，皆已无屈服之余地，凡有血气，无不具宁为玉碎不为瓦全之决心"。③

布鲁塞尔会议未能实现中国期望欧美列强联合调停的目标。日本认为利用战场上的有利局面而由德国单独调停的机会再次到来。11月25日，

---

① 吴相湘：《第二次中日战争史》上册，第423页。
② 中国第二历史档案馆藏档案，见中国科学院历史研究所第三所南京史料整理处辑选《中国现代政治史资料汇编》第3辑第9册，油印本。
③ 《外交部公报》第10卷第7—12号，1938年1月，第1页。

广田又向狄克逊表示希望德国出面调停。11月28日，陶德曼奉命拜访中国行政院副院长孔祥熙和外交部部长王宠惠，转述了日本的要求。

中国曾寄希望于九公约会议伸张正义，结果大失所望。会议并未采取任何措施来制裁日本，而只是呼吁中日双方以克制态度来实现和平。这对国民政府的战和政策不能不产生重大影响。布鲁塞尔会议之后，中国对陶德曼调停显示出较大的兴趣。中国军队在淞沪会战和太原会战中的失败，也迫使最高当局考虑利用停战喘息的问题。蒋介石本人此时显然已有意接受德国的调停。他在1937年11月29日的日记中写道："接德大使转达敌国要求言和之报，特约其来京面谈，为缓兵计，亦不得不如此耳。"但蒋介石在内心还是对其他文武官员所表现出来的主和倾向甚为不满："文人老朽以军事失利皆倡和议，高级将领皆多落魄，望和投机取巧者更甚若辈，毫无革命精神，究不知其昔时倡言抗战是之易为何所据也。"①

中国政府曾向苏联通报德国调停之事，征求其意见。1937年12月初，苏联答复说，中国政府可采取下列态度："日本如撤回其入侵华中及华北之军队，并恢复卢沟桥事变以前的状态时，中国为和平利益计，不拒绝与日本实行和平谈判"。"日本如果实行上述先提条件的时候，中国国民政府就允许谈判两国间一切问题"。同时，苏联政府对日本能否遵守停战协定以及德国调停的意图也表示了疑虑。对此，蒋介石在回电中答曰："对德调停之答复，正符鄙意，当不被敌所欺，请勿念。"②

12月2日，蒋介石召集高级军事将领会议，参加者有白崇禧、顾祝同、唐生智、徐永昌等人。会议听取了外交部次长徐谟关于此事的报告。各将领询问有无别的条件，是否限制中国的军备？徐谟回答说，德使称别无条件，只要中方答应即可停战。于是，各将领陆续表示同意就此条件进行谈判的态度。最后，蒋介石表示两点：（1）德国调停不应拒绝，如此尚不算是亡国条件；（2）华北政权要保存。③

同日下午5时，蒋介石会见了陶德曼。这一次，蒋表现出了上次所没有的妥协态度。他询问日本的条件是否仍和原来的一样，表示中国愿意接

---

① 《蒋介石日记》，1937年11月29日，11月30日本月反省录。
② 《斯大林、伏罗希洛夫致蒋介石电》（1937年12月），秦孝仪主编《中华民国重要史料初编——对日抗战时期 第三编 战时外交》（2），第339—340页。
③ 《中国近代对外关系史资料选辑（1840—1949）》下卷（2），第53—57页。

受德国的调停，同意以日本先前提出的各点作为谈判基础。但他同时表示，不能接受"那种认为日本在这场战争中已经成为胜利者的看法"，中国愿以协调和谅解的精神，讨论日本的要求，但日本切不可以胜者自居，将所提条件视为最后通牒，"中国不能接受日本的最后通牒"。蒋介石还明确表示了中国政府的最低立场，即"华北的主权、完整和行政独立不得侵犯"。①

此时，日军兵锋已直指南京，如果谈判被视为败者的求和，无疑将会使停战条约成为城下之盟式的"降约"。因此，中国方面特别注意强调中国在谈判中的地位问题，这是战争双方的对等的谈判，而不是胜者和败者的谈判。12月5日，徐谟再次对陶德曼强调指出："假如日本以向战败者任意规定和平条件的战胜者自居并且这样做的话，那将会对中国和日本之间真正和解的前途造成很大的损害。"他表示"大使提出来的各点可以作为商讨的基础，但它们在任何情况下都不应被认为是以最后通牒形式提出来的不可改变的要求"。② 当然，当时情况下的中日谈判，在实质上不可能是平等的谈判。国民政府是准备做出妥协和让步的，这一点毫无疑问，但它又不愿使让步成为投降。对谈判地位的关注，正是这一态度的反映。

12月7日，狄克逊将中国方面的意向转告广田外相，并询问中日谈判是否仍在原提条件基础上进行。这时，日方的态度已发生变化，广田表示需要征求军方的意见，因为他"怀疑能否在一个月前所提出条件的基础上进行谈判，那是在日本取得巨大的军事胜利之前所起草的"。③ 这时在中国战场上，日军对中国首都南京的攻击进展顺利，指日可下。广田表示，由于形势发生了变化，日本可能要扩大要求。

预感到南京失陷的蒋介石，并不准备因此而放弃底线，接受日本的条件。他在12月12日的日记中写道："一、南京万一被陷，则对内部、对共党、对国民应有鲜明态度之表示，决定抗战到底，义无反顾。二、此次抗战即使全国被敌占领，只可视为革命第二期一时之失败，而不能视为国家被敌征服，更不能视为灭亡也。三、不可失去本党革命性，更不可忘却本党革命责任，只要三民主义不灭，则国家虽亡犹存，只要革命精神不死，

---

① *Documents on German Foreign Policy*, 1918–1945, series D, vol. 1, pp. 787–789.
② *Documents on German Foreign Policy*, 1918–1945, series D, vol. 1, p. 797.
③ *Documents on German Foreign Policy*, 1918–1945, series D, vol. 1, p. 799.

则战事虽败亦胜。四、宁为战败而亡，毋为降敌求存，战败则可转败为胜，降敌则虽存必亡，而且永无复兴自拔之时矣。"①

战场上的胜利，使日本军方强硬派的势力更为壮大。强硬派对中国政府的谈判姿态很不满意。12月8日，陆军首脑会议认为："还看不到蒋的反省态度，将来能否反省姑且不论，现在这样的态度是不能接受的。"② 他们要求根据新形势重新研究以后的新条件。内相、预备役海军大将末次信政就曾在大本营与政府联席会议上声称："除非把和平条件订得十分强硬，否则，我们的人民就会不满。"他认为南京政府已经陷入困境，"如果我们稍微放松作战，蒋政权显然会恢复元气，但如果我们再推它一把，它就会倒了"。他反对对中国采取温和的态度，说这样会重振中国人的士气。③ 日本首相近卫文麿也认为，此时不宜对中国显示宽宏大量。12月14日，日本政府发表声明，声称"国民政府毫无反省之意，日本决心提携亲日政权，彻底惩罚抗日政权，从而根本上解决日华问题"。④

日本军政首脑经过多次讨论，于12月21日的内阁会议上正式议定了《为日华和平交涉致德国驻日大使的复文》及有关谈判条件的极密的具体解释。次日，广田据此约见狄克逊，提出了日方新的谈判条件：（1）中国应抛弃亲共反日反"满"政策，并与日本及"满洲国"合作，实行反共政策；（2）在必要的地区建立非军事区和特殊政权；（3）中、日、"满"缔结关于在经济上密切合作的协定；（4）中国偿付日本所要求的赔款。⑤

狄克逊对这四项条件的具体内容提出询问，广田的补充说明是：第一条意味着中国承认"满洲国"，并希望中国废止中苏条约或参加反共产国际条约；第二条指在华北和长江流域建立非军事区，在内蒙古建立特殊政权，华北政府将拥有广泛的权力，它不属于中央政府，但是在中国的主权之下；第三条指中日订立关税协定、一般贸易协定等；第四条即中国赔偿战费和日本财产损失费。广田要求德国暂不要让中国知悉他对这四项条件的补充说明。此外广田还向狄克逊表示，中国如接受条件，须派代表来日

---

① 《蒋介石日记》，1937年11月12日上星期反省录。
② 《中国事变陆军作战史》第1卷第2分册，第136页。
③ 原田熊雄述『西園寺公と政局』第6卷、岩波书店、1951、187页。
④ 《中国事变陆军作战史》第1卷第2分册，第142页。
⑤ 『日本外交年表並主要文書：1840—1945』下册、380页。

本，在一定的时期和指定的地点进行和谈。在和谈期间，日军将继续进行军事行动。只有到和约缔结时，才有停止军事行动的可能。同时，广田还声明，日本要求在年底前后获得中方的答复。从这些条件来看，日方此时已自居于受降者的地位。

对于日方的新要求，作为旁观者的狄克逊也感到太过分了。他指出这些条件"远远超过"原先的条件，"我认为中国政府是完全不可能接受这些条件的"。广田则表示，由于军事局势的改变和舆论的压力，现在不可能有其他方案。狄克逊认为日方所提要求答复的时间太短，希望延期到1月5日或6日，广田表示同意。① 12月26日，陶德曼将日方的四项要求（不含具体解释）转告孔祥熙。

在国民政府内部，对于战和问题意见不一。一些人对战局悲观，主张不要拒绝议和，蒋介石则认为，现在这样的议和等于投降和灭亡，"近日各方人士与重要同志皆以为军事失败非速求和不可，几乎众口一词，此时若果言和则无异灭亡，不仅外侮难堪，而且内乱益甚，彼辈只见其危害，而不知敌人之危害甚于我也，不有主见何以撑持此难关耶"。蒋介石认为，随着战局向更广阔的区域发展，日军穷于应付疲于奔命的弱点将会显现出来，"此后敌人前进愈难，而我军应之较易，必使敌人再进一线，使之更陷于穷境，则国际变化如何固不可期待，而倭寇弱点必暴露更甚，敌军兵力亦不胜布置，不仅使之进退维谷，而且使之疲于奔命，如此各国必乘其疲而起矣"。②

由于日本新提出的这四项要求过于广泛和模糊，日本可以在这四条之下提出若干苛刻要求，这就使得国民政府内部即使是主张议和的人也难以接受这些条件。蒋介石认为这样反倒使政府内部的意见容易取得一致了。蒋介石在当天的日记中写道："余见此心为之大慰，以其条件与方式苛刻至此，我国无从考虑，亦无从接受，决置之不理，而我内部亦不致纠纷矣。"③ 次日，孔祥熙对陶德曼说，日本提出的是无所不包的条件，它犹如一张空白支票，日本也许需要十个特殊政权和十个非军事区，没有人能够接受这样的条件。

---

① *Documents on German Foreign Policy*, 1918–1945, series D, vol.1, pp. 802–804.
② 《蒋介石日记》，1937年12月20日上星期反省录。
③ 《蒋介石日记》，1937年12月26日。

同日，中国外交部将上述日本条件电告驻外各使节，令其转告驻在国政府，以听取各国的意见。中国外交部在向苏联驻华大使通报情况时曾表示："我国政府认为这些条件没有考虑余地"。英国外交大臣艾登在听了郭泰祺的通报后表示，这些条件是严酷的，甚至是残暴的，他完全赞成中国拒绝予以考虑的态度。法国外交部秘书长莱热（Alexis Leger）向顾维钧指出，中国唯一正确的政策就是继续抵抗，并且拒绝同日本议和。他感到中国谈和平已经谈得太多，其实只要继续进行游击战，中国最后是能把日本拖垮的。如果目前向日本求和，就等于甘心投降，因为日本不愿意接受低于投降的条件。①

但实际上，国民政府内仍有不少人心存议和之念。12月27日，国防会议讨论日本所提条件，仍有相当的人主张继续议和，甚至有人评论蒋介石不痛下决断"为优柔而非英明"。蒋介石闻此，愤而写道："此种糊涂评论固不足计较，但一经失势，则昔日趋炎附势者，今皆变为投石下井矣。本党老糊涂、亡国元老之多，此革命之所以至此也。"②

12月28日，蒋介石召集汪精卫、孔祥熙、张群等要人到其寓所。汪精卫等报告了昨日国防会议的讨论情况，众人一起商讨决定应付办法。蒋介石表示："国民革命在求中国之自由平等，决不能屈服于敌人与之订立各种不堪忍受之条件，以致我国家与民族永远受其束缚。只要我国政府不签字于任何不平等条约之上，则我国随时有收回国土、恢复主权之机也。"众人一致同意，对日本所提条件，一概不予理会。③ 29日，蒋介石又对于右任等表示，抗战方针不可变更。他在日记中分析了同意议和的后果，认为"外战如停，则内战必起，与其国内大乱，不如抗战大败"，"除抗战以外，再无其他办法"。④

12月30日，狄克逊会见广田，告诉广田有必要对和平条件加以补充说明，并在谈判开始时实行局部停战。广田同意将22日指明不转达的内容以德国大使个人感觉的形式告诉中方。广田并再做补充说明，指出非军事

---

① 《顾维钧回忆录》第3分册，第30—32页。
② 《蒋介石日记》，1937年12月27日。
③ "中华民国史料研究中心"编《先总统蒋公有关论述与史料》，台北，编者印行，1979，第15页。
④ 《蒋介石日记》，1937年12月29日。

区将包括内蒙古、华北及上海占领区的一部分；特殊政权指内蒙古自治政权、华北具有广泛权力的政府，上海也要建立特殊政权；赔款范围则包括赔偿一部分战费、日本损失的财产和占领费用三项。①

同日，陶德曼奉命将广田对狄克逊的补充说明，作为德国驻日大使与日要人的"谈话印象"转告中国。蒋介石得知日本条件后，认为无法接受，"倭寇所提条件等于灭亡与征服，应即严拒"。"与其屈服而亡，不如战败而亡"。②但中国政府并未立即表明拒绝态度。

中国驻美大使王正廷此时也传来了美国政府的看法。王正廷在1月4日上午拜会美国国务卿赫尔，通报了德国调停的情况及日方条件，赫尔表示："不愿中国丧失领土，放弃任何权利"。赫尔并告诉王正廷，九国公约会议中国代表团所提出的援助要求，美国政府正在研究中，此事涉及财政问题，还须先商之国会。③

1月5日，广田会见狄克逊，指责中国政府向有关列强透露日本所提的和谈条件，他表示"日本无法忍受中日和平谈判条件演变为国际性之探讨"，要求中国政府迅速做出答复。④1月6日，近卫与陆相、海相、外相商谈，决定敦促中国政府，由内阁官房长官发表要求中国政府早日答复的谈话。1月10日，陶德曼会见中国行政院副院长张群。张答复说，中国对日本的要求还在研究中。12日，日本外务次官堀内谦介约见德国驻日参赞，要求中国政府立即答复，他声称如果到1月15日仍未有答复，日本将保留采取行动的自由。他并要求中国的答复须采取明确的态度。

在这段时间里，日本于1月11日召开了御前会议，首相、陆相、海相、外相、枢密院议长以及参谋本部和军令部的总长、次长等出席会议。会议议定了《处理中国事变的根本方针》，决定："如中国现中央政府反省醒悟过来诚意求和，则根据附件（甲）所开日华和谈条件进行交涉"；"如果中国现中央政府不来求和，则今后不以此政府为解决事变的对象，将扶助建立新的中国政权"。⑤

---

① *Documents on German Foreign Policy, 1918–1945*, series D, vol. 1, pp. 811–812.
② 《蒋介石日记》，1938年1月2日。
③ 叶建青编《蒋中正总统档案·事略稿本》第41册，台北，"国史馆"，2010，第15页。以下各册均简称为《事略稿本》。
④ 台北《传记文学》第43卷第4期，1983年，第44页。
⑤ 『日本外交年表並主要文書：1840—1945』下册、385—386頁。

1月12日，陶德曼约见王宠惠，催问中国政府的明确答复。王宠惠回答说："日方条件太属空泛，我方无从决定，若日本政府将详细办法通知我方，则我方当可考虑"。陶德曼表示，日本政府大概不会再做说明了。此前，狄克逊大使曾询问广田，日本要求中方1月10日前答复，是否有最后通牒性质，广田回答，虽无最后通牒性质，"但日本以最大之急迫，盼望中国之答复"。狄克逊还曾向德国政府报告，日本军方人员要求中国必须有急速明白的回答，否则，御前会议上将决定宣战、否认国民政府、承认北平政府及继续军事行动等问题。陶德曼并表示，他只是在转达日方的意思，并非劝告中国政府接受或拒绝日本条件，但他认为中国政府应对日本有一正式答复。①

当天，蒋介石亲自修改了外交部所拟致陶德曼的口头答复。该答复表示，中方此前已表示愿以日方在11月初所提条件为讨论基础，但现在日方条件有所变更，"我方经过详细考虑，觉此项条件，内容空泛，愿明晰其上次与此次所提条件之性质与内容后，始能予以研究及决定"。②

1月14日，狄克逊将中国声明全文转交广田，广田对中国政府的不明确态度大为不满。他认为中国方面已经知道了做一个肯定或否定答复所需要的一切细节，现在做这样一个不置可否的声明，"简直是遁词"。③ 广田认为中国方面没有和平诚意，是在采取拖延战略。他把中国政府的答复提交给日本内阁会议。日本内阁得出的结论是："再不能理睬这样的拖延政策，应按预定方针发表不以国民政府为对手的声明，采取下一步措施。"④

同日，新就任的中国行政院院长孔祥熙会见陶德曼，表示"中国仍然怀着与日本达成真正谅解的愿望"，孔希望能知道日方所提"基本条件"的性质和内容。⑤ 然而，在陶德曼将中国方面的口头声明记录转交日方之前，日本已经通知德国停止交涉。

1月16日，近卫内阁发表政府声明，宣称"帝国政府今后不以国民政府为对手，而期望真正能与帝国合作的中国新政权的建立和发展"。两天

---

① 叶建青编《事略稿本》第41册，第41—42页。
② 叶建青编《事略稿本》第41册，第43—44页。
③ *Documents on German Foreign Policy*, 1918–1945, series D, vol. 1, p. 816.
④ 《中国事变陆军作战史》第1卷第2分册，第147—148页。
⑤ *Documents on German Foreign Policy*, 1918–1945, series D, vol. 1, p. 817.

后，日本政府又发表"补充声明"，声称"所谓'今后不以国民政府为对手'，较之否认该政府更为强硬"，"意在否认国民政府的同时，把它彻底抹杀"。①

近卫声明的发表，暂时堵死了议和之路。蒋介石认为如此结果并不意外，反倒有利于中国稳定内部，"拒绝倭寇媾和之条件，使主和者断念，稳定内部矣"。"倭政府昨日宣布不与国民政府作交涉对手而未明言否认三字，此乃敌人无法之法，但有一笑而已"。② 1月18日，中国政府发表声明，指出："中国抗战之目的为求国家之生存，为维持国际条约之尊严。中国和平之愿望虽始终未变，中国政府于任何情况下，必竭全力以维持中国领土主权与行政之完整。任何恢复和平办法，如不以此原则为基础，绝非中国能承受。"③ 至此，被后世历史学家称为"陶德曼调停"的德国斡旋无果而终。

第三节　德国转向亲日

陶德曼调停失败后，德国就不得不面临着在中日战争中做出公开抉择的问题。在长期化的战争面前，它不可能长久地既忠实于盟友，又交好于中国。在中日之间选择何方，这是一个不容犹豫的问题。德国的远东战略更为需要的是日本而不是中国。因此，当中日和解的希望彻底断绝之后，德国远东政策的调整势在必行。

里宾特洛甫（希特勒在外交界的第一亲信，不久升任德外交部部长）在1938年2月2日的一份备忘录中系统地表明了德国的战略观。该备忘录的着眼点是如何阻止英法联盟，防止英国干预德国在欧洲的行动。里宾特洛甫认为德国应注意加强柏林－罗马－东京三角关系，"我们与朋友们的联盟越坚固，则英国，此外还有法国，不介入同德国有牵连的中欧冲突的可能性就越大"。他并指出，英国现在正致力于削弱这种关系，它"会在适当的时机竭尽全力重新建立和意大利、日本的友好关系，甚至准备付出极大的代价"。因此，德国必须"悄悄而坚决地建立其反对英国的同盟，

---

① 『日本外交年表並主要文書：1840—1945』下册、386—387页。
② 《蒋介石日记》，1938年1月17日。
③ 秦孝仪主编《中华民国重要史料初编——对日抗战时期 第三编 战时外交》(2)，第670页。

即实际上加强我们同意大利、日本的友好关系。此外，要争取那些和我们利益直接或间接相一致的国家……只有这样，不论将来有一天是达成协议还是陷入冲突，我们才能对付英国"。[1]

德国驻日大使狄克逊于1月26日也向德外交部提出了调整远东外交的报告。他认为中国的失败之日已为期不远，日本必然取得胜利。陶德曼调停的失败标志着中日战争进入了一个新的阶段，日本将成为战争的胜利者，中国将投入苏联的怀抱。因此，尽管在中日冲突的第一阶段德国声明绝对中立是正确的，但现在形势已经发生了变化，德国现在面临的任务是根据已经变化了的形势做出决断。狄克逊担心德国如继续现行的政策，将使德日关系受到破坏。他指出："我们必须考虑到，脾气很坏的日本也许会在一个不适当时机针对我们做出令人不快的决定。因此，我们必须处理好有关问题，尤其是最棘手的军事顾问和提供战争物资问题，及时地重新确定我们现在的地位。"他认为德国军事顾问的继续驻华将影响德国的声誉，建议撤回军事顾问，停止运送军事物资并承认"满洲国"。[2]

希特勒也认为，只有日本才能够对付在亚洲的"布尔什维克主义"的危险，而中国无论是在力量上还是在道义都不可能强大到足以抵抗这种威胁。这就是希特勒倾向日本的最根本的原因：唯强是重。谁的力量看起来最强大，能在东方牵制其他列强的力量，有助于他成就在西方的霸业，他就选择谁。

1938年2月，希特勒对内阁进行重大改组，具有亲华倾向的主张在中日战争中持慎重中立态度的国防部部长白龙柏和外交部部长牛拉特相继去职。希特勒亲自执掌德国武装部队的最高指挥权，主张亲日的里宾特洛甫接掌外交部。德国对华政策随之发生转变。

承认"满洲国"的问题提上了德国外交部的议事日程。有人主张以此作交换，要日本在奥地利和捷克斯洛伐克等欧洲问题上表态支持德国，或要求日本确保德国在华北或"满洲国"的利益，或要求日本承认德国对其在第一次世界大战前所拥有的太平洋诸群岛殖民地的主权，并就日本归还问题开始谈判。

---

[1] *Documents on German Foreign Policy*, 1918–1945, series D, vol. 1, pp. 162–168.
[2] *Documents on German Foreign Policy*, 1918–1945, series D, vol. 1, pp. 826–829.

陶德曼反对承认"满洲国"。他致电德国外交部指出，德国在中国具有广泛的利益，承认"满洲国"将引起中国对德国商品的抵制。中国人现在正在为他们的生存而战，承认"满洲国"将被视为赞许和支持日本的战争目的。如果德国现在承认日本扶植起来的傀儡政权，中国人将永远不会忘记这一点。他还对德国将获得日本在经济利益上的回报表示怀疑，认为不应为这些尚无把握的事情牺牲基本的原则。① 但是，德国决策者拒绝了陶德曼的意见。里宾特洛甫把陶德曼的报告压下不提。

2月20日，希特勒在国会发表演说，宣布承认"满洲国"，并正式承认日本宣扬的入侵中国是为了反共的观点。他声称"与布尔什维克的胜利比较起来，日本最大的胜利，对人类文明和世界和平的危害也要小得多"。希特勒认为日本是防止东亚"赤化"的中坚力量，是东亚安定的因素，公然承认了日本的侵略成果。②

中国驻德大使程天放在同日给蒋介石的报告中，指责德国"以突然手段承认伪国，其袒护日本不复顾全我国友谊之态度已昭然若揭"。他认为德国政府已决定采取亲日政策，此后不会再有变更的可能，"我国再事敷衍，恐亦无效果可言"。因此，他建议中国政府明令召回大使，以表示对德之不满，同时向德方提出严重抗议，并通知其他各国，以示中国态度之坚决。③

此前，蒋介石对德国即将承认"满洲国"的消息并非毫无所知，但仍抱持不愿相信的态度。他在希特勒宣布承认的前一天还在日记中写道："德国承认伪满消息，以理度之，当不至此也。"待消息成真后，他感叹曰："昨日德国希脱勒宣布承认伪满，乃知国际并无道德，外交惟有利害。"④

然而，抱怨归抱怨，中国政府由于希望继续得到德国的军火供应及不使其召回军事顾问，仍采取了克制态度，只是由程天放在2月24日向德外交部送交一照会，对德国的这一做法表示抗议便作罢。该照会称，对于德国政府承认中国东北的伪组织，"中国政府闻悉之余，深感遗憾"。照会指出："该非法组织原系出自日本之侵略，其产生之者、统制之者、维持之

---

① John P. Fox, *Germany and the Far Eastern Crisis, 1931-1938*, p. 302.
② John P. Fox, *Germany and the Far Eastern Crisis, 1931-1938*, p. 302；《民国档案》1989年第2期，第128页。
③ 《程天放致蒋介石电》（1938年2月20日），秦孝仪主编《中华民国重要史料初编——对日抗战时期 第三编 战时外交》（2），第679—680页。
④ 《蒋介石日记》，1938年2月19、21日。

者，皆为日本之军阀，事实昭然，无待指明，世界各国对于不承认伪组织之原则，几全体坚持遵行……因是中国人民对于德国政府此次公布之行动，咸感失望。"照会最后表示："基于上述各节，德国政府此次对于在中华民国领土内非法产生之伪组织，予以承认，中国政府不得不提出抗议。"① 照会语气和缓，以尽量不使事态扩大。

程天放认为，中方只提抗议是不够的，应要求德国政府对有关事项做出书面保证。他在2月24日致蒋介石等人的电报中表示："政府决定除抗议外，不再作其他表示，自有不得已之苦衷"。但他认为，中方对德重在顾问不召回、供给不停止二项，日方此前一直要求德国召回顾问停止供给，但未能如愿，此后日方必更加积极进行，德政府既已亲日，则随时可能应允。他建议："我方似应乘机要求德政府对此两事有满意之答复，最好用书面承认不召回顾问及对经济合作继续进行。如能办到，则我方之委曲求全，始有意义，如德不允，则显系对我无诚意，我亦可另筹强硬对付方法。"② 程天放的要求显然不可能为德国政府所接受，其建议未被国民政府采纳。

2月24日，程天放将中方抗议照会面交德国外交次长，并口头说明了中国方面对德国的不满。德方态度也比较和缓，表示对中日战事仍将保持中立态度，希望中国政府亦继续对德友谊。程天放继而表示，中国人民得知德国承认"满洲国"的消息后"愤慨异常，因蒋委员长及中央要人极力顾全中德友谊，向人民解释，始未生枝节，此后中德友谊之能否维持，全视德方事实上之表现如何，非空谈可能挽回"。德方对此表示理解。③

中国政府采取低姿态的用意在于指望能继续从德国得到军火。3月初，蒋介石还致电中国驻德商务专员谭伯羽，要他向德国再订购一批武器，包括迫击炮300门，炮弹90万发；手枪2万支，子弹4000万发；高射炮300—500门，每门配弹5000发。④

在中国政府的努力下，德国仍然对华提供一定数量的军火。2月间，

---

① 叶建青编《事略稿本》第41册，第189—191页。
② 《程天放致蒋介石电》（1938年2月24日），秦孝仪主编《中华民国重要史料初编——对日抗战时期 第三编 战时外交》（2），第680页。
③ 《程天放致蒋介石电》（1938年2月24日），秦孝仪主编《中华民国重要史料初编——对日抗战时期 第三编 战时外交》（2），第681页。
④ 《蒋介石致谭伯羽电》（1938年3月1日），秦孝仪主编《中华民国重要史料初编——对日抗战时期 第三编 战时外交》（2），第708—709页。

有12架德国的轰炸机和战斗机运抵香港。3月中，又有一批价值3000多万马克（合1000多万美元）的军火由德国船只运到香港。

然而，中国政府在具体问题上的忍让并不能阻止德国在总的战略上疏华亲日的步伐。3月3日，德外交部次长魏泽克约见谭伯羽，称德国"决定为保持中立计，在中日两国纷争期间，不收两国军事学生"。他通知谭伯羽，德国将停止接受赴德深造的中国陆海军学生，已在德国就学和受训者，限于8月31日结束。4月27日，魏泽克又向程天放表示了召回其驻华军事顾问的意愿，他声称："德政府为对中日战争采取完全中立态度起见，觉得德国军事顾问此时在华服务，殊有偏袒一方之嫌疑，故甚愿其离开中国。"①

其时，德驻华外交官和军事顾问都不愿中断中德关系。陶德曼在2—3月多次上书德国外交部，要求继续援华。他在3月8日的报告中对日本的可靠性提出怀疑，认为日本只是在利用德国。日本在华所实行的经济排外已经证实了这一点。日本一直不肯给德国以"最惠国待遇"，声称如果给了德国最惠国待遇，其他国家也会援例要求。陶德曼建议应继续向中国提供战争物资，以换取外汇，这样的活动可以通过私人商号来进行。他反对从中国撤出军事顾问，指出如果这样做，"在这里所产生的影响将是灾难性的，结果将是苏联顾问取而代之，那时，中国军队将成为一支苏联的军队"。②

德国军事顾问也不愿从中国撤出。他们认为，经淞沪及南京惨败而元气大伤的中国已经重新组织起军事力量。总顾问法肯豪森对中日战局持有比较乐观的看法，他认为中国完全可以抵抗日本。法肯豪森在3月上旬于武汉行营大礼堂所做的讲演中，阐述了在中国进行游击战和持久战的战略。他主张中国应在山西西部与山东南部控制若干兵力，利用游击战争袭击日军，以策应津浦、平汉方面，对日军进行首尾夹击。他认为持久战"在中日战争中颇可采用，以消耗敌人军实，待机反攻，歼灭日军"。③

4月30日，法肯豪森在给德国外交部的答复中陈述了撤回军事顾问的困难。法肯豪森声明德国军事顾问是根据顾问个人与中国政府之间签订的

---

① 《谭伯羽致外交部电》（1938年3月3日）、《程天放致蒋介石电》（1938年4月27日），秦孝仪主编《中华民国重要史料初编——对日抗战时期 第三编 战时外交》（2），第681、684—685页。
② *Documents on German Foreign Policy, 1918-1945*, series D, vol. 1, pp. 844-850.
③ 二档馆：787/2558。

合同而应聘的,他们的合同分别要到 1939 年或 1940 年才期满,单方面提出中止合同的要求将意味着违反合同,除了要在法律上负破坏合同的责任之外,还得损失钱财,得不到返程路费,并要为未满期限做出赔偿。这样,许多顾问"在中国将陷入困境,负着债务而没有回国的路费"。而这些人回国后也不一定能找到工作职位。因此,他要求"德国政府必须为顾问们做出保证,负担顾问及其家属以及秘书们的回国路费,补偿其家庭财产等方面的损失,以及由于中止合同所产生的任何其他损失"。①

5 月 13 日,德国外交部复电陶德曼,指示其转告法肯豪森将军:"帝国政府期待军事顾问尽快遵照政府要求返回德国,并请法肯豪森将军将此令立即通知属于顾问团的退役军官,令其做好一切准备。"该电要求陶德曼及德国顾问向中方说明:"从这场冲突一开始,德国就感到有必要保持中立,因此,德国提出这一要求是正当的。随着冲突的继续(它已经具有了战争的性质),原来的德国顾问继续在中国服务,是与中立的立场不相容的,它给世界造成了我们正积极地帮助中国人进行战争的印象。鉴于存在于两国之间的传统友谊,我们希望中国政府对于德国这些完全合理的愿望予以应有的考虑。"该电许诺,德国政府准备支付回程路费,并对与此有关的所有损失给予适当的赔偿,同时又威胁说:"此间正在考虑针对有关顾问的严厉措施,以防止有人拒绝同意撤离。"②

陶德曼曾提出逐步撤离军事顾问的建议,但为德国外交部所否定。5 月 17 日,里宾特洛甫在给陶德曼的电报中指出:"军事顾问逐步撤离的主张不予考虑……有关军事顾问的立即撤离是元首的明确命令。我们期望军事顾问立即离开中国。"该电要陶德曼通知德国军事顾问:"任何不执行来自使馆的指示的行为,都将会给他们自己带来严重的后果。"该电还要求陶德曼接电后,"敦促中国政府立即中止与德国军事顾问的合同。如果中国政府在中止合同上制造困难,你可以非正式地暗示,那样你是否能继续留在中国就很难说"。③

5 月 21 日,陶德曼奉命会晤王宠惠,称德国政府现已决定"绝对中立",希望中国政府允许德国顾问解除契约回国,王宠惠当即表示,如果

---

① *Documents on German Foreign Policy*, 1918–1945, series D, vol. 1, pp. 856–857.
② *Documents on German Foreign Policy*, 1918–1945, series D, vol. 1, pp. 861–862.
③ *Documents on German Foreign Policy*, 1918–1945, series D, vol. 1, p. 862.

撤回德国顾问,"中国国民必将以为德国……将间接袒日而反对中国"。"德国顾问系以私人资格在华服务,他国国民亦有以私人资格在吾政府机关服务,该顾问与各该国政府,实无任何联系,自不至于涉及中立问题,望贵国政府再加考虑"。王宠惠还再次打出苏联这张牌,声称"如果中央政府岌岌可危,就会出现这样的危险:被驱往绝境的人民将会背离政府的意愿投入苏联的怀抱"。①

德国政府对中国政府施加压力。6月13日,里宾特洛甫指令陶德曼向中国政府声明:如果中国政府反对让德国顾问回国,德国将立即召回驻华大使。同时德国政府对其驻华顾问亦施加高压。6月21日,德外交部发出严令他们尽快离开中国的电报,要求"留华全体德籍军事顾问凡职务未停者一律立即停止,并尽速离华,必要时虽违反中国政府意旨,亦在所不恤";并警告说:"顾问中如有违反此令者,即认为公然叛国,国内当即予以取消国籍及没收财产处分"。②

眼见德国召回顾问之趋势已无可挽回,中国政府做出最后的努力,要求挽留5—6名顾问一段时期,以让他们安排好以后的工作。但这一要求也遭到德方的拒绝。6月20日,里宾特洛甫再次来电,要求陶德曼向中国政府施加外交压力,令其向中方声明,中德关系能否继续,完全取决于德国军事顾问是否能全部离华。6月21日下午,陶德曼和法肯豪森在汉口约见中国外交部次长徐谟,奉命声明:如果6月23日以前中国政府对于全体德国顾问的立即离华不明确表示同意,并担保这些顾问的离华,德国大使将被立即召回。

然而,中国方面并没有按照柏林的要求在23日前给予肯定的答复。6月24日,德外交部指令陶德曼将事务工作移交代办,立即返回德国。26日,陶德曼离华返德。至此,中国政府为挽留德国军事顾问已经尽了最大的努力,但德国政府召回其顾问的决心不可动摇。7月2日,中国政府为德国顾问设宴饯行。7月5日,德国顾问乘专车前往香港。③

---

① 《孔祥熙致蒋介石电》(1938年5月23日),秦孝仪主编《中华民国重要史料初编——对日抗战时期 第三编 战时外交》(2),第686页;*Documents on German Foreign Policy, 1918 - 1945*, series D, vol.1, p. 862.
② 《陶德曼致法肯豪森》(1938年6月21日),秦孝仪主编《中华民国重要史料初编——对日抗战时期 第三编 战时外交》(2),第687页。
③ 德国顾问似未全部撤出。到1940年时,仍有5名军事顾问在重庆工作。见William C. Kirby, *Germany and Republican China*, p. 249.

在日本的压力下，德国不得不停止与中国的军火交易。4月27日，戈林公布禁止向中国运送武器的通告。5月3日，希特勒在意大利访问期间，为加强与日意的合作，就地密令国防部全面禁止军火输华。至此，德国半公开的对华军火供应宣告结束。

德国如此急速地调整对华政策，其原因并不复杂。一言以蔽之：唯强是重也。1939年1月，里宾特洛甫曾对一批德国将军说道，古老的中国已经昏睡过去，衰弱不堪，"很清楚，在对德国的未来具有决定意义的今后几年中，这个衰弱的中国是不可能突然间部署起一支用以对付苏联的强大的陆军或建立起一支无畏舰队。除了借助日本，德国别无选择的余地。"① 德国对中国并不隐瞒它的这一动机。两年后，里宾特洛甫对中国驻德大使的一番解释明白无误地道出了德国当局的想法。他说，几年前，英国即已蓄亡德之心，德国只得联合其他国家与之对抗，"以此与日本交谊增密"。他表示疏远中国乃事出无奈，"无如大势所趋，惟强是重，不得不侧重亲日，此在中国或引为不满，在德国实势逼使然"。②

尽管德国已公然偏向日本，但中国政府仍力图尽可能地维系已被大大地削弱了的中德关系，不使之过于恶化，以图继续秘密地得到一些德国的物资。中国驻德使馆商务专员谭伯羽曾在5月4日来电报告说："德军火出口运输处密称，军火仍可照常起运，但避免日方侦探，以后运货不能用客船，均须改装货船。"③ 显然，该处尚未得知希特勒已下达了新的禁令。此时尽管情况有变，中国政府仍期望能通过变通方法获得一些物资。5月13日，孔祥熙请示蒋介石，是否对德国下令禁止军火输华一事提出抗议或正式质问，蒋介石在此件上批示："对德事暂作静观。"中国仍在争取业已成交的德国军火能启程运华。④

5月27日，托马斯对谭伯羽表示，中国已经订购的军火仍然可以秘密起运，但不能直接运往中国，须经另一国家转手，另外续订新的军火则再

---

① John P. Fox, *Germany and the Far Eastern Crisis*, *1931–1938*, p. 253.
② 《陈介致蒋介石电》（1940年11月11日），秦孝仪主编《中华民国重要史料初编——对日抗战时期 第三编 战时外交》（2），第699页。
③ 《谭伯羽致孔祥熙电》（1938年5月4日），秦孝仪主编《中华民国重要史料初编——对日抗战时期 第三编 战时外交》（2），第709页。
④ 《孔祥熙致蒋介石电》（1938年5月13日），秦孝仪主编《中华民国重要史料初编——对日抗战时期 第三编 战时外交》（2），第711页。

无可能。这以后，仍有少量军火得以从德国运出。如原定 7 月初交付运华的一批军火，就假借芬兰订货的名义，秘密起运赴华。这批军火内有榴弹炮炮弹 6000 发，47 公分炮弹 18000 发，毛瑟枪 5000 支、枪弹 3700 万发。①

尽管中德之间的国家关系已无可挽回地趋向冷淡，但中国政府仍积极谋求维持两国间一定程度的经济联系。经过多次的秘密接触和谈判，1938 年 10 月 4 日，孔祥熙与德国合步楼公司（该公司此时实际上已成为德国所有在华厂商的监管机构）的代表佛德（Hellmuch Woidt）博士口头达成了一个暂定以一年为期的易货贷款合同，议定中国向德国提供矿产等原料，德国向中国提供 1 亿马克的贷款。双方还商定，从前孔祥熙在德时所订货物，一部分由合步楼公司予以保留（内包括军火），可以现款及以货易货办法运交。② 关于这一协定，当时调任行政院政务处处长的蒋廷黻曾告诉美国驻华使馆参赞裴克说，中德间的这次易货协定，比第一次更为自由，它可以与私人企业直接商谈购货事宜，而第一次易货协定的对象只能是德国政府及其所属企业。③ 然而，这一协议显然是与德国总的国策相背离的，因此，它并未得到德国政府的批准，1 亿马克贷款之议遂成泡影。

尽管这一协议未获批准，但不少德国军火及设备等仍通过香港运入中国。此事由合步楼驻港代表和中国军方设在香港的一家商号负责接洽。在他们的安排下，德货通过广东和海防运往广西和云南。里宾特洛甫得知这一情况后，曾下令停止对华运输。但德国经济部部长芬克（Walter Funk）表示反对。他声称，德国必须从中国获得它所需要的原料，因此必须恢复中德间的易货贸易。对此，里宾特洛甫亦感无可奈何，只得做出让步，同意继续对华输出军事物资，但要求这些军事装备只能以零部件的方式运出，待运抵中国后再行装配。④

---

① 《谭伯羽致蒋介石电》（1938 年 7 月 2 日），秦孝仪主编《中华民国重要史料初编——对日抗战时期 第三编 战时外交》（2），第 712 页。据《国际事务概览》载，广州失陷之后，滇越铁路所运输的物资中，有很大一部分是德国军火。见 Arnold J. Toynbee, *Survey of International Affair*, vol. 1, 1938 (London, 1941), p. 570.
② 《齐焌呈蒋介石报告》（1938 年 10 月 1 日），秦孝仪主编《中华民国重要史料初编——对日抗战时期 第三编 战时外交》（2），第 714 页；William C. Kirby, *Germany and Republican China*, p. 216.
③ *FRUS*, 1938, vol. 3, p. 365.
④ *FRUS*, 1939, vol. 3, p. 661.

这样，在中国政府的努力下，中德间以货易货的交易仍在断断续续地进行着。据统计，1938年德国从中国进口钨砂8962.2吨，超出了1937年的进口量，占该年德国钨砂进口总量的63%，进口桐油7293吨，其占该年德国进口总量的99.7%。即使到1939年，德国从中国获得的钨砂在1—8月也达到了3700吨，占同期德国进口量的50%。① 在这同时，德国的军火等则通过易货形式不断流入中国的大后方。

德国从其称霸欧洲的战略出发，指望日本在亚洲牵制英法的力量。早在1938年1月，里宾特洛甫就曾向日本驻德武官大岛浩少将提出了缔结军事同盟这一问题。这以后，德国停止对华武器供应，撤回驻华军事顾问，从而扫除了结盟的最基本障碍。随着德日间的日益靠拢，缔结军事同盟问题便理所当然地提上了双方的议事日程。

日本也希望通过强化它与德国和意大利的法西斯轴心来牵制对中国抗战持同情态度的英、美、苏等国。它希望能借助这一联盟的威力，阻止苏联卷入中日战争，"挫退其侵略东亚的企图"，"使英国放弃亲蒋援华政策"，"使美国至少保持中立态度，可能的话，诱使其倾向亲日"。② 7月19日，日本五相会议讨论与德意的结盟问题。会议认为："帝国须迅速同德、意缔结协定，须进一步密切相互之间的结盟关系，加强各协定国对苏的威力与对英的牵制，这些步骤将有利于我对当前支那事变的迅速解决。"③

然而，德日两国缔结盟约的谈判并非一帆风顺。德日在盟约所针对的目标上存在着分歧。德国所提出的目标不只是针对苏联，它要求广泛地针对"第三国"即英、法、美等国。日本陆军方面主张接受德国的方案，但外务省担心会立即恶化与英、法、美的关系，并有可能卷入欧洲战争。8月26日，日本五相会议通过了外务省的修改方案，要求将条约的防卫对象只限定于苏联，并将缔约国自动参战的义务改为经过协商决定参战。此后，围绕着修正案的解释，日本外务省和陆军不断发生争执。外务省认为，只能以苏联一国为对象，而陆军方面认为主要对象是苏联，但不排除

---

① 〔英〕阿诺德·托因比等编《大战和中立国》，上海电机厂职工大学译，上海译文出版社，1981，第65—68页。
② 〔日〕信夫清三郎主编《日本外交史》下册，天津社会科学院日本问题研究所译，商务印书馆，1980，第634页。
③ 角田顺編『現代史資料』第10卷、みすず書房、1964、172頁。

以"第三国"为对象。双方争执的最后结果是，11月11日，日本五相会议认定："本协定主要是针对苏联的，如果英法等国站在苏联一边，他们就成为对象；反之，如果单单是英法，他们就不是对象。当然，如果法国赤化了，那肯定要变成对象。"①

但德国对日本的这一立场仍不满意。为暂时解除东线的威胁，以专心对付英法，1939年8月，德国突然舍弃日本而与苏联订立了中立条约。德日谈判遂告中断。但1940年中，随着德国在欧洲战场的胜利，日本与德国结盟的热情大增，而德国也希望借助日本的力量牵制美国。于是，德日又开始了紧锣密鼓的缔结同盟的谈判。

中国政府对此事非常关注，曾多次劝告德国不要与日本结盟。1940年7月7日，国民党中央组织部部长朱家骅致信德国武装部队统帅部总参谋长凯特尔，详细表明了中国政府的看法。该信希望德国对远东方面予以"特别注意，从新认识"。针对德国对日本寄予的希望，该信着重指出日本的武力已不可依赖，"日本之陆军与中国作战之初，即失去防俄力量，海军虽无甚消耗，但因中国三年抗战之结果，及一般国力之减低，其实力之影响，亦匪浅显。况久战无功，陆军士气日见低落，影响于海军者亦不可忽略。故今日日本欲征服中国，已心余力绌，欲其与他国周旋，更非其国力所能负担也"。朱家骅并以战后德国在中国发展的前景来打动德方，指出待欧洲战事和远东战事结束之后，"远东方面必有一番新的局面之来临。关系于贵国者，至为密切而重要。中国在远东拥有广大之土地与众多之人口，战事一了……利用地大物博，以发展各项建设，中国之需要借助贵国者，有非常人所能想象"。"而中国之复兴，在任何方面可有助于贵国者亦匪可想象"。②

但是，德国对英伦三岛空战的失利，使它更迫切地需要日本成为盟友，以牵制美国对英国的援助，德日间加紧了订立同盟条约的谈判。里宾特洛甫甚至曾劝说中国也加入这一同盟，但为中国政府所拒。1940年9月27日，德、意、日终于签订了同盟协定。由于德国与日本已成盟友，中德关系更趋冷淡。

---

① 角田顺编『现代史资料』第10卷、189页。
② 王聿钧、孙文成编《朱家骅先生言论集》，台北，中研院近代史研究所，1977，第657—659页。

第四章
争取英美援华

日本侵略中国的目的，就是要从政治上经济上牢牢地控制中国，使中国在各方面都成为日本的附庸，这就不能不与已在中国占有巨大权益的英美等西方列强产生矛盾。基于这一不可避免的趋势，中国与英美等国形成了共同的战略利益，阻止日本侵略成为共同利益之所在。也正是基于这一判断，中国政府始终把英美作为对抗日本的天然的潜在盟友，尽力阻止英美的妥协活动，努力推动它们走上援华制日的道路。

第一节 英美对日妥协

抗战初期，尽管英美在道义上对中国持同情与支持态度，但无论是利害程度还是实力状况此时都不允许英美与日本形成正面对抗。就前者言，日本对其在华利益的侵犯毕竟尚未危及自身的国家安全问题，未到须干戈相向的严重境地。就后者言，这一时期欧洲时局的动荡不安为日本起到了巨大的战略掩护作用，英法等国无法考虑分兵远东的任何计划。1938年，德国和意大利正显示出越来越强烈的扩张意图。英法等国对欧洲局势忧心忡忡。法国外交部秘书长莱热在1938年初对顾维钧所说的一番话典型地反映了这种情绪。莱热不安地说，欧洲能否在1938年内幸免于战争，现在还难以预料，欧洲的形势不允许英法对远东问题采取积极的态度。[①] 英国军方曾向远东对增派军队一事进行过研讨，结果认为英国缺乏对付德、意、日三国联合的力量。如果英舰队到远东，意大利就会控制东地中海，就会处于把英国赶出埃及、巴勒斯坦和中东其他地方的有利地位。海军参谋长查特菲尔德（A. E. M. Chatfield）指出，如果英国"必须向远东派遣用以

---
① 《顾维钧回忆录》第3分册，第44页。

对付日本舰队的足够的舰队，我们实际上无法在本土留下任何现代化的军舰以对付由相当新式的军舰组成的德国舰队和意大利舰队"。①

毫无疑问，西方列强所关注的重点自然是在欧洲。在实力有限，无法东西兼顾的情况下，它们在远东继续实行退却的政策，不断以妥协来求取与日本的短暂相安。对于不断发生的各种排斥和打击其在华权益的行为，它们或忍气吞声地接受，或抗议和交涉一番后再予接受，没有任何坚定的反抗。

日本与西方列强关于日本占领区的中国海关税款的谈判，充分表现了日本咄咄逼人的攻势和西方列强的步步退让。由于英国占据了海关总税务司等大多数海关高级职务，有关中国海关问题的谈判主要是在英日之间进行的。

1937年11月，日军在攻占上海后，就要求江海关税务司援引天津海关前例，将一向由中国中央银行存放的江海关税款改存日本正金银行。其实，在天津海关税款的问题上，日本已经让中国及有关列强上过一次大当。在使用武力威胁和空头允诺诱迫英籍税务司将天津和秦皇岛两海关的税款存入正金银行后，日本自食其言，不肯继续从该税款中按比例拨付由关税作担保的各种外债份额。上海是中国最大的通商口岸，江海关的税收占全国海关总税收的50%，其重要程度远非天津海关所能相比。为此，英国和日本展开了几近半年之久的讨价还价。

由于中日实际处于战争状态，海关所处地区亦已沦陷，日本处于随时可以以武力接管海关的地位，因此，日本曾试图避开与英方的谈判，强调要把海关作为中国政府的下属机关来看待，这样，它便可以随时把海关作为敌国机关而加以占领，或可以直接对中国海关进行威胁讹诈。1937年11月28日，日本外相广田就曾对克莱琪说："日本政府认为，关于这个问题的任何正式协定都不能同各国商定，只能同中国政府的海关直接达成协议。"克莱琪赶紧指出："上海的海关官员现在已经不再和中国政府保持联系。他们除了他们自己以外并不能代表任何人。因此，同他们达成的任何协议，除非得到中国政府及（或）有关各国同意，只能认为是靠武力取得的。"② 克莱琪要求广田同意由日本驻上海总领事和英国驻华大使馆的财政

---

① Bradford A. Lee, *Britain and the Sino-Japanese War, 1937–1939*, p. 109.
② 中国近代经济史资料丛刊编辑委员会主编《一九三八年英日关于中国海关的非法协定》（《帝国主义与中国海关资料丛编》之十），中华书局，1983，第51—52页。

顾问先就此事进行谈判。

在此前几天，日本驻沪总领事冈本季正已对江海关英籍税务司罗福德（L. H. Lawford）表示，由于上海现在正处于日军的控制之下，在上海的中国政府机关就应当由日本管理。冈本提出派日籍监视员到海关进行监督的要求，并威胁说，否则日本就要接管海关。12月30日，冈本向英籍总税务司梅乐和（F. W. Maze）再次提出派日本监视员进驻海关的要求，声称"现时在日军占领区域内，不准任何中国政府机关独立行使职权，海关系中国政府机关之一"。对此，英方则强调中国海关的特殊性，"其所以有异于其他中国政府机关者，为因其具有国际性质"。海关的设置"既关系中外利益，复多根据中外条约的规定"。无论海关的设置还是税款问题，跟有关列强都有关系。因此，如要做重大变动，应于事先征求有关国家意见。①

1938年1月20日，日方向罗福德提出新建议，要求他以江海关税务司名义在正金银行开立江海关税款账户，日方允诺他有权从上述账户中提取海关行政开支和该关应摊付的外债赔款。罗福德倾向于同意以日本的这一建议为谈判基础。但梅乐和意识到中国政府可能会表示反对，因为这将使"中国关税金库的钥匙掌握在日本人手里"，中国政府以往用以偿还内债和部分行政开支的税款，就会被日本控制。而且，由于日本控制了税款，"非经日本同意，中国就不能以关税为担保举借外债了"。尽管如此，从使外国债券持有人和海关经费得到保障出发，梅乐和仍认为可以以日本的建议为基础进行谈判，并决定将此事通报英、法、美政府，然后再在适当的时候与中国政府交涉。②

但英国外交部此时还不想做出太大的让步。1月30日，英国驻华代办贺武（R. G. Howe）在致梅乐和的信函中表明了政府方面的态度。该函强调，英国政府一向反对把江海关税款全部存入正金银行，因为江海关税款的绝大部分是用来偿付外债和赔款的，其中日本所占的比例比较小，因此日方要求将全部税款存入日本银行就非常不合理。英国政府希望借助其他列强的力量来共同对付日本，该函指出："只同日本一国政府商定摊付外

---

① 《一九三八年英日关于中国海关的非法协定》，第60、68页。
② 《一九三八年英日关于中国海关的非法协定》，第61—62页。

债赔款数额的办法是不能接受的,摊付数额应当由各主要关系国(包括日本)的代表与海关协商决定。"①

法国和美国也都做出响应的姿态。法国驻华大使那齐雅在 2 月 1 日致梅乐和的信中声称:"对于法国部分的外债和赔款,我要特别声明,如果日方坚持要把海关税收(包括法国应得的部分)存入日本银行,我将不得不要求把法国那一部分存入法国银行。"1 月 31 日,美国驻日大使格鲁在给日本的照会中指出:"美国政府对于保持海关完整和保全关税,极为关怀。美国政府一贯主张,日本当局不应采取或鼓励任何损害海关权力、分裂海关或使海关不能继续摊付外债赔款和支付行政经费的行动。"②

以法美等国的反对为根据,2 月 2 日,梅乐和在与冈本和日本驻华使馆参赞曾根益会谈时表示,将海关税款存入正金银行,不仅中国政府反对,即有关列强中之若干国家,亦反对将它们应摊得的部分款额存于该行。在这种情况下,海关总税务司难以与任何一国订立为其他有关各国所反对的任何协定。对此,日方发出威胁,声称"现在上海为日军占领区域,江海关税款自应按日方所指定之办法存放。换言之,被监视者应按照监视人之命令办事"。③

考虑到江海关所面临的实际危险,中国政府准备做出一定的让步。2 月 3 日,中国政府提出三点意见:(1)由两家或两家以上的银行(包括正金银行)组成保管委员会共同保管沦陷区的全部关税,税款首先得用于支付海关各项经费;(2)从税款中支付以关税为担保的债款;(3)如有余款,在战事期间,由保管委员会负责保存。中方明确指出:"天津等地经验证明,税款存入正金银行等于送给日本人。"④

2 月 10 日,英国外交部提出的新方案做出了一些让步。该案提议所有关税首先应存入汇丰银行,在扣除债款和海关行政开支后,如有余款将存入正金银行。英国的这一立场完全是从其自身利益考虑的,他们明白:"这样安排的主要危险是(中国的)内债不能不停付,但是在现在情况下,我们不能更好地保证内债了。"英国外交部认为:"假如偿付外债赔款有了

---

① 《一九三八年英日关于中国海关的非法协定》,第 63—65 页。
② 《一九三八年英日关于中国海关的非法协定》,第 199、66 页。
③ 《一九三八年英日关于中国海关的非法协定》,第 67—68 页。
④ 《一九三八年英日关于中国海关的非法协定》,第 66 页。

保证，我们就无权干预关余的处理了。"① 对中国利益的考虑完全被撇到了一边。

从1938年2月起，关于中国海关问题的谈判逐渐转移到东京进行，由克莱琪与日本外务省会商整个沦陷区的海关问题。由于把不愿轻易做出让步的中国政府完全排除在外，东京谈判进行得比较顺利，4月上旬便初步商定了条件。虽然克莱琪曾经要求继续以海关税款支付中国的内债，但在遭到日本拒绝后不再坚持。中国政府对英国的妥协退让非常不满。

5月2日，英日以换文的形式成立了有关海关问题的协定。英国在日本的压力下放弃了将日本占领区的各海关税款存入中立银行的要求，同意以税务司名义存入各地正金银行，日方则允诺支付税款中应摊付的外债、赔款以及海关经费。同时英方还同意支付中国政府从1937年9月停付的日本部分庚子赔款。②

英日海关协定遭到中国方面的反对，中方尤其反对把自1937年11月上海沦陷以来积存于汇丰银行的江海关税款拨交正金银行，而要求梅乐和将这一存款拨交中央银行。中国政府还坚持"停付日本部分庚子赔款，以免在中日战争期间用于对华侵略"。③ 于是，日本借口中方不执行海关协定，在夺得海关税款控制权后，拒绝交出各关应摊付的外债赔款。

尽管英国声称海关协定阻止了日本人强占海关的企图，并有助于保持中国在国外的债信，但它实际上在某种程度上认可了日本控制中国海关。英国在谈判中为了追求所谓的"海关完整"，继续获得由关税担保的外债和赔款，不顾中方的反对，在是否支付内债、转交江海关积存税款及停付日本部分庚子赔款等涉及中国利益的问题上对日让步。英国的这一行为表明了它在紧要关头有可能以牺牲他人的利益来绥靖侵略者的倾向。不久以后的欧洲慕尼黑协定正是这一倾向发展的必然结果，也是最淋漓尽致的表现。英日海关协定是英国在远东地区对日本明文做出的第一次重大让步。在日本直率蛮横的要求面前，英国终于败下阵来，因而有史学家把它称为"大英帝国所蒙受的第一次耻辱"。

鉴于租界在中国的特殊地位，中国方面利用租界进行了一些抗日活

---

① 《一九三八年英日关于中国海关的非法协定》，第70—71页。
② 《一九三八年英日关于中国海关的非法协定》，第98—99页。
③ 《一九三八年英日关于中国海关的非法协定》，第126页

动。以此为借口，日本图谋夺取觊觎已久的租界的领导权。由于各地租界工部局的领导权主要掌握在英国人手中，因此，有关租界问题的交涉主要是在英日之间进行的。1939年，日本在上海公共租界、鼓浪屿公共租界和天津英租界先后发难，其中尤以天津的冲突更具对抗性，也更具代表性。以英国为首的列强，在一些地区对日本的部分要求进行了抵制，但最终还是做出了让步。

1939年2月19—22日，伪维新政府外交部部长陈箓及亲日的财界要人李国杰先后在上海租界被暗杀，另有两名日本军人亦在租界内受到袭击。日本决定利用这些事件夺取对上海租界的控制权。2月22日下午，日本驻上海总领事携日本陆军及海军陆战队各一名将官会见上海公共租界工部局总董，提出了5点要求，其核心为允许日本军警随时随地在租界内采取行动。日方要求工部局同意允许日本宪兵和领事馆警察，"必要时可于任何时间在公共租界内的任何地点采取必要的措施，以保护日本国民和镇压恐怖主义"。日方提出"应立即在租界的重要地点对中国人进行搜查"。日方还要求加强巡捕房中日本巡捕的力量。①

工部局在与英美驻华大使及领事磋商之后，于2月25日的全体会议上通过了对日本人的答复，声称"工部局不能接受除了上海工部局巡捕房之外的任何警察机构在租界采取独立行动的任何提议"，但是，他们将继续欢迎日本宪兵和领事馆警察在侦查恐怖主义方面的合作。②

此后，日方与工部局进行了多次会谈。3月14日，工部局发表公报，重申不允许工部局巡捕房以外的任何机构在公共租界采取独立行动，同时声明已与日本人达成如下共识：对由水路进入租界的人进行搜查，工部局巡捕房欢迎日本宪兵和领事馆警察的合作，但是，具体的搜查须由工部局巡捕房进行；准备对在刑事处的现行框架内设置一个综合科的提议予以同情的考虑，该科将由一位日本高级警官和几位经过挑选的日本下属组成；工部局巡捕房大体上准备给予日本当局审查因提供情报而被捕的与恐怖事件有关的犯人的便利。但是，工部局巡捕房保留根据事实依法断案的权力。③

---

① *Documents on British Foreign Policy*, *1919–1939*, series 3, vol. 8, pp. 464–465.
② *Documents on British Foreign Policy*, *1919–1939*, series 3, vol. 8, pp. 471–472.
③ *Documents on British Foreign Policy*, *1919–1939*, series 3, vol. 8, pp. 514–515.

日本对英国所做出的让步并不满意。5月3日，日本外务省向英美驻日大使提交了一份关于上海租界问题的备忘录，提出了修改土地章程及基于此章程而形成的租界行政管理体系，增加日本在工部局董事会中的名额的要求。备忘录声称其历史已非常久远的租界行政结构和管理制度，包含着许多不适合今日新形势的缺陷，土地章程就是一例，租界的行政管理正是建立在这一基础之上的。为了使租界适应现已出现的局面，并能真正恰当地履行职责，只对租界的行政机器和这一机器的运转进行少量的改良和革新是不够的。考虑到有关日本投资的庞大数量，日本社团的声音在很多方面未能在工部局行政中得到充分而公平的表达。因此，为了在租界的行政管理方面有可能获得日本方面的积极合作，为了确保行政机器的平稳运转，对于上述不能令人满意的现状进行合理的调整是绝对必要的。①

然而，英美政府的答复均拒绝了在目前修改上海土地章程及调整租界内的中国法院问题。英方提出的备忘录认为："现在情况仍不正常，英国政府认为目前就任何谈判中可能出现的问题达成对各方都公平合理的永久性决议几乎是不可能的。因此，英国政府认为目前不适宜讨论这一问题。"②

对此，日本又提出所谓"中国主权问题"，意图夺取对租界的控制权。5月24日，日本外务省发言人河相达夫向日本新闻界发表声明，声称在中国的外国租界自然应被视为处于中国的主权之下，这是一种虽然暂停行使但没有丧失的主权。因此，这一主权理所当然地应像日本占领的中国其他地方一样置于日本的控制之下。日本占领区的反日活动完全可以被日本消灭，即使是使用武力。在这一点上，没有任何承认他国对租界行政进行干预或干涉的余地。③

6月13日，克莱琪在致有田八郎的口头声明中指出，英国、日本及其他列强对公共租界都有着各种明文规定的权利和义务，任何政府都没有权利单方面干涉这些租界的行政，"即使日本在其占领区接管了中国的主权（英国并未承认这一点），这也不能使日本对在华外国租界和租借地拥有比中国人曾拥有的更大的权力"。在这同时，美国和法国也向日本表示了大

---

① *Documents on British Foreign Policy, 1919 – 1939*, series 3, vol. 9, pp. 49 – 51.
② *Documents on British Foreign Policy, 1919 – 1939*, series 3, vol. 9, p. 89.
③ *Documents on British Foreign Policy, 1919 – 1939*, series 3, vol. 9, pp. 108 – 109.

致相同的立场,日本对上海租界的企图暂未得逞。①

1939年5月11日,亲日的厦门商会会长洪立勋在鼓浪屿被杀。日本随即派出海军陆战队200人在鼓浪屿登陆,进行搜捕。5月15日,日本向鼓浪屿公共租界工部局提出了增加其在工部局的领导成员及租界禁止抗日活动的要求。日本驻厦门总领事要求由日本人担任租界工部局主任秘书、警长及助理、译员等职务,工部局办事处及巡捕房应尽可能录用日本人,要求租界"对抗日活动实行严密控制",并"允许日本领事馆警察在与鼓浪屿工部局巡捕合作的情况下对抗日反动分子进行搜捕"。②

中国政府对此事颇为关注,认为日军出兵鼓浪屿是一种投石问路的举动,如不加以制止,日本将得寸进尺,此类出兵举动将会蔓延到其他各地的租界。5月16日,中国外交部在致英国驻华大使卡尔(A. C. Kerr)的照会中表示了中国政府的"深切关注",指出日军此举"无疑是一种试探性的行动,它将对上海和天津租界的未来产生重大影响",中国政府要求英国政府对此予以高度重视。在这同时,中国驻英、美、法大使也奉命向各驻在国政府陈述了这一看法。③

在英美的抗议之下,日军虽撤出了大部分兵力,但仍留42人于岛上。英美在要求日军尽撤无效后,遂各派出与日军数目相同(即42人)的部队登陆,其理由是租界系公共租界,因而登陆的力量也应是国际性的。稍后,法国也派出了同样数目的部队登陆。在英、美、法联手抵抗的情况下,工部局拒绝了日本意欲分享领导权的要求,不同意由日本人充任工部局主任秘书、警长,但同意控制租界内的反日活动,并允许日本领事馆警察参与工部局巡捕对抗日分子的搜捕。日本在鼓浪屿的行动未获预想的成功。鼓浪屿的对峙状况一直持续到第二次世界大战爆发。在英法军队撤出之后,美日部队继续留驻。10月17日,工部局与日方达成在镇压恐怖分子活动方面进行合作的协议。18日,日美军队同时撤出鼓浪屿。

但是在华北,日本对天津英租界采取了更为强硬的立场,英国在日本咄咄逼人的进攻下终于做出了不光彩的妥协。早在1938年,英国就开始在英租界内镇压抗日活动。9月底,租界当局根据日方的建议,逮捕了一个

---

① *Documents on British Foreign Policy*, 1919–1939, series 3, vol. 9, pp. 176–177.
② *Documents on British Foreign Policy*, 1919–1939, series 3, vol. 9, p. 70.
③ *Documents on British Foreign Policy*, 1919–1939, series 3, vol. 9, p. 78.

名叫苏清武的中国游击队领导人。日方要求租界当局将苏交给日本人，但遭到英方拒绝。9—10月，英日双方围绕着是否交出苏清武的问题展开了多次交涉。英国驻日大使克莱琪和新上任的英国驻天津总领事贾米森（E. G. Jamieson）主张接受日本的要求，但驻华大使卡尔反对交出苏清武。英国外交部倾向于卡尔的意见。①

对此，日本天津当局做出强硬反应。1938年12月14日，日本在进出英法租界的道路上围起栅栏，对来往的中国人进行搜查，而外国人通过则须持有通行证。1939年2月初，日军曾短暂撤除路障，但不久又以英法不合作为由，在租界四周筑起路障和电网。3月16日，日本进一步要求撤换工部局巡捕房中不受欢迎的人而任用日本人，并向日本交出所有的嫌疑人。此后，英方稍做让步。在英方的建议下，工部局董事会任命了一名日本联络官和一名日本顾问。

但不久，英租界内一桩新的命案又使英日矛盾激化，并由此而引发了天津租界危机。4月9日，担任华北伪政权海关监督的汉奸程锡庚在天津英租界被暗杀。根据日本人的情报，4名嫌疑人被工部局巡捕和日本宪兵逮捕。此后，围绕着是否交出这4名嫌疑人的问题，英日之间展开了频繁的交涉。天津日军当局态度强硬，声称对暗杀临时政府要人的犯人予以庇护，就是对日军的间接的敌对行为，是对"东亚新秩序"的挑战。英国外交官员内部也发生了争论，克莱琪和贾米森主张妥协，但卡尔反对接受日本的要求。

中国方面非常关注这一事态的发展，一再要求英方不要交出嫌疑人。6月6日，中国驻英大使郭泰祺会见英国外交大臣哈利法克斯（Halifax），向其面交了蒋介石关于这一问题的要求，并向英方做出承诺，保证以后"不会在英租界内再出现任何引起麻烦的事件"。哈利法克斯则提醒中国方面注意"形势非常危急"，日本当局已经发出威胁，如不采取措施控制租界内的抗日行动，他们将采取严厉措施。哈利法克斯指出："中国政府采取的任何可能使租界落入日本人手中的行动都是不明智的，因为人所共知，外国租界是日本在中国推行其经济计划的最大障碍"。郭泰祺表示将

---

① *Documents on British Foreign Policy*, 1919–1939, series 3, vol. 8, p. 560.

尽力向中国政府说明英方的这一观点。①

天津日军发出威胁,要求租界当局必须在6月7日之前做出明确答复,如到时不做答复,将视为拒绝交出。此后,英方曾提议由英日及一个中立国(美国)组成调查委员会,对4名嫌疑人是否有罪进行调查,但遭日本拒绝。6月13日,天津日军发言人发表谈话,声称即将对英租界的封锁是"因为英国人拒绝交出4个嫌疑犯",但"这还只是问题的一个方面",现在,箭已离弦,只交出这4个人已不能解决问题,"除非英国租界当局的态度发生根本转变,即与日本在建立东方新秩序中合作,放弃亲蒋政策,日本军队绝不会罢休"。该发言人所列举的亲蒋政策包括:庇护抗日分子和共产党分子、反对联银券的流通、支持法币、默许非法分子使用无线电收发报机及允许使用抗日课本等。可见,日本是要借程锡庚事件,压迫英国在一系列问题上对日妥协。②

6月14日,日本正式封锁了天津的英法租界,并对出入租界的英国人进行人身侮辱。天津日军声称,如果英国不改变对日政策,同日本人合作,日军就不取消封锁。

天津事件的爆发,使英日关系陷入空前危机。在日本实行封锁的当天,英国内阁即召开紧急会议,商讨对策。外交大臣哈利法克斯提议,如果日本拒不让步,英国应考虑采取经济报复措施。英国外交部就天津事件公开发表声明,指出:"英国方面不得不对日本提出的进一步要求采取非常严肃的立场,因为这些要求极大地损害了其他所有国家的在华条约权利",并表示如日本华北当局坚持其新要求,"将很快出现一个极其严重的局面,英国政府势必采取直接的积极措施以保护英国在华利益"。③

然而,英国参谋部对此表示反对,认为对日制裁可能会导致卷入与日本的公开冲突。他们从军事角度强调指出,在目前面临欧洲危局的时刻,英国无力向远东派遣足够强大的军事力量。6月19日及20日,英国内阁连续召开外交政策委员会会议,张伯伦对参谋部的意见表示支持,他重申过去经常提出的反对对日制裁的观点:如果制裁无效,则毫无意义;如果制裁有效,则会引起被制裁国的报复而陷入冲突。他认为与日本达成某种

---

① *Documents on British Foreign Policy*, 1919–1939, series 3, vol. 9, p. 144.
② *Documents on British Foreign Policy*, 1919–1939, series 3, vol. 9, p. 169.
③ *Documents on British Foreign Policy*, 1919–1939, series 3, vol. 9, pp. 194–195.

协议才是最好的出路。于是，外交政策委员会做出决定，要致力于寻求天津问题的和平解决。哈利法克斯遂致电克莱琪，表示"经过仔细的考虑之后，英国政府注意到采取报复行动的困难"，指示克莱琪与日本人进行谈判。①

7月15日，克莱琪与有田八郎在东京开始正式谈判。有田有意扩大英日谈判的范围，提出在解决具体问题之前，首先达成一项原则协议，即要求英国承认在中国存在着特殊的战争局面，日军不得不采取他们认为最合适的办法来应付中日冲突。克莱琪意识到日方所提出的东西已超出了英国原来的设想：第一，它所涉及的是整个中国而不只是天津地区；第二，这实际上是要求英国政府事先无条件地同意日军采取它认为有必要采取的任何措施。尽管如此，克莱琪还是主张对日妥协。英国政府担心谈判破裂，决定在总体上满足日本的要求。

经过数次会谈，7月22日，英日在日本所提出的原则的基础上达成协议。7月24日，英日同时在伦敦和东京公布了协议全文。该协议宣称："英国政府充分认识到正处于大规模战争状态下的中国的实际局势，在此种局势继续存在之时英国知悉在华日军为保障其自身安全与维持其控制区内的公共秩序，应有其特殊需要，凡有妨碍日军或有利于其敌人的行为或因素，日军均不得不予以制止或消灭。英国政府无意鼓励任何妨害日军达到上述目的之行动。"②

《有田－克莱琪协定》的内容是笼统而模糊的。声明发表后，英日双方都各自发表符合自己利益的解释，其意旨相去甚远，双方都声称达成这种原则协议是己方外交的成功。日方认为他们通过这一协议获得了英国对日本在华行动权的认可。英方则认为，协议解决了租界当局所面临的困难，英方只是承认了目前存在于中国的现状而已，它并未因此而承担任何义务，并不需要去改变它过去的既定政策。7月31日，张伯伦在英下院声称，这并不表示英国将就此改变对华政策，英国不会在另一个国家的要求下改变其远东政策。哈利法克斯则向中国大使保证，此举绝不意味着英国支持日本对华侵略，亦不影响国联通过的与中国有关的决议。英国驻华大

---

① *Documents on British Foreign Policy*, 1919-1939, series 3, vol. 9, p. 200.
② *Documents on British Foreign Policy*, 1919-1939, series 3, vol. 9, p. 313.

使也派员前往中国外交部解释，表示这一协议并不涉及英国政府政策的改变。他提醒中国政府注意，这一协议也并未对英国政府加诸任何义务，使其必须放弃过去的政策。①

但无论英方做何解释，其声明在实际上是默认了日本对中国的侵略，违反了英国对中国和国联所承担的义务，是一次严重的妥协行为。日本首相平沼骐一郎就曾宣称，这一协议不仅将给重庆政府一大打击，而且将会成为解决中国事变的一个有利因素。②

对于英国政府的这一妥协行为，中国外交部于7月26日发表声明，指出中国政府"不能不引为失望"，"日军之对华侵略业经英国自身与其他国联会员国予以承认，而英国政府对于在华日军之所谓特殊需要竟声明知悉，是不能不深引为遗憾，英国政府又担任使在华英国当局及英国侨民明悉彼等应避免任何阻碍达到日本军队目的之行动或办法，尤堪讶异"。③ 7月31日，中国大使郭泰祺在奉命向英方提出的备忘录中进一步指出，尽管英方对东京协议做了许多解释和澄清，但中国政府认为"该协议包含了性质笼统的一般陈述，这些陈述很容易有各种显然不利于中国权益的解释"。中国政府认为东京协议忽略了两个最重要的基本事实：第一，进行这些涉及中国领土、主权与利益的谈判没有邀请中国政府参加；第二，协议没有承认这样的基本事实，即日军在作为侵略结果而占领的任何地方都不享有任何权利。日军的占领违反了全部国际法，是国际联盟正式谴责的侵略行径。备忘录要求英国政府在以后的谈判中不要做出任何不利于中国人民继续抵抗侵略的许诺，并要求其采取具体措施来援助中国。④

7月28日，蒋介石在对《伦敦新闻纪事报》发表的谈话中，亦公开对这一协议提出批评。蒋介石认为日本军阀怀有统治亚洲的狂想，并视为其所谓"神圣使命"，英国为保护其在华利益，即使做暂时的让步，"亦无异于以血肉喂猛虎"。蒋介石指出："即使英国以百年来在华所有整个之利益，悉数让与于日本，日本军阀亦断断不能停止其侵略的行动。除非英国

---

① 《王宠惠致蒋介石函》（1939年7月28日），秦孝仪主编《中华民国重要史料初编——对日抗战时期 第三编 战时外交》（2），第104页。
② 〔英〕阿诺德·托因比等编《大战前夕，1939年》下册，劳景素译，上海译文出版社，1984，第1101页。
③ 《重庆各报联合版》1939年7月26日。
④ *Documents on British Foreign Policy*, *1919–1939*, series 3, vol. 9, pp. 374–375.

放弃其在远东一切之所有……或者可以获得十年至二十年的相安。何况照现在所发表如此空泛而不可捉摸的协议，而谓即能真正妥协，其谁信之？"蒋介石还重申："任何协定如不得中国政府之承诺，无论在法律上、在事实上均丝毫不能生效。"①

《有田-克莱琪协定》签订之后，英日继续在天津就治安问题和经济问题进行具体谈判。英国在治安问题上做出让步，同意交出4名嫌疑人，并在租界取缔抗日分子。但在经济问题上英国拒绝了日本的要求。因为中国法币正发生危机，如果英国禁止法币在英租界流通，将会加重法币危机，并有可能导致中国货币的崩溃。至于把中国政府的存银交给日本，由于此事必然会大大伤害中国政府，从而产生严重影响，英国政府一时也不愿就此向日本做出让步。这样，英日在经济问题上的谈判陷入僵局。8月20日，英日谈判宣告中断。

这一时期，美国的对日妥协主要表现在继续对日输出大量军事物资上。日本是一个资源短缺的国家，它的大部分战争物资依赖于进口。在中日战争爆发之前，日美之间的进出口贸易在日本的外贸总量中就已占有相当大的份额。抗战爆发后，由于中日间并未正式宣战，在法律上美国未确认中日处于战争状态，当然也未确认日本在对中国进行侵略战争，因此，美国仍然维持着庞大的对日贸易。

中国政府曾积极展开活动，以求促成美国对部分物资尤其是军事物资实行禁运。然而，由于缺少前述的法律基础，在美国这样一个重法又孤立主义情绪甚为浓厚的国家，要想以法律手段来确定对日本的禁运，事实证明是非常困难的。中国政府逐渐明白了这一点，便退而求其次，希望以非法律形式即政府劝阻的方式来达到限制对日输出军火的目的。1938年10月12日，中国外交部在给新任驻美大使胡适的电报中指示道："倘美国政府仍不能以法律形式单独禁运军火于日，我方切望美国政府再以切实劝告态度，令各商家停止以军用物品接济日本，尤以钢铁与煤油最关重要，勿令直接或间接输运日本。"②

---

① 《蒋介石致伦敦新闻纪事报电》（1939年7月28日），秦孝仪主编《中华民国重要史料初编——对日抗战时期 第三编 战时外交》（2），第102—103页。
② 中国社会科学院近代史研究所中华民国史组编《胡适任驻美大使期间往来电稿》，中华书局，1978，第2页。

除了与美国官方的外交接触外，中国方面还在美国积极展开民间外交活动，以推动其舆论界和政界的转变。中国组织有关亲华人士在美国成立了一个"美国不参与日本侵略委员会"，美国前国务卿史汀生担任该会的名誉会长。该委员会曾多次发起向政府和国会的请愿活动，要求停止向日本输出战争物资。胡适大使在从事正常外交交涉的同时，注意把相当多的精力用于争取舆论方面，经常在各种场合发表演说，控诉日本的侵略罪行，以促成美国民情的转变。中国政府还派出国民参政会参政员张彭春等人赴美从事民间外交活动。

中国方面的所有这些活动，对于美国对日态度的逐渐转变产生了一定的影响，但在抗战的最初两年中，它并未能促成美国政府的政策转变，美国继续向日本提供大量的物资，尤其是日本急需的军用物资。

第二节　英美迈出援华制日第一步

毫无疑问，听任日本在中国为所欲为非其他列强所心甘情愿，也非长久之策。随着时间的推移，西方列强对日本的最终目的、中国的战略地位以及各自在远东的前途的思考逐渐深入，认识逐渐明朗。从长远的战略利益出发，他们开始对无所作为而一切任其发展的中立政策进行反省。

早在1937年底，美国的一些外交家和军界人士就对日本在华行动的意图和恶果提出了令人震惊的警告，并由此开始对中国的战略地位进行认真的思考。美国驻华大使詹森认为，日本的目标在于消灭"西方在中国人中间的一切影响"。他要求美国政府采取坚决的对策，否则，前面将会有更多的麻烦。他指出"如果我们要得到尊重，我们就必须准备战斗"。[1] 美国亚洲舰队司令亚内尔（H. E. Yarnell）上将则指出，中国的命运事关亚洲的未来，如果允许日本征服中国，那就等于放弃亚洲大陆，放弃对太平洋的控制权。亚内尔认为中国是美国在亚洲的防御堡垒，是美国最重要的盟友。他在1938年初的一份报告中警告说，只是由于中国的抗战挡住了日本军团，它们才没有向加利福尼亚进军。亚内尔主张美国应着手援助中国，

---

[1] Russell D. Buhite, *Nelson T. Johnson and American Policy toward China, 1925–1941* (East Lansing, 1968), p.135；〔美〕迈克尔·沙勒：《美国十字军在中国（1938—1945）》，郭济祖译，商务印书馆，1982，第22页。

"这不仅是为了那些高尚的道义和政治上的缘故,而且也为了有机会进行真正大规模的贸易,因为在这样的援助下形成的稳定局面会带来扩大的市场"。亚内尔警告说,如果美国不采取措施阻挡日本,"白种人在亚洲就不会有前途了"。亚内尔的这些报告曾在国务院、白宫班子以及军方高级官员中传阅。①

来自日本的消息也证实了美国在远东的这些观察家对日本的判断。日本政府和军方的一些人这时正不断地发出要把英美列强赶出中国的叫嚣。1938年1月4日,日本内务大臣末次信政在对日本《改造》杂志记者的谈话中宣称:"远东白色人种的利益在日本面前应当自行让位。中国、满洲国和日本应当建立政治上、经济上和思想上的联盟……我坚信,黄色人种将获得上帝预先准备授予它的一切,白色人种的霸权即将结束。"1月下旬,日本同盟社发表了原陆军大臣荒木贞夫的文章,荒木公然声称:"将来我们会遇到比日中战争和日俄战争更大的困难,但是,通过这些困难,我们将在东方然后在全世界扩大帝国的权力和制度。"这些直言不讳的刺耳言论无疑有助于加深美国人对日本的担忧。②

日本扩建海军的行动进一步提升了美国的警戒之心。美国得到的情报表明,日本正在加紧建造大型海军舰只,其规模超过了1936年达成的限制海军军备条约。1938年2月5日,美国驻日大使格鲁奉命询问日本是否愿意保证到1943年1月1日为止不再建造任何突破伦敦公约限制的舰只。他表示,如果日本不提供这样的保证,我们将认为日本正在建造突破这些限制的舰只,"在那种情况下,我们将保留行动的完全自由"。③ 在这前后,英法政府也向日本提出了内容相近的照会。然而,日本外相广田在2月12日的答复中,并没有给予美国所要求的保证。于是,在与英法商量后,美国政府也宣布了它将不受条约限制的立场。

美国在对日本的野心及中国抗日的现实的和潜在的战略意义逐渐认识的同时,与之同等重要的另一个变化是,它对中国抵抗能力的认识也发生了转变。中国的抗日战争度过了南京失陷后出现的危机而继续坚持下去,这为美国对中国的重新认识提供了现实的基础。在中日战争刚开始时,许

---

① 〔美〕迈克尔·沙勒:《美国十字军在中国(1938—1945)》,第23页。
② 《苏联〈真理报〉有关中国革命的文献资料选编》第3辑,第401页。
③ *The Memoirs of Cordell Hull*, p. 568.

多外国观察家皆对中国持悲观态度,以为最多两三个月,中国就要失败。然而战争的发展并未如这些人所料。尽管中国在战争初期遭受了重大损失,但中国军民的顽强抵抗毕竟打破了日本速战速决的构想,迫使日本陷入持久消耗战中。

1938年春夏,美国在华军事观察人员陆续向国内发回的消息报告,开始显示出对中国军队战斗力和战争发展状况评价的某种变化。担任罗斯福总统特别信使的卡尔森(E. F. Carlson)在3月31日的报告中,表示了对中国军队的比较乐观的看法。他在报告的结论部分指出:"中国军队正飞快地得到改善。中国士兵仍然优于日本士兵,但军官需要参谋业务和指挥方面的训练,他们现在正得到这种训练"。卡尔森认为,中国只要能获得外国贷款和战争物资,维持对日统一战线并平息那些不惜一切代价的主和派,就能够继续抵抗。①

美国驻华使馆武官处向美国军方发回的许多报告也认为战争已处于长期态势,日本不可能迅速战胜中国,中国现时也无力收回失地。武官处在1938年5月的一份报告中评论说:"现在中国人似乎在所有的战线上都成功地抑制住了日本人,这不仅是中国人已经极大地改进了他们的战术,更因为日本人的扩展已经到了这一点上——他们不能发起一个足以摧毁抵抗的沉重打击,而中国以他们巨大的人力优势能经受得住日本的进攻"。他们相信"日本苍蝇最终会使它自己缠在中国人的粘蝇纸上"。②

影响美国对华战略考虑的另一个重要因素是德国在欧洲的积极扩张和日、德、意的靠拢。1938年3月,德国吞并了奥地利,随后又向捷克提出领土要求,表现出危险的侵略倾向。在德国调整对华政策后,德日加快靠拢的进程,并开始了订立军事同盟的初期谈判。这样,在罗斯福政府对世界局势的考虑中,日本和德国被作为东西方的敌人而联系起来,美国开始以新的眼光看待日本在远东的行为,日本不只是一个地区性的不稳定因素,而且与德国和意大利构成了一个对现存世界秩序的全球性威胁。从这一认识出发,中国的战略地位就显得更为重要。美国不再把中国仅仅视为一个侵略的受害者,一个为自身的存亡而战斗的国家,它成了美国借以遏

---

① Paul Kesaris eds., *Franklin D. Roosevelt and Foreign Affairs*, series 2, vol. 9 (New York: Clearwater Publishing Company, 1969), p. 290.

② United States Military Intelligence Reports, China, 1911–1941, vol. 10, no. 0694.

制日本的一个重要盟友。

在认识到援华抑日战略的必要性和可行性的基础上，美国远东政策的重点开始发生变化，由注重怎样才能最好地避免卷入冲突转向在避免冲突的前提下，怎样尽可能增强中国的抵抗能力。

美国政府的这一态度，首先在是否对中日战争适用中立法的问题上表现出来。"帕奈"号事件后，[①] 美国的孤立主义势力担心美日在华冲突会导致美国卷入战争，因而要求对中日战争实施中立法。罗斯福政府在国会积极活动，反对通过这一提案。在1938年4月20日的白宫记者招待会上，罗斯福反驳了那种认为实施中立法就是中立的观点。他坦率地指出，在某种特殊情况下，僵硬地执行中立法，"也许意味着一种彻底的非中立"。他承认在中国实际上正进行着战争，每天有成百上千的人死去，但中日还没有断绝外交关系，那就不必把它称为战争。在解释美国政府为什么对现在正同时进行的西班牙战争和中日战争采取两种不同的对策，即只对前者实施中立法时，罗斯福坦率地说，两者情况不同，如对西班牙战争不实行禁运，将有利于佛朗哥（F. Franco），因为他控制着海洋，而"如果我宣布中立法适用于中日战争，它将会有利于日本而伤害中国。因而，它是不中立的"。[②] 当时，中国正通过各种渠道在美采办战争所需物资。在罗斯福政府的努力下，在各界明智人士的支持下，孤立主义者对中日战争实施中立法的企图未获成功。

但是，由于中立法的存在及孤立主义势力的影响，罗斯福政府的活动颇受掣肘。在援华和制日两方面，美国最先迈开的是制日的步伐，因为这更容易找到直接的借口，由于日军在华犯有大量野蛮暴行，美国可以以人道主义为由对日本从美国的进口进行限制，这就避开了中立法问题。而援华则涉及对中日战争中的一方的倾向性，较易引起复杂的反应。罗斯福在1938年2月会见中国驻美大使王正廷时就曾表示，美国政府的第一步办法在于制日，待时机成熟时，将采取第二步的援华办法。

如前所述，基于战前美日贸易的规模，美国仍是这一时期的日本最大的物资（包括军事物资）供应国。出于各种原因，在尽力避免引起日本的

[①] 1937年12月13日，日军飞机轰炸了长江中的英美军舰和民用船只，美艇"帕奈"号被炸沉，3艘油船被毁，史称"帕奈"号事件。

[②] Paul Kesaris eds., *Franklin D. Roosevelt and Foreign Affairs*, series 2, vol. 9, pp. 440–441.

敌意和国内孤立主义势力反对的情况下，美国政府不可能对日实行制裁。然而，在1938年夏季，事情开始发生了变化，美国政府终于迈开了限制日本的第一步。这一步是以谴责日本对中国平民的狂轰滥炸为突破口的。6月11日，赫尔在记者招待会上谴责了轰炸平民的行为，进而公开表明，美国政府"劝阻向那些用飞机来轰炸平民的地区出售美国飞机"。① 7月1日国务院军品管制司司长格林（J. C. Green）向飞机制造商和出口商发出劝告信，表示："美国政府强烈反对向任何从事那种轰炸的世界上任何地区的国家出售飞机或航空设备。因此，国务院将极不乐意签发任何授权直接或间接向那些正使用军队攻击平民百姓的国家出口任何飞机、航空武器、飞机引擎、飞机部件、航空设备附件或飞机炸弹的许可证。"格林还要求那些已与外商签约而难以中止契约的厂商，无论是否已有许可证或是正准备申请许可证，都要向国务院通报其合同的内容。②

  国务院的这一举动被称为"道义禁运"，它并不具有强制性。但是，政府的这一姿态毕竟具有较大的影响力，美国绝大部分厂家采取了与政府合作的态度。据副国务卿韦尔斯12月13日给罗斯福的一份报告表明，"道义禁运"取得了较大成功。表4-1为报告中所附1938年6—10月美国向日本输出飞机及有关部件的情况。

表4-1　美国向日本输出飞机及相关部件情况（1938）

月份	价值（美元）
6	1710490.00
7	1125492.65
8	179249.00
9	78720.00
10	7215.95

  韦尔斯报告说，6月以来，国务院所签发的出口许可证"几乎为零"。③
  罗斯福对这一状况并不满意，因为仍有个别厂家不执行"道义禁运"，如联合航空公司就仍在与日本做大宗生意。罗斯福致函韦尔斯，要求他想

---

① *FRUS*, 1938, vol. 3, pp. 236-237.
② Paul Kesaris eds., *Franklin D. Roosevelt and Foreign Affairs*, series 2, vol. 10, pp. 290-291.
③ Paul Kesaris eds., *Franklin D. Roosevelt and Foreign Affairs*, series 2, vol. 12, p. 300.

办法进一步削减对日本的出口。韦尔斯决定在记者招待会上公布这家不执行"道义禁运"的航空公司的名字,以期以强大的舆论压力迫使该公司停止对日出口航空物资。这一招果然奏效,联合航空公司后来也停止向日本出售航空器材。

比较起来,向中国提供经济援助则要显得困难些。抗战开始后的一年中,美国对中国财政上的支持是通过购买中国白银的方式进行的。中国在实行币制改革后,白银退出流通领域,政府手中握有大量过剩白银,急于在国际市场上售出以换取外汇。中国政府一再要求美国收购中国的白银。对美国政府来说,购买这些白银可以避开孤立主义者的反对,因为它不像提供贷款那样具有明显的援助性质。抗战以来,美国多次购买中国白银。据《中国与外援》一书所载各次购买情况,可将抗战第一年中的白银购售情况整理列表如下(见表4－2):

表4－2　抗战第一年白银购售情况

	月份	数量（万盎司）
第一批	1937年7月	6200
第二批	1937年11月	5000
第三批	1937年12月	5000
第四批	1938年2月	5000
第五批	1938年4月	5000
第六批	1938年7月	5000

这样,在从1937年7月至1938年7合同的一年时间内,美国共分6批购买了31200万盎司白银,其购买价略高于市场价,总价值达13800万美元。这些售银款项原规定不得用于购买军事物资,但实际上并未严格执行,其中约有4800万美元被用于采购军事物资。[①]

不过,以贷款形式向中国提供经济援助的交涉却迟迟未有进展。早在1938年初,王正廷就向美国政府提出借款5亿美元的要求。但赫尔声称,任何借款都必须经过国会批准,而现在看不出国会有批准的可能,政府行

[①] Arthur N. Young, *China and the Helping Hand*, 1937－1945 (Cambridge：Harvard University Press, 1963), p.62；吴相湘：《第二次中日战争史》下册,第709页。

政机构对此无能为力。由于美方在借款问题上过于谨慎和消极,迄于1938年夏,中美间的贷款交涉未有任何重大进展。7月中旬,美国国务院还拒绝了一次英 法外交部希望三国同时宣布向中国提供借款的建议。赫尔在给美国驻英大使的指示电中表示,美国政府认为,联合行动和集体行动会激起日本人的反感,而有碍于目前中日冲突的解决。他认为,各国单个的尽可能不引人注目的援助将更为有利。赫尔同时通知说美国政府正在考虑有关对中国的援助问题。

确实,美国国务院内这时正在就援华问题展开认真的讨论,出现了很有说服力的要求援华的呼声。远东司官员范宣德(J. C. Vincent)在7月23日所提出的备忘录很具有代表性,它曾在国务院官员中广泛传阅。该备忘录认为:"中国的抵抗不致崩溃,不仅对中国而且对我们以及其他民主国家来说都是极为重要的"。根据这一认识,备忘录建议在不致卷入战争的限度内,美国"现在不应放过任何增强中国的抵抗意志和抵抗能力以阻止日本征服中国的企图的机会"。针对一些人一味害怕卷入中日冲突的想法,备忘录指出,从长远来看,除非日本军国主义被击败,美国在远东的卷入也许是难以避免的。一旦日本控制中国,它不会在中国停住脚步。它将向南方发展,从而与美英等国发生冲突。因此,备忘录指出:"如果日本在中国的侵略成功,我们卷入的机会将显著地大于因我们现在向中国提供适当的援助而被卷入现时冲突中的机会",但我们现在向中国提供援助,因此而卷入冲突的可能性,将比我们旁观日本军国主义的胜利后再与日本冲突的可能性要小得多。范宣德的结论与流行的孤立主义观点截然不同:积极的对华援助反倒比袖手旁观更少卷入的可能。①

美国驻华人员也积极敦促美国政府采取行动。詹森大使在1938年6月给国务院的报告中提出,美国应在反对世界恶棍的斗争中挺身而出。詹森指出:"民主世界正呼唤着一位领袖,他要能在法律和秩序的进程中清楚地以领袖的身份去思考,以领袖的语言去讲话,那就让他屹立在美国吧,如果他注定要在那里出现。"② 史迪威武官从美国国防的角度出发力主援助中国,他认为:"我们以提供贷款和军事装备的形式帮助中国,对我们本

---

① *FRUS*, *1938*, vol. 3, pp. 234-237.
② Russell D. Buhite, *Nelson T. Johnson and American Policy toward China, 1925-1941*, p. 137.

国也是一种很好的防御措施，这比我们仅仅生产本国需要的国防装备要好得多。即使把生产本国防务装备费用中极小的一部分提供给中国，起的作用也会大得多。"史迪威认为美日之间的战争势不可免，中国将来必然是美国的盟友。①

在美国政府内，财政部部长摩根索（Henry Morgenthau, Jr.）对推动对华援助一事比较热心。7月26日，摩根索在赴欧期间向中国驻法大使顾维钧表示了提供贷款的可能性，他说，他两年前与中国签订白银协议时，与中国代表陈光甫合作得很愉快。如果中国现在派遣陈光甫到美国去，双方可以就一笔农产品信用贷款进行商讨。②

顾维钧立即向国内报告了这一消息。中国政府对此非常重视，对谈判结果怀有极高期望。行政院院长孔祥熙在给陈光甫的指示中说道："此次战争胜负之决定在于财政，如能取得一项数目甚大之现金援助，即可改变局势。"孔祥熙不知底里，竟兴致勃勃地提出了4亿美元的借款目标。③ 按照美方的安排，陈光甫于9月离华赴美。摩根索亲自负责财政部与陈光甫的谈判。他认为这是美国能够增强中国抵抗能力的最后机会，因为中国的局势已经变得越来越危急。

财政部的这种积极行动受到了对贷款持谨慎态度的赫尔国务卿的反对，他认为这样可能会违反中立法，引起国内孤立主义势力的反对和日本的反感。面对来自国务院的反对意见，摩根索直接请求罗斯福总统的支持。1938年10月17日，摩根索致信罗斯福，批评那种"主张不做任何可能遭到侵略国家反对的事情的僵硬外交政策"，使得他对于援助中国所做的努力归于无效。摩根索信中问道："有什么样的和平力量能比出现一个统一的中国更为伟大呢？"他指出："若不提供实质性的经济援助，中国的抵抗运动不久就会瓦解"，而美国"只要承担略高于一艘战舰的价值的风险，就能带给中国人持续的生命力和战斗力。我们所能做的要比这多得多。通过我们的行动，就能推动世界各地民主力量反对侵略的斗争"。④ 摩

---

① 〔美〕巴巴拉·塔奇曼：《史迪威与美国在华经验》，第265页。
② 《顾维钧致孔祥熙电》（1938年7月27日），秦孝仪主编《中华民国重要史料初编——对日抗战时期 第三编 战时外交》（1），第234—235页。
③ 《孔祥熙致陈光甫电》（1938年9月23日），秦孝仪主编《中华民国重要史料初编——对日抗战时期 第三编 战时外交》（1），第238页。
④ *FRUS*, 1938, vol. 3, p. 562.

根索不时向罗斯福报告谈判的进展情况,以期取得总统的支持。

在这同时,英国对华政策也经历了一个重新审视的过程。英国驻华大使卡尔不断向外交部发去电报,说他通过最近对华中地区的访问,对中国的抗战抱有信心。卡尔要求人们正视这一事实:"在某种程度上,中国既是为他们自己而战,也是为我们而战,因为只有日本人的失败才能把我们从危及我们在远东地位的灾难中解救出来。"卡尔敦促英国政府迅速明确其远东政策,他认为,估测形势并做出抉择的时刻已经到来:英国是充分重视在远东的地位,并为此做出坚决的努力以拯救它,还是准备任人摧毁这一地位。卡尔承认,明确对中国的支持"可能有点赌博的意味",但他认为"这是一场具有很大的成功希望的赌博,而另一种选择却注定只会带来灾难"。

卡尔还从英国在中国的长远利益出发,指出现时对中国提供援助,使中国免遭日本的奴役,将使中国在战后的重建中坚定地站在英国一边,英国在这重建中将会发挥重要作用。针对有些人担心中国人一旦胜利,民族主义的排外浪潮将会吞没一切外国在华权益的想法,卡尔明智地指出:"中国的胜利将会带来治外法权的废除和我们与这个国家关系的彻底重建。但我感到,不管怎么说,这些事是早就该做的,一个不再受任何掠夺性强国剥削的强大的独立的中国将为远东前途提供最有建设性的前景。"[1]

5月31日,外交大臣哈利法克斯向英国内阁提出了一份《关于中国请求援助的备忘录》。备忘录指出,当1937年年底中国军队在上海惨败之时,很少有人认为它能够从失败中恢复过来,那时考虑向中国提供任何较大规模的物质援助似乎都是不现实的。然而,中国军队已经惊人地恢复过来,我们所有的情报都显示,如果中国的财政局面和战争物资的供应能得以维持,他们无疑能够对日本人进行持久的有效的抵抗。而这种抵抗,是为所有的守法国家而战,当然也是为英国在远东的地位而战,"因为如果日本赢得战争,我们在那里的利益将注定要被消灭……日本陆军和海军对中国大陆和南洋地区的欲望是无止境的。如果中国能顶住日本的侵略,英国和美国便能够进行有效的干预,并得以长久地保护其在远东的地位"。备忘录警告说:"中国现在从外部得到的援助越少,战争就可能结束得越

---

[1] *Documents on British Foreign Policy, 1919–1939*, series 2, vol. 21, pp. 762–763.

快,日本就更可能将它的计划付诸实现,英国在中国的利益被扫地出门的时刻就会更快地到来。"哈利法克斯的结论是:"关于荣誉和自身利益的每一种考虑都敦促我们尽我们所能去帮助中国。花费一笔数额非常有限的金钱,也许可能因此而保存我们在远东的至关重要的利益。"①

但英国内阁中的一些要员尚未意识到援华的迫切性。财政大臣西蒙、首相张伯伦等人担心,崇尚武力的日本人会对英国援华做出强硬反应,这将导致狂热的仇英情绪的爆发。西蒙认为,当英国正面临着欧洲的危险状态时,采取援华行动很难说是一种明智的举动,"如果我们采取了提议中的步骤,而它并不能确保中国在一年内取得胜利,却引起日本人连续不断的敌对行动,我们这不是极大地增加了将来某个时候同时在欧洲和远东面对敌对行动的危险吗?我们的军事顾问一直敦促说,避免这种可能性应是我们外交政策的一个主要目标"。② 张伯伦也认为:"我们在远东的地位是非常脆弱的,如果我们遭受日本的武力攻击,在初期我们无论如何都无法进行防卫。"因此,在6—7月召开的多次内阁会议上,英政府都未能做出援华决定。③

但张伯伦并不完全反对向中国提供援助,7月26日,他在下院发表了一篇被人们认为是比较坚定的关于外交政策的讲话。他声称:"在中国也有我们的利益,我们不能眼看着它们的牺牲而无动于衷。"他表示尽管英国现在不准备向中国提供贷款,但将考虑其他的援华方式。④

8月,英外交部再次要求政府的其他有关部门考虑对日本可能采取的经济措施。哈利法克斯认为,采取行动可能会伤害英国的某些利益,但是值得以一些危在旦夕的东西做出牺牲来追求总体利益的。8月底,外交部设计了一个分4阶段对日制裁的方案:(1)效仿日本人所为,在英国控制的地区给日本人制造麻烦;(2)在不废约的情况下采取一些可能的经济报复措施;(3)在有关殖民地废除英日商约;(4)全面废除英日商约。但英内阁的其他要员仍主张持审慎态度。⑤

---

① *Documents on British Foreign Policy, 1919 – 1939*, series 2, vol. 21, pp. 792 – 793.
② *Documents on British Foreign Policy, 1919 – 1939*, series 2, vol. 21, pp. 810 – 812.
③ *Documents on British Foreign Policy, 1919 – 1939*, series 2, vol. 21, pp. 788 – 789.
④ United States Military Intelligence Reports, China, 1911 – 1941, vol. 3, no. 0023.
⑤ *Documents on British Foreign Policy, 1919 – 1939*, series 3, vol. 8, p. 50.

在战场上的军事胜利和外交上的威胁得逞的不断刺激下，日本在中国对西方列强采取了咄咄逼人的攻势。在言论上，日本人公开表现出对英美的挑衅和蔑视态度。日本海军的一位将军在谈到新加坡和香港这两个英国在远东的重要基地时，就十分放肆地说："根据日本空军目前的实力，要消灭这两个基地，对日本军队来说不过是像做早操一样。"[①] 这位将领的言论虽然不能代表此时日本军方的决策意见，但毫无疑问地反映了广泛存在于日本军人中的对英国的轻蔑和对夺取英国在远东的利益跃跃欲试的心情。

日本舆论还大肆发泄对九国公约及其主要发起者美国的不满。日本《外交时报》9月号登载的一篇日本外交官的文章，反映了日本人对于美国的积怨。该文认为："抑制日本，强化中国，以保持东亚和平，为最近二十年来美国政府一贯之思想，且为其实际政策。世界大战以来，此政策即已发动，迄华盛顿会议，遂凝结为九国公约。"该文指责美国"继之破坏日英同盟，废弃日美兰辛-石井协定，退还山东，日本在中国大陆之优越地位悉被剥夺，使日本手足不能举"。因此，该文主张废弃九国公约。[②]

面对日本在中国对其权益的肆无忌惮的侵犯，美国决心做出反应。10月6日，美国驻日大使格鲁奉命向日本政府提交一份照会，列举了日本在中国侵犯其利益的种种行为，指责日本违反了国际条约所规定的在华"门户开放"原则，要求日本遵守条约，改正其错误行为。这是抗战爆发以来，美国对日本第一次强硬而系统的指责。

不久，中国的军事战场又发生了重大变化。在华中，历时数月、双方动用兵力达百万人之众的武汉会战宣告结束，日本占领了武汉这一控平汉、粤汉、长江要道的战略要地和华中地区最大的工商业中心。在华南，日本经短促突击，未遇重大抵抗，便占领了广州，从而扼制了粤汉线南端，切断了经香港运入外援物资的通道。同月，在西方也发生了一件令世人瞩目的大事件。英国首相张伯伦、法国总理达拉第（Edouard Daladier）、德国总理希特勒和意大利首相墨索里尼这欧洲四巨头聚会慕尼黑，就欧洲和平问题尤其是捷克危机问题达成协议。英法在德国的软硬兼施下不惜以

---

① 《苏联〈真理报〉有关中国革命的文献资料选编》第3辑，第395—396页。
② 《卢沟桥事变前后的中日外交关系》，第531页。

牺牲捷克人民的主权来谋取其想象中的欧洲和平。德国居然通过谈判取得了其垂涎已久的苏台德地区。可以认为，这是德国讹诈外交的一个巨大成功。

伴随着战场上的重大军事胜利，日本的外交也发生了重大变化。日本自以为已基本具备了控制中国的能力，因而对其外交方针也相应做出突破性调整，公开对"门户开放"政策提出挑战。从前，在相当长的一段时期内，日本尽管在实际行动上早已否定了"门户开放"，但为了减少阻力，它在口头上一直表示尊重"门户开放"的原则。在军事胜利的鼓舞下，在德国取得慕尼黑外交成功的刺激下，日本在11月3日发表的第二次近卫声明中，提出了建立"东亚新秩序"的口号，也试图以软硬兼施的手法迫使西方国家在远东做出类似的重大让步。声明宣称："此种新秩序的建设，应以日满华三国合作，在政治、经济、文化等各方面建立连环互助的关系为根本，希望在东亚确立国际正义，实现共同防共，创造新文化，实现经济的结合。"这表明日本要在东亚建立以它为霸主的由它实施紧密控制的一种新秩序。声明还颇含意味地要求各国"正确认识帝国的意图，适应远东的新形势"，并声称日本要"排除万难，为完成这一事业而迈进"。次日，日本外务省发言人在记者招待会上进一步声称，日本认为九国公约已经过时，尽管"有关废除的决定尚未做出"。①

11月8日，日本外相有田八郎照会格鲁，答复美国政府在10月6日照会中对日本违反"门户开放"原则的种种指责。有田在复照中公然提出："目前在东亚新形势继续发展的时候，企图……毫无变更地应用在这次事变前的形势下适用的观念和原则，并不能解决目前的问题。"② 日本报刊一时间充满着对"东亚新秩序"的宣扬。与日本外务省关系密切的《朝日新闻》连续发表文章，指责以英美为中心的东亚旧秩序。该报12月7日的一篇文章声称："九国公约所载之机会均等原则，旨在阻止中日成立密切的合作关系，而使中国永为西方列强之半殖民地市场，此约一方面干涉日本生存权，一方面阻止中国在其经济方面行使其行政主权。"该文强辩说："中日间特殊密切关系，乃生死问题。苟任何外国要求牺牲此种关系，则无异否认中日生存权。"稍后，《朝日新闻》的另一篇文章进一步表示了

---

① 『日本外交年表並主要文書：1840—1945』下册、401 页。
② *FRUS*, *Japan*, *1931–1941*, vol. 1, p. 797.

日本人建立新秩序的坚定决心:"无论英美采取何种步骤,决不能压迫日本改变政策。此前之远东制度,以后已无存在之根据,一切旧的外交观念,如九国公约等,均应加以取消……门户开放政策,及各国在华平权之原则,已成过去。"①

日本《国民日报》对"东亚新秩序"的注解十分露骨。该报扬言"'东亚新秩序'宣言,就是'东亚门罗主义'宣言,列强坚持保留其在华权益是错误的,他们希望恢复事变前的权益,纯属幻想,所谓门户开放原则和机会均等原则都必须加以修改"。有的报纸甚至公然宣称,现在摆在列强面前的问题已经不再是中国问题,而是一个"谁将是西太平洋的主人"的问题。②

12月8日,有田八郎进一步对英美大使声称:"东亚新秩序的建设,是日满华合作,防止赤化威胁和主张国家的生存。新的事态,由于新政权的诞生和恢复自主权的正当要求,事实上已使把东亚变成各国半殖民地的九国公约等旧国际体制解体"。③ 12月19日,有田八郎举行记者招待会,声称"日本天然资源缺乏,又没有大的国内市场",只有建立"东亚新秩序",实现"日满华合作",才能满足日本对原料和市场的需求。有田宣布:"东亚以外的国家的经济活动,必须服从于因 新秩序 所属各国的国防和经济安全的需要而做出的一定的限制,并不得享有任何政治特权。"④

与此同时,日本当局加紧排挤其他国家在华势力。11月下旬,英国舰船接连遭到轰炸和扣留。12月,日本不顾英国抗议强行占领接管广州海关。同月,日本开始对天津英租界实行严格的交通检查。此外,英国在青岛、烟台两港的航运也被横加阻挠。

中国政府努力推动美国政府做出反应。12月11日,蒋介石在与美国驻华大使詹森谈话时表示希望美国出面主持公道,解决中日之间的问题,"甲、中倭战争非美总统出而作公平之调解,中国决不言和。乙、中倭能否得公道之和平,全视美总统能否负责尽职,以此为其责任与职务也。丙、中国必争为太平洋上独立自由之一国,期与美国共任世界和平之责

---

① 二档馆:18/167。

② Arnold J. Toynbee, *Survey of International Affair*, vol. 1, 1938, pp. 496 – 497.

③ 〔日〕堀场一雄:《日本对华战争指导史》,王培岚等译,军事科学出版社,1988,第210页。

④ United States Military Intelligence Reports, China, 1911 – 1941, vol. 3, no. 0084.

也。丁、余深信在其任内必能由其解决中倭两国战事，协助我中国成为独立自由之国也。"①

日本的一系列侵权行为及"东亚新秩序"的宣布，促使西方政治家进一步看清了日本要独占中国的意图。英国驻华大使卡尔认为："东亚新秩序"的宣布"将消除对日本人真实意图的所有疑问"，"毁灭指望通过与日本合作来保留我们在华利益的任何希望"。就连一向对日本存较多幻想的克莱琪也在给外交部的电报中表示，他对日本的野心已不再怀疑，他认为的日本的目的就是要消灭所有在华的外国商业。② 亨贝克则力主对华提供援助，他在一份重要的备忘录中指出，日本是"掠夺成性的帝国主义"，"除非日本的进军被中国人或其他一些国家所制止，否则，美国和日本在国际舞台上面对面互相对抗的时刻就会到来"。他认为现在只靠发表声明和议论已无济于事，日本人的侵略"只能被物质的障碍和物质的压力所组成的抵抗力量所制止"。③

正是在这一背景下，罗斯福最终批准了对华贷款计划。为了避免被认作给中国政府的政治性贷款，该计划采取了一些技术措施，由中国在国内组织复兴商业公司，在纽约设立世界贸易公司，再由该公司与美国进出口银行订立贷款条约，从而使之在形式上成为中国的商业机构与美国银行间的商业借款契约。12 月 15 日，美进出口银行公开宣布向世界贸易公司贷款 2500 万美元。借款合同于次年 2 月正式签订。这笔借款年息 4 厘半，期限为 5 年，由中国银行担保，复兴商业公司负责在 5 年内运送给世界贸易公司 22 万桶桐油，由后者在美国出售，售得价款的半数偿还借款本息。因此，该借款又被称为"桐油借款"。④

在"东亚新秩序"的刺激下，英国方面也在筹划比较积极的行动。卡尔大使指出："这样的时机已经到来，即向日本显示我们对它过去所给予的保证没有一点儿信任，它关于东亚新秩序的计划不适于我们对事情的规划，我们将要支持中国人"。克莱琪也主张与美国共同进行反击。他敦促英外交部尽早与美国采取平行行动，以迫使日本不得实施新的对华政策。

---

① 《蒋介石日记》，1938 年 12 月 11 日。
② Documents on British Foreign Policy, 1919－1939, series 3, vol. 8, pp. 251－252, 215.
③ FRUS, 1938, vol. 3, pp. 572－573.
④ 王铁崖编《中外旧约章汇编》第 3 册，第 1128—1130 页。

他认为，英美的经济行动将不会有与日本发生战争的风险，日本在经济上、政治上也面临许多困难。克莱琪指出："现在的时机是自我到达日本以来采取这类行动的最有利的时机"。①

在这同时，中国方面也在不断对英国施加压力。中国政府要人频繁地与卡尔大使会谈，对英方政策表示不满，期望英国有所动作。11月6日，蒋介石约见卡尔，对日本占领广州后英国仍无所作为表示不满。蒋介石要求英国人对是否援华给予明确的回答。他说，英国人在中国正处在十字路口，如果英国向中国提供援助，中国人民将会长久铭记并会给予加倍的报答。反之，如果回答是否定的，他将不得不重新调整政策，并寻找其他朋友。蒋还威胁说，日本人正在渴求媾和，日本人的和平将使英国人一无所得。如果中国愿意在把英国人从远东排斥出去的政策上与日本联合起来的话，日本是会愿意放弃它在战争中所得到的东西的。他反问卡尔，如果日本人提出这个问题，中国该如何回答？卡尔将这一会谈向英国外交部做了报告，并表示他在许多方面同意蒋介石的看法。②

11月19日，王宠惠再晤卡尔，询问英政府对蒋介石谈话的答复。卡尔回答说，蒋所提问题事关重大，外交大臣不能答复，须经内阁会议讨论后才能决定。王宠惠提醒卡尔注意，近卫所谓建立新秩序，"实系指废弃远东各条约而言。在创新局面之下，各国在华权益当然不能存在"。他认为英国对此做出的反应不如美国。美国国务卿已经发表声明，舆论界也群起响应。而英国仅由外务次官在答议员问中做出表示，无论是形式上还是措辞上都不如美国。王宠惠提醒说："须知英在华利益实较美国为大，英国如欲保全其在远东之地位，此时正应采取积极政策，免失时机。"

卡尔表示他将向英国政府建议：（1）对华提供经济援助；（2）在英帝国内实行国际公法所容许的报复办法；（3）宣言维持九国公约及其他有关条约。在这次谈话中，王宠惠还说道，中国政府正考虑对日宣战，因为在目前形势下，此举对中国实为有利。③

对于卡尔的看法，外交大臣哈利法克斯颇为赞同。他在11月25日的

---

① *Documents on British Foreign Policy, 1919–1939*, series 3, vol. 8, pp. 252, 362.
② *Documents on British Foreign Policy, 1919–1939*, series 3, vol. 8, pp. 216–219.
③ 《王宠惠致蒋介石电》（1938年11月19日），秦孝仪主编《中华民国重要史料初编——对日抗战时期 第三编 战时外交》（2），第30页。

一份备忘录中强调指出，中国已经发出威胁，要离开英国，转向俄国或日本，如果中国的抵抗崩溃，日本将会处在南下的有利位置。他积极推动英国政府采取援华措施。

英国政府的态度终于转趋积极，决定着手援助中国。12月6日，英国外务次官在上院宣称："英国政府无法赞成日本的这种态度。""英国政府不承认以单方面的行动所造成的对条约所确定的秩序的任何变动"，并"准备采取一切可能的措施来保护英国的利益"。① 12月19日，即在美国宣布桐油贷款后的第四天，英国宣布给中国贷款50万英镑，用以购买卡车，用于新开通的具有重要战略意义的滇缅公路的运输。次年3月15日，中英正式签订了这笔贷款合同。3月18日，英国又宣布向中国提供500万英镑的平衡基金贷款，以稳定中国的法币价值。②

英美贷款数额有限，但作为战时两国向中国提供的第一笔贷款，它标志着英美援华的开始，对于中国军民的士气具有鼓舞作用。中国驻美大使胡适认为，桐油贷款有救命及维持体力的作用，它是心脏衰弱时的一针强心剂。他指出："此款成于我国力量倒霉之时，其富于政治意义致显"。③ 中国参加谈判的有关人员把它视为美国介入中日战争的开始。在给孔祥熙的一封机密信中，一位中方谈判者乐观地估计"这笔2500万元仅是开始……将来可望有大笔贷款源源而来……这是一笔政治性的贷款……美国已经明确地投身进来，不能打退堂鼓了。同情我国的华府当局尚有两年任期，也可能六年。现在我们的政治前途更加光明了"。④

中国舆论界也是一片欢呼之声。国内各报纷纷发表社论，指出英美先后宣布向中国提供贷款，"实在是远东外交史上一件划时代的大事"，"是国际形势向有利于中国抗战方面转变的开端"。"这不仅增加了中国战时经济的力量，将更给予中国人民精神上以莫大的兴奋，使其追求'最后的胜利'格外努力，并加强自信的勇气"。"中国的抗战形势，当亦随着国际转变的新形势，而得着最后的胜利，于此也略露其朕兆了"。⑤

---

① *Documents on British Foreign Policy, 1919－1939*, series 3, vol. 8, pp. 303－304.
② 王铁崖编《中外旧约章汇编》第3册，第1131—1135页。
③ 《胡适任驻美大使期间往来电稿》，第8页。
④ 〔美〕迈克尔·沙勒：《美国十字军在中国，1938—1945》，第32页。
⑤ 二档馆：18/167。

12月24日，中国行政院院长孔祥熙在答记者问时，对于英美贷款的意义也予以了高度评价。他指出："此项贷款，虽系商业性质，但不无政治之含义。日本向来以为目前世界纠纷正繁，英美决无暇顾及远东之事，是以肆无忌惮。今英美贷款给予中国，即所以明白表示支持中国抗战之决心。此举实为日本意料所不及，而无异予以当头一棒也。"① 蒋介石亦为此专门给胡适和陈光甫发去慰问电，内称"借款成功，全国兴奋，从此抗战精神必益坚强，民族前途实利赖之"。②

中国还利用这一有利时机，积极推动国际社会对"东亚新秩序"的外交反击。12月11日，中国外交部部长王宠惠发表谈话，指出九国公约并无时限，"此即表示该约所包含尊重中国之主权独立领土与行政之完整，及维持门户开放或在华商业均等两大原则，实为列强对华实践所当忠实遵守之永久原则焉。换言之，该约之用意，在促成太平洋区域之永久秩序与和平，决不能由任何一国加以合法之废止。况日方所称东亚之新秩序，乃完全由于日本违反九国公约所造成者，故欲因违反条约之举动塑造成之事实，而修正或废止该约，此种主张，绝对不能容许"。12月21日，中国外交部发言人公开驳斥有田八郎的讲话，指出英美贷款日本无权反对，九国公约日本无权改变。所谓树立东亚经济集团，无非独霸东亚垄断利益。③

12月30日，格鲁向有田八郎递交了美国政府的照会。照会批驳了日本所谓"形势已经发生变化"的说法，指出形势的改变"是由于日本的行动所致"，"美国政府不承认任何一个国家有必要或有理由在一个不属于它的主权范围的地区内规定一个新秩序的内容和条件，并自命为那里的掌权者和司命者"。美国"不能同意建立一个有第三国所策划，且为着该第三国的特殊目的而设立的政权，这个政权将会专横地剥夺美国久已拥有的机会均等和公平待遇的权利"。"美国政府和人民不能同意任何美国的权利和责任被任何别的国家的当局或代理人的专横行为所废止"。④

1939年1月14日，英国政府正式照会日本政府，指责所谓"东亚新秩序"有违九国公约，"日本政府的意图是要建立一个由日本、中国和满

---

① 二档馆：18/167。
② 《胡适任驻美大使期间往来电稿》，第5页。
③ 二档馆：18/167。
④ *FRUS*, *Japan*, *1931–1941*, vol. 1, pp. 823–825.

洲所组成的三国联合体或三国集团，日本在其中将拥有绝对的权威，中国和满洲则处于从属地位"。照会强调指出，英国既不接受也不承认日本以武力在中国所造成的变动，表示"英国将坚守九国公约的原则，不同意对该条约内容的任何单方面的修改"。1月19日，法国政府也向日本递交了不承认"东亚新秩序"的照会。①

中国方面高兴地注意到了英美态度的转变。中央通讯社称美国照会"义正辞严，毫不宽假，可谓中日战争以来第三国对日本最强硬之表示，亦可谓一年来美日在远东关系上之总清算也"。②驻美大使胡适认为："远东问题，经美国倡导，英法均已追随。其方式同为维持九国公约各原则及其他条约之继续有效，并否认日本所谓新秩序。"他感到美国的照会"态度强硬坚决，为向来所未有"。他乐观地展望说："故以后发展应较顺利，英美合作更无可疑。"③国内朝野人士也颇为振奋。1939年1月召开的国民党五届五中全会，讨论了当时的国际形势，大家"对于英美法之日趋积极感觉兴奋"。④蒋介石并预言，不出两年，即在罗斯福总统任内，美国将会挺身而出，设法解决中日问题。

然而，英美对华贷款毕竟只是迈出了第一步，援华的道路是曲折而漫长的。围绕着美国中立法的修改问题所遇到的挫折便充分说明了这一点。中立法是美国援华的一个重要法律障碍，无论是中国政府还是美国政府，都希望对它做出重大修改。早在1938年3月，蒋介石就曾致函罗斯福，指出："某种法案原为应付两国间某种事态而设，乃于实施时与立法者初衷相反，在实际上竟主张侵略者而对被侵略者不予援助，未免有失公允。"⑤胡适使美后，促成美国修改中立法便成为他的重要任务之一。

为了能使美国政府对发生在远东和欧洲的冲突做出有力的反应，使自己的决策具有较大的活动余地，美国政府也希望取消中立法中的某些限制条款。1939年1月，罗斯福在与参议院军事委员会的议员谈话时指出，德国、意大利和日本正共谋统治世界，美国不应再袖手旁观，他希望"通过

---

① *Documents on British Foreign Policy*, 1919–1939, series 3, vol. 8, pp. 403–404.
② 《卢沟桥事变前后的中日外交关系》，第433页。
③ 中国社会科学院近代史研究所中国近代史档案馆藏《胡适档案》：554号；《卢沟桥事变前后的中日外交关系》，第432页。
④ 《胡适任驻美大使期间往来电稿》，第10页。
⑤ 《卢沟桥事变前后的中日外交关系》，第463页。

海军、陆军和飞机阻止日本统治整个太平洋"。他表示,尽管美国采取一些行动会被认为是非中立,但"作为陆海军统帅和政府首脑,我将尽我所能阻止任何军火进入德国、意大利或日本……我将尽一切可能,通过向世界上四五十个现在还保持独立的国家运送一切它们有能力支付的货物,以维护它们的独立。这就是美国的外交政策"。① 3月,罗斯福又公开对记者表示,在过去的三年中,中立法对和平事业并没有做出什么贡献。相反,它却同和平事业"背道而驰"。②

在国务院的敦促下,参议院外交委员会主席毕德门（Key Pittman）提出了一项中立法修正案。该案取消了武器禁运条款,而采用现购自运原则。但该案不做侵略者与被侵略者之区分,一律禁止交战国在美借款,因而对中国不利。中国驻美人员密切关注即将到来的美国国会对中立法的讨论,积极展开活动,力图使美国会通过有利于中国的中立法修正案。在得知毕案的消息后,胡适专访毕德门,详细指出其提案中于中国不利的地方,希望其加以修改。同时,受中国政府资助的"不参加日本侵略委员会"也向毕德门提出了一份由该会邀集专家起草的中立法修正案,供其参考。经中方人员的积极活动,毕德门修正了提案,使中立法仅限于正式宣战国,这样,中国便不受其限。

罗斯福甚至还希望完全废止中立法,因为他认为即使是毕德门的修正案也对中国人不利,中国缺乏现购自运的资金和货船。罗斯福在3月28日给赫尔和韦尔斯的信中写道:"现购自运的办法用于大西洋将是十分正确的,而用于太平洋则是完全错误的。我越是考虑这个问题,越是深信不疑,现存的中立法应该完全彻底地予以废止,而不需要去搞别的法案去代替它。"③

从4月至7月,美国国会对中立法展开讨论。由于国会内的孤立主义势力仍很强大,毕德门的修正案竟然在其所在的外交委员会也未获通过。此后,经过罗斯福、赫尔等人的积极活动,众议院外交委员会通过了该委员会代主席白鲁姆（Solomon Bloom）的修正案。该案取消了武器禁运,有

---

① Paul Kesaris eds., *Franklin D. Roosevelt and Foreign Affairs*, series 2, vol. 13, pp. 200－212.
② 〔美〕罗伯特·达莱克:《罗斯福与美国对外政策（1932—1945）》上册,伊伟等译,商务印书馆,1984,第261页。
③ 〔美〕罗伯特·达莱克:《罗斯福与美国对外政策（1932—1945）》上册,第263页。

关战争区域的范围则授权总统认定或取消。但在众院全体会议通过时，该案受到强烈反对，又附加了新的武器禁运条款方获通过。修正案规定禁运武器和弹药，但不禁运其他战争物资。然而，即使是这一修正案也未获参议院通过。参议院不顾行政当局的反对，决定将该案推延到来年国会召开之时再做审议。

就这样，有关中立法的修改问题，未能如中美政府所期望的那样取得任何进展。直至欧洲战争爆发之后，应罗斯福的要求，美国国会特别会议再次讨论修改中立法问题，才取消了军火禁运条款。当然，美国的主要着眼点是在欧洲，中立法主要是为便于援助英法的，但对中国来说，其条件也比旧中立法更为有利些。

在争取美国修改中立法的同时，中国政府还努力敦促美国对日实行贸易制裁。在日本进口的战争物资中，来自美国的物资占有相当大的份额。由于美国的对日出口物资（尤其是战争物资）实际上起着从物质上帮助日本维持侵华战争的作用，中国多次要求美国禁止向日本输出战争物资。1939年3月，蒋介石致函罗斯福，要求美国"绝对禁止军用材料与器具与日本，尤以钢铁、煤油为最"，蒋还要求美国停止进口日本的重要物产品。①

美国政府及国会内的一部分明智人士也在考虑限制对日贸易的办法。1939年1月，范宣德致函亨贝克，讨论如何用经济手段支持外交政策的问题。他所列举的对日施加经济压力的手段包括：废除1911年订立的美日商约；拒绝给日本以财政援助；修改关税以限制日货进口；禁止向日本运输某些战争物资。他认为采取经济措施虽然不可能将日本赶出中国，但可以"阻止日本在中国加强其地位，以免它从那里抽出足够的力量在其他地区进一步发动攻击，那将严重地侵害我们的利益，并可能使我们卷入战争"。范宣德分析说，现在施加经济压力不必担心日本人的经济报复，因为日本在经济方面的报复能力是有限的，也不必担心日本会对美国在华权益采取行动，因为这些权益一直并未得到尊重，至于对战争的担心，也是没有什么理由的，因为日本军事力量已被牵制在中国，在北方还有其潜在敌人俄国。范宣德提出："我们可以而且应当乘目前与日本发生冲突风险最小的

---

① 《卢沟桥事变前后的中日外交关系》，第468页。

机会，达到已提出的预期目标"，通过采取非军事的经济手段，"我们将毫无风险地以目前较小的代价去实现符合我国本身利益的目标"。①

美国驻华大使詹森在1939年2月底致函罗斯福，建议美国政府采取更积极的外交政策。他认为："作为世界上最强大的国家，形势要求我们必须立即开始考虑我们将要承担的义务。如果我们现在不显示愤怒和实力，并向世界尤其是日本表明我们说到做到，那么，我们将会发现，我们将永远处于无能为力的被动状态。"詹森认为如果没有美国在经济上的支持，日本就不可能在中国得逞，他建议美国政府采取必要的措施，限制对日本经济上的支持。② 4月，毕德门在参议院提出一份决议草案，要求授权总统可决定在商业上对日本采取限制办法。

1939年春夏，美国的民意测验也表明，绝大多数人赞成对日本实行武器禁运并抵制日货。6月16日公布的民意测验结果显示，同情中国者为74%，同情日本者为2%；赞同不买日货者66%，反对者34%；赞同对日禁运军用品者达72%，反对者为28%。③

1939年7月，美国政府鉴于其在国会内修改中立法的努力未获成功，又考虑到英日《有田－克莱琪协定》的签订对于中国人士气的影响，决心采取有力的行政措施，以表明美国政府对于远东危机的坚定态度，鼓舞中国人的抗日士气。美国政府决心对日本采取制裁行动，罗斯福选择了预先通知废除1911年订立的日美商约这一方式。此举将为美国日后对日本经济制裁的出台铺平道路，同时，也向日本人发去明确的信息，如果一意孤行，半年后它将失去美国重要物资的供应。

7月26日，赫尔通知日本驻美大使："在最近几年中，美国政府一直在审查美国与外国签订的商业和通商的有效条约……在这一调查过程中，美国政府认为，美国和日本于1911年2月21日在华盛顿签订的商业和通航条约中的某些条款需要重新考虑。"据此，赫尔通知要求中止这一条约，根据该约所规定的程序，宣布该约将自即日起6个月后失效。次日，日本外务省发言人发表声明，表示由于美国政府突然采取这一步骤，且所提理

---

① FRUS, 1939, vol. 3, pp. 483 – 485.
② FRUS, 1939, vol. 3, pp. 512 – 514.
③ "中华民国外交问题研究会"编《抗战时期封锁与禁运事件》(《中日外交史料丛编》第6编)，台北，编者印行，1967，第204页。

由又非常简略,日本"很难理解美国政府这一行动背后的真正动机",因为美国政府提出的理由可以作为修改该约的理由,但"它完全不能充分解释为什么美国政府必须以如此仓卒的方式通知废除该条约"。其实,日本人自然明白美国的意图,该发言人称:"美国政府目前的行动恰好发生在英日对话正在进展之时,很容易被一般地理解为具有政治意义。"①

日美商约的废除,消除了对日禁运的法律障碍,是走向禁运的重要一步。中国方面对此深感振奋,中央社评论说:"我国朝野对于罗斯福总统采取此种断然措置,莫不钦佩其高迈之认识与果敢之决心,日寇在过去两年间所受打击,以此次为最重大,其将成为致命之打击,盖有充分之可能性。"外交部部长王宠惠7月29日对外国记者发表谈话时,称赞"美国素以富于正义观念著称",表示"中国对于美国人民,尤素有坚决不摇之信仰"。他认为"该约之宣告废止,实可视为美国愿意维持其太平洋区域之地位与威望之一种表现"。② 蒋介石也极为重视美国这一举措,他在该月的反省录中写道:"廿七日接美国废除美倭商约之声明,人心与战事皆为之大定,金融风潮亦渐稳静矣。"③ 7月31日,蒋介石约见詹森大使,称美日商约的废除是"总统和国务卿的伟大而辉煌的举动",在英日《有田-克莱琪协定》达成之时,美国采取的这一行动,"减轻了中国自卷入冲突以来所面临的极严峻的危机",中国人民将不会忘记美国的这一重要行动。④

第三节　中国战时外交方针的调整

如何争取国际社会的援助,始终是中国政府的外交主题。中国政府密切注视着国际形势,展开有针对性的外交,以期国际形势发生有利于中国的转变。

1938年初,尽管中国政府对国际社会的反应颇为失望,但又认为,国际形势迟早会发生变化的,日本与欧美列强冲突是一定会发生的。蒋介石

---

① 李巨廉等编《第二次世界大战起源历史文件资料集》,华东师范大学出版社,1985,第767页。
② 《重庆各报联合版》1939年7月29日。
③ 《蒋介石日记》,1939年7月31日本月反省录。
④ FRUS, 1939, vol. 3, pp. 562 – 563.

在对形势做分析时指出："虽然与他（指日本）冲突得最利害的英、美、法、俄各国，目前都还没有参加战争，与我们共同一致来打日本，但这不是国际不动，而是时机不到。"他认为中国的抗战会使日本"时刻陷在危险的深渊。一有失利，或一旦他的弱点暴露出来，各国就会毫不迟疑地加以打击"。① 中国政府的这一期待心理和坚持战略，后被驻美大使胡适以"苦撑待变"4个字概括而著称。

4月，国民党召开临时全国代表大会，通过了旨在指导整个抗日战争的纲领性文件《抗战救国纲领》。纲领规定了国民政府的五大外交原则：一是本独立自主之精神，联合世界上同情我国之国家和民族，为世界之和平与正义共同奋斗；二是对于国际和平机构，及保障国际和平之公约，尽力维护，并充实其权威；三是联合一切反对日本帝国主义侵略之势力，制止日本侵略，树立并保障东亚之永久和平；四是对于世界各国现存之友谊，当益求增进，以扩大对我之同情；五是否认及取消日本在中国领土内以武力造成之一切的政治组织，及其对内对外之行为。②

这五大原则的核心内容是"外求友，少树敌"，其着眼点正如外交部部长王宠惠所说："对于国际的情形，详加考察，对于国际的变化，深切注意，多寻与国，减少敌国，其国家与我利害相同的，当与之为友，其国家利害相反的，当使之不至与我为敌。"③

中国竭力向国际社会宣传和平不可分割、局部侵略将危及整个人类的思想。1938年2月21日，蒋介石在致世界反侵略和平大会的电文中指出："盖中国作战，不独求民族之解放，不独求领土之完整，实亦为全世界各国之共同安全而战也。日本践踏条约如粪土，既保证邻国疆土之完整于先，乃食言兴师任意侵略于后，其毁灭信义，若不加以膺惩，则世界此后所遭逢之浩劫，恐将为人类历史所罕见。"④

国民党临时全国代表大会在它的宣言中向国际社会发出忠告说："世界和平不可分割，一部分之利害，即全体之利害，故每一国家谋世界之安

---

① 秦孝仪主编《先总统蒋公思想言论总集》卷15，第11页。
② 荣孟源主编《中国国民党历次全国代表大会及中央全会资料》下册，光明日报出版社，1985，第468页。
③ 《抗战一年来之外交》（1938年7月7日），中国国民党中央党史委员会编《王宠惠先生文集》，台北，中央文物供应社，1981，第230页。
④ 秦孝仪主编《先总统蒋公思想言论总集》卷37，第169—170页。

全，即所以谋自国之安全，不可不相与戮力，以致于保障和平，制裁侵略，俾东亚已发之战祸，终于遏止，而世界正在酝酿中之危机，亦予以消弭，此则不惟中国实孚其益，世界和平胥系于此矣。"[1] 7月7日，中国政府在抗战一周年之际发表《告世界友邦书》，进一步明确指出："和平为不可分，孤立为不能有"，"日本侵略一日不制止，远东及世界和平即一日不能够维持"。[2]

在对整个国际社会进行一般性呼吁的同时，中国积极展开了对有关国家的重点外交。在当时的形势下，欧美列强对于远东局势的影响力绝不是等同的。基于对各主要国家的整体实力、国际处境及抗战以来对于中日战争的态度的比较分析，中国外交活动的侧重点开始发生变化，从而导致了中国外交方针的一个重大的历史性的调整：对美外交取代对英外交，居于中国外交的首要地位。

自晚清开关以来，英国长期以列强的带头人身份出现在中国。随着英美实力地位的消长，这一状况在战前已经开始发生变化，但英国仍然具有举足轻重的影响。日本也把英国视为阻碍它侵吞中国的头号敌人来对付，甚至声称解决中日问题的地点不是在南京，而是在伦敦。美国驻日大使格鲁曾指出，日本"打仗的目的之一，虽未明说，实际上是要取代英国在中国的势力"。[3]

但实际上自身国力及欧洲时局的牵制已使英国在远东处于一种虚弱状态，它已没有能力再高居列强的首席。中日战争的爆发把英国在远东的虚弱一下子暴露了出来。平心而论，对于日本的侵犯，英国不是不想回击，而是力不从心，它不具备同时应付欧亚两洲危险事态的实力。若干次的交涉活动都表明，没有美国的积极参与，英国不肯也不能有所作为。英法多次直言不讳地承认美国在远东的影响举足轻重。美国被推上了列强在远东首席发言人的地位，一举跃居英国之前。

中国政府清楚地意识到了这一变化，自抗战以来日益重视对美外交，并在1938年逐步完成了这一转变，最终确立了以对美外交为首要重点的外交方针。1938年1月1日，蒋介石在给罗斯福的一封信函中，深切表示中

---

[1] 荣孟源主编《中国国民党历次全国代表大会及中央全会资料》下册，第466页。
[2] 秦孝仪主编《先总统蒋公思想言论总集》卷30，第276页。
[3] 〔美〕约瑟夫·格鲁：《使日十年》，第248页。

国乃至世界各国都对美国寄予厚望,他说:"此次远东大难之应付,各国均盼望美国之合作,诚以美国政府对于共谋国际和平与安全,向已公认为各国之前驱。"[1] 2月6日,在对有可能对远东发生影响的英、美、俄等大国做了一番比较分析后,蒋介石得出结论:唯有美国可能有所作为。他感到"英国老谋深算,说之匪易。俄亦自有国策,求援无效。惟美为重视舆论之民主国家,较易引起义侠之感。且罗总统确有解决远东整个问题之怀抱。如舆论所向,国会赞同,则罗总统之执行可必"。鉴于此,蒋介石明确提出了对于欧美列强的方针:"对英美应有积极信赖之方案提出","应运用英美之力,以解决中日问题","对俄应与之联络","对德应不即不离"。[2]

1938年9月,行政院院长孔祥熙在致新任驻美大使胡适的电文中明确指出了美国在列强中的领头地位。孔叮嘱说:"此次使美,国家前途利赖实深,列强唯美马头是瞻,举足轻重,动关全局,与我关系尤切。"10月1日,中国外交部在给胡适的指示电中,列举了中国政府的若干对美方针,其中之一是"欧战发生,英或倾向于与日妥协,且必需求美国援助,我应与美成立谅解,请美严促英国勿与日本妥协,增我抗日之困难"。[3] 这表明,中国政府对于英美的观感已经有了明确的区别,企图借助美国的力量来限制英国可能的妥协,这时中国对列强的外交中已经形成了以美国为主的格局。

当然,中国政府也明白,现在期望美国以强力对抗日本尚非其时。正如胡适1938年10月20日的一份电报所指出:"美国舆论必定不容许美国领袖去支持一不公正的和平;而美国以实力主持强制的公正与和平的机会,今日尚非其时。"他认为美国等国实际上都不希望中国与日本妥协言和,在这种形势下,"中国惟有等待时势演变"。[4] 蒋介石在1939年1月也指出:"持久抗战,自会促进国际盟约、九国公约的联合使用……国际形势一定会依着我们抗战与否而发生转变。"[5] 中国政府实行的正是这一战略,坚持抗战,以等待国际形势的有利变化,它期待着由于日本的不断挑

---

[1] 秦孝仪主编《先总统蒋公思想言论总集》卷37,第167页。
[2] 叶建青编《事略稿本》第41册,第141—142页;张其昀:《党史概要》第3册,台北,中央文物供应社,1979,第973—974页。
[3] 《胡适任驻美大使期间往来电稿》,第1页。
[4] 吴相湘:《民国百人传》第1册,台北,传记文学出版社,1971,第178—179页。
[5] 转引自《蒋中正先生与现代中国学术讨论集》,第522页。

衅，美英等国将走上制日的道路。

1939年2月，日军在海南岛登陆。日本报纸得意地声称，日军此举，切断了新加坡和香港之间的航路，从而使香港作为一个英国海军基地而存在的意义"全部丧失了"。有的文章还威胁说，如果英国"不及时改变态度"，它将"再受到一次打击而无法恢复过来"。①

中国政府认为，日本的这一举动是一个重要的转折点，蒋介石称之为"太平洋上之九一八"。2月21日，蒋介石在对外国记者谈话时预言："如任其盘踞，吾料不及八月，其设计中之海空军根据地即可初步完成，于是太平洋上之形势必将突然大变。"为引起英美当局的注意，蒋介石声称日军此举的主要目标在英美而不在中国，它"对于我国抗战并无多大影响，因中日战争之胜败，必取决于大陆上之军事行动。一岛之占领与否，根本无关紧要……此为开战以来，对英法美之最大威胁，此后战局必将急转而下，倭寇狂妄，盖已决心与世界开战矣"。②

日军果然志在南侵。1939年3月，日本提出对南太平洋大片领土的要求。4月，日本宣布统辖中国南海诸岛，其南侵意图十分明显。日本的这一狂妄野心对于促进中国与英美等列强的互相靠拢是有利的，利用日本所造成的这一机会，中国政府在不断向英、法、美指出日本意在南侵的同时，开始提出与之进行军事合作的要求。

2月，中国政府向英方提出以义勇军援助中国抗战以维护东亚共同利益的要求。但英方表示，英国目前注视之重点在欧洲，对于远东问题，只能用外交方式阻止日本的越轨行为，采取军事行动的时机尚未到来。③

考虑到如欧洲发生战争，日军有可能乘机侵占法属印度支那，3月，正在法国的驻苏大使杨杰奉命与法方协商在远东进行军事联防的问题。同时，国民政府两广外交特派员甘介侯与法国驻远东特务机关负责人频繁接触，商洽中法军事合作的具体计划，这一计划得到了印度支那总督的同意。其主要内容有：（1）中国向法国及印度支那提供劳工；（2）法国向中国提供军火、机器与材料；（3）兴筑铁路，加强运输能力；（4）中国参谋

---

① 洪育沂：《1931—1939年国际关系简史》，三联书店，1980，第197页。
② 秦孝仪主编《先总统蒋公思想言论总集》卷38，第119页。
③ 《蒋介石致郭泰祺电》（1939年4月8日），秦孝仪主编《中华民国重要史料初编——对日抗战时期 第三编 战时外交》（2），第31页。

部与印支参谋部成立协定，以取得双方军队的合作，采取共同的防御步骤。中方还拟定了中法军事协定的9条原则。①

考虑到美国的行动须受中立法的束缚，中国把要求军事合作的重点放在英法两国。4月4日，中国政府提出了中英法军事合作的计划草案，并决定在提交英法的同时，要求美国积极从旁予以协助，以促成英法同意合作。该方案的要点是：（1）中、英之军事及经济合作，应于适当时期，邀请苏联参与，并通知美国，请其做平行行动，以期对敌采取一致步骤，共同维持在远东之权益；（2）参与对日作战各国，不得单独与敌停战或议和；（3）在军事方面中国允许尽量供应兵力、人力及物力，其他各国允许尽量调遣海空军至远东，为共同之作战，其详细计划及实施办法，由参与各国各派军事全权代表一人，商议决定，分别执行；（4）在经济方面，参与各国允许尽量共同维持各该国法币及商务，并共同对敌实施制裁。② 4月14日，中国驻美大使馆在给美国国务院的备忘录中通报了这一计划，表示"中国政府殷切希望在形势需要时，美国政府发挥其巨大的影响来帮助实现远东地区的这项国际合作"。③

对于中方这一提议，法国外交部向顾维钧表示，中、法、英合作时机已经成熟，可以进行。但这一次希望能得到美国的合作，否则难有成效。英国方面则直率地表示，目前远东局势尚未到需要认真研究中国建议的阶段。其时，欧洲风声紧急，德国于3月吞并捷克，加剧了欧洲的紧张局势。英法在此时是不可能再在远东承担任何重大的军事义务的。中国吁请军事合作的要求未能获得预期结果。

---

① 《甘介侯致蒋介石函》（1939年4月4日），秦孝仪主编《中华民国重要史料初编——对日抗战时期 第三编 战时外交》（2），第785—790页。
② 《胡适任驻美大使期间往来电稿》，第15页。
③ *FRUS*, *1939*, vol. 3, p. 525.

第五章
欧战爆发后的外交新局与困境

"苦撑待变"是抗战前期国民政府外交政策的基本宗旨。中国在孤军奋战之时，一直期盼着国际局势发生有利于中国的剧变，使中国有强有力的盟友，使日本更为孤立。1939年9月，欧洲战争爆发，这是影响世界格局走向的剧变。对于中国来说，欧战的爆发是一把双刃剑。就长期而言，国际营垒这一分化组合和明确化，自是有助于中国获得盟友。然而，就短期而言，其影响是复杂的。各大国为了自身的利益，其对华政策也会发生难以预测的变化。如何化解新形势下的消极因素，促成国际局势朝着有利于中国的方向发展，是这一时期中国外交所面临的主要问题。

第一节 中国对欧战的因应

一 中国推动建立集体安全体系

中国提出与苏联订立互助条约的要求由来已久，但一直未能为苏联所接受。在要求中苏直接订约的企图触礁后，中国积极推动苏联在欧洲与英法之间进行的订立集体安全条约的谈判。国民政府认为，苏联与英法结盟，符合中国的利益，因为它将使欧洲安定，使英、法、苏有余力关注远东问题。蒋介石认为："英俄互助协定如果完成，则欧战可以避免，实于吾中国为最有益也。"[①]

中国希望远东问题也能列入苏联与英法的讨论范围。1939年4月21日，国民党中央执行委员张冲奉命约见苏联驻华代办，希望在英、法、苏讨论欧洲集体保障时，请苏方同时提出"共同制止远东侵略者，而予中国

---
① 《蒋介石日记》，1939年5月20日。

以有效的保障"的议题。蒋介石同时致电此时作为中国特使正在访苏的立法院院长孙科，要求他在"英俄合作交涉时，请俄当局勿忘远东，应同时提出，并望能促成中、俄、美、法在远东具体之合作"。①

4月25日，蒋介石致电斯大林，认为现在国际形势日趋紧张，如果发生欧战，日本必更加扩大其侵略野心，远东大局必益形严重，中国非常钦佩苏联对集体安全体制的提倡，"盼贵国与英、法交涉时，特别提出远东问题之重要性，及其与集体安全制度不可分之理，尤盼阐明敝国抗战与安定世界和平之密切关系，务使英法均能透彻理解，俾敝国参加反侵略团结与各民主国进一步作伸张公理正义之共同努力，使欧亚问题得在同样原则下同时解决"。②

但英法与苏联之间的立场及认识差异很大，英法不急于与苏联达成协定。4月29日，蒋介石会见英国驻华大使卡尔，嘱其建议英国政府，对于英苏谈判缔结军事同盟之事，应立即无条件订定，并将其推广到远东。蒋介石认为，欧战一旦爆发，日本必将参战，为英国计，不应相信日本将不参加欧战的保证，而应立即与苏联成立军事协定，以抑制希特勒。这样，"欧洲和平可期，而远东亦可获安定。否则，德、俄妥协局势一经造成，不惟英伦三岛告急，恐印度亦将岌岌可危矣"。③

对于中国政府的关注，苏联政府表现出理解的态度。斯大林和伏罗希洛夫在7月9日来电中表示了积极的态度："敝国与欧洲各国（指英、法）之谈判，仍在继续进行中，如此谈判获有结果，则对于爱好和平各国——远东包括在内——之联合组织，必成为有效之步骤，而此联合组织，正在进行中。"④ 所谓正在进行中的世界各爱好和平国家的联合组织究竟何指，此处比较含糊，研究者难以解读，但此电所传达的苏方信息无疑是积极的。

---

① 《张冲致蒋介石函》(1939年4月21日)、《蒋介石致孙科电》(1939年4月)，秦孝仪主编《中华民国重要史料初编——对日抗战时期 第三编 战时外交》(2)，第410、409页。
② 《蒋介石致孙科电》(1939年4月25日)，秦孝仪主编《中华民国重要史料初编——对日抗战时期 第三编 战时外交》(2)，第411页。
③ 秦孝仪总编纂《总统蒋公大事长编初稿》卷4（上），台北，中国国民党党史会，1976，第350页。
④ 《斯大林、伏罗希洛夫致蒋介石电》(1939年7月9日)，秦孝仪主编《中华民国重要史料初编——对日抗战时期 第三编 战时外交》(2)，第425页。

8月3日，蒋介石电复斯大林，再次表示了对于英、法、苏谈判取得成功的急切期望，蒋介石指出："今英、法、苏协定延不成立，必使英国保守派之势力再见抬头。日本军阀侵略之势焰愈高，而英日妥协之可能亦性将愈大，此种事实于中国抗战与远东战局最为不利，甚望先生为助益美国废除美日商约之声援，为实际裁抑侵略势力与奠定世界和平集团基础起见，尽力主持，使英苏谈判早日成功，是则不仅中国抗战与远东局势受莫大之鼓励，而整个世界和平亦发生无上优良之影响。"①

然而，事态并未向国民政府所期望的方向发展。8月22日，突然传出了令世人意想不到的消息，苏联宣布将与曾作为英、法、苏谈判对象的德国签订互不侵犯条约。在与英法谋求集体安全的保障而不可得后，苏联担心英法"祸水东引"，而断然转向与德国妥协。苏联此举，不仅令西方国家大为震惊，也使中国政府深感意外和紧张。

这一时期常在蒋介石左右的高级幕僚、军事委员会参事室主任王世杰称，苏德订约"为世界各国政府所不及料"，他判断这一变化"似将促成希特拉对波兰进攻计划之实现"。②对苏联外交转变如此之快，军令部部长徐永昌感叹曰："苏联真魔的国家神的外交"。③蒋介石对此事也深感震惊。他在日记中写道："当英、法、苏正在莫斯科进行会谈之际，而苏德竟忽宣布签订互不侵犯条约，俄之外交虽玩弄技巧，英法虽见受欺，而俄之信用亦损失殆尽矣。""此举不仅使倭寇与波兰两国受到致命之打击，而英、法军事代表正在莫斯科会商三国协定者，其将何以堪？不问国际形势以后之变化如何，而俄之策略，殊足令各国生畏也。"对苏联表示出深深的不信任感。④

苏联在宣布苏德将要订约的消息时曾表示，苏德所要订立的互不侵犯条约，并非一种援助侵略的条约。此前苏联与其他国家所订立的互不侵犯条约均附有条款，规定签字国一方如果侵犯第三国，其他一方即当自动废除该约，此次也是如此。苏联并表示，它与英法仍可订立协定，不因苏德

---

① 《蒋介石致斯大林、伏罗希洛夫电》（1939年8月3日），秦孝仪主编《中华民国重要史料初编——对日抗战时期 第三编 战时外交》（2），第426页。
② 《王世杰日记（手稿本）》第2册，1939年8月23日，台北，中研院近代史研究所，1990，第138—139页。
③ 《徐永昌日记》第5册，1939年8月23日，台北，中研院近代史研究所，1991，第117页。
④ 秦孝仪总编纂《总统蒋公大事长编初稿》卷4（上），第396页。

第五章 欧战爆发后的外交新局与困境 | 147

条约而有任何妨害。但结果是，苏德条约中并无若缔约一国攻击第三国时则另一缔约国便废弃该项条约之意的条文，这使各国深为失望。而且，尤令人们感到惊异和紧张的是，协定的某些条文似乎超出了互不侵犯的范围。

这一引起人们联想和关注的条文便是苏德条约第3条，该条规定，将来遇有关系两缔约国共同利益的问题发生，两缔约国应不断密切联络协商，以交换意见。8月31日，王宠惠在向最高国防委员会第14次常务会议报告时说："自德苏订立互不侵犯条约后，国际形势为之丕变"，根据苏德条约第3条，"该约不仅限于消极的彼此不相侵犯，且含有积极的彼此合作之意，此点颇堪注意"。①

面对苏德之间的这一突然举动，中国政府一时不能判断苏德妥协对中国的利害关系。蒋介石在8月25日的日记中感叹"国际形势，瞬息万变"，认为中国应付现时的国际形势之道，应是"以正义与真理为主，而以策略与权宜为辅，若至策略无效，则纯以正义处之，此所谓以至不变御至变者也"，表现了在混沌不清的形势中的无奈态度和谨守自身立场静观其变的方针。②

8月下旬，中国驻苏大使杨杰及立法院院长孙科原本有离苏计划。当此关头，蒋介石急电杨孙二人："苏德不侵犯条约既签字，此时为中苏外交与军事之重要关头，请耿兄此时暂驻莫斯科，以便随时接洽，不必急遽回国，待时局明朗，苏俄政策决定后，再定回国日期可也。至于对法交涉，准由此间决定，请勿顾虑。赴华沙约需几日，最好此时不离莫京"。③

如果说苏德条约使中国感到震惊和迷惑的话，日本则有被迎头一击之感。日本此前正与德国进行订立同盟条约的谈判，德国忽然与日本的死对头也是德意日防共协定的对象国苏联订约，使它有被出卖之感。日本舆论有的认为德国有破坏国际信义之罪，有的认为德意两国皆不复为日本盟国，有的说德苏互不侵犯条约不啻为反共协定的丧钟，还有的主张平沼内

---

① 《国防最高委员会第14次常务会议记录》（1939年8月31日），《国防最高委员会常务会议记录》第1册，台北，近代中国出版社，1995，第503页。
② 秦孝仪总编纂《总统蒋公大事长编初稿》卷4（上），第396—397页。
③ 《蒋介石致杨杰、孙科电》（1939年8月25日），秦孝仪主编《中华民国重要史料初编——对日抗战时期 第三编 战时外交》（2），第345页。

阁应立即辞职，因为它的外交政策完全根据反共轴心为基础，对于如此重大错误，平沼内阁应该负责。[①] 饱受国内批评的日本首相平沼骐一郎愤愤地说："因德俄互不侵犯条约之签订，帝国外交政策实处于被出卖的境地。"[②] 平沼还称，日本以往确定的对欧政策因此不得不停止，三国防共协定已成为一张废纸。8月26日，日本向德国提出抗议，指责德国违反了防共协定的密约，对日本背信弃义。

经过数日的观察之后，蒋介石做出判断，认为苏德条约的订立于中国有利。他在8月27日致各省军政长官的电文中称，苏德此举使日本在精神上受到了莫大打击，"近日敌国朝野焦闷，舆论彷徨，充分表示其技穷路绝，计无复之"。蒋介石认为："此实于我抗战全局最为有利之一点。"该电分析了各大国的立场，指出日本近来故意传播消息，称德意两国暗中示意日本与苏俄缓和，且苏方也愿与日方尽快解决边境纠纷，但苏日关系不会发生根本变化，"苏日利害感情及历史关系，已至绝不相容之地位，苏联运用外交最为机微神速，一时之迹象，或有弛张，而其百变不离之宗旨，必在共除暴敌，自无可疑"。关于英国方面，蒋介石判断，日本"固将极意承迎，以期于穷途中，求得一线出路，但英方素来持重，无论为维持内外威望与顾虑其真正之利害，断不致抛弃其固有之立场，以今日国际形势言，若果英日同盟复活，则英国必陷于最大之失败，英国宁能为日本之故而出此下策？"而且，英国在应付任何局势时，均不能不顾及与美国的关系，而"美国拥护公约，反对暴敌侵略之决心，两年以来，一贯不变，近来英美两国接洽频繁，暴敌纵诸美媚英，可断言其不生效力"。蒋介石还断言："目前关键，英苏两国，同等重要，而美国力量更应重视"。[③]

蒋介石虽在致下属军政大员的通电中对苏联和英国表现出信任姿态，但实际上并不那么放心。他仍担心，英国为了在远东方面牵制苏联的力量，会对日本妥协，化敌为友，从而使英日同盟复活，并担心苏联亦出于同样的考虑，而争先与日本妥协。如此，则会在英苏间形成拉拢日本的竞赛，则将于中国极为不利。8月26日，中国外交部致电驻英大使郭泰祺，

[①] 《徐永昌日记》第5册，1939年8月25日，第119—120页。
[②] 〔美〕赫伯特·菲斯：《通向珍珠港之路——美日战争的来临》，周颖如等译，商务印书馆，1983，第37页。
[③] 秦孝仪主编《先总统蒋公思想言论总集》卷39，第194—195页。

表示"倘欧战发动,日本利用时机拉拢英国,而以不助我抗战为条件,则英方是否迁就,抑或坚决拒绝而宁愿其远东利益之暂时被夺,殊为我方近日最关心之问题",要求他就此探寻英方的态度。①

8月28日,郭泰祺约见英国外交大臣哈利法克斯,讨论苏德条约对于远东局势的影响。郭泰祺认为,如果欧洲战争爆发,日本在一开始会等待观望。如果它看到民主国家将要占据上风时,就会向民主国家靠拢。实际上日本政府已经做出暗示,表示愿意恢复与民主国家的友谊。郭泰祺询问,英国政府对远东冲突的政策是否会发生变化?哈利法克斯语带对德苏急转弯的不屑回答说:"英国政府与希特勒先生和斯大林同志可不一样,它还不习惯于在一夜之间便改变自己的政策。"英国希望改善与日本的关系,但自当以不损害与中国的关系及不违背英方的条约义务为限。哈利法克斯并说,苏德条约对英国政策不会有什么影响,但对日本倒会产生很大的影响,日本感到他们被德国出卖而受到极大的震动,也许会在对华政策上做出极大的改变。②

8月29日,蒋介石又电郭泰祺,指示他努力防止英日同盟的复活。蒋介石要求他向英方表明,英日妥协"不惟不能牵制苏联,且有害于远东之全局"。蒋介石指出,苏联在远东的对日方针,绝不像其在欧洲对德国那样可以妥协,苏联对与日本之战已有决心,但是"英日一旦妥协,则苏对日亦必软化,如此实于英在远东更为有害,须使英国对苏之观念,不可以其在欧订立德苏协定之观念而疑及其对远东之政策亦与英相反也",希望英加强与苏联的关系,以防苏日再有妥协。他认为:"如英在远东不能与苏俄一致对日,则无异逼成德、意、苏、日共同对英也。"蒋要求郭将此意向英方详加演绎。③

二 中国对欧战的谨慎应对

苏德条约签订后,欧洲加速了滑向战争的进程。9月1日,德国大举入侵波兰。9月3日,负有互助义务的英法对德宣战。欧洲战争终于降临。

---

① 《卢沟桥事变前后的中日外交关系》,第482—483页。
② Halifax to Kerr, Aug. 28, 1939, Antrotter ed., *British Documents on Foreign Affairs* (*BDFA*), part two, series E, *Asia, 1914 – 1939*, vol. 48, *China* (University Publications of America, 1997), pp. 105 – 106.
③ 《蒋介石致郭泰祺电》(1939年8月29日),秦孝仪主编《中华民国重要史料初编——对日抗战时期 第三编 战时外交》(2),第105页。

如何应付欧战爆发后的新局面？在最初的一段时期中，国民政府高层的认识并不统一。在德国入侵波兰的次日，蒋介石便召集行政院院长孔祥熙、外交部部长王宠惠、军委会参事室主任王世杰、国防最高委员会秘书长张群、参谋总长何应钦、国民党中央执委会秘书长兼中统局局长朱家骅等人，讨论中国应对方针。会上，孔祥熙等人均主中立。但蒋介石主张对德宣战，"以期先发制人，遏止日本对英之妥协"。王世杰大体上赞成蒋介石的意见，但他提出，苏德协定规定，苏联不得援助与德交战的国家，如中国对德宣战，苏联对华物质援助是否受影响，颇成问题。王世杰主张经过一番仔细考虑后再做决定。①

蒋介石之所以主张对德宣战，是担心日本投机，加入英法阵线，这样便会出现英日妥协的可能。他认为，中国外交方针最要紧的是要注意两点："（一）不使日寇加入欧战为第一义。（二）不使俄日妥协为第二义。"因此，中国须提前加入英法阵线，以堵绝日本的投机之路。此外，蒋介石还希望通过加入欧战，把中日战争与欧洲战争挂起钩来："我国对欧战政策之惟一主旨，端在参加民主阵线，以为他日媾和时，必使中日战争与欧战问题同时连带解决也。"②

在欧战爆发后的一段时期内，蒋介石几乎每天都召集一些高级军政要员会商应对方针，由这一罕见的举动亦可看出蒋对欧洲局势的重视。大体上，蒋介石仍倾向于对德宣战，尽快明确加入英法阵线。蒋介石认为："若仅宣言反对德国侵略，不如积极参战，使倭寇无加入英法阵线之余地，否则，反与寇以乘机联英反德，而我则陷于孤立之地矣。"③ 但其他要员则主张谨慎表态。王世杰曾提出偏向于蒋的折中方案，即要求国联出面制裁侵略，通过在国联的活动表明中国反对德国发动战争的立场，但不采取对德宣战的激烈措施。王世杰还提出，中国可以采取召回驻德大使这样的措施。蒋介石对此表示同意。

召回驻德大使的主张，尽管得到了蒋介石的支持，但还是碰到了困难，因为外交部部长王宠惠及其他要员对此有不同看法。对于欧洲战争，王宠惠力主中国不必立即有所表示，他尤其反对做出明显的表示。张群、

---

① 《王世杰日记（手稿本）》第 2 册，1939 年 9 月 2 日，第 143 页。
② 秦孝仪总编纂《总统蒋公大事长编初稿》卷 4（上），第 406 页。
③ 《蒋介石日记》，1939 年 9 月 6 日。

朱家骅等也不主张做明显的表示。9月7日，王宠惠在蒋介石的催促下，向中国驻德使馆发出召陈介大使回国述职的命令。但第二天孔祥熙在没有事先请示蒋介石的情况下，又令王宠惠致电驻德使馆，取消此前召回陈介的电令。力主召回驻德大使的王世杰得知此事后，曾向王宠惠等"力斥其态度之不定、举措之失当"。① 但是，从结果来看，外交部的态度并未改变，陈介在柏林履行大使职直至1941年中德断交。②

国民政府内部主张维持中德关系者似乎确有相当力量。以下一例也可看出其痕迹。9月2日，中国驻德商务专员谭伯羽在与德外交部官员克里拜（Hermann Kriebell）会见时，还请其向德国外长里宾特洛甫进言："中德接近问题，先从经济入手。"蒋介石在谭向其汇报此事的电报上批曰："商务处及重要文件应即离德他移为要。"③ 但是，蒋介石的这一批示似乎并未得到认真执行。

尽管对德宣战的提议未获高级幕僚的赞同，但蒋介石仍想以某种方式来表明中国立场，将中日战争与欧洲战争联系起来，以使中日战争能随着欧洲战争的结束而有结果。9月8日，蒋介石在与幕僚们晚餐时提出，中国政府应对欧洲战争发表一个宣言，明白地表示中国的立场。蒋的这一主张得到了高级军事幕僚的赞同。

9月9日，处于军事指挥中枢的高级将领开会讨论发表宣言问题。何应钦、李宗仁、白崇禧、陈诚、熊斌等人主张发表宣言，并提出各自的方案。但徐永昌主张"对英苏美各别进行亲善之努力，非至有绝对需要时不轻发表宣言"。徐的意见"不合众意，未加讨论"。蒋介石所预想的宣言范围包括4点：遵守九国公约、国联盟约；反对侵略；不参加防共协定；坚持抗战至敌人停止侵略为止。与会者大多赞成发表宣言，但主张越简单越好，内容不要太多。

反对发表宣言的还是大有人在，徐永昌便一直坚持自己的主张。9月11日，他仍对蒋介石进言："离间国际事，吾人无此能力，亦不应做"，"发

---

① 《王世杰日记（手稿本）》第2册，1939年9月8日，第147页。
② 秦孝仪主编的《中华民国重要史料初编——对日抗战时期 第三编 战时外交》中并未收入召回陈介的电报，加之陈介驻德直至1941年，所以，外交部曾发出召回电一事少为人知。
③ 《谭伯羽致蒋介石电》（1939年9月2日），秦孝仪主编《中华民国重要史料初编——对日抗战时期 第三编 战时外交》（2），第690页。

表宣言宜从缓"。但蒋不再与徐讨论，只说中国表示立场之事不能再迟。①远在莫斯科的孙科也反对过于明确地表示立场。9月13日，孙科致电蒋介石称："我对欧战态度，似以中立为宜，除非英、法能予我以大量器械接济，对倭能彻底不妥协，届时我或可仿前次欧战先例，组织参战军，或派遣劳工队，否则我实无参加理由与可能。"孙科报告说，英法虽宣传对德必作战到底，但苏方对此持怀疑态度。英法对德宣战至今已有10日，但陆空军动作都极迟缓，似有所期待。一旦波兰战败，德国提出和平条件，届时难保英法不乘机妥协。②

德国方面以及中国驻德官员也不愿看到中德关系就此破裂的局面。9月9日，德外交部次长魏泽克在会见中国驻德大使陈介时，表示"极望能增进"中德关系，他认为"战争当不至长久，战后经济上大有可为"。9月11日，谭伯羽致电蒋介石，称："中德邦交法律上言之，原已转好。供给军械，系暗中秘密，或用中立国名义办理"。他建议"我国如无英方极优待条件，似可观望，无须急于表示！"③

苏联因素是国民政府在考虑对欧战方针时的一个时刻需要掂量的重要因素。国民政府十分关心苏联政府对欧战的态度。由于苏德订立了互不侵犯条约，并被怀疑有瓜分势力范围的秘密协定存在，因此，在欧洲战争中，苏联是站在德国一边，还是站在英法一边，或是严守中立，一时看不清楚。这是国民政府多数要员主张中立的重要原因。蒋介石其实也有此疑虑，担心公开表明站在英法一边，会有碍中苏关系，"我如加入英法阵线，如何使俄不生误会……以后应使俄倭敌对而不使其合作，如我加入英法阵线是否反使俄倭妥协而不利于我，此应特别注意"。④

中方努力探究苏联对欧洲战争的态度。9月10日，中国驻苏大使杨杰奉命拜会苏联外长莫洛托夫，询问"苏联对此英、法、波、德之战争态度与方针如何"，"欧战恐非短期间所可结束，英、法封锁海岸，德国长期作战，在物质方面必不能支持，必向贵国求助，贵国想已计及，未悉能否予

---

① 《徐永昌日记》第5册，1939年9月11日，第143页。
② 《孙科致蒋介石电》（1939年9月13日），秦孝仪主编《中华民国重要史料初编——对日抗战时期 第三编 战时外交》（2），第430页。
③ 《陈介致蒋介石电》（1939年9月9日）、《谭伯羽致蒋介石电》（1939年9月11日），秦孝仪主编《中华民国重要史料初编——对日抗战时期 第三编 战时外交》（2），第691页。
④ 《蒋介石日记》，1939年9月4日。

以援助?"莫洛托夫对欧战表示了中立的态度。对于中国所关心的物资援助问题,莫洛托夫表示:"苏联助华为已定政策,在可能范围内必竭力协助中国,以往如此,将来亦必如此。"但对杨杰提出的加强援华的要求,莫洛托夫表示,这要视苏联自身的处境而定。现德波战争已逐渐推进到苏联边境,苏联政府必须有充实边防的计划。将来进展如何现在尚未可知。①

中国政府虽然未对德宣战,但是通过其他形式表示了对英法的支持。9月12日,蒋介石致电中国驻英大使郭泰祺和驻法大使顾维钧,要求他们向驻在国表明:"此后中国与英、法、波兰在亚欧皆为抵抗侵略而战,实为谊切同舟。"蒋介石指出,如欧战延长,日本必不甘于寂寞,必将乘机实施其传统政策,占领英法在远东的属地,夺取其权益,即使有美国的牵制,日本也会不顾一切地去做。而且,日本海军在中日战争中毫无损失,故日本以后无疑会采取北守南进的政策。中国政府现在希望知道,"英法政府以后对远东与对华对日之政策,能否固守国联盟约会员国之立场,对于国联所有对华之决议案,能否始终履行,并将来英法对日侵犯英法在亚洲之一切利益时,英法希望与中国如何互助合作,在中国方面亟愿英法在此时有所准备"。关于中国对欧局的公开立场,蒋要求他们表示:"现时为避免英法在远东对日为难,故我国不预备宣布参战,而仅拟对英、法、波表示同情,且表示在军事以外,愿以人力与物力协助之方式出之。"②

郭泰祺在9月14日将这一内容向英国外务次官贾德干转述,并表示,中国抗日战争与欧战关系甚大,据中方所得消息,苏联援华政策丝毫未变,这实际上间接有助于英法。因此,在远东太平洋方面,英、法、苏中仍可合作。贾德干表示同意,他说,英法虽对苏联不满,但仍愿与之周旋。9月18日,贾德干向郭泰祺正式转告了英方的立场,承诺英国履行国际公约和国联各项决议的立场并未改变,但因"环境所迫,对华之物质援助,今后恐难增加,比过去或须减少"。英国此时不愿因中国的参与而促使日本更快地倒向德国,因而表示赞同中国不预备宣布参战的态度,称这样"可使英法避免对日为难意",又称"参战云云,仅系表示同情而已,在事实上,于彼此均无何裨益"。对于中国主动表示愿意提供人力和物力

---

① 《杨杰与莫洛托夫谈话记录》(1939年9月10日),转印自杨德慧《杨杰将军传》,云南人民出版社,1993,第294—295页。
② 秦孝仪总编纂《总统蒋公大事长编初稿》卷4(上),第410页。

资源，英表示感谢，声称如其需要时，将很高兴地利用。但在目前，协商合作计划的时机尚未成熟，此事留待将来再做讨论。① 英国不愿中国卷入欧战的态度甚为明显。

欧战爆发后，中国最大的担心就是苏日妥协和英日妥协。为此，中方展开了积极的外交活动。郭泰祺在与哈利法克斯会晤时表示，中国担心苏联正在玩弄机会主义的游戏，会努力从其他国家的冲突中为自己谋利益。有消息说苏日正在谈判互不侵犯条约，德国也在促成此事。欧洲战争使日本比以前获得了更大的自由，可以集中精力于中国问题，因此，它会与苏联达成协议，以便腾出手来更加自由地行动。尽管苏联政府本身并不热心与日本建立友好关系，但苏联、日本和德国这三国还是很有可能在牺牲中国利益的基础上达成交易的。但是，如果苏联感到在中国还有其他选择的话，它是不会倾向于和日本联手的。因此，如果英国政府在远东采取"绥靖"政策，那将产生最不幸的结果。哈利法克斯重申，英国对华政策不会改变。郭强调，一个友好的独立的强大的中国对于英国，对于世界和平是极为重要的。如果英国及其盟国在欧洲取得了胜利，而中国被削弱到很软弱的地步，任务便只完成了一半。②

蒋介石需要探明苏联的态度。9月11日，蒋介石致电孙科说，现在英、法、美都已表明其对远东政策不变，但美国政府"惟对苏俄政策不能捉摸为虑，彼愿深知苏俄对远东政策究竟如何，是否能与美、英、法共同一致，因之并得知苏俄对欧战是否严守中立到底"，甚望苏方能密告中国。蒋并指出，中国对欧战态度也不得不有所表明，"一般倾向，我国皆同情被侵略之波兰，并坚守国联会员国之立场，但不主参加欧战"。中国在表示态度前，甚愿了解苏联对欧战及对波兰的态度如何，尤其希望搞清楚苏联在远东是否愿与英、美、法合作。③

不久，孙科向国内发来报告说，苏联当局表示：（1）苏联政府对欧战态度，依据一贯政策及最高苏维埃会议决定，当严守中立，决不参战；

---

① 《郭泰祺致蒋介石电》（1939年9月14、18日），秦孝仪主编《中华民国重要史料初编——对日抗战时期 第三编 战时外交》（2），第33—34页。
② Halifax to Kerr, Sept. 8, 1939, *BDFA*, part two, series E, *Asia, 1914–1939*, vol. 48, pp. 110–111.
③ 《蒋介石致孙科电》（1938年9月11日），秦孝仪主编《中华民国重要史料初编——对日抗战时期 第三编 战时外交》（2），第428—429页。

(2）增加援助中国抗敌，始终如一，决不因欧局变化而有所影响；（3）对日本仍随时准备予以迎头痛击，苏日商定互不侵犯条约之谣言，或另有作用，绝无其事。孙科认为，远东的关键在英、美、法。"如英美法能事实上执行援华制日政策，苏方当可一致。"苏联对美国仍不断向日本出售军需器材不满，"此时美国若能毅然对倭经济绝交，停止对倭物资接济，则远东和平不难恢复"。①

9月17日，孙科来电主张暂不推动苏联与英、法、美的合作。他说，苏联在远东对英、法、美也严密提防，若在远东"望其与美、英、法合作，彼必疑必虑美、英目的，在挑起苏倭战争，以解美、英、法在远东所受之威胁。必美、英先有对倭积极制裁之行动表示，苏方始能相信而乐于合作，否则，彼将疑我信赖美、英，怪彼援我不力，或疑我暗代美、英刺探彼中秘密，反于合作前途有损无益"。②

9月17日，苏军挥师进入波兰，与德军形成夹击波军之势。对此，德国宣传部宣称，苏军向波兰进击得到德方的充分同意，明确无误地给世人以苏德合谋的印象。当天，蒋介石终于表示，国际形势变化太大，对外宣言一节作罢。③蒋介石且对尚未发表宣言感到庆幸，"俄对波兰开始进攻，此次对欧战态度之宣言，幸慎重未发，留有运用余地，此于以后外交之成败实大也"。④

苏军入波的当天，苏方对外贸易部部长米高扬（A. I. Mikoyan）约见孙科，表示苏军开入波境，是为了保护人民，安定边境，而并非参战。苏军所占地方将来是独立，还是归并苏联，尚未决定。对于中方积极推动的苏美协调，米高扬反应消极，他表示，美国已宣布废止美日商约，但仍旧供给日本以军需原料，实在令人不解，"在此情况下，苏在远东，无与美一致必要"。米高扬还向孙科保证："苏联援助中国抗战，自当继续以事实表现，决不稍变初衷。"孙科认为，苏联出兵，虽号称中立，实际上等于助德灭波。今后对于欧战旋涡，苏联或不能避免参加，那时在远东它就不

---

① 《外交部致胡适》（1939年9月14日），《胡适任驻美大使期间往来电稿》，第24—25页；《孙科致蒋介石电》（1939年9月13日），秦孝仪主编《中华民国重要史料初编——对日抗战时期 第三编 战时外交》（2），第430页。
② 《孙科致蒋介石电》（1939年9月17日），秦孝仪主编《中华民国重要史料初编——对日抗战时期 第三编 战时外交》（2），第431—432页。
③ 《徐永昌日记》第5册，1939年9月17日，第151页。
④ 《蒋介石日记》，1939年9月17日。

得不与日本妥协。①

中国政府原曾期待欧战的到来，以为可以加速两大阵营的分化，从而有利于中国抗战。到9月底时，蒋介石终于得出另一判断："苏德协定以后，欧战反使日本有利，而于我更为不利，此乃意料所不及。"②

此后，苏德接近的趋势越来越明显。10月31日，莫洛托夫在最高苏维埃第五届临时代表大会上发表了被认为是支持德国反对英、美、法诸国的演说。莫洛托夫称，旧波兰已经不能死灰复燃，在复兴前波兰国家的旗帜下继续进行战争极为愚蠢可笑，最近欧洲政局已发生重大变化，以往所使用的概念已不复适用于今日。例如侵略和侵略国这样的概念，已具有新的含义了。莫洛托夫还表示，苏日停战协定的订立，是改善苏日关系的第一步，苏日商务条约的谈判，有进行的可能。③

苏方的这一表态，令中国政府大为失望。王世杰感到"此等言词，不独使英美人士闻而齿冷，吾国今后如何自处亦大成问题"。他对苏联与日本的妥协颇感担心，因为莫洛托夫的报告"词中无一语涉及中国，并表示愿与日本谋国交之彻底改善。苏联对日外交政策或有大变"。④蒋介石也对莫洛托夫的报告大加指责，"观乎莫洛托夫之演说中，对日企图妥协，对英、法认其为侵略者，对美表示不满，对德表示友好，对共产国际袒护，其外交政策已甚为明显，且计诱日本使之共同合作，则其左日右德，以为辅翼，遂其称霸欧亚两洲之企图"。鉴于苏联的不可依靠，蒋表示"吾人于此，仍本独立自主之宗旨，贯彻到底，深信自助天助，必可获胜利也"。⑤

与苏联日渐疏远的同时，中国府与美英的关系日益接近。正如王世杰在致胡适电中所说："中苏关系诚然日趋艰险，惟依杰观察，介公重视英、美友谊过于一切。政府重视英、美过于其他友邦，惟不可公开表示而已。"⑥蒋介石在11月8日会见卡尔时表示，中国希望英苏国交不破裂，

---

① 《孙科致蒋介石电》（1939年9月18日），秦孝仪主编《中华民国重要史料初编——对日抗战时期 第三编 战时外交》（2），第432—433页。
② 《蒋介石日记》，1939年9月30日本月反省录。
③ 重庆《中央日报》1939年11月3日。
④ 《王世杰日记（手稿本）》第2册，1939年11月1、4日，第176、178页。
⑤ 秦孝仪总编纂《总统蒋公大事长编初稿》卷4（上），第435页。
⑥ 《王世杰致胡适、颜惠庆》（1939年11月7日、11月8日），《胡适任驻美大使期间往来电稿》，第26页。

万一破裂，中国决不放弃英国友谊。此即表明，万一英苏之间发生冲突，中国将会站在英国一边。

中苏关系的疏远由于苏芬战争的爆发而进一步发展。11月30日，苏军入侵芬兰。芬兰很快向国际联盟提出控诉。苏芬冲突使中国面临两难处境。一方面是对中国提供着最大物资援助的苏联，一方面是得到国际社会广泛同情尤其是英、法、美支持的芬兰，国民政府何以应对确实难以决断。虽然，国民政府已经意识到"在政策上对各国均不便开罪，自宜妥慎应付"，但最后还是被逼到非表明立场不可的地步。[①] 因为，在苏联拒绝限时停战的要求后，一份指责苏联的决议案将要提交给包括中国在内的国联行政院讨论表决。一些拉美国家的态度相当强硬，要求将苏联开除出国联，并声称如果国联不这样做，它们就立即退出国联。

国联行政院的议事规则在一定程度上加重了中国所面临的压力。由于国联行政院在通过决议时须采取一致原则，一票反对便可使议案被否决。如果由于中国的反对票而使多数国家赞成的该案不能通过，中国不仅将承担巨大的道义压力，而且担心会被其他国家所孤立，使中国所指望的西方国家的援助更难获得。两难之中，蒋介石还是注意维系中苏关系，他认为"此时应注重苏俄关系为要"。[②] 因此，中国选择了投弃权票，希望能得到有关各方的谅解。

12月14日，国联行政院举行会议，通过了将苏联开除出国联的决议。以破坏盟约为由将会员国开除出去，这在国联历史上是第一次也是仅有的一次。苏联对这一结果显然极感不快，中国的弃权立场因此未能得到苏联的谅解。苏联对中国在国联未能明确地站在苏联一边大为不满。1940年1月9日，莫洛托夫在会见杨杰时带有指责的意味说："如中国代表反对，决不致有此结果。此次中国出席国联代表之举动，无异帮助英、法打击苏联，是何用意，令人难解。"他还抱怨"苏芬问题，中国舆论毫无表示"，完全不理解苏联在芬兰问题上的忍让立场。[③] 此时，国民政府军事委员会办公厅主任贺耀

[①] 《国防最高委员会第21次常务会议记录》（1939年12月7日），《国防最高委员会常务会议记录》第1册，第689—690页。

[②] 《蒋介石日记》，1939年12月9日。

[③] 《杨杰致蒋介石电》（1940年1月9日），秦孝仪主编《中华民国重要史料初编——对日抗战时期 第三编 战时外交》(2)，第363页。

组正访苏,他与伏罗希洛夫的会见被两次改期。及至会见时,苏方避而不谈对华援助问题,并表示,今后苏联援华的程度将取决于中国对苏联的态度。

欧洲战争的到来,乃一出乎中国意料的剧变,其阵营组合非国民政府过去所能预见。一直作为中国抗战主要援助国的苏联隐然作为德国的支持者出现,令局势的发展充满变数。可以说,这并非中方所预想和期盼的剧变。面对这一变局,国民政府谨慎应对,力图因势利导。已处于权力高峰的蒋介石,其对德宣战和发表表态性宣言的设想,竟两次受阻于下属而未能实现,其讨论的充分与做出决定的谨慎亦由此可见一斑。从长远的战略角度来看,欧战对中国是有利的,但在短时期内,中国面临着更多的困难和风险,化解这些风险,便成为中国外交的一项重要内容。

第二节　苏日订立中立条约

欧战之初,苏联暂时缓和了与德国的关系,并乘机扩大了自己的西部边界,在一定程度上成为欧战的受益者。然而,好景不长,德国在欧洲西部取得巨大进展后,便开始考虑对付东方的苏联。对此有所警觉的苏联政府,为避免处于两线作战的境地,开始考虑调整与日本的关系。而经历了张鼓峰和诺门坎两次重大军事失败的日本,已感到苏联军事力量的强大,其对苏强硬政策严重受挫。加之苏德条约的签订,日本原来联德侵苏的企图无法实现。因此,欧战爆发后,日本也准备调整日苏关系,以诱使苏联停止对华援助。

中国对苏日之间的秘密接触十分关注。对于不断传出的苏日正就签订互不侵犯条约进行接触的消息,中国政府一再表示了反对的立场。1939年9月5日,国民党中央执行委员张冲奉命分访在华苏军将领和塔斯社代表,"将中国人民对此约之反感预告之"。对此,苏联外交部答称,苏日并未讨论互不侵犯条约问题,苏日之间有很多其他悬案需要解决,苏联在讨论这些问题的谈判中"决不能违反中国之利益及危害中国之抗战",苏联的对华援助政策也不会改变。①

苏联袒护德国的立场公开后,蒋介石预感苏日之间的妥协也将形成。

---

① 《张冲致蒋介石函》(1939年9月5日)、《杨杰致蒋介石电》(1939年9月23日),秦孝仪主编《中华民国重要史料初编——对日抗战时期 第三编 战时外交》(2),第346、348—349页。

11月初，蒋介石已出现这样的担心："俄倭平分满蒙与划定势力范围之是否有可能性？"① 12月1日，蒋介石直接致函斯大林，直陈苏联对日妥协的危害，它必将造成各国竞相对日妥协，而使日本达到侵略目的。蒋介石指出："苏联如对日本妥洽进一步，则英、美对日本之迁就必更进两步，如此英、美必将先于苏联而对日妥洽，而日本大陆政策乃完成矣。"中国驻苏大使邵力子曾这样向苏方形容苏日妥协的影响："果有此约，对于中国人民精神上之打击将甚于一千架敌机之轰炸。"②

苏日之间在经过一段时期的互相试探之后，日本驻苏大使东乡茂德于1940年7月2日正式向苏联提出缔结日苏中立条约的建议，并提出了日方的条约草案。苏联同意就缔结中立条约进行谈判，但提出了要价，要求取消日本在北库页岛石油和煤炭企业的租让权。苏方的复文指出，缔结中立条约后，日本将可以向南方积极扩张，从而获得极大利益，而苏联却要承担同中国以及在太平洋有重大利害的国家之间关系恶化的风险。苏方对日本所希望的停止援华问题避而未答。③

此后，德日一度筹划将苏联拉入轴心国阵营。1940年9月27日，德意日三国同盟条约签订。这表明，德日拉拢苏联的努力至此终未成功，德苏关系和日苏关系未有好转。利用这一机会，中国提醒苏联注意局势变化，加强中苏之间的联系。9月29日，蒋介石致电斯大林，指出："德意日三国同盟协定成立后，国际局势必将迅速演变……此事在亚洲方面，当为日本帝国主义作更大冒险之开始，于我中苏两国关系至为重要。"然而，苏联对此持静观态度。苏联副外交人民委员对中国驻苏大使邵力子说，三国同盟条约"只属空文"，对它不必过于重视，德意本未援助中国，中国无所失，德意今后也无帮助日本侵华的可能，但这个条约却使美日矛盾日益尖锐，因而，实际上对中国有利。④

---

① 《蒋介石日记》，1939年11月4日。
② 《蒋介石致斯大林电》（1939年12月1日）、《邵力子致陈布雷电》（1939年10月19日），秦孝仪主编《中华民国重要史料初编——对日抗战时期 第三编 战时外交》（2），第356—357、383页。
③ 《日本外交史》下册，第660页。
④ 《蒋介石致斯大林电》（1940年9月29日）、《邵力子致蒋介石电》（1940年10月1日），秦孝仪主编《中华民国重要史料初编——对日抗战时期 第三编 战时外交》（2），第379、380页。

中国试图建立中、苏、美之间的三角合作关系，即由美国向苏联提供贷款，苏联向中国提供军用品，中国向美国提供矿砂等物资，以此密切中、苏、美之间的合作，稳定和增加苏联对华军事援助，并可由此避开美国由于其国内牵制而不便向中国提供军用物资的难处。苏联对此反应冷淡，声称在苏美关系改善之前，无法谈及两国合作援华问题。但苏联仍然保持着对华援助。1940年底，苏联向中国提供150架战斗机、100架快速轰炸机、近300门炮、500辆吉斯-5型汽车及相应的装备和配件。[1]

日本不满足于仅仅订立主要阐明作为冲突外第三国立场的中立条约，而希望直接订立两国间的互不侵犯条约。10月30日，新任日本驻苏大使建川美次向苏联提出签订互不侵犯条约的建议，并提出了日方草案。但苏联的要价比此前又有所提高。苏方在11月18日的答复中指出，如果日本政府不考虑归还苏联以前丧失的领土——南库页岛和千岛群岛问题，那么苏日之间适宜讨论的是缔结中立条约，而不是缔结互不侵犯条约。因为缔结中立条约时可不涉及领土问题，只要取消日本在北库页岛的租让权便可达成协议。[2] 苏联的这一条件令日本难以接受。

但日本仍在寻求与苏联关系的改善，以图解除日后南进的后顾之忧。1941年3—4月，日本外相松冈洋右两访莫斯科，与苏方讨论订约问题。松冈再次提议订立互不侵犯条约，但苏联只同意缔结中立条约，条件仍是取消日本在北库页岛的石油和煤炭租让权。

得知松冈在莫斯科活动的消息后，中国驻苏大使邵力子紧急拜会苏联副外长，询问究竟。苏方答称，斯大林和莫洛托夫会见松冈"纯为礼貌问题，因松冈为日本外交部部长，道经苏联，欲求谒见，至难谢绝"。苏方还希望中方"应有坚强之头脑，勿因谣言而眩痛"。邵力子乃建议国内："我国此时对苏日关系一方应表示深切之关怀，一方应认苏之信任。"[3] 作为国民党喉舌的《中央日报》遂发表了题为《中苏友谊的凝固性》的社论，内称："在1941年内，在中国'被侵略与为本国独立而正在战争'的

---

[1] 〔苏〕瓦·崔可夫：《在华使命——一个军事顾问的笔记》，万成才译，新华出版社，1980，第40页
[2] 李嘉谷：《合作与冲突——1931—1945年的中苏关系》，广西师范大学出版社，1996，第197页。
[3] 《邵力子致蒋介石电》（1940年3月26日），秦孝仪主编《中华民国重要史料初编——对日抗战时期 第三编 战时外交》（2），第388页。

任何时期中，苏联对中国的政策，亦必依然如此，决不变更"，既表达了对苏联的信任，更多的是表达了对苏联的期望。①

直到4月11日，即苏日条约即将达成前夕，张冲往访苏联驻华大使潘友新（A. Panyushkin）时，潘友新仍声称"苏联绝不为自己而牺牲人家的利益"，苏联对松冈只是过路接待而已。对此，张冲再次强调："苏联之一举一动影响中日战局甚大，个人及全国社会人士，切盼苏联慎重，有以克服日本之欺骗外交。"②

然而，中国的努力未能影响日苏接近的进程。苏联此时已经通过各种渠道获得了德国有意进攻苏联的信息，为避免腹背受敌，苏联需要在远东稳住日本。在日本做出让步，同意取消在北库页岛的利权之后，苏日终于达成了妥协。4月13日，莫洛托夫和松冈正式签订《苏日中立条约》，双方约定："保证维持两国之间的和平与友好关系，相互尊重缔约另一方的领土完整与不可侵犯"；"如缔约一方遭受来自一个或几个第三国的攻击时，缔约另一方保证在整个冲突时期内保持中立"。最为引人注目的是作为条约附件而同时签署的共同宣言。苏日双方在宣言中声明："苏联保证尊重满洲国的领土完整和不可侵犯，日本保证尊重蒙古人民共和国的领土完整和不可侵犯。"③ 苏联对订立这一条约显然感到比较满意，斯大林甚至亲自前往莫斯科火车站为松冈送行，并接连三次拥抱松冈。斯大林的这一送别规格史无前例。

苏日条约暂时缓和了两国之间的矛盾，对于日后避免对德日的两线作战无疑具有一定意义。但中国则成了苏日妥协的受害者，中国的领土和主权成了别国妥协和交易的筹码，无论是苏联承认日本以武力夺取的东北，还是日本承认被苏联势力实际控制的外蒙古，都严重侵犯了中国的主权。外蒙古是中国的领土，苏联政府以往与中国政府的协定在条文上也不得不承认这一点。但现在绕过中国政府，在与日本的条约中确认"蒙古人民共和国的领土完整和不可侵犯"，将其分裂中国领土外蒙古的企图公开化。而"满洲国"则完全是日本赤裸裸侵略的非法产物，受到国际社会的抵

---

① 重庆《中央日报》1941年4月5日。
② 《张冲致蒋介石电》（1941年4月11日），秦孝仪主编《中华民国重要史料初编——对日抗战时期 第三编 战时外交》（2），第389页。
③ 《国际条约集（1934—1944）》，第304页。

制，只有日本及其盟国德意承认而已，苏联却通过宣称"尊重满洲国的领土完整和不可侵犯"而给予了公开承认。

国民党最高当局对苏日妥协并非没有预感，但《苏日中立条约》与宣言全文公布后，仍然对这样的妥协感到震惊和难以接受。后来，蒋介石在向各地军政当局发出的密电中坦承："就我国在外交上及对敌政略上而论，苏日条约，其最足遗憾者，当然为苏联与我敌国承认所谓'外蒙共和国'与'满洲国'领土完整、不侵犯性共同声明。此乃我国始料所不及。"① 时任苏联驻华军事总顾问的崔可夫回忆说，在获悉签订这一条约的头几天，重庆政府和国民党人士"不知所措，惶惶不安"，蒋介石召集各种人物接连开会，"蒋介石本人给人的印象也是惘然若失的样子"。②

4月14日，国民政府外交部就苏日宣言中涉及中国主权的内容发表声明："查东北四省及外蒙之为中华民国之一部，而为中华民国之领土，无待赘言。中国政府与人民对于第三国间所为妨害中国领土与行政完整之任何协定，决不能承认，并郑重声明：苏日两国公布之共同宣言，对于中国绝对无效。"③

4月15日，《中央日报》发表社论，对苏日条约发表了比较克制的批评。社论指出，1937年8月所缔结的《中苏互不侵犯条约》，其第2条明白规定："倘两缔约国之一方，受一个或数个第三国侵略时，缔约国之他方，约定在冲突全部期间内，对于该第三国不得直接或间接予以任何援助，并不得为任何行动，或签订任何协定，致该侵略国得用以施行不利于受侵略之缔约国。"中国受日本侵略是举世所共知的事实，按照中苏条约的规定，在中日战事未终了之前，苏联不应与从事侵略的日本缔结任何协定，而对中国抗战产生不利的影响。但"苏日协定竟成立于中国正在抗战途中，而且在苏联屡次声明反对侵略行动之后，这不免予中国国民以奇异的感想"。社论指出，外蒙古为中国领土，乃确定不可更易的事实；伪满是日本所操纵的傀儡组织，为举世所昭知的事实，苏日之间"这种侵犯中国领土主权的第三国相互间的声明，当然无效"。

该社论并对日本遵守条约的可信度提出疑问，奉劝苏联认清日本，

---

① 《蒋介石论〈苏日中立条约〉》，《档案史料与研究》1993年第2期。
② 〔苏〕瓦·崔可夫：《在华使命——一个军事顾问的笔记》，第101页。
③ 秦孝仪主编《中华民国重要史料初编——对日抗战时期 第三编 战时外交》(2)，第390页。

"暴日对于国际条约，向无信义，朝订夕废，习为固常。今日如希图逃避其在三国盟约上的对德义务，不得已而与苏联签订协定，一旦环境变迁，势必将采取与协定相反的行动了无疑义"。"从暴日的传统的外交策略而言，当其签约之时，即怀破约之念。方其结交之日，已存绝交之意。任何条约，若以暴日为对手，是不能信赖的"。①

考虑到仍要继续争取苏联的物资援助，国民政府并不想因此事而使中苏关系大大恶化，因而对苏日条约的反应总体上来说是谨慎和克制的，并采取了相应的舆论控制措施。国民党中央宣传部内部下达关于《苏日中立条约》的宣传要点，要求宣传机关及报纸杂志在讨论此事时要切实注意：对苏应力避攻击口吻，以免损害苏联的感情，造成反苏印象，并且不必连篇累牍评述此事。文件还具体规定了公开评论的提法和宣传口径，要求舆论界不要涉及苏联签订此约的动机。关于东北和外蒙古问题，文件指示应根据中国外交部的声明和中苏间的条约来表示惋惜与不满之意。国民党中央宣传部还提醒外交人员注意此点。在致驻美大使胡适电中，中宣部部长王世杰表示："日、俄协定事，除由外部就满蒙问题声明立场外，我将不对苏作其他批评，以免造成反苏印象，为敌利用。请密嘱有关人员注意。"②

苏联政府也努力削减苏日条约对中方带来的负面影响。4月15日苏联外长莫洛托夫约见中国驻苏大使邵力子，表示此次苏日订约乃基于保持苏联和平的考虑，并不涉及中国问题，苏日双方谈判时亦毫无提及中国关系。苏方并表示"对中国继续抗战问题毫无变更"。③ 4月19日，苏联大使潘友新拜访蒋介石，再次申明，《苏日中立条约》并不涉及中国问题，苏联对中国政策与态度始终一致，毫无变更，对于中国抗战的援助，仍必一如既往继续下去。

经过十余天的观察和思考后，蒋介石从最初的沮丧中恢复过来。4月24日，蒋介石向各地军政要员发出密电，通报了他对条约的判断。蒋介石认为，该条约的订立并非日本外交的成功，而是苏联外交的成功，"此约之订立，其主动全在苏联，亦可谓苏联对日计划之成功。其于敌寇，实有害无利，且适足以增加其失败之因素"。蒋认为苏联订立此约的用意不外4

---

① 重庆《中央日报》1941年4月15日。
② 《胡适任驻美大使期间往来电稿》，第101页。
③ 《外交部致胡适电》（1941年4月18日），《胡适任驻美大使期间往来电稿》，第102页。

点：(1) 为欲消灭日本海军而策动其南进；(2) 为欲消灭日本在我东北之陆军，不得不鼓励其南进或转用于中国之战场；(3) 为预防德国攻击苏联，消除其东顾之忧；(4) 其最深刻用意，则在以此举而动摇德、意、日三国同盟的基础，使德国认清日本之不惜背盟弃信，因而加深对日之疑忌。日本只是在表面上获得一纸空文，而在实际上失去一个最有力之盟友，其为失败已不言而喻。

蒋介石认为，对日本而言，订立此约，是企图在精神上威胁英美。但美国已在关岛、菲律宾等地积极增防，显示了固守远东、决不放弃太平洋霸权的决心。英国数月以来也在新加坡方面不断增强防务。而且，美、英、澳、荷之间的联防，日见密切而坚强。"故敌人如虚张声势，固决无任何国家受其诱胁而与之妥协。敌如实行南进，则英、美诸友邦已早作迎击之准备。"蒋介石指出，日本订立此约的唯一利益是，可由此从东北抽调兵力南下。但他计算，这一可调兵力，最多不超过 6 个师团。此一兵力，用于中国之战场，当然不能解决中国战事；若用于南进，亦无济于事。反之，"因此次苏日中立条约之订立，已使英、美对日备战益亟，敌视益深。默察此十日来远东形势之发展，已有不少事实为之明证。是敌国为换取其六个师团抽调之自由，而不惜在太平洋上造成最强大之敌势，其得不偿失，又不待言而自明"。①

第三节　滇缅路禁运与解禁

欧战的发生，为中国提供了一个有利的外交态势，但同时也使中国政府产生了某些忧虑。一是担心英国以举国之力应付对德战争，从而完全断绝对中国的援助，二是担心陷于欧战的英国会对东方的日本采取妥协政策，甚至会使旧日的英日同盟复活。这样，欧战的爆发反而会使中国处于不利的境地。

中国方面的担忧并非杞人忧天。苏德条约签订之后，英国当局便立即意识到了形势的紧迫性，担心这一条约将使德国再无后顾之忧，从而加快其在欧洲扩张的步伐。英国的目标是尽可能地不使日本公然站到德国一

---

① 叶慧芬编《事略稿本》第 46 册，台北，"国史馆"，2010，第 120—126 页。

边，从而保持它在远东的巨大而又脆弱的殖民地利益。此外，出于对苏联立场的担忧，它还把安抚日本视为限制苏联在欧行动的一种手段，即让日本在东方牵制苏联，使苏在欧洲不能与德国一同行动。因此，英国希望能够拉拢住日本，至少是暂时能拉拢住日本。英国有关方面主张抓紧时机与日本达成有关协议，改善英日关系。1938年8月27日，英三军参谋长委员会下属的联合计划委员会的官员们提出的一份备忘录指出，很有必要与日本达成一个妥协性的协议，"尽管这个条约不可能产生使日本立即停止在中国的反英活动的效果，但可能会阻止日本人在欧洲形势进一步明朗之前从事任何重大的反英冒险活动"。[①]

欧战爆发后，日本新首相阿部信行于9月4日发表声明，声称日本将不介入欧洲战争，而将专注于中国事变，实际上是要加紧在中国对英美利益的排挤。9月5日，日本向欧战各交战国驻日使节提出一份备忘录，要求它们从日本占领区撤出其军队。

英国外交部主张接受日本的要求，重新调整远东政策以适应形势的变化。外务次官巴特勒（R. A. Butler）9月22日的一份备忘录甚至还从反苏的角度提出了改善英日关系恢复英日同盟的问题。该备忘录提出，如果俄国变成英国的仇敌，"重要的是我们应当把日本人拉到我们一边。因此，现在采取预备性的措施是明智的。俄国和日本必定继续为敌，而且由于我们在印度和东方的地位，重建英日同盟会对我们有利"。巴特勒主张撤出英国在天津的驻军。[②] 9月下旬，英国正式决定从日本人控制的长江中下游水域撤出它的5艘炮舰，在长江上游的3艘炮舰中，有两艘被搁置，只留一艘保持服役状态以便为其驻重庆使馆提供无线电联系。10月3日，英法同时宣布自华北撤军。此外，港英政府还于9月20日通知各中文报纸，今后只许称德国为敌人，不得称日本为敌人，亦不得用"某国"或"X国"暗指日本。

法国对日政策也表现出软化的迹象。对于这一点，法国官员并不讳言。9月下旬，法国外交部秘书长莱热表示，法国希望接近日本，不让日本回到德国一边去。他对顾维钧说，法国政府很可能设法博得日本的好

[①] 转引自徐蓝《英国与中日战争（1931—1941）》，北京师范大学出版社，1991，第316页。
[②] 转引自徐蓝《英国与中日战争（1931—1941）》，第319页。

感,从而改善两国关系。但他又保证说,这不意味着要牺牲中国的重大利益。稍后,莱热又向顾维钧说明,法国现在并不想改变对华政策,只是无论做什么事,都要小心谨慎。法国不打算采取任何使日本可能认为是挑衅的行动。说得坦白一点,法在欧洲被捆住了手脚,已经没有什么远东政策,也不可能有一个远东政策。莱热建议中国政府应该去说服尚未卷入战争的美国采取积极的政策,并表示法国将愿意追随美国在远东的行动。莱热还认为,在远东停止敌对行动恢复和平对各国都有好处。法国试图接近日本的目的之一,是改善两国关系,以便探讨公正解决中日冲突的可能性。①

在此方针下,法国避免采取任何可能刺激日本的行动。1939年9月,法国政府决定召回驻华军事顾问团。其实,这个约半年前到达中国的顾问团并不代表官方,其成员都是通过签订个人合同而聘用的。法国还宣布,从9月6日下午5时起,禁止任何物资从印支出口,这就使得中国物资的印支过境运输发生相当困难。例如,有一批货物已运至临近广西的边境地区,但由于这一命令而从火车上卸下。9月23日,印度支那总督通知中国驻河内总领事,称他接奉巴黎政府训令,此后将禁止中国军火、汽车、汽油从印支过境,从即日起将停止中国上述物资的入境,已经在印支的存货要限日出清。②

其时,中国虽新修了另一条国际通道——滇缅公路,但该路崎岖曲折,运输成本极高,每吨货物的运价通常是其货物本身价格的数倍,而经由印支运货要方便得多。在中国政府的一再要求和交涉下,法国政府同意尽可能在实际上给予方便。10月,法国殖民部部长对在法国从事外交活动的中国国民党元老李石曾表示:"假道一切如旧,实际决不留难,附带权称禁止,以免日本借口,致法境困难,望中国政府谅解。"③

1940年6月,英法军队在西欧战场惨败,法国沦陷,英国本土因地处欧陆之外,得以幸免,但也面临着德军进攻的威胁。欧战的这一局面,刺激了日本扩张的野心,它企图趁此有利之机从英法手中攫取其在远东的权

---

① 《顾维钧回忆录》第4分册,第65—67页。
② 《顾维钧致外交部电》(1939年9月21日),秦孝仪主编《中华民国重要史料初编——对日抗战时期 第三编 战时外交》(2),第757—758页。
③ 《李石曾致蒋介石电》(1939年10月21日),秦孝仪主编《中华民国重要史料初编——对日抗战时期 第三编 战时外交》(2),第762页。

益,并尽快解决中国问题,确立其在远东的霸权。日本向英法提出了蓄谋已久的关闭滇越铁路和滇缅公路等要求,一是企图以此孤立和封锁中国,迫使中国屈服,同时,也是以这种公然的挑衅作为其以后南进的探路石。

6月16日,日本首先向法国及法属印度支那当局提出禁止通过滇越铁路向中国运送军事物资的要求,并要求允许日本向印度支那派遣军事观察员,监视禁运令的执行情况。败降后的法国立即接受了日本的要求,于6月17日封锁了边界,禁止运载汽油和卡车的车辆通过,并表示将进一步把禁运范围扩大到其他物资。[①]

滇越铁路封锁之后,滇缅路的重要性就更显突出。它与西北公路成为中国仅存的两条国际补给线。它不仅运送着中国抗战所急需的各种军用物资,还在相当程度上起着鼓舞中国军民士气的作用。因此,在迫使法国关闭滇越铁路后不久,日本军方和外务省便向英国提出了滇缅路禁运的要求。

6月19日,日参谋本部情报部部长土桥勇逸首先向英国驻东京武官提出了关闭滇缅路、关闭"香港边界"和从上海撤退英军的要求。土桥声称,如果英国拒绝这些要求,日本军方将坚决要求对英国宣战。与这一威胁相配合,日军在邻近英九龙租界的地区集结了一支5000人的部队。次日,日本外相有田八郎通过外交途径正式提出同样的要求。有田并声称,如果英国不答应这些要求,他将无法控制日本的极端派,这些极端派将不惜向英国宣战,那种局面对英国来说无疑是一场灾难。[②] 日方明确提出了要求禁运的物资种类,如武器弹药、燃料、卡车及铁路器材等。

英国起初并不想接受日本的要求,但此时它的实力及处境使其无法在远东与日本抗衡,遂决定寻求美国的支持。英国驻美大使洛西恩(Lothian)奉命向美国政府表示,英国不能独立无援地在东西两个半球进行战争,它在滇缅路问题上正面临着进退两难的处境,而共同阻止日本在远东的进攻无疑是符合美国的利益的。英国提出了对付日本的强硬办法和妥协办法两套方案,而美国在其中都要扮演重要角色,或对日本全面禁运,派遣军舰到新加坡,或美英联合向日本提出解决远东问题的妥协性建议。

[①] 〔英〕阿诺德·托因比、维罗尼卡·M. 托因比合编《国际事务概览·轴心国的初期胜利》下册,许步曾等译,上海译文出版社,1983,第942页。

[②] Sir Llewellyn Woodward, *British Foreign Policy in the Second World War* (Her Majesty's Stationery Office, 1971), vol. 2, pp. 92 – 93.

但美国此时并不想为了英国而使已经处于紧张状态的美日关系更加恶化。它不准备采取强硬措施支持英国反对日本，但又不赞成对日本采取绥靖政策，使日本得寸进尺，因此采取了一种颇为含糊的中间立场。美国国务卿赫尔表示，美国不能采取积极措施，如派舰队到新加坡，也不想以牺牲第三者的利益来向日本做出让步。鉴于美国不想采取实际行动予以支持，英国外交部考虑对日本做出部分让步，如从上海撤出英军。但英国仍坚持拒绝关闭滇缅路，它担心关闭滇缅路会促使蒋介石倒向日本。①

中国方面要求英方采取坚定立场。7月1日，中国驻英大使郭泰祺拜访英外务次官巴特勒，强调"缅运与我抗战及英自身利害关系之重大，在道义及现实政治各方面而论，万不可不维持"，并指出"英方愈决心，日本愈不敢犯"。英方表示，英国政府不会出卖中国而自毁立场，当坚持原则而与日本周旋。②

对此，日本再次发出威胁，7月4日，日本陆军省官员对英国驻日陆军武官助理直言，拒绝关闭滇缅路将会引起战争。7月8日，日本外相有田对通报英国政府答复的克莱琪态度强硬地表示：日本政府极不满意英国政府的回答，推迟解决这一问题将导致日本国民感情的恶化，对日英两国的关系产生严重影响。有田以最后通牒的口吻说道："我方要求英国政府在一周或10天之内解决问题"。③ 7月9日，克莱琪向英国外交部发去电报，称与日本发生战争的危险已近在眼前，必须立即采取行动以制止这一趋势。

中国希望英国能坚决顶住日本压力，英国希望其他国家也来分担责任，并希望中国劝说美国采取相应措施。7月8日，郭泰祺拜访巴特勒时，英方表示："英国处境极端困难，不愿与日正面冲突，其他有关之国，应分负责任"，并称英方与苏联和美国都已有商洽，"两方均表示关心，但无具体办法"。郭泰祺宽慰英方说，日本深陷中国，不能自拔，除空言恫吓外，实无力敌对英国。④

---

① Sir Llewellyn Woodward, *British Foreign Policy in the Second World War*, vol. 2, pp. 95-96.
② 《郭泰祺致外交部电》（1940年7月1日），秦孝仪主编《中华民国重要史料初编——对日抗战时期 第三编 战时外交》（2），第113页。
③ 上村伸一『日本外交史』第22卷、90页。
④ 《郭泰祺致外交部电》（1940年7月8日），秦孝仪主编《中华民国重要史料初编——对日抗战时期 第三编 战时外交》（2）卷，第114页。

外交部此前已致电驻美大使,指出:"现越南运输全停,缅甸一路为我生死关头",要求胡适迅速探明美政府对于英方如何表示其意见。7月10日,外交部再次致电胡适,指出:"日方对英方答复认为不满,正在咆哮,度将加重威胁"。中国"切盼美方迅即有所表示,借壮英国声势。美方似可坚持其物资有自由输运缅甸及中国之权,倘此项运输因日方之行动而发生障碍,则美国可对日本严格实行禁运(包括铁与汽油)。美苟于此时作此表示,敌不无忌惮,英方亦不致对敌屈服"。①

在日本不断的压力之下,英国政府最终根据克莱琪的建议对日做出妥协,同意封锁滇缅路,但对日本的要求做了两点修正:一是禁运是临时性的,为期三个月;二是禁运是有条件的,在三个月中双方做出特别努力在远东达成公平与公正的和平协定。如果这一努力失败,三个月后英国将自由决定是否允许战争物资通过滇缅路。

7月17日,英日达成《关于封闭滇缅公路的协定》。协定规定,自7月18日起的三个月内,将禁止通过缅甸向中国运输军械、弹药、汽油、载重汽车及铁路材料。关于香港,自1939年1月已经禁止向中国输出武器弹药,协定规定此后军需物资亦不得由此输出,即滇缅路所禁运的物资亦禁止由香港输出。②

英国的这一妥协举动在中国激起轩然大波,受到中国朝野各方的严厉批评。7月16日,国民政府外交部声明:"对于英国政府所作之决定,不得不表示最严重之关切,并认为此种举动不独极不友谊,且属违法。""缅甸运输之继续维持,对于中国之抵抗侵略,至关重要,自不待言。英国接受日本之要求,已给予侵略者以巨大利益,故英国之举动,无异帮助中国的敌人"。③

英国关闭滇缅路是战时其对日妥协行动的顶点,也是最后一次重大的妥协行动。英国此时确实面临着前所未有的危机,英外务次官一再对中国驻英大使郭泰祺表示:"英国处境困难,不愿与日本发生正面冲突"。④ 丘吉尔在下院报告这一协定时强调,英国政府在研究日方要求时,考虑到了

---

① 《外交部致驻美大使馆》(1940年7月6、10日),《抗战时期封锁与禁运事件》,第139页。
② Sir Llewellyn Woodward, *British Foreign Policy in the Second World War*, vol. 2, p. 99.
③ 《我外部发言人斥英对倭屈服》,重庆《中央日报》1940年7月17日。
④ 《抗战时期封锁与禁运事件》,第131页。

英国所应负的各种义务，但也须顾及目前的国际形势，不能忽视英国正在做存亡绝续的苦斗这样一个主要事实。①

滇缅路的禁运，其政治和心理方面的影响要大于物资方面的实际影响。如前所述，滇缅路禁运的是军火和部分交通器材，并未实行全面物资禁运。例如，时为中国抗战所急需的药品及救护车等仍可从滇缅路运入。关于这一点，缅甸政府于8月初明确发布通告，宣布"运非禁品去华者，可照常通行"。因此，宣布禁运之后，中缅边境的运输仍然保持着相当的规模。据8月6日西南运输处报告，该处在这一天向缅海关注册从事中缅边境运输的车辆就达200辆。此外，还当有相当数量的缅方车辆从事过境运输。②

中国政府担心，临时性的禁运会演变成长期的封锁。外交部的一份电报称，此事如处置不当"所谓暂时的某种货物之停运，势必成为长期的全部禁运"。③ 因此，中方从禁运一开始就在竭力促使英国重开滇缅路。7月15日，郭泰祺往见英外交部政务次官，就英方准备实施禁运一事提出抗议。英外务次官再三表示歉意，说英国此举实是迫不得已，"但仅为迁延待时办法，不妨害其将来之行动自由"。丘吉尔在下院发言时也指出，与日本的正面冲突"终不能避免，只冀稍缓时日耳"。④

8月下旬，英外交部就三个月期满后的对策进行讨论，9月初，便得出了不再延长这一协定的意见。10月3日，丘吉尔正式向郭泰祺通报了英方重开滇缅路的决定。丘吉尔说，英国现在的处境远胜于三个月前，当时英对滇缅路问题若不让步，恐怕日本将会对英宣战。现在英政府决定期满重开，并将于8日在议会宣布。⑤

10月8日，克莱琪向日本外相口头通告了英方重开滇缅路的决定。克莱琪并就此解释说，就英国政府而言，7月17日协定的目的是留出时间以便为中日间达成一个公平与公正的协定做出真正的努力，但这一目的并未

---

① 《邱吉尔报告之英日协定内容》，重庆《中央日报》1940年7月20日。
② 陶子厚：《抗战时期的西南运输总处》，《民国档案》1996年第2期；《曾溶甫仰光来电》（1940年8月6日），《抗战时期封锁与禁运事件》，第137—138页。
③ 《抗战时期封锁与禁运事件》，第132页。
④ 《抗战时期封锁与禁运事件》，第135—137页。
⑤ 《郭泰祺致蒋介石电》（1940年10月4日），秦孝仪主编《中华民国重要史料初编——对日抗战时期 第三编 战时外交》（2），第118页。

达到。相反，日本政府在这一时期却获得了驻军印度支那以便对中国发动新的进攻的便利，并与轴心国结盟。在这种情况下，英国政府认为，没有理由在三个月期满后再延续这一协定。①

第四节 中德关系的延续与断绝

欧战爆发之后，中国在寻求与英美等国合作的同时，仍注意维持与德国的关系，尽管中国曾向英法表示愿与其协同动作，但这只是出于引英法为强援的目的。实际上，中国并无与德为敌的意愿，在英法表示不需有一个明确的阵营划分之后，中国政府便没有必要表现出亲英仇德的姿态，而且还必须与德国精心周旋，以维持一定的军火供应。德国也暂时无须与中国为敌。由于日本对欧战态度模棱两可，未做出站在德国一边的明确表态，德国便无须以此去迎合日本。同时，德国也希望从中国得到它需要的物资。

中德间仍然进行着以货易货贸易。德国从中国进口矿产品，中国从德国进口抗战所需军火。1939年11月10日，中国行政院副院长兼财政部部长孔祥熙会见了德国驻重庆的外交官员毕德（Bidder），再次向德方提出商定易货协定的提议。孔祥熙表示中国愿向德国提供它所急需的桐油，并声称，如果德国同意的话，他准备"保证今后50年的对德供给"。孔还暗示，甚至可以将准备提供给英国及其他国家的矿产品供给德国。孔祥熙要求德国须以武器弹药作交换，而不是以现金购买。②

对于中德间关系的维持和发展，国民政府内也有一些人表示担心。1939年11月24日，翁文灏就是否应向德国合步楼公司提供钨砂问题致函蒋介石和孔祥熙，指出："目前英法在加紧对德经济封锁，我方此时如与德方实行易货，以重要矿产品运往德国，万一英法探悉……如为难，深恐得不偿失，此有关我国整个对外方针，不可不慎重考虑。"蒋介石此时既不想得罪英法，但也不想就此断绝与德国的关系，他在12月3日回电表示："自以暂缓为宜，但亦不必拒绝，只言筹划可也。"③

---

① Sir Llewellyn Woodward, *British Foreign Policy in the Second World War*, vol. 2, p. 111.
② *Documents on German Foreign policy*, *1918—1945*, series D, vol. 8, p. 397.
③ 中国社会科学院近代史研究所中华民国研究室编《中华民国史料丛稿·大事记》第25辑，中华书局，1981，第145页。

此时，与德国处于战争状态的英法把对德国战争物资的封锁也扩大到了远东，阻止任何国家向德国出口或从德国进口任何物资，中国也被无例外地适用这一禁令。英国严格执行禁令，中国运往德国的物资在香港即遭扣留。德国此前曾同意放行一批运送军火的船只来华，以换取中国的农产品，但是，由于中国售与德国的农产品未能运出，这笔生意只得作罢。①

中国希望英国有所通融。1939 年 12 月 5 日，中国驻法大使顾维钧拜访英国驻法大使坎贝尔（Sir Ronald Campbell），希望英国允许德国的军事物资输华。顾维钧向其说明，这些德国对华出口物资对于中国抵抗日本侵略是绝对必需的，而且这些物资均已付款。过去几年间，中国输往德国的原料使中国在德国有了存款，德货就是用这些款项支付发运的。坎贝尔表示理解，认为在这种情况下，这些出口物资不会给德国带来外汇，也不会以任何方式增加它的国外存款。然而，中方的这些活动未能动摇英国政府对德全面封锁的既定政策。

于是，与德国存在着事实上的协作关系的苏联，便成为中德贸易的一个重要通道。中国输往德国的物资，假借苏联订货的名义，通过两条线路经由苏联运往德国。一条线路是先由内地运到香港，再由苏联船只运到海参崴，然后通过苏联境内的铁路运往德国；另一条线路是通过陆路由新疆运往苏联的阿拉木图，再转运至德国。1939 年全年，尽管德国对华贸易额有较大幅度的下降，但仍达到了 11020 万马克（其中有一小部分系输往沦陷区），德国在中国的进口额中仍占有 12.64% 的份额，居于第三位。②

1940 年 2 月，汪精卫集团紧锣密鼓地筹划成立伪政府，并声称，政府成立后，德国和意大利将首先予以承认。2 月 19 日，德国向中方表示："在蒋委员长抗战过程中，绝不承认汪政府"，"非汪政府得到中国大多数人民之拥戴，亦绝不予以承认"，意即只要国民政府仍在抗战，并能控制中国的相当地区和人民，德国将不会承认汪政权，表明了德国仍存有维持现存关系的愿望。

总体来说，欧战爆发后国民政府仍然坚持了走英美路线的战略，但并未对德国采取对立立场，而是采取了富有弹性的留有余地的政策。国民政

---

① 《顾维钧回忆录》第 4 分册，第 115 页。
② William C. Kirby, *Germany and Republican China*, p. 248.

第五章　欧战爆发后的外交新局与困境 | 173

府的这一国际战略选择，在1940年夏又经历一次不小的波动。此时，法国沦陷，英法联军在欧洲大陆惨败，英国本土也陷于德国的狂轰滥炸之下。在德军取得巨大军事胜利的形势下，国民政府内部就是否坚持联英，还是改行联德，出现了不同声音。

1940年7月2日，在国民党五届七中全会上，外长王宠惠报告了最近日本压迫英国在香港及缅甸问题上让步的情况。孙科表示，如果英国对日妥协，接受日本人的要求，"吾人只有取西北路线，积极联络苏德，德在欧洲已操胜券，吾人更应派特使前往，除外交外，并应发生党的关系。英国在欧已无能为力，必将失败也"。不少人对孙科的提议报以掌声。①

对此，蒋介石表示，既定的外交政策现在不必变更，中国应继续对英美友好的方针，同时，对德外交可尽力加强。根据这一思路，7月6日，国民党五届七中全会通过的决议案确定了如下方针："对于英法，尽力维持固有之关系；对德意等国不仅以维持现存友谊为满足，更宜积极改善邦交，以孤敌势"。②

7月7日，朱家骅致函德军总参谋长凯特尔，竟表示"此次贵国国防军在欧战中之成就，使余十分兴奋"。他希望德国能利用目前取得的成就，"使欧战早日结束，得以在世界和平工作上，作更进一步之伟大贡献。尤其在远东方面，希望贵国特别注意，从新认识"。朱还赞扬德国困境中努力奋起的精神及德军与同盟国军队作战的情形，称其发人深省，是对中国人奋发自振的良好教育。③

主张改行联德政策，并非只是少数亲德亲苏人士的想法，国民政府中不少人士支持这一主张。7月18日，孙科在国防最高委员会会议上再次提出亲苏联德的方针，便得到很多人的附和，王世杰、徐永昌等表示反对。

关于这场国际战略之争的情况，史料并不多见，但从蒋介石后来的回忆中可以看到这一争论似乎还颇有波澜。蒋介石在1941年初回忆道，去年6—7月，当英法惨败，德国大胜之时，"我中央外交方针，几乎全体主张联德，而孙哲生、白健生等为尤烈，总以为美国外交，绝不可靠也"。但当时他不赞成大家的主张，表示他本来也是主张对德亲善的，过去当德日

---

① 《王子壮日记（手稿本）》第6册，1940年7月2日，台北，中研院近代史研究所，2001。
② 荣孟源主编《中国国民党历次代表大会及中央全会资料》下册，第635页。
③ 《致德国总参谋长Keitel大将书》，王聿钧、孙文成编《朱家骅先生言论集》，第657—659页。

防共协定发表及德承认伪满之时，他曾不顾中央各位反对，力主不与德绝交，"惟此次则决不能因德之大胜，而更求交好，徒为人所鄙视也"。但一些人仍对蒋的看法不以为然，蒋遂直率批评这些人"以前之反德太过，与今之亲德太急，前后主张，皆不合理，且此时亲德，决不能由我强求而得亲也"，主张"暂处静观，以待其定，再决方针"。蒋在回忆此一争论时为他当时的坚持感到庆幸："如余当时不坚持，听健生等之言，而违美联德，则英、美近日不仅不愿与我合作，其必联倭以害我，我处极不利之地矣！"①

尽管总的来说蒋介石在战略调整上主张持慎重态度，但其内心还是有些动摇的。他在7月19日的日记中写道："国际环境于我之恶劣可谓至今日而极矣，当德苏不侵犯协定成立时，既知英国外交失败不能与德作战，及欧战初起既知英法必败，而乃不自谋外交出路，犹望英法得胜，是坐待英国失败而不知自救，以致今日为英国所卖，此余不智之至也。"② 虽说这一议论缘于此时对英国封锁滇缅路的怨恨，但也不难看出他对始终坚持英国路线的一丝悔意。

1940年夏有关联英还是联德的战略之争未能持续太久。因为，1940年9月，德意日三国同盟宣告成立，德国与日本正式形成军事同盟关系。面对木已成舟的既成事实，国民政府内主张联德声音至此不得不平息下来。

中德关系的最后破裂起因于德国承认汪伪政权。早在1940年3月汪伪政权成立之时，中国政府就曾照会各国驻华使馆，指出："所有构成伪组织之人员，不过为日本之奴隶"。"中国政府于此愿以极端郑重之态度，重申屡经发布之声明，即任何非法组织，如现在在南京成立者和中国他处所存在之其他伪组织，其任何行为当然无效。中国政府与人民绝对不予承认。中国政府深信世界自尊之国家，必能维护国际间之法律与正义，对中国境内之日本傀儡组织，决不予以法律上或事实上之承认。无论任何行为涉及任何方式之承认，既属违反国际公法与条约，自应视为对中国民族之最不友谊之行为，而承认者应负因是所发生结果之全责"。③ 此后，中国政

---

① 黄自进、潘光哲编《蒋中正总统五记·困勉记》下册，台北，"国史馆"，2011，第756—757页。
② 《蒋介石日记》，1940年7月19日。
③ 二档馆：18/1308。

府曾多次表明这一态度。

但这并不能阻止德日靠拢的步伐。1941年6月下旬,日本外相松冈洋右会见德国驻日大使奥特,要求德国承认汪精卫政权,并在7月1日与意大利同时采取承认行动。德国驻华代办阿登堡（Felix Altenburg）提出反对意见,他在致外交部电中建议"不要满足日本人支持汪精卫的哀的美敦式的要求"。他认为考虑到苏俄在中国西部地区影响的增强,并考虑到中国政府与中共之间继续存在的紧张关系,德苏战争的军事胜利会一举改变重庆和德国之间的关系,重庆将倾向于在全面解决中日冲突的方案问题上做出妥协。因此,"在德苏战争未有明确结果之前,在承认问题上不要采取任何决定性的步骤"。[①] 但德国政府并未接受这一建议。6月27日,里宾特洛甫通知日本大使大岛浩,德国政府将于7月1日承认汪精卫政府。

中国政府企图做最后的努力。6月28日,中国驻德大使陈介会见了魏泽克。陈介指出,中国政府得知日本政府正在柏林和罗马尽力促成对汪精卫政权的承认,他奉命重申中国外交部部长在1940年11月30日声明中表达的观点：中国政府将把对汪精卫的承认视为一个极不友好的行动,它将不得不断绝两国间的关系。魏泽克没有直接回答是否准备承认的问题,但声称,中国政府采取何种措施,那是中国政府自己的事。那些企图把自己的前途与盎格鲁-撒克逊的前途系于一体的人,无论如何都是极不明智的。[②]

7月1日,德国如期承认了汪精卫政权。蒋介石也终于下定了与德国断交的决心,他认为："德国太无理性,应断然与之绝交也。""三、四年来德国希脱勒侮华可谓极矣,余以该国之民盛情与学术皆足为友,故极端忍耐,希之恶意屡拂心意而不恤,然至今彼竟承认汪伪,若不再与绝交,则国格将有所损,但不至此亦决不下此决心也。"[③] 7月3日,陈介通知魏泽克,中国政府决定与德国断绝外交关系。

[①] *Documents on German Foreign policy*, 1918–1945, series D, vol. 13, pp. 29–30.
[②] *Documents on German Foreign policy*, 1918–1945, series D, vol. 13, pp. 53–54.
[③] 《蒋介石日记》,1941年7月1、2日。

第六章
国民政府与日本的秘密接触

抗日战争前期，中日之间的秘密接触颇为频繁，各种渠道有十余条之多。论其方式，既有官方渠道的正式接触，也有民间渠道的非正式接触；论其层次，既有中央级的接触，也有地方级的接触；究其动机，在中国方面，既有试探对方诚意，试图寻找议和机会者，也有意在缓解战场军事压力或推迟日本承认汪伪政权的策略性行动。在日本方面，既有希望早日结束中日间不幸战事者，更有逼迫中方实际上接受投降条件者。随着时间的推移，即随着日本在战场上取得更多的胜利，日本的议和条件实际上已演变成迫降条件。而谈判人员的身份，既有真实的，也有假冒的。随着英美援华态度的明确，中国态度逐渐强硬，而日本要求则逐渐降低，中日之间秘密接触的次数也大为减少，到1941年时，几近断绝。

第一节 欧美列强的调停企图与多渠道的中日秘密接触

在中日两国军队在战场上厮杀的同时，中日间的秘密接触几乎从未停止过。如前所述，国民政府的抵抗是被日本逼到最后关头的迫不得已之举，不抵抗则无以生存。面对日本"投机取巧"的战略，国民政府采取了"以战求和"的战略，可以说是既立足于战，又不放弃和，战和两手并行，力图以战促和。1937年8月7日的国防会议，虽然决定了抗战大计，但仍未完全断绝和谈的希望，会议决定"在未正式宣战之前，与彼交涉仍不轻弃和平"。[①]

在日本方面，企图通过秘密会谈来最终解决中日冲突也一直是其统治集团内一部分人所追求的目标。所以如此，主要有两个原因：一是担心中

[①] 二档馆：787/2431。

日战争旷日持久，演变成日本难以应付的长期战争；二是企图趁日军在战场上取得军事胜利的有利时机，谋得对其有利的外交解决，将侵略成果条约化、合法化。

平津失陷之后，日本方面便谋求发起一轮新的外交接触，其实质是以掌握于手中的平津为筹码，要求中方答应给予他们多年来所梦寐以求的东西。7月31日，参谋本部作战部部长石原莞尔面奏天皇，认为现在"以外交手段结束战争为最善之策"。① 天皇对此表示同意。

8月4日，日本外务省邀请曾任日本驻上海总领事现任日本在华纺织联合会理事长的船津辰一郎回沪与中方接触，商谈停战条件。但当船津到达上海时，自7月上旬以来一直在华北的日本驻华大使川越茂也从青岛回到了上海。经二人协商，对华接触工作遂改由川越茂接手，拟由川越茂与中国外交部亚洲司司长高宗武直接会谈。日本外务省在给川越茂的指示中表示，目前的事变实为改善中日两国关系的一个契机，日本希望通过对华北第二十九军的扫荡，中国政府能够反省，由此而使"日华关系明朗化"。②

何谓"日华关系明朗化"？日本所希望的是怎样一种局面呢？日本政府在8月10日提出的《日华国交全面调整案要纲》反映了日本的要求。在政治方面，日本要求：中国承认"满洲国"为今后讨论之议题；订立日华防共协定（尤其是非武装地带，应特别严厉地实行防共）；在冀察、内蒙古和绥远，南京政府应容纳日本的"正当要求"，日本则允诺在这些地区不排斥南京的势力；中国须严厉取缔全国的抗日排日运动（非武装地带的抗日排日，应特别严加取缔）。在经济方面，日本要求中国降低特定商品的关税率，意在有利于日货的倾销。③

次日，由日本外相、陆相和海相三要员在首相室所确定的《日华停战条件》，则更为具体地提出了日方的要求。在非武装地带内，中国军队不得驻扎，而由保安队维持治安。根据日本对非武装地带共同防共、取缔抗日的规定，这些地区实际上将处于日本的变相控制之下。关于中国中央政府在华北的权力行使问题，日本同意撤销在冀察的伪政权，让南京政府在冀察自由行使职权，但要求这一地区的行政首长，"希望选择能适合于日

---

① 上村伸一『日本外交史』第20卷、103頁。
② 吴相湘：《第二次中日战争史》上册，第379页。
③ 上村伸一『日本外交史』第20卷、105頁。

华和睦的有力人物"来担任。这实际上是要求应由顺从日本意志的人来充任华北地区的领导人。①

日本外务省将这两份文件都向川越茂发出。8月10日，川越茂与高宗武在上海会面。川越茂提出了基于上述两份文件的日方条件。高宗武表示，他须向上级报告后再做答复。然而，两天后，淞沪战争爆发，这一由日本主动发起的日本与中国中央政府的第一次秘密接触遂不了了之。

1937年11—12月，德国大使陶德曼在中日之间充当斡旋者。由于日本不断提高议和价码，条件过于苛刻，调停终归失败，日本政府发表了"不以国民政府为对手"的声明（详见本书第三章第二节）。但实际上，在1938年，围绕着和谈的各种活动仍在幕后继续进行，其中既有第三国的调停尝试，也有中日两国间各种渠道的暗中接触。

自中日战争爆发以来，意大利在远东虽无多少作为，却表现出一种亲日姿态。在布鲁塞尔会议上，意大利代表不赞成对冲突的任何一方进行谴责，而主张由会议推动中日双方去直接谈判。1937年11月，意大利正式加入德日防共协定。此前中国曾尽力加以劝阻，指出"日本侵华为正义所不容，日本以反共为名，缔结日德防共协定，实为偷天换日"，希望意大利"郑重考虑，作英智的抉择，以勿加入日德防共协定为是"。但意大利方面表示："我反英法，日德亦反英法，利害一致，我不能不联合日德"，并称"假使中国亦反英法，我必与中国加强一切联系"。② 这倒是实话，意大利就是从有利于自己在欧洲的战略利益出发，选择了在远东具有策应力量的日本作为其盟友。

除此而外，在1937年中，意大利对中日冲突似乎并没有过多的关注和介入。但是，在1938年上半年，即德国调停失败之后，意大利却异常地活跃起来，对在中日之间调停表现出很大的兴趣。意大利代表频频会见中方要人，劝说中国接受日本的条件，停止抵抗。意大利也许认为，遭到淞沪和南京战役的惨败，中国的抵抗力量所剩无几，中国方面不会再坚持不做重大让步，到了收拾残局的阶段了。

1938年2月，意大利驻华大使柯莱（G. Cora）拜访蒋介石。他声称中

---

① 上村伸一『日本外交史』第20卷、108、110頁。
② 吴相湘：《第二次中日战争史》上册，第417页。

国的抵抗是不可避免地要失败的,就像阿比西尼亚徒劳地抵抗意大利一样。拖得时间越长,中国最后所能得到的东西就越少。他劝蒋介石与日本人合作,以尽其所能挽救中国。① 蒋介石在2月23日的日记中这样写道:"倭又托意大利来调停,可鄙,其图穷可见也。"②

同月,柯莱在香港会见宋子文,传递了日本的议和条件。柯莱说,他与去年12月的德国大使不同,只传递"他个人认为可以作为谈判的合理基础的条件"。柯莱接着便提出了他认为是"非常宽大"的那些条件,包括中国承认"满洲国"、日本在华北驻军、日本在一些地区享有经济特权、上海设立中立区和赔款等。但这些条件实际上与中国政府所能接受的相距甚远。宋子文似乎对此毫无兴趣,他刚听到"赔款"这个词时,就反问柯莱说:哪一个国家将得到赔款?是不是日本向中国赔偿毁坏南京和轰炸上海的损失?结果,这次会见不欢而散。③

1938年春夏之间,柯莱来到武汉,仍有意调停中日战争。他认为汪精卫是主张议和的最适当人选,因而特别注意对汪游说。他提出的两个先决条件是:蒋介石辞职;由汪精卫致信日本外相,声明战争停止后中国将放弃反日思想。这样,日本将会提出使中国容易接受的条件,然后撤兵。汪精卫对此持怀疑态度,事后报告了蒋介石。后来,意大利驻华代办在会见汪精卫时又撤回了要蒋介石辞职的条件,只要求汪写封信给日本外务省。汪亦将此事报告了蒋介石。意大利在武汉的活动仍未取得成果。

英国外交部的一些官员也在考虑通过调解来结束中日冲突的问题。远东司官员普拉特(John Pratt)和布里南(John Brenan)1938年1月5日的两份备忘录讨论了能为中日双方接受或应迫使中日双方所接受的条件。普拉特指出,英国提出的任何解决办法对日本来说应该是"慷慨"的,对中国来说应该是"公正"的。他认为英国在中国需要维护的重要利益包括中国的"门户开放"、香港的安全、海关行政的完整和不让日本控制上海。因此,他主张应由中国控制上海,但要吸收外国人参加市政府。为了换取日本在上海的让步,中国应在华北问题上做出让步。英国应让中国和日本自己去谈判解决华北五省的问题,劝告中国做出经济上的让步以换取日本

---

① *FRUS*, *1938*, vol. 3, p. 105.
② 《蒋介石日记》,1938年2月23日。
③ *FRUS*, *1938*, vol. 3, pp. 110–111.

人对中国在华北主权的承认。普拉特说:"把日本人赶到长城以外去不是我们的职责,即使我们有力量这样做。"①

关于华北和东北问题究竟如何处理,布里南的备忘录则比普拉特的更明确些。他认为:"对于日本无可争议的军事力量和它要在东亚获取更强的经济和战略地位的坚定决心,不采取现实主义的态度是愚蠢的。"英国必须意识到,在某种程度上华北的省份将不得不受"我们不能左右的力量"控制,但英国应敦促日本承认"中国本部主权、独立、领土和行政完整,撤走长城以南的全部日本军队"。为此,中国付出的代价是承认"满洲国"和在华北对日本做出经济上的让步。②

两个备忘录设想在英美联合进行海军示威向日本施加压力时提出,以迫使日本接受这一不能完全满足它的愿望的条件。然而,由于英美未能达成进行海军示威的共识,这两个备忘录遂被搁置一旁,但其中的一些主要观点被外务次官贾德干后来所提出的调停计划采纳。

日本对英国表现出的某种程度的友好姿态也刺激了英国的绥靖念头。1938年2月3日,日本外相广田在日本国会的一个委员会的讲话中表示,希望维持与英国的传统友谊。次日,日本驻英大使吉田茂向艾登递交了广田的《关于英日关系的备忘录》。备忘录称维持和发展英日间的最友好的关系"一直是日本政府最诚挚的愿望"。但是近来在中国所发生的一些不幸的误解似乎损害了两国间的亲密关系,日本政府对此"深感不安","急盼消除误解,为远东的和平而恢复英日间的合作关系"。③ 吉田茂在转交备忘录时还主动提出,希望英国政府出面调停,以结束远东的冲突。2月9日,张伯伦在内阁会议上要求艾登接受吉田茂的建议。2月14日,张伯伦再次表示:"不希望人们有片刻认为绥靖日本的所有机会都已消失","有必要在这方面做出一些努力"。④ 然而,吉田的主动提议并未获得日本政府首肯。2月15日,吉田茂不得不通知艾登,日本政府并不打算接受英国的调停。

英国外交部官员尽管对于吉田茂的提议、对于日本政府在中国的真正

---

① Bradford A. Lee, *Britain and the Sino-Japanese War, 1937–1939*, p. 95.
② Bradford A. Lee, *Britain and the Sino-Japanese War, 1937–1939*, pp. 96–97.
③ Documents on British Foreign Policy, series 2, vol. 21, pp. 686–688.
④ Bradford A. Lee, *Britain and the Sino-Japanese War, 1937–1939*, p. 102.

企图表示怀疑，但还是按照自己的想法提出了与美国共同调停的计划。1938年2月14日，贾德干提出了一份解决远东冲突的计划大纲，并以备忘录形式致函美国国务院政治顾问亨贝克，提请美方考虑。贾德干认为，日本所要求的必然要比该计划所开列的多得多，因此如果没有英美两国的共同压力，日本恐怕是不会接受他所拟定的大纲条款的。他提议美国与英国采取平行行动，分别向日本表明，英美不再默许任何违背公约的行为；同时向日本人表明，他们所提出的和平条件对日本人来说是公平的甚至是优厚的。

贾德干备忘录花很大篇幅讨论了被认为是整个中日问题的关键的上海行政管理问题。提议由中国政府统一对华界和租界的控制，但要吸收外国人包括日本人参加市政府。备忘录所设想的目标是使日本军队包括其他国家的驻华军队都从中国撤出。为此，也应促使中国方面满足日本的某些要求，如：停止排日教育，取消反日宣传，减低日货进口税，承认"满洲国"，并在华北给予日本以经济上的种种便利，其中包括允许日本从事采矿业和参与管理华北的铁路。贾德干认为，承认"满洲国"将会消除造成整个国际关系不稳定的刺激因素。4月11日，英国再次向美国提出调停建议。①

4月13日，亨贝克复信贾德干，表示了美国对于这一问题的态度。他反对对日本做过大的让步，指出任何解决办法必须考虑到各国的权益和舆论。在目前情况下，中国也绝不会同意以损害自己为代价做有利于日本的安排。尤其是关于承认"满洲国"问题，美国不同意英方认为这将有助于消除国际关系中不稳定因素的看法，认为这种承认以及随后各国的承认，只能起到表面上的治标作用，但它在任何程度上都未解决中、日、苏之间冲突的深层原因。而且，这实际上只会鼓励日本人继续采用他们一直采用的办法，即以武力作为推行其政策的手段。亨贝克认为谋求解决中日纠纷的时机尚未到来。②

4月14日，美国国务院向英国驻美使馆发出备忘录，指出根据美国政府所掌握的情报，目前中日两国政府不可能达成能为双方所接受的和平条

---

① *FRUS*, *1938*, vol. 3, pp. 89–93, 139–140.
② *FRUS*, *1938*, vol. 3, pp. 141–153.

件，而且日本的舆论在目前也不可能接受英国和美国的共同调停，因为共同调停这一方式具有施加压力的含义。① 由于美国对英国所提议的调停缺乏热情，这次企图以牺牲中国部分主权利益来平息远东战火的努力便胎死腹中。

这一时期，中国政府并未放弃通过谈判解决问题的想法，但又担心日本索价太高，中国为此而付出的代价太大。蒋介石在1938年3月22日的日记中写道："世人只知战时痛苦，妄想速和，殊不知和后痛苦更甚于战时，而况为屈服不能得到平等之和乎！"② 次日，蒋介石对和战问题再做权衡："如敌果有和平诚意，不提制命伤条件，而仅以解决满洲问题为限，则不惜与之言和，然未到其时。敌国军人之野心不遇大挫，必不肯休也。若接受苛刻条件之和，则和即是降，与其降而存，不如战而亡。若我不降，则我无义务，而责任在敌，否则敌得全权，而我负全责，民不成民，国不成国，则存不如亡也。且敌国政府，既无权力控制军阀，又不守信约，若我放弃东北，徒长敌寇侵略之野心，永无和平之一日。故解决东北问题，亦应以不失主权为限。"③

因此，国民政府在公开场合便表现出这样一种姿态：不放弃任何和平的希望；这一和平必须是公正的和平。这既给日本人发去了中方仍然希望和谈的信息，也表明了中方的让步将是有限度的。1938年4月，中国国民党召开临时全国代表大会。大会宣言既声明："吾人之本愿在和平，吾人最终希望仍在和平"，同时又指出："惟吾人所谓和平，乃合于正义之和平。必如是，然后对内得以自主，对外得以共存；必如是，始为真正之和平，永久之和平，若舍正义而言和平，非和平也，屈服而已"。④ 蒋介石在公开场合也表现出坚定立场，一再声称："吾人确信妥协与规避，决不能维持和平，如须确树永久和平之基础，则采用武力以击败侵略者，乃属必要之手段。""中国方面之意见，以为苟非能况主权完全收回，绝不欢迎任何国家调停"。⑤ 但在暗中，中国方面正在向英美提出请其出面斡旋的要求。

---

① FRUS, Japan, 1931–1941, vol. 1, p. 464.
② 《蒋介石日记》，1938年3月22日。
③ 叶建青编《事略稿本》第41册，第289—290页。
④ 荣孟源主编《中国国民党历次代表大会及中央全会资料》下册，第464页。
⑤ 秦孝仪主编《先总统蒋公思想言论总集》卷38，第109—110页。

7月24日，中国外交部部长王宠惠拜访美国驻华大使詹森，希望在日本政府承认其扶植的傀儡政权之前，美国政府与英国（可能的话还有德国）政府一起采取平行行动，在中日两国之间进行斡旋，以结束目前的冲突。王宠惠希望美方不要提及这是应中国的要求而进行斡旋的。王并进一步说，如果斡旋未达到目的，如果日本人在南京或其他地方建立新的傀儡政权并宣布承认，希望美国像在1915年对待"二十一条"那样做出保留声明，通告中国政府美国将不承认这样的政权，并继续拥有现存中美条约所规定的地位和权利。①

中国同时也向英方做了类似的提议。王宠惠提请英美出面斡旋显然不是自作主张，而是奉命而为，蒋介石对此完全知情。7月27日，蒋介石单独邀请詹森共进午餐，询问其对王宠惠提议的看法。詹森回答说，美国政府很愿意在适当的时候进行斡旋，以使中日冲突结束。但问题是不知这"适当时候"何时到来。

同日，王宠惠在对外声明中公开表现了中国政府方面有意于政治解决的姿态。王宠惠称："日本不仅应停止战争行为，实应从现在之占领地域撤退，否则中国只有决心继续抗战，然对于希望和平一事决不让人后，惟和平须以平等与名誉为基础。"王宠惠希望一向主张"门户开放"机会均等的美国，能积极推动中日问题的解决。②

日本决策层内在是否与中国政府交涉的问题上也出现了分歧。日本政府于1938年1月发表了"不以国民政府为对手"的声明，但这并不是一个深思熟虑的明智决定，它是在日本因攻占中国首都南京而弥漫着一股盲目乐观情绪，而中国国民政府又不愿接受日方提出的过于苛刻的条件的情况下做出的。这一声明代表的是日本强硬派的主张。无论是在做出这一决策的当时还是在这一声明发表之后，在日本政界和军界内部都有不少人对此持有不同看法。他们认为，这种顽固坚持要打倒中国中央政府树立傀儡政权的想法是要使日本付出巨大努力和代价的下策，因而要求修改这一政策。近卫本人后来也回忆说："识者对此声明之批评，谓之非常失败，余个人亦认为系最大之失败。"③

---

① *FRUS*, *1938*, vol. 3, pp. 238－239.
② 《卢沟桥事变前后的中日外交关系》，第516—517页。
③ 《中国近代对外关系史资料选辑（1840—1949）》下卷（2），第95页。

在遭到多方反对的情况下，日本政府的立场出现了松动。5月26日，日本近卫内阁改组，主张对华强硬的陆相杉山元和外相广田弘毅都离开了内阁，被一般人视为温和派和亲英派的宇垣一成出任外相。宇垣是反对近卫声明的，他在出任外相前提出来4个条件：强化内阁，以求统一；外交一元化；开始与中国政府和平交涉；必要时取消1月16日"不以国民政府为对手"的声明。① 宇垣意图把被军方分割了的外交权真正收归外务省，强化外务省的权力，推行他所希望的外交方针。在近卫认可这4个条件之后，宇垣才同意就职。

宇垣在就职后第一次会见外国记者时称，日本与英国有着传统的友谊，他将尽力使之恢复，且拟使日英关系较前更形亲密。宇垣并暗示将来中日两国终有讨论议和条件之可能。他声称，自1月16日日本发表政府声明后，大局尚未有变动。如果局势发生了重大变化，日本政府可能会重新考虑其态度。当有记者问及如有第三国出面调解，日政府是否愿意加以考虑时，宇垣并未断然拒绝，而是表示，日本首先要搞清楚调解动机的性质。② 蒋介石注意到了宇垣上台可能带来的日本对华政策的变化，"敌国内阁局部改组，以宇垣为外交部长，殊非意想所及，其对我主和无疑也。然彼仍必以挑拨离间我内部为惟一手段，应戒惧勿忽"。③

日本参谋本部也希望对近卫声明进行修正。参谋本部战争指导班在6月向五相会议提出建议，要求"逐渐修正不以国民政府为对手的观点，并允许第三国的斡旋，以扩大有关处理对华战争的自由"。④

在中日双方高层都有意恢复接触的背景下，中日间的秘密接触通过多种渠道在进行，其中既有通过外交官员进行的具有官方性质的接触，也有通过民间人士进行的非官方的但具有强烈官方背景的接触，而最主要的是以下三条路线：乔辅三－中村路线、贾存德－萱野路线、萧振瀛－和知路线，兹分别述之。

乔辅三与中村的接触渊源于中国国防最高会议秘书长张群以私人身份祝贺宇垣就任日本外相。张群在贺电中希望宇垣能实现其中日"亲善"的

---

① 上村伸一『日本外交史』第20卷、211頁。
② 二档馆：18/168。
③ 《蒋介石日记》，1938年5月27日。
④ 〔日〕堀场一雄：《日本对华战争指导史》，第151页。

宿愿,称:"此次阁下就任外务大臣,实为极其重要之大事。为东亚而欢欣鼓舞。过去多次就东亚问题交换意见,余确信此次阁下定能将一向抱负付诸实现。"宇垣回电表示:"日华两国陷入如此不幸之形势,实令人遗憾。余昔日谈及之想法意见,今后定当竭尽最大的努力予以实现。"① 宇垣并询问张群能否出面会谈,但后来又顾虑张群的亲日名声可能会把事情弄糟,遂又建议改请行政院院长孔祥熙出面。中国方面对此表示同意。为安排此事,日本驻香港总领事中村丰一和孔祥熙的私人代表乔辅三奉命先期在香港举行会谈。

乔辅三与中村的谈判,从6月下旬一直持续到9月初。在谈判中,中方询问日本是否坚持以蒋介石下野作为和谈的条件。日方代表就此转询外务省。宇垣亲自起草复函。他对有关官员表示:"最后的态度,是不以蒋介石下野为条件的,但鉴于日本国内的反蒋感情,不宜在开始就露出底牌。"他在复函中写道:"日本国内对蒋氏反感相当强烈,是否以其下野为条件,目前不遽为决定,留待日后商量;至其他各点,则希与乔氏进行会谈。"②

关于和平条件,日方仍坚持1937年12月广田通过陶德曼所提出的第二次条件,即:(1)承认"满洲"的独立;(2)华北、"蒙疆"作为特殊地带;(3)偿付赔款;(4)双方进行经济合作,共同开发资源;(5)日本在某些地区驻扎军队;(6)中国接受日本顾问或其他指导者。③

其时,日军已经展开了对武汉方向的作战行动,中国方面对立时停战有所期待。乔辅三表示,孔祥熙等人衷心希望和平,"特别希望马上中止战争行动"或"希望两军在协定成立时就地停战"。乔辅三并保证,中国方面将不会利用此种停战来加强其战斗力,例如,它将会停止军用品的输送和购买,停止在日本占领区的游击队的活动。乔表示希望能在汉口沦陷之前达成协议,"如果汉口沦陷,讲和就困难了"。④ 中方的这一要求未为日方所接受。

---

① 《宇垣日记》第2卷,第1245页。本节采用郑基先生译文,见《档案与历史》1989年第4期。
② 〔日〕古屋奎二:《蒋总统秘录》第11分册,台北,中央日报社译印,1977,第178页。
③ 《宇垣日记》第2卷,第1216—1217页。
④ 寿充一编《孔祥熙其人其事》,中国文史出版社,1987,第135页。

谈判中，中方还提出了日本扶植傀儡政权的问题，指出日本扶植"华北临时政府"和"华中维新政府"是不明智的行为，"这两个政府都没有真正的群众的支持，只是受日本的援助，维持占领区的局部治安而已。这两个政府实力怎样，日本最了解"。① 其意在表明要解决中国问题，扶植任何傀儡政权都无济于事，唯一的办法是与重庆政府打交道。

双方在赔款、承认"满洲国"和华北特殊化问题上都进行了讨论。尽管中方愿意做出重大让步，但日本索价过高，双方仍无法达成协议。如关于赔款问题，中方表示"由于中国长期陷入战争，国家疲惫不堪，没有支付能力，希望将这一问题除外"。② 但中村表示，中国方面把其保管的日人财产等破坏或沉入水中，日方要求赔偿乃理所当然。因此，赔款的日期及条件可以另行商议，但赔款这一原则必须承认。

关于"满洲国"问题，中方表示它实际上已默认了"满洲国"，尊重那里事实上存在的局面。但鉴于这在中国国内是一个很难处理的问题，希望日本取消要中国公开承认"满洲国"这一条，中国将以签订"日满华三国条约"而予以间接承认。但日方连这样的要求也不肯接受。

为了推动谈判的进展，双方商定由孔祥熙与宇垣直接面谈。日方提出台湾或长崎为会晤地点。孔祥熙表示同意，为避免乘客轮时碰上记者，孔希望日本派军舰来接他。日外务省与海军省联系后，同意了这一要求。

中日之间还存在着一条通过所谓民间人士进行的非官方渠道，其主要人物如萱野长知、小川平吉等，他们既与日本政府有直接联系，又因早年赞助过孙中山领导的中国革命而与中国方面保持着一定的联系。③ 1938年初，萱野长知的助手松本藏治在上海与孔祥熙的亲信贾存德接上关系。1938年5月，萱野托贾存德带信给孔祥熙，声称中日交战犹如"萁豆相煎"，如果孔祥熙出面解决"阋墙之争""化干戈为玉帛"的话，他愿意为之斡旋奔走。

孔祥熙复函致谢，声称如果萱野能以百年利益说动日本当局早悟犯华

---

① 寿充一编《孔祥熙其人其事》，第134页。
② 《宇垣日记》第2卷，第1427页。
③ 萱野长知、小川平吉都曾是孙中山的友人。萱野加入过同盟会，曾任孙中山的副官长。小川在武昌起义时参与发起组织友邻会，援助中国革命，后曾任日本政府司法大臣、铁道大臣等职。

之非，他将呼应共襄此举。孔祥熙还开列了中方的和平条件：（1）中日双方立即同时停战；（2）日本尊重中国主权，声明撤兵；（3）中国原则上同意日方解决满蒙的要求，具体问题待商谈。这一条件显然具有牺牲中国对东北和蒙古地区的主权来谋取妥协的倾向。孔祥熙非常害怕这一秘密接触为外界所得知，他曾警告贾存德说："你回去以后和这些人来往要特别谨慎，若不小心，一旦泄露秘密，我不但要否认，还要通缉你。"①

6月9日，萱野长知回日本向小川平吉汇报了此事，并先后会见了宇垣外相和近卫首相，进行磋商。6月中旬，萱野返回上海。7月上旬，贾存德与萱野转移至香港继续谈判。

后来，孔祥熙的另一亲信马伯援也加入了这一谈判。9月上旬，马伯援与萱野在香港进行会谈。中方提出，希望首先由日本天皇下诏，声明停战和撤军，恢复1937年7月7日之前的原状，然后再商定孔祥熙与日本外相宇垣的会面地点和日期，解决中日纠纷，但日方对此反应冷淡。

无论是乔辅三－中村会谈，还是贾存德－萱野会谈，它们都面临着一个难以逾越的障碍。这时日本并未彻底放弃"不以国民政府为对手"的方针，它仍以国民政府的改组，主要是蒋介石的下台作为议和的先决条件。这是以蒋介石为首的国民政府万难接受的。就连中村丰一后来也认识到这是对中国现实缺乏了解的想法。他对宇垣说，蒋介石在中国人心目中已是唯一的民族英雄，如果不和蒋介石交涉而想解决中国问题，实在是太不认识现实了。萱野也致电小川说："中国国内形势不允许蒋下野，蒋本人希望及早结束战争，但周围的状况决不允许如此，担心引起混乱，以后无法收拾。"②

孔祥熙深知蒋介石绝不会答应让其下台的先决条件，因此，他致电萱野，希望日方放宽条件，表示如果辞职对于缓和日本人的情绪是必要的话，他作为政府领导人愿意承担责任，以他辞去行政院院长一职代替蒋介石下野。

除了孔祥熙所控制的这两条渠道外，还有一条由军政部部长何应钦所掌握的渠道。1938年8月，何应钦的顾问雷嗣尚去港活动。雷嗣尚通过其

---

① 《文史资料选辑》第29辑，第68—70页。
② 杨天石：《抗日战争前期日本"民间人士"和蒋介石集团的秘密谈判》，《历史研究》1990年第1期。

结拜兄弟萧振瀛的关系，第二天便与日人和知鹰二接上了联系。和知系日本政府派遣，专门从事对华诱降工作的。他当场表示愿意做和谈的沟通工作。后雷、萧先后飞回武汉，将和知之意向蒋、何做了报告。据称，蒋介石亲拟一谈判原则，交萧振瀛带回。据抄录人后来回忆，蒋所拟定的条件内容大致是：

  1. 双方军队同时下令停止冲突；

  2. 在华日军分期撤退，约一年为限，全部撤尽，恢复七七事变以前的状况；

  3. 日本承认中国领土主权的完整；

  4. 中日合作，共同防共；

  5. 满蒙地区，全部交还中国；

  6. 双方对战时所受一切损失，互不赔偿。[①]

但据另一知情人回忆，萧振瀛曾对他说过，蒋介石"面授机宜"的条件是：只要日本退出华中、华南，华北恢复七七事变以前状况，并无要求归还东北等条件。[②] 蒋介石在日记中的记载是："对和知应拒绝"。[③] 实际情况究竟如何，尚待考证。但蒋介石对此知情这一点是没有疑义的。

萧振瀛携带着据称是蒋介石开列的条件再次赴港与和知接洽。和知答应将此条件转达日本当局。几天后，和知对萧振瀛说，日本政府正在考虑此原则条件，一旦考虑成熟，双方应派全权代表进行会商，并称希望将由近卫和何应钦在福州进行会谈。此后，因蒋、何迁往重庆办公及送交报告者飞机失事，联系一度中断。而日军侵入武汉后，对和议亦不热心，此项接触遂不了了之。

这时，围绕着与中国的谈判，日本决策集团内部也正在进行政策争论，强硬派坚持把蒋介石下野作为不可更改的条件，而这实际上意味着不可能与中国现政权进行任何谈判；另一部分人则主张暂且避开蒋介石下野这一棘手问题。参谋本部战争指导班在8月18日的一份计划中指出，日本

---

  ① 《文史资料选辑》第1辑，第65—66页。
  ② 《文史资料选辑》第1辑，第86页。
  ③ 《蒋介石日记》，1938年8月26日。

应该把握战争的真正目的,没有必要拘泥于蒋介石下野这样的具体问题从而使自己蒙受不利。从对苏战略考虑,他们认为,如果战争继续下去,日本就需要准备至少再打10年。这与经营伪满洲国比较起来,每年需要付出10倍的努力。在此期间,将至少会发生日苏之战。这样,中国的反日分子就会奋起行动。而且,"第三国正坐待我之消耗,难道我们竟能甘中其计吗?"他们认为这是日本的"自取灭亡之兆"。他们要求日本从兴百万之师而结果只在于惩罚蒋介石一人的迷误中走出来,"暂时主动地对蒋介石的下野持以宽容态度",以求一举解决中国事变。①

外交大臣宇垣是主张变更"不以国民政府为对手"的方针的。他之所以坚持蒋介石下野,只是一种策略,以此作为一种讨价还价的筹码。他准备以在这个问题上的让步来换取中方在赔款和承认伪满洲国问题上的让步。9月上旬,日方稍做让步,放弃以蒋介石下野作为和谈先决条件的要求,同意蒋在"收拾时局"实现和平后下野,但须事先做出保证。孔祥熙则表示要蒋介石在事先做出保证,或用密约规定蒋在和平后下台是困难的。他保证事后中国将自动实行。于是,宇垣准备安排一次与孔祥熙等人的会晤。

然而,强硬派的势力远比宇垣等人强大得多。当时,徐州会战刚刚结束,日本军队正积极准备进攻武汉。在日本上层,尤其是在军界,"讨伐中国论"广泛流行,寄强烈期望于武力解决。日本内阁中支持宇垣意见的人只占少数。得到陆军在幕后支持的右翼团体喊出了"打倒宇垣"的口号。7月15日,日内阁核心会议决定了扶植新的中国中央政权的方略。此外,日本政府还决定设立"对华院"作为统一指导对华方针的中央机关,日本陆军试图通过这一机构掌握对华政策的决定权。宇垣认为这有损于外务省的外交大权,实际是要"抽掉外交系统的中枢",② 表示坚决反对。9月29日,宇垣提出辞呈,计划中的孔祥熙-宇垣会谈也随之告吹。

第二节 蒋汪分道扬镳

在中国政府中,除了以蒋介石为代表的待价而谈的主流派外,还存在

---

① 〔日〕堀场一雄:《日本对华战争指导史》,第170—172页。
② 〔日〕信夫清三郎主编《日本外交史》下册,第630页。

着一个不计代价与日本妥协的派别,这就是以汪精卫为代表的主和派。汪精卫集团与日本的最初接触始于蒋介石所控制的对日活动,后来成为其汉奸集团成员的外交部亚洲司司长高宗武和该司第一科科长董道宁与日本的接触在最初阶段是得到蒋介石许可的。然而,蒋介石虽然也希望妥协,但他所同意做出的让步是有一定限度的。他担心过于屈辱的条件可能会引起国内局势的剧变,造成政府垮台。而汪精卫等人对抗战的前途完全悲观失望,再加上强烈的权力欲和日本的诱降,便走上了一条与蒋介石分道扬镳的道路。

1938年2月,经蒋介石特批,高宗武以收集日本情报为名去香港活动,实则企图与日本有关方面建立联系。3月中旬,高宗武在上海与于1月赴日的董道宁会面。董在日本期间曾会见日本参谋本部次长多田骏、参谋本部谋略课课长影佐祯昭等人,了解到日方虽然发表了近卫声明,但"因为预感到事变似有意外延长的情况",还是"确实希望从速实现对华和平的"。① 董道宁从日本返回时还带回了影佐祯昭给昔日日本士官学校的老同学张群和何应钦的信。3月底,高、董二人同回武汉,将此信呈交蒋介石。

影佐的信虽空洞,但它表明了日方仍有一些人主张与中国谈判的意向。对此,蒋介石也做出了不反对谈判的表示。他要高宗武再去香港,传话给日方:"我们并不反对和平",但日方要求先反共再和平,是不可能办到的,"只要停战,我们自然会反共的"。② 4月16日,高宗武再抵香港,与日方的联系人西义显会面,转达了蒋介石提出的谈判基础。其主要内容为:东北与内蒙古的地位可留待他日协议;河北与察哈尔须绝对交还中国;长城以南中国领土主权之确立与行政完整,日本须予尊重。蒋并提出应先行停战,然后以上述条件为基础,进入和平细目的交涉。

高宗武一再声称,该提案系蒋介石亲口所述。西义显尽管并不完全确信这完全出之于蒋的想法,但他认为具有一定的真实性。他赶回东京向多田骏等人报告了高宗武的提案。但是,由于日军这时在中国战场上新败于台儿庄,正忙于为雪耻而调兵遣将。日本参谋本部将作战部部长、中国课

---

① 《今井武夫回忆录》,第69—70页。
② 黄美真、张云:《汪精卫集团叛国投敌记》,湖南人民出版社,1987,第54—58页。

课长等人抽调出来组成前指班，派往中国。由于日本正倾其全力于徐州战役，他们对高宗武转述的条件没有做出什么反应。

5月底，高宗武返回汉口报告后，蒋介石不打算让高再去香港活动，而让他留在汉口。但周佛海积极鼓动高宗武前往东京。6月14日，高宗武在与西义显会谈后，产生了依靠所谓"第三势力"的构想。双方达成的备忘录称："鉴于日华两国内部事情，为仲介和平，计划第三势力之结合"，这个第三势力"对于互相交战之日华两势力须保持公正妥当之立场"。① 显然，高宗武走上了撇开蒋介石而另择他人的道路。

高宗武于7月5日抵达日本。高在日本期间，与日本陆军大臣板垣、参谋次长多田骏等进行了会谈。日方坚持要求蒋介石下野，并表示了希望由汪精卫出马解决中日战争的意向。高宗武感到"日本现在不承认蒋政权，为了造成中日之间的和平，也许必须找蒋介石以外的人。而且不管怎样，除汪精卫之外，就不容易找到别人……为此，不如从政府外部掀起国民运动，由此造成蒋听从和平论的时机。这样较为适当"。② 于是，高宗武在东京活动时竟自称他代表汪精卫等27名中央委员，希望迫使蒋介石暂时下野，以解决中日和平问题。

7月中下旬，日本五相会议连续开会，陆续做出了倒蒋立伪的一系列决定。7月12日，五相会议通过了《适应时局的对中国的谋略》，确定了"使敌人丧失作战能力，并推翻中国现中央政府，使蒋介石垮台"的方针，决定"起用中国第一流人物，削弱中国现中央政府和中国民众的抗战意识，同时酝酿建立巩固的新兴政权的趋势"。③

7月15日，日本五相会议决定，如在攻克汉口之后，蒋介石政府仍没有分裂或改组，则以现有的华北和华中的傀儡政权组成新的"中央政府"，如蒋政府分裂或改组而出现新的亲日政权，则将其作为"中央政府"的组成部分，进而成立"中央政府"。④

7月19—22日，五相会议讨论决定了《从内部指导中国政权的大纲》，

---

① 黄美真、张云：《汪精卫集团叛国投敌记》，第62页。
② 黄美真、张云：《汪精卫集团叛国投敌记》，第254页。
③ 复旦大学历史系编译《日本帝国主义对外侵略史料选编（1931—1945）》，上海人民出版社，1975，第269页。
④ 〔日〕堀场一雄：《日本对华战争指导史》，第155—156页。

提出"从内部对中国政权进行指导"的方针,为此,在军事方面将"促使中国军队投降,加以笼络,使其归顺,并发挥其反蒋反共意识,支持新政权",在政治外交方面,考虑组建"联合委员会或新中央政府",在此之下"在华北、华中蒙疆等各地,各自组织适应其特殊性的地方政权,给予广泛的自治权,进行分治合作"。①

高宗武的日本之行,开辟了另起炉灶进行"和平运动"的道路。后高宗武旧病复发,遂由梅思平继续其余日本密谈的任务。从8月29日到9月4日,梅思平与松本重治在香港进行了5次会谈。汪精卫本人此时也许并不知道此事,但梅思平在谈判中已明确表示和平运动将以汪精卫为中心,在汪精卫的旗帜下进行,并初步确定了汪精卫出马的条件和行动方案。10月22日,梅思平返回重庆,向周佛海、汪精卫等人汇报了会谈情况。汪精卫等人经多次会商,终于下定了分裂投日的决心。汪精卫并明确指定高宗武和梅思平为其全权代表,与日本代表进行会谈。

10月下旬,日军先后攻克中国重镇广州和武汉,这对日本决心在中国扶植起一个新的全国性的傀儡政权起了推动作用。其时,日本决策层中弥漫着一种狂热而过于乐观的情绪。日军方对局势做了极为乐观的判断,认为:"在已丧失中原逃往内地,以及失去主要水陆交通线、丰富资源和大半人口的情况下,蒋介石政权已沦为地方政权","从战略角度可以认为帝国已经粉碎了抗日的中国政权"。因此,今后的重要任务是"为即将诞生的新中国中央政权创造良好条件"。② 日本政府11月3日发表的声明也反映了这种情绪。该声明声称:"帝国陆、海军已攻克广州、武汉三镇,平定了中国重要地区,国民政府已退为地方政权。"这一声明公开修正了第一次近卫声明"不以国民政府为对手"的方针,提出"即便是国民政府,只要放弃以往的政策,更换人事组织,取得新生的成果,参加新秩序的建设,我方并不拒之门外"。③ 这一声明并非空穴来风,而是实有所指。这时,在暗地里,日汪之间的谈判正进入最后关头。

11月上旬,汪精卫集团的代表高宗武和梅思平与日方代表影佐祯昭大佐、今井武夫中佐在上海重光堂举行了秘密会谈,结果在11月20日达成了

---

① 《日本帝国主义对外侵略史料选编(1931—1945)》,第207—210页。
② 防衛庁防衛研修所戦史室編『大本營陸軍部』第1卷、朝雲新聞社、1967、573頁。
③ 『日本外交年表並主要文書:1840—1945』下冊、401頁。

损害中国主权的《日华协议记录》,史称"重光堂密约"。其主要内容如下:

  第一条 日华缔结防共协定。
  其内容准照日德意防共协定,相互保持协作。为了防共,承认日本军队驻扎中国,内蒙地区作为防共特殊区域。
  第二条 中国承认满洲国。
  第三条 中国承认日本人在中国本土有居住营业的自由,日本允许撤销在华的治外法权,并考虑归还日本在华租界。
  第四条 在平等互惠的原则基础上,日华经济提携,承认日本的优先权,以达到密切的经济合作。特别在开发利用华北资源方面,予日本以特殊的方便。
  第五条 为了这次事变,中国方面应补偿日本在华侨民的损失,但日本不要求赔偿战费。①

  双方还达成了未正式签字的"日华秘密协议",规定双方各自实施亲日、亲华的教育及政策;缔结针对苏联的军事同盟条约,日本在内蒙古及其他必要地区驻军,在战时实行共同作战。
  就这样,日本从汪精卫集团那里得到了蒋介石政权所不愿完全给予的东西。因此,日本决定扶植汪精卫集团,以汪取蒋而代之。会谈结束后,日本代表回东京报告会谈结果,很快便得到了日本最高当局的批准。他们还商定将以"日华协议记录"的内容作为近卫第三次对华声明主要内容予以发表。
  实际上,这时重光堂密约已经不能满足日本人的胃口。军事胜利的刺激,使得日本的掠夺欲望在不断地膨胀。11月30日,日本御前会议通过了《调整日华新关系的方针》,其侵害中国主权的范围和程度都大大超过了重光堂密约。这表明重光堂会谈时,日方并没有亮出真正的底牌,其原因自是担心全盘端出可能会吓得尚未正式离开抗战阵营的汪精卫等人打退堂鼓,因此日本采取了逐步诱汪上钩的策略。《调整日华新关系的方针》分基本事项和附件两部分。其基本事项有:(1)"制定善邻友好、防共、

---

 ① 《日本帝国主义对外侵略史料选编(1931—1945)》,第290—291页。

共同防卫和经济合作的原则"。(2)"在华北和蒙疆划定国防上、经济上的日华紧密结合地区。在蒙疆地方……应取得军事上、政治上的特殊地位。"(3)"在长江下游地带,划定日华在经济上的紧密结合地区。"(4)"在华南沿海的特定岛屿上取得特殊地位。"

附件部分则开列了具体的要求,内有:"中国承认满洲帝国";"新中国的政权形式应根据分治合作原则加以策划,蒙疆规定为高度防共自治区域",上海、青岛、厦门为特别行政区;"日本对新中央政府派遣少数顾问",在紧密结合地区或其他特定地区,在必要的机关内配备顾问;"日华共同实行防共,为此,日本应在华北和蒙疆的主要地区驻扎必要的军队";"缔结日华防共军事同盟";"在华北和南京、上海、杭州三角地带的日本军队,在治安确立以前,应继续驻扎","在长江沿岸的特定地点、华南沿海的特定岛屿及与此有关的地点,应驻扎若干舰艇部队,在长江和中国沿海,应拥有舰艇航行停泊的自由";"中国对于上述日本为协助治安而驻扎的军队,负有在财政上进行协助的义务";"日本对于驻兵地区内的铁路、航空、通讯以及主要港口、水路,应一概保留军事上要求权和监督权","日本对中国军队和警察建设,以派遣顾问、供给武器等办法予以协助";对于华北、蒙疆地区资源的开发利用,提供特殊便利,在其他地区,对于特定资源的开发,提供必要的便利;"采用妥当的关税制度和海关制度";合作建设新上海。在附列项目中,日本要求中国应赔偿事变爆发以来日本国民在中国所受的权利和利益上的损失。①

汪精卫等人此时尚不知道日本的真正要价。他们在暗中进行秘密活动的同时,在政府中、在社会上也公开主张和谈,大肆散布和谈言论,尤其是在中国军队退出武汉前后,主和之声一时颇盛。10月21日,汪精卫在对路透社记者发表谈话时公开声称:"如日本提出议和条件,不妨害中国国家之生存,吾人可接受之,为讨论之基础。""目前战事,非吾人所发动,吾人愿随时和平,不过须有不妨碍中国独立条件耳。""就中国而言,吾人未尝关闭调停之门户,在比京九国公约会议时,吾人未尝拒不接受调停。去年德国政府斡旋时,吾人亦未尝拒绝之。即在最近,国联讨论适用

---

① 《日本帝国主义对外侵略史料选编(1931—1945)》,第281—284页。

盟约十七条时，吾人曾有准备结束战争之表示。"① 在汪精卫集团所控制的报刊上，鼓吹"和平"的文章一时也纷纷出笼。经济部部长翁文灏在致驻美大使胡适的电报中曾通报说，目前"社会上望和人多，故某要员（指汪精卫）推动颇力"。②

然而，汪精卫等主和派未能在国民政府中占据主导地位，它既不占多数，又不拥有军政实权。汪精卫的主和活动只是进一步加深了蒋汪之间的裂痕，为了战和问题，蒋汪之间曾爆发了一场激烈的争吵。在既无法说服蒋介石又无法取代蒋介石的情况下，汪精卫最终走上了出走叛逃，另组政府的道路。

12月19日，汪精卫、周佛海经昆明出逃到河内。按照预先的计划，日本在得知汪出走的准确消息后，于12月22日发表政府声明，即第三次近卫声明。声明表示日本"愿和中国同感忧虑，具有卓识的认识合作，为建设东亚新秩序而迈进"。为此，日本政府在声明中提出了"同新生的中国调整关系的总方针"，重申中日之间所谓善邻友好、共同防共、经济提携三原则，并扼要地阐述了这三原则的要点。所谓善邻友好，是要求中国"放弃抗日的愚蠢举动和对满洲国的成见"，"进而同满洲国建立完全正常的外交关系"；所谓共同防共，则要求"在特定的地点驻扎日军进行防共，并以内蒙地方为特殊防共地区"；所谓经济合作，乃要求"中国承认帝国臣民在中国内地有居住营业的自由"，"特别在华北和内蒙地区在资源的开发利用上积极向日本提供便利"。③

近卫声明理所当然地遭到了中国政府的驳斥。12月26日，蒋介石发表声明，对近卫声明进行了详尽的分析和批驳，指出："敌人欲以共同防共的名义，来控制我们的军事，以经济集团的工具，来消灭我们的资源，更以'东亚协同体'的工具，来控制我们的政治文化，以消灭我民族生存……敌人一再声言'日满华'三国建立政治、经济、文化不可分的关系，乃至互相连环的关系，换言之，就是要从政治、经济、文化各方面消灭中国民族性的独立存在，从政治、经济、文化各方面支配东亚。"也许是有意针对某些人意欲妥协的念头，蒋介石明确指出："事势已经明白显

---

① 《申报》1938年10月22日。
② 《蒋中正与近代中国学术讨论集》，第510—111页。
③ 《日本帝国主义对外侵略史料选编（1931—1945）》，第287页。

露到这个地步，如果我们还要想在虎颔之下，苟求余生，想以和平妥协的方法，求得独立平等的生存，那就无异于痴人说梦。精神一经屈服，就将万劫沉沦，锁链一经套上，万世不能解脱。"①

尽管已有蒋介石对近卫声明的痛斥发表在先，汪精卫还是按计划于12月29日发表了响应近卫声明的"艳电"。该电在对近卫三原则进行了赞赏性的评述后声称："兆铭经深思熟虑之后，以为国民政府应即以此为依据，与日本政府交换诚意，以期恢复和平。"②

然而，日本错误地高估了汪精卫集团所具有的势力和影响。他们曾相信，在汪精卫发表亲日声明后，云南、四川、广东等省的地方军队会陆续响应和支持汪精卫的行动，但"艳电"发表之后，其所获响应甚微。不仅日本方面原来估计将参加汪精卫"和平运动"的许多中央和地方军政要员未有任何起事迹象，就连原先汪派中的许多要人也未响应汪的声明，追随汪精卫者，实寥寥无几。近卫后来也不得不承认："此为余等观察之错误。"③ 可以说，汪精卫的出场亮相是完全失败的一幕。汪精卫集团既无实力，又无人望，汪之出逃不仅无助于日本解决中日战争问题，还给日后其与蒋介石集团之间的秘密接触增添了一道难题。

由于汪精卫出走河内，并未直接进入日本控制区，中日双方仍在对汪展开工作。此时日本正逢与汪打交道的近卫内阁倒台，日恐汪精卫产生疑虑而发生动摇，遂请汪系人员前往河内，向汪报告日本新内阁的政策，转交陆相坂垣的鼓励性文件。重庆方面仍然希望汪精卫能就此止步，除了各军政要员不断以私人身份函电相劝外，重庆政府还两度派遣原属汪派的中央委员谷正鼎去河内见汪。第一次系2月中旬，谷希望汪精卫打消原意返回重庆。但汪表示他与重庆当局对抗战政策问题已发生了不相容的歧见，不宜再在政府供职。他并不勉强重庆中枢迁就他的意见，也希望重庆今后不要勉强他的行止，如果中央坚持抗战，他将远走法国，待日后国家需要他时再回国效力，并希望中央能给予其出国护照。谷正鼎于3月中旬再返河内，带来了汪所需要的出国护照及重庆政府给予的旅费，但遭到汪的拒绝。

---

① "中华民国外交问题研究会"编《日本制造伪组织与国联的制裁侵略》（《中日外交史料丛编》第5编），台北，编者印行，1966，第497—507页。
② 《日本制造伪组织与国联的制裁侵略》，第494—495页。
③ 《中国近代对外关系史资料选辑（1840—1949）》下卷（2），第96页。

3月21日，刺汪案发生，重庆特工人员误杀汪的心腹曾仲鸣，汪侥幸身免。

汪派要人的回忆认为，汪本来决定赴法远游，只是由于刺汪案的发生才使其走上了自组政府的道路，此乃自我粉饰之说。1月下旬，汪精卫曾命高宗武从河内去香港，与有关人员商量今后的去向。2月1日，高返回河内，提出商讨的三种方案：仍与蒋介石妥协；协助王克敏、梁鸿志、吴佩孚等一班人统一中国；由汪出来收拾时局。汪精卫同意第三种方案，决意组织反共救国同盟会，编组12个师的兵力，在南京组建新的"国民政府"。2月下旬，高即携带《收拾时局之具体办法》赴日，与日方进行会谈。由此可以看出，汪之赴欧旅游只是烟幕而已，刺汪案的发生并不是促使汪改变主意的转折点，因为汪之投日早在联系之中，刺汪案充其量只是促进了这一进程。

汪精卫感到其安全受到威胁，且如长久孤居河内，也无法展开活动，遂决定离开河内。4月25日，在日方人员的接应下，汪精卫离开河内，住进了上海租界，日汪之间的接触也由此而进入了一个新的阶段。此前，为避免给人以日本傀儡的印象，汪精卫等曾设想在日军未占领地区建立政权，但是由于华南及西南各省的地方军队并未如汪精卫设想的那样来参加汪的"和平运动"，汪无法在日本占领区外立足，更谈不上组织脱离于日本和重庆的第三政权。进入上海后，汪便一心打算在日本的刺刀保护下建立自己的政府了。

出现这一局面，无论是在汪派人马还是在日本人中，都对建立汪政权一事产生了意见分歧。如高宗武就坚持应在日本占领区以外建立新政府，以免被人视为傀儡政府。高的这一主张未被大多数人接受，且造成关系疏远，这也是他日后脱离汪精卫集团的一个原因。在日本方面，则有一些人认为汪精卫缺乏基础和实力，难以成功，扶植它反而会有碍于与重庆方面的谈判。今井武夫就认为，如在日本占领区内的南京建立"国民政府"，"恐怕将会沦为所谓的傀儡政权，与过去的临时、维新两个政府毫无二致"。他担心汪本人将被中国民众视为卖国贼而遭唾弃，"重蹈北平临时政府王克敏和南京维新政府梁鸿志的覆辙"，这样，建立汪政权"究竟能否有助于解决事变，或者反而成为实现全面和平的障碍？都很难预料"。①

---

① 《今井武夫回忆录》，第103页。

其时，日本陷于战争泥潭，已意识到"单靠作战这一招，毕竟是找不到解决事变的途径的"。在茫然无绪之中，汪精卫的出逃给他们带来了一些希望，其心情正如今井所形容，"这即使不像在地狱里遇见佛那样，使人产生信任心，也像在渡口遇到渡船那样给人以安慰感"。① 尽管汪精卫仍不如其意，但日本又不想扔下这块鸡肋。事已至此，只好退而求其次，指望在汪建立政权后，再想办法促使重庆政府改变抗战政策。5月31日，汪精卫、周佛海一行赴日，与日本政府讨论建立新政权的问题。

1939年6月6日，日本五相会议决定了《中国新中央政府树立方针》。这一方针反映出日本既希望借汪精卫集团推动中央傀儡政权的建立，又觉得汪精卫集团实力有限难以依靠，仍然寄希望重庆转变的心情。方针规定："新中央政府"将由汪精卫、吴佩孚及重庆政府的觉悟分子组成，"新政府"的人员构成和成立时间应依据战争指导而定，尤其须具备必要的人的因素和基本实力，并决定如重庆政府放弃抗日容共政策，同意更动人事，同意根据《日华新关系调整国交方针》调整中日国交，可以容纳其加入"新政府"。

汪精卫在日本期间，遍访了日本政要及元老，与日方确定了建立新的"中央政府"的步骤。日方同意其使用"国民政府"名称，采用"还都"南京方式建立新政权，成立时间预订在1939年内。在得到日方将予以支持的保证后，汪于6月中旬离开日本回国，先后在华北和上海会见了"临时政府"首脑王克敏和"维新政府"首脑梁鸿志，开始了筹建伪政府的准备工作。

8月28日，汪精卫集团在上海召开了所谓的国民党第六次代表大会，宣布废除国民党的总裁制，推举汪精卫出任中央执行委员会主席。9月21日，汪精卫与南北两傀儡政权的首脑王克敏和梁鸿志举行了三方会谈，讨论建立"中央政府"问题。会议决定首先召开"中央政治会议"，在此基础上进行准备工作。"中央政治会议"的名额分配为，"国民党"占1/3，"临时政府"和"维新政府"合占1/3，伪蒙疆政权及其他无党派人士占1/3。

汪精卫在东京时，曾向日方提出过一份"关于尊重中国主权独立之希望"的文件，要求为避免国民怀疑日本干涉中国内政，"中央政府中不设政治顾问及其他类似顾问的任何名义"，"中央政府各院部中的纯粹行政部门以不聘日本人为职员为宜"，省及特别市亦不设政治顾问及其他类似顾

---

① 《今井武夫回忆录》，第104页。

问的任何名义,"县政府及普通市政府是与人民直接接触的行政机关,尤不宜以任何名义任用日本人为职员"。在军事方面,汪精卫提出,在"中央最高军事机关"内设立顾问委员会,由日、德、意三国专家组成,但"各部队中不得以任何名义聘任日、德、意军事专家,以免监视或束缚中国军队之嫌"。①

10月30日,日本兴亚院决定的《日本方面回答要旨》,实际上已全部拒绝了汪精卫的要求。日坚持不仅在科学技术、财政经济方面应聘日本专家为顾问,而且在所谓"日华强度结合地带"的省市政府还得聘用日本政治顾问和职员,县政府及普通市政府,在特定地域内遇有特殊事态时,也可聘日本职员。在军事上,日本连聘请德意军事顾问也不赞同,主张只设日本军事顾问,而"不应有第三国介入",在特定地区的特定军队中亦须聘用日本军事专家。②

11月1日,以影佐祯昭少将为首的"梅机关"人员与周佛海等就所谓调整国交问题开始谈判。日本兴亚院为谈判提出了一系列要纲、原则和谅解事项,其条件之苛刻,远远超过了在重光堂达成的《日华协议记录》。就连参加谈判的日方代表也认为太过分了,认为这个方案"露骨地暴露出帝国主义设想"。③汪精卫对日方的条件也感到非常吃惊,汪本人甚至曾有停止谈判迁居出国的想法。影佐知道这一情况后,立即回东京报告谈判情况,希望东京当局同意对所提条件做些松动。影佐认为:"与汪精卫签订秘密条约的目的在于对重庆政府和中国民众明示日本对中国的要求程度",要求越苛刻,就越使中国民众"怀疑"日本的"诚意"。④但日本当局并未接受影佐的意见,坚持要在原有条件下使谈判成功。

谈判的最后结果是汪精卫集团屈从了日本的要求。1939年12月30日,汪精卫终于在曾被他称为自己的"卖身契"的密约上签了字。通过这一密约,日本获得了几十年来梦寐以求的东西,如在军事上拥有防共军驻屯权,治安驻屯权;驻屯区内所有铁道、航空、通讯、主要港湾、水路的军事上要求权及监督权;日本军事顾问及教官在中国军队内的指导权;在

---

① 吴相湘:《第二次中日战争史》上册,第513页。
② 吴相湘:《第二次中日战争史》上册,第519页。
③ 《今井武夫回忆录》,第111页。
④ 《汪精卫集团叛国投敌记》,第268页。

经济上拥有全中国的航空支配权；开发利用国防特定资源的企业权；对于蒙疆经济的指导权和参与权；掌握华北铁道实权；华北无线电通讯权及华北政务委员会内指导经济行政权。

表面看来，日本似乎在谈判中获得了成功，获得了它所要获得的东西。但其实不然，因为沦陷区已处于日本全面控制之下，日本已经以武力掠取了以上这些权益，汪精卫两手空空，他所允诺的只是一张"空头支票"，而在实际上汪并不拥有开具这一支票的任何权力。说到底，日本要汪精卫签订这一条约，以把它的侵略成果合法化，只是自我安慰自欺欺人的一场闹剧而已。汪氏即已成傀儡，主仆条约又具有何种实际意义？对此，参与其事的日方代表倒是颇明其理。影佐曾感叹道："作为开展和平运动的招牌，有重大意义的秘密条约，实在消失了吸引力，没有味道，实在遗憾。"① 确实，这样做的结果只能使人们认清了日汪所谓"和平运动"的真面目。除了极少数死心塌地的汉奸之外，人们不会再对这一运动心存幻想。就连最初在汪精卫集团对日联系中扮演重要角色的高宗武、陶希圣等至此也深感失望，终于脱离汪精卫集团，并将日汪密约公之于世，从而将日本的阴谋完全暴露于全中国人民面前。

日汪密约签订后，汪精卫政权的组建便进入了紧锣密鼓的阶段。1940年1月，汪精卫与王克敏、梁鸿志再次举行会谈，商讨组建"中央政府"问题，决定了主要职位的分配和人选。3月20日，伪中央政治会议在南京召开。会议确定了汪氏政府的名称、"国旗"及各"部院"主要头目人选名单，决定仍僭用"国民政府"名称，以还都形式成立伪政府。"国府主席"仍由远在重庆的林森担任，由汪精卫代理。伪政府亦由五院组成，担任五院院长的分别是："行政院"院长汪精卫，"立法院"院长陈公博，"司法院"院长温宗尧，"监察院"院长梁鸿志，"考试院"院长王揖唐。就这样，南北的新老汉奸完成了合流分赃的最后程序。

3月30日，汪伪在南京举行了"国民政府还都"仪式，傀儡政权终于粉墨登场。根据日汪密约，汪伪政府内成立了"最高军事顾问部"和"最高经济顾问部"。这两个顾问部实际上掌握着汪伪政府的最高决策权。尤其是一手扶植了汪伪政权而担任最高军事顾问的影佐祯昭，形同"太上

---

① 《汪精卫集团叛国投敌记》，第268页。

皇",汪伪政府官员都须遵其意旨而行事。此外,汪伪政府各部也都分别由有关日本顾问对口控制着。

但是,日本并未立即给予汪伪政府以正式的外交承认,它要求把以前的日汪密约条款以政府间条约的形式正式签订,以使其具有公开的合法效力,外交承认则与签约同时实现。4月26日,日本前首相阿部信行率团到达南京,祝贺汪伪政府"还都",但其最主要任务是与汪伪政权协商签约。从7月5日至8月31日,日汪代表经过16次会议的讨论,终于以1939年日汪密约为蓝本,确定了所谓《中日基本关系条约》的最后文本。汪伪政权接受这一条约,是对中国主权和利益的空前出卖,根据这一条约,中国无疑将沦为日本的附属国。11月30日,日汪举行条约签订仪式。同日,发表《日满华共同宣言》,声明"三国"间互相承认。至此,汪精卫伪政权在其成立8个月后终于获得了日本的正式承认。

汪精卫伪政权的成立是战时中日关系中的一件大事。从表面上看,是日本对中国抗日阵营的分裂取得了成功。中国政府内第二号人物离开了抗日大本营,倡导"和平运动",并最终投入日本的怀抱,对中国的抗日力量确实起了削弱作用。然而,汪精卫最终成为傀儡,也就失去了他的意义和作用。尽管日本人与他订立了获取大量权益的条约,但其内心也明白,与汪精卫合作是无法解决中国问题的,真正的对手仍是在继续抗战的重庆政府。在组建汪伪政权的过程中,日本曾两次因与重庆的关系而暂停活动,便是明证。如1940年3月,日方因等待重庆政府对直接议和的答复,便推迟了原定"还都"典礼的举行日期。日本对汪伪的外交承认,在1940年8月底日汪就协定内容达成一致时,便已准备就绪,但因日本与重庆之间的"桐工作"及其后的"钱永铭路线",日本还在等待着重庆政府的变化,直到对重庆政府基本绝望后,才于11月30日承认了汪伪政权。可以说,这已非首选之策,不管日汪对此如何大肆粉饰宣扬,其实只是无可奈何的一步。

第三节 欧战爆发后的中日秘密接触

第三次近卫声明的发表后,中日间的秘密接触虽稍有减少,但并未停止。蒋介石对此并不断然拒绝,他逐渐明确了中方对此类谈判的底线。这在他的日记中有所记载。1939年1月,蒋这样列举了有关中日和平的三条原则:甲、领土行政主权之完整;乙、以九国公约与国联盟约保证之;丙、必先恢复七七以前原状为和平之先决条件。5月,蒋再提出和平前提三原则:甲、以九国公约为根据;乙、以英、美、法、苏共同调解下尤须以英美二国为保证,恢复和平;丙、必先恢复七七战前之原状后,再谈和平条件。① 两个三原则大同小异,基本条件是要恢复七七事变前状态,并要有国际保证。

1939年9月,欧洲战争爆发,这为中日间的接触提供了新的契机。无论是国际环境还是在中日内部,都由于这一突变而产生了新的变化,就国际环境而言,由于欧战爆发,欧美列强的主要注意力自然更加集中于欧洲。为了全力解决欧洲问题,有关大国重新萌发了调停中日战争、使远东暂趋安定的念头。

美国试图从东北问题着手做一解决中日问题的试探。9月8日,罗斯福在白宫约见胡适大使,提出了关于调停中日冲突的设想。罗斯福表示,近来日本方面颇盼其出面调停中日战争,"此事我时刻在怀,但时机甚难恰好"。罗斯福在谈到可能的解决条件时说,中国恐怕很难收回东北,前年美国曾与英国签订协定,由两国为了共同的利益而共管太平洋中的两三个小岛,中日有些地方可以用同样的办法来解决东北问题。② 罗斯福所说的小岛即太平洋中的堪塘岛、恩布德里岛。胡适对罗斯福把有3300万人口的东北与只有数十人的小岛做类比表示很惊讶。③ 此后,中美双方再未就这一建议进行任何讨论。显然,罗斯福的这一想法未能引起中国政府的兴趣,而美国方面也不想在这个问题上压迫中国做它所不愿做的让步。

处于战争中的英国政府担心德日重新接近或苏日间达成与其不利的妥协,因而希望尽快消除英日之间的分歧。他们认为,英日冲突的最直接原因是中日战争,如果中国与日本停战媾和,英日间的不和便可消除。因此,欧战初期,英国政府内不断有人提出促使中日和解的建议。外务次官

---

① 《蒋介石日记》,1939年1月9日,5月11日。
② 政治大学人文中心主编《民国二十八年之蒋介石先生》,台北,编者印行,2016,第506—507页。
③ 吴相湘:《胡适"但开风气不为师"》,吴相湘:《民国百人传》第1册,台北,传记文学出版社,1971,第184—185页。

巴特勒认为，努力促成中日两国通过谈判取得和解，是英国应该采取的上策。与此同时，外交大臣哈利法克斯先后会见中日驻英大使，试探双方对于和谈的态度，以便见机而行。但中日双方的反应并不积极。于是，英国又谋求与美国一起行动。1939年11、12月间，英国不断向美国国务院建议调停中日战争。然而，美国对此亦不热心，表示不能够也不愿意向中国政府施加任何压力，以迫使其同意签订使日本在中国享有特殊权益的和约，并希望英国不要对日本抱有幻想。

法国政府也卷入了企图调停的行列。1939年9月下旬，法国向中国提出由蒋介石和时已出逃的汪精卫协议合组中国联邦政府的建议。法国认为，在日本的紧逼之下，英法最终将要交出各自在中国的权利，但他们不愿把这些权利交给日本或由其扶植的傀儡政权。因此，法国希望重庆政府能与汪精卫合作建立一个代表整个中国的政府，以便英法将权利移交给它。法国认为，这个政府还能更有效地与日本进行谈判。对于这一建议，中国政府的反应十分激烈。顾维钧奉命告诉法国人："即便中国战败了，也不会接受这种荒谬的想法，这只不过是变相的投降。"[①]

其时，在中国政府内部及一部分社会名流中，也有不少人希望利用欧战爆发，民主国家与轴心国家冲突升级，美英可能与中国进一步靠拢这一有利时机，与日本进行结束战争的和平谈判。他们主张："应赶快设法变更方针，如能结束战争，即应及早结束战争；如能得到和平，即应早日实现和平。"他们认为目前的国际形势对日本不利，可以利用这一形势压迫日本让步，恢复和平。经济部部长翁文灏即持有这类想法，他在1939年11月11日给胡适的信中写道："在此欧洲吃紧之时，德国对于日本机械之供给，殆告断绝，日本进口之必要物品几全靠美国。美国自宜趁此机会立即停售，使日本供给告绝，则其人心自必大起恐慌……既受军事抗争，又受经济压迫，其时日本惧祸求和之心自必倍切。届时美国宜即召集太平洋国际会议，修订条约，恢复和平。日本必不敢有所异议。"[②]

1939年9月28日，外交部部长王宠惠对合众社记者发表谈话时声称，中国自开战以来从未拒绝和平，只要合乎"光荣和平的条件，中国无不乐

---

① 《顾维钧回忆录》第4分册，第76—78页。
② 梁锡华选注《胡适密藏书信选》上册，台北，风云时代出版公司，1990，第176页。

于接受，尤其希望爱好和平国家如美国能促成调停"。①

其时，中国政府向多方面伸出触角，寻求和平解决的机会，日本的盟友德国也成为中国活动的目标。10月上旬，中国驻德大使馆参赞丁某会见德国外交部第八政治司司长凯洛尔（Knoll），提出请德国出面调停的要求。丁认为现在中日之间可以缔造一个"保全面子"的和平，"如果中国主权能被充分尊重，中国即准备与日本维持真诚的友好。委员长完全不是反日本，他是被迫违反他的意愿而与日本作战，他欢迎任何合理的解决"。他并怂恿说："德国的调停，也会给德国带来将来在中国经济生活中的一个强有力的地位"，"会使德国保持对日本人和中国人两者的友谊"。他个人认为，和平建议如果来自德国，将比来自美国或俄国要好得多。

凯洛尔问，蒋介石对英国是否负有道义上的义务，如果在必要时，是否准备采取反英的立场？丁答称，中国对英国不受任何种类的约束，英日天津谈判很使蒋介石烦恼，可以确定地预言，他是准备与德日一起实行反英政策的。② 这一番话是否得到某些高层的授意虽不得而知，但有一点可以肯定，即便它是个人的看法，作为外交官的丁氏也不可能完全做无稽之谈，最起码这是丁氏对他所知晓的高层意愿的合理推测。

欧战爆发后，日本也决心抓住这一时机解决中国问题。鉴于武力征服的希望越来越渺茫，日本试图在"和平工作"中取得突破。因此，日本中国派遣军总司令部在确定1940年的中国事变处理方针时，把促进蒋汪合流作为它的一个重要目标，以此为中心把1940年划分为三个时期，在不同阶段实施不同策略。一是在3月以前，即在汪精卫政权成立之前，促成蒋汪"事前合流"，共组政权；二是若此目标未达成，则争取在汪政权成立后的半年中，争取蒋汪的"事后合流"；三是倘仍不成功，"便转入遂行持久作战的态势"。

在这一方针中，日本修正了以前一直坚持的以蒋介石下台为先决条件的立场，认为"蒋下野的问题并不是目的，而是一种权宜办法。处理此问题，属于绝密最高指导，有赖自发地导致其实现，事前避免公开地建议"。这就是说，在谈判中，日本将不再提出蒋介石下台的先决条件。③

---

① 韩信夫、姜克夫主编《中华民国史大事记》第8卷，中华书局，2011，第6122页。
② *Documents on German Foreign policy, 1918–1945*, series D, vol. 8, pp. 220–221.
③ 〔日〕堀场一雄：《日本对华战争指导史》，第346—348页。

这时，国民政府已经意识到，欧战的爆发从长远来看固然对中国有利，但就目前来说，由于英美注意力的西移，中国在东方的战争会处于更加孤立的境地。因此，国民政府也在寻求和谈机会，期望在可以接受的条件下与日本达成妥协。这样在欧战爆发后的一年中，中日之间的秘密接触达到了空前活跃的程度，其接触的路线、规模和深度都是前所未有，也为八年抗战中所仅见。在蒋介石1940年初所拟定的本年度大事表中，对日议和也被列入，并开列了议和的条件："对倭媾和时之要点。甲、倭侨必先撤退。乙、沿海岛屿先行交还。丙、北平山海关间驻兵撤退。丁、吴淞等地交还。戊、汉口租界先交还。壬、内河航行权取消。庚、冀察与东北运输联系与税关问题。"①

1940年，中日之间有多条线路进行秘密接触。其中，日本投入精力较多的即是被日本人称为"桐工作"的香港－澳门会谈。"桐工作"历来被认为是中日之间最为重要的一次秘密接触，与其他一些接触案例不同，"桐工作"中，双方并非停留在试探性的接触阶段，还进行了多轮的会谈，故历来为研究者所重视。然而，新近的研究表明，"桐工作"中出现的中方重要人物，皆为军统特务所扮，其使命为刺探日本和谈要价，并阻缓日本扶植成立及承认汪精卫政权。②尽管如此，这一延续了8个月之久的秘密接触，对于后人研究中日各自对于议和的底线及分歧，仍有重要意义。

1939年11月底，日本派遣参谋本部的铃木卓尔中佐出任日本驻香港武官，其真正使命是策划建立与重庆间的联络线。铃木选中了中国要人宋子文的弟弟、时任西南运输公司董事长的宋子良为交涉对象，通过香港大学教授张治平提出了会见宋子良的要求。开始时宋子良予以拒绝，但是12月下旬，"宋子良"主动要求见面。日方认为这反映了重庆政府的意向，铃木遂与"宋子良"取得联系。经过三次接触会谈后，铃木提出了由双方政府各派能够代表中央政策的私人名义的代表来香港举行会谈的建议。1940年2月，"宋子良"等声称回到重庆，向蒋介石等人报告了这一情况后，经最高国防会议研究，重庆政府同意派出代表与日方进行秘密会谈。"宋子良"等回港后，即向铃木表示："欲谈和平，须先撤销汪伪阻止，并

---

① 《蒋介石日记》，1940年1月，民国二十九年大事表。
② 参见杨天石《"桐工作"辨析——真真假假的日中特务战》，载氏著《找寻真实的蒋介石——蒋介石日记解读2》，华文出版社，2010，第90—127页。

应有进一步之具体表现。"铃木表示待他亲自去东京、南京交涉后再议此事。

1940年3月8—11日，中日代表在香港举行了4次会谈。会谈开始时，中方代表出示了最高国防会议秘书长张群的证明书，日方代表出示了陆军大臣畑俊六的证明书。重庆委任的正式代表是重庆行营参谋处副处长、陆军中将"陈超霖"、最高国防会议主任秘书"章友三"及"宋子良"。日方代表则是中国派遣军总司令部的今井武夫大佐及铃木卓尔。①

经过4天的谈判，在一些重庆政府看来不立时关系到其政权存废的非要害问题上，中方代表在附有但书的情况下同意做出让步。如在"中国为主，日本为从"，"资源开放，中国应处于主权地位"的前提下，中国同意加强中日经济合作，把华北和长江中下游地区作为中日经济合作的地区；在"不得干涉中国之内政"的前提下，中国同意聘请日本顾问；在给予日本人在中国的居住权和营业权的同时，要求日本考虑取消在中国的治外法权和租借地。②

然而，围绕着承认"满洲国"和日本在华驻军问题，中日双方的意见难以调和。日本要求重庆政府公开承认"满洲国"，但中方代表认为，如果公开承认，"会引起国际上的误会，政府会失掉国民的信任"，还会引起国民党内部抗战派的反对。因此，中方代表要求目前暂不讨论东北问题，中方将对已是既成事实的"满洲国"取默认态度，留待将来解决。中方代表甚至同意使"满洲国"成为中国和日本的保护国。应该说，这种实际承认东北分离出去的立场离公开承认也差不太远了。但日本方面不肯做任何让步，企图通过中国政府对"满洲国"的公开承认，确认"满洲国"的国家地位，使它对中国东北的侵略从此合法化。因此，日本把承认"满洲国"列为日方的"绝对要求"，不肯退却一步。

关于撤兵和驻军问题，日本以共同防共为借口，要求在内蒙古和华北等地继续驻军，企图保留其已得的侵略成果。这实际上是要把这些地区长久地置于日本的军事占领之下。对此，中方代表不肯退让。他们声称"中国正在努力剿共，所以防共问题可交给中国好了"。他们要求"日本帝国

---

① 所谓获重庆中央同意并授权，皆为虚言。中方代表皆为军统特务所扮，所示证书亦为伪造。
② 《今井武夫回忆录》，第139页。

应于和平妥协时将在华军队从速全部撤退,不得另有所借口延迟撤退"。在谈判中,中方代表曾表示可以考虑在部分地区延长日军的撤兵期限,但不同意使用"防共驻兵"一词,有关共同防共的军事秘密协定须待和平恢复后再做协商。但日方不同意毫无所得地放弃其已占领的阵地。①

香港会谈,中日之间未能达成协议。此后双方代表各自回去报告和请示。6月4日,双方在澳门开始举行第二轮会谈。日方代表出示了参谋总长闲院宫的委任状,中方代表出示了蒋介石的委任状。② 澳门会谈仍然未能就"满洲国"问题和撤军问题达成协议。6月6日,中方代表表示,这次中日双方的意见看来难以一致,今后的会谈可留待蒋介石的代表(预定为张群)到上海等地与汪精卫会谈,待有关汪的问题解决后,再由蒋介石与板垣直接会谈。于是,日方代表遂提出举行蒋介石、汪精卫、板垣三巨头会谈的建议。澳门会谈亦就此而结束。

中方代表于6月22日答复日方,中国政府原则上同意召开三人会议,但会谈须在中国军队控制的长沙地区举行。板垣和汪精卫对此表示同意,但日方同时提出,重庆政府须以书面保证出席三人会谈的日汪代表的安全。然而,中方以"绝对保密"为理由,不同意出具书面文件。

7月25日,中国方面向日方提出了被其视为没有谈判诚意的要求。中方要求日本取消第一次近卫声明,而且要日方保证严守这次会谈的秘密,并不再介入蒋汪合作问题。中国还要求日本把以上这些承诺写成书面文字交与中国政府。显然,日本难以接受这样的要求。此后,日方为了换取中方用书面文件保证日汪代表的安全,曾由近卫首相和板垣写私函给蒋介石。"宋子良"看到近卫和板垣的信函后,挑剔地说近卫亲笔信未确切否定不以国民政府为对手的第一次近卫声明,又指责近卫对板垣出席长沙会谈未予全面支持,只是抱旁观的态度。9月中旬,中方通知日方,在东北问题和驻兵问题未取得一致意见之前,长沙会谈暂行搁置。

这期间,日本的态度也发生了变化。7月,日本内阁改组,被称为战争狂人的东条英机接任陆军大臣。东条迷于武力,对和谈不感兴趣。当7月31日今井武夫到东京向他报告会谈情况时,他指责这是中国派遣军的越

---

① 《今井武夫回忆录》,第133、140页。
② 自然仍系伪造的证书。

权行为，要进行追究。到了9月2日，传来了德意日三国同盟的消息。中国派遣军司令部认为，此后重庆政府将估计到英美各国的援助势必由此而增加，因而必然逐渐远离议和问题，日华谈判暂无实现的希望。同时，陆相东条和参谋长杉山元也都严令中国派遣军停止和平谈判。于是，中国派遣军决定暂停"桐工作"，观望形势的变化。至此，前后历时8个月的"桐工作"无果而终。

尽管戴笠不时向蒋介石汇报一些有关日方活动及所提条件的情报，但蒋介石显然对军统特务冒充中方要员进行的"桐工作"的细节并不知情。迟至8月中旬，有关长沙会谈的情报才送达蒋介石那里。蒋介石在8月12日的日记中提到此事，颇觉此议好笑，"敌阀之愚，其求和既急，又欲以板垣亲到长沙会晤而以汪同来为饵，其儿戏滑稽，实太可怜，如何能不自杀耶"。此后两天的日记中，蒋又写道："敌阀又托胡鄂公、何世桢、张治平各人各别来求见通问，皆一概严拒，此时惟有持之以一也。""敌阀求和步调甚乱，无孔不入，其情报纷至叠来，令人不堪烦闷。"①

9月上旬，蒋介石从别的渠道得知了"桐工作"中伪造证书的情报。他在9月6日的日记中写道："下午研究汪探张治平捏造凭记事，是使我又多一意料不及之经验也。"②蒋介石把张治平当作汪精卫的密探，并对证书环节感到吃惊，显然军统并没有把"桐工作"的基本情况（包括中方出席人员这样的基本情况）如实上报。9月中旬，蒋又提及此事，认为日本是受了汪精卫所派之人的愚弄，"汪奸派张治平为从中破坏中倭和平之计，倭方竟受其愚以张为中央可靠之路线，用力八月，未得成效，最后结果发现其假造我中央函件与委状也"。③

在这一时期，除了"桐工作"外，中日之间的接触还有司徒雷登路线、王子惠路线和钱永铭路线等，但这些活动都还处于互探和谈条件的初级阶段，均未走到像"桐工作"那样由双方政府派遣正式代表坐下来谈判这一步。

所谓"司徒雷登工作"始于1940年2月。司徒雷登（J. L. Stuart）受华北日军司令多田骏委托，向重庆转达日方希望蒋介石政府改变抗日容共

---

① 《蒋介石日记》，1940年8月12、13、14日。
② 《蒋介石日记》，1940年9月6日。
③ 《蒋介石日记》，1940年9月15日。

政策、实行蒋汪合作的信息。对此,蒋介石一方面向司徒雷登表示,中国有决心打下去,中国希望得到外国的贷款,以解决目前的财政困难;一方面又提出,日本应以重庆政府为对手,中国需获得不受侵犯的保证,日军应从长城以南撤出,东北问题则留待和平恢复后再做处理,日方提出的防共和经济合作的内容应加以修正。4月初,司徒雷登返回上海,将蒋介石的这一态度转达给日方,同时向罗斯福总统做了报告,并建议美国政府向中国提供援助,以帮助解决其面临的财政困难。① 但此时,"桐工作"的香港会谈已经开始,为避免多头绪进行所造成的混乱,日方暂停了通过司徒雷登的这一临时路线。

"王子惠工作"的时间大致与"桐工作"同期。王子惠曾任伪维新政府实业部部长,后在贾存德的劝说下辞去伪职,从事中日间的秘密接触活动。王子惠在日本与闲院宫金子、畑俊六等进行接触,得知板垣亦有从速结束战争的想法,遂将这一信息通过贾存德转告了孔祥熙。孔要求王子惠尽快与板垣取得联系。1940年5月初,板垣会见王子惠,提出了5项议和条件:中日共同防共;中日经济合作;取消汪精卫政权;中日休战;日军撤兵。板垣并表示急切希望与孔祥熙会谈。5月26日,贾存德将该条件向孔祥熙做了汇报。孔认为这一条件并不苛刻,可以接受,便又报告了蒋介石。但此时,"桐工作"已经开始,"王子惠工作"遂暂时搁置。

7月底,王子惠派其代表蔡森到重庆。孔祥熙接见了蔡,并责成他与贾存德起草一份"和平运动工作报告"以呈送蒋介石。蔡森离开重庆时,孔祥熙嘱其转告王子惠,一定要拿到板垣的亲笔公文后,才能与板垣的代表进行谈判。经过一番筹划,8月下旬,王子惠作为孔祥熙的代表与板垣的代表岩奇清七在上海举行会谈,贾存德等亦参加了谈判。谈判中,贾发现王对日方让步太多,而拒绝在记录上签字,会谈遂不欢而散。

"钱永铭工作"则大致始于"桐工作"结束之后。钱系交通银行总经理,与蒋介石历史渊源颇深,时常居香港。钱与日方在8、9月间就已有所接触。"桐工作"中止后,日方于10月下旬派外务省参事田尻爱义赴港,会见了钱永铭的代表,提出了日方的条件。钱随即派人去重庆向蒋介石报告。蒋介石提出,如果日本确认这两个条件,即(1)无限期延期承认汪精

---

① *FRUS*, *1940*, vol. 4, pp. 315–316.

卫傀儡政权；（2）原则上承认在华日军全面撤兵，中国方面就同意与日方进行谈判。① 11月中旬，重庆政府派张季鸾赴港传书，通过钱永铭向日方转达了这一立场。

值得注意的是，11月上旬，重庆政府曾发布了一个措辞激烈的布告，宣布凡是谈论中日和平问题的中国人一律以汉奸看待。此刻，中国政府尽管仍在通过钱永铭向日方传递中方的谈判原则，但不能不说它对于和谈的态度已经发生了某种微妙的变化。从重庆政府能提出开始谈判的先决条件来看，似乎中方此时对"和平工作"的热情已有所降低，倒是日方显得更为急切些。11月24日，日本四相会议竟然决定先行允诺重庆政府所提的两项条件，要求重庆政府派代表到香港来会谈。

但"钱永铭工作"遭到了日本统治集团内另一部分人的反对。他们认为"钱永铭工作"是重庆方面阻碍日本承认汪精卫政权的谋略，而主张应及早承认已于该年3月成立的汪精卫政权。汪政权的首要人物周佛海根据获得的情报，"渝方暂无和意"，也希望日方勿中"重庆拖延之计"。② 很快，主张承认汪政权的意见便压倒了主张继续与重庆政府接触的意见。11月28日，日本大本营与政府联席会议决定，按预定计划于11月30日与汪精卫政权签订"基本条约"，同时宣布对汪精卫政权的外交承认。至此，"钱永铭工作"也告中止。

1940年是中日秘密接触最频繁的一年，有多种渠道在同时进行。其中，有些为蒋介石所遥控，有些蒋略有知情，还有很多蒋则根本不知情。蒋介石7月25日的日记，是他对这一问题最为详尽的讨论，有助于人们全面了解蒋对中日议和的想法。蒋介石认为，日本急欲求和，有7个方面的原因：甲、中倭战争不结束，无论德与意，皆不重视倭寇，美俄更可对其挟制，故其国际无活动运用余地；乙、国内经济政治皆不能整个改革；丙、民心与军心厌战；丁、人力缺乏益甚；戊、对美对俄之扩军，更无法应付，此为其最大原因与困难，己、中国原料无法掠取，庚、物力人力皆受我抗战消耗。蒋介石又分析，日本的求和可能包含着使中国内乱及丧失士气的阴谋：甲、停战后使我内部冲突与内乱；乙、使我士气颓丧，不敢

---

① 沈予：《论抗日战争时期日蒋的"和平交涉"》，《历史研究》1993年第2期，第119页。
② 蔡德金编注《周佛海日记》，中国社会科学出版社，1986，第414页。

再战；丙、乘我内乱，乘机反攻或乘机要挟，违反约言不撤兵。

因此，中国必须对与日媾和做一些基本准备，以应付各种不测。蒋列举了4个方面的举措：甲、重庆根据地固定，政府不迁回南京，仍驻重庆；乙、控置全国兵力之充足；丙、军队不即复员做积极整训；丁、先订定和平必要之条件。关于和平条件，蒋介石在此详细列举了12个方面：子、敌宣言放弃不平等条约和特权；丑、先交还汉口租界；寅、先撤退平津至山海关驻兵；卯、限期取消内河航行权；辰、限期取消津沪租界；巳、尊重海关自主，撤销海关洋员；午、先交还热河；未、琼州青岛与撤兵同时交还；申、如期撤兵以3个月撤完；酉、恢复经常外交；戌、重订互惠平等及互不侵犯条约；亥、解决东北问题。

关于和战对于中国的利害关系，蒋介石也有所讨论。蒋担心为害者有四：甲、内部与中共变乱乎；乙、军心与民心弛懈乎；丙、倭寇违约迁延时日乎；丁、倭寇乘隙复仇反攻。蒋认为有利者有六：子、倭受我此次抗战教训不敢再侵华；丑、倭对美俄军备竞争不遑侵华；寅、开放封锁我购入机器与利用外资；卯、我可休养生息，从事建设，重整国防；辰、我可专心统一，从事复兴，实现主义；巳、美国扩军案已通过实行，此后，倭必不能对华等安心侵略矣。①

1940年是中日秘密接触的高峰期。经历了这一高峰时期后，中日间的秘密接触显见减少。随着国际形势于中国越来越有利，中国失去了与日本谋求不可能是公正的和平的兴趣。1941年初，板垣曾通过司徒雷登提出了一个比日方以往所坚持的条件要大大后退了的谈判条件，表示日方以撤退山海关内日军、承认重庆政府、保证中国独立为条件，以早日结束中日战争，并希望美国出面调停或举行中日美三国会议来解决中日冲突。但此时蒋介石对日方提议谈判的态度已不同于以往，他声称，中日问题须俟世界战争总结束后解决。日本不能持久，最后胜利必属于中国。②

---

① 《蒋介石日记》，1940年7月25日。
② 沈予：《论抗日战争时期日蒋的"和平交涉"》，《历史研究》1993年第2期，第120页。

第七章
英美逐步走上援华制日道路

随着日本南进意图的日益显露及德意日三国同盟的订立,英美进一步加大援华力度。美国在1940年中先后与中国订立"滇锡借款"、"钨砂借款"协定,11月底又宣布向中国提供1亿美元的巨额借款。英国随之跟进,宣布向中国提供约为美国借款半数的英镑贷款。中英之间展开了有关军事合作的商讨。美国开始向中国提供租借物资援助,批准美国空军志愿队来华助战,并派出马格鲁德军事使团来华。中、美、英之间形成了比较密切的合作关系。为避免或推延美日战争的来临,美国在最后关头的美日谈判中曾试图做出一些妥协,但在中国和英国的强烈反对下,放弃了妥协意图,向日本提出了强硬对案。

第一节 争取英国借款与中英军事合作磋商

一 英国提供1000万英镑贷款

1940年9月,日军强行进驻印度支那北部,并与德意订立三国同盟,不惜与英美为敌的倾向日趋明显。德、意、日的接近从反面促进了英美与中国的接近,中国期望英美在援华方面有更积极的举措。10月中旬,中国驻英大使郭泰祺拜访英国外交大臣哈利法克斯,提出了增加借款要求。此时,中美之间订立了2500万美元的钨砂借款协定,郭泰祺希望英国"能继美助我,增加平衡基金借款,俾增强法币地位,防止膨胀"。哈利法克斯表示,借款事他需要与英国财长商量后才能回复。[①] 10月24日,哈利法

[①]《郭泰祺致外交部电》(1940年10月19日),秦孝仪主编《中华民国重要史料初编——对日抗战时期 第三编 战时外交》(2),第43页。

克斯答复郭泰祺，英国财长根据最近报告，认为已有平衡基金进展顺利，"目下似无增加必要"。①

日本南进意图的显露，使美国对华政策更趋积极。11月30日，美国宣布给予中国1亿美元巨额贷款的决定。中国以此努力推动英国对华贷款，并期待英国贷款额度能与美国贷款相当。在美国宣布这一贷款决定之前，中国便已向英方通报了中美之间正在商量大借款之事，郭泰祺在与哈利法克斯谈话时指出，英国财长从财政方面来看待借款，认为无增加必要，"但就政治立场言，则另一问题，须由外交当局主持"。郭泰祺强调援助中国抗战的重要性，因为中国的抗战"乃远东时局之一重要事，故助我即无异对日本妄动之保险"。蒋介石在郭泰祺的会谈报告上批示道："请力促英政府速予我以美国同数同样性质之借款，以坚我民众抗战与对英、美友好之信心为要。"②

蒋介石对英国应提供与美国贷款同等额度的对华贷款一事颇为坚持。12月6日，蒋介石致电宋子文，表示："对英借款至少要其凑足美金1亿元之数，请以此意告之，以美国今年借我总数已1.5亿美金，而英国如要助我，数量上至少要有1亿美金也。"③

12月9日，蒋介石在会见英国驻华大使卡尔时再次表示，美国在1940年中，对华借款总计1.5亿美元，"予虽不敢希望贵国一次贷我1.5亿美元，然仍希望贵国数额与美国最近贷我之1亿美元数额相等。此项平行行动，足以坚我抗战实力，固我民族自信"。蒋表示，美金1亿元相当于英金2000万镑。美国此次贷款1亿美元，5000万美元为币制借款，5000万美元为信用借款，"深盼英国亦援此例，以1000万英镑为币制借款，1000万英镑为信用借款，并盼两种借款同时发表，俾造成有利之心理反响"。卡尔则坦率地表示英美之间大有不同："敝国政府恐无力追随美国。盖美国为一世界最富强之国家，又未受战争之牵制，而敝国则饱受战事之摧残，援助贵国固为敝国所愿，惟因财政困难故，恐不能再多贡献。"卡尔认为1000万英镑的借款已尽最大努力。对此，蒋介石表示："惟总数如只

---

① 《郭泰祺致外交部电》（1940年10月25日），秦孝仪主编《中华民国重要史料初编——对日抗战时期 第三编 战时外交》（2），第218页。
② 《郭泰祺致蒋介石电》（1940年11月29日），秦孝仪主编《中华民国重要史料初编——对日抗战时期 第三编 战时外交》（2），第220—221页。
③ 《蒋介石致宋子文电》（1940年12月6日），秦孝仪主编《中华民国重要史料初编——对日抗战时期 第三编 战时外交》（2），第222页。

有 1000 万镑,务请不予发表。"卡尔解释说,英金 1000 万镑,即美金 5000 万元,已等于美国借款之半。"就今日敝国之处境言,世之论者,必将谓英国对中国之竭力,不亚于美国。倘敝国亦以美金 1 亿元贷华,则此行动已超过平行,盖富有之美国与受战争摧残之英国比,非可同日语也。"蒋介石仍坚持 2000 万英镑之数,他认为"惟 2000 万镑借款之宣布,在民众心理上实可生重大之影响"。①

12 月 10 日,蒋介石再电郭泰祺,称其听闻英国计划对华借款总数为 1000 万镑,"如果英政府以此与兄等相商时,只有此数,则请其暂勿发表。以此数于我中国民心对英国将失所望,且于我抗战之影响无益也"。"故中意此时英国借款如不发表则已,若发表时,至少名目上总数须 2000 万镑,以币制与信用二款各 1000 万镑,如此方能增强我人民对英国、对抗战之精神,而于我国乃为有所补益也。如英政府就商时,请以此意力争"。②

然而,此时财政并不宽裕的英国并未因蒋介石的坚持而改变计划。12 月 10 日,英国宣布了对华提供 1000 万英镑贷款的决定,其中 500 万镑为平准基金,500 万镑为出口信贷。英方公开决定之后,蒋介石自知再争无益,理智地表示了接受与感谢之意。12 月 12 日,蒋介石致电郭泰祺,表示:"英对我贷款既已由其国会正式提出通过,恐一时不易增加数目或全数改为平衡基金,则不必过求勉强,以为将来继续商谈之余地,并请先代中表示感谢之意。"次日,蒋介石在致宋子文电中指示说:"英借款既在其议会正式公布,则我方不必再争,免伤感情,并表代谢之意。"③

二 中英军事合作磋商

英国决定滇缅路重开之后,其对华政策转趋积极。1940 年 10 月 14 日,英国大使卡尔在与蒋介石会谈时表示:"英国国策今已改变,目前形势已使讨论中英两国合作问题定可得有效之结果。"卡尔主动提出,英国

---

① 《蒋介石、卡尔谈话记录》(1940 年 12 月 9 日),秦孝仪主编《中华民国重要史料初编——对日抗战时期 第三编 战时外交》(2),第 226—228 页。
② 《蒋介石致郭泰祺电》(1940 年 12 月 10 日),秦孝仪主编《中华民国重要史料初编——对日抗战时期 第三编 战时外交》(2),第 231—232 页。
③ 《蒋介石致郭泰祺电》(1940 年 12 月 12 日)、《蒋介石致宋子文电》(1940 年 12 月 13 日),秦孝仪主编《中华民国重要史料初编——对日抗战时期 第三编 战时外交》(2),第 237、238 页。

方面可派重要军官来华与中方讨论军事合作问题。他以个人看法建议中国向英国提出提供武器弹药和飞机等军事装备的要求,即使英国不能提供飞机,也可以转商美国供给。中国还可以要求英国对华贷款 100 万英镑。作为回报,中国可以考虑派遣壮丁三四十万人协助英国作战,或在日本进攻马来亚及新加坡时,以大军攻击广州地区,牵制日军南下。中国这一军事行动所消耗的军火,英美可以给予补充。①

于是,与英美的军事合作问题再次提上议事日程。10 月底,中方提出建立中英美三国军事同盟的建议,但英方认为此举困难重重,"其最巨者,为美国深恶痛嫉军事同盟,由来已久"。② 中方当然明了美国参加这种同盟的困难,遂搁下不提,另行考虑三国合作方案。

11 月 9 日,中方提出《中美英三国合作方案》,将合作分为三步骤:一是三国发表共同宣言,宣布以下三原则为其共同立场,即坚持《九国公约》"门户开放"与维护中国主权领土完整之原则,反对日本建设"东亚新秩序"或"大东亚新秩序",认定中国之独立自由为远东和平基础,亦即太平洋整个秩序建立之基础;二是英美两国共同宣言,声明以上述三原则为共同立场,两国当尽力援助中国,确立其主权与领土行政完整,恢复国际和平之秩序;三是中英两国订立同盟,并要求美国共同参加,如美国无意参加,亦须先征得美国对此项同盟之同意与赞助。该方案提出的三方协作的具体事项是:英美共同或分别借款给中国,总额为 2 亿—3 亿美元;美国每年以信贷方式售给中国战斗机 500—1000 架,1940 年内先运 200—300 架,其他武器的数量及种类另行商定;英美派遣军事与经济、交通代表团来华,组织远东合作机关,这些代表团的成员可由中国政府聘为顾问;英美或其中任何一国与日本开战时,中国陆军全部参战,中国全部的空军场所归联军使用。③

中方显然高估了英方此时的合作意愿。英国此时并不想刺激日本发动对英战争,无意在与中国合作的道路上走得如此之远。英国外交部 11 月

---

① 《蒋介石与卡尔谈话记录》(1940 年 10 月 14 日),秦孝仪主编《中华民国重要史料初编——对日抗战时期 第三编 战时外交》(2),第 38—41 页。
② 《蒋介石与卡尔谈话记录》(1940 年 10 月 31 日),秦孝仪主编《中华民国重要史料初编——对日抗战时期 第三编 战时外交》(2),第 45 页。
③ 《蒋介石致郭泰祺电附件》(1940 年 11 月 9 日),秦孝仪主编《中华民国重要史料初编——对日抗战时期 第三编 战时外交》(2),第 51—52 页。

10日拟定的应对中方提案的备忘录表示,既然中英美三国军事同盟为不可能,中英同盟的作用便很有限。为了不刺激日本,英国不应当与中国结盟,且不应发表刺激日本的声明。英外交部同意给予中方一些贷款或物资援助,但认为不应该派出经济和交通代表团,也不宜派出军事代表团。可以考虑派遣一位高级别军官来华担任使馆武官并扩大武官处人员,由武官处与中国讨论军事合作问题。①

1941年2月,英军少将戴尼斯(L. E. Dennys)出任英国驻华武官。此后,中英展开了有关军事合作问题的实质性讨论,其内容包括英国训练和指挥中国游击部队及英国空军援华问题,但双方在何时为中英军事合作实施起点的问题上意见分歧。中方要求把日本进攻云南或新加坡作为起点,届时英国须向中国提供空军援助,中国则向英国提供陆军援助。但英国不愿因中日间的战事而卷入战争,坚持仅以日本进攻新加坡为中英合作的起点。无论中方提出何种理由,英国始终拒绝以日军进攻云南为合作起点的建议。但为了表示对中国的支持,英国决定把其在美国商订的144架战斗机让予中国。

实行特定区域的联防符合中英两国的共同利益,双方商讨了这一重要问题。为商定具体的军事合作计划,中国军方组织了对缅甸、印度、马来亚的考察。1941年1月,"中国缅印马军事考察团"组成,其成员包括陆、海、空三军将校,军事委员会主任商震任团长,军事委员会参谋次长林蔚任副团长。考察团于2月初出发,历时3个月之久,遍搜有关缅、印、马的经济、政治、军事资料,做成30余万言的《中国缅印马军事考察团报告书》。考察团提出的《中英缅共同防御计划草案》判断,日军在攻占马来亚、新加坡后会进攻缅甸,中国军队应及早入缅布防。但英方对此持不同看法,认为日本不敢轻易向英国挑衅,只会截断中国境内的滇缅路,因而不同意中国军队先行入缅。

1941年7月,日本为进军印度支那南部问题与法国维希政府展开逼迫性的谈判,其南进意图已十分明显,此举推动了中英关于军事合作的讨论。7—8月,商震、林蔚及航空委员会主任周至柔等与戴尼斯连续举行了4次关于联合军事行动的具体问题的商谈。8月中旬,双方就组训15连游

---

① Sir Llewellyn Woodward, *British Foreign Policy in the Second World War*, vol. 2, p. 116.

击部队、协防香港、协防缅甸等问题达成初步协议。英方同意派遣游击战术、爆破、电雷等专家，协助中国训练，待英日开战时，将成立15连的游击部队，派往各战区，每连派一英籍顾问和一英军技术班。英方还同意为中国飞机在缅甸的装配、飞行训练和射击演习提供便利。中方同意，当日本进攻香港时，中国军队将在临近的华南地区对日军发动攻击以协助英方防守香港；当日军进攻缅甸时，中国军队将从云南出击缅甸，攻击日军的侧背。[①]

英国仍坚持须以英日间爆发战争为实施合作的起点。蒋介石对英国援华不如美国积极提出批评，指出美国距中国路途遥远，但派遣军事代表团来华，其空军志愿兵也纷纷来华，但新加坡离中国如此之近，却不见英国空军派一人来华助战，这让中国那些主张加紧与英国合作的人所大感不解。蒋希望"英国政策之决定，高瞻远瞩，看到五十年或百年之后，勿局限于当前权宜之应付"。[②]

第二节　促使美国加大援华力度

一　争取美国对日禁运

1938年，国民政府已经形成了以美国为外交重点的方针。欧战爆发前夕，蒋介石更为重视美国的作用，重视美国对英苏的影响。他认为"目前关键，英苏两国，同等重要，而美国力量更应重视"。1938年8月29日，蒋介石致电胡适大使，嘱其向罗斯福总统说明："关键仍在美国，如美能出面领导远东问题，为英苏作中介，使英、美、法、苏对远东问题能共同一致对日，则远东问题即可迎刃而解。否则迁延因循，可使英日同盟复活，则俄或将先与日妥协。"他警告"尤应严防英日同盟及东京会议之复活，否则九国公约必完全败弃，而远东形势将不可挽救矣"，因此，他要求美国劝告英国坚持立场。[③]

[①] 《唐保黄致蒋介石》（1941年8月18日），秦孝仪主编《中华民国重要史料初编——对日抗战时期　第三编　战时外交》（2），第177—178页。
[②] 《蒋介石与卡尔谈话记录》（1941年9月13日），秦孝仪主编《中华民国重要史料初编——对日抗战时期　第三编　战时外交》（2），第87页。
[③] 秦孝仪主编《中华民国重要史料初编——对日抗战时期　第三编　战时外交》（1），第86—87页。

因欧战爆发，胡适一时之间难以得见美总统，遂托其友人密转。然而，美国国务院认为，所谓英日同盟的复活"绝不可能"。至于请美国出面为英苏做中介之事，美方回答说："美国政治限制甚严，决不能负联络三国之责，美国向来皆系独立行动。"胡适也认为现时英日同盟绝无可能，因为"英国此时正依赖美国，若转而亲日或竟缔结同盟，必大失美国朝野同情，此英国所绝不敢为"。但国民政府并未安心。外交部于9月3日再电胡适，称："英、法与日本妥协，非出臆断，乃有事实，此时若非美国预为警告，则英从（纵）日本攻俄，未始不可使英法与日本订互助条约，此策法国正在进行之中，且有事实也。""若美国不作警告，则英、法不止与日妥协，而且安南、缅甸对我后方之惟一交通，亦将即先阻碍"。①

在要求美国警告英法显见为不可能后，中国复要求美对日有一坚决表示，以防止英法与日妥协。9月18日，蒋介石致电胡适，内称："俄日停战协定订立后，继之必有互不侵犯条约之订立，而俄必促成日本之南进政策，一面或将劝我与日妥协，英、法不知其阴谋，犹思与日妥协，求保其远东权利，国际形势至危。若非美国有重要之表示与行动，则英、法在远东势必退缩，我国全处于孤立，而日本东亚新秩序即可实现。"蒋介石认为："美政府在最近期内，对日如有一坚决之表示，或禁运日货等动作，以壮英、法之胆，勿使其与日妥协，方可挽此危局。"②

但是，美国人这时不可能做出什么重要表示。罗斯福此时正指望国会能修订中立法，他小心谨慎，唯恐任何行动会引起孤立主义者的反对，危及中立法的修订。美国官员只是在与英外交官的谈话中，表示了美国反对任何损害中国利益的解决办法的态度。同时，美国驻日大使格鲁10月19日在东京发表了令听众"发愣""震惊"的严厉讲话。格鲁声称，对于日本在中国的做法和目的，"美国人民已愤慨到什么程度，你们当中有许多人很可能还不知道"，他有力地阐述了美国对一些重要问题的看法。格鲁在这篇讲话中一反以往的温和态度，直率地、尖锐地批评日本政府所采取

---

① 《胡适致蒋介石电》（1939年9月2日），秦孝仪主编《中华民国重要史料初编——对日抗战时期 第三编 战时外交》（1），第87—88页。
② 《蒋介石致胡适电》（1939年9月18日），秦孝仪主编《中华民国重要史料初编——对日抗战时期 第三编 战时外交》（1），第89页。

的政策。①

欧战爆发后，美国逐步扩大对日本"道义禁运"的范围。9月26日，罗斯福要求有关企业停止出口11种原料。12月上旬，美国政府又将"道义禁运"的范围扩大到制造飞机所用主要金属铝、镁、钼等，并禁止提供生产航空汽油的方法、设备和技术资料。

1940年6月，法国向德国投降。日本利用这一时机，迫使法属印支当局接受日本要求，切断滇越铁路，同时向英国施压，要求封闭滇缅路。1940年7月2日，美国政府颁布第一道禁运令，将下列三种物资列入需申请出口许可证的范围：一是一切武器弹药、军事装备；二是非常时期战略物资，包括铝镁等原料；三是飞机零件、装备、附件、光学仪器和金属加工机械。但对日本至关重要的石油和废钢铁并未包括在内。

在日本压力下，英国于7月中旬宣布关闭滇缅路，为了抵消这一事件的消极影响，罗斯福于7月25日又宣布对航空燃料、润滑油和废钢铁的出口实行许可证制度。但是，普通汽油不在其列，而以日本的工业能力，将其加工成航空燃料并非难事。列入禁止清单的废钢铁也并非全部，而只限于第一号高溶度废钢铁，这一类别只占日本废钢铁输入量的15%。

8月，日本威逼法国同意日本军队进入印度支那北部，让日军使用飞机场及向日军提供其所需要的资源等无理要求，并在边境地区越境挑衅，施加军事压力。中国外交部在得知日法正进行谈判的消息后，指示胡适敦促美国政府，"催禁全部废铁与普通汽油，并采取其他更有效之行动"。②美国也感到事态严重，有必要对日本予以警告。8月和9月，美国多次对日本对印支的无理要求提出警告和抗议，但日本置若罔闻。9月22日，软弱无力的法属印支当局不得不向日本屈服，接受了日本的要求。随后，日本军队开进印度支那北部。鉴此，9月26日，美国宣布对废钢铁实行全面禁运。

1941年7月2日，日本御前会议通过了新的政策纲要，决定强化南进姿态，并不惜对英美一战。③ 日本要求与法属印支建立军事结合关系，在印支建立海空军基地，实即对印支实行军事占领。日本限期要求法国答应

---

① 〔美〕约瑟夫·格鲁：《使日十年》，第290—298页。
② 《外交部致胡适电》（1940年9月10日），《胡适任驻美大使期间往来电稿》，第68页。
③ 『日本外交年表並主要文書：1840—1945』下册、531—532页。

其要求，法国被迫同意。7月25日，日军进入印度支那南部，南进姿态更为明显。

在日本出兵之前，得到日方通报的美国曾向日本提出印支中立化的建议，并将此事与石油禁运挂钩，但为日方所拒绝。7月26日，美宣布冻结日本在美国的全部资产。8月1日，美国事实上实施了包括石油在内的对日全面禁运。对此，英国与荷兰积极配合。英国同时宣布冻结日本在英国的资产，并废止日英通商航海条约和日印通商条约。荷属东印度也宣布冻结日本资产，并取消了当时仍有效的与日本的石油合同。日本资源短缺，石油80%以上依靠进口，美、英、荷等国所采取的石油禁运措施对日本是一个致命打击，迫使日本在或停止战争或孤注一掷中做出选择。

二　美国加强援华

考虑到美国不愿结盟的传统及强大的孤立主义势力，中国对美政策与对英政策呈现出不同的特色，其重点不在要求同盟性的军事合作，而在获取尽可能多的经济援助。

1940年，美国逐渐加大其对华援助的力度。4月，中美达成新的借款合同。合同规定，到1941年6月30日前，美国将向中国提供2000万美元的借款，中方则以出口4万吨锡为担保品。此次贷款史称"滇锡借款"，其条件较桐油借款较为有利，利率由年息4厘半降至4厘，还本期则由5年延长为7年。此笔借款虽不能用于购买武器，但可以用来购买军需物资。[①]

10月，中美又达成2500万美元的钨砂借款协议，由美国进出口银行向中国中央银行提供贷款，年息4厘，以钨砂运销美国所得收益为担保。与此前数次借款合约不同的是，此次合约赫然列有以中国国民政府代表身份出现的签约人，以中国国民政府、中国中央银行和资源委员会作为签约的一方。这就是说，中国政府这次公开成为受款对象，从而使这笔贷款具有了明显的政治意义。

1940年9月，日本与德国和意大利订立三国同盟条约，明确地对整个世界秩序提出联合挑战，同时，日本决定正式承认汪精卫政权，否定重庆政府。美国遂加大援华力度，酝酿更大规模的对华援助。1940年11月30

[①] 王铁崖编《中外旧约章汇编》第3册，第1156—1159页。

日，即日本正式宣布承认汪精卫政权及日汪签订《基本关系条约》的当天，美国政府宣布对华提供价值1亿美元的巨额贷款，国务卿赫尔同时表示，美国继续承认"合法的按照宪法程序产生的重庆政府"。① 1亿美元的贷款分为两部分，一半为金属贷款，一半为平准基金贷款。1941年2月4日，中美签订《金属借款合约》，美国进出口银行向中国中央银行提供5000万美元贷款，中国则向美国出售钨、锑、锡等矿产。4月1日，中美签订《平准基金协定》，宣布为稳定币值，促进两国贸易，美国财政部将向中方提供5000万美元的平准基金。②

1940年12月29日，罗斯福在白宫发表了著名的新年炉边谈话，指出轴心国统治世界的计划正威胁着美国的安全，德意军队被英国、希腊等国军队阻挡，"在亚洲，中华民族进行的另一场伟大防御战争则在拖住日本人"。为维护美国安全和世界和平，美国应扩充军备，将和平工业转轨为战时工业。在这一谈话中，罗斯福提出了著名的"我们必须成为民主制度的伟大兵工厂"的口号。③"民主兵工厂"一词由此叫响。

1941年1月，罗斯福在国会年度咨文中提出美国的国家政策：（1）全面加强国防；（2）全面支援抵抗侵略而使战争保持在本半球之外的各地一切坚定的民族；（3）美国不能默许一个由侵略者颐指气使和绥靖主义者发起的和平，持久的和平是不能以别人的自由为代价买来的。④ 鉴此，罗斯福向国会提出了对战争形势将产生重大影响的《租借法案》。罗斯福提出，不应再根据中立法要求"现购自运"，而要采取租借的办法，向那些发生财政困难的勇于抵抗侵略的国家提供物资和武器，货款可待战争结束后再行偿还。

在美国国会开始辩论租借法草案之时，中国注意到了这一重大政策变化将会给中国带来的影响，积极推动罗斯福派遣特使来华访问，了解中国的抗战情况及面临的困难，以加大美国援华力度。罗斯福决定派遣其高级行政助理居里（Lauchlin Currie）来华。1941年2月7日，居里抵达重庆，开始了为期20天的中国之行。国民政府对居里访华高度重视，仅蒋介石与

---

① 〔美〕罗伯特·达莱克：《罗斯福与美国对外政策（1932—1945）》上册，第396页。
② 王铁崖编《中外旧约章汇编》第3册，第1183—1193页。
③ 《罗斯福选集》，关在汉译，商务印书馆，1982，第261—269页。
④ 《罗斯福选集》，第274—275页。

居里的谈话就达 10 次之多，累计多达 27 小时，谈话内容广泛涉及政治、军事、经济、国共关系、对华援助、战后重建等方面。中国希望通过居里访华推动美国提供更多的财政和军事援助。

居里在访问结束后给罗斯福的报告中主张进一步扩大对中国的援助。居里指出："一个鼓励蒋介石并遏制日本的最最有效的方式，莫过于刻意向中国表示友谊、敬佩和与之紧密合作。""美国当前对中国的极大影响大可加以发挥，不仅在狭义上可以增进我们本身的利益，而且，如果我们有足够的才智和善意，还可以引导中国在战后时期发展成为一个大国。中国现在正处在十字路口。它可以发展成为一个军事独裁国家，也可以成为一个真正的民主国家。如果我们聪明地运用我们的影响，也可能使天平向后一个方向倾斜，通过推动政治、社会和经济改革，加强这个政府机构的效率和廉洁，对几亿人民的幸福，也是间接地对我们自己在将来的幸福做出贡献。"①

美国国会对《租借法案》辩论了两个月。3月8日，参议院终于以60票对31票通过《租借法案》，随后，罗斯福正式签署这一法案。3月15日，罗斯福发表演说，赞扬亿万中国人民所进行的反对日本侵略的艰苦卓绝的伟大战争。罗斯福公开表示：中国一定将会得到美国的援助。②

美国对华援助逐渐由经济层面提升到军事层面。4月，罗斯福批准将价值4500万美元的军事器材作为首批援华租借物资。稍后，罗斯福正式发布《租借法案》适用于中国的声明，并宣称保卫中国是保卫美国的关键。

中国政府一直向美国宣传助华即自助的观点，强调如果中国获得充足的武器接济，便可免除美国的军旅之劳。蒋介石曾多次对美国驻华大使詹森表示："只要太平洋各友邦，各能尽其职责与义务，竭力协助我中国之抗战，作我中国之后盾，则对此共同敌人之日本，尽可托付我中国单独抵抗，此世界之罪魁祸首，亦不须各友邦派遣陆、海军队，我中国必能与之独立周旋，竭尽责任，以达到各友邦制裁日本恢复太平洋真正和平之共同目的。"③

1941年7月，美国军方考虑派遣一个高级军官率领的军事代表团，考

---

① *FRUS*, *1941*, vol. 4, pp. 81 – 95.
② 《罗斯福选集》，第 288 页。
③ 《蒋介石饯别詹森讲稿》（1941年5月10日），秦孝仪主编《中华民国重要史料初编——对日抗战时期 第三编 战时外交》（1），第 139 页。

察与了解中国对于军事物资的实际需要,监督援华物资的运输、交付与使用。这一军事代表团还将充当国民政府的顾问,"协助一切,有如以前德顾问团之职务"。①但美国国务院对此提出异议,担心此举会刺激日本,因此要求将拟派的军事代表团改为加派数名大使馆武官。中方得知这一消息后,认为"若仅加派武官,于事何济",要求美国"仍派军官团早日来华协助,以振奋我军民抗战精神,且增进对美友谊之心理"。②

经过一番争论之后,美国最后决定派遣军官团来华。该团直接受陆军部指挥,不附属驻华使馆。8月,美国正式宣布派出军事代表团。该代表团团部分设1处5科,计有参谋处及人事行政科、情报联络科、组织训练科、供应科、作战计划科。各科之下,按需要联合设股,计分空军、步兵、工兵、通信、交辎、兵工、化学兵、野炮兵、高射炮兵、装甲车队及杂项等11股。该代表团以陆军少将马格鲁德为团长,史称"马格鲁德使团"。该使团的使命虽不如中方所期望的那样担任更为重要的顾问角色,其主要工作为主管援华租借物资事宜,但在一定程度上也承担着在双方高层军事当局进行沟通的任务,密切了中美军方的联系。

在争取美国军事援助的活动中,还存在着非官方的渠道,其活动后来在官方的默许和支持下颇有成效。美国来华空军志愿队的建立便是其中最重要的成果。1940年秋,为征雇美国空军人员来华作战,中国政府派遣原美国空军军官、时任中国航空委员会顾问的陈纳德及航委会办公厅副主任毛邦初赴美活动。征雇飞行员的工作起初碰到相当困难。美国政府最初只同意就飞机教练员进行商讨,并且规定只能"在不抵触本国法令及新颁之兵役法范围之内"进行。1941年4月,罗斯福不公开地签署了一项行政命令,使事情获得进展。该命令允许美国现役军人退出航空部队,加入美国志愿航空队,协助中国抗日。7月10日,110名飞行员、150名机械师和其他一些后勤人员作为第一批美国志愿队队员离美赴华。在这前后,罗斯福又批准了志愿队的第二批成员,限其于11月赴华报到,内有驾驶员100

---

① 《宋子文致蒋介石电》(1941年7月12日),秦孝仪主编《中华民国重要史料初编——对日抗战时期 第三编 战时外交》(1),第459—460页。
② 《宋子文致蒋介石电》(1941年7月24日)、《蒋介石致宋子文电》(1941年7月27日),秦孝仪主编《中华民国重要史料初编——对日抗战时期 第三编 战时外交》(1),第461—462页。

名,以及机枪手和空中报务员等。

8月1日,中国政府发布命令,正式成立中国空军美国志愿大队。该大队由美国志愿人员和中国人员共同组成,下辖三个驱逐机中队,陈纳德担任志愿大队指挥官。志愿队在缅甸同古附近的英国机场进行了严格的训练。它在太平洋战争爆发后即投入战斗,取得重大战果。

第三节 最后关头的美日谈判

尽管美国逐步走上援华制日的道路,但是,在"先欧后亚"战略指导下,美国不想激化与日本的矛盾,走上立时与日本摊牌的地步。在1940年秋的一次内阁会议上,罗斯福表示,美国既要抓住大西洋战线,也要抓住太平洋战线,但大西洋更紧迫,"太平洋上的行动将推迟下去"。这次会议确定了美国在远东的四项行动原则:"一、避免和日本发生冲突;二、改变以前不与日本对话的态度;三、保留使用经济压力的权利,以便使日本恢复理智;四、敞开谈判的大门,在美国的远东历史地位的格局内力求达成日美妥协。"[1]

从1940年11月起,美日的一些非官方人士就开始为寻求两国之间的妥协而进行接触。1941年3月,双方达成《日美谅解案》。此后,这一谅解案提交两国政府,民间接触升格为两国政府间的非正式会谈。《日美谅解案》的主要内容包括:(1)关于欧洲战争,只限于德国受到现在尚未参加欧战的国家的攻击时,日本才会履行三国同盟义务,美国则申明不为援助一方而攻击另一方的攻击性同盟所左右;(2)关于中国,在日本承认中国独立、从中国领土撤军、不兼并中国领土、不赔偿、恢复"门户开放"政策,促使蒋政权与汪政权合并及承认"满洲国"、节制向中国移民等条件下,美国将同意劝告蒋政权媾和;(3)谅解达成后,两国将采取适当措施,恢复日美商约有效期间曾有过的正常通商关系。[2]

日本政府对这一方案仍不满意,日本大本营与政府联席会议提出修正案,取消了要求日本承认中国独立、撤军、不要求赔偿等内容,而代之以

---

[1] Forrest Davist and Ernest K. Lindley, *How War Came* (New York, 1942), pp. 156–157.
[2] 〔日〕服部卓四郎:《大东亚战争全史》第1册,张玉祥等译,商务印书馆,1984,第112—113页。

"美国政府承认近卫声明的三项原则,承认以此同南京政府缔结的条约以及日满华共同宣言所表明的原则。并且相信日本政府的睦邻友好政策,立即劝告蒋政权媾和"。① 当5月12日日本驻美大使野村吉三郎将日本的提案送交美国国务卿赫尔时,赫尔即认为该提案没有提供美国可能同意的基础,很少有达成妥协的希望。但他认为,如果美国现在就表示拒绝,则唯一的日美会谈机会就会完全丧失,遂仍决定以日本提案为基础,争取在谈判中加以修改。

此后,双方不断提出自己的修正案。双方面临的棘手问题主要有两个:一是德意日三国同盟问题,二是中国问题。美国希望日本脱离三国同盟,或至少要求日本保证,在美国行使自卫权而与德国发生战争时,日本不会援引条约而对美国宣战,但是日本拒绝给予这样的保证。美国希望日本军队从中国全部撤出,并确定撤军时间,而日本则希望由美国劝告中国根据日本的要求来讲和,如中方不接受,美国即应停止援助。

7月24日,日本进军印度支那南部,美日矛盾激化。当天罗斯福在会见野村吉三郎时指出,他了解日本对于粮食与原料的需求,一直避免刺激日本,允许对日本出口石油等,但"日本这次向印度支那的推进给美国造成了极为严重的问题"。"就保证从印度支那获得粮食和原料而言,如果日本能按照赫尔国务卿和日本大使谈判的条件与美国达成协议,肯定会得到更多的保证,与其他国家平等地获得这些资源"。罗斯福指出:"从军事角度来看,日本政府肯定不会认为中国、英国、荷兰或美国对印度支那有任何领土要求,或对日本有任何侵略威胁。因此,我国政府只能认为,日本占领印度支那是为了进一步进攻,此举造成的形势必然使美国极为不安。""日本政府目前在印度支那奉行的政策与正在谈判的协议的原则和内容是完全相背的"。②

7月26日,罗斯福下令冻结日本在美国的资产。8月1日,美国对日本实施全面禁运。8月26日,日本首相近卫文麿致函罗斯福,指出:"日美两国关系恶化到今天的程度,可以认为,其原因主要在于两国政府之间缺少意见交流,一再发生疑惑和误解,以及第三国阴谋策划的结果。"近

---

① 〔日〕服部卓四郎:《大东亚战争全史》第1册,第121—122页。
② *FRUS*, *Japan*, *1931–1941*, pp. 527–530.

卫提议，两国首脑直接会见，坦率阐明双方的见解，"高瞻远瞩地就日美两国间涉及太平洋地区的重要问题全面进行讨论，探讨有没有挽救局势的可能性。至于有关细节，可在首脑会谈之后，根据需要交给事务局进行谈判"。① 8月28日，野村递交了近卫的这一提议。

美国政府婉拒了举行日美首脑会晤的提议，罗斯福在复文中指出，美国政府同意举行高峰会谈，但建议先举行预备性会谈，商讨高峰会谈中将要讨论的重要问题，即先奠定谈判基础，方可举行首脑会谈。美方并进一步阐述了美国国务卿此前提出的4项基本原则，认为它们是所有国家之间相互关系的基础。这4项基本原则是：尊重每个国家的领土完整和主权；支持不干涉其他国家内部事务的原则；支持机会均等，包括商业机会均等的原则；维持太平洋地区现状，除非以和平方式改变这种现状。②

日本遂决定铤而走险。9月6日，日本御前会议通过了《帝国国策实施要领》，决心"在不辞对美（英荷）战争之决心下，概以10月下旬为目标，完成战争准备"。同时，也主张"对美、英应尽一切外交手段，力求贯彻帝国的要求"。日本政府决定如果在10月不能以外交手段达到要求，则决心对美开战。《实施要领》提出的最低要求是：

一、美英不得干涉或妨碍帝国处理中国事变。
（甲）不得妨碍帝国根据日华基本条约和日、满、华三国共同宣言解决事变的企图。
（乙）封闭"缅甸"公路，并不得在军事、政治和经济上援助蒋政权。
二、美英在远东不得采取威胁帝国国防的行为。
（甲）不在泰国、荷属东印度、中国及苏联远东领土内攫取军事权益。
（乙）维持在远东的军备现状，不再增强。
三、美英须协助帝国获得所需物资。
（甲）恢复同帝国的通商，并自西南太平洋的两国领土供应帝国

---

① 《大东亚战争全史》第1册，第176—177页。
② *FRUS, Japan, 1931-1941*, pp. 590-591.

生存上所必需的物资。

(乙) 对帝国同泰国和荷属东印度之间的经济合作须予以友好的协助。①

美国也意识到日美分歧难以弥合。8月，罗斯福在与丘吉尔的会晤中，明白无误地告诉后者，说他与日本谈判是采取的一种拖延战术，他的想法"是要就这些碍难接受的条件进行谈判，从而获得延宕的时间，比方说，拖延30天"。他认为"赢得一个月的时间是可宝贵的"。②

中国政府密切关注着日美谈判的进行，曾数次向美国询问此事。9月10日，中国外交部部长郭泰祺在会见美国驻华大使高思（C. E. Gauss）时表示，中国政府收到"相当确切的消息"，美国在英国的支持下，已向日本提出建议：由日本与法国、泰国、中国及其他有关国家一起，同意泰国及印度支那中立，而作为回报，日本获准取得足够的原料来满足其"合法的需要"。近卫已表明日本接受了这些原则，日本要求有权在印度支那保持不超过1万人的部队。郭泰祺认为，这样一个协议将会解除对日本的压力，会立即使经济限制（冻结资金和出口管制）松弛，而日本现已开始因为这些限制而受到压力。对日本放松压力将使其有可能将大部分力量和资源用于对中国的进一步压榨和征服。郭泰祺认为，拟议中的协议也不符合美国利益。中国和美国的利益具有一致性，两国"紧密相联"相互都有好处。郭声称，无论出于物质的或精神的理由，或是从战略上和政治上考虑，美国都应该支持中国。③

9月15日，高思奉美国务院令，对中方9月10日的询问做出答复。美方重申：美日谈判只是试探性的，双方迄今并未取得可以作为谈判的共同基础。美方保证不会背着中方行事，在做出与中国有关的任何决定之前，必先征求中方的意见。美国政府还将征求澳大利亚、英国及和荷兰各国的意见。美国政府在与日方举行会谈时，并无牺牲基本原则之意。④

---

① 《大东亚战争全史》第1册，第181—183页。
② 〔英〕丘吉尔：《第二次世界大战回忆录》第3卷第3分册，韦凡译，商务印书馆，1975，第662页。
③ FRUS, 1941, vol. 4, pp. 436 – 441.
④ 《外交部给蒋介石的报告》（1941年9月15日），秦孝仪主编《中华民国重要史料初编——对日抗战时期 第三编 战时外交》(1)，第146—147页。

10月18日，日本东条内阁上台。11月2日，日本政府与大本营联合会议决定于12月初对英美发动进攻。11月5日的日本御前会议最后审定了《帝国国策实施要领》，决定如日美谈判至12月1日仍未获得成功，则对英美开战。11月7日及20日，日方先后向美国政府提交了日本政府的甲案和乙案。

在11月20日提出的方案中，日本同意把现驻印支南部的军队移驻北部，一旦中日间恢复和平，日将撤走驻印支的全部军队。而美国所要做出的让步是，把日美通商关系恢复到日本资金被冻结前的状态，美国按日本所需要的数量供应石油，保证日本在荷属东印度取得它所需要的物资。该案第5条还要求："美国政府保证不采取有碍日中两国恢复全面和平的努力的措施和行动"。① 这一条款实际上包含了要美国停止援华的要求。赫尔认为，接受这些要求，"实质上是一种投降"，"意味着美国宽恕日本的侵略行为，同意日本今后的征服路线"。赫尔向野村指出，在美国人民的心目中，援助中国与援助英国的目标是完全一致的。他要求野村想象一下，如果美国政府明天宣布停止对英援助，这会在美国激起何等的反响。② 21日和22日，野村又连续拜访了赫尔。在22日的会谈中，赫尔再次明确表示："我们必须继续援助中国"。③

此时，美国政府已经掌握了破译日本外交电报的技术手段，知道了若谈判不成日本将准备开战的意图。面对着和与战的最终选择，此时军事准备尚感不足的美国，希望能将战事的爆发推迟几个月，因而在即将爆发战争前的最后关头准备提出妥协方案。罗斯福在致赫尔的备忘录中提出了这一妥协设想：

六个月

1. 美国恢复与日本的经济关系——现在一定数量的石油和大米——以后再加别的。

2. 日本不再向印度支那、满洲边境或南方的任何地方（荷属、英

---

① FRUS, Japan, 1931–1941, vol. 2, p. 756.
② FRUS, Japan, 1931–1941, vol. 2, pp. 754–755; The Memoirs of Cordell Hull, pp. 1067–1071.
③ FRUS, Japan, 1931–1941, vol. 2, p. 761.

属或暹罗）增兵。

3. 即使美国卷入欧洲战争，日本亦同意不援引三国条约。

4. 美国介绍日本与中国会谈，但美国不参加中日会谈。

有关太平洋的协议以后再议。①

简言之，为换取日本（至少在6个月内）不再南进或北进，并不卷入欧战，美国同意给日本一些东西，并推动中日会谈。美国国务院根据罗斯福的意图提出有关方案。国务院起草了两份对日文件，一是《美日协定基本大纲》，先后5稿；一是《临时协定》案，先后3稿。两份文件内容密切相关，一个是长期性的全面协定，一个是临时性的初步协定，比较起来，临时协定案更多地表现出妥协。

11月21日，国务院远东司提出了关于《美日协定基本大纲》的第二稿，该稿所拟定的基本条件大体上为以后各稿所沿用。基本大纲分两个部分，第一部分为两国政府的政策宣示，第二部分分AB两节，提出了美日政府分别采取的措施。其中，A节所载美国方面应采取的措施共9条，所涉及的内容分别是：

1. 美驻夏威夷海军的行动问题；

2. 与日本、中国、英国、荷兰、泰国及苏联等国商定多边互不侵犯条约；

3. 建议中日政府就满洲的未来地位问题进行和平谈判；

4. 与英、中、荷、泰及日本等国政府商讨订立尊重印度支那领土完整的协定；

5. 放弃在中国的治外法权，包括上海、厦门公共租界的有关权益及通过辛丑条约所获得的权利，并促使英国也放弃以上的权益；

6. 与日本就互相最惠国协定、减少贸易障碍进行谈判；

7. 同意一项稳定美元与日元汇率的计划；

8. 解除对日本在美资产的冻结；

---

① *FRUS*, 1941, vol. 4, p. 626. 该备忘录原件未标注时间，编者推断是11月20日后不久写的。

9. 在签署多边互不侵犯条约后，采取措施以取消1922年在华盛顿签署的九国公约中有关中国的原则和政策条款。①

美国政府在这里准备做出的妥协主要有两大方面：一是有关美日经济关系，作为长期协定，美国准备恢复与日本的经济关系，第6、7、8条均属此列；二是有关中国东北问题，美国未能坚持东北乃中国固有领土的立场，在日本要其承认"满洲国"的要求面前，回避明确的表态，将这一问题实际上完全推给中国方面。美国政府的潜台词是，如果中国政府承认"满洲"独立，美国不会表示异议，如中国政府不予承认，美方也无可奈何。

11月22日，国务院提出了《临时协定》的初稿。要旨如下：美日两国政府应致力于太平洋地区的和平，不怀有任何领土要求；日本撤出驻印度支那南部的军队，在印支北部的驻军不得超过2.5万人；美日互相解除对对方资产的冻结，但两国基于国防原因而实行的有关出口限制仍得维持。该协定的有效期为3个月。简言之，这一协定是要以日本撤退在印支南部的驻军、减少在北部的驻军并保证不向其他新方向进攻来获取美国放松对日本的部分经济制裁。

11月22日，赫尔召集中、英、荷、澳驻美大使，向他们通报日方的乙案及美方的《临时协定》初稿。赫尔说明，美国只是略为放松对日经济封锁，日本将撤退在印度支那的军队，或只保留少量驻军，并承诺不经由此地向其他新方向进攻，这自然包括中国政府一直担心的日军由此向中国云南发动的进攻。赫尔问各位大使，这样是否可暂解中国西南之危，并使其他各国谋得较长时间来增强海空实力？胡适询问美国放松经济封锁的限度，赫尔称，日本强烈要求解除冻结的资金，但美方将继续维持禁运的办法。英国大使对放松对日经济封锁表示担心，希望这种松动"必不可使日本积储军用品，以扩大其军力"。胡适则明确表示反对，认为"经济封锁是美国最有效之武器，实行至今，只有四个月，尚未达到其主要目的，必不可轻易放松"。在集体会见之后，赫尔请胡适稍留，他向胡适解释说：日方曾要求美方停止援华政策，但我从一开始即撇开不理，日美谈判甚少

---

① *FRUS*, 1941, vol. 4, pp. 627–630.

根本接近，刚才所谈的只是探讨有无暂时过渡办法的可能而已。①

中国政府担心美国在最后关头对日退让。11月24日，蒋介石致电胡适，要求他转告赫尔："如果在中国侵略之日军撤退问题没有得到根本解决以前，而美国对日经济封锁政策，无论有任何一点之放松或改变，则中国抗战必立见崩溃，以后美国即使对华有任何之援助，皆属虚妄，中国亦决不能再望友邦之援助，从此国际信义与人类道德亦不可复问矣。"他要求美国对日本经济封锁不能有丝毫的放松。② 蒋介石在当天的日记中显得更为愤激，他写道："其对中国撤兵问题毫不提及，乃可知美国仍对倭妥协而牺牲中国甚矣。国际无道义，痛愤盍极。余复电严斥美国之虚妄，尚冀其不变政策，不丝毫放松经济封锁也。"③

同日，赫尔再次约见四国大使，提出了《临时协定》的修改稿。其中，美方准备做出的让步是："稍变通其冻结资产及出口贸易之限制条例……美货输日，限于食物、棉花、医药、油类，棉花不得过60万元，油类以每月之民用需要为限。"赫尔并强调指出两点：一是据陆海军参谋部报告，尚需两三个月的准备时间；二是美国政府现担负和战大责任，日本既以和平为标帜而来，美方不容不有一度之和平表示，以对国民及对世人留一个记录。赫尔还表示："我已力拒日本请求停止援华之议，故三个月中接济中国之物资，当可大增强中国抗战之力量"。中方在会上和会后对美方的这一方案表示了反对意见。④

蒋介石的政治顾问拉铁摩尔（Owen Lattimore）向华盛顿报告了蒋的激烈反对态度。拉铁摩尔认为，蒋介石对美国的依赖是他的整个国家政策的基础，美国经济压力的任何松动或取消冻结将使日本在中国得以立足，从而破坏这一基础。他认为此举的影响与滇缅路关闭相似，关闭滇缅路永久地毁坏了英国在中国的声望。拉铁摩尔说，他从没有看到蒋介石以前有过

---

① 《胡适致外交部电》（1941年11月22日），秦孝仪主编《中华民国重要史料初编——对日抗战时期 第三编 战时外交》（1），第148页。
② 《蒋介石致胡适电》（1941年11月24日），秦孝仪主编《中华民国重要史料初编——对日抗战时期 第三编 战时外交》（1），第149页。
③ 《蒋介石日记》，1941年11月24日。
④ 《胡适致外交部电》（1941年11月24日），秦孝仪主编《中华民国重要史料初编——对日抗战时期 第三编 战时外交》（1），第150—151页。

这样的激动。①

11月25日，蒋介石致电宋子文，要求他立即向美方说明局势的严重性，倘若美国放宽经济封锁及冻结日本财产的消息散布开来，则中国军队的士气将大大动摇，"中国人民将认为中国已完全被美国牺牲。全体民众的士气将行崩溃，而每一个亚洲国家都将失去信心，他们对民主的信心将受到震动，以致在世界上将开始一个极富悲剧性的时代"。待中国军队崩溃之时，即使美国再进行援救，也将于事无补了。蒋介石要求美国政府不要妥协，并公开声明如果日本从中国撤军的问题不解决，就不能考虑放宽封锁或冻结的问题。否则，如果美国的态度仍然不明，日本宣传机构就将施展阴谋，可以毫无代价地达到瓦解我们的抗战的目的。我们四年多来付出无数牺牲和遭到史无前例破坏的抗战就将付诸东流。中国抵抗的瓦解对全世界来说也是一场史无前例的灾难。②宋子文在26日约见罗斯福和赫尔，转达了蒋介石的严重担忧。宋子文指出，如果美国改变封锁政策，其道义地位将从此不复存在。

英国也不赞成美国退让，丘吉尔在11月26日凌晨给罗斯福电话中表示了他的担心，他问道，美国此举"置蒋介石于何地呢？难道他不是岌岌可危了吗？我们为中国担忧。如果他们垮了，我们共同的危险就会大大增加"。③

在修改《临时协定》的同时，美方继续修改《美日协定基本大纲》。该大纲共11条，其主要内容是：两国政府努力推动在英、中、日、荷、苏、泰、美等国之间达成一项多边互不侵犯条约；日本政府从中国（包括东北）和印度支那撤出所有的陆、海、空军及警察力量；美国政府和日本政府在中国不支持（包括军事上、政治上、经济上）除了暂时定都重庆的中华民国国民政府以外的任何政府或政权；两国政府分别解除对对方资产的冻结。

11月26日，赫尔将这两个协定草案都提交给了罗斯福总统，并表示了他的意见。赫尔称，鉴于中国政府的反对和英、荷、澳等国半心半意的支持或实际上的反对，他怀疑现在提出《临时协定》案是否明智和有益。

---

① FRUS, 1941, vol. 4, pp. 651-652.
② FRUS, 1941, vol. 4, pp. 660-661.
③ 〔美〕罗伯特·达莱克：《罗斯福与美国对外政策（1932—1945）》上册，第443页。

因此，他建议不提交《临时协定》，而将《美日协定基本大纲》交给日本。罗斯福表示同意。

11月26日下午，赫尔向野村提交了立场相对强硬的《美日协定基本大纲》。该大纲要求日美两国共同承认国际关系中的4项基本原则：（1）不以武力推行国策，国际问题应以和平方法解决；（2）领土完整与主权之不得侵犯；（3）不得干涉他国内政；（4）机会均等。该大纲要求日本从中国及印支撤退所有海、陆、空军及所有警察，承认现在重庆的国民政府为中国唯一合法政府，撤销占领区内各种不合法的政治组织。该大纲还要求美日双方与任何第三国所订任何条约，不得有与这一美日协定相冲突的解释。这实际上是针对德意日三国同盟条约的。① 想不到美国会在最后提出这一方案的日本代表顿时目瞪口呆。日本特使来栖三郎声称，美国这是要日本举手投降。

美日间的谈判到此实际已经终结。11月27日，赫尔对陆军部长史汀生表示，此后的问题便交由陆军和海军来处理了。② 次日，赫尔在白宫军事会议上再次强调，美日协定已没有任何可能。日本也做出了同样的判断。在27日召开的大本营与政府联席会议上，与会者一致认为，美国的提案已无讨论余地，唯有开战而已。尽管此后美日谈判还延续了几天，但那只是战争到来前的虚与委蛇而已。

蒋介石对在最后关头终于阻止了美国的妥协甚为满意，他在11月30日的日记中回顾道："自二十四美国务卿对日妥协方案得悉后，三昼夜未得安心，此诚存亡成败之惟一关键，故不计美国当局是否疑忌怨恨，亦不再顾成败利钝，乃尽其心性，一面对其正式反对警告，一面向其陆海财各部长嘱子文奔走呼号，并嘱拉铁摩尔电其罗总统警告，卒能挽救危局，获得胜利"。"倭寇专使来栖赴美交涉，彼仍抄袭其甲午战争迁就列强独对中国压迫之故智，以售狡计。果尔美国务院主持妥协，几乎为其所算，且其势已成百分之九十九，只差其妥协条件尚未提交来栖而已。幸赖上帝眷佑，运用全神，卒能在最后五分钟，当千钧一发之际，转败为胜"。③

---

① 《蒋介石致蒋鼎文电》（1941年11月30日），秦孝仪主编《中华民国重要史料初编——对日抗战时期 第三编 战时外交》(1)，第151—152页。
② 〔美〕赫伯特·菲斯：《通向珍珠港之路——美日战争的来临》，第340页。
③ 《蒋介石日记》，1941年11月30日上星期反省录、本月反省录。

第八章
世界反法西斯联盟的形成与发展

1941年12月7日（夏威夷当地时间，中国时间为12月8日凌晨），日军挑起太平洋战争。日本此举最终促成了中国与英美等国共同抗日的局面。中国积极推动反法西斯同盟的建立。1942年1月1日，由美、英、苏、中领衔，共有26个国家签署的《联合国家宣言》发表，国际反法西斯战线正式形成。不久，蒋介石出任中国战区统帅，统一指挥中国、泰国和印度支那境内盟军的一切行动。中国派出精锐部队组成远征军进入缅甸，与英军联合作战。中国还积极支持周边国家的抗日活动，扶助朝鲜和越南的独立运动，并试图调解英国与印度之间的纠纷。中国曾力图促使英美改变欧洲第一的战略，集中力量先击败日本，但未成功。

第一节 积极推动联盟建立与派兵入缅作战

一 积极推动军事合作

从1937年7月到1941年12月，中国军民独力抵抗着日军的侵略。日军挟其强大的军事力量，占领了中国的大片国土及东部最发达的工商业地区。中国军民一面在困境中英勇抵抗，一面向国际社会呼求援助。简言之，中国在苦撑中待变。这四年中，英美等国的远东政策，经历了一个从中立到援华制日的缓慢发展过程。随着欧战的爆发、苏德战争的爆发及德意日轴心的明朗化，反法西斯阵营也隐然成形。中国期盼着国际局势发生突变，使中国抗日战争与世界战争相联结，使反法西斯国家形成胜负一体的同盟。

以日本偷袭珍珠港为标志，太平洋战争爆发。随着日本与美英进入战争状态，世界大战的两大阵营最终明朗化。这是中国政府早已期盼的局面，实行了四年之的"苦撑待变"政策终于有了结果，蒋介石在当天的日记中写道："本日抗战政略之成就已达于极点，物极必反，居高临危，能不戒惧"，既反映了对四年半来外交战略终获实现的欣慰与肯定，又表现了未来仍需小心应对国际局势的谨慎。① 在一周后的反省录中，蒋则表现出对抗战前途的乐观和轻松心态："本周倭闪击英美与宣战，我亦对倭与德意同时宣战，此为抗战四年半以来最大之效果，亦惟一之目的也。半年以来，朝夕而期倭之南进北进者，今已达成大半，我国抗战，以后如能自强不息，则危险已过大半。"②

蒋介石立即展开了联络结盟的外交动作。在得知珍珠港事件爆发消息的当天，蒋介石便邀请苏、美、英三国驻华大使到他的宅邸共商同盟大计。③ 蒋介石表示，现在日本背信弃义地袭击美国，轴心国侵略者再次表明他们沆瀣一气，太平洋沿岸各国必须迅速联手，采取有效行动以对付共同的敌人。蒋介石向美、英、苏三国提交了采取共同行动的建议书，该建议书表示："中国现决心不避任何牺牲，竭其全力与美、英、苏联及其他诸友邦共同作战，以促成日本及其同盟轴心国家之完全崩败"，中国政府决定不仅向日本宣战，还要向日本的同盟国德意同时宣战。中国政府以为，反侵略阵线各国应将轴心国各国认作共同公敌，为促成联合阵线的形成，中国希望美国对于德意两国，苏联对于日本，皆同时宣战。建议书还提议，各友邦（中、英、美、澳、荷、加拿大、新西兰）应尽快成立军事同盟。中国主张推美国为领导，指挥共同作战的军队。该建议书还提议，各友邦应订立一不单独媾和之约。④ 蒋介石要求三国在华代表立即把建议书的内容报告斯大林、丘吉尔和罗斯福，强调应尽快就其建议做出决策。

当晚，蒋介石又会见了英美驻华武官，表示中国愿意与友邦配合作战，准备协助英国在香港、缅甸及越南展开军事行动。蒋介石提议：

一、中、英、美、荷四国应速制定联合作战整个计划，以便行动

---

① 《蒋介石日记》，1941年12月8日。
② 《蒋介石日记》，1941年12月14日上星期反省录。
③ 苏联大使潘友新、美国大使高思出席了会议。英国大使卡尔时在成都，未能赶回，后告知其会议内容。
④ 《蒋介石致苏、英、美各国大使》（1941年12月8日），秦孝仪主编《中华民国重要史料初编——对日抗战时期 第三编 战时外交》（3），第41页。

一致。

二、四国应速成立联合指挥部或军事委员会，其地点在重庆，由美国为领导者，派员指挥，或先为委员制，协议一切，决定共同作战之行动。

三、四国应速成立军事同盟协定，并不许单独媾和。

四、并请苏联随时加入。

蒋介石要求各代表电告其政府，请其一星期内决定实施办法，否则盟国方面"不成其为作战行动，必被轴心团结一致者各个击破也"。①

在遭到日本袭击之后，英国在外交上迅速做出反应，向中国表明了合作的意向。外相艾登12月8日致电英国驻华大使卡尔，要求他立即把丘吉尔首相的下述电讯转告蒋介石："大英帝国和美国已经受到日本的进攻，我们一直都是朋友，现在我们面临一个共同的敌人。"②

美国总统罗斯福在12月9日致电蒋介石，表示在中国所进行的四年半的反对武装侵略的英勇抗战中，美国一直给予中国以道义上和实质上的同情。现在，"我国能够与你和你领导的国家联合起来，我甚以为荣。我完全相信，我们和其他英勇国家的共同斗争将加强我们之间的传统友谊，你们、我们以及我们的友邦正在进行的个别和集体的抵抗努力，必将彻底消灭无法无天的势力"。③

12月9日，中国正式向已经与之作战达四年半之久的日本宣战。宣战布告指出日本军阀夙以征服亚洲并独霸太平洋为其国策，数年以来，中国不顾一切牺牲，继续抗战，其目的不仅为保卫中国的独立生存，还在于要打破日本的侵略野心，维护国际公法、正义及人类福利与世界和平。宣战布告声明：

中国为酷爱和平之民族，过去四年余之神圣抗战，原期侵略者之

---

① 《蒋介石致宋子文电》（1941年12月10日），秦孝仪主编《中华民国重要史料初编——对日抗战时期 第三编 战时外交》（3），第52页。
② 陶文钊主编《抗战时期中国外交》（中国史学会、中国社会科学院近代史研究所编，章伯锋、庄建平主编《中国近代史资料丛刊之十三 抗日战争》第4卷）下册，四川大学出版社，1997，第1039页。
③ Secretary of State to the Ambassador in China, Dec. 9, 1941, *FRUS, 1941*, vol. 4, p.739.

日本于遭受实际之惩创后，终能反省……不料残暴成性之日本，执迷不悟，且更悍然向我英、美诸友邦开衅，扩大其战争侵略行动，甘为破坏全人类和平与正义之戎首，逞其侵略无厌之野心，举凡尊重信义之国家，咸属忍无可忍。兹特正式对日宣战，昭告中外，所有一切条约、协定、合同，有涉及中、日间之关系者，一律废止，特此布告。①

同日，国民政府发布对德意宣战布告，指责自 1940 年 9 月德、意、日订立三国同盟以来，三国"同恶共济，显已成一侵略集团"，三国不断扩大侵略行动，"破坏全太平洋之和平，此实为国际正义之蟊贼，人类文明之公敌，中国政府与人民对此碍难再予容忍"。国民政府宣布：自 1941 年 12 月 9 日午夜 12 时起，中国对德意志、意大利两国立于战争地位，所有一切条约、协定、合同，有涉及中德或中意间之关系者，一律废止。②

国民政府决定在对日宣战的同时对德意宣战，可说是下了破釜沉舟的决心。尽管德国早在 1938 年就与日本显示出了相互接近的趋向，但国民政府一直企图离间德日之间的关系，并不真正地把德国视为敌人。在 1939 年 9 月欧洲战争爆发时及 1940 年夏季，国民政府内部两度有人提议调整外交方针，改行联德政策。尽管这些建议未被最高决策层接受，但国民政府在对德政策上总是留有余地。太平洋战争的爆发，使得国民政府感到，目前已没有必要再留有这一余地，将原本分别进行的东西方战场挂起钩来，形成一个统一的敌我阵线，对中国更为有利。关于这一点，蒋介石在宣战当天的日记中有所记载："本日决定对倭对德意同时宣战，其用意乃在放弃其无关紧要与侵略暴行之德意，而获得利害密切之英俄也，且得对俄对英对美皆有发言之地位。此种大事，必须在大者远者着想，决不可留有余地后步，或为投机取巧纤微之心也。且此次世界战局，必为一整个之总解决，断不容分别各个之媾和，否则虽成亦败矣。"③

10 月 9 日，蒋介石还分别致电罗斯福、丘吉尔和斯大林，建议在东亚

---

① 《国民政府对日宣战布告》（1941 年 12 月 9 日），《国民政府公报》渝字第 421 号，1941 年 12 月 10 日，第 1 页。
② 《国民政府对德意志意大利宣战布告》（1941 年 12 月 9 日），《国民政府公报》渝字第 421 号，1941 年 12 月 10 日，第 1 页。
③ 《蒋介石日记》，1941 年 12 月 9 日。

召开联合军事会议，讨论协同作战问题。然而，美英的反应显然不如蒋介石所期望的那样积极和迅速。12月10日，蒋介石致电中国驻美代表宋子文，指出："中、美、英对日至今尚无具体计划与团结一致之行动，是使稍有军事常识者莫不寒心。如使轴心知我民主阵线之内容如此散漫零乱，不仅为其窃笑而已"。蒋介石要求宋子文向美方转达他的意见，迅速采取行动。①

对于中国提出的结盟抗击轴心国的建议，英国做出了有保留的欢迎姿态。艾登于12月12日要求卡尔将如下答复转告蒋介石："我们热烈欢迎您勇敢的人民作为我们的盟友，与共同的敌人作斗争……我对阁下的慷慨合作和人力物力上的援助也表示感谢。借此机会，我再次确认我国政府以前作过的在战争过程中尽全力援助中国的承诺。"艾登表示，英国政府将根据其他有关国家可能提出的建议，对中国提出的订立正式联盟条约的建议进行认真细致的考虑。但在该电仅供卡尔大使本人知晓的部分，艾登提出了两点保留，一是不赞成在联盟条约中提出不单独媾和问题，艾登表示："我们欢迎中国人作为战争盟友，但不单独与敌人媾和的义务可能会给中国政府阻挠通过谈判实现和平的权利，所以你目前应谨慎地避免使我们承担这种义务。"二是不赞成催促苏联对日宣战，"因为我们的着眼点是，他们在目前的形势下应集中全力抗击德国"。②

12月14日，罗斯福致电蒋介石，表示赞成在12月17日以前在重庆召开联合军事会议，"以交流情报，并考虑采取陆、海军事行动，尤其是在东亚方面，以便最有效地实现打败日本及其盟国的目的"。罗斯福建议，参加会议人员应该包括中国、英国、荷兰、美国、苏联、等国的代表。罗斯福并指派美国空军少将乔治·布雷特（G. H. Brett）作为参加重庆会议的美国代表，已经来华的美国军事代表团团长马格鲁德准将为其助手。罗斯福希望这一会议制定出具体的初步计划，并于12月20日前以密件送到他那里。罗斯福向蒋保证："我正在尽力继续向你们提供物资供应，并设法予以增加。"③罗斯福同时致电英苏等国，赞成在重庆召开会议。

---

① 《蒋介石致宋子文电》（1941年12月10日），秦孝仪主编《中华民国重要史料初编——对日抗战时期 第三编 战时外交》（3），第52页。

② 《艾登致卡尔》（1941年12月12日），陶文钊主编《抗战时期中国外交》下册，第1040—1041页。

③ President Roosevelt to the President of the Chinese Executive Yuan, Dec. 14, 1941, *FRUS*, *1941*, vol. 4, pp. 751–752.

英国方面也意识到与中国加强合作的必要性，赞成在重庆交流情报，但并不赞成在重庆成立一个远东地区的战争指挥机构。艾登在 12 月 14 日致卡尔电中表示："关于在重庆设立战争委员会的建议，我们准备与美国和荷兰政府共同考虑一下是否需要任何特别机构。我们赞成在重庆全面交流情报和观点……你会认识到，重庆并非指挥远东地区盟军作战的合适地点，但我们认为蒋介石不会这么看。"艾登还担心日本人在重庆已利用中国人做间谍以获取情报。尽管英国对在重庆建立联合机构一事缺少热情，但艾登要求卡尔："请尽你所能消除我们想把蒋介石晾在一边的印象。"①

原计划在 17 日前举行的重庆军事会议，由于美英方面的原因，直至 12 月 23 日才得以举行，中、美、英、澳的代表参加了这一会议。美国代表是布雷特将军与马格鲁德将军，英国代表是驻印英军司令、陆军元帅韦维尔（Archibald Wavell）与英国驻华军事代表团团长戴尼斯将军，澳大利亚代表是其驻华公使爱格斯登（Frederick Eggleston）。蒋介石、参谋总长何应钦、军令部部长徐永昌、军委会办公厅主任商震等参加了这一联席军事会议。

会议并未能如中方所期望的那样讨论盟军在远东总的合作问题与加强援助中国的问题，而只是讨论了缅甸问题。英方对中国愿意派更多军队入缅也不热心，只是表示欢迎中国增派一师部队，如派更多部队入缅，在区隔防区与交通方面的困难"至难解决，结果恐难免不与英国部队混合作战，此又为亟应避免者"。英方表示，英国已从印度调部队增援缅甸，不久当可到达，当增援部队到达之后，再加上中国业已允派的部队，"当可以之保卫缅甸，不需再请中国增援矣"。② 不仅如此，英方还提出要将美国援助中国的租借物资的一部分转拨英方作防守缅甸之用，令中方十分不满。

蒋介石对会议结果甚感失望，他在会议当天的日记中写道："英人之贪诈自私，毫无协同作战之诚意，对我国之轻视诬蔑尤为可痛。余不得已乃正色厉声向之责问，彼等方转变态度，勉强决议休会。从此更可知英人

---

① 《艾登致卡尔》（1941 年 12 月 14 日），陶文钊主编《抗战时期中国外交》下册，第 1050—1051 页。
② 《中、美、英、澳联席军事会议记录（摘要）》（1941 年 12 月 23 日），秦孝仪主编《中华民国重要史料初编——对日抗战时期 第三编 战时外交》（3），第 83—92 页。

之阴狠奸猾，不禁为亚洲前途危也。"次日，蒋在送别与会英美代表时，对英代表表示"中英两国不可有一国失败，如中国失败，则英国之印度必危而不保矣"。蒋对美代表则强调"远东对倭作战，端在中国之陆军与美国海空军协同一致为主体"。①

二　争取苏联对日宣战

抗战前期，中国曾期望苏联出兵，支援中国的抗日作战，但未能如愿。太平洋战争爆发后，中方又一次燃起了期待苏联对日宣战的希望。蒋介石极为看重苏联的立场。12月8日，他在致宋子文电中表示："此时应特别注意者，为要求苏俄亦立即宣战，此实为太平洋诸战胜负最大之关键。"蒋介石认为，在目前的反侵略各国中，能以空军袭击日本本土及军港并牵制日本海军者，只有苏联，"如此时俄国态度稍一犹豫，则民主阵线即为倭寇各个击破，最为危险。故中以大陆对日作战必须中苏两国同时宣战，方能击破共同敌军之日本"。蒋指示宋子文与胡适将此意转达罗斯福。②

同日，在蒋介石会见美苏大使前，侍从室秘书李惟果首先接待了苏联大使潘友新，进行了简短的谈话，试图搞清楚苏联对新爆发的太平洋战争持何种立场。潘友新表示，苏联将一如既往地进行卫国战争，打击其主要敌人——希特勒军队。全歼这个轴心国主要成员国的军队是一场最为艰巨和重要的任务。李惟果称，日本也是轴心国的主要成员国。潘友新表示不同意这一说法，他对李惟果说："苏联和所有反侵略的力量现在不仅不应当削弱反对希特勒的斗争，相反，应当加强这一斗争。在反侵略的统一战线中分散苏联的力量未必是上策。"但李惟果仍着力强调苏联立即对日出兵作战的必要性。李惟果指出，如果说从前苏联单独对日作战没有好处，那么，目前在国际形势发生根本变化的条件下，苏联十分有必要性和英美等盟国一起对日作战，以便在来年的春天前消灭来自后方的威胁，然后再借助英美力量向希特勒发起进攻，一举而歼灭之。李惟果声称，英、美、苏、中的反侵略联盟可以迅速地在春天之前打败日本。但是，如果苏联不

---

① 《蒋介石日记》，1942年12月23、24日。
② 《蒋介石致宋子文电》（1941年12月8日），秦孝仪主编《中华民国重要史料初编——对日抗战时期 第三编 战时外交》（3），第42页。

第八章　世界反法西斯联盟的形成与发展 | 241

参加对日作战,要尽快战胜日本就会遇到很大的困难。①

当天,在会见美苏大使后,蒋介石又会见了苏联军事总顾问崔可夫。然而,据蒋介石在日记中记载,"下午召集各大使交建议书后,与俄顾问谈话,态度不良",苏方显然没有给蒋以积极的回应。② 两天后,蒋介石会见崔可夫时再次谈到苏联对日宣战之事,崔可夫的回答比较婉转,且似给了蒋一些希望。崔可夫表示:"据其个人意见,苏对日宣战不过为时间与手续问题",但崔可夫同时表示:"须先商定中、美、英、苏有整个作战计划,方能明白表示其态度"。③

斯大林于12月12日给了蒋介石比较明确的答复。斯大林表示,太平洋反日统一战线以及中国的抗日战争都是反对轴心国统一战线组成部分。而在整个反轴心集团的阵线中,抗德阵线具有决定性的意义,因为德国是轴心集团的主力。苏联现在肩负着抗德战争的主要任务,苏联在抗德战线上的胜利,也是英、美、中对轴心集团的共同胜利。"本人以为苏联之力量目前似不宜分散于远东,因现在苏联军队已开始打击德军,此种力量之分散足以减轻德军之困境也。敬恳阁下勿坚持苏联即刻对日宣战之主张。"斯大林又表示,苏联总有一天与日本战,"因日本必将无条件的破坏中立条约,吾人应准备应付此种局面,但准备需要时间,并需吾人预先击退德国,因此之故,再恳阁下勿坚持苏联即刻对日宣战之主张"。④ 蒋介石对斯大林的这一决定深感遗憾:"现惟俄不肯对倭宣战,故抗战政略尚不能达至最颠点耳。"⑤

12月13日,崔可夫在会见军事委员会顾问事务处处长卜道明时对苏联不能立即对日宣战做了解释。他表示,斯大林有关先击溃德军的说法,并不意味着只有先打败德国才能对日作战。目前苏联在远东所准备的弹药

---

① 《潘友新与蒋介石谈话记录》(1941年12月8日),С. Л. 齐赫文斯基主编《20世纪俄中关系 第四卷 苏中关系 (1937—1945)》,莫斯科,历史思想文献出版社,2000,第671—672页。
② 《蒋介石日记》,1941年12月8日。
③ 《蒋介石致宋子文电》(1941年12月10日),秦孝仪主编《中华民国重要史料初编——对日抗战时期 第三编 战时外交》(3),第52页。
④ 《斯大林致蒋介石电》(1941年12月12日),秦孝仪主编《中华民国重要史料初编——对日抗战时期 第三编 战时外交》(2),第391—392页。
⑤ 《蒋介石日记》,1942年12月14日上星期反省录。

以及美国此前运到海参崴的油料,已有一部分运往西战场。如要对日作战,需要相当的补充与攻击准备,"此项准备正在进行中,而对日作战之时间问题,想当以此项准备之能否迅速完成而定"。崔可夫同时表示,苏联与中国及其他盟国之间目前可以在其他方面加强合作,"目前中、苏、美、英对于情报交换一事,似应特别注意,本人业电莫斯科及远东红军司令部,请求凡关日本陆海军之调动情形,随时通知中国。同时请求委座令饬军令部加紧敌情侦察工作,将所得之材料,随时通知苏联及英、美"。①

蒋介石并不死心,仍企图说服斯大林。他于12月17日致电斯大林,指出德日所用战略如出一辙,即以闪电战先发制人,毁灭对方的海空军与军事要点,使其不能还击。现在英美在太平洋上陷于被动,欲打击敌人已感相当困难,"余意此时惟有苏联能及早先发制人,则太平洋局势尚可挽救,而苏联在远东之现状乃可获得安全,否则如任令日本对苏联先施行突击,取得主动,而吾人居于被动,则远东反侵略阵线必陷于危境,乃至于不能收拾矣"。蒋介石并声称已得到确切消息,德意对美宣战,系以日本承诺进攻苏联为交换条件。蒋介石表示:"贵国对德英勇抗战,在欧洲已负担极重大之任务,余决不欲坚执己见,强贵国以加重负担。但口寇狡诈,至为可虑,苟吾人能争取时间,握得主动,使日本无法还手回击,则太平洋各国尚不致为其各个击破,此点想阁下必已熟虑及之,决不令日本取得机先,以致陷于被动也。"②

此时,外界关于苏联对日立场有许多传言,称苏联对日仍将坚守中立协定,对德也将停止进攻。中国外交部于12月12日致电驻苏大使邵力子,令其注意探查苏日关系的进展。邵力子陆续将与苏联外交部的接触情况、广泛考察舆论界及各方态度的情况报告外交部。在12月17日的报告中,邵力子指出:"苏联对德必抗战到底,对倭已明白指斥其侵略,对英美仍密切合作,对我亦继续其友好之表示,毫无可以怀疑之处。"邵力子否认了外界传言,认为外交部所得情报"与事实相反过甚"。③

---

① 《卜道明致蒋介石》(1941年12月13日),秦孝仪主编《中华民国重要史料初编——对日抗战时期 第三编 战时外交》(2),第392页。
② 《蒋介石致斯大林电》(1941年12月17日),秦孝仪主编《中华民国重要史料初编——对日抗战时期 第三编 战时外交》(3),第68—69页。
③ 《邵力子致外交部电》(1941年12月17日),二档馆:761/128。

数日后,邵力子再电外交部,称"苏倭关系现极微妙",苏联公开指责侵略,但对与中、英、美共同作战,则迄无表示,"观其屡次称目前主要敌人仍为希特勒,击溃德国则义、倭皆易解决,似为不愿对倭作战之地步。惟实际如何,必仍视环境、战略与各方面之谈判"。①

美英也希望苏联能在远东为对日作战助一臂之力。罗斯福在12月8日会见苏联驻美大使李维诺夫时表示,希望苏联参加对日作战。艾登在1941年12月访苏商谈英苏同盟条约时,也曾与斯大林谈到这一问题。在12月20日的会谈中,艾登表示,远东的局势很严重,他想知道苏联能否以及何时在抗击日本方面提供援助。对此,斯大林回答说,如果苏联向日本宣战,那么势必要在陆、海、空进行真正的大规模作战,这可不像比利时和希腊向日本宣战那样只是一纸宣言而已,"因此,苏联政府必须仔细考虑自己的条件和兵力。目前,苏联还没有做好同日本作战的准备。我们相当数量的远东军队近来被调往西线。现在在远东正在组建新的军队,但是至少还需要4个月苏联才能在那个地区做好应有的准备"。斯大林也提出了另一种可能,即日本主动进攻苏联,"如果日本入侵苏联,事情就会好办得多。那样就会在我国造成更为有利的政治和心理气氛,抵抗入侵的战争更容易普遍发动,而且能促使苏联人民更加牢固地团结起来。苏联反对希特勒德国入侵的战争就是最好的例证"。斯大林认为,如果德国人在前线开始失利,那么日本人入侵苏联是有可能的,甚至是无疑的,因为那时希特勒会采用一切手段施加压力,迫使日本卷入对苏作战。②

可以说,苏联的决定是明确的,在打败德国之前或在日本主动进攻苏联之前,它是不会对日宣战的。但是,中国期望苏日冲突的想法却持续了相当长的时间,直到1943年时蒋介石还时常在日记中期盼着苏日战事的爆发。

三 《联合国家宣言》的发表与中国战区的成立

1942年1月1日,参加反对德意日作战的26国签署《联合国家宣言》。二十六国宣言的签署,标志着反对轴心国的盟国阵线正式形成。该

---

① 《邵力子致外交部电》(1941年12月21日),二档馆:761/128。
② 《艾登同斯大林第四次会谈》(1941年12月20日),沈志华执行总主编《苏联历史档案选编》第16卷,社会科学文献出版社,2002,第568页。

宣言表示，各签字国政府赞同1941年8月大西洋宪章的原则，"深信为保卫生存、自由、独立与宗教自由，并保全其本国与其他各国中之人权与正义起见，完全战胜敌国，实有必要"。各签字国承诺："每一政府保证运用其军事与经济之全部资源，以对抗与之处于战争状态之三国同盟成员国及其附从国家。""每一政府保证与本宣言签字国政府合作，并不与敌国缔结单独之停战协定或和约。"[1] 联合宣言是开放性的，"凡正在或行将提供物质援助与贡献以参加战胜希特勒主义的斗争之其他国家，均得加入上述宣言"。[2]

《联合国家宣言》由美、英、苏、中四国领衔签署。中国领衔签署如此重要的国际宣言，这在近代以来的中国历史上还是第一次，它标志着中国的国际地位有了显著变化，这一变化的基础是中国的战略作用终于为盟国所认识。盟国希望中国能在对日战争中继续发挥积极的作用。在近代以来的国际活动中，中国基本上是在别人拟定的多边国际条约上签字，有时甚至不得不在有损自身利益的条约上签字，而今以领衔国的身份签署国际文件，令中国朝野各方颇感自豪。

二十六国联合宣言发表后，"四强"一词便出现了。以目前所见史料来看，这一词语最早是从美国人那里传出的。二十六国宣言签署时，美国总统罗斯福对宋子文表示，欢迎中国为四强之一。[3] 这应是中国最早听到的"四强"之说。此时，中国虽已感到其国际地位与往日大不相同，有了较大提高，但还不敢自居"四强"之列，或者说尚未想到这么快就有"四强"之说。罗斯福骤然提出"四强"一词，颇令蒋介石有些吃惊，有种盛

---

[1] 世界知识社编《反法西斯战争文献》，编者印行，1955，第34页。

[2] 《联合国家宣言》（1942年1月1日），《反法西斯战争文献》，第34—36页。宣言的初始签字国为美国、英国、苏联、中国、澳大利亚、比利时、加拿大、哥斯达黎加、古巴、捷克斯洛伐克、多米尼加共和国、萨尔瓦多、希腊、危地马拉、海地、洪都拉斯、印度、卢森堡、荷兰、新西兰、尼加拉瓜、挪威、巴拿马、波兰、南非联邦、南斯拉夫等26国。到战争结束前，陆续加入者又有21国，其加入日期分别为：墨西哥，1942年6月5日；菲律宾，1942年6月10日；阿比西尼亚，1942年7月28日；伊拉克，1943年1月16日；巴西，1943年2月8日；玻利维亚，1943年4月27日；伊朗，1943年9月10日；哥伦比亚，1943年12月22日；利比里亚，1944年2月26日；法国，1944年12月26日；厄瓜多尔，1945年2月7日；秘鲁，1945年2月11日；智利、巴拉圭，1945年2月12日；委内瑞拉，1945年2月16日；乌拉圭，1945年2月23日；土耳其，1945年2月24日；埃及，1945年2月27日；沙特阿拉伯、叙利亚、黎巴嫩，1945年3月1日。

[3] 《宋子文致蒋介石电》（1942年1月1日），叶惠芬编《中华民国与联合国史料汇编——筹设篇》，台北，"国史馆"，2001，第4—5页。

名难副的惶恐，蒋在日记中写道："此言闻之，但有惭惶而已！"①

盟国开始考虑在今后的共同作战中如何协调作战的问题。12月29日，罗斯福致电蒋介石，提议设立中国战区，并成立一个统一指挥战区内盟军行动的统帅部，这一战区将包括盟国部队可以到达的泰国、印度支那等地。罗斯福表示，在征得英国和荷兰政府同意后，"我愿意提议你担任现在以及将来可能在中国战区作战的盟国一切武装力量的指挥职务"。罗斯福建议，为了有效地指挥，必须立即组织联合计划机构，其中包括英国、美国和中国政府的代表，也可以包括一名俄国代表。这个机构将在蒋的统率下执行任务。②

蒋介石欣然接受了罗斯福的提议。1942年1月2日，蒋介石复电表示，担任中国战区及安南、泰国境内盟军最高统帅一职，责任重大，本不敢贸然应命，"然念此统帅部成立之后，足使中国战区中联合国间得统一其战略，促进其全盘作战之功效，既经阁下征得英、荷政府之同意，作此建议，自当义不容辞，敬谨接受。盖诸国军队为共同需要而作有效之合作，实为目前超越一切之急务"。蒋希望美英立即指派代表，以组织联合作战计划参谋部。③

1月4日，蒋介石就中国战区联军司令部参谋长人选一事致电宋子文，要求他"务请罗总统遴选其亲信之高级将领为参谋长"，军衔需在中将以上，并特别表示，参谋长人选"不必熟悉东方旧情者，只要其有品学与热心者可也"。④但美国军方最终还是挑选了一位"中国通"，此前曾担任过美国驻华武官的史迪威将军被推荐担任参谋长。蒋介石回电表示欢迎，但特别强调："在华之美代表以及高级军官，皆应受中国战区联军参谋长之节制指挥，而联军参谋长须受统帅之命令而行，此点应先决定，则其他问题皆可根本解决也。"⑤

---

① 《蒋介石日记》，1942年1月3日。
② President Roosevelt to the President of the Chinese Executive Yuan, *FRUS*, *1941*, vol. 4, pp. 763–764.
③ 《蒋介石致罗斯福电》（1942年1月2日），秦孝仪主编《中华民国重要史料初编——对日抗战时期 第三编 战时外交》（3），第98页。
④ 《蒋介石致宋子文电》（1942年1月4日），秦孝仪主编《中华民国重要史料初编——对日抗战时期 第三编 战时外交》（3），第99页。
⑤ 《蒋介石致宋子文电》（1942年1月22日），秦孝仪主编《中华民国重要史料初编——对日抗战时期 第三编 战时外交》（3），第114页。

美国军方让史迪威同时担任蒋介石的参谋长和美国在华代表。1月29日，美国陆军部部长史汀生在致宋子文函中明确了史迪威的如下职权："监督并管制一切美国对华有关国防的援助事宜；在蒋委员长节制下统辖一切在华的美国部队以及经指定的中国部队；在任何在中国召开的国际军事会议中，代表美国政府并充任蒋委员长的参谋长；改进、维持并管制中国境内的滇缅公路。"① 史迪威的这一职权授予，使他同时具有美国在华代表与蒋介石参谋长的双重身份，这与蒋介石的最初设想颇有距离，也为此后两人之间的冲突埋下了潜因。3月初，史迪威抵达重庆就职。

二十六国宣言的发表、中国战区的成立及蒋介石担任战区最高统帅，使中国的地位与一个月前相比有了意想不到的极大提高。1942年1月底，蒋介石对此抒发了一通感慨。据《总统蒋公大事长编初稿》记载，蒋自记曰："二十六国共同宣言发表后，中、美、英、俄四国已成为反侵略之中心，于是我国遂列为四强之一。再自我允任中国战区最高统帅之后，越南、泰国亦划入本战区，于是国家之声誉及地位，实为有史以来空前未有之提高，甚恐受虚名之害，能不戒惧乎哉！"② 这一段文字除了反映出已被克制的欣喜外，还流露出对地位突然极大提升的某种疑虑。

然而，这还不是蒋介石内心的准确表露，因为该大事长编的编者对蒋介石日记做了加工，这一修改看似并不太大，但恰恰改掉了原文的微妙心境。核诸蒋介石日记的原文，该段文字应为："二十六国共同宣言发表后，名义上且以美英俄华为中心，于是我国列为四强之一。再自我允任中国战区统帅之后，且越南、暹罗亦列入本战区内，于是国家与个人之声誉与地位，实为有史以来开空前惟一优胜之局也，甚恐有名无实，盗虚名而受实祸，能不戒惧乎哉！"③ 两相比较，名义上以四国为中心，与四国已成为中心，意思上已有相当差别。而甚恐有名无实的表述，则更进一步表现出蒋对这一地位能否实至名归尚有相当疑问。可以看出，当"四强"一词出现时，面对着这一不久前尚无法想象的尊崇地位，中国领导人亦喜亦忧，担心名不副实。

---

① 《史汀生致宋子文》（1942年1月29日），世界知识出版社编《中美关系资料汇编》第1辑，编者印行，1957，第495页。
② 秦孝仪总编纂《总统蒋公大事长编初稿》卷5（上），第15页。
③ 《蒋介石日记》，1942年1月31日本月反省录。

四　中国远征军入缅作战

早在太平洋战争爆发前，中英之间就开始了有关未来在缅协调作战的磋商。1941年2月，中国军方组成以军事委员会办公厅主任商震上将为团长、军令部次长林蔚中将为副团长的中国缅印马军事考察团，对缅甸、印度和马来亚进行了为期三个月的考察，广泛搜集这些国家政治、军事、经济方面的资料。考察团最后提交的《中国缅印马军事考察团报告书》长达30余万字。该报告书分析，一旦日英开战，日本必定要进攻马来亚和缅甸，以达到既击败英军，夺取英国殖民地，又封锁中国的目的。报告书提出了中英共同防御缅甸的设想。6月，中国向英国提出了《中英缅共同防御意见书》，正式提出中英共同防御缅甸的作战计划。

1941年春，军事委员会从军令部、军政部及军训部抽调一批精英人才在昆明成立了军事委员会驻滇参谋团，作为军委会的派出机构，林蔚出任团长，萧毅肃中将任参谋处长，策划中英协调作战事宜。11月，国民政府的精锐部队第五军及第六军奉命从贵州开赴云南，后又编组第六十六军，以作为入缅作战的机动部队，但英国一直不同意中国军队及早入缅布防。

太平洋战争爆发后，英方仍不愿大批中国军队入缅作战。12月24日，蒋曾主动向英方表示，如果英国需要，中国可以派遣8万兵力入缅作战，但为英方所拒绝，中国军队入缅行动被迫暂时停顿。1942年1月，部分日军突破泰缅边境，进攻缅甸，英军作战不利。直到此时，英军才向中方提出紧急求援的要求。2月5日，在蒋介石出访印度途经缅甸腊戍时，英国驻缅军总司令胡敦（T. J. Hutton）赶往该地，提出了请中国火速入缅的要求。

2月16日，蒋介石在印度电令停留在中缅边境地区的中国军队尽速入缅，准备作战。同日，军事委员会令第五、第六军进军缅甸，向缅南、缅东地区开进，同时以第六十六军作为总预备队。3月12日，中国远征军第一路司令长官部成立，卫立煌任司令长官，杜聿明任副司令长官。[①] 卫立煌因故未能到任，杜聿明代行其职权。远征军下辖第五、第六、第六十六

[①] 此时，中国还有意编组中国远征军第二路部队，用于越南方向的作战，但后因情况变化未实施。

军共9个师，总兵力约10万人。

中国军队起初归英军总司令胡敦统一指挥，但英军毫无斗志，既不欢迎中方参谋参加其总部的工作，其部队在作战撤退时，也常常不通知在同一地区的中国军队。3月8日，英军轻易地放弃了仰光。因此，蒋介石不同意再让英军将领指挥中国军队。3月9日，蒋介石提议，所有在缅的中英军队都由新任中国战区参谋长的史迪威将军指挥。蒋介石令宋子文向罗斯福提出这一建议，并请其向丘吉尔提出。罗斯福对英方虽有不满，但并未向丘吉尔提出这一要求。史迪威遂只以中国远征军总指挥的身份指挥中国入缅部队的作战。

尽管先机已失，入缅中国军队仍然展开了积极顽强的作战，给日军以有力打击，阻滞了日军在缅甸的进攻。在东吁保卫战中，第五军第二〇〇师与数倍于己的日军激战十余日，歼灭日军500余人，给日军以沉重打击，有力地支援了西线的英缅军。① 在仁安羌战役中，英缅军第一师及英装甲第七旅一部被围，紧急求援。中国远征军立即派遣新编第三十八师驰援。激战两日，中国军队击溃日军，救出被围的英军7000余人以及被俘的英军官兵、传教士和新闻记者500余人，夺回被日军劫获的英军辎重100多车。仁安羌一役，英伦三岛亦为之轰动。②

仁安羌战役后，中方与英方曾商讨发起反攻作战，但英军认为缅甸作战已无希望，决定放弃缅甸。英军置原先商定的中英共同防御计划于不顾，渡过钦敦江，向印度境内撤退。这样，中国远征军陷于孤军作战的境地。

中国远征军的兵力分散于中线和东线，东线兵力尤其薄弱。4月下旬，日军第五十六师团乘中国军队后方空虚，以快速部队向缅北战略要点腊戍挺进。4月28日，日军攻占腊戍，切断了中国军队的后方。此后，日军主力部队陆续攻占畹町、八莫、密支那等地，一部侵入云南境内，中国远征军退回云南的道路被彻底切断。

此后，远征军各部开始了艰苦的撤退，许多部队不得不穿越"野人山""死亡之谷"等人迹罕至的原始森林，饱受饥饿、疾病的双重折磨，

---

① 该师师长戴安澜亦因此役声名大振。同年7月，美国总统罗斯福追授戴将军以军团功勋章，表彰他在缅甸作战中的显著战绩以及他为中国陆军所赢得的卓越声誉。

② 为此，英国政府后来向新三十八师师长孙立人等颁发了勋章。

有时还会碰到遭遇战。第二〇〇师师长戴安澜便是在穿越封锁线时遭日军伏击，身负重伤而牺牲。撤退途中，远征军兵员损失很大。以第五军为例，第五军入缅时有 42000 人，作战死伤 7300 人，撤退途中死伤 14700 人，撤回时仅剩 20000 人。① 整个远征军入缅时 10 万大军，撤回者仅 4 万人左右。除第六十六军新三十八师和第五军新二十二师西撤到印度境内，其余部队陆续撤到云南境内。

中国远征军第一次入缅作战，虽未能挽回缅甸防御战的颓势，但中国军队以英勇顽强的作战，给日本军队以沉重打击，不仅给在缅英军以有力支持，使其平安退入印度，为其组织印度防务赢得宝贵时间，还有力地配合了盟军在其他战场的作战，使日军无法投入更多兵力于其他方向。中国军队的英勇作战，展现了中国人民的民族牺牲精神和国际主义情怀，促进了中国国际地位的提高，在中国抗日战争史及世界反法西斯战争史上都写下了重要的一页。

第二节 支持周边国家的抗日活动

太平洋战争爆发后，中国开始在国际舞台上担当更为积极的角色，人们对支持周边国家表现出更多的热情，认为这是一个大国应该负起的责任。如立法院院长孙科便积极提倡具有世界眼光的三民主义，他认为，三民主义中的民族主义，不只是要求中华民族在国际上获得平等，还要求世界各民族一律平等，"如果单独顾到本身的自由平等，抗战胜利以后，中国在国际上得到平等的地位，大家便感觉满足，不管旁的弱小民族，不过问朝鲜、越南、暹罗，印度得到得不到自由，认为那不是中国的事情，那就完全违反我们的民族主义"。② 作为东亚的一个大国，中国重新负起了对地区邻国的道义责任，积极支持朝鲜和越南人民的抗日斗争，支持他们在战后取得独立。中国还试图对英国与印度之间的纠纷进行调解，敦促双方合作抗日。

---

① 杜聿明：《中国远征军入缅对日作战述略》，全国政协文史资料研究委员会编《远征印缅抗战——原国民党将领抗日战争亲历记》，中国文史出版社，1990，第 34 页。
② 孙科：《三民主义的世界性》，重庆《中央日报 扫荡报（联合版）》1942 年 7 月 16 日。

一　扶助朝鲜抗日力量

中国支持朝鲜人民的抗日活动由来已久，抗日战争爆发后，国民政府对韩国独立运动的支持公开化。在中国境内活动的韩国独立运动主要有两大力量，一是以金九为中心的韩国独立党和韩国临时政府，军事组织有韩国光复军；一是以金若山为中心的朝鲜民族革命党等团体，军事组织有朝鲜义勇队。国民政府同时支持韩国独立运动的各派系，通常由国民党中央党部联络韩国独立党和韩国临时政府，由军事委员会联络朝鲜民族革命党，对他们既给予政治上的支持，也给予经济上的大力扶助。同时，在军事上把朝鲜武装力量编入中国军队的抗战序列，朝鲜义勇队由军事委员会政治部第一厅指挥，被分别派往13个省份的前线，协助中国军队作战，韩国光复军名义上隶属韩国临时政府，实际上也由中国军方直接指挥。

太平洋战争爆发后，韩国临时政府于12月9日发表对日宣战声明书，宣布"韩国全体人民，现已参加反侵略阵线，为一个战斗单位，而对轴心国宣战"。同日，韩国临时政府主席金九致书国民政府主席林森，表示："韩国之独立及全世界弱小民族之完全解放，全赖贵国对日宣战及获得光荣的最后胜利而完成，敝政府为加强反侵略阵营，特此对日宣战。"① 1942年1月1日，重庆韩侨举行集会，以大会名义致电中、美、英、苏4国元首，要求承认韩国临时政府，准许朝鲜以第27个参战国的资格加入对日作战的盟国。

国民政府对朝鲜的复国愿望表示了同情和支持，主张应及早承认韩国临时政府。3月22日，立法院院长孙科在东方文化协会、国际反侵略分会、国民外交协会等团体于重庆主办的韩国问题演讲会上公开表示："我们不但是要主张韩国独立，还要援助并促成韩国的独立。""我们目前要援助韩国独立，最重要的是承认韩国的临时政府"。②

从防止苏联介入的角度考虑，国民党中央调查统计局局长徐恩曾也主张应及早承认韩国临时政府。他在致朱家骅函中指出："苏联远东军方面有韩籍红军三四万人，训练有素，日苏一旦开战，即有组织苏维埃政府之

---

① 《金九致林森》（1941年12月10日），赵中孚、张存武、胡春惠主编《近代中韩关系史资料汇编》第12册，台北，"国史馆"，1990，第375页。
② 《韩国独立问题》，《孙科文集》第3册，台北，台湾商务印书馆，1970，第848页。

可能,且韩国光复军,我已予以支援,故对韩国临时政府,应早予承认。"①

韩国临时政府积极争取中国承认并期望通过中国推动国际社会的承认。金九于1942年1月致书国民政府,称早年孙中山先生曾有协助韩国独立之诺,"目前中国已为世界四强之一,为世所公认,倘以领导东方各民族革命者之资格,重践前言,率先承认韩国临时政府,并提请同盟各国一致承认,提高其国际地位,俾达成光复旧疆之目的,则不仅全韩民众,欢欣鼓舞,即世界友邦,亦必更为赞佩"。②

对于扶助像朝鲜这样的历史上曾经与中国有过宗藩关系的周边国家,舆论界表现出相当的热情。一些人认为这是中国的责任:"兴灭继绝,济弱扶倾,是数千年来我国对外政策上的传统精神。为了救助邻邦,中国人在朝鲜、越南、暹缅,且曾兴过仁义之师,流过光荣之血!"他们认为,今天的中国对这些周边国家再次负起责任,是理所当然之事,"我正已踏上复兴之路,宛如旭日东升的中国,起而负救护的责任,实为势所必至,理所固然,任何人无怀疑或反对的余地!"③

1942年7月,国民党中央常务委员会成立了高级别的朝鲜问题专案小组,以戴季陶、何应钦、王宠惠、陈果夫、朱家骅、吴铁城、王世杰等7人为委员,王宠惠、吴铁城为召集人。④ 同月,军事委员会初步拟定《对韩国在华革命力量扶助运用指导方案》。该方案提出,今后国民政府的对韩工作应"为多党之运用,不必固执一党,并须使其能协同工作"。"对韩国临时政府,须使其能领导各党派力量,实行民主政治,不采一党包办之政策"。关于承认问题,"随时考虑,应合国际情况,适时承认"等。8月1日,国民党中央韩事专案小组讨论了军委会提出的这一方案,对多党运用的方针做出调整。小组做出三点决定:(1)原则上确定先于他国承认韩国临时政府,时机由政府抉择;(2)在承认韩国临时政府尚未表面化以

---

① 《徐恩曾致朱家骅》(1941年12月11日),中研院近代史研究所编《国民政府与韩国独立运动史料》,台北,编者印行,1988,第562页。
② 金九:《关于承认韩国临时政府之节略》(1942年1月31日),《国民政府与韩国独立运动史料》,第566—567页。
③ 罗敏:《中国关于战后越南问题的认知与实践》,《中国社会科学院近代史研究所青年学术论坛·2002年卷》,社会科学文献出版社,2003,第511页。
④ 《国民政府与韩国独立运动史料》,第570页。

前，只能承认一个团体为对手方；（3）对韩国在华革命力量的借款，由党出面，以宽大与自由之精神为原则。①

此后，专案小组又明确了对在华韩国党、政、军各方面指导接洽的职责，决定除军事方面由军事委员会负责外，其他党政方面统由国民党中央党部秘书处主持。对是否应在此时提出承认韩国临时政府问题，国民党高层内部存在着分歧，多数人主张承认，但何应钦力主谨慎，会议遂议由蒋介石决定承认时机。

10月8日，蒋介石对军委会所拟的方案提出审核意见。蒋介石同意先于其他国家承认韩国临时政府的原则，但认为不必"只承认一个团体为对手方"，不必急于如此限定援助对象。蒋认为党政军事务事实上不可分离，应予统一运用及指导，除何应钦外，应再指定一二人参加主持援韩工作，以后有关韩国之问题，统由此数人协商办理。12月27日，蒋介石批准了修改后的《扶助朝鲜复国运动指导方案》。该方案规定的扶助方法有：（1）于适当时期，先他国而承认韩国政府，其时机由总裁指示，交外交部办理；（2）韩国光复军暂直隶军事委员会，由参谋总长掌握运用，并派遣一部分参谋及政训人员协助其作战、训练及宣传工作；（3）韩国临时政府及各革命团体应配合盟国作战方略及我军部署，从事各项规定工作；（4）各项军事费用由军事委员会借给，党务政治费用，由国民党中央执行委员会秘书处借给。② 同一天，蒋介石批准今后由军委会参谋总长何应钦、国民党中央组织部部长朱家骅、中央党部秘书长吴铁城三人主持援韩工作，规定今后有关援韩问题，不论政治、经济、军事，统由他们协议办理，意图改变以往政出多门的现象。

1942年8月9日，行政院政务处处长蒋廷黻发表谈话，希望联合国家通过类似《大西洋宪章》那样的宣言，保证韩国在战后独立。1942年11月，中国外交部部长宋子文举行记者招待会，公开表示中国政府将支持韩国在战后成为一个独立国家，并强调说明，支持韩国独立是中国的国际义务而不是权利。③ 1943年1月3日，外交部情报司司长邵毓麟在《大公报》发表文章，主张战后朝鲜应立即独立。文章指出："至于朝鲜之独立，已

---

① 杨天石：《蒋介石与韩国独立运动》，《抗日战争研究》2000年第4期，第11—12页。
② 吴相湘：《第二次中日战争史》下册，第938页。
③ 重庆《中央日报》1942年11月4日。

为必然之结论。朝鲜为日本大陆侵略政策之跳板,其独立之被侵,为甲午战争之起点,日俄战争之诱因,且亦为此次太平洋战争之远因"。因此,朝鲜独立重建,应是中日战争的必然结果,事实上也是盟国协同作战的共同目标之一。① 该文引起外界较大关注,美国驻华大使高思认为它代表了中国政府的见解,将该文全文电报美国国务院。1943 年 7 月 26 日,蒋介石在会见韩国临时政府主席金九等人时明确表示:"韩国在战后应予独立,系中国政府决定之政策。"②

1943 年 8 月,蒋介石为对处理朝鲜问题提出了三项基本原则:(1) 处理党派问题,韩国各党派原不必强求其统一,但宜择优扶植,使其能领导独立运动,查目前各党派中,以韩国独立党组织较健全,历史亦久,今后应以该党为中心,扶植其领导地位;(2) 处理政治问题,我国对韩国政府现虽尚未承认,惟兹后有关朝鲜独立运动之政治事宜,应侧重以韩国临时政府为对象,以消弭其内部政争;(3) 处理军事问题,调整光复军之高级人事,培植临时政府下统一的军事力量,使其集中意志,灵活指挥。③

国民政府还积极在国际上展开活动,希望获得其他大国对朝鲜独立的支持。对此,英苏反应冷淡,即使是美国,也有不少顾忌。在罗斯福的心目中,朝鲜是日本的殖民地,其处理问题应纳入对整个世界殖民体系的处理之中,而不必单独提出。1942 年 4 月,宋子文向罗斯福提及朝鲜独立问题时,罗斯福表示:"承认朝鲜独立本拟俟印度问题完全解决,同时宣布。今印度事搁浅,日敌猖獗之时,单独提出朝鲜问题,似不切实。"④ 1942 年 5 月,美国驻华大使高思致函中国外交部,表示美国无意立即承认在华的韩国团体,因为它们彼此既不能合作,又未能获得韩国本土人民的支持。此外,美国还须顾忌到在美国及苏联的各韩侨团体。1943 年 5 月,美方再次向中国驻美大使魏道明表示,承认韩国临时政府一事最好暂时搁置不谈。

面对韩国独立运动内部的派系分裂,国民政府力图加以整合。1942 年元旦,郭泰祺在会见金九、金若山时表示,国民政府有意承认韩国临时政

---

① 邵毓麟:《如何解决"日本事件"》,重庆《大公报》1943 年 1 月 3 日。
② 石源华:《论抗日战争期间国民政府的援朝政策》,《抗日战争研究》1994 年第 2 期。
③ 《国民政府与韩国独立运动史料》,第 584—585 页。
④ 《宋子文致蒋介石电》(1942 年 4 月),赵中孚、张存武、胡春惠主编《近代中韩关系史资料汇编》第 12 册,第 379 页。

府。他同时指出,朝鲜各党派的团结合作与国际外交承认有密切关系,对双方都施加了一定的压力。为了进一步促成各派系的联合,国民政府决定改变以前同等对待、多头援助的做法,改为以扶助韩国临时政府为主的方针,强化该政府的地位。在中方的努力下,1942年5月,朝鲜民族革命党领导的义勇队并入韩国光复军,金若山出任新增设的光复军副司令。中方同时施加压力,促使韩国独立党开放政府。1942年12月,韩国临时议政院和内阁扩大,容纳民族革命党人参加政府,初步实现了两派的合作。

经过中方的不断努力,美国的态度有所变化。开罗会议上,中方提出了保障朝鲜战后独立的要求。蒋介石首先在与罗斯福的讨论中达成共识。罗斯福同意,战后应使朝鲜获得自由与独立。至于如何使朝鲜重建自由与独立,则应由中美两国协助朝鲜人民达成目的。①

在中美所提出的开罗宣言草案中,双方同意于适当时期,"使朝鲜成为一自由与独立之国家"。但英方提出修改意见,要求改为"使朝鲜脱离日本之统治"。中国代表王宠惠当即表示反对,指出朝鲜原由日本侵略吞并,日本的大陆政策即由吞并朝鲜而开始,如仅言"脱离日本统治"而不言其他,"则只为将来留一重大之问题,殊非得计",现在就应决定朝鲜将来的独立地位。王宠惠强调,在公报中写明此点,在中国看来"甚为重要"。②英方又表示,此事英国内阁尚未讨论,不宜未经阁议而在此间决定。而且,这一问题事先未与苏联接洽,苏联对此事的态度也无从知悉,应顾及苏联的立场。但美国代表随即表示,罗斯福总统认为,这一问题似与苏联没有关系,没有必要与苏联商量。在中方的坚持和美方的支持下,战后朝鲜独立的内容被明确写进了开罗宣言,宣布"决定在相当期间,使朝鲜自由独立",正式获得了朝鲜独立的国际保证。

二 支持越南独立运动

对越南独立运动的支持稍有不同。战前,越南是法国的殖民地,受对法关系的制约,中国对越南独立运动的支持是有限度的,主要限于容纳越

---

① 《王宠惠呈蒋介石开罗会议开会日志》(1943年12月),秦孝仪主编《中华民国重要史料初编——对日抗战时期 第三编 战时外交》(3),第529页。
② 《王宠惠呈蒋介石开罗会议开会日志》(1943年12月),秦孝仪主编《中华民国重要史料初编——对日抗战时期 第三编 战时外交》(3),第532页。

南各组织在中国境内活动。抗战爆发后一段时期仍是如此。法国在欧洲战败后，法越当局与日本合作，中国对越南独立运动的支持遂转趋积极。中国境内开办了各种训练班，为越南独立运动培训大批青年骨干，这些青年后来成为独立运动的主要力量。

对越工作主要由军事委员会桂林办公厅及第四战区司令长官部负责进行。太平洋战争爆发后，第四战区加强了对越南民众的宣传工作。第四战区司令长官部轮流约请越南在华的重要领导人撰写演讲稿，在国际电台向越南民众每周三次进行广播。

1942年3月，第四战区拟定《对越策动计划大纲》，提出："战区应利用政治、外交等手段之掩护，积极策动组织越南民众武力，并各地华侨，争取法越政府暨其部队之向心，即扶植指导越南诸党派，以期控制全部越南之潜力，使能与国军立于同一战线，共同打击倭寇。最低限度不使供敌使用，以期我入越作战收最大之成效。"其时，在中国境内活动的越南各革命团体有越南国民党、越南独立同盟会、越南民族解放同盟会及越南复国军等，它们不相统属，互存成见。为加强斗争成效，该大纲力图使这些组织"在使其对我能确实协助，并了解我扶助其解放之诚意之下，互相团结"，决定将这些团体中的忠实负责者、中坚分子及侨胞领袖，"重新合并组织一越南反侵略同盟会，设置柳州，直接受本战区之监督、指导，重新决定其工作方针，坚定其信仰，以消弭其纷错之现象，期收确实协助之效"。①

3月22日，立法院院长孙科在重庆发表演讲，主张战后应"恢复所有的民族国家"，"实现弱小民族的独立自由"。他呼吁盟国像宣布《大西洋宪章》一样，宣布一项《太平洋宪章》，承认印度、越南、韩国及菲律宾的独立地位。② 这是中国政府要员第一次公开主张越南应该获得独立，对越南独立运动志士鼓舞很大。

1942年10月，在中方的协调下，越南国民党、越南民族解放同盟会、越南复国同盟会等团体以及一些独立人士在柳州联合成立越南革命同盟会。该同盟会政纲规定：其最高目的为"联合全越民众及中国国民党，打到日、法帝国主义，恢复越南国土，建立自由平等之民主国家"。为实现

---

① 万仁元、方庆秋主编《抗日战争时期国民党军机密作战日记》上册，中国档案出版社，1995，第536—539页。
② 《韩国独立问题》，《孙科文集》第3册，第846—847页。

这一目的，"决以全越民众力量与中国国民革命军并肩作战，以驱除日、法帝国主义者，肃清一切侵略势力"。"须联合各同盟国家如中、美、英、苏等国，尤其是中国，切求其援助，以建设越南民主国"。① 同盟会选出张佩公、阮海臣、武鸿卿三人为中央执行委员会常务委员。同盟会下设7个组，分别为秘书、军事、组织、宣传、训练、财务、交际组。

为加强联络及帮助解决各种困难，第四战区向越南革命同盟会派有指导代表。起初，指导代表由第四战区政治部主任兼任。1943年12月，为进一步加强指导，第四战区司令长官张发奎亲自兼任指导代表，战区政治部主任任副代表。此后，还成立了指导代表办公室，具体负责对越工作，办公室主任由司令长官部高级参谋肖文中将担任。

人们开始考虑战后越南的前途。大多数人支持越南独立，也有人表示，如果越南无法独立，则中国应积极介入，当仁不让。一篇题为《世界大战后之越南》的文章可说反映了不少人的心态。该文称，中国虽与越南在历史、地理、经济、国防方面有着密切关系，"但吾人决不主张借同盟国之胜利，不得越南人之同意，以恢复我国之失土，因之予人以怀抱侵略野心之嫌疑"，因此，中国应力争越南的独立。但是，"如因越南民族尚无充分之预备，而须另一国家暂为代管，则我国当仁不让。即越南民族，亦必乐于重归祖国之怀抱也"。②

中国还在国际上积极活动，推动盟国对越南独立的支持。在这一方面，美国是中国最为重要的盟友。美国总统罗斯福一直不赞成在战后恢复旧日殖民主义的统治，也不希望在战后让法国重返远东殖民地。1942年8月3日，居里访华时曾对蒋介石透露，罗斯福反对战后把印度支那交还法国。他提出，对于一些落后国家，战后可以由其临近的两三个国家联合托管，并承诺在若干时期之后，恢复其自由，"此种办法，使一国政治，由二、三国共同主持之，则该国即得不再沦为殖民地之保证"。居里并称，这一问题与中国关系很大，中国可能就是这两三国之一。③

开罗会议上，蒋介石在与罗斯福会谈时表示，战后越南不能交给法

---

① 石源华等：《近代中国周边外交史论》，上海辞书出版社，2006，第339页。
② 竺可桢：《世界大战后之越南》，《中央周刊》第4卷第50期，1942年7月23日。
③ 《蒋介石与居里谈话记录》（1942年8月3日），秦孝仪主编《中华民国重要史料初编——对日抗战时期 第三编 战时外交》（1），第679页。

国，法国统治越南近百年，并没有尽到训练越南人的责任，法国在越南只有取而无予。罗斯福曾提议，战后将越南归还中国，蒋介石未予接受。罗斯福又提出了国际托管的主张，提议由中、美、英、法、俄、菲各派一人，与越南人二人，组成托管机构，训练越南人成立自治政府。蒋对此表示原则上赞成。蒋介石又向罗斯福提议，中美应共同努力帮助越南战后取得独立地位，并提议发表一份宣言，主张越南战后独立。但罗斯福对发表宣言一事未置可否，这一提议遂被搁置。①

第三节　调解英印纠纷

比较起来，如果说对朝、越、缅的支持在某种程度上尚有历史因素的影响的话，那么，考察中国对英印事务的介入，则更能看出此时中国参与国际事务的主动性和积极性。因为印度在历史上与中国并无宗藩关系，且处于英国的殖民统治之下。还在太平洋战争爆发之前，蒋介石对印度事务就有所关注。蒋介石认为："中国与印度两国人口合计为九万万之员名，占全世界人口十分之六以上，必使此二国能完全独立与平等，然后世界与人类方得真正之和平，中国革命必以此为目的。""中国得到独立解放以后，第一要务为协助印度之解放与独立……否则不足谈中国之国民革命矣。"②

此时，印英当局与印度国大党处于尖锐的对立之中，中国担心无法获得印度人民支持的印英政府将难于抵御日军的进攻，而给盟国反法西斯战争带来灾难性的后果。蒋介石在1942年1月初便注意到这一问题，希望"确保印度与大战期中如何使印度及南洋各殖民地民族贡献其人力物力，而不为敌国所煽惑，甚至于发生叛乱也"。"否则，各殖民地最后必被敌国利用倒戈，此比军事计划更应注重也。"③ 蒋介石决定出访印度，劝说英印双方在对日战争的大局之下做出妥协。蒋决定出访本身便具有非同寻常的意义，这是近代以来中国领导人第一次走出国门。

1942年2月4日，蒋介石夫妇一行启程访印，随行人员有国防最高委员会秘书长王宠惠、国民党中央文化运动委员会主任兼中央政治学校教育

---

① 吴相湘：《第二次中日战争史》下册，第944页。
② 《蒋介石日记》，1941年8月29、30日。
③ 《蒋介石日记》，1942年1月2日。

长张道藩、国民党中央宣传部副部长董显光等人。英国大使卡尔、英国驻华军事代表团团长戴尼斯陪同离渝。蒋介石为此行确定的目标是:"甲、劝英印互让合作;乙、劝印多出兵力;丙、劝英允许印自治;丁、为将来中印合作基础;戊、宣传三民主义。"①

蒋介石一行经缅甸飞印。蒋在出行途中的一则日记,显示了他此行怀有一种强烈的历史责任感和大国责任感。蒋在日记中写道:"初次经缅抵印,所经之地,皆为我旧日之国土,披阅缅暹越南史地,不禁憎我失土之耻,又念唐明建国之大东亚民族之盛,不得不自负此重任,以报我列代祖先恢复我民族光荣史也。"②

在十余天的访问中,蒋介石与印英当局、国大党及有关各方人士进行了广泛的接触。从对日作战的大局出发,蒋介石期望弥合处于对立状态的英印当局与国大党之间的分歧,劝说英印当局改变殖民政策,允许印度取得自治领地位,并保证其在战后获得独立;劝说国大党暂缓提出完全独立的要求,实行战时合作政策,全力支持反法西斯战争。

但是,英国政府对中国介入英印事务持排斥心理。英国人原本不愿他人插手英印事务,何况是让中国担任中间人,便更觉得有损其颜面。无奈中国作为一相关盟国,拒之不礼,且中国对缓和一些印人反英情绪尚有可利用之处。因此,英国人同意了蒋介石这次印度之行,但同时要求蒋不要干涉英印内部事务。据蒋介石日记记载,在其出访之前,英方便已暗示了不欢迎他介入英印事务的态度,"要求我离印时劝告印人全面合作之宣言只言倭寇之罪恶与凶暴之实情,而少言英印关系为宜"。③

2月3日,丘吉尔致电蒋介石,要他慎重考虑会见国大党领导人之事。丘吉尔表示:"关于你会见甘地先生和尼赫鲁先生等人——他们目前正处于至少是消极违抗英国国王兼印度皇帝的状态——的问题,你会理解此事需要认真考虑。此事宜在你与印度总督对整个形势进行讨论之后做出安排,否则,就可能会在英国和整个大英帝国造成极为严重的影响。"④ 而在

---

① 《蒋介石日记》,1942年1月30日。
② 《蒋介石日记》,1942年2月7日上星期反省录。
③ 《蒋介石日记》,1942年1月29日。
④ Secretary of State for Burma to Governor of Burma, Governor of Bengal and Viceroy, Feb. 3, 1942, Prem45/3, 英国首相府档案, 原件藏英国国家档案馆(下略),复印件藏中国社会科学院近代史研究所中国近代史档案馆。

同日给印度总督林里斯哥（Lord Linlithgow）的电报中，丘吉尔则说得非常直接："我们不可能同意让外国元首来干预此事，充当英国国王兼印度皇帝的代表与甘地及尼赫鲁等人之间的仲裁人。"他要总督劝使蒋介石取消会见甘地等人的打算。[①] 他提醒说，如果出现甘地和尼赫鲁为一方，印度总督为一方，而让蒋介石在两者之间担任仲裁的局面，"那就是一场灾难"。[②]

访印期间，蒋介石与英印各界人士广泛接触，不仅会见了英印高级官员、国大党领袖，还会见了王公贵族、印度教和伊斯兰教的领袖。在与林里斯哥总督的会谈时，林里斯哥表示："此刻将政权交还印人，是否为贤智的办法，大有考虑余地。盖印度没有一党或一派可以圆满执行政权的，我以为最好的办法，乃将政权逐渐地、部分地交还，否则一定要引起印、回间的自相残杀。"他声称，如果把政权交给国大党，回教徒"必表反对，甚且不惜流血为抗争的手段，至流尽最后一滴血为止"。林里斯哥希望蒋介石不要表现出偏袒国大党的姿态，"如果在民众心目中留有印象，以为阁下此来有如审判官地位，将判断是非曲直，并且是袒护国民大会（即国大党）的，那末将使我十分感觉困难。这种印象决不利于联合作战之努力"。他希望蒋在会见尼赫鲁之后，也要会见其他各党的领袖。蒋介石则指出，因为民族斗争的关系，盟国在殖民地作战时力量就大为减弱。此次战争中宣传战的力量极大，敌人用直接间接的方式询问殖民地人民，你们为什么作战。为什么牺牲？殖民地人民便不愿作战。蒋劝说道："在殖民地作战要用七八分宣传战，二三分军事战"，"印度今后最重要的问题，厥为如何使印人愿意作战而不为敌人所利用"。蒋介石建议英国应立刻宣布印度成立自治领的日期，以安慰印度人民。林里斯哥表示可以考虑。[③]

在会见尼赫鲁时，蒋介石详告其"印度现下革命应取之策略，应取渐进而不宜过于极端之意"。蒋介石表示："如果印度抱残守缺，永远以不合作主义的办法做去，实是印度革命的损失，此次若不积极参战，积极合作，不但不能增加同盟国对印的同情，且将失去过去已有的同情。"蒋介石

[①] Secretary of State for India to Viceroy, Feb. 3, 1942, Prem45/3, 英国首相府档案, 复印件藏中国社会科学院近代史研究所中国近代史档案馆。
[②] Aron Shai, *Britain and China*, 1941–1947, London, Macmillan Print Ltd., 1984, p. 58.
[③] 《蒋介石林里斯哥谈话记录》（1942年2月10日），秦孝仪主编《中华民国重要史料初编——对日抗战时期 第三编 战时外交》（3），第354—358页。

认为，英国对印的政策是必定会变更的，"如果印度革命党也能改变态度，参加民主阵线作战，助成民主阵线的胜利，客观说来，对印度必然有利"。①

在与甘地的谈话中，蒋介石再次希望国大党放弃不合作政策，投入对日作战中去，"我们要求自由，必须自己奋斗，今日为最难得的机会。此次苟不参战，即失去一争取自由的机会"。"若仅中国参战，而印度袖手傍观或取中立两可态度，此不特中、印两民族今日之损失，实亦人类解放史中最大之缺憾……所以我的意见以为此时已不必急急地要打倒英国为唯一途径，若另辟一个途径进行，亦可同样达到目的，或能更加容易。"蒋认为，此次战争两三年内甚或半载一年就会结束，以后便很难有这样的机会。他还指出，印度"如欲希望于日、德、意手中获得自由，决不可能"。他"希望中、印两大民族此时就应切实合作，共同参战，目下实为最好时机"。②

由于英印双方立场严重对立，蒋介石此行未能在调整英印关系方面取得成果。蒋介石在离印前发表《告印度国民书》，对国大党和英国政府都发出了呼吁。蒋介石呼吁印度国民积极支持反侵略战争，希望"我兄弟之邦，印度国民，与我中国皆应共同一致拥护大西洋宪章、罗邱宣言与华盛顿二十六国反侵略共同宣言，积极的参加此次反侵略战线，联合中、英、美、苏等各同盟国，一致奋斗，携手同登此争取自由世界之战场，获得最后之胜利"。蒋介石同时呼吁英国政府"不待人民有任何之要求，而能从速赋予印度国民政治上之实权，使更能发挥其精神与物资无限之伟力"。③

蒋介石对英国人维持其殖民统治的顽固态度及对他访印处处设限提防的动作颇为反感。访印归来，蒋感叹："惟英人则顽固不化，非到黄河心不死，殊为可叹。此事非联合中美两国共同对英劝告，使其速下决心不可也。"蒋介石认为："英印关系破裂乃为大局与我东亚最不幸之事，英国政策顽拙，宁为敌占而不愿归还印民，其用心不正，惟有自害自受而已。"④

---

① 《蒋介石日记》，1942年2月15日；《蒋介石与尼赫鲁谈话记录》（1942年2月17日），秦孝仪主编《中华民国重要史料初编——对日抗战时期 第三编 战时外交》（3），第405—411页。

② 《蒋介石与甘地谈话记录》（1942年2月18日），秦孝仪主编《中华民国重要史料初编——对日抗战时期 第三编 战时外交》（3），第411—423页。

③ 《蒋介石告别文告》（1942年2月21日），秦孝仪主编《中华民国重要史料初编——对日抗战时期 第三编 战时外交》（3），第431—433页。

④ 《蒋介石日记》，1942年2月26日，3月31日本月反省录。

蒋介石要求宋子文提请罗斯福总统注意印度问题。

中国对印度事务的介入，不只是着眼于战时军事，更着眼于战后政治。蒋介石在研究出访印度计划时便指出了这一点："此时访缅访印，最为相宜，为战后对英植一重要政策之根基也。"① 这一政策，便是反对英国战后继续在远东维持殖民主义统治的政策。印度独立问题是这一政策的焦点所在。因此，蒋介石对印度问题极为看重，将其视为外交的指标性工作，甚至声称："英印问题乃为我国外交成败之关键也。"②

1942 年 7 月，英印矛盾激化，国大党准备发起"不服从运动"。7 月 14 日，国大党执委会通过了由甘地起草的《英国政权退出印度》决议。27 日，国民党中央宣传部部长王世杰提出，党报应对印度问题发表应有的主张，蒋表示同意，并叮嘱社论须公平合理，对于英国如用高压手段则违反同盟国抗战宗旨一点，应特别提出加以警告。7 月 28 日，《中央日报》发表社论《论印度问题——一个朋友的呼吁》。社论对英态度比较和缓，在主张给印度自由的前提下对国大党有所劝说："我们深刻感觉印度的自由和同盟国的胜利绝对不能分离"。"印度之必须给予完全自由，是我们的信仰，实际上也已经成了我们的盟邦英国政府的方针，现在的问题只是时间问题和方式问题"。社论希望印度国大党以大局为重，在 8 月 7 日召开全国委员会会议时，对"不服从运动"的议案做出不予批准的决定。③

但蒋介石对这一社论很不满意，认为社论只对印度国大党提出呼吁，而对英国人则未提出要求。蒋在当天的日记里记载了他对此事的严重不满甚至愤怒："孰知今日中央日报社论，主张印度国民大会不可通过'不服从运动'之决议案，而希望英国如何条件方面，则并未提及。此种人只知英国为不可开罪，一意奉承其宣传，而对于我中央最大最重之政策，则不加注意，甚至党国前途给其一言牺牲亦所不惜，此种根本不知革命为何物而故弄其小智以市惠于外人，可痛之至。余于午餐后方见此荒唐之社论，痛愤不已。"蒋随即嘱陈布雷另撰《再论印度问题》，作为补救，"印人见此，或可不致悲愤误会，仍能贯彻我对印政策，而不致为其阴谋所破坏乎"。对于此事，蒋感到"终日愤闷，至晚总不能安眠"，感叹"人才之难

---

① 《蒋介石日记》，1942 年 1 月 23 日。
② 《蒋介石日记》，1942 年 7 月 4 日。
③ 重庆《中央日报 扫荡报（联合版）》1942 年 7 月 28 日。

与用人之苦极矣"。①

次日,《中央日报》发表社论《再论印度问题》。社论对英方也提出了要求,要求其切实给予印度人民以自由,恢复印度人民的感情,使其反感转化成友情,从而能使印度人民发挥出精神力量和物质力量。蒋在7月29日的日记中称:"英国宣传与阴谋并进,其魔力之大,实无孔不入无微不至。王宣传部长中其毒计之深而犹不自知,诚险恶极矣。本日中央日报再论印度问题之文字,甚有力量,足以挽救昨日之险症,对印政策尚不致为其所破坏也,然亦云险极矣。"

然而,印度局势并不如中方所期望的那样发展。8月8日,国大党全国委员会以绝对多数通过决议,甘地发出开展"不服从运动"的指令。孟买等地出现罢工。9日,甘地、尼赫鲁及国大党常委等16人被捕。闻此消息后,蒋介石在日记写道:"甘地尼赫鲁被捕入狱,英国昏庸异甚。"② 蒋介石对此甚为不安,但苦无干预实力,便向美国发出呼吁。蒋于次日急电罗斯福,指出印度局势如此发展,"势将成为同盟国在远东之极大挫败,而予全盘战局以极险恶之影响,如再任事态更形恶化,中恐轴心国之声势大为增强,而同盟国在此战争中所公认之目标,将不再为世人所重视,其揭示之主义,亦将失精神上之意义"。蒋主张"同盟国应不辞任何代价,将保证各种族自由、正义之诚意,以实际行动昭告于世界",希望美国出面干预印度局势。③

同时,蒋介石会见英国新任驻华大使薛穆(H. J. Seymour),对冲突加剧表示关切,希望能和平解决。蒋坦承,他对印度人民求取自由之期望,实表十分之同情,希望由英国主动提出调解,请美国出面斡旋,并期望英国向国大党方面保证,"英于战后必允印度独立"。④

罗斯福将蒋介石的信件转给了丘吉尔,但丘吉尔断然拒绝盟国干涉英印事务。他在8月31日致蒋介石电中表示,英国难以接受美国总统来调停英印关系。丘吉尔并将英国与印度的问题比之于中国的国共两党问题,意在反对外部干涉。蒋从丘吉尔电中看到了背后的"威胁性之词意",但也

---

① 《蒋介石日记》,1942年7月28日。
② 《蒋介石日记》,1942年8月10日。
③ 秦孝仪总编纂《总统蒋公大事长编初稿》卷5(上),第176页。
④ 秦孝仪总编纂《总统蒋公大事长编初稿》卷5(上),第177页。

无可奈何，"只有置之一笑也"。①

然而，尽管反殖政策在印度问题上遭遇挫折，但国民政府仍矢志坚持。9月15日，蒋在研究对英美外交方针时表示："吾人应以印度自由与亚洲各民族平等协和，为对英美外交方针之基础。"②

1942年10月，美国总统特使、共和党领袖威尔基（W. L. Willkie）访华时，蒋介石向他表示了对美国的失望："远东十万万人民视美国为其领导，为其黑暗中惟一之明灯"，但美国的态度很使人失望，"其最使印人失望者，其争取平等与自由之奋斗，竟未能得美国人民同情之响应"。蒋介石希望美国保证战后三年内印度获得独立，在此三年期中，做移交政权的准备，以避免混乱，这样，美国在印度的财产与投资亦会得到保障。③据蒋介石日记记载，两人相谈甚为融洽，"彼对英国帝国主义深为嫌恶，以为其非由东方撤退，则东方各民族无法独立，甚洽余怀也"。④

不久，宋美龄赴美访问。蒋介石在给她拟具的与罗斯福谈话要点中，再次提出印度问题，要求她指出"印度如果一日不能独立，则世界和平与人类平等仍不能实现，故印度在战后必须使之独立，但可有一过渡时期与办法，勿使英国失却体面，缅甸亦然。南洋各民族应明言训政年限，二十年内扶助其独立"。⑤

第四节　争取战略优先与争取经济援助

一　力劝盟国改变欧洲第一战略

太平洋战争爆发后，蒋介石起初对盟国在远东的行动持乐观态度，认为遭到日本主动攻击而蒙受重大损失的美国，必然会倾其全力给日本以严重打击。蒋介石认为，英美虽目前在远东遇挫，"但在世界整个局势与远东战事最后结果言，必可因此转祸为福，以英美此后不能不集中全力，先

---

① 《蒋介石日记》，1942年9月14日。
② 《蒋介石日记》，1942年9月15日。
③ 《蒋介石与威尔基谈话记录》（1942年10月5日），秦孝仪主编《中华民国重要史料初编——对日抗战时期 第三编 战时外交》（1），第760—761页。
④ 《蒋介石日记》，1942年10月5日。
⑤ 《蒋介石日记》，1943年10月24日，补记。

解决远东之倭寇"。① 此时，远东及太平洋地区的一些国家如澳大利亚、菲律宾等国都大声疾呼，要求美国集中全力于亚太地区。在美国国内，国会和舆论界也都要求把日本作为首要敌人，许多美国人希望对珍珠港事件进行报复，麦克阿瑟（D. A. MacArthur）和许多海军将领都持有这种观点，并颇得公众和议会的支持。有一段时期，曾有一些议员在国会提出让麦克阿瑟将军担任军事作战的最高指挥官，指挥陆海空三军。

然而，蒋介石不久便发现，美国并不愿在太平洋上投入重大兵力。美国在欧亚战略优先选择、租借物资分配及联合参谋长会议组成等问题上的态度，均不如中国此前所想象。尽管美国是因日本的攻击而参战的，但它仍把德国作为最应被先击败的敌人，奉行欧洲优先的战略。中国所获得的物资援助远远低于美国给英国和苏联的援助。中国所呼吁成立的盟国远东军事联合指挥机构也迟迟未能成立，英美联合参谋长会议则起着实际上的盟军参谋部的作用，中国被排除于这一参谋长会议之外。

国民政府力图改变美英先欧后亚的战略。蒋介石日记中对此有较多记载："英美战略思想，以大西洋为主太平洋为从之观念，以及保守为主进取为从之习性，应使之彻底改变，尤其使美国全力注重太平洋解决日本为第一要旨也。""英美先解决德国而后对倭之方略错误，应使之彻底改正"。② 蒋介石甚至把促使美国改变先欧后亚战略作为国民政府的一项最重要的外交工作："改变美国战略先解决太平洋倭寇之运动，非仅自救亦为救世也，应积极进行，此为我国最要之政策。"③

先欧后亚的战略，是美英根据敌方威胁的大小、实力的强弱所确定的共同战略。蒋介石认为，采取欧洲第一的战略一定是英国的坚持，是英国在牵着美国走。1942年1月，丘吉尔访美，与美方商讨军略。蒋在日记中写道："英美海长皆设先解决德国而后对倭，此为最无常识之军略。英国邱吉尔此次亲访华盛顿，其目的全在要求美国主力集中大西洋而放弃太平洋之决战。而美国政府对此种最大关键，漫无方针，一任英国之玩弄，可危极矣。""英美一切设施与军略及行动，不惟无大军事家而且无普通军事

---

① 《蒋介石日记》，1941年12月10日。
② 《蒋介石日记》，1942年1月7、17日。
③ 《蒋介石日记》，1942年7月4日。

常识，夜郎自大，一面侮人一面忌人，诚可叹也。"①

对于中国未能加入联合参谋长会议，蒋介石甚感不平，认为中国受到轻视。蒋介石在1942年1月的反省录中指出："美英对于整个战局与太平洋战局仍无具体整个之组织，而惟其美英两国有关之战事乃有联合参部之组织，对于我国则摒诸列外，此于英美有何利益。即其期居领导地位，亦不能令我在组织之外也。或以俄国不愿加入其组织，不愿受其领导而故以我国为例示好俄国，犹待俄国加入再邀我国乎。如此轻蔑我国，可谓异甚。"②

尽管蒋介石对欧洲第一的战略力持反对意见，并努力劝说美国改变这一战略，但收效甚微。欧洲第一战略是美国在权衡了德、意、日三家的工业和军事潜力后而得出的结论。美国认为德国是最难对付的敌人，其工业基础雄厚，军事实力强，倘若美国先与日本厮杀得筋疲力尽，再与德军较量，恐难操胜算。因为那将给德国以充分的准备时间，使用全欧洲的资源和技术以加强军力，造成以逸待劳的有利形势。因此，不如以全力先与德国相争，待取胜后再趁势收拾日本。关于这一点，罗斯福对其幕僚曾有一明确的指示，他说："我不赞成美国在太平洋对日本作一力求尽快击败它的全面努力"。"我们意识到日本的击败并不等于德国的击败。今年或1943年美国集中力量对付日本将会增长德国完成对欧洲、非洲统治的机会。另一方面，这是显而易见的，击败德国，或在1942年或1943年抑制住德国，将意味着最终在欧、非和近东地区击败德国的可能性。击败德国意味着击败日本，可能不需要再开火或丧失生命"。③

1941年1月，美英召开联合参谋长会议。英方在会前担心太平洋上发生的事件会改变美国的战略思想，担心美方会提出全力对付日本的计划。但美国军方在会议上主动提出如下两点作为双方的共识：一是德国是举足轻重的轴心国家，大西洋和欧洲是决定性的战场；二是尽管日本加入战争，我们的看法仍然是，德国还是主要敌人，打倒德国是胜利的关键。德国一经击败，意大利的崩溃和日本的失败必然跟着而来。④

---

① 《蒋介石日记》，1942年1月20日，1月24日上星期反省录。
② 《蒋介石日记》，1943年1月31日本月反省录。
③ Grace P. Hayes, *The history of the Joint Chiefs of Staff in World War II: The War against Japan* (Annapolis: Naval Institute Press, 1982), p. 153.
④ 〔美〕舍伍德：《罗斯福与霍普金斯——二次大战时期白宫实录》下册，福建师范大学外语系编译室译，商务印书馆，1980，第11页。

英美联合参谋长会议实际上成为决定盟国东西两个战场军事战略的最高协调机构。中国对被排除于这一机构之外甚为不满，要求至少取得与英国平起平坐的地位。1942年7—8月，美国总统特使居里访华。蒋介石对居里表示："美国诚意维护人类之自由，罗斯福总统已一再声言，深得我人之深信……倘世界战局由美国参谋本部指挥之，中国绝无闲言，愿服从其命令。今不幸非然，而为英、美两国之联合参谋会议，此为显视中国不能列于平等地位。"①

蒋介石在与居里讨论缅甸反攻计划时再次强调了对日优先战略的重要性。蒋表示，美国所计划的竭美国全力先打败德国而在远东沉机待变的战略，"不啻预示远东战事将予延长，思之自感惶惑，我国人民经久战之后，疲惫甚矣！倘此间战事再任延长，实将使彼等难任此严重之巨负，况此后多延一日，日本即得多一日之准备，或运用、或开发其新占领区域内之资源以自固，则他日欲击败之，将日增任务之艰巨，日增牺牲之重大"。②

蒋介石托居里转交致罗斯福函。蒋在该函中指出，目前远东战局确已到最严重的阶段，对于盟国方面，"最重要之一点，则余认为我盟邦必须从速确立统一之战略，与成立统一指挥之具体组织"。蒋称已将他的种种看法详告居里，请其转达，希望罗斯福总统予以注意，"盖以余生平所留心研究者在于战略方面，自问对于日、德两国军人之作战心理与战略方式，较有深切之了解与心得，余对盟邦作战中所最忧虑者，惟战略方面，而余之所能贡献者，亦在战略方面，深信一得之愚，有足供阁下参考之价值"。③然而，罗斯福对蒋介石自以为长的战略思考似乎并不在意，也无意听取。

1942年9月7日，罗斯福发表炉边谈话，将全球战争分为俄国战区、太平洋战区、地中海和中东战区、欧洲战区这四大战区，罗斯福表示尽管"不同的人迫切要求我们把兵力集中在这四个地区的这一个或那一个"，但"我们不会忽视这四大战区里的任何一个"。④罗斯福讲话中未提及中国战

---

① 《蒋介石与居里谈话记录》（1942年7月22日），秦孝仪主编《中华民国重要史料初编——对日抗战时期 第三编 战时外交》（1），第636—637页。
② 《致居里代表备忘录》（1942年8月6日），秦孝仪主编《先总统蒋公思想言论总集》卷37，第251页。
③ 《蒋介石致罗斯福函》（1942年8月6日），秦孝仪主编《先总统蒋公思想言论总集》卷37，第250页。
④ 《罗斯福选集》，第375—376页。

区（也许已将其包括在太平洋战区中，但其讲话中论述的皆是海洋作战）。蒋在日记中叹曰："本日见罗斯福炉边播音，惟未提及中国战区，是其不加重视我中国更显然矣。"①

1943年1月，美英首脑在北非卡萨布兰卡举行会议，商讨盟军作战计划。会后，罗丘联名来电，表示英美战略仍以欧战为主，对远东战场则准备增加空军实力。对此，蒋很不满意，认为是"空言搪塞，并无共同战略与最高军事会议（中俄参加）之表示"，在蒋看来，"此次会议又是罗斯福失败，而所成功者乃邱吉尔也"。②

经过长时间的努力而毫无效果，蒋介石虽把轻视亚洲与中国的主要责任归诸丘吉尔，但也逐渐对罗斯福支持中国的诚意及魄力产生了怀疑。蒋介石感到"对美所行，颇以罗斯福魄力不足缺乏诚意为念……此时我国只求于实际无损，战后能恢复台湾、东三省与外蒙，则其他外来虚荣皆可不以为意也"。③

二　美国提供 5 亿美元借款

珍珠港事件前，中国在争取美英经济援助的过程中可谓历经千辛万苦。太平洋战争爆发后，中国与美英成为共同作战的盟国，美英向中国提供援助的政治障碍已不复存在。在这一新的背景下，国民政府在积极向盟国提供力所能及的支持的同时，也加大了向盟国争取经济援助的力度。

国民政府提出了一个向美英总借款 10 亿美元巨款的设想，计划由美国提供 5 亿美元，英国提供 1 亿英镑（时价相当于 5 亿美元）。1941 年 12 月 29 日，蒋介石致电宋子文，令其向美方提出借款要求，蒋强调："盖此时若不能由英、美十万万元美金大借款接济中国，则中国人民心理必被动摇，尤其在日本初次胜利之时，敌伪以东亚为东亚人之东亚之理由，竭力鼓吹与煽惑作用发生影响之时，更不能不有此一借款急速成功以挽救国人心理与提高抗战精神也。"对于借款手续，蒋提出应与平常普通的财政借款不同，那些借款通常是要先商定用度方法。但此次，蒋要求"请英、美

---

① 《蒋介石日记》，1942 年 9 月 9 日。
② 《蒋介石日记》，1943 年 1 月 27 日。
③ 《蒋介石日记》，1943 年 1 月 29 日。

先承允此借款总数,至用度与办法当再容后共同详商也"。①

　　蒋介石提出的这一数额,令美英一些人士感到过高。美国驻华大使高思虽赞成向中国提供贷款,但认为蒋介石的要价过高了,"我确信蒋委员长所要求的信贷数额(共计约10亿美元),无论是从政治心理还是从财政经济观点来看,都超出了局势所需。由于现在没有任何依据真实数据做出的明确计划,便只能作一大概估计,我认为,最多不超过5亿美元的(美国与英国)信贷,便足以满足心理和财政情况的需求,超过此数的信贷会造成错觉并极易招致滥用"。②

　　1942年1月8日,美国总统行政助理居里、助理国务卿伯利(Adolf Berle)一行,拜访财政部副部长怀特(Harry White)等人,商讨对华借款问题。伯利表示:"国务院每一个关心此事的人都认为,现在给予大量财政援助对于坚定中国士气来说是极为重要的。"怀特在讨论中表示:"显然,少量贷款不会产生重大的经济政治影响。另一方面,中国货币处在明年会迅速加快贬值的阶段,从而削弱中国为其军事力量供给资金的能力。提供一笔足以制止通货膨胀的大额贷款,可能产生有益的效果。"在分析了中国的经济和财政状况后,与会者一致认为:"中国的形势是严峻的,需要美国给予援助。然而,这一行动所冒的风险远远超出了财政部此前采取的任何行动,如果要采取什么行动,那必定是基于政治和军事的考虑。"③

　　罗斯福对向中国提供贷款持积极态度。他在1月9日致函财政部部长摩根索指出:"关于中国贷款之事,我意识到中国目前很难给予什么抵押担保,但我仍急切地希望帮助蒋介石和他的货币。我希望你能够设法做到这一点。"罗斯福并设想,为了支持中国货币,美国可购买一定数量的中国货币,"即使此举意味着以后会损失掉一部分"。④

----

① 《蒋介石致宋子文电》(1941年12月29日),秦孝仪主编《中华民国重要史料初编——对日抗战时期 第三编 战时外交》(1),第325—326页。

② Ambassador in China to the Secretary of State, Jan. 8, 1942, *FRUS*, *1942*, *China*, pp. 425 – 426.

③ Memorandum of Conversation, Jan. 8, 1942, *FRUS*, *1942*, *China*, p. 424; Memorandum for the Secretary's files, Jan. 9, 1942, Prepared by Committee on the Judiciary, United State Senate, *Morgenthau Diary (China)* (Washington, U. S. Government Printing Office, 1965), vol. 1, pp. 565 – 566.

④ By White House Messenger, Jan. 9, 1942, *Morgenthau Diary (China)*, vol. 1, pp. 566 – 567.

国务院资深顾问亨贝克也力主向中国提供援助，而且不必等待英国便展开行动。他在1月10日致国务卿赫尔备忘录中指出："从政治动机来看，我觉得我们有充分的理由向中国提供一笔贷款。我认为，我们应立刻进行，不必等待与英国磋商。我相信，如我们朝着一定方向首先行动，并树立了榜样，英国将会跟随。"他认为，美国应尽快采取行动，"最好在菲律宾败局（可能还有马来亚的败局）已定之前，对中国做出承诺"。关于贷款金额，亨贝克的态度比高思更为积极，他主张金额不低于3亿美元，最好不低于5亿美元。国务院国际经济关系顾问菲斯（Herbert Feis）在这份备忘录上加注表示："我完全同意。我强烈建议你立刻和总统讨论，以便尽快在原则上做出决定"，然后，通知中国政府，同时立即通知英国政府，表示希望英国也迅速采取类似行动。①

同日，国务卿赫尔正式致函财政部部长摩根索，提出借款要求。该函表示："蒋委员长所提方案已经过非常仔细的研究。我认为作为战时政策的一项行动，并为防止因中国货币丧失信用、货币购买力贬低而导致损害中国的军事努力，美国政府现在向中国政府提供数额达3亿美元的财政援助是非常合适的。我认为，我国政府对此事做出决定无须等待英国对中国所提类似的英镑信贷请求的肯定态度。"②

1月12日，宋子文拜访摩根索，讨论借款问题。一直对援华持积极态度的摩根索表示，他极愿为中国帮忙，"无论如何困难，总当设法解决成功"，但对于借款方式他提出了自己的意见。他表示，目前向国会提出总额高达5亿而无确定用途的计划，颇难启齿，而且滇缅路交通困难，难以将美国物资运入中国，借外债之通常效果已失。经其再三研究，认为借美金钞票用以每月直接向中国士兵发饷是一较好办法。美国币制信用甚高，既维持士兵生活，增加战斗能力，且可向议会报告此举可使中国更能牵制大部敌军，似较空洞办法易于动听而有实效。摩根索随后询问中国士兵每月粮饷多少，宋答称约法币15元，法币未贬值时合美金5元，但军官饷目不止此数。宋子文还提醒摩根索注意，除战斗兵员外，还有其他必要的辅

---

① Memorandum by the Adviser on Political relations to the Secretary of State, Jan. 10, 1942, *FRUS*, *1942*, *China*, pp. 433 – 434.

② Secretary of State to the Secretary of the Treasury, Jan. 10, 1942, *FRUS*, *1942*, *China*, p. 434.

助军费，各类单位如兵工厂、交通、电信、机场等，其人员、士兵亦为数甚多。①

罗斯福对直接向中国军队发饷的办法表示赞同。次日，罗斯福在与摩根索讨论后，嘱其转告宋子文，美国愿每月负担100万中国军队的军费，官兵平均以每人10美元计，即1000万美元。讨论时在场的英国首相丘吉尔也表示，英国方面愿与美国同样办理，并请其转达宋子文。摩根索随即约见宋子文，转述了美英首脑的意见。宋子文对美英提出的这一办法表示赞同，他向蒋介石报告说："按此项办法，英、美可以无条件共同负担我军费每月美金2000万元。我虽非一次之巨额收入，但每月有此接济，加以贷借案军械之供给，此后我军维持及整顿等问题，大致可以解决，如此事宣布，对国内外之影响，或竟甚于一次借我10亿元。"宋子文认为，至于原先考虑的以借款来维持法币之事，可以另觅途径，或在实际上动用此项每月的美金收入，一切均可从长计议。②

尽管蒋介石也急盼外援，但他显然要比宋子文考虑得更多，他担心此举会造成对中国军队控制权的侵蚀，会造成社会各部分的对立等。蒋在致宋子文电中指出，美方所提每月发军饷办法"理想似较简易，而于实际上诸多弊端：其一，此法可使中国军队与国家政府及社会经济形成对立或脱离关系，而且只有使我国经济、政治与法币之加速崩溃，不惟毫无补益而已；其二，我国今日军事与经济不能分离，而现在经济危急，故致军事不济，若拟增强军事，决非单纯军费之所能解决，必使经济与法币之信用提高与稳定，而后军事自能日起有功，此乃常理使然"。蒋介石担心美国索求对该款的使用控制权，他强调，此次借款"全在友邦表示对我信任，所以不能有任何之条件及事先讨论用途与办法，否则乃非对我表示信任，而等于普通借款必须有条件与监督用途，恐失盟邦互助之盛情也"。③

关于借款方式的讨论，持续了两个星期之久。在中国力争援助之时，在美国政府内部，包括国务院和军方，都提出了尽快提供对华援助的要

---

① 《宋子文致蒋介石电》(1942年1月12日)，秦孝仪主编《中华民国重要史料初编——对日抗战时期 第三编 战时外交》(1)，第329—330页。
② 《宋子文致蒋介石电》(1942年1月13日)，秦孝仪主编《中华民国重要史料初编——对日抗战时期 第三编 战时外交》(1)，第330—331页。
③ 《蒋介石致宋子文电》(1942年1月15日)，秦孝仪主编《中华民国重要史料初编——对日抗战时期 第三编 战时外交》(1)，第332页。

求。亨贝克在 1 月 23 日致国务卿信中指出，目前盟军节节败退，存在着中国与日本单独媾和的危险，如果美国仍然在贷款问题上久拖不决，"那就很有可能在今后几个星期或几个月内失去我们在这一地区的三个作战伙伴中的最强者"。三天后，在与财政部官员商讨时，亨贝克再次强调："为了我们的目的，我们需要首先考虑这笔贷款的政治方面，只能在很小的程度上考虑它的财政方面。如果我们给予贷款，就要用来服务于政治和军事的目的，而不是把它作为一桩商场的或银行的交易。我们要迅速地慷慨地给予贷款"。[1] 军方也认为，目前的形势很严峻，如果仰光和新加坡沦陷，将更有助于日本人在中国展开的宣传攻势，日本人正大肆宣传，白种人正遭受失败，黄种人应团结起来。陆军部部长史汀生认为："形势很严峻，我们应该不惜一切代价让他们继续战斗下去。"[2]

1 月 30 日，宋子文面见罗斯福总统，提出借款 5 亿美元以挽危机的要求，并希望这一借款不能有任何条件的束缚。罗斯福表示同意，提出可采用租借物资或交国会通过的方式，宋担心，"国会手续繁琐，恐时不我待"。[3] 当天，罗斯福召见赫尔、摩根索，讨论向中国借款问题，并表示无论如何这一借款必须成功。国务院与财政部商量的结果是，按中方要求数额提供对华贷款，不打折扣，鉴于数额巨大，将提交国会通过援华贷款案。对此，罗斯福在致副总统华莱士（H. A. Wallace）信中写道："本政府和中国政府的负责官员都告诉我，迫切需要立即向中国提供经济及财政援助，援助金额及方式均超过国会以往的授权范围。我相信，无论就中国国内经济还是就它在我们共同战斗中发挥最大军事效能的整体能力而言，此项额外援助定能加强中国的地位。因此，我极力主张国会为此事通过拨款法案。"[4]

蒋介石很快得知美方意向，2 月 2 日，蒋急电宋子文，再次强调："借款方式与名义，皆可不拘，由美决定；我方所坚持者，乃无条件之借款，

---

[1] Memorandum by Adviser on Political Relations to the Secretary of State, Jan. 23, 1941; Memorandum of Conversation, by the Adviser on Political Relations, Jan. 26, 1942, *FRUS*, *1942*, *China*, pp. 443, 445.

[2] *Morgenthau Diary（China）*, vol. 1, pp. 632 – 634.

[3] 《宋子文致蒋介石电》（1942 年 1 月 30 日），秦孝仪主编《中华民国重要史料初编——对日抗战时期 第三编 战时外交》（1），第 333 页。

[4] President Roosevelt to Vice President, Jan. 31, 1942, *FRUS*, *1942*, *China*, pp. 454 – 455.

亦不能有任何拘束而已。"①

2月6日，美国国会迅速通过了罗斯福总统提出的5亿美元援华法案。罗斯福当天即致电蒋介石，通报这一好消息。罗斯福称，国会对此项援华措施展现了不同寻常的速度及意见一致，该项措施在整个美国也受到热心支持，这些都表明了美国政府及人民对中国所怀有的全心全意的尊重和钦佩，同时也表明美国在争取自由的伟大战争中帮助其伙伴的诚恳愿望和决心，"中国军队对野蛮入侵中国的侵略者的勇敢抵抗，赢得了美国人民和其他爱好自由人民的高度赞扬。武装和非武装的中国人民，面对巨大的困难，对拥有巨大装备优势的敌人已经进行了5年的坚决抵抗，这鼓舞了其他盟国的战士及全体人民"。罗斯福希望这一借款，"对于中国政府和人民应付由武装侵略带来的经济财政负担，以及解决对于中国胜利抵抗我们共同敌人至关重要的生产和收获方面的问题，将起到很大作用"。②

其后，在具体拟订贷款协定的过程中，中美之间曾发生一些争论，但以美方的退让而告终。美方原曾希望对贷款的使用加以一定的限制，其拟订的贷款草约第二条这样表述："中国愿将本约中所列资金之用途，通知美国财政部长，并愿对该项用途随时征询其意见，美国财政部长愿就此项资金之有效运用方面，向中国政府提供技术上及其他适当之建议，以期完成本约中所述之目的。其因履行本约中所定财政协助而随时发生之技术问题，由美国财政部长及中国政府讨论之。"③ 但中方认为，这一条款限制了中国政府支配贷款的自由，要求删除。

美方稍后将该条加以修正，改为"为表示中美两国共同作战努力所凭借的合作精神起见，两国政府的相当官员应对于本协定所规定的财政援助所引起的技术问题随时商谈，并应关于如何最有效地使用这些款项以达到两国所期望的目的，互相交换情报及建议"。宋子文认为这一条款可以接受，但蒋介石认为，修改后的条款仍可"仍会被解释作对于借款使用的行动自由的限制，而因此会使得对于公债、存款及其他基于该项借款的办法

---

① 《蒋介石致宋子文电》（1942年2月2日），秦孝仪主编《中华民国重要史料初编——对日抗战时期 第三编 战时外交》（1），第334页。
② President Roosevelt to Generalissimo, Feb. 6, 1942, FRUS, 1942, China, pp. 456 – 457.
③ 《摩根索致宋子文》（1942年2月21日），秦孝仪主编《中华民国重要史料初编——对日抗战时期 第三编 战时外交》（1），第340页。

的群众反应，受到不良的影响"，他坚持要完全删除第二条。①

尽管美国政府官员，包括原先那些力主提供贷款的官员，对蒋的坚持甚为不满，认为蒋所要求的不是一笔贷款，而是一份礼物。他不仅要使中国获得没有任何限制的 5 亿美元，而且要使中国获得第一等的外交胜利。②但从大局考虑，美国还是决定做出妥协。副国务卿韦尔斯 3 月 21 日约见宋子文，表示美国人民迟早会坚持要求知道，美国提供的这项援助究竟如何确实援助了中国政府和人民，"如果在协定中和达成协定的会谈记录中，没有中国政府应向美国政府提供此项资金用途的充分情报的规定，则不可避免地会出现损害两国利益及两国关系的局面"；同时也表示，他理解中国政府希望这一援助是"不附任何条件的"援助的要求。因此，他提议，由中国政府向美国政府做一单方面的声明，表示鉴于两国间此项愉快的合作，中国政府拟随时将使用此笔援款的情况充分通知美国财政部部长。宋子文当即表示同意。③

3 月 31 日，中美签订了 5 亿美元借款协定。这一借款，不仅数额巨大，对中国抗战有实质性的支持作用，它还具有重要的政治指标意义。以往中国与外国订立的借款，大多是有附带条件的。即便是抗战前期与美国订立的那些援助性借款，也是以桐油、滇锡等物资作担保的。这一次，中国得到了一笔无担保、无利息、无年限、无指定用途的贷款，从一个侧面显示了中国地位的提高。

三 英国借款姗姗来迟

在向美国争取贷款的同时，中国也向英国提出贷款支持的要求。但中英之间的交涉要困难得多。1942 年 2 月 3 日，英国驻华大使卡尔致函蒋介石，表示英国政府已同意给予中国财政援助。但是，由于英国本身需求甚多，财力所限，"其援助之能力难免受有限制"，因此不能按照中国所要求之数提供贷款。英国同意，向中国提供不超过 5000 万英镑的贷款，英方还

---

① 《宋子文致培尔》(1942 年 3 月 19 日)，《中美关系资料汇编》第 1 辑，第 509—510 页。
② Memorandum by the Adviser on Political Relations, Mar. 19, 1942, *FRUS*, *1942*, *China*, pp. 486–487.
③ Memorandum of Conversation, by the Acting Secretary of State, Mar. 21, 1942, *FRUS*, *1942*, *China*, pp. 488–489.

要求，提供这些贷款的"时间条件及战争上之用途，由中、英两国政府商酌决定"。① 同日，英方在伦敦宣布了这一消息。

然而，英方宣布同意提供这一贷款，考虑得更多的是通过此举做出支持中国的姿态，即使这一已经打了对折的数额，英方也未准备实际支付。中英之间有关借款协定的交涉进展缓慢，直至中美借款协定完成签署后，中英交涉仍未有眉目。在4月17日的日记中，蒋介石带有怒气地写道："对英国借款不签约之举动，应严斥之，英人不可予以体面也。"② 次日，蒋介石致电顾维钧，要他催促英国尽快达成借款协定。蒋询问"美国借款已如约交付，而英国借款至今尚滞疑不定，未知何故？"蒋称英国如此态度，"使我全国军民因感奋而失望"。蒋要顾维钧转告英政府，希望中英协定早日签字，"其所有条文性质，不宜越出美国条文之外，以英与美皆为我盟国，其对我经济共同之义务，不可有宽苛之分，更使我军民对英发生其他感想。如果必须另订有拘束或限制之条件，则中国为两国感情与战友关系计，不敢接受，不如不借之为愈。惟无论借与不借，皆应从速决定，并正式宣布为要"。③

中国与英国在如何使用贷款上存在着分歧，英方要求将贷款用于在英镑区的购物，而事实上英镑区并无太多的富余物资，即使拿到贷款也可能出现无物可购有钱无法花的局面。鉴此，中方希望将更多的贷款用于发行公债的担保，但英方不同意这样做。艾登一再向顾维钧说明英国财政拮据的情况，"因英国作战为日较久，对于援助中国，其财力不免稍逊。英国财政年度甫告结束，短绌270亿镑，下年度经常支出预计为50002.87亿镑，其不敷之数约占40%以上，须以税收以外之方法补足"。艾登称，英国本身还一直在纽约市场上抛售所拥有的外国证券换取现款，以购买美国武器。即便把英国所有的海外财源用于支付各项需要，也还很吃力。艾登还表示，即使英国马上提供5000万英镑，中国也无法充分加以利用，因为这笔贷款是用来采购英国货物的，而此时欧战方酣，中国所需要的许多物

---

① 《卡尔致蒋介石》（1942年2月3日），秦孝仪主编《中华民国重要史料初编——对日抗战时期 第三编 战时外交》（2），第260页。
② 《蒋介石日记》，1942年4月17日。
③ 《蒋介石致顾维钧电》（1942年4月18日），秦孝仪主编《中华民国重要史料初编——对日抗战时期 第三编 战时外交》（2），第261—262页。

资，英国根本无法供应。因此他认为贷款的数目应减为1000万英镑。① 顾维钧终于明白"所谓贷款，只不过是一个姿态，其用意是进行宣传和增强中国人的士气，并没有真正实施的打算"。②

这样，直到1944年5月，中英才订立了《财政援助协定》。英国政府同意向中国政府提供总数不超过5000万英镑的借款，其用途为：（1）在战争时期偿付为适应中国政府因战事所发生之国家需要购买之物资，其物资以在英镑区域生产或制造者为限；（2）在英镑区域内与上项购买有关之服务费用；（3）为使中国政府得以发行国内公债，以制止通货膨胀起见，经中英政府同意，以首次不超过1000万镑之数，为发行此项公债之担保；（4）支付中国在印度及缅甸军队薪给及在当地开支所需费用；（5）支付经两国政府随时商定同意的在英镑区域内因作战所产生的其他服务费用。③

---

① 《顾维钧、郭秉文致孔祥熙电》（1942年5月19），秦孝仪主编《中华民国重要史料初编——对日抗战时期 第三编 战时外交》（2），第267—268页。
② 《顾维钧回忆录》第5分册，第8页。
③ 《财政援助协定》（1944年5月2日），王铁崖编《中外旧约章汇编》第3册，第1297—1298页。

第九章
争取国家平等地位

废除不平等条约是国民政府成立以来一直谋求实现的目标。1928年国民政府统一全国后几年间所发起的"革命外交",虽有所进展,但其进程被九一八事变打断,事功未竟。不平等条约是横亘于中国与其他盟国间的一道鸿沟,它使中国在法理上便低他国一等,处于不平等的地位。盟国阵线形成后,废除不平等条约,恢复中国的完全主权地位,从而扫清大国道路上的障碍,便自然提上了议事日程。

第一节 废除不平等条约问题的重新提出

一 重新考虑废约问题

太平洋战争初期的形势使中国在盟国心目中的地位大为提高。在日军的突然进攻面前,英美军队在东南亚节节败退,遭受重创。英美终于领教了他们原来多少有些貌视的日本军队的战斗力,知道了此时已坚持了近四年之久的中国抗战的艰难和不易。而此时,在中国战场上,中国军队却在局部地区取得不俗战绩。长沙会战,便以日军的惨重失败而结束。此外,中国还派出远征军,协助英军抗击日军对缅甸的进攻。所有这些,都使中国战场的军事重要性大大上升。

美英期望着中国能继续牵制日军的大部分主力。罗斯福对中国战场的战略价值极为看重,他担心出现这样的局面:"假如没有中国,假如中国被打垮了,你想一想有多少师团的日本兵可以因此调到其他方面来作战?他们马上可以打下澳洲,打下印度——他们可以毫不费力地把这些地方打下来，他们并且可以一直冲向中东。"① 对盟国来说，这是一幅何等可怕的前景。因此，鼓励中国积极抗战，便成了战时英美对华政策的重点所在。

中国在新的国际关系中的重要地位，使得不平等条约的继续存在成为一种荒谬的现象。因为中国已成为美英对日作战的主要盟国，而旧约的存在则在法律上把中国在盟国中置于不平等的地位，这是与中国当下的作用和地位不相称的。因此，反映旧时代的不平等的国家关系必须进行调整。中国战场牵制着百万日军，提高中国的国际地位有利于鼓舞中国军民的士气。而中国国际地位的提高，首先必须打破近代以来束缚于中国人身上的种种不平等条约的枷锁。于是，中国和美英等国都开始考虑提前废约的问题。

在抗战前期，中国已获得英美的承诺，将在战后与中国谈判取消不平等条约问题。1941年5月31日，美国国务卿赫尔在致中国外交部部长郭泰祺函中表示，美国"希望在和平状态恢复的时候，能和中国政府以有步骤谈判和订立协定的程序，迅速地做到取消一切有特殊性质的权利"。② 稍后，英国驻华大使卡尔于7月14日照会中国外交部，表示"候远东之和平恢复时，英国政府愿与中国政府商讨取消治外法权，归还租界，并根据平等互惠原则，修改条约"。③ 国民政府也把废除不平等条约的时间表安排到了战后，蒋介石认为："抗战目的首在打破其侵略政策与侮华心理，至于收回租界，取消不平等条约须待战后能自强耳。"④

太平洋战争爆发后，面对新的形势，国际地位已经有了此前所意想不到的提升的中国开始重新考虑废除不平等条约的时间问题。抗战前期，被保留的英美的某些特权还有着可庇护租界内对日活动的一些可利用之处。太平洋战争爆发后，日军开进了英美等国的租界，原来列强特权中战时尚对中国有利的一点因素已不复存在，而中国却因这些特权的存在而继续处于不平等的地位。因此，中国开始考虑提前废除不平等条约的问题。1942年1月，蒋介石在日记中便提出了这一问题，"废除不平等条约之宣言，与交涉之时机，已可开始否？"⑤

---

① 〔美〕伊利奥·罗斯福：《罗斯福见闻秘录》，新群出版社，1947，第49页。
② 《赫尔致郭泰祺》（1941年5月31日），《中美关系资料汇编》第1辑，第538—539页。
③ 《卡尔致郭泰祺照会》（1941年7月4日），《中华民国史档案资料汇编 第五辑第二编 外交》，第532页。
④ 《蒋介石日记》，1940年8月4日。
⑤ 《蒋介石日记》，1942年1月11日。

1942年3月，中国社会掀起了一股要求立即废除不平等条约的热潮。此时正在美国商谈美援问题的中国外交部部长宋子文，向美国政府表示，中国政府希望立即废除旧约，签订新约。4月23日，宋美龄在《纽约时报》发表《如是我观》一文，谴责在华领事裁判权等特权，呼吁有关国家尽早予以废除。此文激起了美国舆论的较大反响，许多报刊纷纷发表文章，要求美国政府立即放弃在华领事裁判权，不少人为此致函美国政府有关部门，在美国形成了一股同情中国的舆论潮流。

3月初，中国外交部拟订了《关于取消领事裁判权之原则》。与1920年代末1930年代初国民政府发起的"革命外交"不同的是，该原则不再同意采取分区分类逐步取消治外法权的办法，提出了不平等条约应无条件取消而不是逐步商讨的原则，"一切不平等条款，战后应无条件取消。故届时与有关各国接洽领事裁判权之废止，不再根据以往交涉，而应完全以平等互惠为原则，缔结新约"。外交部提出，到时有关各国如提出有损中国主权的过渡办法（例如聘用外籍法官），"我方应根本拒绝讨论"。

在以往的有关取消治外法权的谈判中，列强曾一再提出要求中国同意外人到内地旅居经营等问题。一旦全面取消治外法权和租界后，各国势必提出这一要求。外交部认为，根据国际惯例和对方早已给予中国这样的权利，对各国的这一要求无法拒绝。但外交部设想出如下4个方面的限制办法：（1）对于外人取得土地所有权、典权、永租权及耕种等权，在土地法内做出严格限制；（2）对于外人在华工商业投资，在有关法规中做出限制；（3）实施外人居留证制度，对于外人的迁移，规定相当的限制，以免过多外人聚居一方，影响该地的社会经济状况；（4）必要时仿照美国，限制每年外人移民来华的数目。①

面对新的情况，美英也开始考虑提前废约的问题。在最初的讨论中，有人主张应尽快放弃在华领事裁判权。也有不少人认为，现在，英美刚刚在远东遭受了严重的军事失败，如果在这个时候提出取消治外法权，可能将被视为示弱的表示。因此，应该等待合适的时机再行提出。

美国国务院远东司司长汉密尔顿（M. M. Hamilton）在1942年3月27日提出的备忘录中综合了双方的意见，同时列举了立即废除和暂不废除的

---

① 《中华民国史档案资料汇编 第五辑第二编 外交》，第138—139页。

理由，详细讨论了是否立即废除的利弊得失。主张暂不废除的理由有：（1）美国最近刚向中国政府表示愿在战后尽快放弃在华领事裁判权和其他特权；（2）中国大部分领土被日军占领，美人无法享受这一特权，现在宣布放弃，将被日本视为软弱的表示；（3）中方对战争的关心已超过对废除领事裁判权的关心；（4）中国在战后一时并不能恢复稳定，此时在华美人亟须领事裁判权等特权的保护；（5）留待战后解决，也可使美国政府在战后的谈判中为保护美国在华利益多一些讨价还价的筹码；（6）双方在解决在对方国家对等地拥有不动产问题上，存在着困难；（7）战争还将持续一段时间，其间会发生很多难以预见的变化，现在所订立的协定也许到战后已经不适合。

而主张立即废除的理由有：（1）美国国内越来越多的人认为，美国及其盟国投入战争，不只是为了自卫，也是为了人权、尊严以及比现行的政治、经济和社会制度更为平等的制度，保留这一特权与人权及人类平等的原则相违背；（2）中国人很精明，他们深知美国公众支持废除领事裁判权，因此，以保留领事裁判权来作为战后的政治筹码，并不可行；（3）如将领事裁判权保留到中国恢复稳定，必将鼓励美国人战后重返中国从事受领事裁判权保护的行业，这将引起中美间的不和。

汉密尔顿指出，暂不废约的理由虽然看起来多一些，但立即废约具有"更重大更持久的意义"。汉密尔顿建议由远东司和商务条法司成立一个小型委员会，在严格保密的情况下进行废约的准备工作，并负责起草向中国政府提出的新约初稿。[①] 国务院接受了汉密尔顿的意见，并与英国政府就废约问题进行了磋商。

美国国务院顾问亨贝克虽不赞成现在就放弃治外法权，认为目前并没有为了鼓励中国士气而采取特殊行动的特殊需要，但也表示，在战争结束之前，"可能会出现我们需要一张牌，有这张牌对我们有利，打这张牌对我们很适当的时机，我们应当有所准备，以使我们处于一旦时机出现时便能及时和顺利地展开行动的地位"。[②] 国务院采纳了暂不提出此事但着手进行有关准备的意见，并与英国政府就这一问题展开磋商。

[①] Memorandum by the Chief of the Division of Far Eastern Affairs, Mar. 27, 1942, *FRUS*, *1942*, *China*, pp. 271–274.

[②] Memorandum by Adviser on Political Relations, Apr. 9, 1942, *FRUS*, *1942*, *China*, pp. 274–475.

此时，在英国政府内部，对放弃在华特权的时间及范围存在着不同的看法。一些人主张立即全面地废除不平等条约，英国驻华大使薛穆及部分中下层外交官持这种观点。薛穆对中国问题有着比其他外交官更为深刻的了解。他在来华前担任主管远东和中国事务的外交部助理次官，来华后与中国各界交往甚多，与周恩来、宋庆龄、林伯渠等人也有着比较密切的交往，这使他对中国的民族感情，对全体人民废除不平等条约的要求有了较多的了解。他认识到这是不分党派的中国人民的共同要求，因此主张立即废除不平等条约。

3月下旬，外交大臣艾登致电英国驻华使馆，表示为了鼓励中国在战后与英国合作，他很长时间以来一直在考虑与中国缔结新约的可能性。在考虑了缔结新约可能出现的各种问题后，他认为目前最可行的办法是废除在中国的治外法权。他征询大使对此事的看法，希望知道中国人会把英国此举看作宽宏大量，还是会视为软弱？他还询问，如果提议谈判，英国应该提出哪些保证条款，新约的条款应适用于整个中国还是适用于中国目前或将来所控制的地区？

薛穆赞成英国在这件事上采取主动行动。薛穆的回复是："我们应该立即行动，干净彻底地废除不平等条约。虽然由我们提出废约会不可避免地被中国看成软弱的表现，但这绝对不可以成为阻挡我们立即废约的理由。"薛穆建议不要在谈判中提出过多的要求，以免使谈判复杂化。"在目前形势下，企图提出太多的附加条件，我认为是一个错误，它会损害我们的形象，并使谈判复杂化。中国也不会接受有别于平等国家之间的条约通常所包含的那些条款的任何其他要求。"薛穆强调，从鼓励战时的中国和为战后合作铺路的角度考虑，在起草条约和进行谈判时，应该时刻牢记，这是一个平等国家及盟国之间的条约。[①] 薛穆认为，不应企图通过保留一些特权来维护英国在华利益，而应通过建立平等互惠的关系和发展双边贸易来发展英国的利益，"当今中国只接受在平等基础上的盟国之间的谈判。否则他们宁可不谈"。[②]

英国外交部的不少官员支持薛穆的看法，但艾登以及首相丘吉尔这样的关键人物主张部分废约，并须等待有利时机。艾登坚持认为，在目前战

---

① Seymour to Eden, Apr. 4, 1942, BDFA, part 3, series E, vol. 5, p. 109.
② 英国外交部档案，转引自李世安《1943年中英废除不平等条约的谈判和香港问题》，《历史研究》1993年第5期。

事如此不利的情况下提出废约，会被中国视为意志软弱的表示，不会产生预期的效果。4月25日，英国驻美大使馆奉命向美国国务院通报，尽管英国最初也考虑过这一行动对中国政府的鼓舞作用，但经过反复考虑后，英国政府认为："在现阶段采取此种行动只能被解释为虚弱感的结果，它不可能产生我们所期望的效果。因此，英国政府认为必须等到形势转向对日本不利的时候。"但英国又不愿看到美国在这件事情上单独行动的局面。艾登指示驻美大使哈利法克斯："我们不想看到美国人以其单独行动而抢得先机，希望你能向美国国务院解释我们的态度，并努力获得美国政府如果准备采取行动将与英国事先磋商的承诺。"①

英国希望英美两国能采取"平行行动"。所谓平行行动，实际上是想以英美两国的共同力量来谋求在谈判中保留尽可能多的在华特权和利益，防止美国率先采取某些行动，削弱英国在谈判中的地位。6月底，艾登再次对美国驻英大使怀南特（J. G. Winant）强调："当时机到来时，英美两国就放弃在华治外法权采取平行行动，将成为在远东政策方面协调和合作的象征，这对于英美两国及中国本身都必然是有利的。"② 英国向美国建议，等到战场形势转而对日本不利之时再提出废约。美国接收了这一建议。

二 决定提前废约

1942年6月30日，中国驻美军事代表团团长熊式辉致电蒋介石，认为自北非战局紧张后，西方将对中国的援助放在次要的位置上。此时中国在军事上既难望有接济，就应提出政治要求，借以振作人心、维持士气，美国曾允诺在战后取消不平等条约，但这是在美日宣战以前之事，"今日情形不同，宜先向美方交涉，由美自动提出无条件的立即取消"。熊式辉认为，此事成功的可能性甚大，"盖美国号召世界对侵略国抗战，且欲以民族解放为口号，此时对我国无大量物资接济，更无理由推卸此种精神上同情"。从长远考虑，"将来和会应不再讨论此项问题，则我方发言自更便利"。③

---

① The British Embassy to the Department of State, Apr. 25, 1942, FRUS, 1942, China, pp. 276-277; Eden to Halifax, Apr. 20, 1942, BDFA, part 3, series E, vol. 5, p. 111.
② The Ambassador in the United Kingdom to the Secretary of State, Jun. 29, 1942, FRUS, 1942, China, p. 281.
③ 《侍从室第二处为驻美国军事代表团熊式辉电请与美交涉战后取消不平等条约致参事室代电》（1942年7月5日），二档馆：761/155。

蒋介石显然也有意将废约一事提前，在战时取消不平等条约。7月4日，蒋介石在日记中写道："在大战期中必须相机要求美英对我不平等条约无条件的自动宣告废除。"① 次日，蒋介石将熊式辉的建议转发军委会参事室与国防委员会秘书厅，要求核议具复。

然而，军委会参事室对现在提出废除不平等条约的问题持不同看法。参事张忠绂所拟签呈认为，美国现时全力注意欧洲战场，对中国在军事上一时难有大量接济，中国自可于此时向美方提出政治要求，以保障中国在战后之权利与地位，"惟此项要求若仅限于由美方自动取消不平等条约，则我方所得者未免过少。盖不平等条约在战后之必将被废除，应无疑义"。张忠绂认为，中国宜乘此机会，向美方提出下列两项重大要求：一是与美国（或加入英国）缔结一同盟条约，规定于战后若干年中，有相互以军力援助之义务；二是与美国成立谅解，保证中国得于战后自由发展工商业，并给予中国以经济与技术上之援助。这两项要求中若有一项能完满达到目的，"其对于中国之利益均甚重大"。为集中目的与努力起见，美方自动取消不平等条约之要求，似可暂时不提。"我方若仅以提前取消不平等条约为满足，则我反失去今日对美交涉之良好机会"。张忠绂并拟订了中美（英）同盟条约草稿和中美经济谅解的换文。②

参事室主任王世杰也持同样的看法。参事室所拟呈文表示："不平等条约之废除，美国在原则上已正式承认，至于付诸实施，无论如何不能不另有具体协定，以规定领事裁判权、租界、内河航行权等等特权废除后之善后措施，此时似不宜再行提出。但为促使美方对我注意起见，似可酌向美政府提出战后经济互助草约"。③

外交部对尽快废除不平等条约持积极态度。在外交部的计划中，中国此时应不只是要求废除治外法权，而是要废除旧条约中所有有损中国主权的特权。7月，外交部拟订了《租界租借地及其他特殊区域之收回办法》和《取消其他特权和特种制度办法》。关于租界、租借地及特殊区域，分

---

① 《蒋介石日记》，1942年7月4日。
② 《张忠绂草拟为驻美国军事代表团熊式辉电请与美交涉战后取消不平等条约研究意见签呈》（1942年7月），二档馆：761/155。
③ 《参事室草拟为驻美国军事代表团熊式辉电请与美交涉战后取消不平等条约研究意见呈复致王宠惠函》（1942年7月18日），二档馆：761/155。

为三种情况。一是凡属于敌国的，均立即无条件收回。二是属于同盟国的，以立即收回为原则，如因当地特殊情形有必要制定特别法规者，由中国制定颁布施行。其中应注意的要点是：(1) 各该地之行政，由中国政府依法派员管理；(2) 警察权完全归中国；(3) 不再设置特区法院；(4) 各该地公有财产与档案，均应移交中国政府；(5) 在各该地外人专有购地权，一律取消，中国政府认必要时，得以公平价格征购外人私有之地产。三是属中立国者，比照第2款所列原则执行。该方案最后规定，无论属于哪一类，"业经收回之租界租借地，外人仍保留之特权均取销"。①

外交部所拟取消的其他特权和特种制度，包括了六大方面的内容。

(1) 军事方面：外国军舰根据条约或惯例，在中国沿岸领海及港湾江湖中游弋停泊的特权，一律取消；外国根据条约或惯例，在中国指定地区驻扎军队及警察的特权，一律取消；条约规定中国在本国境内指定地带不得驻扎军队，或不得设立炮台的限制，一律废止。

(2) 势力范围：条约规定中国不得将某地割让或租给他国的条款，一律废止；条约承认外国在某地享有的筑路开矿等特权或优先权，一律取消；外国间相互协定强指中国某某地方为其势力范围的条款，一律无效；中国在某地不设某平行铁路的声明或类似的限制，一律作废。

(3) 通商方面：外国在华沿岸贸易及内河航行的特权，一律取消；外侨在中国设立的行栈、工厂、学校、教会、医院，应受中国法律的限制与管理，敌侨在中国所设者，照敌产处理；条约规定中国改善某某河道及其由国际经营的特种制度，一律取消；外籍人员得充当中国境内引水人的特种制度，应即废止。

(4) 交通方面：国内铁路，凡由敌方投资或经营者，准用清理敌产的规定，凡系友邦政府或人民投资经营者，由我方备价收回；此后铁路上用人行政，完全改由中国政府管理，其原来任用的外籍人员，由中国政府酌量分别去留；外人在华经营及收发一切有线（陆上及海底）无线电信的特权，一律取消；外国在华设立邮政的特权，一律取消；我国邮政聘用外籍邮务总办及其他外籍人员的特种制度应即废止，原有外籍人员，由中国政

---

① 《外交部拟定租界租借地及其他特殊区域之收回办法》（1942年7月26日），《中华民国史档案资料汇编 第五辑第二编 外交》，第148—149页。

府酌量分别去留；外国邮件由外籍职员检查的制度，一并废止。

（5）财政方面：外人在华应依法缴纳一切捐税；禁止外人在华所设银行发行钞票；海关任用外籍总税务司及其他外籍人员的特种制度，应即废止，原有外籍人员，由中国政府酌量分别去留。

（6）其他方面：非以平等互惠为原则的最惠国条款，一律废止；日本在东三省，英国在西藏，苏联在外蒙古、新疆及北满的特权，一律取消。①

在这前后，太平洋上的形势开始发生对盟国有利的变化。中途岛大战中，日本损失惨重，由此丧失了太平洋上的制海制空权。日本由全面进攻转向防御。美国各界要求废除在华特权的呼声也越来越高。如参议院外交委员会的托马斯（E. D. Thomas）参议员便指出，中国完全有资格获得与其盟国平等的法律地位，"我想象不出，为什么要等到和平到来时才与中国就治外法权问题展开谈判？"托马斯向参议院提议，"作为一项战争措施，美国和英国应该向中国声明放弃其在中国的治外法权"。②从报纸的社论、人们的演讲和来信中，赫尔感到"赞成采取废除治外法权的情绪正在广泛地蔓延着。可以相信，中国政府在废除治外法权方面提出的任何要求都会在美国得到强有力的支持"。③

而此时，缅甸保卫战主要由于英方的无心恋战而归于失败，中国获取英美援助物资的最后一条运输线被切断，这给中国的抗战无论是在物资上还是在心理上都增添了困难。在这种形势下，赫尔认为，提出废约问题的时机已经到来，因为现在美英已不用担心所谓示弱的问题，而且正需要盟国采取行动来振奋中国的士气。

8月27日，赫尔致电美国驻英大使怀南特，令其转告艾登，中国废除治外法权的要求将在美国获得强烈支持，国务院在研究相关因素后认为："虽然现在不是对这个问题采取某些积极措施的最理想的时机，但不久的将来是否会有比这更好的时机，是颇令人怀疑的。反之，由于中国、美国和其他国家内部政治思潮的自然趋向，我们以后也许会发现，我们所处的

---

① 《外交部拟定取消其他特权及特种制度办法》（1942年7月26日），《中华民国史档案资料汇编 第五辑第二编 外交》，第147—148页。

② Wesley R. Fishel, *The end of Extraterritoriality in China*（Los Angeles：University of California Press, 1952）, p. 210.

③ The Secretary of State to the Ambassador in the United Kingdom, Aug. 27, 1942, *FRUS, 1942, China*, p. 282.

地位将远远不如现在有利，现在我们仍然握有这一问题的主动权。"赫尔表示了应乘着事情还在美英控制之中时由两国采取主动行动的想法。赫尔认为，美英两国理应分别同中国就订立符合国际关系普遍原则的新约展开谈判，废除领事裁判权和其他特权，建立新的国家关系。但是考虑到订立一个全面条约须花费很长时日，易走漏消息，谈判中的分歧会为日本挑拨离间所利用。因此，美英应先与中国政府在短时间内就废除领事裁判权及与此有关的问题，达成一个简要的条约，综合性的条约则留待战后再进行谈判。①

9月1日，怀南特将国务院的建议转交英国外交部。英国外交部远东司司长克拉克（Ashley Clarke）表示，英国有关这一问题的观点是与美国一致的。但克拉克又问道，两国政府不久以前还认为现在不是提出这一问题的适当时机，他想知道，到底发生了什么新情况使美国政府改变了看法。怀南特告诉英方，除了美国的舆论因素外，战场上军事形势的好转也是促使国务院做出这一决定的一个因素。②

9月5日，赫尔再电怀南特，强调立即采取行动的必要性。赫尔指出，在这个问题上不大可能出现采取积极行动的理想时机，"目前也许是我们采取行动的良好时机，这尤其是因为主动权仍在我们手中"。赫尔希望通过这一行动达到三个主要目标："一、为联合国家的事业赢得心理上的和政治上的利益，它将给中国带来具体的帮助，并有助于加强中国的作战决心；二、永远消除我们与中国的关系中存在的不正常现象；三、达成一项原则协议，使美英两国在华公民根据规定享有在其他友邦所享有的正常权利。"③

经过综合考虑后，英国政府也意识到在这一问题上掌握主动权是有好处的。9月8日，艾登告知怀南特，英国政府同意在现在主动提出这一问题，并"签订一个国务院来函中所提及的仅涉及废除治外法权和其他相关权利问题的简要条约"。艾登强调，如果中国政府提出订立综合性条约的要求，英美两国政府应坚持把这个问题推迟到战争结束以后再解决。此外，英方还提出应在新约中给予上海特殊地位的问题。英国认为，由于英

---

① The Secretary of State to the Ambassador in the United Kingdom, Aug. 27, 1942, *FRUS*, *1942*, *China*, pp. 282-286.
② The Ambassador in the United Kingdom to the Secretary of State, Sept. 1, 1942, *FRUS*, *1942*, *China*, p. 286.
③ The Secretary of State to the Ambassador in the United Kingdom, Sept. 5, 1942, *FRUS*, *1942*, *China*, pp. 287-288.

美的绝大部分商业利益集中在上海，与上海有关的问题是一个特殊问题。英国政府有理由相信，中国政府在要求收回整个上海地区归中国管辖的同时，会愿意给上海以特殊地位，以使上海港在与外国商业利益的合作中继续得到发展。①

9月12日，赫尔要求怀南特非正式地询问克拉克，搞清楚英国提出的上海特殊地位问题具体何指，并要求他向英方表明，对废除治外法权及相关权利问题，美国政府一直认为，这是要全面清除所有带有特权性质的权利。美国认为这样对有关各方的综合利益最为有利。我们与中国关系中任何现存的不正常东西的遗留都会在将来造成问题，并继续成为摩擦的根源。美方很怀疑，中国政府是否会同意给予上海任何特殊地位。②

对此，英方在9月15日复电解释说，中国人当然不会同意保留对上海租界行政或警务的国际控制，英国的本意也不是如此。但是，英国相信，中国会准备在未来的上海市政当局中接纳外国顾问。英方认为，这样的安排是有益的，它有助于解决随着未来租界权力向中国转移时所不可避免出现的许多问题。英国相信，中国意识到在解决这些问题时需要获得帮助，而外国顾问在这方面是可以发挥作用的。③

9月底，正值英美讨论是否要向中方提议修约时，美国总统特使威尔基来华访问，中国政府决定正式向美方提出战时废约问题。10月4日，蒋介石对威尔基表示："中国今日尚未能取得国际上平等之地位，故深盼美国民众能了解中国，欲其援助被压迫民族争取平等，应先使其本身获得平等地位始"，明确地向美方提出了废除不平等条约问题。④ 同日，蒋介石提出要立即造成要求废约的社会舆论，"令民间可以发动要求美国取消不平等条约之呼吁"。⑤

---

① The Ambassador in the United Kingdom to the Secretary of State 1, Sept. 8, 1942, *FRUS, 1942, China*, pp. 291－292.
② The Secretary of State to the Ambassador in the United Kingdom, Sept. 12, 1942, *FRUS, 1942, China*, pp. 292－293.
③ The Ambassador in the United Kingdom to the Secretary of State, Sept. 15, 1942, *FRUS, 1942, China*, pp. 293－294. 由于美国无意提出这一问题，英国后来在其向中国提出的草案中也放弃提出这一要求。
④ 《蒋介石与威尔基谈话记录》（1942年10月4日），秦孝仪主编《中华民国重要史料初编——对日抗战时期 第三编 战时外交》（1），第759—760页。
⑤ 《蒋介石日记》，1942年10月4日。

10月5日，蒋介石敦促美国率先自动采取行动放弃对华不平等条约。蒋介石指出，不平等条约给中国人一种屈辱的感觉。去年中美之间关于放弃特权的换文，以战争结束后为实行的时限，"在一般人看来，似乎还是实现有待，感受到遥远而不可即"。中国的抗战既是为保卫生存，也是为争取自由和正义。中国并不主张由中国单方面废弃不平等条约，"但我们实在希望盟邦尤其是美国对这个问题考虑一下，中国对于这一次大战既然是担负着同等的义务，负荷同样的责任，为鼓励士气与国民精神，似乎应使其没有一些卑抑之感才好"。蒋介石希望美国自动将对华不平等条约率先声明放弃，而不必等到战后。这样，既可打击敌伪的欺骗性宣传，又更加鼓舞中国艰苦作战的勇气。①

　　威尔基对中方的要求做出积极的回应，他在访华期间发表了许多支持中国争取平等的讲话。他在告别演说中高调指出："我们相信，这场战争必定意味着帝国主义国家对其他国家的统治的终结。例如，从现在开始，中国的每一寸土地都只应由也只能由生活在那里的人民治理，我们现在就应该说出这样的话，而不是等到战后。"②

　　英方密切关注着威尔基的访华举动。英国驻华大使薛穆认为威尔基是有意将自由问题作为其访华的主题。他报告说，过去中国新闻界对外部世界发生的事情并不很关注，而忙于中国内部的事务。威尔基的访问引起了巨大的热情，其有关"帝国主义与殖民主义时代已经结束"的观点获得了广泛的称赞。薛穆的报告酸溜溜地描述了威尔基在中国受到热烈欢迎的场景，描绘了街道上飘扬着的美国国旗和欢迎威尔基的旗帜和标语，并称"整个新闻界全神贯注于威尔基的访问，并以不加掩饰的奉承报道着威尔基先生的每一句话和每一个行动"。③

　　经过一番磋商，美英终于就立即废约达成共识。10月9日，美英根据事先约定，同时通知中国驻美英使节：美英准备立即与中国政府就废约问题进行谈判，并表示之所以选择这一时机告诉中方，是为了能在中国的国庆节让中国民众知道这一好消息。但无论是美国还是英国，都将准备放弃

---

① 秦孝仪总编纂《总统蒋公大事长编初稿》卷5（上），第206—207页。
② Seymour to Eden, Oct. 7, 1942, *BDFA*, part 3, series E, vol. 6, p. 61.
③ Seymour to Eden, Oct. 7, 1942, Nov. 2, 1942, *BDFA*, part 3, series E, vol. 6, pp. 62, 78–79.

的特权范围限定于"治外法权及有关的权利"。①

蒋介石获知这一消息后，立即致电中国驻美英大使，令其向美英政府转达中国政府和中国人民的感谢之意。同时，蒋介石不忘提出"领事裁判权以外，尚有其他同样之特权，如租界及驻兵与内河航行、关税协定等权，应务望同时取消，才得名实相符也"。②

10月10日，即在中华民国双十国庆节之际，美英发表声明，公开宣布了这一决定。10日下午，蒋介石在重庆夫子池精神堡垒广场举行的国庆纪念大会上宣布了这一消息。他在演讲中宣告："我国百年来所受各国不平等条约的束缚，至此可以根除。国父废除不平等条约的遗嘱，亦完全实现。"蒋介石对美英的这一主动表示深感满意，他在日记中写道："双十节接获美英自动放弃对我中国治外法权重订新约之通告，此乃为总理革命以来毕生奋斗最大之目的，而今竟能由我亲手达成，衷心快慰，实为平生惟一之喜事也。"③

第二节　中美中英订立平等新约

一　中美谈判率先达成共识

双十节过后，中国与美英之间有关平等新约的谈判拉开了帷幕。美方早已拟好条约草案，但为了显示英美之间的共同立场，也为了对美国草案中涉及的一些问题进行事先磋商，英方要求美方将向中方提交草案的日期推迟一到两周，声称英国需要时间来听取各自治领和印度的意见。

为了缩短谈判时间，尽快达成协议，美方原来的草案比较简洁，主要涉及原则性问题和一些重大问题，而对具体问题则未提及。该案只提及两国互予对方公民旅行、居住和经商的权利，并未提出双方公民在进行这些活动时所享待遇问题。对此，英国提出修改意见，要求加入缔约双方应在这些方面互相给予国民待遇的内容，认为此点非常重要。美方在10月17

---

① Memorandum of Conversation, by the Chief of the Division of Far Eastern Affairs, Oct. 9, 1942, *FRUS*, *1942*, *China*, p. 307.
② 《蒋介石致魏道明电》（1942年10月9日），秦孝仪主编《中华民国重要史料初编——对日抗战时期　第三编　战时外交》（3），第712页。
③ 《蒋介石日记》，1942年10月10日。

日的复电中表示，英方提出增加的内容更适宜在日后进行全面商约谈判时加以考虑。而且，由于美国联邦和各州的法律制度有差别，美国在给予中国人在美经商的国民待遇方面也存在着困难。10月21日，美方又强调，目前的条约应该是粗线条的，应避免开列过于具体的条款，那些问题可以留待日后的全面商约去解决。如果将它们包括在目前的草案中，可能会引起中方也提出他们自己的具体要求，这样，将会延迟签订条约的时间，并会破坏现已形成的有益的心理氛围，美国非常迫切希望这一气氛能继续下去。[1]

英国仍坚持现在提出这些问题。艾登在致美方函中指出："我们强烈地感到，如果我们现在不努力从中国政府那里获得第5款中提及的经商方面的国民待遇，便不大可能在日后与中国谈判全面而具体的条约时说服他们给予这一待遇。"因此，英国希望美国政府与他们一起努力来获得这一"符合国际惯例的正常的商业待遇"。[2] 美国最后接受了英国的意见，在草案中提出，缔约国人民享有在对方国家旅行、居住及经商的权利，两国给予对方人民之待遇不低于本国人民的待遇。

10月24日，赫尔向中国驻美大使魏道明提出了美方的草案。约文共有8条。

第1条系废止在华领事裁判权，规定："现行中美两国间条约与协定，凡规定美国政府或其代表得管辖在中国境内之美国人民之一切条款，兹特撤销作废。美国人民在中国境内，应依照国际公法之原则及国际惯例，服从中华民国政府之管辖裁判。"

第2条系废止《辛丑条约》规定的一切特权，将北京使馆界的行政与管理权，连同使馆界内的一切公共资产和公共债务，移交中国政府。

第3条系将上海和厦门公共租界的行政和管理权归还中国，将与此有关的属于美国政府的权利予以废止。

后面几条则要求对美国在华应有的权利进行确认，如美国政府及侨民

---

[1] The Acting Secretary of State to the Ambassador in the United Kingdom, Oct. 17, 1942; The Secretary of State to the Ambassador in the United Kingdom, Oct. 21, 1942, *FRUS*, *1942*, *China*, pp. 318–328.

[2] The Ambassador in the United Kingdom to the Secretary of State, Oct. 23, 1942, *FRUS*, *1942*, *China*, p. 330.

在华业已取得的不动产权不变；两国人民享有在对方国家旅行、居住及经商的权利，两国给予对方国人民关于法律手续、司法审判、各种租税及经营商业之待遇，不低于本国人民的待遇；草案规定两国领事官员享有现代国际惯例所给予的权利、特权与豁免。双方将在战后6个月内进行谈判，签订内容更为广泛的友好通商航海设领条约。①

美方草案没有提及通商口岸制度、公共租界的特区法院制度、沿海贸易及内河航行权、外人引水、外国军舰游弋驻泊等特权。显然，对于此次新约所涉及的范围，美国与中国的设想之间存在着分歧。美国政府的原意仅在废除治外法权及其相关特权，并不想涉及过多的问题，而中国则希望"将过去所有各种不平等条约，一律作废，整个取消，重订平等合作之新约"。②蒋介石看到美方提案后颇有不满之意，"上午接美国废除不平等条约提案，仅指明辛丑条约之废除，与上海厦门租界之交还……是其仍有拖延之意也"。③

此后，以美方提出的新约草案为基础，双方展开了讨论。中方提出，应在新约中增加这样一条，即"中华民国与美利坚合众国之关系应以平等互惠之原则为基础"，并把它作为新约的第1条。中方还指出，美方草案中对于通商口岸制度、沿海贸易及内河航行权、外人引水、外国军舰游弋驻泊等权，尚未提及，应以换文方式声明作废。

中方对美案第5条中的国民待遇提出不同意见。由于美国是一个联邦制国家，有关商务问题，除了联邦法律外，各州都有自己保护本州利益的法律。即使是美国公民，在除所在地以外的其他各州，享受的也只是他州待遇。因此，美国联邦政府给予中国国民待遇其实是非常有限的。中方要求将互相给予的国民待遇改为"不得低于第三国人民之待遇"，即互相最惠国待遇。

对于中国要求增加平等互惠原则的要求，美方认为没有必要。美方指出，这一条约的主要目的在于撤销治外法权，美国政府希望缔结一个简明

---

① 《魏道明致外交部电》（1942年10月24日），秦孝仪主编《中华民国重要史料初编——对日抗战时期 第三编 战时外交》（3），第716—719页。
② 《蒋介石致宋子文电》（1942年10月12日），秦孝仪主编《中华民国重要史料初编——对日抗战时期 第三编 战时外交》（3），第714页。
③ 《蒋介石日记》，1942年10月26日。

的条约，以便能很快获得国会的批准。如果加上第1条，会使一般的美国人产生误会，以为除了治外法权之外，还要涉及其他问题。况且，条约各款已经体现了平等互惠的原则，美国与其他国家订约时也从未特别申明这一原则。关于国民待遇，美国同意将美国人在华经商从国民待遇中删去，而留待日后订立商约时再予讨论。①

到11月下旬，中美之间就条约的大部分条款已接近达成共识。中方曾希望能在即将闭幕的国民党第五届中央执行委员会第十次全体会议上宣布这一消息，但美方表示，还需10天左右才能签约，因为根据美英之间的约定，双方应采取平行行动。美方估计中英谈判在10天内可以结束。

11月27日，美国国务院提出了修正稿。美方部分接受了中方希望在条约中明示平等互惠的要求，同意在条约序文中增加这样的文字："鉴于两国人民间悠久友好之关系，并以平等主权国家之地位，共同希望两国所尊重为处理人类事务之高尚原则，得日益发扬，为此决定订立条约……"而不另设一条。对于中方提出的应予废除的其他特权，美方解释说："美国以为为两国目前利益着想，现在可就重要纲目订一简明条约，不必包括非必要之细节"。中方提出的一些问题，如上海、厦门公共租界内的特区法院等，已经包含在美方草案的总体范围内，而其他一些问题，如内河航行、外国军舰来华等，实际上与治外法权并无关系。但美方表示，"对于作一包含与两国政府利益攸关之各项事件之换文一事，仍不反对"。② 在换文中，美方同意放弃在通商口岸、租界特区法院制度和外籍引水员方面享有的权利，放弃海军军舰在中国领水内享有的特权，两国政府应依照国际惯例及礼貌，给予对方军舰以拜访之优礼。关于沿海贸易及内河航行权，美国原则上同意放弃，但在订立进一步的协定以前，暂不改变现状。

关于沿海贸易和内河航行权，中方提出的条款是："倘日后任何一方以内河航行及沿海贸易权给予第三国船舶时，则应给予彼方船舶以同样的待遇。"但美方提出须将"日后"二字删去。中方提案的原意为，无论其他国家现在是否采取相同的步骤，美国都将放弃这两项权利，只有日后中

---

① 《魏道明致外交部电》（1942年11月16日），秦孝仪主编《中华民国重要史料初编——对日抗战时期 第三编 战时外交》(3)，第729页。
② 《魏道明致外交部》（1942年11月27日），秦孝仪主编《中华民国重要史料初编——对日抗战时期 第三编 战时外交》(3)，第732页。

国再将这些权利新授予第三国时,美国才能要求享有平等待遇。而若将"日后"二字删去,则意味着现在有任何国家拒绝放弃这一特权,美国也可要求继续享受。但美方坚持这一点,声称担心其他国家不肯放弃这一权利会使美国利益受到歧视,并称国会也会反对美国单独放弃其权利的条文。由于美方的坚持,且考虑到在华享受内河航行及沿海贸易权的主要国家英国,已表示愿意放弃这一权利,中方接收了美方的要求。

二 中英谈判进展缓慢

中美大致达成共识之后,美国人在等待英国人,以同时宣布新约告成。但中英之间谈判的难度大大超过了中美谈判,其费时之多,大大超出了美国人的想象。英国是在10月29日由外交部向中国驻英大使馆和10月30日由薛穆向中国外交部提交草案的,比美国晚了几天。草约的基本原则与美国提出的大致相似,但由于英国在华所享特权多于美国,草案的内容与美案略有区别。英国在草案中同意放弃领事裁判权,废止《辛丑条约》给予英国的一切特权,将北平使馆界的行政和权利权归还中国,废止上海和厦门公共租界属于英国的权利,将天津英租界和广州英租界交还中国治理等。

中方同样向英方提出,应加上中英关系以平等互惠的原则为基础这一条,并指出,草约应该列入废除沿海贸易与内河航行权。中方同样向英方指出草案中未列出的若干特权,要求在新约中通通予以废除。英方对中方做出的反应及中方提出的普遍废除不平等特权的要求似乎感到很意外,薛穆在与使馆顾问泰克曼(Eric Teichman)共同研究了中方的草案后感到,中方的草案"远远超出了英国政府最初提出废除治外法权并解决与此有关问题的建议的范围","中国政府决心要扫除由不平等条约而产生的所有权利,公众舆论在这一点上也非常一致"。一个月后,薛穆再次回顾说,中国人民将英美主动宣布愿与中国进行废除治外法权的谈判的提议,视为所有不平等条约的彻底终结,"中国的这一反应是我们所不曾预料的"。薛穆还感到,缺乏准备的并与美国存在利益和意见分歧的英国在谈判中将处于不利位置。因为中国现在所提出的这些新的重要要求对美国来说无关紧要,可以判断美国政府没有理由不接受这些修改,"因此,中国人处在一种强有力的地位,他们也充分意识到这一点"。①

确实,在一些问题上,美国不准备像英国那样坚持自己的要求。例如,对于沿海贸易和内河航行问题,美国国务院官员在10月26日会见中国驻美参赞刘锴时便表示:"我们无意寻求保留、维持或从中国获取任何有违于现代国际关系惯例和常规的特权,如果中国政府对这一问题有任何特别的建议,我们将乐于接受"。次日,美国国务院向英国外交部通报了这一意图,表示"至于沿海贸易和公私船只在内河航行问题,总的来说,我们有意消除美中两国之间不正常的条约关系……我们对这个问题采取灵活的态度,倾向于在条约中就这一问题写进某些适当条款,尤其是如果中国人希望如此的话"。②

但英方不愿在沿海贸易和内河航行问题上做出让步。11月13日,艾登致函赫尔:"在沿海与内河航行这个困难的问题上,我们的强烈愿望是,把它推迟到我们在互利基础上谈判全面条约时再做出确切安排。如果看起来我们在这一点上有点固执,你想必能理解,这部分是因为,在正常时期我们在这种对华贸易中的利益是十分巨大的,可能大于除日本以外的任何大国,因此这对我们是具有头等重要性的事情之一。"③ 同日,薛穆对中方表示,关于内河和沿海航行问题,应该留待日后的通商航海条约来解决。中方表示,同意将这一问题留待日后解决,但现在的条约应该清楚地表明,不平等条约规定的所有特权包括内河和沿海航行权都将废除。④

11月17日,赫尔在向艾登通报中美谈判进展时,再次表明了美国希望英国放弃这一特权的态度。赫尔指出,中国会坚持这一要求,因为"一方面,我们在中国所拥有的沿海贸易和内河航行(包括我们的军舰在内河的航行)等方面的权利是单方面的特权;另一方面,那些权利虽然事实上与治外法权无关,但在中国官员和公众的心目中,它与治外法权是密切相关的"。美国绝对无意寻求保留或从中国取得有悖于国际关系惯例的利权,

---

① Seymour to Eden, Nov. 13, 1942; Seymour to Eden, Dec. 7, 1942, *BDFA*, part 3, series E, vol. 6, pp. 68 – 69, 107.
② The Secretary of State to the Ambassador in the United Kingdom, Oct. 27, 1942, *FRUS*, *1942*, *China*, pp. 339 – 340.
③ The Ambassador in the United Kingdom to the Secretary of State, Nov. 13, 1942, *FRUS*, *1942*, *China*, p. 349.
④ Seymour to Eden, Nov. 13, 1942, *BDFA*, part 3, series E, vol. 6, pp. 68 – 69.

希望新条约将永远消除两国之间的不正常状况。如果条约的签订因为坚持某种权利而推迟,那将十分不幸,美国舆论肯定将会对任何企图保留某种特权的做法大加抨击。赫尔表示,美方希望尽快与中国达成协议,"如果条约能在今后三至四星期内签订,我们将十分高兴"。①

英方复电表示,将尽一切努力争取能在三至四星期内与中方达成协议。现在,只有两个重要问题需要与中方讨论,即经商方面的国民待遇和沿海贸易与内河航行问题,"在这两点上,我们强烈地感到,我们完全有权向中国要求平等互惠的待遇"。英方希望美国国务院能接受其建议。关于经商方面的国民待遇问题,英方主张应在平等互惠的基础上对这一原则加以确认,但原则的具体实施则可留待日后全面条约去考虑。英国绝对无意保留不符合国际惯例的任何不正常的东西。另外,"尽管英国准备取消中国所遭受的所有不平等,但不准备以因现在的条约而产生的有损英国和其他国家人民利益的另一种不平等来取代它"。关于沿海贸易和内河航行问题,英国政府愿意声明不准备保留其所拥有的单方面的特权。②

美方决定接受英方的意见。美方在11月25日的答复中指出,美英两国在沿海贸易和内河航行问题上的分歧是由于两国政府面临着不同的情况。美国在这些方面无法给予中国互惠的权利。根据我们的对华政策,我们不能坚持保留特权。但是,考虑到英国政府对这一问题极为看重,美国政府准备修改自己的主张,在总政策的框架内做出适当调整。于是,美国在其方案中加上了与英方提议大致相同的内容。③

蒋介石对美国的这一退步感到不满,认为这全然是英国人从中作祟。他在日记中写道:"美国对过渡条约受英国操纵,故对内河航权,尚待将来再谈,并认此非在不平等条约之内,可笑孰甚,故不平等条约至今尚不能得有取消之结果。可叹。""美国对不平等条约仍受英国之牵制,可叹。"④

---

① The Secretary of State to the Ambassador in the United Kingdom, Nov. 17, 1942, *FRUS*, *1942*, *China*, pp. 355 – 358.
② The Ambassador in the United Kingdom to the Secretary of State, Nov. 24, 1942, *FRUS*, *1942*, *China*, pp. 364 – 369.
③ The Secretary of State to the Ambassador in the United Kingdom, Nov. 25, 1942, *FRUS*, *1942*, *China*, pp. 371 – 373. 此电有助于研究者解开这样一个疑团,为何在其他问题上都比较合作的美国,却在沿海贸易和内河航行问题上另起波折,提出暂不变更现状的要求。
④ 《蒋介石日记》,1942年11月30日本月反省录、12月2日。

艾登在11月27日指示薛穆，要他向中方说明，在英国、各英属殖民地以及印度，是允许中国船只进行沿海和内河贸易的，英国在中国享有的权利并不是单方面的。如1894年有关缅甸的条约，便授予中国船只在伊洛瓦底江的航行权。艾登同时授权薛穆，如果中国坚持其要求，那么，作为最后一着，他可以声明英国将放弃在沿海贸易和内河航行方面所拥有的单方面的权利，但要求中方同意，在做出进一步的安排之前，将允许现行办法继续实行。①

经营商业的国民待遇问题，也是中英谈判中的一个重要问题。美国在11月中旬已经决定放弃这一要求，但英国认为取得国民待遇至为重要。艾登要求薛穆向中方表示，英国强烈反对对英方草案第6款的修改，"我们认为经商方面的国民待遇非常重要，英国政府有权在平等互惠基础上提出这一要求"。② 11月27日，艾登致函赫尔，对美国政府放弃要求经商方面的国民待遇表示"极为遗憾"，认为现在不要求国民待遇，会对以后谈判综合性条约产生严重影响。艾登希望在英国内阁11月30日讨论这一问题前，美国不要向中方提出其最后的约本。③

艾登在11月29日向内阁提交的备忘录中指出："美国政府放弃努力使我们在这个问题的谈判中获得成功的前景变得黯淡了。但是由于我们能够在条约涉及的英国领土内给予中国人互惠待遇，所以我们有资格坚持此点。"艾登表示，他的目标是要把英中关系置于真正平等和互惠的基础上，确保在失去治外法权后不产生不利于英国的新的不平等。因此，"尽管在这场特殊的战斗中我们得不到美国的支持，我仍建议训令驻华大使坚持要求经商方面的国民待遇，即使这也许会延迟条约的签订"。④

11月30日，显然是在英国内阁会议之后，艾登致电薛穆，通报美国由于各州与联邦立法上的困难，已准备放弃要求经商方面的国民待遇，因为他们无法给予中国互惠的待遇。但英国可以给中国以互惠待遇，应继续

---

① Eden to Seymour, Nov. 27, 1942, *BDFA*, part 3, series E, vol. 6, p. 71.
② Eden to Seymour, Nov. 27, 1942, *BDFA*, part 3, series E, vol. 6, p. 70.
③ The Ambassador in the United Kingdom to the Secretary of State, Nov. 27, 1942, *FRUS*, *1942*, *China*, p. 383.
④ Extra-Territoriality in China-Memorandum by Secretary of State for Foreign Affairs, Nov. 29, 1942, FO371/31664，英国外交部档案，复印件藏中国社会科学院近代史研究所中国近代史档案馆。

争取。① 但中方此时已知美国态度，决定不对英让步。外交部有关这一问题的审查意见提出："此事美方业已同意我国提案，我方似应坚持原议"。②

中美此时已就新约基本达成一致，这给英国造成了一定的压力。正如英国外交部顾问布里南在 12 月 3 日的一份备忘录中所说："如果美国人做了让步，我们大概也只能这么做"。对于出现这样的局面，布里南抱怨说："在商业方面的国民待遇、沿海贸易和内河航行以及购置不动产权这三个我们认为至关重要的问题上，美国人都拆我们的台。而且，由于他们的快速战术，我们被剥夺了与中国人进行实际谈判的任何机会。要是我们单独行动，绝不可能比这更糟。"对于美国政府不等英方表示意见就向中国政府做出正式答复的做法，克拉克甚至提出："我们向美国人就他们在治外法权问题谈判后期对待我们的方式提出抗议的时机似乎已经来临。"③

12 月 7 日，艾登在致美方函中表示了对美国的深深不满："我想借此机会指出，在讨论的最近阶段，有好几次美国政府出于赶时间的目的，在英国驻重庆大使有机会与中国政府讨论之前，便在对英国政府有着极大重要性的问题上向中国做了让步。"尽管英方意识到尽快达成协议所具有的政治利益，并感谢美国政府的合作，"但我们是在处理对在远东的商业、金融和船运利益具有极大重要性的问题，我们现在所形成的决定将对日后要订立的新的全面条约的谈判产生不可避免的影响。因此，我们希望在做出这些决定之前，应有充分的时间来考虑那些争论中的问题，并通过正常的谈判进程与中国政府达成协议"。④

对于英方的责备，赫尔在 12 月 9 日答复说，尽管美国希望尽可能快地签订废除治外法权的简要条约，"但我们从来没有仅仅因为赶时间的缘故而向中国人让步，相反，有好几次，我们希望采取的并经过充分考虑后准备采取的行动被我们所推迟，因为我们希望在最大可能的程度上与英国政府合作，并真诚地希望将我们与英国政府之间为数不多的观点上的分歧减少到最低程度，这些分歧是由于我们各自的现状和程序的不同而引起的非

---

① Eden to Seymour, Nov. 30, 1942, *BDFA*, part 3, series E, Vol. 6, p. 72.
② 《宋子文致蒋介石》（1942 年 12 月 7 日），秦孝仪主编《中华民国重要史料初编——对日抗战时期 第三编 战时外交》（3），第 771 页。
③ 《布雷南备忘录》（1942 年 12 月 3 日），陶文钊主编《抗战时期中国外交》下册，第 1312 页。
④ The Ambassador in the United Kingdom to the Secretary of State, Dec. 7, 1942, *FRUS, 1942, China*, pp. 390–391.

常自然的结果"。美国在经商的国民待遇、沿海贸易和内河航行方面与英国情况不同，不能向中国提供互惠的待遇。但是，为了迎合英国的希望，美国在沿海贸易和内河航行问题上已经接受了英方的意见，在条约中有所表述，提议将此事留待日后讨论。"在我们的观念、政策和时间的框架内，已经尽可能紧密地向英国建议靠拢"。中国外长宋子文已经声明中国不允许悬挂外国旗帜的船只参与沿海和内河贸易，它反映了中国官方和社会舆论的潮流，作为在国际大家庭中获得平等和主权地位的中国，完全拥有将这一权利限于悬挂中国旗帜的船只的权力，我们除了承认这一点外别无他法。①

在12月14日的中英会谈中，中方代表坚定地表示，中国政府已经决定在沿海贸易和内河航行问题上不再让步，但是会适当考虑英国船主的利益。中国政府也不可能同意给予经商方面的国民待遇。于是，薛穆请求伦敦方面指示，是否可以在这一问题上做出最后的让步。但艾登在12月18日仍指示薛穆要求经商方面的国民待遇，因为英国在内河航行问题满足了中国方面的愿望，现在便解决了这一问题。而且，英方现在所要求的只是声明国民待遇的原则，进一步的细则问题可留待商约去解决。②

12月20日，中方答复英方，中国政府仍然坚持经商方面的国民待遇问题留待日后商约来解决。关于内河航行权讨论中英方提出的中国船只在缅甸伊洛瓦底江的航行问题，中方指出，该江是一条国际河流，根据国际惯例，上游国家享有经此河流航行至出海口的权利。因此，中国在缅甸的航行权不是一种特权，而是基于国际一般惯例的正常权利。艾登复电指出，伊洛瓦底江并不是一条国际航道，1921年的巴塞罗那航道公约第1款对此类情形已有明文规定，因此中国不能主张在伊洛瓦底江的航行权。③

12月24日，艾登复电薛穆，要他继续坚持要求经商方面的国民待遇直到最后一刻。但是如果仍无法说服中方，可以在最后时刻放弃。在次日的谈判中，中方指出，美国方面虽然也曾强烈要求经商方面的国民待遇，

---

① The Secretary of State to the Ambassador in the United Kingdom, Dec. 9, 1942, 1942, *FRUS*, 1942, *China*, pp. 396 – 399.
② Eden to Seymour, Dec. 18, 1942, *BDFA*, part 3, series E, vol. 6, p. 82.
③ Seymour to Eden, Dec. 20, 1942; Eden to Seymour, Dec. 22, 1942, *BDFA*, part 3, series E, vol. 6, pp. 92, 93 – 94.

但已经同意放弃这一要求,因此,中国政府不可能同意在与英国的条约中加入这一内容。话已至此,要求国民待遇显然已不可能。根据艾登前一天的授权,薛穆做出了放弃的表示。而对于内河航行中所涉及的伊洛瓦底江航行问题,中方则没有与英方再做争论,接受了英方的说法,放弃了中国船只在该江的航行权。

英国还在其草约中提出了美国草约中没有的在对方国家购置不动产的问题。英国认为,中国在1928年与意大利、比利时等国订立条约时曾声明,在废除在华领事裁判权之后,缔约国人民在对方国家享有居住、经商和购置土地权的权利。如果英国政府不要求这一权利,那么英国公民与意大利、比利时等国国民相比,就处于一种不利的地位。

英方曾就此征询美方的意见,以期得到美国的理解和附议。但美国对此未表支持。赫尔在回电中指出,目前谈判的新条约应解决主要问题,即治外法权及与此密切相关的问题,总体上应具备能够在中美两国立即获得支持的特点,"如要竭力去讨论艾登先生提出的问题,将延误条约的签订,且因一些州的法律条文而在美国引出与各州和联邦司法有关的难题……因此,我们的意见是暂时搁置与此事有关的问题,留至以后在我们与中国人可能签订的广泛条约中加以解决"。① 由于美国未做响应,在不动产问题上,英国只得独自面对中国。最后,英国以同意放弃经商方面的国民待遇和沿海贸易与内河航行权为筹码,获得中方同意互相给予对方公民购置不动产的权利。

然而,与有关九龙租界地的交涉比较起来,中英在以上三个问题上的困难又显得小得多。九龙问题是整个中英交涉中最为棘手的一个问题。中方认为,九龙作为租借地,它应与其他租界一样,将行政管理权、官有资产及债务完全移交给中国政府。但英方认为九龙问题不在废除在华特权的范围之内,坚决拒绝中方的要求。双方僵持不下,直到12月下旬仍无进展。而此时,中美谈判早已结束,只待中英条约谈妥便同时签字。

中美中英新约原设想1943年元旦时同时签订公布,但中英谈判因九龙租借地问题而耽搁了很长时间。12月30日,美国通知中国要求推迟中美新约的签订日期。对此,蒋介石认为是英国的主意,"于此又使我多得一

---

① Hull to Winant, Nov. 7, 1942, *FRUS, 1942, China*, pp. 343 – 344.

经验，凡英国有关之事，如于其无利而于美有利者，则彼必设法使美国变更原议或使之延宕必致英国有利达成目的而后可。此次延期签字，实为英恐余对九龙问题不肯让步，不愿如期在元旦与英国签字，故彼于事前卅日临时运动美国改期签字"。① 在英国政府坚持不做退让的情况下，中国政府从大局考虑，决定对英做出让步，暂时搁置九龙问题，中英谈判才得以顺利结束。②

三 订立平等新约

当中美中英间的谈判正在进行之时，日本上演了一出将其在华特权交还给汪精卫政权的闹剧。打着带领黄种人反抗白种人旗号的日本，自然不能在取消不平等条约方面落于英美后面。12月21日，日本御前会议通过了《为完成大东亚战争对华处理根本方针》，提出为了加强汪精卫政府的政治力量，应尽快撤销在华租界和治外法权，以使汪精卫政府"广收人心"。1943年1月6日，日本获悉中美已达成协议并很快将获美参议院审议生效的情报，决定抢先采取行动。1月9日，日本与汪精卫政权签订《关于交还租界及撤废治外法权之协定》，日本宣布交还在中国的专管租界，承认中国尽快收回上海及厦门鼓浪屿的公共租界以及北平使馆区，撤废治外法权。

日汪间的这一举动不过是一场掩人耳目的闹剧而已。正如重庆《大公报》1月14日的一篇文章所指出，沦陷区何处不是租界？由日本顾问制造法律，并指挥司法，哪个傀儡有本事去问"治外法权"？日汪此举虽说是闹剧，但毕竟在形式上抢到了重庆政府的前面。蒋介石对此颇感不快，对于因美英的延宕而造成的时间上的落后甚为不满，他感叹道："美国外交之愚拙无能，本为订立新约中美最好宣传之材料与机会，而其一再延误，反为寇伪占先着矣。""美国对新约一再延搁，以致寇伪先行发表，废除不平等条约宣传计划大受影响，殊为遗憾。一般人士虽明知其伪约为儿戏，然而新约继其后而发表，未免因之减色。"③

两天后，即1月11日，中国驻美大使魏道明与美国国务卿赫尔分别代

---

① 《蒋介石日记》，1943年1月1日。
② 有关九龙问题的谈判，详见本章第三节。
③ 《蒋介石日记》，1943年1月9日上星期反省录。

表两国政府在华盛顿签署了《关于取消美国在华治外法权及处理有关问题之条约》。同日，外交部部长宋子文与英国驻华大使薛穆在重庆签署了《关于取消英国在华治外法权及处理有关问题之条约》。两个新约规定废除的英美在华特权在原则上相同，但在具体内容上稍有不同，因为英国在华权益要多于美国，如专管租界与长期担任海关总税务司等。因此，以下只需观察中英条约。

中英新约规定：

过去中英条约中有关由英国方面管辖在中华民国领土上的英国人民或公司之一切条款，一概撤销作废，"英王陛下之人民及公司在中华民国领土内，应依照国际公法之原则及国际惯例，受中华民国政府之管辖"。

1901年9月7日中国政府与各国政府包括英国政府在北京签订的议定书应行取消，该议定书及其附件所给予英国政府的一切权利，应予终止。英国政府愿协助中华民国政府与其他有关政府成立必要之协定，将北平使馆界之行政管理，连同使馆界之一切官有资产与官有义务，移交于中华民国政府。

英国将上海及厦门公共租界、天津英租界及广州英租界之行政管理，归还中华民国政府，凡关于上述租界给予英国的权利，应予终止。上述租界的一切官有资产与官有义务将移中华民国政府。

双方还在换文中确认英方放弃如下方面的权利：（甲）放弃关于中国通商口岸制度的一切现行条约权利；（乙）放弃关于上海及厦门公共租界特别法院一切现行条约权利；（丙）放弃关于在中华民国领土内各口岸雇用外籍引水人的一切现行权利；（丁）放弃关于其军舰驶入中华民国领水的一切现行条约权利；（戊）放弃要求任用英籍臣民为海关总税务司的任何权利；（己）现有在中华民国领土内设置的英国一切法院，予以停闭；（庚）放弃其船舶在中华民国领水内沿海贸易及内河航行之特权。在英方同意放弃上述权利的同时，双方就有关事项达成谅解。如在甲条内，双方同意，缔约一方之商船，许其自由驶至缔约彼方领土对于海外商运业已或将来开放之口岸地方及领水，并同意在该口岸地方及领水内，给予此等船舶之待遇，不得低于所给予各国船舶之待遇。关于庚条，双方同意，如英国人民或公司愿意出卖用以经营沿海贸易和内河航行的产业，中国政府准备以公平价格收购。如缔约一方在其任何领土内，以沿海贸易或内河航行之权利给予第三国之船舶,则此项权利,亦应同样归给予缔约彼方之船舶,但以缔约彼方亦给予此方同样的权利为条件。沿海贸易与内河航行依照彼方有关法律之规定办理,不得要求彼方之本国待遇。

双方同意,凡新约尚未涉及的问题,如有影响中国主权时,应由中国政府与英国政府代表会商,依照普遍承认的国际公法原则及近代国际惯例解决。①

1月12日,中国政府就签订新约一事发表《告全国军民书》,内称:

> 我们中华民族,经五十年的革命流血,五年半的抗战牺牲,乃使不平等条约百周年的沉痛历史,改变为不平等条约撤废的光荣纪录。这不仅是我们中华民族在历史上为起死回生最重要的一页,而亦是英美各友邦对世界对人类的平等自由建立了一座光明的灯塔……今日不平等条约既经取消了,我们与英美各国就处在平等地位,就是我们已立在自主的地位,这才算是真正成为友邦了。②

不平等条约的废除极大地鼓舞了中国军民的士气,中国各界对此都予以了高度的评价,中国共产党人对此也给予了恰如其分的评价。中共中央决定举行庆祝活动,指出:

> 抗战的发动,民族统一战线的形成,国共合作的坚持,全国军民的卓绝奋斗,国际反法西斯战线的形成,英美苏……对中国抗战的同情与援助,使中国的国际地位提高了,使中英美间不平等条约得到废除。③

《解放日报》为此发表《中国共产党与废除不平等条约》的专论。专论回顾了中国共产党坚持废除不平等条约的历史及重要贡献,指出中国共

---

① 王铁崖编《中外旧约章汇编》第3辑,第1262—1272页。
② 《中美、中英平等新约告成告全国军民书》(1943年1月12日),秦孝仪主编《先总统蒋公思想言论总集》卷32,第4—7页。
③ 《中央关于庆祝中美中英间废除不平等条约的决定》(1943年1月25日),中央档案馆编《中共中央文件选集》第14册,中共中央党校出版社,1992,第18页。

产党是中华民族解放的急先锋，是废除不平等条约口号的首倡者，也是争取实现这一口号的主要方法——民族统一战线的倡议者。新约的签订是"中华民族广大人民的成功"，是"发动了全国抗战，恢复了国共合作，五年以来坚持不屈"的结果，是全国人民努力奋斗的结果。"人民，唯有人民，乃是这一光荣史诗的作者"。① 2月5日，延安各界两万人举行隆重的庆祝废约大会，毛泽东、朱德等中共党政军最高领导人组成大会主席团。朱德在大会上发表了《庆祝中美中英新平等条约的讲话》，指出："新约的签订，确立了中国与英、美友邦的平等地位……这必将大有助于中、美、英的团结，鼓舞中国军民的抗战意志，使世界反法西斯阵线更形强固有力。"②

以美英废约为先导，此后中国陆续与有关国家订立新约，废止其享有的各种特权。1943年8月20日，中国驻巴西公使谭绍华与巴西外交部部长在里约热内卢签署《中国与巴西合众共和国友好条约》。1943年10月20日，中国外交部部长宋子文与比利时驻华大使（并代表卢森堡大公国）于重庆签署《为废除在中国治外法权及处理有关事件条约》。1943年11月10日宋子文与挪威驻华大使于重庆签署《为废除在华治外法权及处理有关事件条约》。1944年4月14日，中国驻加拿大大使刘师舜与加拿大总理兼外长于渥太华订立《废除在中国治外法权及处理有关事件条约》。1945年4月5日，宋子文与瑞典驻华公使于重庆签署《关于取消瑞典在华治外法权及其有关特权条约》。1945年5月29日，中国驻荷兰大使与荷兰外交部代理部长在客居地伦敦签署《关于放弃在华治外法权及处理有关问题条约》。法国、丹麦、瑞士、葡萄牙等国在战后宣布废约。中国与秘鲁之间的旧约由秘鲁政府在1943年宣布作废。澳大利亚和南非为英国的自治领，已由英国代表在中英新约中宣布放弃在华特权。

法国在华特权在战时便已被国民政府宣布取消，这也是因为法国维希政府竟然与汪精卫政权签订了放弃其在华特权的协定。国民政府遂于1943年5月19日照会法国驻华代办，声明："国民政府为中国唯一之政府，现在南京伪组织，乃日本军事占领区内之傀儡。迭经国民政府通告各国，并

---

① 《解放日报》1943年2月4日。
② 《解放日报》1943年2月5日。

正式声明，该傀儡组织如与各国签订任何协定，均为无效。"照会对法国政府的代表竟与汪伪政权订立协定提出最严重的抗议，并郑重声明："所有法国依照中法间不平等条约取得之租界、北平使馆界、上海公共租界、厦门公共租界行政权、领事裁判权及其他特权，已因法国政府之非法行为，归于消灭，中国政府不再受其拘束。"①

当然，不平等条约的废除并不意味着中国在实际上已经取得了与英美完全平等的地位。毋庸讳言，此后中国在与英美的交往中仍处于次要的被动的地位。但决定这一状况的主要因素是现时的国力差距及历史的遗留影响，而并非基于条约的规定。尽管这以后在中外关系中依然存在着某种不平等状态，但那种公然侵权的行为已是于法无据了。就法理而言，中国已经挣脱了不平等条约的束缚，恢复了已经丧失的那部分国家主权。中国在法律上已不再处于被歧视的地位，它在世界民族之林中平等合法的地位得到了公认。这正是近百年来无数志士仁人艰苦卓绝的斗争所追求的目标。虽然这距中华民族的彻底解放尚有一段距离，但毕竟是民族解放进程中的一节重要阶梯。

需要指出的是，废约得以实现的根本原因，并不是美英两国善意的恩赐。中国人民争取废约的斗争，前后绵延数十年，未有重大进展，而现在得以一举解决，这完全是由于中国军民五年多浴血奋战的结果。如果没有中国军民的英勇抵抗，如果中国没有牵制住百万日军，如果中国仍是一个虚弱得不堪一击的国家，在战时就宣布废约是难以想象的。因此，我们完全可以说是无数中国抗日军民的生命和鲜血换来了废约的实现，它是全体中国人民共同奋斗的结果。

如前所述，新约废除了列强在华享有的主要特权，并由此确立了中外关系应建立在平等互惠基础上的基本原则，但新约并未彻底废除列强在华的各项特权和利益，如九龙问题、海关行政问题等。此外，还有一个问题亦颇为引人注目，这就是对在华美军的司法管辖权。1943 年 5 月 21 日，中国外交部暂代部务的政务次长吴国桢与美国驻华代办艾切森（George Atcheson）互换照会，确认："此次对共同敌人作战存续期内，凡美国海陆军

---

① 《外交部致法国驻华代办彭固尔照会》（1943 年 5 月 19 日），《中华民国史档案资料汇编 第五辑第二编 外交》，第 644 页。

人员，如或在中国触犯刑事罪款，应由该军军事法庭及军事当局单独裁判。"这一协议的有效期为整个战争时期及战后6个月。为了使协议显得平等一些，照会还确认："美国政府准备，如中国在美国辖境内驻军，亦以同样办法担保该中国军队有与驻华美军相同之地位。"① 10月30日，中国政府正式公布了《处理在华美军人员刑事案件条例》。

对于这一司法管辖权的豁免，历来批评甚多，认为这是领事裁判权的复活。这样的评论，更多的是从战后美军在华的糟糕表现及美国法庭判决不公的结果而得出的，战后在华美军人数达6万人之多，正如费正清所描述的那样："战争结束时，上海马路上有好几个月挤满了美国大兵和酗酒闹事的水手，其情景远非通商口岸时代所能比拟。这同中国新的大国地位是很不相称的。"② 由于美国军人频频发生酗酒闹事、车祸伤人以及奸淫妇女等事件，而美军司法机关又不能给予公正的判决，这便激起了中国民众的愤恨。

然而，在战时，将对美军的司法管辖权授予美军司法机构，并不能认为是一种不平等的举动。这在盟国的互相关系中也是有例可寻的。如英国在1942年制定的《美国客军条例》，便也将英国境内的美军司法管辖权交与美军。中美互换的照会中，特地规定中国军队在美也享有同样的地位，虽是虚文一条（因为中国军队并无任何出兵到美国辖境的可能），但换文的意图是明显的，即使双方在法律上处于完全平等互惠的地位。所以，对于战时的这一规定本身，不能理解为治外法权的复活。

第三节 九龙租借地问题

一 英国不同意谈判九龙问题

在废除不平等条约的谈判中，九龙及香港问题自然是人们非常关注的热点之一，社会各界纷纷要求收回香港。事实上，还在中英之间进入正式的新约谈判之前，中国政府便已向英方提出了香港问题。1942年7月15日，中国外交部次长傅秉常在会见英国大使馆官员时，就提出过收回香港

---

① 《中华民国史档案资料汇编 第五辑第二编 外交》，第435—436页。
② 〔美〕费正清：《美国与中国》，张理京译，商务印书馆，1987，第244页。

九龙的要求。

10月10日,英国同意与中国进行新约谈判的消息宣布之后,英国政府一再表示香港问题不在此次谈判的议程之中。10月14日,当英国下院议员质询英外交部在新约谈判中是否准备归还香港时,外交部政务次官劳(R. K. Law)坚定地表示:"不还。我们提出的废约谈判只是废除治外法权。"[①] 劳10月14日在议会的讲话传到中国后,引起中国舆论的一片反对之声,人们纷纷谴责英国在当今的时代还顽固地坚持着帝国主义的旧思想和旧方式。

在尚未收到英方草案之前,蒋介石便估计到,英国不肯放弃九龙租借地,更不会提及英国在西藏的特权,但他此时决心颇为坚定,"余决心非令其同时撤销,则宁使不予接受也"。[②] 果然,英方在10月底提交的谈判草案闭口不谈香港问题。于是,中国政府在提出的对案中,加进了归还九龙租借地(新界)的内容。中国要求"英方在九龙租借地之行政与管理权,连同其官有资产与官有债务,应移交中华民国政府"。[③]

从彻底废除不平等条约的角度来观察,香港当在收回之列。因为中国在鸦片战争战败后,被迫签订了《南京条约》。这是一个标准的不平等条约,香港正是根据这一条约而割让的。国民政府大概是考虑到英国的态度,谈判已割让领土一定非常困难,因而选择了一个自认为相对比较容易的九龙租借地入手。因为这是一块租借地,即使根据不平等条约,主权仍属中国。此次谈判的内容包括归还租界的内容,因此把九龙租借地列入谈判范围理所当然。从另一个角度说,由于新界占了整个香港地区面积的90%以上,且香港其他地区对新界有着较大的依赖性,收回新界之后,香港的其他地区便很难独立存在下去。到时,再收回整个香港不是没有可能。

虽然中国只是有节制地提出了九龙租借地的问题,但英国外交部并不想在这一问题上做任何妥协。英国驻华大使薛穆起初以积极的态度来看待中国对于新界的要求,他在给英国外交部的报告中指出,中国人认为"租

---

① 见李世安《1943年中英废除不平等条约的谈判和香港问题》,《历史研究》1993年第5期。
② 《蒋介石日记》,1942年10月25日上星期反省录。
③ 《外交部关于中英新约意见书》(1942年11月7日),秦孝仪主编《中华民国重要史料初编——对日抗战时期 第三编 战时外交》(3),第765页。

借地和我们在上海的公共租界及各地的租界一样，都属于有损中国主权的不平等条约的范围"，因此，他们在提出了收回要求后就不大可能放弃。薛穆认为，中方只提出新界，而未提香港岛和九龙半岛，这实际上是默认它们为英国领土。这一点对英国是有价值的。因此，可以考虑接受中方的要求。①

但英国外交部并不这么想。远东司司长克拉克在11月20日的备忘录中援引了香港总督在1931年的这样一段话来证明他的观点："无论是在经济上，还是在战略上，不仅仅是九龙，新界的大部分地区对香港来说，都是必不可少的。"克拉克认为："我们必须坚决抵制中国的这一建议。毫无疑问，中国的计划是要把我们一步一步地挤出香港。"克拉克还表示，即使美国支持中国收回香港，英国也绝不能屈服于美国的压力。②

11月22日，英国外交部在致薛穆电中明确表示，中英之间要讨论的条约与包括新界在内的香港任何部分都毫无关系。英国拒绝讨论九龙租借地的立场遭到中国政府的坚决反对，外交部次长吴国桢对此力加驳斥。他指出，香港和九龙问题都是由不平等条约引起的问题，既然要谈判废约，当然要涉及九龙。不解决九龙问题，不平等条约的废除就不完全，中国政府也无法向人民交待。宋子文在每次谈判中也都重申收回九龙的要求，并把它作为中国签约的先决条件。

面对中国的坚决要求，英国外交部采取了强硬的对策，决心坚决抵制中国要求，即使谈判破裂也在所不惜。11月30日，英国内阁会议批准了外交部的这一方针。12月5日，艾登指示薛穆向中方表明，新界不在目前条约谈判的范围之内，但在战后盟国合作重建远东时，英国会与中国政府讨论"在现行租期内新界的未来地位"。③薛穆在致艾登电中对"在现行租期内"这一提法提出疑问，认为中方考虑的是宣布废止旧约收回九龙，而不会接受有关租期的提法。在接到艾登的回复之前，薛穆于12月14的谈判中仍然采取既定的方针，表示英国政府认为新界不在目前的谈判范围之

---

① From Chungking to Foreign Office, Nov. 17, 1942, FO371/31663，英国外交部档案，复印件藏中国社会科学院近代史研究所中国近代史档案馆。
② Minute by Ashley Clsrke, Nov. 20, 1942, FO371/31663，英国外交部档案，复印件藏中国社会科学院近代史研究所中国近代史档案馆。
③ From Foreign Office to Chungking, Dec. 5, 1942, FO371/31663，英国外交部档案，复印件藏中国社会科学院近代史研究所中国近代史档案馆。

内。对此，宋子文坚决地表示，如果收复九龙租借地不包括在条约之中，他宁可不签订条约。

二 中方决定留待战后解决

在这种僵持不下的情况下，12月14日晚，时任教育部常务次长并兼任中英文化协会秘书长的杭立武受宋子文之托造访英国大使馆。杭立武颇得蒋介石信任，他早年留学英国并获博士学位，与英国方面有较好的交往关系。因此，他常常充任蒋介石与英国大使馆之间的联络官角色。杭立武以个人身份提出将九龙问题暂行搁置留待以后解决的建议，即双方以换文同意，承认九龙租借地与目前谈判无关，但将在今后适当时候讨论九龙租借地问题。他希望知道英方对此将采取什么态度。薛穆随即把杭立武的这一建议报告了英国外交部。

杭立武的建议并没有要求英方承担任何明确的义务，只是要它承诺在未来进行有关九龙租借地的讨论，但对讨论中英国持何种政策并没有任何约束。艾登认为是可以接受的。在12月21日的内阁会议上，丘吉尔再次表示应继续坚持此前的方针，"现在不可能考虑领土调整问题，必须把它留待战后和会上提出"。[1] 艾登遂于12月23、24日两次指示薛穆，新界问题不在此次谈判范围之内，但英国可在战后考虑租借地的期限问题，中英双方可通过换文表示将这一问题留待战后讨论的意向。所谓考虑租界地的期限，实际上是表明英国在战后仍然据有这块租借地，只不过在租期上做出调整而已。

蒋介石此时仍对收回九龙问题持坚定态度，他在日记中写道："英国对废弃特权，仍不肯交还九龙租借地，余仍坚持收回之主张，否则宁不订新约也。"[2] 12月25日，薛穆提出可在战后考虑租借期的办法，当即遭到宋子文拒绝。宋子文指出："租借地的期限的说法是不能接受的"。薛穆遂向艾登建议，如果中方最后同意留待战后再考虑，是否可将"租借地的期限"一语改作"租借地问题"。艾登接受了这一意见。

---

[1] W. M. (42) 171st Conclusions, Dec. 21, 1942, CAB65/28, 53752, 英国内阁会议文件，复印件藏中国社会科学院近代史研究所中国近代史档案馆。

[2] 《蒋介石日记》，1942年12月22日。

虽然宋子文在 12 月 25 日的会谈中仍然表示了不收回九龙就不签约强硬立场，但实际上他的决心已经开始动摇。当天下午，宋子文、吴国桢以及时任中国驻英大使的顾维钧等人，在国防最高委员会秘书长王宠惠的家中商讨对策。王宠惠说，蒋介石对九龙租界地问题颇为坚持，如不能解决这一问题，中英谈判可能破裂。顾维钧发表了他的看法，认为英国人说战后解决领土调整问题是有诚意的。他分析道，如果现在条约谈判失败，英国很可能会发表一个声明，说他们是准备放弃治外法权和其他特权的，并已草拟了条约，但中方一再坚持归还九龙，并以此作为签署条约的先决条件。英国并非不愿讨论这个问题，但九龙目前不在英国手中，因此建议战后再予讨论。这样的声明对中国会很不利。因为，英美舆论觉得首要之事是协同作战，而不是就现在还被敌人占领的领土进行争吵。顾维钧提出了他认为"能使我们体面地退却而又不放弃原则"的方案，即虽然现在不要求立即解决九龙问题，但要英方做两点声明，一是有将九龙归还中国的意愿，二是随时准备为实现这一意愿而进行谈判。①

尽管顾维钧对英国香港政策的估计是错误的，但作为 20 年前便已名满天下的资深外交家及现任驻英大使，顾维钧的一席话显然是有一定说服力的。一些人还考虑到，在今后对付苏联时，与英国的合作至关重要。中英谈判如果在目前破裂，肯定会使中英关系进一步冷下来。况且，英国一再显示出来的强硬态度，也使大家明白它不可能再退让了。接受战后再讨论的提议，大概也就是不签约之外的唯一选择了。讨论的结果，是大家接受了顾维钧的看法，放弃立即收回九龙的要求，而提出一个替代方案，即要求英国声明归还新界的意愿，并承诺在战争结束后 6 个月之内开始谈判。他们将这一新的方案立即呈报对九龙问题一直持强硬态度的蒋介石。蒋介石批准了这一方案，但强调英方要声明它愿意归还九龙租借地。

在得到蒋介石的同意之后，顾维钧于 12 月 27 日会见了薛穆，表示中国政府不反对在新约之外解决租借地问题，也不反对待战后再进行各种实际安排，但英国现在必须明确声明，打算把租借地归还中国，如果英国连这样的妥协办法也不能接受，中国政府将不签订条约。根据以往与外交部的多次讨论，薛穆当然明白，英国外交部不可能同意做出这样的声明。于

---

① 《顾维钧回忆录》第 5 分册，第 171—172 页。

是，薛穆表示对此事无能为力，并说他已尽力设法提出折中方案，如谈判破裂，不是英国的过错。

事情又一次陷入僵局。顾维钧认为英国不会再做什么让步了，主张"即使暂时牺牲九龙，也要签署条约"。宋子文也持相同的看法，建议顾维钧与他一起去劝说蒋介石。12 月 27 日晚，顾维钧在面见蒋介石时说，他认为英国人是准备归还香港的，但现在正在打仗，形势十分危急，英国人非常焦虑，不想在战时讨论香港问题。建议缔结中英新约，是英国人表示的好意，如果因新界问题而使谈判搁浅，英方会认为中方"缺乏谅解，太不近情"。他认为新约是英国"送上门来的礼"，虽然中方认为应当一次送来，但英国愿意分两次送。顾维钧建议中国应当先收下这第一份礼，同时暗示在等着第二份礼。中国可以在签署新约的同时公开声明，希望英国战后归还香港。①

蒋介石接受了这一建议，但要求再做一次努力，暂且不把中方的这一立场通知英方，而让宋子文第二天再向薛穆施加压力，表示新界问题解决后才能缔约。蒋介石在当天的日记中记载了他的想法："加以再三考虑结果，如中英新约不能与中美新约同时发表，此固为英国一时之打击，表示吾人对英之不满，然大体着想，此约于我之利益最大，不宜为九龙局部问题而致破坏全局，且于同盟国之形势亦多不利，故决定退让，只要其换文中对九龙交还问题愿继续讨论，使我民众不过失望而已。"②

12 月 28 日上午，宋子文约见薛穆和泰克满，实际上是最后再去碰一碰运气。他通报说，中国政府对英国建议的换文讨论过两次，他无法说服同事们接受战后再讨论九龙问题的解决办法。中国人民决心废除一切不平等条约，希望目前的谈判能彻底解决问题。因此，除非英国政府做出愿意在战后归还九龙的表示，中国政府不能与英国签约。宋子文并暗示目前局势的严重性，要求英国政府重新考虑在新界问题上的立场。薛穆感到事态严重，他向英国外交部报告说，如果英国不发表中方所要求的声明，中国真有可能拒签新约，那样，英国可能陷入窘境，中英两国正在改善的关系将出现严重倒退。

---

① 《顾维钧回忆录》第 5 分册，第 17—18 页。
② 《蒋介石日记》，1942 年 12 月 27 日。

但英国政府毫无让步的打算。在同日的英国内阁会议上，艾登向内阁会议报告了此前中英之间的谈判情况，表示不能接受中国方面要英国做出战后承诺的要求，内阁会议同意这一立场。会后，艾登立即指示薛穆，可将前次英方提议中"租借地的期限"中的"期限"一词删掉，或改成"租借地问题"。他进而表示，除此之外，英国不准备再做任何让步，"顾博士提出的解决办法对我们来说是不可接受的，如果中国坚持，我们只好不签订条约"。①

英国还企图寻求美国的帮助。在12月28日的内阁会议上，艾登表示，在磋商条约的谈判过程中，英方尊重美国的意见，已在不少问题上做了让步，因此英国有权要求美国政府现在敦促中国政府不要坚持己见。艾登建议内阁要求美国政府就此事进行斡旋，内阁会议接受了艾登的意见。

次日，艾登致函美国驻英代办，说明为了尽早与中国达成协议，为了在美国政府与中国签约的同一天与中国签约，英国在所有重大问题上（只有一个例外）都对中国的要求做了让步，包括经商方面国民待遇这样英国极为重视的问题。一个悬而未决的极为重要的问题是九龙新界问题，英国不能在这个问题上做出让步。"如果这样做的结果，是我们无法与中国政府达成一个废除治外法权的协议，这显然是非常遗憾的。但我们在做出决定时已经考虑到了这一结果，我们的决定是最终决定。"英国在谈判中已尽力将自己的要求减少到所能做到的程度，并时时注意与美国政府保持协调。新界问题是当初向中国政府提议谈判时所不曾预料到的，不知道中国政府是否有意在这一问题上使谈判陷入僵局。艾登要求美国代办向美国政府紧急通报这一情况，希望美国政府"利用其对中国政府的影响力防止这一结局的出现"。②艾登同日也指示英国驻美大使哈利法克斯，要他尽一切可能争取获得美国的帮助，促使中国人改变态度。艾登声称中国人在这一问题上的固执己见只会使签约成为不可能。③

---

① Telegram to Sir. H. Seymour, Dec. 28, 1942, FO371/31665，英国外交部档案，复印件藏中国社会科学院近代史研究所中国近代史档案馆。
② Eden to United States Charge d'Affaires, Dec. 29, 1942, *BDFA*, part 3, series E, vol. 6, p. 112.
③ 美国和英国的外交文件中都没有出现美国如何介入这一问题的记载，这大概是因为在美方形成明确决定之前，中方已向英方做出了妥协，同意暂时搁置九龙问题，从而使中英谈判避开了这一死结。

12月30日，薛穆把英国政府12月28日的意见通知了宋子文。在谈判面临绝境的情况下，宋子文、王宠惠、顾维钧只得劝说蒋介石做出让步。蒋提出了两种方案，一是拒绝签约，二是不提九龙问题，留待日后以军队去收复它。宋、王、顾三人都主张签约。宋子文说，中英目前的条约还是不错的，我们不妨把现在能得到的先拿到手。宋还指出，由于最惠国条款的关系，拒绝签署中英条约会在某种程度上使中美条约失效。而且中国一定要在现在解决九龙这一并非迫在眉睫的问题，也不会获得美国人的理解。顾维钧随后也提出了在签约后声明保留再议九龙问题的权利的办法。①

蒋介石虽对英方的态度大为不满，认为"此可忍孰不可忍"，但最后还是同意做出妥协，"余既决定签订新约为主要方针，故亦不愿因此争执，乃以不提九龙问题，只以将来再谈一语作口头声明"。对于顾维钧提议的签约前声明对九龙持保留意见一法，蒋也认为可有可无，蒋激愤地表示，此后"九龙香港必为我军先行进占，造成事实，虽无文字之保留，亦何妨耶"。②

12月31日，蒋介石召集宋子文、顾维钧继续讨论对英交涉方针。蒋介石在当天的日记中表示了对英不得不忍耐的无奈："对英外交，颇费心神"。对于英国坚决不同意在新约内解决九龙问题，只得暂忍。蒋介石设想，如果英国接受中方的让步，不再提出其他要求，"则我待签字以后，另用书面对彼作'交还九龙问题'暂作保留以待将来继续之谈判，以为日后交涉之根据"。如果英国仍提出无理要求，反而要中方声明九龙问题不在条约谈判范围内，或拒签新约，则中国考虑单方面发表废除不平等条约声明，不承认英国在华享有的不平等特权，"在战后用军事力量由日军手中取回，则彼狡狯，必无可如何，此乃最后之手段"。③

中方做出让步后，中英新约终于得以签订。1943年1月11日，在签署中英新约的同时，宋子文向薛穆提出一项照会，声明对九龙租借地问题"保留日后提出讨论之权"。10天后，薛穆复照称，业已将中方照会转达本国政府。④ 然而，仅此而已。复照虽称已将中方声明转达，但英国政府并

---

① 《顾维钧回忆录》第5分册，第176—177页。
② 《蒋介石日记》，1942年12月30日。
③ 《蒋介石日记》，1942年12月31日及本月反省录。
④ 《宋子文呈蒋介石签呈》（1943年1月8日），秦孝仪主编《中华民国重要史料初编——对日抗战时期 第三编 战时外交》(3)，第781页。

没有对这一照会做出任何回答。因此，英国政府并没有承担任何义务，它仍然可以在战后继续拒绝讨论九龙问题。

新约谈判中有关九龙的交涉，中方未能成功。但事情并没有结束，中国政府仍然表示要在战后解决这一问题。蒋介石于新约签订后数月发表的《中国之命运》一书，表示了中国要收回九龙乃至整个香港的意愿。蒋介石称，九龙问题未能在新约内解决是"美中不足的缺点"，但中方通过声明保留再议之权，"九龙问题仍可随时提出交涉"。蒋介石并提出，九龙与香港在地理上有相依恃的连带关系，因此，不能不同时加以解决。蒋表示相信"英国政府不致为此弹丸之地而妨碍中英两国永久的友好之邦交，盖可断言"。这里，蒋介石对战后收回香港似乎信心满怀。[1]

---

[1] 张其昀主编《先总统蒋公全集》第 1 卷，台北，中国文化大学出版部，1984，第 158 页。

第十章
中国大国地位的确立与筹建联合国

抗日战争中，中国军民的艰苦抗战，中国战场在世界反法西斯战争中所显示出来的重要军事价值，促成了中国国家地位的改善和提高。中国参与领衔签署《联合国家宣言》，"四强"之说随之出现。签署《莫斯科宣言》，则标志着四强的地位得到了确认。开罗会议上，中国取得了重大的外交成就。在创建联合国的过程中，中国充分展现了一个负责任的东方大国的形象，并成为联合国安理会常任理事国，最终确立了政治大国的地位。

第一节　签署《莫斯科宣言》

一　中国"四强"意识的出现

太平洋战争爆发后，中国与美英等国形成同盟关系。国民政府很快意识到自己的战略价值，中国与美英之间不再是单方面的援助和受援关系，而是互相支持与配合的同盟互利关系。因此，中国注意在盟国的合作中维护自己的主权，维护平等交往的地位。在与英美的交涉中，蒋介石显示出几分过去所未有的自信。1941年12月底，美国驻华军事代表团团长马格鲁德将军会见蒋介石，称其得罗斯福电，将由他本人指挥美国来华空军。蒋立即表示，在中国领土上，任何军队都应归中国统帅部指挥。遭此拒绝后，马格鲁德缓和气氛，表示此事待其电询华盛顿方面的意图后再做定夺。蒋进而表示，即使华盛顿之意与马格鲁德所说相同，他亦不赞成。不久，罗斯福邀请蒋介石出任中国战区统帅，该战区内的所有盟国军队，皆归统帅指挥。马格鲁德亦就此前之事向蒋介石表示了道歉。[①]

---

①　台北"国史馆"藏《蒋中正总统档案·困勉记》第69卷，第10页。

在这场世界性的反法西斯战争中,尽管参与反侵略作战的国家众多,但在东西方战场上承担作战主要任务的则不外中、美、英、苏四国,它们的成败决定着反侵略战争的成败,决定着世界未来的走向。逐渐的,人们以"四强"来称呼这四个国家。

1942年1月,二十六国宣言发表不久,"四强"一词便开始在中国出现。《中央日报》1942年1月6日的社论便采用了"四强"的说法。社论称:"这的确是历史上空前未有的大事"。"在今日整个世界之中,我们已是四强之一,中美英苏不但是现在反侵略阵线的四大主力,并且是未来重建新世界的四根支柱。在我国历史上,我们的国际地位从未有达到这样高峰。"① 社论反映出,中国社会意识到了中国国际地位的提高,认同并乐于接受"四强"的说法,在内心深处愿意并盼望承担起大国角色。

对于中国将要在世界舞台上拥有与从前大不相同的地位,人们有所期待,但同时也意识到,这还有待于更多的努力。《大公报》的一篇文章便有些自我警醒的意识:"自去年12月9日我们对日德意宣战,今年元旦参加反侵略同盟,我们已正式踏上世界政治舞台,今后世界战时与战后的大大小小问题我们都得参加;参加得力,我们可以一跃而为列强之一员,参加不力以至失当,将永远做一个三四等国家。这一点,我们应该以极大的警惕,做今后的努力。"②

1942年2月,蒋介石访问印度,试图调解英印之间的冲突。这一出访推动了社会上大国意识的发展。人们对中国的国际责任和国际影响力有了较多的议论。蒋介石在告印度国民书中,提出了希望英国从速赋予印度国民以政治实权的要求。《大公报》对此评论说:"这话甚有力量。在今天,惟有我蒋委员长有资格讲此话,且讲后必有效。"自信满满的心态跃然纸上。③

已经确定了对中国采取扶持方针的美国人,则在不断地给中国以鼓励。1942年2月13日,蒋介石的政治顾问拉铁摩尔在华盛顿晋见罗斯福总统后对记者称:"中国已成为同盟国四强之一,此非仅虚名而已,而为抗战五年之代价,蒋委员长赴印之行,足以证明中国已处于世界一大强国

---

① 《华府伟大的决定》,重庆《中央日报》1942年1月6日。
② 《反侵略同盟与中国》,重庆《大公报》1942年1月5日。
③ 《委员长对印度之发言》(社评),重庆《大公报》1942年2月24日。

之地位。"①

此后，"四强"一词时有出现，并逐渐普及开来。但"四强"一词得到广泛流行及真正认同，还是在签署《莫斯科宣言》之后。此前一段时期，一方面是由于战争的进程尚未发展到对战后世界的规划阶段，人们贯注全力于战争，而四强的身份则更多的是在对战后世界的安排中体现出来的；另一方面由于，尽管根据罗斯福的提议，中国得以名列二十六国宣言的领衔签署国（这是"四强"一说起源的最重要的文本依据），但无论是英国还是苏联，并不认同四强之说。尤其是英国，丘吉尔总是想把中国排除在四强之外，只讲三强，不时声称"英美苏为解决战后世界各大问题之重要国家"，故意将中国从四强中剔出。②

二 中国签署《莫斯科宣言》

远东局势的发展表明，中国不仅在战时抗击日军有着重要作用，而且在战后的远东也将要扮演着完全不同于以往的角色。由于昔日远东大国日本必将失败，还由于旧殖民主义的削弱，远东必然出现一定的真空状态。中国在战后的远东将扮演何种角色，各盟国之间有着不同的认识。美国认为，大战之后，世界政治版图必然要发生变化。英、法、荷等国在战前的旧殖民帝国再也不能继续下去了。在新的国际格局中，美、英、苏、中四个"警察"对于维护世界和平将起着极为重要的作用。在罗斯福的设想中，中国将成为美国在远东的主要盟国。

1943年10月18—30日，美、英、苏三国外长在莫斯科举行会议，讨论战时合作及战后世界安全机制问题，确定了在战后建立新的国际组织来维持世界和平的构想。

中国虽然没有参加这一会议，但在美国的设想中，这一会议所发表的宣言应是以美、英、苏、中四国宣言的形式发表。早在三国会议召开的一个月前，9月21日，美国国务院便向宋子文提交了一份宣言草案，表示这将可能是四强共同发表的宣言草案，美已建议英苏政府，在未来的三国会议中将此宣言的讨论纳入会议议程。中国政府对此草案如有意见可向美方

---

① 《拉铁摩尔谒罗斯福报告中国坚持抗战》，重庆《大公报》1942年2月15日。
② 《宋子文致蒋介石电》（1943年3月24日），台北"国史馆"藏《蒋中正总统档案·特交档案·对联合国外交》：014-08A-01503。以下所引"特交档案"馆藏略。

表示。这一草案声明："美、英、苏、中政府,根据一九四二年元旦之联合国宣言及其后各项宣言所共同决定各向其现与作战之轴心国家进行战事,直至此种国家在无条件投降下屈服为止之决心;且鉴于其为本身与其为与国对于侵略之威胁谋得解放所负之责任;并鉴于由战争至和平,其演变必须迅速而有秩序;且为建立维护国际和平及安全,俾全世界人类及资源用于武装方面者可达最低限度起见",特此宣言:

(一)彼等为进行战事而约定之共同行动,当使继续,以致力于组织及维护和平与安全。

(二)彼等之中,凡与一共同敌人作战者,对于所有有关该敌人之投降及解除武装与该敌人之领土及原系他国而沦亡于敌人之土地之占领,均应采取共同行动。

(三)彼等对于敌人违背投降条件之行为,应采取一切必要之措施。

(四)彼等承认,有于最早可能实现之日期成立一普遍国际组织之必要,以各国平等之原则为根据,无论大国小国,均可为会员,以维持国际和平与安全。

(五)在成立普遍安全制度与重新恢复法律与秩序之前,为维持国际和平与安全起见,彼等得代表国际社会随时会商,并采取共同行动。

(六)为达到上述目的起见,彼等应成立一技术委员会,商讨有关军事问题,包括和平受威胁时,可以使用之武力的组织及力量。

(七)彼等应共同合作,俾彼等自身及全世界之军备负担能实际减轻。

(八)彼等除非为实现此宣言之目的并经共同会商及同意后,不得在他国土地使用其武力。[①]

军事委员会参事室在对美方草案研究后,认为"美方所拟此项宣言草约,共计八条,对我均甚有利"。参事室认为,考察目前情势,宣言中的各条已达苏联目前所能接受的最大限度。苏联很可能对其中若干条款(例

[①]《陈布雷、王世杰等关于外交部四强宣言草案研究意见往来文件》,二档馆:761/169。

如第 8 条）不愿完全接受。此外，目前苏联与日本尚保持中立关系，苏方对中国参加这一宣言，难免不持异议。因此，"我方似不宜于此时增提任何条件。我方政策，在力求此项草约得经四国同意迅速成立"。①

但是，在是否应让盟国的主要作战国家之一的中国参与签署宣言问题上，莫斯科会议存在着分歧。苏联外长莫洛托夫认为，如果中国与苏联一起参与签署这一宣言，会造成日本对苏挑衅的借口。10 月 21 日，在三国外长会议第三次会议中，莫洛托夫提出了中国代表是否适宜签署宣言的问题。他提出疑问说："四国宣言包括中国，但中国代表并没有参加我们的会议。没有第四国代表的参加，我们能不能以四国名义讨论这份宣言？"他声称，如果这是一个三国政府的宣言，美、英、苏在这个会议上就宣言取得一致，便能解决问题。与会三方可以在莫斯科拟定最后文本，而不必等待第四国决定，但"假如我们期待不参加会议的第四国的同意，我们就将因此推迟这一问题的解决"。莫洛托夫的建议是，可以先发表三国宣言，如果中国认为这个宣言适合自己，可以再宣布加入。

赫尔则认为："为了维护联合国家的统一性，将中国包括在内极为重要"。"如果将在战争中做出重要贡献的大国排除在外，则对联合国家的统一性将产生极为有害的心理效应"。② 在会议中间的茶歇时，赫尔又私下对莫洛托夫表示："将中国排除于四国宣言"之外是不可思议的。美国政府认为，中国在战争中已经作为四大国之一出现在世界舞台上，如果在四国宣言问题上，苏联、英国和美国将它抛弃，极有可能在太平洋地区的政治和军事两个方面都引起极为不利的反响，这样的话，将迫使美国采取调整措施，以保证太平洋地区形势的稳定。这无疑是暗示美国将可能把更多的战争资源转用于太平洋战场。③

在美苏争论之中，艾登出来打圆场。艾登表示，宣言可在三国之间进行讨论，在最近几天内达成一致，然后让中国有机会在莫斯科会议结束之前加入这份宣言，并说这在技术上是可行的。但艾登不同意赫尔提出的宣言发表后将向所有盟国参战国家开放签字的想法，强调"我只把这份宣言

---

① 《王世杰呈复关于四强宣言草案研究意见致蒋介石签呈》（1943 年 9 月 28 日），二档馆：761/169
② *FRUS*, *1943*, vol. 1, pp. 593 – 595.
③ *FRUS*, *1943*, vol. 1, pp. 602 – 603.

看作四国宣言。其他国家加入宣言将造成一系列严重的困难……据我看，这份宣言本来应该仅仅限于四国代表签署"。莫洛托夫遂表示，他建议"现在把这一宣言作为三国宣言来研究，不必强求它成为四国宣言"，如果会议期间来得及就这份宣言征得中国同意，那它就成为四国宣言，如来不及做到这一点，那它就仍然是三国宣言。赫尔则强调："我们应当记住第四国参加这份宣言在心理上的重要性。我们代表的是四个主要的参战国，假如我们在我们的文件中把这四国中的一国排除掉，那么，这可能在世界其余地区引起误解，也许还会引起很大的怀疑。我担心这一点。"[①]

在10月26日的会议上，三国就宣言基本达成一致之后，莫洛托夫再次提出是三国宣言还是四国宣言的问题，怀疑当三国代表还在莫斯科的时候，是否来得及得到中国政府的答复。赫尔再次表示："我恳请给重庆的中国政府提供一个了解这份宣言并予以签署的机会"。莫洛托夫强烈希望邀请中国参加之举不得延迟宣言的发表，他声明："苏联政府不反对这份宣言成为四国宣言。但我认为，正确的做法就是，不以任何理由妨碍这份宣言的签署，在我们大家都在莫斯科的时候最终签署这份宣言。"赫尔表示，他相信中国能够在三国代表离开莫斯科前签署这份文件。[②]

当天，赫尔会见了中国驻苏大使傅秉常，称他会中有人极力主张仅由英、美、苏三国签字，但他坚持由英、美、苏、中四国签署。会议不久将要结束，他们将在月内离苏，他请傅速向中国政府请训授其签字全权，"以便于闭会前同时签字，否则该宣言或将由英、美、苏三国出名签字"。[③]

次日，中国驻苏大使傅秉常便获得了全权签字的授权。30日，傅秉常与美、英、苏三国外长在莫斯科共同签署了《关于普遍安全的宣言》，史称"莫斯科宣言"。宣言向世界宣告，四国将遵照1942年1月1日联合国家宣言及以后历次宣言的精神，继续对轴心国作战，直至各轴心国无条件投降，同时，四国认为有必要保证使战争迅速而有秩序地过渡到和平并建立与维持国际和平与安全。为此，四国联合宣告：

[①]《苏美英三国外长会议第三次会议记录》（1943年10月21日），沈志华执行总主编《苏联历史档案选编》第18卷，第108—110页。
[②]《苏美英三国外长会议第八次会议记录》（1943年10月26日），沈志华执行总主编《苏联历史档案选编》第18卷，第236—237页。
[③]《傅秉常致蒋介石电》（1943年10月26日），秦孝仪主编《中华民国重要史料初编——对日抗战时期 第三编 战时外交》（3），第807页。

（一）它们保证用以对其各别敌人进行战争的联合行动，将为组织及维持和平与安全而继续下去；

（二）它们中与某一共同敌人作战者，对于有关该敌人的投降及解除武装等一切事项，将采取共同行动；

（三）它们采取它们认为必要的一切措施，以防止任何破坏对敌人所规定的条件的行为；

（四）它们承认有必要在尽速可行的日期，根据一切爱好和平国家主权平等的原则，建立一个普遍性的国际组织，这些爱好和平国家无论大小，均得加入为会员国，以维持国际和平与安全；

（五）为维持国际和平与安全起见，在法律与秩序重建及普遍安全制度创立以前，各该国将彼此磋商，并于必要时与联合国家中其他国家磋商，以便代表国际社会采取共同行动；

（六）战事终止后，除非为实现本宣言内所预期的目的，并在共同磋商后，它们将不在其他国家领土内使用其军事力量；

（七）它们将彼此并与联合国家中其他国家会商及合作，俾对战后时期的军备的管制，获得一实际可行的普遍协议。①

四国的这一宣示，奠定了联合国成立的基础。中国最终签署《莫斯科宣言》，参与了四大国对战时与战后世界的安排，与美、英、苏一起对战时和战后问题负起重大责任，这使中国的大国身份有了更为明确的文本依据。它确认了中国作为盟国四大国之一的地位。

宣言签署后，傅秉常在致蒋介石等人电中表示："我国自加入此次宣言后，已与英、美、苏三强平等，而居于领导世界政治之地位，对于击溃敌人及重建世界和平均有莫大关系。"② 美国对于《莫斯科宣言》对中国地位的重要性持有同样的看法，赫尔对傅秉常说："此宣言已将中国提高与美、英、苏同处于领导世界政治地位，于中国前途关系极大"。③ 蒋介石显

---

① 《反法西斯战争文献》，第137—138页。
② 《傅秉常致蒋介石、宋子文电》（1943年10月31日），秦孝仪主编《中华民国重要史料初编——对日抗战时期 第三编 战时外交》（3），第812页。
③ 《傅秉常致蒋介石电》（1943年11月1日），秦孝仪主编《中华民国重要史料初编——对日抗战时期 第三编 战时外交》（3），第813页。

然赞成这一判断,他在给傅秉常的复电中对此表示了肯定:"我国外交地位得由四国协定之签字而巩固,是即吾兄之成功,与党国历史同其悠久而远大矣。"①

中国舆论亦对四国宣言的发表高度重视,认为这是确认"四强"的标志。有论者指出:"事实上,中国成为当前及战后世界机构中四大支柱之一,是由于中国本身几年来英勇作战的结果。法律上,中国之被认为四大强国之一,已经由莫斯科宣言,而完全确立。"② 此后,人们在谈论中国成为四强之一时不再羞涩和保留。

第二节　战后处置构想与开罗首脑会议

一　蒋介石对首脑会晤的复杂心态

1943年年中,盟国开始考虑一次举行最高级首脑会议,以讨论对轴心国作战和战后安排问题。开罗会议无疑是战时一次极为重要的盟国首脑会议,积极参与这样一个重要的首脑会议,对中国的国家利益来说无疑是极为有益的。在以往公开的文件中,人们看到的是蒋介石对首脑会晤的热情,如蒋介石在致罗斯福电中表示:"多年以来,中即期望能与阁下聚首共商互有利益之各种问题"。③ 在人们的认知中,正渴望成为政治大国且从未有过与大国首脑会晤经历的中国,期待参加将决定中国与世界走向的开罗首脑会议,是再正常不过的。

但事实上并不那么简单。《战时外交》中收有一封1943年6月7日蒋介石致宋子文电,蒋在此电中表示,在苏联未与日本公开决裂之前,中国参加四首脑会谈,恐将使斯大林感觉不便。因此,美、英、苏三国首脑可先行会谈,蒋甚愿有另一机会与罗单独会谈。④ 如果只从该电的文字上看,

---

① 《蒋介石致傅秉常电》(1943年11月4日),秦孝仪主编《中华民国重要史料初编——对日抗战时期 第三编 战时外交》(3),第815—816页。
② 汪叔棣:《空前的国际盛事》,《东方杂志》第39卷第20号,1943年12月,第3页。
③ 《蒋介石致罗斯福电》(1942年7月7日),秦孝仪主编《中华民国重要史料初编——对日抗战时期 第三编 战时外交》(3),第492页。
④ 《蒋介石致宋子文电》(1943年6月7日),秦孝仪主编《中华民国重要史料初编——对日抗战时期 第三编 战时外交》(3),第491页。

蒋还是愿意参加四国首脑会谈的，只是担心苏联不愿，故有所谦辞而已。

然而，蒋介石日记表明，上电只是托词而已。顾虑苏联不愿与中国首脑会面固是原因之一，但不是蒋不愿参加首脑会谈的真正原因。蒋在发出此电前一天的日记中有如下记载："罗斯福约余与其三国领袖会晤，并谓余先数日与之单独接洽，然后再开四头会议，余以为余之参加不过为其陪衬，最多获得有名无实四头之一之虚荣，于实际毫无意义，故决计谢绝，不愿为人作嫁也。"① 在该周反省录中，蒋再次写道："余不愿领受此虚名，亦不愿领其人情，故决谢绝。"② 可见，蒋不愿出席峰会，是觉得中国在这样的会议上不会受到平等待遇，或不能分享真正的决策权，故不愿做敬陪末座的小角色。

6月下旬，罗斯福在与宋美龄的谈话及通过史迪威向中国官方提出的正式文电中分别提出，他与蒋介石的会晤甚为重要，两人可于华盛顿与重庆之间寻一中途地点会面。蒋复电表示同意，并提议时间应在9月之后。此后，罗斯福又提出，双方是否可在阿拉斯加会晤，蒋介石顾虑到往返途中将飞经苏联，他如不先晤斯大林，恐对中苏关系有不利影响，故提议改地会晤。

8月中旬，霍普金斯（Harry Hopkins）向宋子文提出，如果两国首脑不能在他地会晤，是否可请蒋介石来华盛顿访晤。对于这一访美建议，蒋似乎并不热心。在蒋介石的考量中，颇有把双方会晤地点与荣誉、地位挂钩的意思。蒋在8月21日日记中写道："霍普金斯总想余到华盛顿亲访罗斯福以提高其地位，此乃霍卑陋之见。"蒋介石复电宋子文，令其对霍氏要求坚决拒绝。③ 这里，会晤地点的重要性显然被过于放大，出访国的首脑被赋予了某种屈尊往访的意味。实际上，此前同为盟国首脑的丘吉尔已数次访美，罗斯福并无回访，丘吉尔也并未在意。蒋介石对会晤地点如此关注，显示了一种对平等地位的强烈敏感，这一敏感因此前与美国交往中屡遭轻视而产生而加强。

与此同时，罗斯福也在争取与斯大林的会晤。由于苏联未对日宣战，不愿参加讨论对日作战问题的会议即不愿与蒋同会，故美、英、苏三国将

---

① 《蒋介石日记》，1943年6月6日。
② 《蒋介石日记》，1943年6月6日上星期反省录。
③ 《蒋介石日记》，1943年8月21日。

另有一首脑会晤。罗斯福初时设想,将在美、英、苏三国首脑会晤后再与蒋会晤,蒋对会晤时间亦颇为敏感,认为在三国首脑会后再举行罗蒋会晤有遭轻视的意味,故迟迟不答复罗斯福会晤之约。蒋介石认为:"默察国际大势,俄国与美英决无根本合作之可能。所谓罗邱史会议亦等于空谈而已。罗约余待彼与邱史会谈后相晤,何其轻华至此。余甚愿无相晤之机,故始终未向之约晤也。"①

此后,罗斯福又产生了分别举行两个三国首脑会议的想法,提议中、美、英首脑先在开罗举行会议,主要讨论远东问题,苏、美、英再在德黑兰会晤,主要讨论欧洲问题。

10月下旬,美、英、苏三国外长举行莫斯科会议,在美国的坚持下,中国得以列为《莫斯科宣言》的签署国,班列四强。此举对蒋介石的委屈与不满颇有纾解,使其对美观感有所改善,感到罗斯福对中国还是大力提携的。对出席首脑会谈之事,蒋介石也渐显积极。蒋在10月31日表示:"接罗斯福电,约下月中旬在埃及相晤,余实无意为此。然却之不恭,故犹豫甚为不安。"② 罗斯福在10月28日、29日及11月1日接连来电,邀蒋与会,蒋介石逐渐确认罗斯福确有扶助中国的诚意,遂于11月2日复电罗斯福,同意参加开罗会议。蒋在该周的反省录中写道:"上月杪罗斯福总统连来三电,其诚挚有加无已,殊为可感……此次我国参加四国宣言,完全由其全力所促成,而彼自亦以此获得极大之成功也。"③

可知,蒋介石参加开罗会议并不像以往人们所想象中的那样积极,甚至也不像已公开的文件所显现出的那样积极。基于以往被轻视经历而持消极态度的他,似乎是被罗斯福推着走向首脑会晤的。基于同样的原因,中国对开罗会议的准备及开罗会议中的会晤也采取了低姿态而不是积极进取的方针,担心过于积极会给美英造成为中国利用首脑会议为自己争利益的印象而遭到轻视。蒋在11月13日记述了即将出席开罗会议的方针,表示"此次与罗邱会谈,本无所求无所予之精神与之开诚交换军事、政治、经济之各种意见,勿存一毫得失之见则几矣"。

11月17日,蒋介石再次确认了不主动提出为中国争利益提案的方针:

---

① 《蒋介石日记》,1943年10月7日。
② 《蒋介石日记》,1943年10月31日。
③ 《蒋介石日记》,1943年11月7日上星期反省录。

"余此去与罗、邱会谈,应以澹泊自得、无求于人为惟一方针,总使不辱其身也。对日处置提案与赔偿损失等事,当待英、美先提,切勿由我主动自提,此不仅使英、美无所顾忌,而且使之畏敬,以我乃毫无私心于世界大战也。"①

二 中国关于战后处置计划的设想

太平洋战争爆发后,英美加入对日作战阵营,中日战争的胜负已不言而喻。因此,中国开始考虑军事作战以外的问题,关注战时及战后收回中国主权的诸方面问题。珍珠港事件爆发不久,蒋介石在研究中国与盟国间订立条约的问题时便考虑,中国除了应向盟国提出军事要求外,还要提出政治经济方面的要求。蒋所提出的政治方面的要求包括:"甲、对英要求其承认西藏、九龙为中国领土之一部;乙、对俄要求其承认外蒙、新疆为中国领土之一部;丙、东四省、旅大、南满要求各国承认为中国领土之一部;丁、各租借地及治外法权与各种特权及东交民巷等皆须一律交还中国,与取消一切不平等条约。"② 这是目前所见到的太平洋战争爆发后最早的一份涉及战后中国领土主权的计划。这些要求涉及西藏、香港、外蒙古、新疆、东北等领土,虽不周密完全(如台湾尚未列入),但可视为战时中国较为系统地考虑领土问题的开始。

对于战后设想,蒋介石在1942年11月9日的日记中有一简略而全面的记述。他在一份拟与美方商讨事项的计划中,广泛地涉及战后同盟、中国收回失土、周边国家的地位等问题。该计划包括10个方面的内容:"甲、长期同盟;乙、东三省与旅大完全归还中国;丙、台湾、琉球交还中国;丁、军港、海空军基地、共同设备(30年为期);戊、安南共扶;己、泰国仍予独立;庚、印度战后独立;辛、缅甸与南洋各国共扶,壬、外蒙归还中国,予以自治;癸、中美俄同盟。"③ 在这10个方面中,关于周边国家的有4项,涉及越南、泰国、印度、缅甸及南洋诸国等;关于收复领土的有3项,计划收回东三省与旅大、台湾、琉球、外蒙古等;关于同盟计划的有两项,分别为中美同盟及中美俄同盟;还有一项为与美共享

---

① 《蒋介石日记》,1943年11月17日。
② 《蒋介石日记》,1941年12月20日。
③ 《蒋介石日记》,1942年11月9日。

军港、海空军基地与设施，此项当指旅大，意在未来收回旅大租借地的交涉中引进美国因素，得到美国的支持。

在国民政府拟收复的被日本占领的领土方案中，依被侵占时间之先后可分为三种类型：一是1931年九一八后沦陷的东北；二是1894年甲午战争后割让的台湾；三是1879年被日本吞并的曾是中国藩属国的琉球。这三类领土的性质也大不相同。东北地区一直是在中国的版图之内，只是在日本关东军的刺刀之下扶植了"满洲国"。台湾则是在中华民国成立之前，便已通过国家间条约割让给了日本，民国政府此前并未表示不承认这一条约。琉球则是一内政自主的国家，是同时向中国和日本朝贡的两属国家。这三类领土的不同属性，使国民政府对它们有不同的考虑，提出收复的时间也有所不同。

1. 东北

东北沦陷时间较短，收复东北似乎理所当然，不存争议。也许是因为这一问题看起来简单，研究者对此未多加注意，专门论述者甚少。但实际上，对东北问题的考虑，并不那么简单，呈现出明显的阶段性。

可以说，收复1931年丧失的东北一直是国民政府没有放弃的目标。在战前及战争初期，日本曾多次逼迫国民政府承认"满洲国"，尤其是在抗战前期的不同渠道的历次中日秘密交涉中，日方提出的基本条件之一，就是要求国民政府承认"满洲国"。但是，蒋介石对此始终未表同意，更准确地说，蒋介石采取了一种模糊态度，既不表示承认，也不明确否认。蒋介石的这一模糊做法，是企图将东北问题搁置起来，留待战后解决。[①] 蒋介石在全国抗战开始后不久的1937年7月25日的日记中，便预估中国可在10年后收复东北和台湾，考虑到当时中日之间的实际战况，也是对中日和谈尚存一丝希望，提出东北问题，无疑将断绝中日和谈之议。因此，蒋介石在抗战初期的若干公开谈话中只是表示，中国抗战的目标是恢复卢沟桥事变前的状态。在中日秘密交涉中，这也是中方的一个基本条件。

随着战局由最初的节节败退而进入相对稳定的相持阶段，蒋介石在1939年开始考虑东北问题。从蒋介石日记中可以看到，在1939年6—8

---

① 参见王建朗《尘封下的真相：解读蒋介石亲自修改的一组对日议和文件》，《抗日战争研究》2004年第2期。

月，蒋已在考虑东北的机构与人选问题。6月14日，蒋考虑"东北主事人选，刘广英可用"；6月17日，蒋"派定上海与东北三青团主持人员"；8月13日，蒋仍在考虑"东北机构与人选"问题。① 1939年9月欧洲战争爆发后，世界阵营的分化逐渐向有利于中国的方向发展。在这一背景之下，国民政府收复东北的意图逐渐显现出来。1940年5月3日，国民政府宣布恢复东北四省政府，任命万福麟为辽宁省主席，邹作华为吉林省主席，马占山为黑龙江省主席，缪澄流为热河省主席。这一任命，显示了国民政府收复东北失地的决心。命令公布后，国防最高委员会秘书长张群发表谈话，指出自九一八事变以来，"我政府对于各该省同胞呻吟于水深火热之中，深为轸念，无日不在图谋规复"。抗战至今，"我抗战必胜的信心，更因之加强，一切失地，积极图谋收复，以保持领土之完整"。②

1940年9月18日，蒋介石发表《"九一八"九周年纪念告全国同胞书》，公开提出了收复东北的要求："我们九年来忍苦奋斗，三年余奋勇抗战的目的，就为要恢复我们国家的独立主权和领土，要解救我们三千余万的东北同胞"。"我们今天多抗战一天，就是恢复我们国家独立自由和达到我们雪耻复仇目的日子更接近一天，也就是收回东北和解救东北同胞的日子更接近一天"。③ 这是抗战以来中国政府最明确的要收回东北的公开表述。④

收复东北问题一经公开提出，便作为不可动摇的基本要求而坚持下来。这一中国人看来天经地义的要求，要付诸实现也并不那么简单。国民政府不仅要面对日本，还要面对日后成为自己盟友的国家。在这一问题上，苏联和英美的态度又各有不同。1941年4月，苏联与日本订立中立协定，双方宣言：苏联誓当尊重"满洲国"之领土完整与神圣不可侵犯性，

---

① 《蒋介石日记》，1938年6月14、17日，8月13日。
② 重庆《大公报》1940年5月5日。
③ 秦孝仪主编《先总统蒋公思想言论总集》卷31，第220—228页。
④ 国民政府何时公开提出收复东北的问题，日本学者西村成雄以蒋介石1941年《"九·一八"十周年告全国国民书》为标志。其依据是，在发表这篇告书前，蒋在9月17日的日记中写道，收复东北的决心，无论对内对外，"此时皆应有所表示，而且亦正其时也"，由此推论蒋介石在这时才放弃了1939年、1940年时的政治判断，即恢复至"七七事变前"之状态。（西村成雄：《重庆政治空间的东北因素 收复东北话语在国内外格局中的号召力》，《社会科学研究》2010年1期）西村先生判断的时间似乎晚了一年。

日本誓当尊重"蒙古人民共和国"之领土完整与神圣不可侵犯性。苏联以承认"满洲国"与日本承认外蒙古做了交换。而在英美那里，对是否支持中国收回东北，也都存在着杂音。蒋介石不得不对到访的英美人士反复强调，中国必须收回东北。

1942年8月3日，美国总统特使居里与蒋介石会谈时通报说："华盛顿一部分人之感想以为中国东北应作为战后日、俄两国间之缓冲国，盖华盛顿之印象已有不将中国东北认为中国一部分者。"居里还说，在英文中，"满洲"与"满洲国"已成普通名词，许多人已忘其为中国之东北，甚至总统有时也用"满洲国"这样的词。蒋介石对缓冲国的设想做出强烈反应，他指出："中国东北为中国领土之一部分，绝无讨论之余地，此实为中国抗战之基本意义。盖我抗战若非为收复东北失地，早可结束矣。"日本曾屡次向中国提出和平方案，表示除东北问题外可以接受中国所提出的其他一切条件。后日本又退而声明，不再由其独占东北，改为中日共管东北，亦可考虑，但中国断然拒绝。"盖东北与整个中国绝对不可分离，而为我人之决策，决无变更之余地。"蒋声称，如果中国不能收回东北的消息传入民间，"抗战可受其影响而立即停止"，并称这绝非威胁，而为值得深长考虑之问题。

蒋介石对美国出现这种主张甚表意外，"美国人士竟有不视东北为我领土之一部分，且有人主张以之为日、苏间缓冲之国家，诚出乎意外之骇闻"。他希望居里尽一切可能力量纠正"此含极大危险性之错误观念"，希望美国人士能明白中国民众所以肯忍受重大牺牲与各种困苦，"凡此一切皆以收复东北四省为目标"。[①] 在8月3日当天的日记中，蒋介石写道："居里谈话中美国对东北问题尚有主张国际共管者，闻此恍如青天霹雳，国际诚无公道是非可言，实足寒心。"[②]

总之，看似最为简单的收复东北问题，其实并不那么简单。

2. 台湾

中国政府明确提出收复台湾的时间则要比提出收复东北晚一些。抗战开始后，台湾问题自然进入中国领导人的考虑中。1938年4月，蒋介石在

[①] 《蒋介石与居里谈话记录》（1942年8月3日），秦孝仪主编《中华民国重要史料初编——对日抗战时期 第三编 战时外交》(1)，第680—682页。

[②] 《蒋介石日记》，1942年8月3日。

国民党临时全国代表大会的演讲中表示，总理在世时曾为本党定了一个革命的对策，就是要"恢复高台、巩固中华"，"因为高丽原来是我们的属国，台湾是我们中国的领土，在地势上说，都是我们中国安危存亡所关的生命线，中国要讲求真正的国防，要维护东亚永久的和平，断不能让高丽和台湾掌握在日本帝国主义者之手"。总理生前常讲，"必须针对着日本积极侵略的阴谋，以解放高丽台湾的人民为我们的职志"。[①] 蒋介石的这一讲话，虽说明了先总理要解放高丽和台湾人民的愿望，表示不能让朝鲜与台湾掌握在日本的手里，但并未明确说明现政府的政策是要求收复台湾，因此，将其视为战略考虑而不是明确的政策宣示更为恰当。

翻检全国抗战前期的蒋介石日记，尚未发现蒋认真考虑过台湾收复问题，但也偶有提及。如蒋记述他于1940年9月29日夜翻阅1932年9月间的日记，那时便写有"预定民国卅一年中秋节以前恢复东三省，解放朝鲜，收回台湾、琉球"的文字，蒋评曰："以天意与最近时局之发展及上帝护佑中华不负苦心人之意与力测之，自有可能，只要吾人深信不惑向天道真理勇进，未有不成之事也。"[②]

这一时期，国民党中央党部曾展开了面向台湾的工作。1940年9月，在国民党中央组织部的筹划下，国民党中央直属台湾党部筹备处成立。1941年2月，经中央组织部及该筹备处的协调，时在大陆活动的台湾各抗日组织合组成"台湾革命同盟会"。同盟会会章明确提出："本会在中国国民党领导下，以集中一切台湾革命力量，打倒日本帝国主义，光复台湾，与祖国协力建设三民主义新中国。"[③]

即使是太平洋战争爆发后的最初一段时期，蒋介石仍未提出收复台湾问题。前述1941年12月20日蒋介石日记便显示了这一点。该日记所提出的收复领土中，台湾并未列入。但一个月后，外交部在1942年1月底提出的一份战后方案中提出了收复台湾问题。该方案确定，战后对日处置"对于既往之清算，以恢复甲午以前状态为标准，期我领土之真正完整"。其关于领土的基本原则有："东四省与其他沦陷地区，应予收回"，"台湾及

---

① 《对日抗战与本党前途》（1938年4月1日），秦孝仪主编《先总统蒋公思想言论总集》卷15，第187页。
② 《蒋介石日记》，1940年9月30日。
③ 林忠：《台湾光复前后史料概述》，台北，皇极出版社，1983，第21页。

澎湖列岛，应同时收回"。①

1939年至1940年，有关收复台湾的言论不时散见于报刊，但尚未形成规模，收复台湾形成舆论浪潮是在太平洋战争爆发之后。在珍珠港事件的次日，国民政府宣布所有一切条约、协定、合同，有涉及中日间关系者，一律废止。据此，《马关条约》失去效力。1942年4月，重庆掀起了一个声势颇大的光复台湾宣传运动，国民政府的要人如孙科、陈立夫、冯玉祥等参加了这一运动，或发表广播演说，或撰写文章。至此，收复台湾已成为中国社会的共识。

与收回东北相比，收回台湾所引起的杂音又多了不少。无论是在美国的新闻界还是在美国军政人员内部，都有各种议论，主张国际共管台湾的方案被公开地讨论着。但国民政府坚持收复台湾的要求，积极展开活动，并获得了盟国最高领导人的支持。②

3. 琉球

琉球的情况与前两者又有所不同，它在历史上只是中国的藩属国而已，如果不是因其为日本所占，所谓收复问题大概也就不会提起。在很大程度上，收复琉球更多的是出于抑制日本日后可能的扩张的考虑。因此，琉球问题的提出，不仅在时间上比前两者更晚一些，而且对是否应提出收复琉球的问题，在国民政府内部，意见并不一致，甚至蒋介石本人在不同的时间段，想法也不一样，有时提出收回，有时避而不提。

抗战前期，很少有人提出琉球问题。前述蒋介石1940年9月30日的日记只是说了他翻阅旧时日记的一个感想而已，并不是一个经过认真考虑的计划。太平洋战争爆发后，外交部在1942年1月提出的关于战后处置问题的方案中，提出了琉球问题。该方案所确定的对日处置的主旨是："在不使军阀政治复活之条件下，尊重日本固有领土主权之完整。"基于这一主旨，该方案主张琉球仍然置于日本版图之内，但须对日本的权力加以限制。该方案提出"琉球划归日本，但须受下列两项限制：（1）不得设防，并由军缩委员会设置分会加以监督。（2）对于琉球人民，不得有差别待

---

① 《外交部修正拟定解决中日问题之基本原则》（1942年1月29日），《中华民国史档案资料汇编 第五辑第二编 外交》，第101页。
② 学界对来自英美各方面的杂音及中国的应对，对《开罗宣言》的产生等问题已有很多研究，此处不再赘述。

遇，一切应遵照少数民族问题原则处理"。① 外交部试图通过琉球不得设防的限制来对日本加以防范。

有关琉球的设想，在 1942 年发生了变化。为彻底防止日本利用琉球再事侵略的可能，不少人主张将琉球从日本的统治下分离出来。对琉球从日本分离出来后的前途又有两种意见，一是使其成为一独立国家，一是归还中国。后一种主张一度成为决策层的主导意见。

中国政府公开提出收回琉球问题，应是 1942 年 11 月 3 日外交部部长宋子文在重庆举行的记者招待会上的讲话。有记者问：战后的中国领土是恢复到九一八以前状态，还是甲午战争以前的状态？宋回答说："中国应收回东北四省、台湾及琉球，朝鲜必须独立。美国方面有一流行口号，即'日本为日本人之日本'，其意在指日本所侵据之地均应交还原主"。②

外交部一些负有实际责任的中层官员似乎并不赞成宋子文的这一主张。时任外交部亚东司司长的杨云竹与亚西司代理司长的徐淑希均不赞成提出收回琉球。他们认为，尽管琉球曾纳入中国的朝贡体系，但它完全脱离中国已经很久。琉球与台湾不同，而与朝鲜类似，在被日本吞并之前它已经是一个半独立的国家。中国对琉球的传统权利在 20 世纪是早已过时的东西，因此，中国不应要求收回琉球。他们认为，现在唯一现实的办法是将这些岛屿从日本独立出来，战后可先在琉球建立国际监管。

但国民政府的最高领导显然赞成收回琉球。在前述蒋介石 1942 年 11 月 9 日的日记中，便提出了琉球"归还中国"的要求。可见，宋子文在 11 月 3 日的谈话绝非自作主张。但蒋对收回琉球的迫切程度，显然又与收回东北、台湾等有所不同。1943 年 1 月，蒋对美英轻视中国甚为不满（包括盟国实行先欧后亚战略、中国无法参加联合参谋长会议、英美对反攻缅甸作战态度消极等），甚而灰心。蒋在日记中颇为无奈地写道："战后能收复台湾、东三省、外蒙，则其他外来虚荣皆可不以为意也。"琉球并未纳入收复范围。③ 可见，收回琉球并不是蒋介石始终如一的坚定要求，其收回的迫切性不仅不及台湾和东北，也不及外蒙古。

---

① 《外交部修正拟定解决中日问题之基本原则》（1942 年 1 月 29 日），《中华民国史档案资料汇编 第五辑第二编 外交》，第 101 页。
② 《宋外长谈话》，重庆《大公报》1942 年 11 月 4 日。
③ 秦孝仪主编《总统蒋公大事长编初稿》卷 5（上），第 270 页。

1943年3月，蒋介石《中国之命运》出版。该书写道："我们中国国家的领域，以民族生存所要求为界限，亦即以民族文化所维系为界限，故我们中国在百年以前的版图，一千几百万方公里之内，没有一个区域，不是中华民族生存之所必需，亦没有一个区域不是中国文化所浸润。版图破碎，即为民族生存的割裂，亦即为民族文化的衰落。"蒋介石要求全体国民引此为国耻，"非至于河山光复，不能停止其雪耻救亡之运动"。所谓百年前一千几百万方公里的版图何指呢？蒋在稍后即说道："（琉球，）台湾，澎湖，东北四省，内外蒙古，新疆，西藏，无一处不是保卫民族生存的要塞。这些地方的割裂，即为中国国防的撤除。"① 在《中国之命运》的不同版本中，琉球在列举时时有时无，由此亦可见国民政府在这一问题上瞻前顾后及犹疑不绝。

收复琉球的主张公开提出之后，国民政府还向美国表示了这一意愿，期待获得美方的支持，美国政府对此做出了积极的回应。据时在美国访问的宋美龄1943年3月1日来电报告，她与罗斯福总统的讨论结果是："关于战后问题，琉球群岛、满洲及台湾将来应归还中国，香港主权应属中国，但可划定为自由港，朝鲜独立可由中美共同担保。"② 1943年5月，美国国务卿赫尔再次对宋子文表示，英美均尊重中国权利，"台湾、琉球、东三省、大连，自当归还中国"。③

开罗会议召开之前，国民政府有关方面陆续提出了中国在开罗会议上的对策方案，对战时作战尤其是战后处理问题提出了中方的主张，在若干事关中国主权和领土的问题上表明了中方的立场。

以军事委员会参事室的提案为例。在对日军事处置方面，该案提出，日本应从"九一八"起所侵占的中国及盟国领土上撤出；战后日本的一切作战物资应交盟国方面处置；盟国应派兵驻扎日本；日本应完全解除武装。在政治处置方面，则要求由盟国指定名单，对日本战犯进行审判；解散日本国内一切从事侵略的团体，取缔一切侵略主义的思想与教育。在领土问题方面，日本应将旅顺、大连、南满铁路与中东铁路、台湾及澎湖列岛归还中国，这些领土上的一切公有财产与建设也一并无偿交与中国；琉

---

① 蒋介石：《中国之命运》，正中书局，1943，第5、7页。
② 吕芳上主编《蒋介石先生年谱长编》第7册，第301—302页。
③ 《宋子文致蒋介石电》（1943年5月），吴景平、郭岱君编《宋子文驻美时期电报选（1940—1943）》，复旦大学出版社，2008，第195页。

球群岛或交与中国，或划归国际管理，或划为非武装区域；承认朝鲜独立。在经济方面，日本应将其运走的一切金银货钞、有价证券、重要书籍及文物等归还盟国；日本应向中国赔偿自九一八以来的一切公私损失。[1]

国防最高委员会秘书厅提出了战时军事合作、战时政治合作及战后中美经济合作三种方案。在战时政治合作方案中，对朝鲜和印度独立问题给予了较多的关注。该案提出，中、美、英、苏立即共同或个别承认朝鲜独立，或发表宣言保证朝鲜战后独立，其他联合国家应请其采取同一步骤。中、美、英、苏联合发表宣言，保证印度于战后立即获得自治领地位，并于战后若干年内获得独立，其时期于战后会商决定，在战争期间，印度应积极参加联合国家之各种反抗轴心国家工作。[2]

关于琉球的处置问题，无论是军事委员会还是国防最高委员会，最初提出的方案都主张收回琉球，但同时表示，可以在这一问题上做些退让。在国防最高委员会国际问题讨论会所拟《日本无条件投降时所应接受遵办之条款》的政治条款中，提出了"琉球群岛应归还中国"的要求，但也准备了变通办法。方案在附注中称："琉球群岛比诸台湾及澎湖列岛，情形稍异，如美英坚持异议时，我方可考虑下列两种办法：甲、将琉球划归国际管理。乙、划琉球为非武装区域。"[3] 但是，一份只标注1943年11月而未署明具体日期的国防最高委员会秘书厅提出的《战时政治合作方案》，与此有所不同，该方案只提出："收复一八九四年以来日本所取得及侵占之领土。"[4] 如此，则琉球不在收复之列。这一方案在时间上似应晚于国际问题讨论会所拟方案。

前述军事委员会参事室所拟方案最初也曾提出要收回琉球群岛，同时也提出了收回不成的变通方案，[5] 但其态度不久发生了变化。参事室主任

---

[1] 《军事委员会参事室拟开罗会议中我方应提出之问题草案》（1943年11月），秦孝仪主编《中华民国重要史料初编——对日抗战时期 第三编 战时外交》（3），第498—501页。
[2] 《国防委员会秘书厅拟在开罗会议上提出的战时政治合作方案》（1943年11月），秦孝仪主编《中华民国重要史料初编——对日抗战时期 第三编 战时外交》（3），第505页。
[3] 《日本投降之条款》，《蒋中正总统档案·特交档案·对联合国外交》：014-08A-01504。
[4] 《战时政治方案》（1943年11月），秦孝仪主编《中华民国重要史料初编——对日抗战时期 第三编 战时外交》（3），第505页。
[5] 《军事委员会参事室拟开罗会议中我方应提出之问题草案》（1943年11月），秦孝仪主编《中华民国重要史料初编——对日抗战时期 第三编 战时外交》（3），第499页。

王世杰拟呈蒋介石的《关于四国会议问题节略》提出的要求是："日本于九一八事变后自中国侵占之领土（包括旅大租借地）以及台湾澎湖应归还中国。"① 核诸原始档案，便会看到，初稿是"日本于九一八事变后自中国侵占之领土（包括旅大租借地）以及台湾琉球应归还中国"，后琉球二字被改成澎湖，原始档案保留了修改的痕迹。②

在有关琉球立场转变的过程中，起决定作用的无疑是蒋介石。11月14日，蒋介石准备开罗首脑会谈的资料与提案，在有关远东政治的提案中，蒋提出三点：（1）东北四省与台湾、澎湖，应归还中国；（2）保证朝鲜战后独立；（3）保证泰国独立及中南半岛各国与华侨之地位。在蒋的这一计划中，琉球已不在归还之列。③ 次日，蒋透露了不提琉球的原因："琉球与台湾在我国历史地位不同，以琉球为一王国，而其地位与朝鲜相等，故此次提案对于琉球问题决定不提。"④ 可知，11月中旬时，蒋介石已一锤定音，决定不提出归还琉球的要求。

不仅在对日处置方面，在对英方面，中方在提案准备中也采取了比较谨慎的态度。如关于西藏问题，军委会参事室所拟方案认为，中英在本年8月曾讨论过这一问题，但"双方意见相去甚远，似以留待日后解决为宜"。关于九龙及香港问题，中方原准备在会上提出此事，但经反复考虑后，决定搁置不谈。该案提出"九龙为租借地，归还中国固属毫无疑义，惟在英方视之，九龙与香港属一问题，而香港为割让地，其法律上地位与九龙不同，似以留待日后解决为宜"，表现了避免与英国在开罗会议上纠缠这些问题的态度。⑤

蒋介石原也考虑要提出香港问题。在11月14日的日记中，蒋还表示准备在会上提出此事，"港九问题，归还中国为自由港"。然而，经过反复斟酌之后，蒋介石决定不主动提出香港问题，留待日后解决。蒋在拟定与丘吉尔谈话的议题时，决定所有有关中英之间的争端问题都不在开罗会议

---

① 王世杰：《关于四国会议问题节略》（1943年11月11日），叶惠芬编《中华民国与联合国史料汇编——筹设篇》，第50页。
② 《蒋中正总统档案·特交档案·对联合国外交》：014-08A-01507。
③ 秦孝仪总编纂《总统蒋公大事长编初稿》卷5（上），第431页。
④ 《蒋介石日记》，1943年11月15日。
⑤ 《军事委员会参事室拟开罗会议中我方应提出之问题草案》（1943年11月），秦孝仪主编《中华民国重要史料初编——对日抗战时期 第三编 战时外交》（3），第500页。

上提起,"除与中美英有共同关系之问题外,皆以不谈为宜,如美国从中谈及港九问题、西藏问题、南洋华侨待遇问题等,则照既定原则应之。但不与之争执,如其不能同意,暂作悬案"。①

三 开罗会议有关中国及远东问题的讨论

1943年11月23—26日,蒋介石与罗斯福和丘吉尔在开罗举行中、美、英三国首脑会议。会议期间,蒋介石和罗斯福进行了两次长时间的私下会谈,议题范围广泛,对盟国以后实施的对日政策影响深远。归纳起来主要有以下几方面的问题。

其一,关于恢复中国领土主权问题。双方一致同意,战后日本将东北、台湾、澎湖列岛归还中国,辽东半岛及大连、旅顺亦包括在内。关于香港,罗斯福建议中国先行收回,然后宣布与九龙合成自由港。蒋介石由于在中英新约谈判中碰过钉子,希望借助美国的力量迫使英国让步,他请罗斯福就此事先与英国商量。

其二,关于对日本的惩处。罗斯福表示,美国国内舆论要求追究日本的战争责任,废除天皇制,他询问蒋介石对此事的看法。蒋表示,战争祸首是日本军阀,军阀必须彻底铲除。至于天皇地位问题,牵涉日本国体,应留待战后由日本人民自己决定,以免在国际关系中造成后患。关于战后对日占领问题,罗斯福提议,应以中国军队为主体,但蒋介石表示,中国尚不具备担当这一责任的条件,"请美国主持,中国尽力襄助"。

关于战争赔偿。蒋介石提出,战后日本可用实物充作部分对华赔偿,日本的工业机器、战舰、商船、铁路机车等均可作实物抵偿。罗斯福表示同意。

其三,关于周边国家的独立问题。蒋介石希望美国支持在重庆的韩国临时政府,造成这个政府得到"国际承认"的既成事实,以防苏联支持建立朝鲜的共产党政权。但罗斯福只同意,战后应使朝鲜获得自由与独立,至于如何使朝鲜重建自由与独立,则应由中美两国协助朝鲜人民达成目的。罗斯福对是否承认临时政府没有表态。对于中方提出的支持越南走向独立,及恢复泰国的独立地位的主张,罗斯福均表示赞同。

---

① 《蒋介石日记》,1943年11月15日。

此外，双方还就中美合作问题、中苏关系、中国国内的国共关系等问题进行了讨论。罗斯福在谈话中表示，中国应作为四大国之一参加此后的国际机构，蒋介石对此欣然接受。①

在蒋介石与罗斯福有关战后领土问题的交谈中，东北和台湾的收回，轻松顺利，没有波折。这里，主要对琉球问题和香港问题略加讨论。

在开罗会议上，美方主动地提起了琉球问题。罗斯福问，琉球群岛，中国是否愿意要？蒋答，中国愿与美国共同占领琉球，俟该地托管之时，与美国共同管理。有关这一会谈的记录语焉不详，仅此而已。蒋介石后来的回忆稍许详细些。蒋回忆说，罗斯福总统问他，"在台湾的东方还有一个什么群岛，你的意思以为如何？"蒋反问："你所说这个群岛是不是指琉球而言呢？"罗说"就是琉球"。蒋表示："这个群岛从前是属于中国的小王国，可是在甲午年以前，早已被日本占领了。所以琉球是与台湾的性质不尽相同，我们此时对于琉球不想要单独的归还中国，我只希望由中美两国共管。此事并不急要，留待将来再说吧。"②

11月24日，霍普金斯给中方送来美方草案。该案提议：太平洋上被日军占领之岛屿，其中包括日本曾自承不予设防，但竟变成重要军事根据地的许多岛屿，吾人决定永远不能为日本所有。日本所攫取的领土，小笠原当然归还中国。③ 在讨论美方草案时，中方指出小笠原群岛当为琉球群岛之误。而对琉球问题，蒋介石决定"不必明白载入。盖琉球虽曾为中国藩属，但究系一独立国家。战后对于琉球之处置，至少在原则上，应同于战后对于朝鲜之处置。不过琉球应该脱离日本统治，则无问题"。由于美方草案中已有"凡系日军以武力或侵略野心所征服之土地，一概须使其脱离日本掌握"一条，中方认为这已可包括琉球，故不必再明确写出放弃琉球。④ 由于中方对琉球问题表现出极为克制的态度，此后正式发表的开罗会议宣言，遂未提及琉球问题。

---

① 梁敬錞：《开罗会议》，台北，台湾商务印书馆，1973，第111—113页；《开罗会议日志》（1943年11月），秦孝仪主编《中华民国重要史料初编——对日抗战时期 第三编 战时外交》(3)，第527—528页。
② 转引自张其昀《开罗会议纪实》，台北，中华文化出版事业委员会，1953，第7页。
③ 《蒋中正总统档案·特交档案·开罗会议》：021-08A-01530。
④ 郭斌佳：《参加开罗会议报告》，《蒋中正总统档案·特交档案·开罗会议》：021-08A-01533。

蒋介石何以对琉球问题表现出如此态度？蒋在会谈当天的日记透露出了一些信息。蒋在日记中写道："惟琉球可由国际机构委托中、美共管，此由余提议，一以安美国之心；二以琉球在甲午之前就已属日本；三以此区由美国共管，比归我专有为妥也。"① 由此推测，蒋对美国的提议是出自真心还是试探尚不能确定，他不想在领土问题表现出积极扩张的态度，以免引起美国人的疑心。

蒋介石对琉球问题未做积极措置的原因比较复杂，道义因素、实力因素及策略考虑均发挥了影响。前已叙述，反对殖民主义是中国战时外交的一项重要坚持，琉球虽曾是藩属国，但毕竟是独立国家，历史上与中国交往的紧密程度尚不如朝鲜，如要求将其纳入中国版图，与中国一直坚持的支持印度独立等反殖政策相对照，道义上难以自圆其说。蒋介石还认为，中国海军实力很弱，即使名义上占有了琉球，也不能行实际管理之效，与其名不副实，还不如与美国共同占有。

蒋介石在开罗会议上表现出来的低姿态，显然与中美之间的互信不足有着关联。在琉球问题上，蒋自承如此做是"一以安美国之心"。又如在战后驻军日本问题上，当罗斯福提出应以中国军队为主时，蒋认为，罗斯福"坚主由中国为主体，此其有深意存也。余亦未便明白表示可否也"。② 蒋介石似乎怀疑美国提出这些问题的诚意，怀疑美国是在探询中国对战后处置的胃口，不愿引起美国对中国的疑虑。

而在策略上，则似乎有轻重权衡的考虑。开罗会议上，中国要确保收回的是那些历史上曾经是中国的领土。东三省、台湾乃至外蒙古是中国关注的焦点，而要收回这些领土并非人们所想象的那样一帆风顺。此前，无论是从英国还是从美国，都曾传来过令中国不安的杂音。让东北成为缓冲国、对台湾实行托管等方案都曾经在英美的舆论及政界人物的言论中出现，并引起过争论，国民政府对此实在不敢掉以轻心。因此，考虑有所抓，有所放，避免给人以全面扩张的印象，集中精力确保所失领土的回归，也应是国民政府的策略考虑之一。

蒋介石在琉球问题上对美国产生疑心的原因何在，目前还看不到相关

---

① 《蒋介石日记》，1943年11月23日。
② 《蒋介石日记》，1943年11月23日。

史料，但后来的事实表明，蒋介石似乎是多虑了。开罗会议后，罗斯福还曾数次提及琉球问题，仍主张把琉球交还中国。1944年1月12日，罗斯福对中国驻美大使魏道明又提及琉球问题。罗斯福说，斯大林熟悉琉球历史，他完全同意琉球属于中国并应归还给中国。《波茨坦公告》将把日本的领土限于本州、四国、北海道、九州及我们决定的小岛内。看起来，可能是在开罗会议后召开的德黑兰会议上，罗斯福与斯大林又讨论了琉球问题。

直至1944年10月，罗斯福仍在考虑琉球如何处置的问题。10月4日，顾维钧、魏道明、胡世泽、商震等拜访罗斯福。罗斯福表示，将来日本在太平洋之岛屿如何处置，颇费考虑，美国不愿再增土地，琉球及小笠原群岛，无论如何，亦不能交还日本。又称，听说过去小笠原岛王曾由中国任命。① 由此看来，蒋对美国的怀疑可能并不准确。

香港问题是战时中英关系中的一个重大问题。前已叙述，在新约谈判中，中国认为随着不平等条约的废除，香港应归还中国，英国则认为香港问题不属在华特权之列，不在废约讨论的范围之内，坚持占有香港。对于香港问题，美国曾有所介入。1943年6月，罗斯福向宋子文提出中国获得香港主权但将其开放的建议，即英国自动将香港交回中国，中国则自动将香港九龙一部或全部划为自由港区，在该区内不征任何捐税。罗认为"英国经营香港百年，中国宣布自由港，可保全英侨民一部分权利，此乃中国为建设世界之贡献"。②

开罗会议是利用美国的支持压迫英国退让的一个机会，因为美国对英国在战后仍要维持庞大的战前殖民体系的做法颇不以为然，倾向于让原在英国控制下的地区实现民族自决，建设一个自由贸易的新体系。对于香港，罗斯福认为，英国不应再享有"帝国主义的特权"。开罗会议上，罗斯福在与蒋介石的会谈中提出香港问题，蒋介石遂表示，希望罗斯福先与英国商量此事。

实际上，美国在会前就曾向英国提出过香港问题，英方对此做出强烈反应。丘吉尔拒绝与美国讨论香港问题。在这种情况下，美国对英国的劝

---

① 《顾维钧致蒋介石电》（1944年10月4日），叶惠芬编《中华民国与联合国史料汇编——筹设篇》，第250页。
② 《宋子文致蒋介石电》（1943年6月），吴景平、郭岱君编《宋子文驻美时期电报选（1940—1943）》，第202—203页。

说只能是适可而止,而不会为中国全力以赴。罗斯福对丘吉尔说,香港居民 90% 以上是中国人,又十分靠近广州,应该把香港还给中国。但丘吉尔愤然回答说,只要他还是首相,就不想使大英帝国解体。① 丘吉尔强硬地表示,英国"不想获得任何新的领土或基地,只想保持他们已有的东西。除非通过战争,否则就别想从英国这里夺取任何东西"。丘吉尔称,大英帝国的一部分也许最终会分离出去,但这必须是英国人根据自己的道义观念而完全由自己来进行的。② 在英国的这种强硬态度面前,美国是不会为了解决香港问题而得罪英国的。

在讨论作战计划时,中英再次在香港问题上发生冲突。中国战区参谋长史迪威提出了一个由中美军队联合收复广州、香港等中国沿海地区的作战计划。美国有意支持这一计划,英方对此坚决反对。英国陆军参谋总长布鲁克(Alan Brooke)上将表示,在广州湾进行登陆作战而不安排英军参加,这使他感到十分意外。他声称,香港是英国的领土,英国军队必须参加广州湾登陆作战。蒋介石反驳说,香港原来是中国的领土,它是在不平等条约下被英国霸占,而现在英国人又被日本人从这块土地上赶走。中国正在为自由独立而战,正在以自己的鲜血和生命为收复这个地区而战斗,香港必须归还中国。③

收回东北及台澎的主权问题,本无异议,但在起草与修改宣言阶段发生了一些争论。中美提供的宣言草案规定,日本由中国所攫取的土地,如东北、台湾与澎湖列岛,"当然应归还中国"。英国提出修改意见,主张改为"当然必须由日本放弃",其理由是日后英国议会可能会质询政府,为什么日本放弃的其他占领地区都未说明放弃后的归属,独独东北和台湾要声明其归属中国。英方认为,上述各地固属中国,但不必特别提出。

对英方的这一修改建议,中方强烈反对。王宠惠指出,如此修改,不但中国不赞成,世界其他各国也将产生怀疑,"日本放弃之后,归属何国,如不明言,转滋疑惑"。世界各国皆知道,此次大战由于日本侵略中国东北而起,中国作战的目的,亦在贯彻反侵略主义,如果采取如此含糊的表

---

① 《顾维钧回忆录》第 5 分册,第 14 页。
② Memorandum by Bohlen, Nov. 29, 1943, FRUS, 1943, The Conferences at Cairo and Tehran, p. 554.
③ 黄鸿钊:《中英关系史》,第 238 页。

述，中国人民乃至世界人民都将疑惑不解，"故中国方面对此段修改之文字，碍难接受"。

英方又辩称，因为该句的上文已经说明东北及台湾澎湖是"日本由中国攫去之土地"，故日本放弃后当然归属中国，不必明言。王宠惠进一步指出："措辞果如此含糊，则会议公报将毫无意义，且将完全丧失其价值"。虽然英方理解为这些地方在日本放弃后不言而喻地归属中国，但世界上有一些人对东北、台湾等地曾有各种离奇的言论和主张，英方对此必有所闻，"故如不明言归还中国，则吾联合国家共同作战，反对侵略之目标，太不明显"。① 中方坚决反对英方的修改意见，美国代表对中国的主张给予了支持。讨论结果，仍维持中美原案。最终，开罗宣言明确规定，日本须将窃取于中国的东北与台湾及澎湖列岛归还中国。

此外，在何时发动全缅反攻作战等问题上中英之间也出现了重大分歧。② 尽管中国在会前曾有意搁置中英之间有可能引起争端的问题，但会议过程中中英还是在若干问题上出现了争议。11月25日，蒋介石在日记中充分表达了对丘吉尔的厌恶之情。蒋称丘吉尔所谈"皆为余所厌闻者，而彼乃津津乐道约一小时之久……其思想与精神气魄以及人格则决不能与罗总统同日而语。英狭隘浮滑自私顽固八字尽之矣"。③

英国的顽固立场也使美国颇感为难。11月25日，蒋罗会谈结束后，罗对蒋慨叹曰："现在所最令人痛苦者就是邱的问题"，"英国总不愿中国成为强国"，言时"颇有忧色"，蒋亦为之感动，觉得罗斯福"比上次谈话时更增亲切"。④

12月1日，《开罗宣言》正式发表。中、美、英三国表示，要对日本施加无情压力，直到它无条件投降。宣言庄严宣告：

> 我三大盟国此次进行战争之目的，在于制止及惩罚日本之侵略。三国决不为自身图利，亦无拓展领土之意思。三国之宗旨在剥夺日本

---

① 《开罗会议日志》（1943年11月），秦孝仪主编《中华民国重要史料初编——对日抗战时期 第三编 战时外交》（3），第531页。
② 参见本书第四章第一节。
③ 《蒋介石日记》，1943年11月25日。
④ 《蒋介石日记》，1943年11月26日。

自一九一四年第一次世界大战开始以后在太平洋所夺得或占领之一切岛屿，在使日本所窃取于中国之领土，例如满洲、台湾、澎湖群岛等，归还中国。日本亦将被驱逐出于其以武力或贪欲所攫取之所有土地，我三大盟国轸念朝鲜人民所受之奴隶待遇，决定在相当期间，使朝鲜自由独立。①

在以往的国际会议中，中国总是处于受人宰割或任人摆布的地位，对国际事务鲜有发言权，遑论决策权。这一次，中国首脑与美英首脑以平等的身份会晤，共商世界大事，本身就具有历史性的意义。而会议发表的宣言，也充分地体现了中国人民恢复国家主权和领土完整的愿望。开罗会议明确宣布台湾和澎湖列岛必须归还中国，这便使台湾回归中国获得了有力的国际保障。可以认为，开罗会议是战时中国外交的最高峰。

开罗会议上中美会谈的顺利及开罗会议所取得的成果，多少有些出乎蒋介石的意料，蒋介石对会议的结果比较满意。蒋在会后回顾称，开罗会议"以政治之收获为第一，军事次之，经济又次之，然皆获得相当成就。自信日后更有优美之效果也"。蒋介石表示，开罗会议的结果"出于预期之上"。他颇为自得地写道："东三省与台湾澎湖岛，为已失去五十年或十二年以上之领土，而能获得美英共同声明归还我国，而且承认朝鲜于战后独立自由，此何等大事，此何等提案，何等希望，而今竟能发表于三国共同声明之中，实为中外古今所未曾有之外交成功也。"在12月的反省录中，蒋再次表示："开罗会议公报如期发表，军民精神为之一振，此乃为国家百年来外交上最大之成功，又为胜利重要之保障，是卅年苦斗之初效也。"②

开罗会议上与罗斯福的直接接触，使蒋介石对罗斯福的好感大增，多次谈及罗斯福援助中国的诚意。在11月23日与罗斯福长谈后的当晚，蒋介石记曰："甚觉其（罗斯福）对华之诚挚精神决非浮泛之政治家所能及也。"11月27日，蒋介石对霍普金斯表示："此次世界大战，如非罗之政策与精神，决不能有今日之优势，英与俄皆无法挽救，故余惟佩其人格之伟大也。"蒋介石认为："以罗斯福此之言行及其国民一般之言论与精神，

---

① 《反法西斯战争文献》，第163页。
② 《蒋介石日记》，1943年11月27日，12月31日本月反省录。

确有协助我中国造成独立与平等地位之诚意也。"①

与之相反,开罗之行使蒋介石对英国外交的认识更加负面。蒋回顾曰:"开罗会议之经历,无论军事经济与政治,英国决不肯牺牲丝毫之利益以济他人。""彼对于美国之主张亦决不肯有所迁就,作报答美国救援英国之表示;其对于中国存亡生死,则更不值一顾矣……英国之自私与贻害,诚不愧为帝国主义之楷模矣。"②

第三节　筹建联合国

一　中国对战后组织的构想

国民政府有关建立战后国际组织问题的考虑,比我们过去所知道的要早得多,涉及的方面也比较广泛,绝不只是单纯地呼应美国提出的构想,而是有着自己的主动思考。

太平洋战争爆发不久,中国就开始关注战后和会及建立国际组织的问题。人们想到了第一次世界大战后巴黎和会的情况,那时中国虽作为战胜国参加和会,却失望而归。《大公报》的一篇社评指出,现代国际史上屡次证实的一个教训是,"取得战场胜利易,取得和议胜利难"。尤其是第二、第三等的胜利国,很容易在和平会议上遭遇失望,上次欧战后的中国与意大利就是例子,"这次我们万不容不有些远虑"。社评建议盟国间建立一个战后世界安全机构计划委员会,统筹具体办法;建议中国在国防最高委员会之下,设立"战后国际安全设计处",延揽人才,制定中国提案。③

人们开始提出关于未来国际组织的若干设想。1942年中,国防最高委员会内设国际问题讨论会,专门研究国际政治、国际经济、中日问题及取得国际自由平等四项问题。1942年7月4日,国际问题讨论会拟出《国际集团会公约草案》,草案指出,要想保持永久和平,就必须在战后确立集体安全制度。上次大战结束之后,创设了国际联盟,以防止侵略,维护和

---

① 《蒋介石日记》,1943年11月23、27、30日。
② 《蒋介石日记》,1943年11月30日本月反省录;秦孝仪总编纂《总统蒋公大事长编初稿》卷5(上),第445页。
③ 《反侵略同盟与中国》,重庆《大公报》1942年1月5日。

平,"何以盟约墨汁未干,而侵略又复猖獗,战祸弥漫世界?"草案认为:"此中原因固多,而国联未能善尽维护和平之责,当为主因。""国联组织欠缺、权力过小,是过去失败之主因"。如国联理事会(亦译国联行政院)并非常设,"因平时各理事代表分散各处,集议匪易,每遇紧急事件发生,难为迅速有效之行动"。草案提出,新国际组织的理事会应改为常设,以备随时执行制裁及处理国际重大事件。该理事会为集团会之重心,其行动贵在敏捷,故人数不宜太多。

该草案认为,国际联盟的表决制度也是其行动迟缓缺少效力的一个重要原因。国联若要通过决议,除程序问题外,需采行"一致原则"。这样在通过一些处理争议及实施制裁的重大决议时,"每因少数国家从中作梗,难以成立决议"。草案提出,必须打破这种一致原则,除另有规定者外,只须出席代表2/3同意,决定即可成立。草案还认为,国联对于制裁侵略过于软弱,一是因为国联无计划制裁之机关;二是因为缺乏强制执行之能力。因此,草案提出:"一面设置经济、军事两参谋团,负责准备制裁之具体办法,以备实施;一面复组织国际警察,以实行制裁之决议,同时规定理事会为侵略与制裁问题之唯一决议机关,是即以制裁侵略之全权赋予理事会,俾可酌量情形,迅速处理,而无须诿责于大会,再蹈前此议而不决,行而不力之覆辙矣。"草案主张建立国际警察,"虽战后各国是否肯于接受,尚有问题,然在理想之国际组织中,似有增设国际警察之必要。盖有国际警察之后,制裁侵略方能有效实施也"。①

鉴于国际联盟组织欠缺,权力过小,不能发挥效用,因此,应该建立新的更为有效的国际组织。该草案初步提出中、美、英、苏四国在战后发挥特殊作用的想法:"和约成立后,应由中、英、美、苏及其他盟国共同担任和约之执行及战后和平之保障。中、英、美、苏为反侵略之主要国家,既因共同奋斗而再造和平,对于战后执行和约,保障和平,匪但理所当然,且抑责无旁贷。"②

除了强调中、美、英、苏四大国的特殊地位外,该草案还从另一方面

---

① 《国际集团会公约草案》(1942年7月4日),叶惠芬编《中华民国与联合国史料汇编——筹设篇》,国史馆印行,2001,第66—72页。
② 《国际集团会公约草案要点》(1942年7月4日),叶惠芬编《中华民国与联合国史料汇编——筹设篇》,第71页。

设计了确保中国进入理事会的制度，提出以人口因素决定理事会成员的设想。草案提出："理事会由人口最多之八会员国及其他七会员国之代表组织之。前项人口最多之八会员国，由大会以出席会员国过半数指定之，其他七会员国由大会以出席会员国过半数选举之。"草案认为，过去的国联理事会往往行动迟缓，以致贻误事机。因此，草案准备对理事会的活动方式加以改革，"将理事会改为常设，各代表长川驻会，以便随时应付事机"。[1]

人口众多是中国最特殊的资源，以人口为确定代表名额的重要依据的设想，得到很多人的呼应。有的还设计了具体的方案。如王云五提出的方案便主张，应按会员国的人口比例确定在国际组织的代表人数。但为防止出现人口过多之国所占代表人数过多，人口过少之国不能派遣代表的情况，王云五的方案提出了适当比例原则，拟规定人口 1000 万以内者，每国名，1 万万以内者，除 1000 万照上述办法外，余数每 3000 万 1 名，在 2 万万以内者，除 1 万万照以上办法外，余数 5000 万 1 名，在 3 万万以内者，除 2 万万照上述办法外，余数每 7000 万 1 名，超过 3 万万者，余数每万万人 1 名。这样计算，人口再少的国家也都有 1 名代表出席，人口 1 亿者可出 4 名，2 亿者可 6 名，3 亿者 7 名，4 亿者 8 名。讨论问题采取多数决定制，次要问题过半数，重要问题则需 3/4。吸取第一次世界大战的教训，王云五还提出，新的国际组织可以接纳战败国的新政府参加。[2]

关于新的国际组织的权力，鉴于过去国联软弱无力的状况，各国都出现了建立强有力的国际组织的呼声。此时，在相关国家的讨论中，有主张成立邦联或世界政府者。美国有人提出的方案便主张各国空军国际化，将各国空军隶属国际组织，供国际警察部队使用。对此，国内的讨论也颇为热烈，且一般主张新的国际组织应拥有更大的权力。有人提出，空军国际化仍不够，"当更进一步，使海军之主力亦隶属于国际组织"。因为没有海空军的配合，陆军便不能从事侵略性的进攻。各国应将大部分军机及巨型军舰、潜艇等移交国际组织，并规定以后除国际组织外，不准加造。那么，谁来统率使用国际武力呢？人们提出："美英中苏四国此次既为正义而战，战后为维持世界和平，于不得已有实施国际警察权之必要时，自必

---

[1] 《国际集团会公约草案要点分解》（1943 年 7 月 4 日），叶惠芬编《中华民国与联合国史料汇编——筹设篇》，第 75 页。

[2] 王云五：《战后国际和平问题》，《东方杂志》第 39 卷第 4 号，1943 年 4 月，第 6—7 页。

能始终维持正义，故以统率及使用此项国际军用机军舰之责委诸四国国籍之人民，实际上本无可虑"，但是，为昭大信及公允起见，对于向守中立的国籍人民应尽可能多予任用。①

朝野各方都参加了这一讨论，总的倾向是希望有一个强大的权威的新组织，在这个组织中，中、美、英、苏具有特殊地位。中国国民外交协会所拟《战后世界和平书》认为，未来国际组织的形式，不外四种：联合会、邦联、联邦、世界国家。世界国家太过理想，难以一蹴而成，鉴于过去联合会的失败，新组织必然介于邦联与联邦之间，即尽量加强联合会，扩大其职权，严密其组织，以便能切实执行制裁。②

人们认为，四大国应在战后发挥领导作用，"全世界几年血战的结果，毫无疑义的，已经证实了世界上最有力的四个国家为中国，英国，美国，与苏联。负担起正义阵线的先锋，为扫荡暴力主义尽了最大使命的这四个国家，在战后，一定也要形成新势力的中心，为建设新世界体系而发挥最大的作用……战后新世界的建立过程中，在世界组织最高机构方面，一定要以中、美、英、苏四国为领导力量"。③ 作为曾经有过被压迫经历的国家，人们当然坚持所有国家一律平等的一般原则，但同时又注意强调大国的特殊责任，主张"在未来国际和平机构中大小会员国一律平等原则之下，承认大国特别的权利与责任"。④

1944年7月，军事委员会参事室主任王世杰向蒋介石报呈该室参事周鲠生所拟的《国联约章草案》，草案综合了此前讨论所提出的若干设想，并使之更为合理化，更具操作性。草案强调："每一会员国在大会中只有一投票权，其代表人数得视其在国际事务上之重要性定为一人至五人。"各会员国的代表名额由大会根据该国的领土面积、人口、资源及其他政治文化因素决定之，"理事会由美、英、苏、中及大会选出之其他五会员国之代表组成之"。⑤ 这一方案赋予四大国当然的理事国地位。

---

① 王云五：《战后国际和平问题》，《东方杂志》第39卷第4号，1943年4月，第7页。
② 重庆《中央日报》1944年7月7日。
③ 汪叔棣：《战后世界机构论》，《东方杂志》第39卷第13号，1943年9月，第4页。
④ 杜光埙：《论重建世界和平的基本问题》，《东方杂志》第39卷第14号，1943年9月，第19页。
⑤ 《王世杰呈蒋介石新国联约章草案》（1944年7月13日），叶惠芬编《中华民国与联合国史料汇编——筹设篇》，第133页。

在筹建新的国际组织的过程中，中国将自己视为东方民族以及世界弱小民族的代表，努力争取战后国际关系朝着平等与正义的方向发展。中国对托管地、殖民地等问题颇为关注，并展现出比其他三国更为注重平等的立场。对于托管地，中国主张由国际组织治理，而不是委托给某个国家统治。《国际集团公约草案》便主张："对于原有委任治理地，一律改由集团会直接治理。"草案认为这些委任治理地，"原系上次大战前德、土两国之属地，战后改为委任治理地，分别委托英、法、日等国统治之，实际上等于变相之割让，其治理亦未能悉如国联之理想。此次日本非法利用其委任治理地，向同盟国进攻即其一例"。国联因组织未臻健全，力量有限，委任统治实乃权宜之计。新的国际集团会组织加强，职权扩大，应实施直接治理。收回以后，对于当地人民的利益及宗教信仰自由与各国商业机会均等，由集团会予以保障，当可更为切实有效。国际治理的最终目标，为尽量促进其独立自主。草案还提出："战后各国殖民地亦无妨照此原则加以调整，其能以独立自主者，可任其民族自决；其不能独立自主者，可划归国际治理。"[①]

而在一些对中国国家利益并非十分紧要的问题上，国民政府领导层则表现出愿意采行追随美国的方针。1942年6月，蒋介石在致宋子文电中便明确指出，中国对国际政策，唯美国马首是瞻，凡美国不参加的事，中国亦不愿单独参加，凡美国参加之事，中国亦必须共同参加。[②]

对于中国参与国际讨论时应把握的分寸，顾维钧曾有如下建议："三大国自以为出大半力量，抗战胜利后不免各图操纵，彼此疑嫉，不但英美间，即英苏与美苏间难免有各自为谋，主张不一之点。我国地位虽列为四强之一，似宜慎重发言，减少提倡为得计……我宜避免提出与任何一国正面冲突之主张，而以居中调和折中，俾可增加我参与此次会议之贡献为上策。"[③] 事实上，在此后四大国讨论争议当事国是否具有投票权（对四大国来说，即对涉及自身的冲突事件是否具有否决权）等问题上，中国均顾及美方立场，修正了自己的政策，改而主张争议当事国不参加投票，也不再

---

① 《国际集团公约草案》（1942年7月4日），叶惠芬编《中华民国与联合国史料汇编——筹设篇》，第70页。
② 《蒋介石致宋子文电》（1942年6月22日），秦孝仪主编《中华民国重要史料初编——对日抗战时期 第三编 战时外交》（1），第156页。
③ 《顾维钧致蒋介石电》（1944年8月6日），叶惠芬编《中华民国与联合国史料汇编——筹设篇》，第166页。

坚持建立国际空军和国际警察。

二 参与创建联合国

设立国际组织的构想在莫斯科会议上正式提出讨论，并公之于众。其后，这一设想又在开罗首脑会议上得到了确认。参加了开罗会议的中国对此持积极态度，并提出了中方草案，主张四国在新的国际组织中应发挥主导作用。

在参加开罗会议前，中国代表团事先拟定要提出讨论的问题中，战后重要问题的第一项便是："维持世界和平：战事结束后现有之联合国团体仍应继续存在，而以中、美、英、苏为主席团，担负维持世界和平之责，至普遍集体安全制度成立时为止。"[1] 抵达开罗后，中方将原拟的政治方面的提案，分为四项节略，其第一项为"关于设立四国机构或联合国机构问题"。该项提出：（1）在联合国总机构未能设置之前，应由美、英、苏、中四国及早成立四国机构，以便协商关于四国宣言所规定事项；（2）上述四国机构之经常机关，设于华盛顿，但有时亦可在伦敦、重庆或莫斯科开会；（3）四国机构应负筹设联合国总机构之责；（4）联合国总机构之组织，中国政府赞同美国政府所拟办法，由11国组成一执行机关，由美、英、苏、中任主席团成员。[2]

开罗会议期间，蒋介石与罗斯福和丘吉尔分别就建立战后国际和平机构问题交换了意见，中方强烈希望莫斯科四国宣言能早日具体化，并主张这一和平机构应是一强有力的永久性的机构。

美国积极推动筹建新的国际组织。1944年7月，美国国务卿赫尔将《普遍国际组织暂定草案》分送中、英、苏三国政府征求意见，并邀请三国于8月来美举行会议，具体讨论这一问题。蒋介石复电表示中国乐于参加这一会议，他颇具自信地认为，中国参加这次会议，非仅代表中国，而且代表着过去在国际会议中毫无发言权的广大的亚洲人民，"盖东方人民如无代表，则此会议将对于世界之一半人类失去意义也"。该电表示，中

---

[1] 《军事委员会参事室拟开罗会议中我方应提出之问题草案》（1943年11月），秦孝仪主编《中华民国重要史料初编——对日抗战时期 第三编 战时外交》(3)，第498—501页。

[2] 《政治问题会商经过》，秦孝仪主编《中华民国重要史料初编——对日抗战时期 第三编 战时外交》(3)，第525页。

国向来主张早日成立战后国际和平机构,如有可能,希望能在战争结束之前成立这一机构。①

此时的中国不只是在心理上具有了代表弱小民族的自信,也在具体政策上提出了有利于弱小民族的主张。中国国民外交协会所拟《战后和平意见书》明确提出:"关于民族问题之解决,应采取之原则如下:(1)各民族应独立自由平等,不应因言语、种族、宗教之不同,而被歧视。(2)对于各洲被侵略国占领的国家与民族,应一律恢复其独立与自由。"意见书认为,对于殖民地的争夺,为战争原因之一。因此,"欲确保世界之永久和平,则殖民政策包括各国委任统治制度在内,必根据大西洋宪章之原则,最后达到废除之目的;至低限度亦必须加以修正改良,逐渐达到自治"。

该意见书提出:(1)吾人应确认,殖民地制度,断无永久保持之必要,现有一切殖民地,务使其于最短期间能独立自主;(2)轴心国家之殖民地,于战后均应立刻交由国际治理,不得转让他国;(3)非轴心国家之殖民地,于战后亦应由国际会议决定各地限于若干年内必须获得自主与独立,在未完成独立以前,各殖民地赋税收入,应完全用于本地人民,而非仅只大部分。

该意见书还主张:所有现行之委任统治地,或将来若干共同决定有国际管理必要之地点,一概交由集体安全总机构直接统治之,改名为国际治理地,视其文化经济之程度,以备逐渐助成其自治或独立。所有国际治理地土人之利益,及有关各国在经济上所享有之机会均等,概由集体安全总机构予以保障。②

国防最高委员会秘书长王宠惠为赴美出席讨论会议的中国代表团而准备的《我方基本态度与对重要问题之立场》也主张:"一般委任统治地,应以改由国际和平机构直接管理为原则。"③

1944年8—9月,美、英、苏、中四国代表在美国敦巴顿橡树园举行

---

① 《蒋介石致罗斯福电》(1944年6月2日),秦孝仪主编《中华民国重要史料初编——对日抗战时期 第三编 战时外交》(3),第828页。
② 中国国民外交协会:《战后和平意见书》(1944年7月7日),叶惠芬编《中华民国与联合国史料汇编——筹设篇》,第106—107页。
③ 《蒋介石致孔祥熙电》(1944年7月29日),秦孝仪主编《中华民国重要史料初编——对日抗战时期 第三编 战时外交》(3),第833页。

会议。苏联以它须对中日战争保持中立地位为由，不愿与中国代表同时出席会议，因此会议分为两个阶段进行，第一阶段为苏、美、英会议，第二阶段为中、美、英会议。第一阶段的会议由于美英与苏联之间在若干问题上存在分歧而一再延长，从8月21日开到9月28日，大量的实质性的问题已在这一会议上讨论并决定了。第二阶段的会议从9月29日开到10月7日，所做的工作只能是对前一会议的方案进行一些修补。

尽管敦巴顿橡树园会议的安排令中方不满，但中国政府还是指示中国代表团要"努力促使会议取得成功"。中国政府在给出席会议的中方首席代表顾维钧的电报中指示说："我们应该促使敦巴顿橡树园会议取得成功，我们的所有建议都应服从于这个方针。"中国代表团仍认真地准备提案。[①]

中国代表团准备在第二阶段会谈中提出中国或与中国有类似处境的国家所特别关心的一些问题。中国主张：世界和平机构越坚强有力越好，其活动应充分灵活敏捷；世界和平机构应尽快在战事结束前成立；凡美、英、苏在世界和平机构中所参与之事，中国应以平等地位同样参与，中国不主张四国享有过大的特权；区域组织应隶属世界和平机构之下，会员国的领土完整与政治独立应加保障；一切国际争议，应用和平方法解决；对侵略的定义，应有明确详细的规定，如何应用制裁，也应有具体的规定；赞成道义军缩，建议文化合作；设立一国际经济合作机构；等等。[②]

中国代表团决定提出7项补充建议供会议讨论。这7个方面是：（1）解决争端应使用的原则；（2）尊重政治独立及领土；（3）侵略定义；（4）国际空军；（5）编纂国际法；（6）国际法院的强制管辖；（7）文化合作。

第二阶段会议开始后，中国代表提出，为了使新国际组织能够有效地促进世界和平与安全，还是应该对第一阶段的提案做一些改进和修订。中国代表提出了14个问题，要求美英代表发表意见，做出解释。经过第二阶段的讨论，英美方面接纳了以下三点：（1）处理国际争端应注重国际正义与国际公法原则；（2）国际公法的发展与修改，应由大会提倡研究并建议；（3）经济社会委员会应促进教育及其他文化合作事业。这些建议被称为"中国建议"，会后又征得了苏联的同意，作为四国一致同意的提案而

[①] 《顾维钧回忆录》第5分册，第431页。
[②] 《我方基本态度与对主要问题之立场》（1944年8月），秦孝仪主编《中华民国重要史料初编——对日抗战时期 第三编 战时外交》（3），第867—870页。

提交给日后的联合国制宪会议讨论。结果，"中国建议"后来全部被吸收到联合国宪章里。①

敦巴顿橡树园会议就创建新的国际组织达成了内容广泛的协议，其要点有：建议新国际组织命名为"联合国"，凡爱好和平的国家均可以成为这一组织的成员国；新国际组织应包括大会、安全理事会、国际法院和秘书处四个主要机构，维护世界和平与安全的主要权力在安理会，安理会的决议对所有会员国都有约束力，美、英、苏、中及法国应拥有常任理事国地位，在安理会中享有永久的代表权；大会的重要决议应以参加投票国的2/3多数决定，其他决议以简单多数决定。

中国代表团原来对会议拟有两个方面的目标。一是进一步巩固中国的第四大国的地位，并在这一基础上与美英合作。二是关于成立新的国际组织，中国希望这一组织应该成为一个有效的组织；应该保证这个组织的所有成员国独立自主及领土完整；应该以公正原则及国际法作为解决国际争端的基础；要本着促进和平的利益修订国际法；中国能继续得到小国的同情；等等。

从会议结果来看，中方的目的获得实现。（1）在新的国际组织中，安理会比国联理事会更为有力和有效。安理会可以随时开会，只要提前24小时通知，任何时候都可以开会。新国际组织还要成立一个军事参谋团，这与国联相比是一个十分重要的改进。（2）政治独立、领土完整、反对外来侵略得到了保证。（3）中国非常渴望修改旧条约，可以进行这种修改的原则得到了承认。（4）为了解决国际争端，制定了一些准则，规定国际争端应根据正义和法律原则加以解决。会议第一阶段所通过的决议案并没有这项原则，当中国在第二阶段提出这一原则时，发生了很大的争论。英国代表认为国际法是不明确的，当重要争端出现时，国际法的原则只能引起争论。经中国代表团据理力争，终使会议接受了这一原则。②

会议期间，顾维钧等人曾拜访美国总统罗斯福。罗斯福向他们谈了为什么力主将中国列为战后负有维持和平责任的大国的原因。罗斯福说，他希望在世界各地都看到和平，希望亚洲和太平洋地区安宁。由于有了中国

---

① 《孔祥熙致蒋介石电》（1944年12月3日），秦孝仪主编《中华民国重要史料初编——对日抗战时期 第三编 战时外交》（3），第891页。
② 《顾维钧回忆录》第4分册，第421—422页。

这个地处亚洲的强大盟国，美国就可以把全部注意力用于维持欧洲和平。因为到目前为止，所有大规模的战争都起源于欧洲，这些战争使世界其他地方不得安宁，使人民生命和国家财产遭到骇人听闻的损失。中国就人口而言，是世界上最大的国家；就领土而言，是亚洲最大的国家；纵观中国历史，中国人民是热爱和平的人民。因此，他决心使中国成为负责维持世界和平的四大国之一。

讨论中，亦有部分中国意见未能被美英接受，有关国际空军的讨论，便反映了中国与美英对未来国际组织的期待有所不同。中国希望建立更为强有力的国际组织，主张建立国际警察部队，尤其是要建立国际空军，进而废止各国空军。会前，军事委员会参事室于1944年7月15日提出了《我政府关于国际安全和平组织问题之主张要点》，主张"国际安全和平组织应具有执行军事制裁之充分力量。为达此种目的，此种组织应于此次战事结束后数年内逐渐成立强有力之国际空军，并于此期间内逐渐废止各国空军"。该案获蒋介石审核同意。①

7月24日，国防最高委员会秘书长王宠惠提出题为《我方基本态度与对重要问题之立场》的文件。蒋介石于7月29日致电孔祥熙，指令这一文件"为我代表赴会议时讨论应付之根据，如与前电有出入时，应以此为准"。该文件指出："世界和平机构，以愈坚强有力为愈宜"，"国际警察，以设置为宜。如不设置，最低限度应有国际空军，以取得制裁侵略时初步之优越地位。并应规定如何动员各会员国武力，以共同制裁侵略之办法"。②

8月中旬，中方获知英美提案的内容，得知英美均不主张设置国际警察部队。尽管如此，中方仍决定提出建立国际空军的问题。8月22日，王世杰致电陈布雷，提出对中国代表团的会谈指导意见，请其转呈蒋介石。该案仍主张"设置国际参谋部，并设立国际空军，使各国空军逐渐定期裁废"。③ 中国驻美军事代表团团长商震也来电报告说："战后和平会议中，

---

① 《王世杰致蒋介石》(1944年7月15日)，叶惠芬编《中华民国与联合国史料汇编——筹设篇》，第140页。
② 《蒋介石致孔祥熙电》(1944年7月29日)，秦孝仪主编《中华民国重要史料初编——对日抗战时期 第三编 战时外交》(3)，第831—835页。
③ 《王世杰致陈布雷》(1944年8月22日)，叶惠芬编《中华民国与联合国史料汇编——筹设篇》，第197—198页。

对设置警察事，美、英均不甚主张，苏联只主张设国际空军。在我国立场及环境，自应赞成常设国际警察及国际空军，虽少胜无，惟届时大会如询及国际警察及空军之编制办法（兵源及经费等事），我方似应有一草案，较为周密。拟请钧座对于上列各事，赐以指示。"① 对此，蒋介石复电表示，仍维持原方针不变，"对国际空军事，前电孔副院长对重要问题之立场第七条已有指示，可以该条文为原则，不必另有更详之提案"。②

在中、美、英三方的会谈中，中国提出了组织国际空军的主张。顾维钧与商震对此进行了多次阐述，指出："国际安全机构先宜本身具备武力"。"经常而独立之国际空军仍应设置，可由安全理事会节制之，盖此足构成国际机构具有权威之征象，对于维持和平之心理平时即有裨益，一旦侵略发生，尤能迅速行动，及时应付"。中方表示，现在可着重讨论原则，原则如经决定，则具体办法可由军事专家从详拟定之。但美英认为，技术方面困难甚多，尤以所需飞机之生产与供应以及飞行人员之训练等问题为甚，此外，空军数量之大小、驻扎地点与经费负担等亦均不易解决。英方并称，只有找到切实易行的具体办法，英方始能接受原则；美方则称，这一原则恐难获国会方面之同意。③ 面对英美的反对，中方未再过于坚持，表示愿保留此一问题，俟将来联合国大会时即可提出讨论。

10月9日，中、美、英、苏四国发表了《关于建立普遍性的国际组织的建议案》全文，供战时各盟国政府讨论。建议案确立了未来联合国宪章的基本内容，大体描绘了联合国的蓝图。1945年3月，美国代表中、美、英、苏四个发起国向有关国家发出邀请书，提议以敦巴顿橡树园会议建议案为基础，讨论制定联合国宪章，希望每一被邀请国家对建议案提出修正意见。敦巴顿橡树园会议是中国被承认为四大国之一的标志，中国通过参与讨论建议案和作为旧金山会议的发起国之一，其大国地位获得了进一步的确认。

中国各界对联合国的筹建极为重视，对出席旧金山会议的中国代表团

---

① 《商震致蒋介石》（1944年8月22日），叶惠芬编《中华民国与联合国史料汇编——筹设篇》，第198—199页。
② 《蒋介石致商震》（1944年8月25日），叶惠芬编《中华民国与联合国史料汇编——筹设篇》，199页。
③ 《参加国际和平安全机构会议代表团报告书》，叶惠芬编《中华民国与联合国史料汇编——筹设篇》，第262页。

的组成非常关注。重庆政府起初曾想把中国共产党和其他民主党派的代表排斥于代表团之外，只同意吸收一些无党派人士组成联合代表团。面对重庆政府排斥其他党派的代表参加该会的企图，中国共产党于 1945 年 2 月 18 日向正调停国共关系的赫尔利提出了参加旧金山会议的要求，认为仅仅由国民党指派的代表团不能代表中国。中共并向国民党指出，如果排斥其他党派而独占代表名额，这不仅不公平不合理，而且含有分裂的意思。[①]

在各方压力下，重庆政府终于同意中共和其他党派的代表参加中国代表团。中国共产党决定派遣董必武参加代表团。旧金山会议代表团最后确定的代表共 10 人，他们是宋子文、顾维钧、王宠惠、魏道明、董必武、李璜、张君劢、胡适、吴贻芳、胡霖，代表团容纳了来自共产党、民主社会党、中国青年党及无党派人士的代表。

1945 年 4 月 25 日，联合国制宪会议在旧金山隆重召开，这是国际关系史上的一次盛会。最初参加会议的有 46 个国家的代表团，它们是最早在《联合国家宣言》上签字的 25 国（波兰临时政府尚未得到英美等国家的承认，未被邀请与会），以及后来在宣言上签字和按照雅尔塔会议的规定向轴心国宣战的 21 国。会议期间又接纳了乌克兰、白俄罗斯、阿根廷、丹麦 4 国，使会议参加国达到 50 个。

旧金山制宪会议设立了由各国首席代表组成的指导委员会，在该委员会之下，又设立了由中、美、英、苏、法等 14 国首席代表组成的执行委员会，以协助指导委员会工作。会议商定大会主席由四发起国的首席代表轮流担任，指导委员会主席和执行委员会主席则由美国首席代表担任。会议还决定以英、法、俄、中和西班牙文为会议的正式语言。

中国代表团在会议讨论中注意主持公道，努力为弱小国家讲话。如关于托管问题，中、美、英、苏、法和澳大利亚都向会议提出了各自拟定的托管制度方案，差距颇大，尤其关于是否以独立为托管制度的最终目的，意见难以取得一致。中国的方案把托管的目的定为"推动他们向独立或自治政府途径发展"。苏联与中国的看法相同。作为老牌殖民国家的英法则持完全对立的意见。中国不仅主张托管领土应以独立为目标，还提出应把独立也列为管理非自治领土的目标，但遭到英、法、美等国代表的反对，

---

① 《中美关系资料汇编》第 1 辑，第 600 页；《中共中央文件选集》第 15 册，第 57—58 页。

会议为此展开了激烈的争论。

在此过程中，美国代表曾到中国代表团驻地表示，准备建议让中国在托管理事会中获得一个永久性的席位，但不知这样的安排能否使中国在草拟文件时同多数国家采取一致的立场。对此，中国代表坦白相告，中国并不想在这一问题上为自己谋取任何好处，也没有什么特殊利益可图。但中国政府衷心希望把民族独立包括在联合国的基本目标中，希望看到新的托管制度取得成功。中国代表团的这种公正态度，受到了与会者的好评，并为会议成功做出了贡献。最后，会议达成妥协，将管理非自治领土的目标规定为"发展自治"。①

修改后的宪章为强调民族自决原则，在第1条中明确将这一原则宣布为联合国的宗旨之一，从而使民族自决第一次成为一项公认的国际法原则。旧金山会议的讨论使托管理事会的地位也获得提高，成为联合国的主要机构之一，并将托管理事会的条款专列为宪章第13章。《联合国宪章》在民族和托管问题上所取得积极进展，与中国代表团的努力是分不开的。

6月25日晚，制宪大会举行全体会议，一致通过了《联合国宪章》和作为宪章构成部分的《国际法院规约》，26日，举行了隆重的签字仪式。根据会议决定，全体代表均有签字权，各国代表均要在宪章的中、英、俄、法、西文的5种文本上签字。50个国家的153名全权代表在宪章上签了字，签字仪式持续了8个小时。中国代表团第一个签字，已接替宋子文担任首席代表的顾维钧在这个历史性的文件上签上了第一个名字，中国共产党的代表董必武和其他中国代表也一起在宪章上签了字。接着签字的是苏、英、法代表团，然后是其他国家代表团按英文字母顺序签字。美国作为东道国最后签字。

联合国的成立是人类历史上的一件大事，是世界的一大进步。它为此后的各国外交提供了一个新的机制和活动舞台，它将长久地影响着国际政治生活。中国为联合国的成立和《联合国宪章》的制定做出了积极贡献。中国参与创建联合国及永久性地担任安理会常任理事国，体制性地标志着中国跨入大国行列，影响深远。

---

① 《顾维钧回忆录》第5分册，第526—531页。

第十一章
中英美关系暗流涌动

在共同对日作战的背景下，中、美、英之间建立了更为紧密的盟国关系。然而，这一关系的发展并非一帆风顺，而是波澜迭起。围绕着缅甸反攻作战的若干次磋商中，英国的消极态度反映出它与中美之间的重大分歧。尽管成为共同作战的盟友，但这一时期的中英关系并没有太多改善，仍在低位运行。英国不愿中国进入大国行列，中国也对推动中英关系的进一步发展缺少热情。英国在西藏问题上的干预态度，则更使中英关系雪上加霜。中美关系也不平静，在中国中原战场发生溃败之时，美国提出了让史迪威指挥所有中国军队的要求，由此而引发了抗战以来中美之间的最大冲突。史迪威指挥权要求又与中国复杂的内政问题相纠结，蒋介石决心抵制美方要求，最终史迪威被召回美国。

第一节　盟国缅甸作战方案迁延不决

一　缅甸反攻作战方案的提出

缅甸保卫战失败后，中国与英美之间的陆上交通线被切断，中国抗战面临着更为困难的局面。对此，盟国方面努力寻求重新打通这一交通线的方案。美国对保持对华援助道路的畅通颇为重视，1942年4月底，当盟军在缅甸败相已露之时，罗斯福在白宫发表广播讲话，承担起援华责任。罗斯福声明："现在缅甸的情况不妙，日本人可能切断缅甸路。但是，我要对英勇的中国人民说，无论日本怎样前进，我们总会找到向蒋委员长的军队提供飞机和弹药的道路。"[①]

---

① K. C. Li ed., *American Diplomacy in the Fast East, 1942–1943* (New York, 1946), p.48.

美国陆军部作战司权衡战局，于 5 月 26 日提出了著名的 "保持中国继续作战"（Keep China in the War）的战略计划。此时，滇缅路已被切断，仓促之间建立起来的由印度飞越喜马拉雅山区到云南的 "驼峰" 航线运量有限，初时一个月只有数百吨甚至数十吨而已。美国要实施保持中国继续作战的战略所碰到的第一个问题，就是如何对华提供较多的援助。作战司指出："由于缺乏武器弹药，中国人对日军进攻的进一步抵抗面临着崩溃的严重危险……要使中国的抵抗不趋于土崩瓦解，就必须继续把这些军需物资运到中国。不能指望印度至中国的空中运输线运送中国军队需要的大量物资；这就需要打通滇缅路。盟国方面只有发动攻势，打垮目前在缅甸的日军并控制孟加拉湾，才能重新打通滇缅路。"①

从 1942 年 5 月起，美陆军部作战司多次提出雨季后收复缅甸的计划，他们指出，虽然美国对华提供了一些空中支援，但这并不能令人相信足以使中国继续作战。他们警告说："除非盟国对华援助有所增加，否则，中国有可能与日本讲和，从而使日本可腾出一些师团用在其他地方"。② 经历了缅甸失败的史迪威，也积极主张打回缅甸去。1942 年 7 月，史迪威向蒋介石提出反攻缅甸的备忘录。

罗斯福肯定了作战司及史迪威等人的提议，他于 1942 年 10 月致电蒋介石，表示美国参谋人员正在研究收复缅甸的计划，指出 "为使运输路线实际建立，则缅甸必须收复"。为此，除了增加在印度兰伽受训的中国驻印军兵员外，罗斯福还提出在云南组训中国部队，并抽选优秀军官领导。③

重新打通交通线自然是对华有利之举，但援缅战役的惨败犹历历在目，蒋介石担心重蹈覆辙，因而有条件地接受了史迪威的建议，即要求英美提供强大的空中保护，掌握孟加拉湾制海权，阻止日军可能的增援，并在南缅海岸发动两栖攻击。几经周折，中国方面于 10 月 14 日提出《中英美联合反攻缅甸计划》。该计划提议，中国方面将从云南以 15—20 个师的兵力攻向缅甸，同时，英美以 5—7 个师及空降部队用于从印度发起的攻击

---

① 美国陆军部作战司：《保持中国继续作战》（1942 年 5 月 26 日），陶文钊主编《抗战时期中国外交》下册，第 1462—1463 页。
② Charles F. Romanus and Riley Sunderland, *Stilwell's Mission to China* (Washington, D. C., U. S. Government Printing Office, 1953), p. 223.
③ 《罗斯福致蒋介石电》（1942 年 10 月 12 日），秦孝仪主编《中华民国重要史料初编——对日抗战时期 第三编 战时外交》（3），第 191—193 页。

和对仰光的两栖进攻。中方强调,盟军在缅甸的制空权、在孟加拉湾的制海权和两栖进攻是中国参加陆战的先决条件。军事委员会办公厅主任商震向史迪威递交这个计划,要求史迪威带着这个计划去和英美方面协商,以最后确定下来。①

收复缅甸作战的主要力量是中英军队,反攻缅甸的提案必须得到英国的支持,但英国的远东战略与中美并不相同。决定英国生死存亡的战场在欧洲,而在远东,出于在战后继续恢复殖民地统治的考虑,英国不希望中美军队在它旧日的殖民地上进行战斗,以免增强其影响力,导致这些殖民地与英国的离异。英国尤其担心中国对缅甸染指,因此对缅甸战役热情不高。

1942年10月17—19日,史迪威和英军印度总司令韦维尔上将在新德里举行会谈,讨论攻缅计划。史迪威提出中国方案后,韦维尔当即对这个计划表示了反对意见。他认为由于交通运输状态的糟糕、工作人员的低效率以及部队中疟疾的高发病率等原因,在1943年3月1日之前,是不可能发起攻缅战役的,而从3月1日到雨季来临,盟军在缅甸将只有两个半月的可战斗天气。韦维尔认为,即使盟军有两个师能够推进到曼达勒地区,也不可能在雨季中坚守在那里。他表示不希望看到盟军第二次从缅甸撤退。这样,会谈从一开始便出现僵局。后来,由于马歇尔(G. C. Marshall)对英国内阁施加了影响,韦维尔的态度有所改变,他表示尽管目前还不能确定发起这样一个大规模作战的日期,但同意把中国计划作为进一步商讨的基础之一。同时,韦维尔提出了先行收复缅北的议案。

12月17日,史迪威和韦维尔再次于新德里举行会谈,韦维尔提出了两个难以解决的问题,要求取消计划中的缅甸战役。其一,他不怀疑盟军能够打入缅北,但是后勤方面的困难将使他们无法在雨季中留在那里;其二,打通缅甸对华交通线必须占领仰光,但由于北非战役动用了大批舰船,英方将不可能在1943年秋季以前对仰光进行两栖攻击。这样,英军便无法给中国攻缅部队以直接的支持。韦维尔要史迪威转告蒋介石,他"非常急切地希望委员长明白,如果从云南出发的中国军队遇到上缅甸地区日军的集结,英国将不可能在钦敦江东部采取大的行动来帮助他们。因此,

---

① Charles F. Romanus and Riley Sunderland, *Stilwells Mission to China*, pp. 225 – 226.

这得完全由委员长决定，在这种情况下他是否前进"。①

蒋介石得知英方有意推迟缅战的消息后，于12月28日密电罗斯福，要求他力劝英方进攻缅甸。他表示"中国应用之军队皆已准备就绪"，希望罗斯福"敦促英方以充分之陆海空力量，负起共同收复缅甸之责任，中国军队与人民经过五年半军事与经济消耗，实不能在缅冒第二次失败之危险"。②

罗斯福于1943年1月2日复电蒋介石，他劝告蒋，对中国来说，打通缅甸公路的缅北战斗比缅南战斗更为重要。1月8日，蒋介石再电罗斯福，坚持缅南同时作战的要求："倘无海军于海上阻敌增援或登陆部队于缅南后方打击日军，敌便可迅速集中以攻击我在缅北部队。由于我供应线之薄弱，无论我在后方拥有诸多兵力，亦赶不上日军所集中的兵力，因此，我以为倘发起限于缅北之攻势，势必使我军面临战败之危险。"鉴此，蒋介石表示："倘海军未能控制缅甸海面，与其冒险从事缅北战役，不如再等几个月，或索性推迟至秋时雨季之后。"③ 由于英国方面的消极，1943年春反攻缅甸的计划未能形成。

二 缅甸作战方案被一再改变

1943年1月，英美两国领导人及军事首脑在北非卡萨布兰卡举行联席会议，就缅甸战役的必要性和可能性展开了讨论。英方对重新打通交通线的价值极表怀疑，并强调各种困难，美方则力主入缅作战。美方不仅指出反攻缅甸作战的长远战略意义，还进一步强调这一作战对日军的牵制作用。马歇尔指出，由英国在缅南和中国在缅北的联合进攻会促使南太平洋的日军调往缅甸，减少太平洋的危险，并有助于对德作战。马歇尔声称，如果不发起缅甸战役，"太平洋上的形势就可能在某个时候发展到迫使美国不得不遗憾地从欧洲战场撤出的地步"。"美国不能再经受一次巴丹"。会议最终接受了美国的主张，决定在1943年11月发起反攻。美英联合参谋长会议通过了如下三点协议：（1）以1943年11月15日发起"安那金"（Anakin，缅战代号）为目标，做好一切计划和准备；（2）进攻的实际决

---

① James Butler, *History of the Second World War, the War against Japan*, vol. 2（London, 1958）, p. 294.
② 梁敬錞：《史迪威事件》，台北，台湾商务印书馆，1973，第100—101页。
③ Charles F. Romanus and Riley Sunderland, *Stilwells Mission to China*, pp. 259 – 260.

定将由联合参谋长会议于 1943 年夏季做出，最晚不迟于 7 月；（3）如"安那金"于 1943 年发起，美国将帮助补足登陆艇和海军力量，该部分物资将由太平洋方面拨补。①

1943 年 5 月，美英两国军政首脑在华盛顿举行最高级会议。会上，英国对缅战再提异议，丘吉尔认为，日军比盟军更善于山林作战，"进入遍地是沼泽的丛林中打日本人，正像走入水中去斗鲨鱼一样"。② 丘吉尔主张到日军意想不到的地方去登陆，越过孟加拉湾，向苏门答腊等地进攻。宋子文应邀参加了其中的一些会议，他和丘吉尔在会上发生了激烈的争辩。宋子文用带有警告意味的口吻指出，推翻原议，将会造成中国人民对盟国的巨大失望，"万一有放弃攻缅之决定，中国军民必以为英、美背信违约，英、美表示无决心以武力令日敌投降，不但中国人心绝望而瓦解，同盟军若无中国根据地，亦将无法消灭日寇"。③ 丘吉尔则继续强调进攻缅甸的种种困难，声称对于反攻缅甸，英国并没有做出明确的承诺，如果有英国军官曾做出过何种保证，那是越权行为。丘吉尔认为，打通滇缅路没有重大价值，因为该公路起码要到 1945 年以后才能恢复，恢复以后，每月运载量也不会超过两万吨。因此，如今之计还不如以增加中印间的空运量更为实际些。丘吉尔的结论是"目前考虑进军缅甸是非常愚蠢的"。④ 他认为，是俄国，而不是中国，才能解决予日本致命一击的问题。

华盛顿会议的结果是通过了一个调和中英意见的方案：目前将尽力于印度的阿萨姆及印缅边境地区集中物资；1943 年雨季结束后发起陆空有力攻势作战；以海军攻击缅甸海岸，以切断自海岸与北方前线之间的交通；尽一切可能，用充足之武力去获取孟加拉湾的制海权，阻止日军在缅海上的交通。该计划既迎合了中国对缅南作战的要求，但又对英国发起攻击时间和是否进攻仰光未做出明确规定。5 月 19 日，英美联合参谋长会议通过了美方提出的《击败日本的战略计划》。该计划把对日战争分为 6 个阶段，其中，收复缅甸列为第一阶段的主要作战行动。

---

① Charles F. Romanus and Riley Sunderland, *Stilwells Mission to China*, pp. 270 – 271.
② 〔英〕丘吉尔：《第二次世界大战回忆录》第 4 卷第 4 分册，第 1161 页。
③ 《宋子文致蒋介石电》（1943 年 5 月 17 日），秦孝仪主编《中华民国重要史料初编——对日抗战时期 第三编 战时外交》（3），第 231 页。
④ 〔美〕罗伯特·达莱克：《罗斯福与美国对外政策（1932—1945）》下册，第 566 页。

1943年8月，罗斯与丘吉尔于加拿大魁北克举行了年内的第三次会晤。魁北克会议上，英国人再次提出去苏门答腊登陆的方案。美方表示反对，罗斯福等人认为，中国是通往进攻日本的最好道路，只有中国的港口和空军基地，才能够提供对日本的猛烈的持久的空袭，攻打苏门答腊的行动将会背离对日进攻的主要方向。丘吉尔认为，在缅甸进行战斗将是一件得不偿失的事情，它将浪费盟军整整一年的时间，而盟军"除了获得次要的阿恰布港和在缅甸的沼泽和丛林中疲于奔命的权利之外，将毫无所得"。①

会议举行期间，蒋介石致电罗斯福与丘吉尔，指出此次会议，"对于世界整个战局必能发生决定性之效果，而对于远东与上次所决定宣布反攻缅甸之计划，尤望能迅速决定具体与统一实施之步骤"。但目前的情况是，盟国对于反攻缅甸并无确实具体的准备，更无负责主持的机构，"此种消极与犹豫滞移之情形，不惟影响我军之精神，将使军民皆为之气短，而且助长敌方之战力，适中其各个击破之阴谋"。蒋介石希望罗、丘在这一会议上对远东战略及反攻缅甸等问题决定实施计划与步骤。②

魁北克会议最后决定于1944年初的旱季发起缅甸作战，缅北以密支那为目标，缅南以阿恰布、南穆里为目标，对于攻击仰光的两栖作战问题会议未能做出决定。为统一指挥缅战事宜，会议决定新成立一东南亚战区指挥部。以英国海军中将蒙巴顿（Louis Mountbatten）为司令官，史迪威为副司令，两栖攻击之事将由蒙巴顿到任加以考察和研究后再做决定。8月25日，罗斯福、丘吉尔联名致电蒋介石，通报了魁北克会议关于缅甸战役的意见。对此，蒋介石于9月4日的复电中表示，如不能占领下缅甸海岸线上的交通要点，"则敌军入仰光之接济路线必无法截断，如此上缅甸战事恐难如期达成"。③

为了协调盟国之间的行动，10月，蒙巴顿与美空军补给司令索姆维尔（Brehon Somervell）出使重庆，并转交了一份丘吉尔致蒋介石的密函。丘吉尔对两栖攻击之态度仍未明告，只说缅南军事行动须视缅北行动进行情

---

① 〔英〕丘吉尔：《第二次世界大战回忆录》第5卷第1分册，第132页。
② 《蒋介石致罗斯福、邱吉尔电》（1943年8月18日），秦孝仪主编《中华民国重要史料初编——对日抗战时期 第三编 战时外交》（3），第259页。
③ 《蒋介石致罗斯福、邱吉尔电》（1943年9月4日），秦孝仪主编《中华民国重要史料初编——对日抗战时期 第三编 战时外交》（3），第262页。

况再做决定。丘吉尔告诉蒋，孟加拉湾的海军力量，拟于明年2月集结，英国拟投入的兵力包括一支拥有10艘航空母舰的空中掩护队，一支海军舰队，若干登陆舰和一支能装载5万—6万携带最新武器士兵的船队。至于出击地点，将待蒙巴顿到印后再做决定。

10月19日，蒋介石、何应钦、史迪威与蒙巴顿、索姆维尔等在黄山官邸举行会议，蒙巴顿报告魁北克会议的情况，索姆维尔报告援华空运的情况和潜力，史迪威报告作战计划。中国军令部次长刘斐告知与会者，攻缅战役开始之时，中国方面还将在宜昌、汉口及黄河流域同时发起攻势以牵制日军。会上，蒋介石重申了孟加拉湾的水路夹击要求。会议初步协议，缅甸攻势将于1944年1月发起。

开罗会议上，东南亚战区司令蒙巴顿提出代号为"优胜者"的缅甸作战方案。方案规定了盟军从阿拉干、英法尔、雷多和云南方面的进攻路线和使用兵力，而对缅南的两栖作战一事只字不提。丘吉尔对英国的海军力量做了说明，声称英国不久将可以抽调大批海军舰艇到远东，盟军不必担心孟加拉湾的制海权问题，但并不说明两栖攻击的时间和地点。蒋介石注意到了这些情况，他发言时强调，必须对缅南行动加以落实。他指出："攻缅胜利之关键，完全在于海军与陆军之配合作战同时发动。盖如此则吾人在海上可获得制海权，以断绝敌人由海上增援与补给。"否则，敌军得由海上转运，源源不断地增加，则盟军胜利殊无把握。蒋介石认为，敌在缅使用兵力可达10个师团，如果后方不予截断，则敌仍必增加，因此陆海军必须同时集中发起攻击。[①].

11月24日晚，丘吉尔对蒋介石表示，英海军将于1944年5月发起登陆作战。次日，丘、蒋再次会谈时，蒋希望英海军能提早登陆时间，丘吉尔对此未做明确表示。26日，蒋介石与罗斯福会谈。罗对蒋表示，他将说服英国人在中国军队发起缅北作战的同时发动缅南的海军行动。于是，蒋介石有条件地接受了"优胜者"方案。

开罗会议结束后，蒋介石启程回国，罗斯福、丘吉尔则飞往德黑兰与斯大林举行会晤。斯大林表示，一旦战胜德国后，苏军将移师远东，而在目

---

① 《军事问题会商经过》（1943年11月23日），秦孝仪主编《中华民国重要史料初编——对日抗战时期 第三编 战时外交》（3），第537页。

前，他强烈要求英美迅速在西欧开辟第二战场，以减轻苏军压力，及早击败德国。德黑兰会议后，英美军政要员重返开罗，再次讨论缅甸作战问题。

丘吉尔提出，苏联同意参加对日作战，已改变了太平洋的战略版图，将使东南亚战区的重要性大为降低，苏联将为盟国提供比中国更好的对日作战基地。缅甸海面上的安达曼登陆战与缅北作战本无多大关系，况且德黑兰会议上所决定的法国海岸登陆计划也使英国不可能向孟加拉湾的战役提供足够的登陆舰艇，因此缅南作战应当取消。马歇尔对此表示反对，指出安达曼作战的取消，将会产生一系列连锁反应，如此，蒋介石就不会派远征军入缅作战；而缅北如无战事，日军就会集中全力于太平洋，麦克阿瑟将要承受严重压力。如果盟军不在缅北首先出击，日军也有可能先发制人，切断"驼峰"航线。况且，罗斯福对蒋已做过允诺，如没有重大理由，不应取消缅南的两栖作战。但丘吉尔不以为然，声称实行法国海岸登陆计划以尽早击败德国便是理由。最后，罗斯福决定做出让步，他灰心地对史迪威说："我们走进了死胡同，过去的四天我倔强得像一头骡子似的。可是，我们找不到任何出路。会议就这样结束是不行的，英国根本不愿进行这一战役，我没有办法使他们点头。"①

12月7日，罗斯福电告蒋介石，经与斯大林会商后，盟军将于明年春季在欧洲发动联合大作战，"甚望在1944年夏末，得以结束对德之战争。此项作战，因需如此多数巨型之登陆舰艇，乃至不能有充分之数量，参加孟加拉湾之海陆战"。罗斯福并提出可供蒋介石选择的两种方案：在现有条件下继续进行缅甸作战，或是把它推迟到明年11月，以实行一大规模的两栖作战。②

蒋介石选择了第二种办法。12月17日，蒋复电罗斯福："倘登陆部队所需之战舰及运输舰，不能完全依照原定计划集中，则自以依照阁下建议，将海、陆全面攻势展期至明年11月，使一举而击灭在缅之敌人，较为妥适。"③ 至此，大规模反攻缅甸的计划终成泡影。

---

① 〔美〕罗伯特·达莱克：《罗斯福与美国对外政策（1932—1945）》下册，第609—610页。
② 《罗斯福致蒋介石电》（1943年12月7日），秦孝仪主编《中华民国重要史料初编——对日抗战时期 第三编 战时外交》（3），第286页。
③ 《蒋介石致罗斯福电》（1943年12月17日），秦孝仪主编《中华民国重要史料初编——对日抗战时期 第三编 战时外交》（3），第288—289页。

英国政府对缅甸战役持消极态度，除了它一直声明的欧洲战场的因素外，对战后远东格局的考虑亦是一重要因素。英国不愿意看到它在远东原有的殖民地位受到动摇，担心如果盟军反攻缅甸成功，其他盟国在缅甸的影响将大为增加。对此，美国外交官戴维斯便曾指出英国人的要害在于殖民地，他如此剖析英国人的自私心理："战争终必在欧洲获胜，其丧失的殖民地亦必然在和平后轻易收回。反之，倘英国人经由中美的协助反攻此等殖民地，则英国的统治地位必然遭受严重打击。"[1]

确实，英国对中美两国是心存顾忌的。1944年初丘吉尔在论及东南亚战事时，就曾明白无误地道出他的担心："如果日本能从那里撤退，或由于美国的全力挺进而带来和平，美国在取得胜利后就会感到它的意见得到了很大加强，即英国在东印度群岛的殖民地必须被置于由美国来控制的某一国际机构之下共管。"[2] 对于缅甸，英国人怀有同样的担心。美国人一直对英帝国亚洲殖民地的存在颇有非议，而中国支持民族独立的倾向也比较明显，如果让中美参与解放缅甸，英国人担心，其结果不是导致缅甸倒向中国，就是缅甸走向独立。因此，英国不愿让中美军队插手这场战争，希望在战争末期由英国来收复它，借此重新恢复英国军队的威望。

三、缅北反攻作战

尽管全缅作战因英国的反对而取消，但中国军队还是在缅北地区发动了一个规模缩小了的反攻作战，作战的主体是中国驻印军，美军及英军各派出一支特种部队配合作战。

第一次缅甸作战失败后，中国远征军的新二十二师（廖耀湘部）和新三十八师（孙立人部）撤退到印度境内，他们在兰伽营地获得国内飞运的补充兵员，并接受美式装备和训练，编组成中国驻印军。驻印军以史迪威任总指挥，罗卓英任副总指挥。1943年1月，该两师部队编组成中国陆军新编第一军，仍以史迪威为总指挥，以郑洞国出任新一军军长。1943年8月，新三十师亦飞印集训，加入中国驻印军序列。

---

[1] 李荣秋：《珍珠港事变到雅尔达协定期间的美国对华关系》，台北，东吴大学中国学术著作奖励委员会，1978，第112页。
[2] 〔德〕卡尔·德雷奇斯尔勒：《第二次世界大战中的政治与战略》，军事科学院外军部译，军事科学出版社，1983，第53页。

驻守在缅北地区的敌军主力是在日军中享有"常胜军"盛名的王牌师团第十八师团，该师团有两万余人，并在战斗过程中多次得到补充兵，其实力远远超过日军常规师团。此外日军第二、第五十三、第五十六师团一部也加入了与驻印军的作战。缅北地区复杂险要的地形更增添了缅北反攻作战的艰巨性。

缅北反攻作战从 1943 年 10 月开始，大致可分为 4 个阶段。

1. 胡康河谷作战

反攻缅北的作战从胡康河谷开始。10 下旬，驻印军新三十八师攻占新平洋，此后陆续攻克宁边、拉家苏等地，12 月 29 日攻克于邦。1944 年 1 月，新二十二师开抵前线。驻印军以主力由正面向缅北的门户孟关推进，同时派出一部迂回孟关南方，做深远包围，3 月上旬，攻克孟关。此后，驻印军在追击与截击作战中给日军以重创，消灭日军千余人。3 月底，胡康河谷宣告克复。

2. 孟拱河谷作战

孟拱河谷长约 120 公里，宽约 11 公里。日军早有工事，严阵以待，除原有十八师团一一四联队外，日军新增了第五十六师团和第二师团一部，企图固守到雨季来临。驻印军经艰苦作战，于 6 月 25 日攻克孟拱城。在孟拱河谷作战中，驻印军击毙日军第五十六师团一二八联队长以下 6800 人。

3. 密支那攻坚战

密支那是缅北战略要地，具有铁路、公路、航空、水运等交通便利，是驻印军收复缅北修建中印公路的必经之路。早在 4 月初，驻印军在以主力攻击孟拱河谷的同时，即分兵一部与美军一个支队由密林中直插密支那。5 月中旬，驻印军发起攻击。日军陆续增添援兵，并由新增援的第五十六师团步兵指挥官水上源少将统一指挥，依仗工事顽强死守。驻印军只得逐街强攻，至 8 月 4 日，攻克密支那，水上源少将自杀身死，日军被歼两千余人。

4. 杀出缅境，会师滇边

攻克密支那后，驻印军趁雨季稍事休整，将部队整编为新一军和新六军。孙立人升任新一军军长，下辖新三十、新三十八师；廖耀湘胜任新六军军长，下辖新二十二师及不久前加入驻印军的第十四、第五十师。10 月中旬，雨季一过，驻印军即分兵出击。新一军沿密八公路向八莫攻击，新六军经和平向瑞古推进。

八莫是滇缅边境地区的战略要镇，日军守备部队为第十八师团及第二师团一部组成的支队。激战至 12 月 15 日，新一军占领八莫。日军守备司令原好三大佐被击毙。1945 年 1 月，新一军攻占南坎，随后，挥师北上进逼国境。

在驻印军发起缅北作战期间，自 1944 年 5 月起，驻守云南的中国远征军对第一次缅甸作战后便占据怒江西岸的日军第五十六师团展开攻击，经过艰苦战斗，陆续攻克腾冲、松山、龙陵、芒市等重要据点，1945 年 1 月 15 日，收复边境重镇畹町。1 月 27 日，新三十八师在芒友地区击溃日军五十六师团残部，与中国远征军胜利会师。此后，驻印军展开肃清作战，消灭滇缅边境地区的残余日军。3 月底，缅北战斗胜利结束。

与 1942 年缅甸保卫战有所不同的是，在反攻缅甸作战中，中国军队受到缅甸民众的欢迎，获得了真诚的合作。这一方面是因为，缅甸民众在经历了日军的残酷统治后，曾对日本抱有幻想的人已对日本大失所望；另一方面也是因为中国军队对缅甸民众秋毫无犯，使得遭受日军蹂躏的缅甸民众对中国军队喜出望外。中国军队在攻克一处之后，常把日军搜刮而来的缅甸民众的财物发还民众，还把缴获的日军药品用来为民众治病。因此，缅甸民众积极帮助中国军队运送弹药、抬送伤兵、刺探敌情、引导路径，还设法捉拿溃散在山林中的日军，捆绑起来，送到中国军队营地，碰到数量较大的日军，便引导中国军队前往捕捉。

缅北作战的胜利，打通了中国和盟国之间的陆上交通线。1945 年初，中印公路建成通车，并与公路平行铺设了一条世界上罕见的中印输油管道，每月输油量逐渐达到万吨以上。此后，中国战场所亟需的弹药、汽油、卡车、大炮等重武器得以源源不断地输入。又由于控制了缅北，盟军得到一条较为安全的空中航线，不必再绕道飞越险峻的驼峰，因而空运量大增。如 1944 年 6 月，月空运量只有 18000 吨，而到 1945 年 7 月，已高达 71043 吨。在此基础上，中国方面拟定了装备 35 个美械师和若干特种部队的方案，准备大反攻。对此，当时担任军委会参谋总长的何应钦指出："因得此物资之运输供应，我国军大部逐获重新装备，迅速恢复战力。"[1]

---

[1] 何应钦：《日军侵华八年抗战史》，台北，黎明文化事业公司，1982，第 481 页。

缅北作战，不仅揭开了盟军在亚洲大陆地区胜利反攻的序幕，而且有力地支援了盟军其他战场的作战，为盟军在太平洋的反攻创造了极有利的条件。日军原来在缅只有5个师团的兵力，为了加强作战力量，并准备对印度英帕尔地区发动攻击，1943底，日南方军总部又从南洋各地抽调3个师团到缅甸，后又陆续增加兵力，到1944年11月，日军在缅兵力已达10个师团，1个独立旅团。① 而此时，日军在太平洋岛战中正与美军陷于苦战，急需援兵，缅甸之战使日军捉襟见肘，无法应付。缅北与滇西作战，无疑为美军在太平洋的反攻大大减轻了压力，为世界反法西斯战争的胜利做出了重要贡献。

第二节　史迪威指挥权危机

一　史蒋关系的恶化与中美间的猜忌

当缅北作战不断取得胜利之时，缅甸作战的最高指挥官史迪威与中国战区的最高指挥官蒋介石之间爆发了一场重大冲突，史称"史迪威指挥权危机"。最终，史迪威挂冠而去。史蒋冲突的爆发，实非一日之寒，史迪威来华不久，史蒋关系便出现了裂缝。

在第一次入缅作战问题上，蒋介石与史迪威便意见不一。缅甸保卫战失败后，蒋与史互相指责对方负有责任。史迪威认为是蒋介石越过他遥控指挥部队及中方将领不听其指挥之过，且指责中方指挥官罗卓英逃跑。蒋介石则认为是史迪威指挥无方，他在日记中写道："我军在缅如此重大牺牲，其责全在于彼之指挥无方，而彼毫不自承其过，反诋毁我国高级将领不力，甚至谣罗卓英之潜逃，其实彼于失败之初手足无措，只管向印度逃命，而置军队于不顾，以致第五军至今尚流离播迁，而无法收容，彼则毫不知耻也。"②

1942年6月18日，蒋介石在致中国驻美军事代表团团长熊式辉电中表示了对史迪威的多方面不满，显示史蒋矛盾已较为尖锐。蒋电指出："中国战区至今并未有何组织与筹备进行，对于维持中国战区至少限度与

---

① 〔日〕服部卓四郎：《大东亚战争全史》第4册，第1382—1383页。
② 《蒋介石日记》，1942年6月5日。

其可能之方案亦尚未着手。空军建立与补充，以及空运按月之总量，陆、空军作战与反攻时期之整个方案，彼等皆视为无足轻重，一若中国战区之成败存亡皆无关其痛痒。"缅战之失败，"其咎全在战略之失败"，然而史迪威完全归罪于中国高级将领，且谎报罗卓英逃回保山，"彼竟自赴印度，并擅令我军入印，而彼亦并未对我有一请示或直接报告"。蒋介石甚至表示："从未曾见推诿罪过逃避责任以图自保有如此之甚者也。照我国惯例，此次缅战失败之总因与责任应有一军事审判，方能明白功过之究竟，然而此非今日国际处境之所宜也。"蒋介石还在此电中称，可能是史迪威在华日久，故"仍以十五年以前之目光视我国家与军人"，以后美国如再派人来华，请其再勿派从前驻华之武官。①

史迪威具有双重身份，他既是美国驻中国的军事代表，并监督租借物资的分配，又是中国战区统帅蒋介石的参谋长，这一双重身份加剧了史蒋矛盾的发展。1942年夏，蒋介石想从美方分拨给中国航空公司的运输机中转拨两架给空军，但遭到美方人员拒绝。蒋介石遂向史迪威提出此事，史迪威后来虽同意蒋介石可支配使用这两架飞机，但他对蒋表示：委员长是可以得到作战所需的租借物资中的运输机，但不能用命令作为参谋长的他的办法来得到它。为此，他在7月2日给蒋介石备忘录中，再次申明他的职权：

（1）在中国举行的任何战争会议上，我是美国政府的代表……我提出并坚持美国传达给我的政策……

（2）我指挥在中国、缅甸、印度的美国部队，因此我的责任超过中国战区的范围……

（3）我负责监督并控制租借法案物资，并决定其所有权移交的地点和时间……在这些事务上我作为总统的代表采取行动。按照法律，总统可以在交付之前的任何时刻撤销租借物资。

（4）我是委员长联合参谋部的参谋长。盟军在中国战区与中国陆军共同执行军事行动时，联合参谋部行使职权。作为参谋长，我的职

---

① 《蒋介石致熊式辉电》（1942年6月18日），秦孝仪主编《中华民国重要史料初编——对日抗战时期 第三编 战时外交》（3），第603—604页。

责在于计划、组织、训练,并在战场上采取军事行动,但不包括去获取物资。

(5) 本质上,我的基本身份是曾宣誓效忠美国国家利益的一个美国陆军军官。

(6) 在以上的职责范围内,我唯一的目的在于有效进行战争……①

蒋介石对史迪威的这一备忘录甚为反感,曾企图将史迪威的这一双重身份进行剥离,以专人分任中国战区参谋长和美国驻华军事代表。他在收到备忘录的当日致电宋子文表示,史迪威"平时态度时时以总统代表自居处理一切,中皆不以为意,毫不与之计较"。但他对援华租借物资的如此态度,使"中国对租借物之受予形同乞怜求施而后可",因此,中方不能不与美国政府就此做一"坦白商讨"。蒋介石认为:"中国战区参谋长在中国战区范围以内,执行其参谋长职务,应服从统帅命令,所有其他地位皆不适,否则名为参谋长,而事实以总统代表资格挟制统帅。"鉴于史迪威目前的这种态度与心理,蒋介石表示:"不能不请其政府重新协商参谋长之职权,而明确规定。中以为凡在中国战区内既任参谋长职务,则其所有其他地位皆不能适用,否则必致军事、政治皆发生不良之结果。"②

对于史蒋发生的矛盾,罗斯福派来特使居里进行调解。7月25日,蒋介石在准备与居里的谈话要点时写道:"史过去之态度行动,一人而利用其两种职权,实以殖民地总督自居,以参谋长为名而实行太上统帅职权,此必于美国助华平等政策有碍。"③ 第二天,蒋即对居里表示:"倘史将军确系反映美国军政部之态度,则美国派来者非为予之参谋长而为可以指挥予之太上参谋长矣,其地位又何异于印度总督。"④

居里使华后,史蒋矛盾一度有所缓和。史迪威也经常远离重庆,把精力放在训练驻印军及反攻缅甸作战的准备上。但 1943 年,反攻缅甸作战的

---

① Charles F. Romanus and Riley Sunderland, *Stilwells Mission to China*, pp. 174-175.
② 《蒋介石致宋子文电》(1942 年 7 月 2 日),秦孝仪主编《中华民国重要史料初编——对日抗战时期 第三编 战时外交》(3),第 609—610 页。
③ 《蒋介石日记》,1942 年 7 月 25 日。
④ 《蒋介石与居里谈话记录》(1942 年 7 月 25 日),秦孝仪主编《中华民国重要史料初编——对日抗战时期 第三编 战时外交》(1),第 653 页。

问题给史蒋关系带来新的冲击。由于中国已为缅甸作战做出相应的军事调动，但英国一再推延发起作战时间，结果给中国战场带来不利影响。中国第六战区的一部分主力部队被抽调至云南、贵州，战区司令陈诚也随部队到云南，并出任中国远征军司令长官。日本军队乘机在鄂西发起进攻，直指三峡地区，对重庆形成威胁。蒋对此甚为愤怒，将对英国人的不满与愤怒部分发泄到史迪威头上，认为史在这件事上有相当责任，"史迪华（即史迪威）始则强催我军集中攻缅，今乃因抽调部队，而使重庆门户大受威胁"，但现在又说可能取消打通仰光与滇缅路计划，蒋认为美国如此行事，"岂啻视为儿戏，直认为有意陷中国于灭亡之境，不啻协助日本完成其大东亚之新秩序"。①

在一些重大问题上，史蒋之间存在着重大分歧，尽管史迪威对中国士兵的吃苦耐劳有高度评价，但对整个中国军队的状况并不满意。他指出国民党军队中派系林立、互相倾轧、高级军官无能、士兵体质孱弱的种种弊端，并力图改变这一状况，希望对中国军队实行改革，以提高战斗力。他提出了严格挑选高级指挥官、清洗无用之辈、澄清指挥系统、实行统一指挥的建议，但遭到蒋介石的拒绝。

史迪威还希望能装备和使用中共部队。1943年9月6日，史迪威向蒋介石提出一份备忘录，提议调动第十八集团军及胡宗南等部向山西出击。此时，蒋介石正在考虑对中共采取比较严厉的行动，他在此前一日所拟订的"本星期预定工作课目"中赫然列有"解散第十八集团军办事处，封闭新华日报；对共匪军事计划之检讨；对共匪处置之决议案"等条目。② 对于史迪威使用中共军队的提议，蒋认为："此其必受共匪所主使，而且其语意有威胁之意……此史实一最卑劣糊涂之小人。余不屑驳覆，乃置之不理，表示拒绝其干涉之意"。③

对史迪威来说，提出整编中国军队、装备和使用中共军队这两项要求，其目的是军事性的，但在当时的中国，却具有不言而喻的政治意义。蒋介石竭力阻止史迪威的这一努力，于是史蒋之间的矛盾逐渐发展，由军

---

① 《蒋介石致宋子文电》（1943年5月16日），秦孝仪主编《中华民国重要史料初编——对日抗战时期 第三编 战时外交》（3），第229—230页。
② 《蒋介石日记》，1943年9月5日本星期预定工作课目。
③ 《蒋介石日记》，1943年9月12日上星期反省录。

事而政治。史迪威认为，蒋介石所领导的政府不是一个民主政府，而是一个腐败专制的政府，"蒋介石是一党政府的头头，为盖世太保和党的特务所支持"，他对国民党的评价是"腐败、失职、混乱、经济困窘、苛捐杂税、言行不一、囤积、黑市、与敌通商"。①

史蒋二人不仅在政见及军略上有着较大的分歧，其个性的冲突也甚为明显。两人均具有强悍的个性，作为下属的史迪威常常以美方代表的身份自居，拒不执行蒋介石的命令，且在语言上也常常对蒋有所冒犯，这使蒋难以忍受。对于史迪威的这一做法，美国总统罗斯福也觉得有些过分。1943年5月，罗斯福读了史迪威2月的一份来信后，在致马歇尔的信中这样评论道：

> 史迪威与委员长打交道的方式完全是错误的……他说的那些无疑是事实，诸如委员长非常神经质，很难打交道，提出过分的要求等等；但当他说要用严厉的口吻对蒋说话时，他的办法恰恰是错的。我们大家都必须记住，委员会是历经艰辛才成为四亿人民无可争议的领袖的，要把五花八门的各种头面人物——军人、教育家、科学家、医务人员、工程师，所有这些人都在争夺全国性或地方性的政权或控制权——在某种程度上联合在一起，这是无比困难的事情，他在很短的时间内在全国做到了我们要花几个世纪才能做到的事情。此外，委员长认为必须保持其至高无上的地位，你和我如果处于他那样的环境中也会这样做的。他是最高行政长官，又是总司令，对他这样的人我们不能像对待摩洛哥苏丹那样严厉地说话，或迫使他承担义务。②

1943年6月后，蒋曾先后通过访美的宋美龄和宋子文向美方提出将史迪威调离的要求，但后来担心影响中美关系甚大，且史迪威一度有和好表示，遂中止要求调离的行动。为此，已在美国展开要求召回史迪威活动的宋子文与蒋介石大吵一场，并被蒋在相当时间内拒之不见。

这一时期所发生的史蒋冲突，对中美关系有相当的损害作用。史蒋冲

---

① Theodore H. White ed., *The Stilwell Paper* (New York, William Sloane Associates, Inc., 1948), p. 316.
② Charles F. Romanus and Riley Sunderland, *Stilwells Mission to China*, p. 279.

突的影响不限于史蒋个人关系的恶化，更重要的是透过观察史迪威，透过围绕着史迪威问题与美国展开的交涉，蒋介石对美国的观感恶化，产生了越来越多的不信任感。1942年5月，因缅甸作战问题与史迪威已发生龃龉的蒋介石写道："今而及知此所谓同盟与互助皆为虚妄之语，美国亦不能外此例乎。"① 从史迪威及其周围人的身上，蒋介石看到了美国援华缺少诚意，"美国军事代表团大部皆自私自大之徒"；"美国来华军官团员与史蒂华对我军官与军事之报告，皆极轻视且力加污蔑，故其政府对我国军之心理亦完全变更，对我接济亦甚冷淡，思之愤痛"；"史蒂华之愚拙，其言行之虚妄，可谓无人格已极，而美国政府对我国之援助一无诚意，不过点缀敷衍，于其言行所流露者亦可大白。中国之痛苦几乎无一友邦有诚意可恃也"。②

居里来华调解时，其表现也不能令蒋介石满意，反而让蒋看到，美国政府的政策在总体上与史迪威并无大的差异，更觉失望。蒋记曰："近日与居里谈话，更觉西人皆视华为次等民族，无不心存欺侮，可以进一步压迫乃必压迫不止。美国所谓道义与平等为号召，实其心理与方法无异于英国之所为，不过其人民精神与自由思想或较英国为进步耳。"③ 居里离华后，蒋总结道："国际间只有势利与强权，而无道义与公理可言，更无诚信可恃……此次居里来华可明察罗斯福以及美国军部决无中国军队中国战区在其心目之中也，能不奋勉乎。"④

在对美国的不满日积月累的同时，蒋对美国对华政策的本质也产生了怀疑，认为美国有称霸远东的企图，担心中国与其争夺亚洲的领导权。为此，蒋介石数次公开表示，中国并无领导亚洲的企图。1942年11月17日，蒋介石在《纽约先驱论坛报》发表专文，表示："最近有中国将为亚洲领导者之论，一若不成器的日本的衣钵行将传于我国，中国年来历受压迫，对亚洲沉沦的国家自表无限的同情，但对此种国家的自由与平等，我辈只有责任，并无权利，我辈否认将为领导者。"⑤ 美国舆论对蒋介石的声

---

① 《蒋介石日记》，1942年5月31日本月反省录。
② 《蒋介石日记》，1942年6月7、11日，7月3日。
③ 《蒋介石日记》，1942年7月25日上星期反省录。
④ 《蒋介石日记》，1942年8月8日。
⑤ 秦孝仪总编纂《总统蒋公大事长编初稿》卷5（上），第237页。

明给予肯定。蒋对此颇为关注，他的解读是："自余否认领导亚洲政策在美报发表以后，英美对我心理与观念全变，皆一直表示好意，而纽约时报则自认其美英对华有在战后建立平衡力量不使中国在亚洲独自强大成为世界新威胁之意。余可知美国对我之防范顾忌总不亚于英国，而子文昔以为美国无此顾忌，是其太不懂美国对（我国与）太平洋独霸之政策矣，而其来华之军官，对中国之轻视与把持之状态更可知矣。"① 由此可见，蒋介石此时对美国的猜忌已达相当程度。

10月31日，蒋介石又在国民参政会阐述中国的外交方针，一方面表示中国将"与联盟各国共同负起解放全世界人类的大责任"，同时表示："我们中国为亚洲最大最古之国，但我们决不要侈言什么'领导亚洲'"，"我们对于世界，对于亚洲，就只有尽义务，承担责任，毫不存有任何权力和自私的观念"。② 在1942年的年度总反省录中，蒋再次写道："余在参政会宣布外交方针，否认我国有领导亚洲特权，提出经济管制物价方案，国际与国内对政府之心理同时转变，同声赞誉。"③

蒋介石对美国支持中国的动机也产生了怀疑，认为美国对中国只是利用而已。此时，宋美龄正在访美，与美国朝野各界进行了广泛接触，呼吁美国重视中国战场，加强对中国的援助，但其成效在蒋看来甚为有限。1943年2月，蒋写道："余妻访问白宫以后，美国对我政策惟有利用而毫无补助诚意乃可断言。"蒋介石甚至认为，美国的政策"专以中国为牺牲品也"，并表示"从此对于国际政策应再加检讨"，似乎有对以往的联美政策加以改变的意味。当然，这应只是蒋的意气之言，蒋介石也知道，对中国来说，实际上并无其他可行的选择。蒋继续写道："除联美政策之外，亦无其他较妥之途径，务不忘只借其声势之道，其他本无实际作用也。"④

此后，美国援华战略上出现了史迪威与陈纳德的陆空战略优先之争。蒋介石支持陈纳德，希望美国提供大规模的飞机援助，并增强中国空军力量。但是，美国未能满足蒋介石的要求，蒋介石对此不只是从以往常说的美国轻视中国战场的角度去考虑，而是想到问题的另一方面，即美

---

① 《蒋介石日记》，1942年11月30日本月反省录。
② 孟广涵主编《国民参政会纪实》下卷，重庆出版社，1985，第1113—1114页。
③ 《蒋介石日记》，1942年12月31日三十一年总反省录。
④ 《蒋介石日记》，1943年2月28日本月反省录。

国对中国的猜忌。他认为美国是不想看到中国的强大而不愿提供飞机,"美国不愿我有独立之空军,不助我建立空军,其在现时甚恐我有空军,则我中国战区不能受其控制,其在战后必期以空军控制整个太平洋及其西岸之陆上,而其用心之险昭然若揭。如果若此,则罗斯福政策必贻害美国矣"。①

避免与美国发生可能的战略竞争,或避免使美国误认为中国有意与美国竞争的想法,甚至在一定程度上影响了蒋介石对中国国防重点的考虑。尽管中国与美国在实力上存在着较大差距,但为避免今后与美国在东亚及西太平洋出现竞争关系,蒋介石确定中国国防的发展重点在陆防。在开罗会议前,尚未从重庆出发时,蒋介石认真地思考了今后中国国防之重点,得出了这样的结论:"一、以大陆为国防之基础;二、西北为国防之重心,故对海防与海军应取守势,并与美国共同合作,且避免与美有军事竞争之趋向。"蒋介石认为,中国是大陆国家,发展方向不在海上,既不能与美国竞争,亦无竞争之必要,"此在我立国大计基本之方针,应首先决定。故今后国防方针与国际政策,必须与美积极合作及互助,万不可与作海洋竞争"。蒋介石并设想中美合作,共同确保远东及太平洋地区的和平,"余意在太平洋方面,中国负陆空军之责,而美负海空军之责。如美国能同意于此,则东方和平或可无虑乎"。②

蒋介石此时虽然认为美国有称霸东亚之心,并时有批评,但不反对美国在世界事务及东亚事务中占据主导地位,而愿意担当追随者的角色,"惟美国马首是瞻"。③ 1943 年 4 月,在蒋介石与熊式辉的一次谈话中,熊对美国有不少微词,但蒋介石并不赞同。蒋认为"彼对美国之观察,多带感情与主观之言"。蒋分析了美国政策与国际未来情势,表示"吾国卅年之内不特不怕美国称霸东亚,而且惟恐其不称霸东亚也"。④ 蒋介石不担心美国称霸,固有对美国奉行反对殖民主义政策的认同,也显示了他此时对美国的信任尚存。

---

① 《蒋介石日记》,1943 年 3 月 3 日。
② 《蒋介石日记》,1943 年 12 月 7 日。
③ 《蒋介石致宋子文电》(1942 年 6 月 21 日),秦孝仪主编《中华民国重要史料初编——对日抗战时期 第三编 战时外交》(1),第 156 页。
④ 《蒋介石日记》,1943 年 4 月 16 日。

二 美国提出指挥权要求

1943年10月，史迪威指挥中国驻印军发起缅北反攻战。他希望驻守云南的中国远征军渡过怒江进攻滇西，与驻印军形成夹击之势。史迪威通过华盛顿方面对蒋介石施加压力，催促蒋介石出动云南的远征军。12月21日，罗斯福致电蒋介石，表示打通经过缅甸到中国的陆上补给线，对于缓解中国的形势将有重要意义，蒙巴顿正在做大规模空战的准备，因此，他希望中国"继续运用各种可能之方法，准备贵国驻滇之部队，开始向北缅作战，以支援英、美部队由印向前之努力"。[①] 但蒋介石复电表示，英美既已提议延缓对缅甸的全面攻势，而他也已接受，因此对于新的作战计划，他不能同意。蒋强调"缅甸战役之成败，为中国生死存亡之问题"，如没有盟军在南缅登陆作战侧击日军，北缅作战"乃为自觅其败亡"。但蒋介石同意，可将中国驻印军用于缅甸作战，因其调动与成败不致严重影响中国战区。[②]

此后，罗斯福又于12月29日、1944年1月15日两次来电相催，但中方仍然没有采取行动。1943年3月上旬，缅甸日军向印度的英帕尔地区发动攻击，企图从印度切断美国援华物资的供应线，以进攻印度来牵制盟军对缅北的进攻，印缅形势骤然紧张。3月20日、4月2日、4月4日罗斯福又接连致电蒋介石，敦促出动云南的中国远征军。4月4日的电报带有指责意味地表示，英军与史迪威的部队都在激战中，由于怒江前线的远征军毫无动静，日军得以将五十六师团转用于对付史迪威的部队，"阁下之远征军，具有美国之装备，未能前进，以攻击现已力竭之敌五十六师团，此实使余难以了解"。并称："如彼等不能用于共同之作战，则吾人尽其最大之努力，空运武器与供给教官，为无意义矣"，隐含如果再不出动远征军，则对中国的租借援助将暂予停止的意味。[③] 4月中旬，驻守云南的中国远征军向滇西日军发起攻击。

[①]《罗斯福致蒋介石电》（1943年12月21日），秦孝仪主编《中华民国重要史料初编——对日抗战时期 第三编 战时外交》(3)，第289—290页。

[②]《蒋介石致罗斯福电》（1943年12月23日），秦孝仪主编《中华民国重要史料初编——对日抗战时期 第三编 战时外交》(3)，第291页。

[③]《罗斯福致蒋介石电》（1944年4月4日），秦孝仪主编《中华民国重要史料初编——对日抗战时期 第三编 战时外交》(3)，第299页。

不久，日军在中原地区发起"一号作战"，河南战场出现了严重的大溃败，长沙亦告失守。面对这一危机，美国军方认为，这是由于中国军队作战不力、高级将领指挥失误所致。此时，史迪威指挥的驻印军在缅甸战场上正不断取得胜利。美国军方认为，赋予史迪威对中国战场所有军队的指挥权或可挽救中国战场的形势。

7月7日，罗斯福致电蒋介石，要求任命史迪威指挥包括共产党军队在内的一切抗日的中国军队。罗斯福指出："自日军进攻华中以来，形成极严重之局势，不仅使贵政府感受威胁，且使美国在华基础同受影响。"如要挽救危局，必须立即采取紧急措施。罗斯福认为，史迪威在组织、训练及指挥中国军队作战方面，已经显示出才能。面对当前的这一灾难性局面，罗斯福要求蒋介石将史迪威从缅甸召回，将史置于其直属之下，"以统率全部华军及美军，并予以全部责任与权力，以调节与指挥作战，用以抵抗敌人之进占"。罗斯福认为"中国已濒于危境，倘不立即实施激烈敏捷之补救，则吾人共同目的之势将受到危险之挫折"。[1] 罗斯福并告知蒋介石，他已将史迪威提升为四星上将。

对于罗斯福的这一来电，蒋介石深感愤怒，他在7月7日的日记中写道，美国此举"是其必期统治亚洲干涉中国内政之心昭然若揭矣"。[2]

尽管蒋介石内心甚为不满，但并未拒绝罗斯福的提议，而是采取原则上赞成但要求有一准备时间的拖延办法。蒋在7月8日致罗斯福电中首先表示："阁下所提，史迪威将军在余直属之下，以指挥全部华军与美军之建议，其原则余甚赞成。"但随后又表示："中国军队与政治之内容不如其他国家之简单，更非如在缅北作战少数华军之容易指挥者可比，故此事仓卒付诸实施，不惟不能补益中国之现在战局，乃必速致中国军事之不利……故余以为必须有一准备时期，可使中国军队对史将军能绝对服从，而毫无阻碍，而后乃不辜负阁下之所期待也。"[3]

为避免与史迪威之间冲突加剧，也为了避免史迪威垄断向华盛顿报告

---

[1] 《罗斯福致蒋介石电》（1944年7月7日），秦孝仪主编《中华民国重要史料初编——对日抗战时期 第三编 战时外交》(3)，第634—635页。

[2] 《蒋介石日记》，1944年7月7日。

[3] 《蒋介石致罗斯福电》（1944年7月8日），秦孝仪主编《中华民国重要史料初编——对日抗战时期 第三编 战时外交》(3)，第636—637页。

的渠道，并觅得另一与罗斯福沟通的渠道，蒋介石提请罗斯福派遣一位获得其完全信任的"有远大之政治目光与能力"的全权代表来华，以便随时沟通，并调整他与史迪威之间的关系。此时正在美国访问的行政院副院长孔祥熙奉命向罗斯福强调："中、美合作，不但军事，尤重政治，单从军事不能解决整个问题，军略家未必皆有政治头脑与经验，为免日后误会，宁可慎重于始。"① 罗斯福表示将慎重考虑其私人代表的人选。

在考虑私人代表人选的同时，罗斯福催促蒋介石迅速采取给予史迪威以军事指挥权的行动。7月15日，罗斯福致电蒋介石，表示对蒋原则上同意在其指导下让史迪威将军拥有不受干扰地指挥中国军队的权力，深表欣慰。罗斯福认为，目前情况危急，"实需要有一迅速之措置。如果吾人共同自华对日之努力，不幸遭受影响，则今后将鲜有中、美继续合作之机会矣。因是在全面军事危机如此严重而迫切之际，即使冒若干意料中之政治危机，固亦为理所应然之事"。罗斯福表示，正在物色一位具有政治远见的有能力的人作为他的私人代表，但"今日危机之所在，首为军事，是以余以为立即将华中军队及作战之全部直接指挥权，授予一人，此实为急要者也"，希望蒋介石"采取各种准备，俾史迪威担任指挥能于最早可能之时限实现"。②

对于罗斯福的再次催促，蒋介石甚为愤怒，他对美国的指责用词前所未有地升调。蒋表示："敌军之深入无足为虑，而盟军友邦之压迫，其难熬实难名状。抗战局势至今，受美国如此之威胁，实为梦想所不及，而美国帝国主义之凶横竟有如此之甚者，更为意料所不及。彼既不允我有一犹豫之时间，必期强派史迪威为中国战区之统帅，以统制我国。此何等事，如余不从其意，则将断绝我接济或撤退其空军与驻华之总部，不惟使我孤立，而且诱敌深入，以图中国之速亡，此计甚毒。"③ 此后，在蒋介石的日记中时常可看到对美国的失望与指责，如"为史迪威事及美国对余态势时用寒心，今日之患不在倭寇而在盟邦矣，可叹"；"今日与盟国共同作战所

---

① 《孔祥熙致蒋介石电》（1944年7月12日），秦孝仪主编《中华民国重要史料初编——对日抗战时期 第三编 战时外交》（3），第639—640页。
② 《罗斯福致蒋介石电》（1944年7月15日），秦孝仪主编《中华民国重要史料初编——对日抗战时期 第三编 战时外交》（3），第642页。
③ 《蒋介石日记》，1944年7月16日。

受之压迫与黑暗,实为十三年以来未有之恶凶境也";等等。①

面对罗斯福一再提出给史迪威以军事指挥权的要求,蒋介石难以遽然拒绝,他与国民政府的军政要员苦寻找对策。军政部部长何应钦提出授予史迪威部分指挥权的妥协性建议为蒋所接受。何应钦认为:"中国军队全部归史迪威指挥一节,姑无论内容复杂,事实上不可能,且失却我国独立之尊严,殊非我血战七年争取自由平等之本意",但鉴于中国目前的实际状况,又不能对罗的建议断然拒绝,"贻抗战建国以不利之影响"。从长计议,何应钦认为:"为求于美军彻底协同迅速胜利结束战争,并使战后建军获得基础,及建国能得友邦援助,对于罗斯福之提议,似可援英国例,予以原则上之同意",但在具体实施时,可设计出对史迪威的权力加以限制的办法。何应钦提出,可将重要战区的中国军队,分为攻击兵团(或称第一线兵团)与守备兵团(或称第二线兵团),根据各战区的不同情况,确定该战区攻击兵团的数量(每战区约二至五军),交史迪威指挥,担任攻势作战任务。其余部队仍由原战区司令指挥,担任原阵地及后方之守备任务。这些攻击部队的编制装备及后方勤务,概由美方担任,但兵员补充及人事等,仍归中国统帅部。何应钦同时提出"史迪威之指挥权,于战争结束之同时解除之"。但对于使用中共军队问题,何应钦采取排斥态度,声称有关中共军队的问题,"全属内政问题,理应除外","如因此美方竟不予我一切援助,中国宁肯单独抗战到底,亦不牵就"。②

7月23日,蒋介石致电孔祥熙,要求他向罗斯福说明:"凡于中、美两国共同目的有益而于我国家立国基本无损之事,中国无不竭诚接受其主张,故彼提议以史迪威将军在余直属之下以指挥中国军队一节,余在原则上表示接受而不踌躇。但在实行之程序上,余自应按照实际之情形,加以充分之考虑,务使其实行时能十分圆满,毫无窒碍而后可。"蒋介石提出,在考虑实行此事时有三个前提:(1)应顾及中国的政治环境;(2)应顾及中国军队与人民的心理;(3)应使史迪威在其命令之下指挥军事能圆满顺利,确实有利于共同作战的进行。因此,蒋介石仍坚持"须有一相当之准备时期,否则若军队与人民之心理皆无相当了解而急切行之,将使中国军

---

① 《蒋介石日记》,1944年8月17、26日。
② 《何应钦致蒋介石》(1944年7月18日),秦孝仪主编《中华民国重要史料初编——对日抗战时期 第三编 战时外交》(3),第643—644页。

民疑虑而惶惑,以致中国之政治与军事俱发生极不利之结果"。蒋介石还指出,所谓统率全部华军,应指国民政府统辖下在前线参加作战之军队,其指挥范围与办法当另行规定。至于共产党军队能否包括在内,"当视该军以后能否即时接受中央政府之军令与政令而定,故当另行计议,此时不便确定"。蒋还特别提出,为使其与史迪威将军能顺利合作起见,在史迪威上任之前,应将史迪威的职权、名称、史与他之间的关系等详细议定。①

同日,蒋介石再电孔祥熙,更为明确地说出了前电中尚未说明的想法。蒋指示孔口头而不可用书面提交的方式向罗斯福陈述如下意思:"为挽救军事危机,自应不顾一切,但政治与军事绝对相关,任何国家皆必由于政治条件而决定其军事之胜负成败……所谓政治条件,最重要者为立国精神之不可动摇,国家尊严与政府威信之必须保持,尤其应使军队与人民信任'统帅必能负责到底'之信心绝对坚定。"中国的政治情形极为复杂,而日本与国内反动派正在做种种离间中美关系与挑拨中国军民反感以削弱政府威信之宣传。因此,"对于将指挥中国军队之权交付与外国籍之军官一事,实不能无充分之考虑与准备,否则中国军民将谓余对国家对军民不负责任,而敌人与反动派更必将信口雌黄振振有词,彼等制造一两句口号即可以破坏中、美合作妨碍共同作战而有余"。蒋还要求孔向罗斯福指出,中国军队中各级官长对史迪威将军也颇多误会,故此事如未经准备成熟而操切行之,不仅不能有补于目前军事局势,且有可能招致意外挫折。②

8月10日,罗斯福通知蒋介石,他选中了曾担任美国陆军部部长的赫尔利作为其私人代表。罗斯福来电称,赫尔利"具有广泛之外交、政治及事业经验,在敝国之政界为一闻名及受尊敬之人物"。罗斯福说,赫尔利曾参加过第一次世界大战,熟悉美国军情,他"在调整阁下与史将军之关系方面,必将大有助益"。③ 罗斯福还派遣美国战争物资生产局局长唐纳德·纳尔逊(Donald Nelson)与赫尔利一同来华。

在确定派出赫尔利之后,罗斯福于8月21日再次敦促蒋介石尽快授予

---

① 《蒋介石致孔祥熙电》(1944年7月23日),秦孝仪主编《中华民国重要史料初编——对日抗战时期 第三编 战时外交》(3),第645—646页。
② 《蒋介石致孔祥熙电》(1944年7月23日),秦孝仪主编《中华民国重要史料初编——对日抗战时期 第三编 战时外交》(3),第647—649页。
③ 《罗斯福致蒋介石电》(1944年8月10日),秦孝仪主编《中华民国重要史料初编——对日抗战时期 第三编 战时外交》(3),第649页。

史迪威以指挥权:"现在,派到阁下处的我的个人代表既已确定,我认为我们应立即采取应付军事局面所需的积极步骤。我敦促阁下采取必要措施,使史迪威将军尽早在您的指导下担任中国军队的指挥职务。鉴于军事形势的严重性,过长时间的考虑和谋求准备工作的完善,极可能带来致命后果……我强烈敦促在任命史迪威问题上采取行动,因为我感到,如再有任何延误,无论是对于中国,还是对于想要早日打倒日本的盟国计划来说,要想避免一场悲剧性军事灾难,恐将为时太晚。"罗斯福不赞成对史迪威指挥的军队加以限制,而要求授权其指挥所有能用于对日作战的军队,"我不认为应对交给史迪威指挥的军队加以限制,除非该部队不能用于保卫中国和对日作战。当敌人把我们逼到灾难边缘时,似乎没有理由拒绝愿意帮助我们消灭日军的任何人"。罗斯福希望史迪威的头衔将具有这样的职能:在蒋介石的直接领导下指挥所有中国军队。①

但 8 月 25 日孔祥熙在拜见罗斯福时,对于授权史迪威一事,仍表示需要一段时间,"为顺利达到目的,不得不有相当准备时期"。孔祥熙说,由于历史因素,中国军队情形与他国有别,近年来经苦心整顿,虽有改善,但"种种人事关系,决非如理想之易行,匆促行之,万一准备不周,不但所愿未遂,反致影响现在战事及将来共同之合作非轻"。史迪威万一失败,将直接影响罗斯福总统的威望。孔祥熙并举最近的衡阳战事为例,称这一战事举国注意,倘于该时交史迪威指挥,结果陷落,则责任势将由史迪威担负了。②

赫尔利于 9 月 6 日抵达重庆,随即与蒋介石、宋子文等就史迪威的权限展开了磋商。9 月 12 日,赫尔利提出 10 点建议以供讨论,其中包括:在大元帅指挥之下联合一切军事力量;为了战争目的集合在中国的所有资源;在民主的基础上支持大元帅关于政治联合的努力;规定史迪威将军的权力为野战司令官;规定史迪威将军的权力为大元帅的参谋长。在宋子文的建议下,支持大元帅关于政治联合的努力一条中的"在民主基础之上"一语被删去。而关于史迪威的权力,蒋表示应在一个国际协议中予以规定。③

---

① President Roosevelt to Generalissimo Chiang Kai-shek, Aug. 21, 1944, *FRUS*, *1944*, vol. 6, pp. 148 – 149.
② 《孔祥熙致蒋介石电》(1944 年 8 月 25 日),秦孝仪主编《中华民国重要史料初编——对日抗战时期 第三编 战时外交》(3),第 655—656 页。
③ Charles F. Romanus and Riley Sunderland, *Stilwell's Command Problems* (Washington, D. C., U. S. Government Printing Office, 1956), pp. 425 – 426.

稍后，赫尔利又为蒋介石草拟了对史迪威的委任令和指示。赫尔利所建议的委任令称："兹任命约瑟夫·史迪威将军为中华民国地面和空军部队野战司令官。他在使用这些部队上，直接对我负责……现授予史迪威将军有依照中国法规奖励、惩罚、任命和罢免军官之权。现授予史迪威将军对中华民国陆军和空军部队颁发作战命令之权。"给予史迪威的指示是："你立即进行关于中华民国陆军和空军部队的改编和重新部署事宜，并准备关于盟军在中国战区的反攻计划，以收复现时被日军占领的中国地区。在执行这项使命时，你被授权整编和装备新部队；解散旧部队；跨部队调动人员，跨指挥系统和跨地区调动部队，而不必考虑司令官们或省和战区的管辖权限。"①

但此时，史蒋在缅北滇西部队的作战使用问题上又发生了分歧。9月上旬，在滇西作战的中国远征军在围攻龙陵时遭到重大伤亡。蒋介石多次要求史迪威下令在密支那的驻印军攻打八莫，以解减轻龙陵远征军的压力。蒋介石担心，一旦远征军受挫，日军就会趁势进攻昆明。但史迪威不同意，他称驻印军在围攻密支那时已精疲力竭，现在与其要他们从密支那进攻日军防御工事强固的八莫，不如向远征军补充兵员，自从滇西作战开始以来，远征军就没有得到过补充。9月15日，蒋介石在召见史迪威时威胁说，如果驻印军在一个星期内不攻打八莫日军，他就要从滇西撤回远征军以保卫昆明。

史迪威向华盛顿电告了这一争论，罗斯福很快发出了一封由马歇尔起草的措辞强硬的电报。9月19日，赫尔利正和蒋介石、宋子文、何应钦、白崇禧及军事委员会的其他几位要员举行会议时，史迪威当着众人的面将罗斯福的这一电报转交给蒋介石。该电报称：

> 如果你停止渡过怒江后的进攻，或提议撤退，这正是日军所企求的，他们之所以在华东发动攻势也就是为了达到这个目的。日军明白，如果你继续进攻，再加上蒙巴顿即将发动的攻势，通向中国的陆路交通线就会在1945年初期打通，中国的继续抵抗和你的控制权的保持就将得到保证。反之，如果你不补充在缅北的部队，不增援怒江部

---

① Charles F. Romanus and Riley Sunderland, *Stilwell's Command Problems*, pp. 429–430.

队,并撤退这些部队,我们就将失去打通中国陆路交通的一切机会,并立即危及飞越"驼峰"的空中航线。对此,你自己必须准备接受其后果,并承担个人责任。

我近几个月来曾再三敦促你采取果断的行动以抵御愈来愈迫近中国和你的灾难。现在,你仍然没有任命史迪威将军指挥中国的一切部队,我们面临失去华东重要地区,因而可能带来的灾难性后果。日军占领桂林后,将使昆明空运机场处于不断遭受袭击的威胁中,并使"驼峰"吨位减少,还可能切断这条航线。

虽然我们正在世界各处迫使敌人败退,但这在相当时期内也无助于改善中国的局势。我们的部队正在太平洋上迅速前进,但除非你现在采取有力行动,这个前进对中国来说也为时过晚。你只有立即采取果断的行动才能保全你多年来奋斗的成果,以及我们为了支持你而做出的努力,否则,政治和军事方面的种种计划都将因军事惨败而落空。

……我确信你当前要阻止日军达到其在华目的的唯一办法,就是立即增援怒江部队并发动攻势,同时,让史迪威将军能够全权指挥所有的中国军队……如果再事拖延,你和我们为了挽救中国所做的一切努力都将付诸东流。[①]

史迪威指挥权问题的提出,是罗斯福采取的一非常措施。罗斯福企图把史迪威指挥权的印缅模式——蒋介石名义领导、史迪威全权指挥的方式扩大到全中国。他希望通过由史迪威直接控制全部中国军队和大规模提供装备的方法,重整中国军队以挽救危局。因此,罗斯福不惜采用严厉的措辞以促成这一目标的实现。

三 蒋介石要求美国召回史迪威

对于 9 月 19 日由史迪威转交的罗斯福这一措辞强硬的电报,蒋介石做出了强烈反应。他认为是史迪威通过马歇尔让罗斯福发出了这一电报,如果授全权于史迪威,他不仅指挥不了史迪威,史迪威反倒要指挥他。当天

[①] Charles F. Romanus and Riley Sunderland, *Stilwell's Command Problems*, pp. 445–446.

晚上，蒋介石便对赫尔利表示，与史迪威决裂的时候到了。蒋介石不仅不同意任命史迪威，还以史迪威没有合作诚意为由，要求美国将其召回。

赫尔利还企图在史蒋之间做些调解。9月24日，赫尔利在与蒋介石会谈时表示："如中、美双方不能充分合作，甚至互相顾忌，即欧战结束以后，远东之局面必为英、苏所操纵，而我中、美两国，将失其决定之地位。中国今日实无须怀疑美国有何侵略野心，美国所希望者，唯在使中国能独立自强而已。"他并表示，史迪威称，他与委座两人个性皆极强硬，故工作上不免发生困难，但根本上并无不能谅解之处，委座几次对他甚为帮忙，他今后愿意接受委座命令。关于中共问题，赫尔利表示："吾人今日虽盼中国之统一，能更趋进步，但亦只能以纯客观之立场赞助中国政府解决中共问题，使所有中国抗日军队皆能听命于委座，而完全受其指挥。"赫尔利还称，罗斯福总统因政务甚忙，电文措辞口气有欠妥之处，但此并非罗斯福总统之意旨，当他离开华盛顿时，罗总统曾告诉他，中国的一切事情皆应商之委座，以谋解决。罗斯福总统之态度既属如此，故请委座对前次电报不必介怀。

蒋介石表示，罗斯福在两个月前提议授予史迪威指挥权，此电牵涉中国生死存亡之事，"盖军队乃国家之命脉，而军队之指挥权，乃操国家生死存亡之大事……余之处理此事，实不能不取十分慎重之态度"。他感谢罗斯福总统对中国的种种支持，但是，对于那些对国家的根本问题或两国的基本政策有妨者，则不能不慎重对待。因为此类重大之事，一旦处置错误，不仅有害中国，而且有害于美国。这类重大之事，概括言之有三：（1）中国建国的主义不能变更，即现行之三民主义，在建设三民主义之民主政治，故不能使共产党赤化中国；（2）凡于中国主权有损害之事决不容许；（3）为国家尊严与个人人格必须互相尊重，不可有丝毫之损害。

然后，蒋介石又说到史迪威其人，认为史迪威指挥驻印军五师部队尚可胜任，故他给史迪威以指挥全权，从不加遏制或干涉。但如"再要加派部队，归其掌握调度，则彼之能力即有所不胜，如欲委以中国战区全军总司令之职，使其指挥全中国三千公里战线之军队，则彼之能力，更不足任此艰巨。余观察史将军固为一勤劳朴实果敢之军人，然彼之政治与战略头脑殊为缺乏。而主持全部战局之人，不仅须有军事之素养，尤须具有政治之脑筋，二者兼备，始堪称职"。而且，在他要史迪威对八莫进行佯攻时，史竟不予考虑,"彼于缅北局部之战尚且如此,如将来委以中国战区全局之事,彼如何能服从余之命令,接受余之指挥?"蒋介石称:"就史将军过去与余相处之情形与此次在渝与将军共同商讨之结果,已使余对彼失去最后一分希望与信心!因此,余认为彼决不能担负中国战区中、美联军统帅之重任……甚盼贵国能另派一资望素著能力卓越之将领前来中国继续执行我两国合作抗战之政策。"①

9月25日,蒋介石正式向赫尔利递交了书面文件,要其转告罗斯福总统:"余同意遴选美国将领一员为中美联军前敌总司令,且同时任为中国战区参谋长……但余再不能委史迪威将军以如斯重大之责任,且拟请其辞去中国战区参谋长之职务,并请由此战区遣调离任。"该信函回顾称,在7月收到罗斯福总统的提议后,"余不顾本人以过去深切之感觉及判断,乃善意考虑派史将军为前敌总司令……惟事实证明,史将军非但无意与余合作,且以为受任新职后,余将反为彼所指挥,故此事因而终止"。蒋介石表示:"美国派出之各战区将领,能表现盟军友谊合作之精神者,颇不乏人,故余请向罗总统声明,如罗总统指派之任何美国将领,而富于友谊合作精神,以接替史将军,并负余以上提及之其他重要职务者,余当竭诚欢迎,且将尽力之所及,以遂行其计划,支持其作战,加强其权限。"②

蒋介石此时也做了万一美方做出决裂姿态的最坏打算,他认为结果无非是中国单独抗战而已,总比现在受制于人强。蒋介石在致孔祥熙电中表示:"情势至此,不能不下最后之决心,但无论美国如何变化,余自信抗战根据地与军队,决不致崩溃,吾人如再恢复独立抗战之态势,则对内政与军事情势,决不能比现在更坏。只要内容简单,无外力牵制,则国内一切措施方能自如,决不如今日皆受人束缚之苦痛也。"蒋介石坚定地表示:"史决难再留,如有人来说情,应严正拒绝,亦请其从速撤换,以免阻碍今后之合作也。"③

此时,史迪威仍希望美国军方能继续给予他支持,他在9月26日致陆

---

① 《蒋介石与赫尔利谈话记录》(1944年9月24日),秦孝仪主编《中华民国重要史料初编——对日抗战时期 第三编 战时外交》(3),第662—671页。
② 《蒋介石致赫尔利》(1944年9月25日),秦孝仪主编《中华民国重要史料初编——对日抗战时期 第三编 战时外交》(3),第673—674页。
③ 《蒋介石致孔祥熙电》(1944年9月26日),秦孝仪主编《中华民国重要史料初编——对日抗战时期 第三编 战时外交》(3),第675页。

军参谋长马歇尔的报告中指出:"蒋介石掌权一日,美国就不能从中国得到真正的合作,我相信他只会继续运用他的故伎与拖延,同时攫取贷款与战后的援助,以维持他现有的地位,这地位是以一党政府、反动政策或利用特务的积极协助镇压民主思想为基础的。"①

面对蒋介石的强硬抵制,罗斯福做出让步。10月5日,罗斯福致电蒋介石,表示自从要求给予史迪威更大指挥权的建议提出后,中国战场的局势继续恶化,"以致我现在感到美国政府不应再负责任命一位美国军官指挥你在全中国的地面部队"。他同意解除史迪威的中国战区参谋长职务,并解除史迪威在有关租借事务方面的责任,但仍要求保留他在缅甸(再加上云南)的指挥权,希望蒋同意"任命史迪威在你的指导下直接指挥在缅甸的中国军队以及在云南省的全部中国地面部队",以保证"驼峰"运输线的安全,罗斯福并称:"我感到如果将史迪威从缅甸战斗中撤出,其后果之严重恐远非阁下所能预料。"②

但蒋介石已决心彻底赶走史迪威,不再做任何妥协。他在10月7日与赫尔利谈话时表示:"滇缅地区之作战,乃属于整个中国战区之一部,而不可分割,故不能有违中国战区最高统帅部之节制与指挥。且史迪威将军如已解除其参谋长之职务,则以后对于滇缅之中国军队自不能再交彼指挥。因彼前此之所以能指挥缅甸华军者乃以其任中国战区统帅部参谋长之故。"蒋说到,罗斯福总统来电中称,如解除史迪威的缅甸作战指挥任务,其后果之严重恐吾人之意料,但他的意见恰恰相反,"余认为撤换史迪威之后,不仅双方之隔阂可以消除,而且我中、美两国更可趋合作"。③

10月9日,蒋介石致电罗斯福,再次表示了拒绝史迪威但愿意授予其他美国将领权力的态度。蒋表示:"阁下所提关于中国全线军队或缅甸与云南局部军队由余委任美国将领之指挥以及其他各种之建议,余固无不乐予接受,但其人选,务须能与中国诚恳合作而得余之信任者,此为必不可少之条件。九月二十五日之备忘录中,余已详述史迪威将军显然缺乏上项

---

① 《中美关系资料汇编》第1辑,第136—137页。
② President Roosevelt to Generalissimo Chiang Kai-shek, Oct. 5, 1944, *FRUS, 1944*, vol. 6, pp. 165 – 166.
③ 《蒋介石与赫尔利谈话记录》(1944年10月7日),秦孝仪主编《中华民国重要史料初编——对日抗战时期 第三编 战时外交》(3),第678—682页。

必要之条件，故余不能再授彼以指挥之权……今余仍本初衷，即请阁下调回史将军，而另派胜此重任之将领来华以替代之。"①

在这一史蒋摊牌的最后关头，担任罗斯福私人代表的赫尔利选择了支持蒋介石。他在转呈上电时加上评论说："在我离开华盛顿前，你告诉我，你的总目标是防止中国崩溃和使中国军队继续作战。作为你这样做的计划的一部分，你决定支持蒋介石的领导地位。对这里的形势加以研究后我确信，中国没有一位领导人能像蒋介石那样与你合作。据我所知，没有一位中国人像蒋介石那样具有领导人必须具有的众多要素。蒋介石和史迪威是根本不能相容的。现在你面临的局面是在蒋介石和史迪威两人中做出抉择。你和蒋介石之间没有其他争端。除史迪威的任命以外，蒋介石同意了你的每项要求、每项建议。"②

10月13日，赫尔利致电罗斯福，详述了建议召回史迪威的理由，提议罗斯福重新任命一位蒋介石能够接受的美国将军接替史迪威。赫尔利回顾说，他来华之后，力图协调史蒋关系，那时他相信史迪威和蒋介石之间可以协调。但现在他确信，"这两个人是根本不相容的，他们互相猜疑"。赫尔利认为在史蒋关系恶化问题上，史迪威负有很大的责任。如果美国政府选择继续支持史迪威，它将会失去中国：

> 蒋委员长赞成合乎逻辑的劝说和领导，你可以和他相处。他对于任何形式的压迫紧逼手法或最后通牒都抱强烈反感。史迪威在政治上不能理解蒋介石，不能和他合作。史迪威说过，蒋介石在受到压力以前从来不肯行动。按照这个论点，史迪威的每一行动都是要蒋介石完全屈服的步骤。除史迪威问题外，你和蒋介石之间并无争议……史迪威的一个意图是使蒋屈服。史迪威的根本错误在于，他认为他能使一个在革命中领导国家，领导一支粮饷不足、装备低劣、实际上无组织的军队抗击占压倒优势的敌人达7年之久的人屈服。我的意见是，如果你在这一争论中支持史迪威，你将失去蒋介石，甚至还可能连同失

---

① 《蒋介石致罗斯福电》（1944年10月9日），秦孝仪主编《中华民国重要史料初编——对日抗战时期 第三编 战时外交》（3），第683—684页。
② Major General Patrick J. Hurley to President Roosevelt, Oct. 10, 1944, *FRUS, 1944*, vol. 6, p. 170.

去中国……史迪威和蒋介石之间的僵局是严重的,有可能导致延长战争和加重美国物资和生命的损失。如果不能保持中国军队继续参战,看着中国崩溃,那么即使天国中的所有天使都发誓证明我们支持史迪威是正确的,也改变不了历史的判决。美国将在中国失败。[①]

此时,美国对中国的关注已经从注重军事问题转向注重政治问题,美国更关心战后与中国的关系,不愿因史迪威而冒"失去中国"的风险。10月19日,罗斯福电告蒋介石,他决定将史迪威召回,由魏德迈(A. C. Wedemeyer)接任中国战区美军司令和战区参谋长的职务。同时,美国决定将中印缅战场划分为两个战场,中国为一个战场,印缅为另一战场,索尔登(Daniel Sultan)将军将负责指挥印缅战场。罗斯福希望蒋介石授权索尔登将军指挥在印缅的中国部队。

当罗斯福终于在史迪威问题上做出让步之后,蒋介石也表现出了充分合作的态度。蒋介石很快便复电表示,"完全同意"罗斯福的提议,"余乐愿委任魏德迈为中国战区参谋长,并欣悉阁下将同时委其指挥美国在华军队,该项军队,自仍隶属余最高统帅之下"。"印缅区之中国部队,余将授权索尔登中将指挥,并供给该项部队及兰姆加训练处需要之兵员补充,索尔登将军在指挥方面,余可授予全权,但缅甸之战略,与所在中国部队作战有关时,应与余协商"。他"竭诚表示欢迎魏德迈将军,希望与其彻底密切合作"。[②]

魏德迈就任时获得的使命授权要比史迪威小得多,主要有两方面,一是"建议和协助委员长指导对日军事行动",二是指挥在华美军"实行从中国出发的空中行动"。魏德迈从罗斯福那里得到特别指示,美军在中国的主要使命是支持中国现存的政府。魏德迈理解,这意味着在中国蒋介石的决定是最终决定。至此,中美之间围绕着史迪威指挥权而产生的危机得以消解。

史蒋之争,从表面上来看,是蒋介石胜利了,但这一事件对国民党政

---

① 《赫尔利致罗斯福》(1944年10月13日),陶文钊主编《抗战时期中国外交》下册,第1618—1619页。
② 《蒋介石致罗斯福电》(1944年10月20日),秦孝仪主编《中华民国重要史料初编——对日抗战时期 第三编 战时外交》(3),第690页。

府政治上的损害作用是不可忽视的。史迪威的召回无论是在美国官方还是在民间都引起了极大的反响。这样的高级将领被"逐"回国，在美国历史上是没有先例的。马歇尔等军界首脑对蒋介石的愤愤之情难以言表，美国社会也掀起了一股同情史迪威、揭露蒋介石黑暗统治的舆论高潮。《纽约时报》称这是"一个垂死的反民主体制的政治胜利"，指责美国政府至少是消极地支持了一个"在中国日益不得人心的政府"。① 所有这些，对美国后来的援蒋政策的坚定性不能不产生影响，美国必须考虑在援助一个它认为已失去民心的政府时能走多远。

四　指挥权危机中的内政因素

在史迪威指挥权危机中，中国的内政因素与外交冲突交织在一起，成为影响这一事件的重要因素。此时，第二次民主宪政运动正在中国国内蓬勃展开。这一运动与美国发生了联系，与国民党内的开明派发生了联系，这使蒋介石产生了美国欲倒蒋而另行扶植他人的联想，这种联想在一定程度上影响了蒋介石处理史迪威指挥权问题的态度。

蒋介石怀疑美国要倒蒋立新，其想象中的一个主要对象便是立法院院长孙科。在民主宪政运动兴起后，国民党内的一些开明派做出了呼应，孙科便是其中的代表人物之一。历来对蒋集权统治有所不满的孙科，在各种场合表现出对实施宪政的支持。孙科身居高位，又有着先总理之子的光环，言论分量自是不同于一般人，而其言辞又较少顾忌。他的坦率言论，引起了蒋的极大不满与猜忌，认为孙科有夺权的野心。5月14日，孙科在宪政座谈会上发表了支持尽快实施宪政的意见。蒋对此大为不快，指责孙科"诋毁政府无微不至"，认为"其用意在夺取国府主席后与共党合组政府，以俄国为其后台老板，巩固其卖国地位。此人实汪逆之不若也"。② 在该月的反省录中蒋再次写道，"内部孙科之猖狂谋叛益急……人心之不测，在此期间，孰为诚伪孰为忠奸，更得进一步之认识"。③

孙科一般被归于亲苏派，该类人士在国民政府中势力单薄，原不足为惧。然而，随着史迪威事件的发展，蒋对美国怀疑日重，认为孙科已成为

---

① 瞿同祖编译《史迪威资料》，中华书局，1978，第140页。
② 《蒋介石日记》，1944年5月15日。
③ 《蒋介石日记》，1944年5月31日本月反省录。

美国中意的目标。7月4日,美国驻华使馆参赞艾切森会见孙科,提议在蒋的领导下,联合各党派,成立军事委员会,承担领导战时国家的责任。蒋介石认为美国与孙谈话是有所用心的,他觉得孙科已成为苏联与美国皆能满意的人物:"美英俄皆期以孙科为傀儡之暗示与宣传逐渐发现,而以美为最甚。"①

蒋介石认为,美国在军事上要以史迪威取而代之,在政治上则要以孙科取而代之,这样中国便会完全由美国所摆布。蒋介石日记中屡屡有如下记载:"最近内外形势之压力日甚一日,尤以美国在精神上无形之压迫更甚,彼必期强余无条件与共党妥协,又期余接受其以史迪威总司令,此皆于情于理不能忍受之事,又以其暗示孙科为余代替之人,帝国主义之面目全露,其意非使中国为其附庸不可。""此种恶意宣传及证之罗之态度,似其已决心有非速谋倒蒋不可之势。""国防会议中受孙科等踞慢之恶态,阅共匪荒谬骄横之复电,皆为十年来未有之耻辱。处境至此悲惨已极,今日环境,全世界恶劣势力已联络一气来逼迫我侮辱我,似乎地狱张开了口要等待吞吃我"。②

比较微妙的是,罗斯福此时对中国内部的矛盾也表示了关注。据孔祥熙报告,8月25日,罗斯福在会见他时曾询问,听闻国民党内部青年分子对蒋有动摇之意,此一消息确实否?孔表示绝无此事,国民党内部绝无问题,国民对委员长也始终拥护。罗斯福继而表示,如中国内部有纠纷,则事态严重,"盖中国为四强之一,原由美极力主张,英方本不赞成,幸能拉拢斯大林赞成,始能实现。目下英方对中国颇多闻言,倘内部有纠纷发生,英、苏乘机而起,则美将无词以对"。罗斯福并称,孔祥熙所说如只是口说解释,不易征信外人,须事实表现举国一致民主精神,才能使谣言谎评得到改善。③ 罗斯福的这一关注,显然不为蒋所乐见,只会触动蒋的敏感神经。

国民党内的开明派以及对蒋不满的各方人士对民主宪政运动纷纷表现出积极态度。对此,蒋介石甚为愤怒,他在日记中写道:"凡所有内外反

---

① 《蒋介石日记》,1944年8月1日。
② 《蒋介石日记》,1944年8月6、17、28日,9月2日上星期反省录。
③ 《孔祥熙致蒋介石电》(1944年8月25日),秦孝仪主编《中华民国重要史料初编——对日抗战时期 第三编 战时外交》(3),第655—656页。

动与不满余者皆怂恿其倒余,而彼(指孙科)亦莫名其妙,自以为其势已成,各种恶劣形态无不毕现矣。尤以西山会议派居正、邹鲁与武汉时代之汪奸派于右任等,皆投机动摇,表示其颜色,此种反动叛逆,终不能望其改变本心也。"蒋介石认为,民主活动分子及孙科等人是要借外力来推翻自己:"国人知识分子反动派全以外力之趋以定其对本国政府之向背,此种洋奴根性决不能一时脱除,固无足怪。而本党之主要分子,如孙科邹鲁等竟比一般反动分子洋奴性更为深重。此种借外力以图谋夺取政权,不问其国家前途之险恶如何,而一意以下井投石幸灾乐祸之心临之。余若消极自馁,则若辈必各以其俄美英之外力背景作基础,以作其卖国灭党之勾当。为祸之烈,岂啻汉奸汪兆铭对倭愿为其附庸而已哉。"①

对于国民党内出现的不同声音,尤其是那些旧时政敌的举动,蒋介石反思之后,准备改变以往有所容忍的方针。他指出:"外援美罗之态度变更,以及党中凡有旧日反动嫌隙者皆渐露其声色,岂止孙科一人而已矣。反动之终为反动,嫌怨之终为嫌怨,无法泯除,是又为我一最大经历矣。此后对党事之处理,不能不变更向来包涵无我之方针乎。"② 在决定驱史之后,蒋介石对孙科等也采取了行动,在10月1日召开的国民党中常会上,蒋发起反击。据蒋日记记载:"(对孙科)痛加训斥,彼或自知其罪恶,始终低头沉默,不敢正视,亦未发言……余信本日常会必于党内动摇分子知所畏摄而镇定乎。"③ 会后,蒋又让王宠惠、吴铁城找孙科谈话,说明利害,"警告孙科改变恶劣态度",并采取了肃清孙科左右的处置办法。④

在史蒋冲突激化的过程中,面临来自美方的强大压力,蒋介石一度考虑辞职。蒋的这一意图在以往著述中较少提及,或许有人是出于为尊者讳,以免有损蒋介石维护国权的负责任的领导人形象;或许只是由于蒋并未将其意图付诸实施,这一心理历程在蒋日记公开之前不为外人所知。

据蒋介石日记记载,8月28日蒋午夜醒来后,便"辗转不能成眠,考虑对美外交以后之艰难与不堪忍受之情势"。29日继续考虑此事,想到"最后至不得已时应作辞去军政各职之准备"。蒋介石分析道:"美罗必以

---

① 《蒋介石日记》,1944年9月28、29日。
② 《蒋介石日记》,1944年9月30日上星期反省录。
③ 《蒋介石日记》,1944年10月1日。
④ 《蒋介石日记》,1944年10月7日上星期反省录。

为余不能亦不肯辞职，因之对余压迫无所顾忌，且期利用余为傀儡，故其对日战争未了之前亦不想逼余辞职下野，以其非利用中国陆军作战则彼美必期自派一百万以上陆军来东亚作战牺牲也。"蒋认为美国目前对华政策包含以下5点："一、利用余为傀儡；二、牺牲中国陆军；三、以中国为其幌子，为其工具；四、压迫余就范，非俯首听命不可；五、在对日战争未了以前不期余辞职卸责。余当以此研讨究竟，以定决心。"① 简单说来，蒋对美国的判断有两层：一是美国需要中国和他本人；二是美国认为他不会辞职。因此，美国对他多方逼迫无忌。从这个角度考虑，他的出乎美国意料的辞职必将使美国陷入困境。

8月30日，蒋介石继续研究辞职问题。他分析了提出辞职后可能引起的美方的反应，认为有鄙视而置之不理、幡然悔悟而诚意合作及暂做静观三种可能性："甲、以中国民族无坚定性，不堪其压迫且以鄙劣视之，或以为余对其示威，不愿与美合作之表示，彼则置之不理；乙、以余辞职以后，中国中心失所为对日作战一大不利，不得不对余转变其已往压迫之态势，而以中国为不可侮，中国自有中国之人格与立场，彼或从此觉悟，再与余诚意之合作；丙、暂作静观，并思利用孙科等为其傀儡，待至中国军事、政治更为削弱非余无可维持，彼亦觉不能不有余非余不可者时，而其再谋与余合作，以收拾对日时局"。②

最终，对蒋辞职的考虑产生决定性影响的还是国内因素。蒋介石在次日的日记中从以下10个方面考虑了他宣布辞职后可能引起的国内政局的变动："甲、国际利用孙科等为傀儡；乙、孙科及其联共亲俄政策之实行；丙、受俄共之煽惑（政治社会）一发而不可收拾；丁、敌寇乘隙积极进攻，军事不可收拾；戊、滇康川晋各军阀通敌通共谋倒中央，使割据复活；己、中央军军心涣散，从此一蹶不可复振；庚、共匪对教育界与青年之煽乱，使社会骚动不安；辛、让内部扰乱引起各盟邦干涉内政；壬、美国军阀与英俄政府利用此机分化中国，使余不能再起而统一中国；癸、川康滇军阀乘机割据破坏统一，后方动摇，或引敌深入。"总之，他担心在美、英、苏等国际背景的支持下，国内各种政治力量趁乱而起，局面将不

---

① 《蒋介石日记》，1944年8月29日。
② 《蒋介石日记》，1944年8月30日。

可收拾。蒋表示"以上十虑，不能不再四研讨"，其准备辞职的念头已有所松动。①

蒋介石再三考虑的结果是放弃辞职的念头，"五日来对美对共问题深为愤慨，切思只有以辞职一途方能脱离今日国际之束缚，以为打开今后行动自由之计。本日总以为此举于国家前途太险，渐思转变"。②

在史迪威事件中，蒋不是没有考虑过对美退让，但是，对内政的考虑使他又多了一层顾虑，蒋介石认为："美国对余党内已策动分化作用，如果此次撤史交涉彼即使一时让步，而此后将继续策动，必期倒余而后快也。党内老腐与恶劣者似已沆瀣一气进行其叛乱工作"。③ 或许我们可以推断，如果没有这些内部因素的存在，如果只是单纯的军事指挥权之争，蒋介石并非毫无做出让步的可能。倘若史迪威事件仅仅涉及主权问题或作战方略问题，事情便要简单得多。然而，军事指挥权问题与政治问题挂上了钩，蒋介石怎么能放心让军权旁落呢？蒋介石当然明白，军队的影响绝不仅仅限于抗日军事，它必然牵涉政治权力的稳固。正是这些超出军事范围的各种因素的综合考虑，在相当程度上促使蒋介石采取了对美坚持抵抗的方针。

第三节　中英关系矛盾重重

一　英国不欢迎中国进入大国行列

尽管同为盟国，但基于对战后远东格局设计的不同，美英对华政策呈现出较大差异。美国期望战后远东重新洗牌，通过战争，不仅要打败日本，还要打破战前远东的旧殖民体系。美国主张英、法、荷等国应以美国处理菲律宾的方式来对待各自的殖民地，同意它们在战后获得独立。战后世界将由四大警察维持安全，美国将发挥领导作用。而在远东，美国所依靠的国家是中国，中国将是美国在远东政策的坚定支持者。因此，美国积极扶持中国成为大国。开罗会议前罗斯福特使赫尔利来华向蒋介石交底的两句话，也许能够概括美国远东政策的两个方面："美国反对任何形式的

---

① 《蒋介石日记》，1944年8月31日。
② 《蒋介石日记》，1944年8月31日。
③ 《蒋介石日记》，1944年9月30日本月反省录。

(包括英国人的)帝国主义";"我们希望一个自由、强盛和民主的中国崛起在亚洲"。①

对于英国坚持殖民主义的顽固态度,美国多有不满,并在各种场合流露出这种不满。罗斯福对宋子文表示,丘吉尔"不能脱离十九世纪思想"。② 预见到战后美英在处理殖民地问题上的分歧,罗斯福甚至曾对他的顾问表示:"我们战后将会同英国发生的纠纷,也许比目前同德国发生的纠纷来得大"。因此,美国在反殖问题上也期待中国的支持。③

一些美国政要的谈话则更为直接。威尔基在10月5日与蒋介石的谈话中表示,中美合作的第一件大事,"当为设法打消英国之帝国主义政策,盖英为帝国主义者之领导,苟战后而英国仍能保持其殖民地,荷、法等国继起效尤,无从阻之矣。中美两国应有勇气担当此事"。他表示,盟国必将取得胜利,在有关战后问题的讨论中,美国将尽力协助中国,使中国在讨论中有平等发言之权,"然英国不肯放弃其帝国主义之政策,已为我等所熟知,欲其自动就范,势不可能",因为英国一旦放弃其殖民地,便只剩下英伦三岛,无法再与其他三强争论短长。④ 威尔基在回美国后的一次演讲中,也大谈反对帝国主义,罗斯福对此评价说:"他的想法很好,但只是说出来有些太早。"⑤

英国对战后秩序的想法与中美完全不同,仍然期望打败日本后能在远东恢复其殖民统治。丘吉尔曾对美方表示:"各国依靠它们的传统生存,否则就要灭亡……只要我还在这里,我们就要坚持传统,毫不放松地保持帝国的完整。"丘吉尔说他决不会成为英国第一位经手大英帝国解体的首相。英国不欢迎中国进入强国行列,担心中国的崛起将对亚洲各国独立力量的兴起起到示范作用,因而始终对中国成为大国持抵触和怀疑态度。丘吉尔曾对英国外交大臣艾登说过,不能"把重庆政府看作代表一个世界大国。美国方面肯定会不惜一切努力纠集力量以结束英国海外帝国"。"把中

---

① Theodore H. White ed., *The Stilwell Paper*, p. 240.
② 《宋子文致蒋介石电》(1943年6月),吴景平、郭岱君编《宋子文驻美时期电报选(1940—1943)》,第202—203页。
③ 〔美〕罗伯特·达莱克:《罗斯福与美国对外政策(1932—1945)》下册,第612页。
④ 《蒋介石与威尔基谈话记录》(1942年10月5日),秦孝仪主编《中华民国重要史料初编——对日抗战时期 第三编 战时外交》(1),第762—768页。
⑤ 〔美〕罗伯特·达莱克:《罗斯福与美国对外政策(1932—1945)》下册,第514页。

国说成同英国、美国或苏联同等的世界大国是完全不真实的",他不能接受"完全不真实的价值标准"。艾登也表示了"不太喜欢中国人能在太平洋上往来无阻的主张"。①

抗战后期,争取成为政治大国,是国民政府积极追求的一个重要目标。英国的这一态度,无疑使中英关系的基点立于沙滩之上。国际地位不断上升的中国,对于外部世界的评价颇为敏感,英国政要若干轻视中国地位的讲话,蒋介石都非常关注,其日记中常有记载,这些讲话对中英关系无疑产生了一次次负面的冲击。

1942年6月,英国与苏联订立同盟协定。英国外交大臣艾登在订立协定时发表演说,声称世界人类各民族生命之前途皆取决于美英苏三国之合作。这一说法,将中国排除于大国之外。蒋介石得知这一演说后,在日记中指责英国"视中国与其他各国为无物。世界人类如依过去英帝国主义侵略之阴谋与其自私自利拔一毛而利天下不为之劣性,若再称霸世界,则人类将无噍类矣。若非美国主持公道,参加此次同盟在内,则中国实羞与为伍矣"。②

1943年3月21日,丘吉尔在《胜利后的英国》的演讲中,再次表现了对中国的轻视。丘吉尔表示,在击败德国之后,英国将到世界的另一端,惩处日本,"拯救"处于长久磨难中的中国。在谈及战后世界的安排时,丘吉尔声称,以英、美、苏三大战胜国为首的联合国家应该立即商讨建立未来的国际组织。时任外交部部长的宋子文对丘吉尔的这一演讲甚为不满,向蒋介石报告了此事,批评丘吉尔"举英美苏为解决战后世界各大问题之重要国家,特将中国故意从四强中剔开,惟一提及之处,则极轻慢,竟称俟击败德人后再来救中国"。③

得知丘吉尔演讲内容后,蒋在3月27日、28日的日记中接连表示了对丘吉尔的愤怒。他写道,英国将中国排除于四强之外,"乃以邱吉尔末日将至,否则英国必将遭遇更大之失败也"。"邱吉尔演说遗弃我中国,其对我侮辱可谓极矣……昔之所谓四强者,吾国不过获得其虚誉,而邱乃连

---

① 〔美〕罗伯特·达莱克:《罗斯福与美国对外政策(1932—1945)》下册,第612、474、556页。
② 《蒋介石日记》,1942年6月15日。
③ 《宋子文致蒋介石》(1943年3月24日),《蒋中正总统档案·特交档案·对联合国外交》:014-08A-01503。

此虚名亦不许中国所有而已。但英国对联合国之信约及其屡次之诺言，尤其对大西洋宪章之皇皇宣示皆因此消失殆尽"。①

此时，中英之间正在商讨蒋夫人宋美龄访英问题，极度失望之下，蒋介石决定取消宋的访英之行。蒋在致宋美龄电中表示："访英问题，不必肯定，亦不必答复。观邱吉尔廿一日演词，对世界问题仍无觉悟，对中国观念毫无变更，将来政治似无洽商余地。如吾人此时访英，将被视为有求于人，否则，亦只有为其轻侮，或反被其欺诈耳。"②

对于中国的不满，英国也并非不知。作为补救，英国在 1943 年 7 月卢沟桥事变 6 周年时举办了"向中国致敬"的集会，艾登在会上发表演讲，指责敌人在不断散布所谓英国不希望看到中国强大的说法，"这些说法是十分荒谬的，我相信我们的中国朋友是第一个起来反对这些说法的。事实上，大英帝国历来把自己的利益同一个强大而统一的中国联系在一起，过去是这样，将来还是这样。没有一个强大而统一的中国，就不可能期望远东的持久稳定"。③

但在骨子里，英国并未真正改变对中国的看法，即使是开罗会议后，英国仍对中国为四强之一持怀疑态度。蒋介石日记中对此常有记载和评论。如"英国报纸已公开评论中国非能列为强国之一，并谓中国并非大国，以大国之意义，非仅出土地人口之多寡为标准云"；"英国舆论对我国不利者日加一日，污辱污蔑倍至"等记述在蒋日记中屡见不鲜。④ 1944 年 6 月 15 日，艾登发表演说，声称今后世界和平全赖英美俄法四大强国合作维持。蒋在日记中记曰："此乃英国一贯政策，始终要以法国代中国之地位，不足为怪。"⑤

英国对中国的轻视态度在其行动中也多有表现，1944 年 4 月发生的禁止中国驻英使馆收发密电事件便是一例。1944 年 4 月 17 日，英方通知中国，鉴于开辟第二战场的作战在即，为保密起见，英国政府准备禁止各国

---

① 《蒋介石日记》，1943 年 3 月 27 日、3 月 28 日上星期反省录。
② 《蒋介石致宋美龄电》（1943 年 3 月 26 日），秦孝仪主编《中华民国重要史料初编——对日抗战时期 第三编 战时外交》（1），第 818 页。
③ Speech by Anthony Eden, 7th July, 1943, British Documents on Foreign Affairs, part 3, series E, vol. 7, p. 25.
④ 《蒋介石日记》，1944 年 3 月 20 日、4 月 1 日上星期反省录。
⑤ 《蒋介石日记》，1944 年 11 月 30 日本月反省录。

驻英外交团收发密码电及未经检查的外交邮袋。但这一限制对美国与苏联例外，中国则与其他国家一道被置于限制之列。

4月18日，宋子文会见英国驻华大使薛穆，提出三点询问："一、英国是否仍认我为一盟邦？二、英国是否发现我曾滥用此种外交特权？三、如各作战国家均以安全为理由，颁布此种办法，是否于各盟邦均不便利？"薛穆表示，开辟第二战场关系重大，因只有英、美、苏对欧战负有责任，故对其他国家采取了限制办法。宋子文又指出，不应将中国包括在受限制的国家之内，因为"中国亦系对德日作战主要国家之一，为世所公认，与各流亡政府不同"。英国这样做，不但在外交事务的办理上造成困难，"且将予中国人民以极不良之感想"。① 4月19日，中国驻英大使顾维钧向英方递交备忘录，指出英国政府此举对于与英一起为自由而战的盟国及未参战国家不加区别，在此次世界大战中首先奋起抵抗侵略的中国，竟有这等待遇，殊足痛心。

对于英国将中国与美苏相区别，而与其他未参战国相混同的做法，蒋介石很气愤，他认为："此乃英国对华有意之侮辱，将置我国于联合国四强之外，其后必将有此等恶剧继续演进，余令外交部对英使提出严重抗议"。② 在当月的反省录中，蒋再次提及此事，他虽也考虑到可能中国的密码编制在英美看来尚未精密，故不许中国发密码，但仍认为英国"其用心侮辱有意欺凌，则不可恕也"。③

5月5日，蒋介石致电丘吉尔，保证中国政府与伦敦大使馆之间的文电绝不涉及任何军事消息，有关军事情报将另经由英国在华人员的渠道向英方转达。因此，希望英方"顾及吾人之立场，而对此事重加考虑，中国人民雅不欲贵我两国间重要外交及经济关系因此种限制而阻其发展也"。然而，英方仍然加以拒绝，丘吉尔回电称："吾人之困难在于接受阁下之建议后，则其他政府必致获悉援例要求，势难拒绝。其中若干政府之口头保证，吾人又难同样信任。"④

---

① 《宋子文致蒋介石电》（1944年4月18日），秦孝仪主编《中华民国重要史料初编——对日抗战时期 第三编 战时外交》（1），第91页。
② 《蒋介石日记》，1944年4月18日。
③ 《蒋介石日记》，1944年4月30日本月反省录。
④ 《外交部关于英国政府限制我国驻英外交代表通讯权交涉情形致蒋介石电》（1944年4—5月），二档馆：761/140。

对于英国不愿中国成为四强的原因，蒋介石曾有所分析。蒋介石1943年3月的一篇日记，列举了英国此一态度的诸方面因素，认为英国担心中美一体削弱其地位是主要原因："英国始终不愿我国参加四强之内，其原因乃为我与美国一致，使美国在会议时占多数而英不能控制会议，此其主因。"① 英印政府内部拟定的一份有关预测中国战后在亚洲地位的极机密文件，则更准确地道出了原因何在。这份文件指出，战时国民政府提升中国国际地位的努力，对于英国在印度和东南亚殖民统治而言是一极大挑战；战时中国对于英国在亚洲殖民统治可能带来的威胁，事实上并不亚于日本军国主义对于远东地区以及希特勒对于欧洲所带来的威胁。② 有如此思维，英国对中国成为大国持抵触态度就不足为怪了。

二　国民政府对中英关系的发展持谨慎态度

美英对中国所表现出来的扶助与抑制的不同态度，国民政府冷暖自知，点滴在心。因此，在国民政府领导人的心中，同是盟国的美英具有完全不同的形象。抗战后期，中美在若干问题上也时有摩擦，蒋介石时常在日记中发泄对美国对华政策的不满，但一旦与英国相比较，美国又会显得友好得多。如1942年9月时，史迪威与蒋介石之间的矛盾已经很尖锐，蒋对美国轻视中国的政策已有严厉批评，但在批评美国政策后又笔锋一转："国际道德至今可谓丧失殆尽，殊为人类正义寒心也……然而，美国对华之传统政策固为扶持与解放，而非英国自利与压迫剥削为主者可比，万不可以其一时之态度而变更我基本政策也。"③ 此类比较，此类贬英扬美的叙述，在蒋介石日记中不时可见。

基于以上这种基本判断，国民政府的外交显示出明显的疏英亲美趋向。例如，在是否与英美缔结双边同盟条约的问题上，国民政府便表现出两种完全不同的态度。1942年6月，英苏同盟条约订立后，英方通过一些途径提出了中英同盟的问题。但蒋介石对此有高度疑虑，认为英国提出中英同盟问题有多方面的自私目的："英国引诱我与之同盟者，其目的在要

---

① 《蒋介石日记》，1943年3月31日本月反省录。
② 转引自林孝庭《二战时期中英关系再探讨：以南亚问题为中心》，《近代史研究》2005年第4期。
③ 《蒋介石日记》，1942年9月12日。

求我保持其印度缅甸之地位,且使印度嫁怨于我也,此为其惟一之阴谋;其次,希望我战后仍承认其在南洋之权利;而与我取消不平等条约作交换条件乃又其次也。"蒋介石觉得"此时中英同盟有害无利",因此决定以美国为盾牌来抵挡,"应以美国不参加国际性之集团或盟约时则中国亦不便参加之意婉词以拒之为宜"。①

1942年7月,罗斯福特使居里访华。居里称其奉罗斯福总统之命来促进中英关系的改善,他坦率地对蒋表示,因种种关系,美国的政策会受到英国的影响,希望中国对此应加以注意,并表示"目前英国正努力求增善与中国之关系,故本人为中国将来之利益计,竭诚希望中国能接纳英国之善意"。② 居里并以表达个人意见之名试图推动中英同盟。对此,蒋介石向居里声明:"中国决不参加美国不愿签字之任何国际协定,惟美国参加之协定,中国始愿意为签字国。"蒋并表示,中国参加26国宣言,只是追随美国的领导,如美国不是该宣言的签字国,则中国亦决不会参加。中国得以为四强之一,实由美总统促成,"英、苏两国并未作任何臂助"。蒋并称:"就历史言,中国对苏、对英关系皆未见十分融洽,就我国人心理推测,恐对英、苏诚意抱怀疑态度者,十居其九。"③ 在9月30日的日记中,蒋再次表示要注意研究"中英同盟问题对于印度与日本问题受拘束之利害关系"。

在拒绝与英结盟的同时,蒋介石在试探中美结盟的可能性。1942年10月,美国共和党领袖、曾为1940年共和党总统候选人的威尔基访华。蒋介石事先确定了如下谈话要旨:"甲、美国之孤立政策及其传统观念能否改变……丙、中美如无特别合作或同盟关系,太平洋与世界即失其永久和平之保障,实为中美政治家共同之责任。"④ 10月5日,蒋在与威尔基的谈话中一再强调:"瞻望未来,太平洋上之永久和平,将待中、美两国完成其最密切之合作而奠定其基础。"未来世界秩序的基本问题"实为中、美两国是否能紧密合作,以形成全世界之安定势力"。蒋介石提议中美缔结同

---

① 《蒋介石日记》,1942年7月22日。
② 《蒋介石与居里谈话记录》(1942年8月3日),秦孝仪主编《中华民国重要史料初编——对日抗战时期 第三编 战时外交》(1),第680页。
③ 《蒋介石与居里谈话记录》(1942年8月4日),秦孝仪主编《中华民国重要史料初编——对日抗战时期 第三编 战时外交》(1),第699页。
④ 《蒋介石日记》,1942年10月4日。

盟或形成类似同盟的结合，并称中美结盟"不独可以决定我同胞之能否获得自由，亦足决定人类其他民族未来之祸福"。威尔基表示，中美同盟之事并非绝对不可能，但要让参议院通过此案，自多困难。①

此时，在中国社会上也有主张发展中英关系建立中英同盟的舆论要求。尽管中英之间矛盾重重，但对真相的了解仍限制在决策层内，在对外宣传方面国民政府采取了比较克制的态度，尽可能不使中英关系的不良方面为外界所了解。因此，在社会上，仍有不少人把英国视为友好的盟国，期待与英国发展进一步的合作关系。1942年11月，英国国会代表团访华。该代表团成员并非英国政坛的顶级人物，其使命可以说基本上是一项为缓和中英关系而采取的友好公关举动。代表团在华一月有余，利用一切机会表明英国正在全力与德国法西斯艰苦奋战，肯定中国军民抗击日本的斗争，并表达愿意加强中英关系发展的良好愿望。英国国会代表团的中国之行，受到了各地方的热情接待，并在一定程度上营造了中英友好的气氛。报刊上也出现了建立中英同盟的呼声，如《大公报》即发表社评，主张中英两国应建立战时同盟及战后互助关系，指出英苏两国在二十六国联合宣言之外，另订了战时同盟及战后互助20年有效的条约，中英也当如此。

然而，对于社会上的这一动向，蒋介石颇不以为然，早在英国代表团未到之时，蒋便对其有所批评。代表团原计划10月下旬抵达重庆，后推迟了行程。这一推迟引起了蒋介石的怀疑，认为英方是担心其在废约谈判中的保留态度会遭到参政会质疑而有意推迟。蒋在日记中写道："英国议员团本言早到重庆参观参政会，而今在中途延搁不能在会期赶到，是其废除不平等条约之不能彻底，其心多有暗鬼，恐为参政会之质问，此种贼胆心虚疑惧自私之心理，为英国人所独具也，可鄙之至。"②对于社会上的积极反应，蒋认为有些热情过头了，"英国会访华团在渝半月，在陕西四日，参观我前后方情形，各方招待似太热烈，社会人士且有中英同盟之呼声，此乃国人常识不足之表示"。③

尽管对社会上过于热情的表现持批评态度，并贬之为常识不足，但蒋

---

① 《蒋介石与威尔基谈话记录》（1942年10月5日），秦孝仪主编《中华民国重要史料初编——对日抗战时期 第三编 战时外交》（1），第760—767页。

② 《蒋介石日记》，1942年10月28日。

③ 《蒋介石日记》，1942年11月30日本月反省录。

介石显然也不愿将中英之间的真实状况公之于众，以免影响中英关系的发展。蒋介石明白，英国代表团访华毕竟是英方主动做出的友好姿态，不应拒绝，"该团来意，全为联络两国感情以补救其政府过去对华之不良态度而已"。无论过去中英之间有何芥蒂，英国议员团此次来访，毕竟是"英国议会空前重大之举，而其重视我国在东方将来之地位，邱吉尔等已有悔悟之表示则可断言，从此对英当可放宽一步矣"。因此，对于社会上的过分热情，蒋表示："然余亦不愿纠正，免着痕迹"。① 在公开场合，蒋也对英国代表团做出善意的回应。

但蒋介石坚持不与英国结盟的观点并未改变。蒋在 11 月 16 日的日记中表示"中美应与朝鲜及亚洲各弱小国家联盟"。他认为："一、英国对干涉西藏政策与态度毫未改变；二、英国欺弱畏强之性质是乃天成，故不可予以抬举，否则反为其轻侮"。

当时，不仅在社会上，在中国外交界中也有主张建立中英同盟关系者，如时任驻英大使的顾维钧便主张可先行与英国结盟，但蒋介石未予接受。据蒋介石日记记载，1942 年 11 月 23 日晚，蒋与顾维钧商谈对英外交事，顾主张树立以中、英、美为核心的外交基础，以建立世界长期和平。他认为，此时苏日尚未宣战，且有勾结之可能，战后英苏亦有可能合作以制华，因此应尽快缔结中英同盟，作为中、英、美三国核心之基础。顾维钧并指出，中美同盟难以期望，难以强使美国改变其外交习惯。但蒋显然未为所动，且对顾如此热心加强与英国的关系有些担心，他提醒顾维钧"毋背我外交根本方针，以解放亚洲被压迫民族，尤以不使印度民众失望为诫也"。②

1943 年 1 月 9 日，蒋介石再次考虑中英同盟的利弊及其对策，列出如下几点："甲、要求美国参加；乙、要求美国允我中英同盟与中美同盟同时或先后成立；丙、预防俄国妒忌；丁、战后不能自由行动；戊、美英防制我战后与德倭之联系。"前两点为应对办法，要把美国拉进来，不愿单独与英国订立同盟，亦有以美国为挡箭牌的意味；后三点为缔结中英同盟需提防之处，既担心此约引起苏联疑忌，又怀疑英提出此约的目的是限制

---

① 《蒋介石日记》，1942 年 11 月 14 日上星期反省录、11 月 30 日本月反省录。
② 《蒋介石日记》，1942 年 11 月 23 日。

战后中国与德国日本发展关系。可见，蒋介石所担心之处比此前考虑的又多了一些。蒋的结论是"故决谢绝"。在中国政府的消极态度之下，中英同盟未有任何进展。

三 中英在西藏问题上的冲突

近代以来，英国在西藏地方苦心经营，常常暗中或公开支持西藏的一些人抵制中央政府。西藏对中央保持着一种若即若离的状态。在太平洋战争爆发后，加强对西藏地方的控制，提上了国民政府的议事日程。在太平洋战争爆发的当月，蒋介石便在日记中写道："对新疆与西藏问题，应乘世界战争期间解决为便。"在1942年3月的大事预定表中，蒋介石列入了西藏问题，表示"西藏问题应速进行统一与解决"。①

1942年7月6日，西藏突然宣布成立"外交局"，并通知国民政府蒙藏委员会驻藏办事处处长孔庆宗："自本日起一切事件请处长向该外交局接洽，勿直接与噶厦提说。"② 西藏地方当局此举无疑是将中央视为外国，对此，国民政府行政院7月31日的院会决议，由蒙藏委员会电告西藏当局，如藏方为处理地方涉外事务需要设置相应机构，应遵守两条："甲、有关国家利益问题，必须秉承中央意旨处理；乙、中央与西藏一切往还接洽方式仍应照旧，不得径向上述外务机构办理。"③ 然而，噶厦主政者自恃有英国的支持，对中央指示置若罔闻。此后，蒙藏委员会驻藏办事处便停止了与西藏当局的接洽，所有中央与西藏间一切接洽，概由蒙藏委员会与西藏驻重庆代表办理。

由蒋介石日记可以得知，处理西藏问题的方案在1942年7月中旬已经确定，蒋在7月18日记曰："经营西藏方案亦已核定"。在该月的反省录中，蒋介石又写道："经营西藏案与整顿军事机构案以及国际问题集团公约，皆能在忙里审核完毕。"④

有关这一经营西藏案的具体内容，目前尚未可知，但从8月下旬蒋介

---

① 《蒋介石日记》，1941年12月29日，1942年3月本月大事预定表。
② 《孔庆宗致蒙藏委员会》（1942年7月6日），中国藏学研究中心合编《元以来西藏地方与中央政府关系档案史料汇编》第7册，中国藏学出版社，1994，第2841页。
③ 《吴忠信致孔庆宗电》（1942年7月21日），《元以来西藏地方与中央政府关系档案史料汇编》第7册，第2844页。
④ 《蒋介石日记》，1942年7月18日上星期反省录、7月30日本月反省录。

石与马步芳兄弟二人的谈话中,可见其在政治、军事、交通上的一些部署。蒋要求二人"合作共济,为国立业,发展柴达木东西交通,在玉树、都兰二区两部多设设置局,全力开通西宁至玉树公路与开设其中间飞机场站"。蒋介石提出"对西藏以政治统制为本,军事为辅",如果用兵,最多西至黑河,东至昌都为止,不可以军事直占拉萨,"只要藏政归中央统治,不受外国牵制足矣。中央之所以必须统制西藏者,其宗旨全在解放藏民痛苦,保障其宗教与生活自由,而不被外国所愚弄与束缚而已"。① 蒋介石意识到,西藏不同于内地,应该采取不同的管理方法:"审核西藏政策,决予以高度自治权,惟外交与国防应统一于中央"。②

青海在蒋介石解决西南及西北边疆的部署中具有重要地位,国民政府增派中央部队进入青海,比较成功地加强了青海地方势力马家军对中央的效忠,使中央对西藏与新疆获得有利的前进基地,蒋介石称"由青入藏之方略,从此得以开始进行,实植经营新疆、西藏之基础耳"。③

国民政府逐渐感到,解决西藏问题,除政治手段外,必须施加一定的军事压力。1942年冬,蒋介石向四川刘文辉部及青海马步芳部发出密令,列举西藏地方当局拒绝开辟国际联络线、擅自设立"外交局"、为难中央驻藏办事处等事实,指责西藏当局"企图分裂国家"。为了坚持抗战,维护统一,要求该两部做好对西藏用兵的准备。④ 1943年4月,因西藏当局停止汉藏驿运,重庆政府命令青海、西康和云南的军队向西藏边界开进,向西藏当局施加军事压力。青海马步芳一部数千人开往青藏边界,但西康和云南的军队并未采取行动。

英国一直将自己视为西藏的庇护者,对西藏问题采取干预政策。在西藏地方当局成立"外交局"、阻止国际援华物资经由西藏运入大后方等事件的背后,均可看到英国的身影。当中央政府准备对西藏当局采取强硬立场时,英国总是对中国政府强调要尊重西藏的自治地位。此时,得知重庆政府调动军队的消息后,英国政府便展开活动,对中国方面施加外交压力。

5月7日,英国大使薛穆造访中国外交部,对中国政府调动军队一事

---

① 《蒋介石日记》,1942年8月28日。
② 《蒋介石日记》,1943年1月14日。
③ 《蒋介石日记》,1942年8月29日上星期反省录。
④ 转引自陈谦平《抗战前后之中英西藏交涉(1935—1947)》,三联书店,2003,第156页。

表示关切。薛穆声称，西藏当局告知英国驻藏代表，说"中国军队"正在集结，"英国政府以为中国政府在中亚细亚有所举动不甚相宜"，希望中国政府能表示并无此事，以便由其转告西藏当局，使其安心。宋子文当即回答说，希望大使能撤回此项询问，"一国之内部队之调遣，实与另一国无关，至于一国之中央与地方接洽事件，无论其友国如何友好，亦无友国代为转达之必要"。宋子文表示，他个人愿意使中英关系日益增强，故希望英方不要再提此事。但薛穆仍辩称，他知道此事甚为微妙，"但西藏与中国其他部分不同，似系自主"。

外交部将此事向蒋介石做了报告，蒋在外交部报告上批曰："西藏为中国领土，我国内政决不受任何国家预问。英国如为希望增进中英友义，则勿可再干涉我西藏之事。如其不提时，则我方亦可不提；如其再提此事，应请其勿遭干预我国内政之嫌，以保全中英友义，并此事决不能向政府报告之意拒之可也。"①

5月12日，蒋介石接见西藏驻重庆办事处主任阿旺坚赞等，指出中央在青海玉树一线调动军队是为了防止日寇勾结西藏的某些势力，并保护修筑中印公路及驿路畅通。蒋介石要求西藏地方遵办五件事：（1）协助修筑中印公路；（2）协助办理驿运；（3）中央政府驻藏办事处商办事情直接与噶厦商量，不经"外交局"；（4）中央人员入藏，凡持有蒙藏委员会护照者，须照例支应乌拉；（5）在印华侨必要时须经西藏内撤。蒋介石表示，如西藏能对此五事遵照办到，并愿对修路、驿运负保护之责，中央军队当不前往，否则，中央只有自派军队完成，"中央绝对尊重西藏宗教，信任西藏政府，爱护西藏同胞。但西藏必须服从中央命令，如发现西藏有勾结日本情事，当视同日本，立派飞机轰炸"。② 蒋介石对西藏的这一严厉态度可说前所未有。

英国大使馆将西藏问题向美方做过通报，但美国政府对英方立场不表支持。5月15日，美国国务院在回复英国大使馆的备忘录中指出："美国政府始终考虑到这一事实：中国政府长久以来一直声明它对西藏的宗主权，中国宪法也把西藏列入中华民国领土范围之内。美国政府从未对中国

---

① 《外交部为英国干涉中国军队调动事呈文及蒋介石批示》（1943年5月10日），《元以来西藏地方与中央政府关系档案史料选编》第7册，第2850—2851页。
② 黄玉生等编著《西藏地方与中央政府关系史》，西藏人民出版社，1995，第262页。

政府的这些举措提出过疑问。美国政府认为，目前对西藏地位问题展开具体讨论不会导致有益的结果。"①

5月20日，丘吉尔在太平洋会议上又提起此事，称"近闻中国有集中队伍，准备进攻西藏之说，使该独立国家大为恐慌，希望中国政府能保证不致有不幸事件发生"。出席会议的宋子文随即表示，未听闻有此项消息，并指出西藏并非所谓独立国家，中英间历次所订条约，皆承认西藏为中国主权所有。②

国民政府一方面通过各种途径直接对英方做出回应，反对英方干涉中国内政；一方面诉诸美国，期望美国来牵制英国，阻止英国有进一步的举动，同时也不乏借此向美国表明中国立场之意，以防止美国对藏政策发生不利于中国的变化。5月22日，蒋介石致电宋子文，指出丘吉尔称西藏为独立国家，"将我领土与主权，完全抹煞，侮辱实甚。不料英国竟有如此言动，殊为联合国共同之羞辱"。蒋介石指示宋子文询问罗斯福对此有如何感想及准备如何应对，并表示"西藏为中国领土，藏事为中国内政，今邱相如此出言，无异于干涉中国内政，是即首先破坏大西洋宪章，中国对此不能视为普通常事，必坚决反对"。③

罗斯福起初对此并未明确表态，只是对宋子文表示，丘吉尔说话"殊不得体"，并"希望千万勿因此酿成意外"。宋本人也担心重庆政府在西藏问题上反应过度，他在5月23日回电表示，希望中央政府对此事持克制态度，使西藏事情妥善解决："关于西藏事，在此危急之时，务恳避免冲突。文观察英方将来对于西藏交涉，必能让步。英国已失数百年之积蓄，故希望战后中国建设获得一部贸易也。且及时开辟公路，如无英方合作，亦恐无益于事。"④

蒋介石担心宋子文轻视此事，当天即电宋子文，要求他"向罗总统严重表示，英国在事实上已首先破坏大西洋宪章。此首先二字，应特注重"。

---

① The Department of State to the British Embassy, May 15, 1943, FRUS, 1943, China, p. 630.
② 《宋子文致蒋介石电》（1943年5月21日），秦孝仪主编《中华民国重要史料初编——对日抗战时期 第三编 战时外交》（3），第233页。
③ 《蒋介石致宋子文电》（1943年5月22日），吴景平、郭岱君编《宋子文驻美时期电报选（1940—1943）》，第191页。
④ 《宋子文致蒋介石电》（1943年5月23日），吴景平、郭岱君编《宋子文驻美时期电报选（1940—1943）》，第191—192页。

5月25日，蒋再电宋子文，指出："关于西藏问题，不能轻忽，应照前电对罗总统严重表示，使其注意。如罗总统有勿因此发生意外之语，则我更应申明立场主权为要。"①

宋子文向罗斯福表示了中方对英方的不满，称中国方面不能接受英方对西藏的任何提议。对此，罗斯福说，他曾问过丘吉尔为什么要提出西藏问题，丘吉尔表示英国并无占领西藏的企图。罗斯福表示，西藏是中国帝制时代的一部分，现在仍是民国的一部分，西藏问题与英国无涉。丘吉尔称，中国政府在西藏无实权。罗表示，中国政府有无实权，与英国有何关系，丘吉尔无以为答。②

在中央政府的强硬姿态面前，西藏地方当局做了一些退让。西藏召开民众大会，做出决议，其要点为：要求西藏地方当局向中央声明，"外交局"非新创机关，但中央如仍继续拒绝接洽，拟让步，另设机关与驻藏办事处往还；中印公路，仍以神意反对测修；有关假道运输，如经玉树一线，道路被破坏时由西藏自修；关于西藏与日本勾结之事，要求西藏地方当局向中央严重申辩，予以澄清；西藏应与中央保持感情，不应与中央西藏办事处断绝关系。③于是，西藏地方当局做出妥协，同意继续经由西藏的驮运，保证货物经过西藏时不受抢掠等。

重庆政府此时对西康尚不能完全控制，西藏问题有鞭长莫及之感。蒋介石认为"西藏问题，内则刘文辉为藏方通谋，外则有英国在其背后操纵"，藏人"反以中央爱护与恩德视为仇恨，其自戕自残之言行诚令人痛苦不知所止"。对此，蒋介石只得决定暂做忍耐，"此时惟有暂时置之，以待补救，只要西康问题解决，道路开通，则英国决不敢张明助藏，则藏事自然解决，故决隐忍一年"。④

蒋介石决定暂且搁置西藏问题的原因之一，还在于不想与英国搞僵，期望英国在反攻缅甸作战上有所作为，"对西藏决定放宽一步，不加虚声

---

① 《蒋介石致宋子文电》（1943年5月23、25日），吴景平、郭岱君编《宋子文驻美时期电报选（1940—1943）》，第192页。
② 《宋子文致蒋介石电》（1943年5月），吴景平、郭岱君编《宋子文驻美时期电报选（1940—1943）》，第194—195页。
③ 《蒙藏委员会致军事委员会电》（1943年6月14日），《元以来西藏地方与中央政府关系档案史料选编》第7册，第2851页。
④ 《蒋介石日记》，1943年7月18日。

威胁，故不派飞机侦察昌都，勿使刺激投英，亦勿刺激英国。此时惟一要旨为使英国无口可籍，而能共同履约，打通滇缅路交通，一切的一切皆应集中于此一点也"。①

而英国方面则丝毫没有停止干预西藏事务的想法。这一时期，在英国政府内部发生了一场是否承认中国对西藏"宗主权"的争论。一些人主张取消承认中国对西藏享有"宗主权"，但另一些人担心取消承认可能会促使"中国提前向西藏发动进攻"，况且在英国几乎不能对付日本人的时候，再与中国人作对，将非常为难和尴尬，也颇为愚蠢。最后，英国内阁于7月7日做出了有条件地承认中国对西藏"宗主权"的决议。该决议要求英国代表在与中国政府讨论西藏问题时要注意两点："（1）他们应该避免使我们做出这样的保证，即不管中国人是否承认西藏的自治而无条件地承认中国对西藏的宗主权。（2）如果需要的话，应该进而提出一个警告，假如中国人试图搅乱西藏的自治，我们将会考虑撤销我们对中国宗主权的承认。"8月5日，艾登向正在伦敦访问的宋子文递交了一份备忘录，该备忘录声明："英国政府一直准备承认中国对西藏的宗主权，但这是以将西藏视为自治区为前提条件的。"② 对于英国的这一举动，蒋介石自是十分反感，他在日记中写道："英国认西藏已自治，其干涉我内政之野心更露。"③

开罗会议上，中英之间曾简短地议及西藏问题。王宠惠在与英国外交大臣艾登会谈时首先转达了蒋介石的意见，指出西藏问题成为中英邦交的"重大障碍"，"西藏本为中国领土之一部分，其与中国之关系，纯属中国内政"，希望英国根本改变其过去对西藏所持政策，以增进中英邦交。艾登辩称，中英此前讨论过这一问题，双方意见相去颇远，"中国前既允许西藏完全自治，则英方之立场自以此为出发点"。王宠惠再次指出："西藏向为中国领土，毫无疑义，英方立场妨害我国主权，实无正当理由。此案迁延甚久，亟宜解决，欲求解决，惟有英方放弃其不合理之政策，否则不免影响两国邦交。"双方在这一问题上无法谈拢，未再深入议论。④

---

① 《蒋介石日记》，1943年7月24日。
② 转引自陈谦平《抗战前后之中英西藏交涉（1935—1947）》，第166—167页。
③ 《蒋介石日记》，1942年8月14日。
④ 《开罗会议日志》（1943年11月），秦孝仪主编《中华民国重要史料初编——对日抗战时期 第三编 战时外交》（3），第534页。

第十二章
中共外交政策的起源与发展

全国抗战时期是中国共产党外交政策形成并走向成熟的时期，八年之中，中共对外政策经历了多次重大转变。全国抗战前期，伴随着国际形势的变化与侵略反侵略两大阵营的明晰，中共从一般地反对帝国主义的政策转变到联合英美的政策上来。全国抗战后期，中共不仅努力争取国际力量牵制国民党的反共活动，还试图在反对国民党专制统治争取民主的斗争中借助于国际压力。中共努力与美国建立半官方的联系并试图争取美国更多的支持。美国方面最初做出了善意的反应。然而，随着美国越来越深地卷入中国内政，卷入国共之争，中共与美国之间的政治分歧终于凸显出来。赫尔利使华后期，中共与美国的关系趋于恶化。

第一节 中共对英美政策的转变

一 从争取英美法到一般地反对帝国主义

全国抗战前期，坚定地依靠苏联是中共外交方针始终不变的内容，如何看待英、美、法，则经历了一个变化与再变化的过程。

卢沟桥事变爆发后，中共便提出了"抗日的外交"这一主张。这一抗日外交包含两大内容：一是坚定地依靠苏联，二是争取英、美、法等国。毛泽东在1937年7月23日《反对日本进攻的方针、方法和前途》中指出，应"立刻和苏联订立军事政治同盟，紧密地联合这个最可靠最有力量最能够帮助中国抗日的国家。争取英、美、法同情我们抗日，在不丧失领土主权的条件下争取他们的援助。战胜日寇主要依靠自己的力量；但外援是不可少的，孤立政策是有利于敌人的"。[①] 8月，在陕北洛川召开的中央政治

[①] 《毛泽东选集》第2卷，人民出版社，1991，第347页。

局扩大会议通过了《抗日救国十大纲领》，其抗日外交纲领是，"在不丧失领土主权的范围内，与一切反对日本侵略主义的国家订立反侵略的同盟，及抗日的军事互助协定。拥护国际和平阵线，反对德日意侵略阵线"。①

中国全国抗战初期，英美对中国援助很少，且继续与日本做生意，向日本输出军事物资。对此，中共持批评态度，但仍然保持争取英美的方针。1938年9—11月，中共中央召开六届六中全会。毛泽东在会上详尽地分析了国际形势，一方面赞扬苏联批评英美，"十五个月来，我们有了国际间广大的舆论声援，苏联和其他民主国家根据国联决议已经给了我们许多帮助，证明了我们不是孤立的。然而我们必须看到国际和平阵线各国有各不相同的情况。资本主义国家，人民助我，政府则取某些程度的中立态度，其资产阶级则利用战争做生意，还在大量输送军火与军火原料给日本。社会主义国家，根本上不同于资本主义国家，在援华问题上已经具体地表现出来"。同时又指出："大家都明白，各民主国家在某种程度上都是援助中国的，主要是其人民的同情中国……现在，由于日寇进攻的深入，又加深了英美法苏对日本的矛盾。英国有可能同日本进行某种程度的妥协，但根本妥协是困难的，至少暂时有困难，这是日本独占政策的结果，东方问题与西方问题在当前具体情况上有某种程度上的区别。日本的深入进攻，进一步加深了日美间的矛盾，苏联与中国的友谊是增长的，中美苏三国有进一步亲近的可能。"② 尽管从阶级观念出发，毛泽东对英美的政府与人民做了区分，但在总体上对英美国家政策还是持有期待的。

1939年春夏，随着国内国民党加强"防共""限共"，国共关系紧张与摩擦加剧，国际上苏联对争取英法失去信心，并担心其采取祸水东引政策，开始对英法发出尖锐批评，中共对英美的态度也发生了转变。此时，有关重庆政府与日本秘密接触的消息以及英美要在中日之间进行"调停"的消息不断传出，中共担心，在英美的默许和支持下，重庆政府要与日本达成妥协。因此，批评国民党的投降主义，批评英美的"东方慕尼黑"阴谋，逐渐成为中共对英美政策的主要内容。

1939年6月，毛泽东在延安高级干部会议上做了关于反投降问题的报

---

① 《中国共产党抗日救国十大纲领》（1937年8月25日），《中共中央文件选集》第11册，第329页。
② 毛泽东：《论新阶段》（1938年10月），《中共中央文件选集》第11册，第567—640页。

告。毛泽东认为，国民党的反共投降活动，是由三大因素造成，其中之一便是"英、美、法的压力"。毛泽东在报告中对英、美、法外交政策提出全面批评，指责这些国家"对于侵略国所进行的侵略战争所取的放任政策"，采取了一种"坐山观虎斗"的阴谋计划：他们开始即鼓励日本进行战争，说什么"三个月就可打败中国"；他们随即让出上海，使战争深入内地去打；他们宁可使香港受包围，让日本占领广州和海南岛；他们大量供给日本以军需品，使日本有可能进行消耗战争；他们又声言援助中国，并且已实行有所援助，借点小款，供给点军需，使中国有可能与日本进行消耗战争，他们常鼓吹"中国必胜"，使中国在消耗战争中增加勇气。毛泽东指出，英、美、法的中心目的"在于消耗战争双方，等到精疲力竭时，他们就以'健全的身体'出来喝令双方停战，使双方都听他们的话"。毛泽东的结论是："鹬蚌相持，渔人得利——这就是英、美、法帝国主义者的现时政策。"①

在抗战爆发两周年之际，中共中央发布对时局宣言，公开指出："虽然我国的抗战获得了世界各国人民各先进人士的同情与援助，但是在帝国主义的反动营垒中却存在着鹬蚌相争渔翁得利的私利主义者，存在着想以中华民族为牺牲而与侵略者妥协的阴谋家，这些分子随时准备重演慕尼黑的罪行，而以中华民族为宰割之对象。此种现象，现时虽尚未表面化，但暗中策动，渐见积极，稍不注意，便有被其牵入圈套之可能。"中国的抗战存在着中途妥协与内部分裂这两大危险，"一则日寇政治诱降的罪恶阴谋，二则中国投降妥协分子之投降与分裂的罪恶活动，三则国际东方慕尼黑的暗中酝酿；三者汇合，便造成今日抗战形势中的两种最大危险"。②

1939年7月，英日签订《有田－克莱琪协定》，在限制租界的抗日活动方面对日本做出妥协。7月29日，中共中央书记处发出关于反对东方慕尼黑阴谋的党内指示。指示判断："根据各方材料（参考30号军政通讯），证明英日谈判英国对日已有了重大的原则的让步。这种让步造成东方慕尼黑的可能的严重局势"。指示要求："我党必须用最大的力量，推动各方共同起来"，在舆论、行动上阻止这一阴谋，要表示全国人民对于英国张伯

---

① 毛泽东：《反投降提纲》（1939年6月10日），《中共中央文件选集》第12册，第94—95页。
② 《中国共产党中央委员会为抗战两周年纪念对时局宣言》（1939年7月7日），《中共中央文件选集》第12册，第141—142页。

伦妥协派向日投降、牺牲中国利益的严重抗议，反对任何形式的东方慕尼黑；要揭破张伯伦政策是拥护日本侵略中国、反对中国抗战的政策，这种政策只会助长世界法西斯侵略国的侵略，促进世界普遍的大战的到来。①

9月1日，欧洲战争爆发。中共中央认为，这场战争的性质是帝国主义战争，是一场帝国主义重新瓜分世界的战争。现在区分法西斯国家和民主国家，已经毫无意义。毛泽东9月1日在对《新华日报》记者的谈话中指出，这是德意帝国主义集团和英法帝国主义集团之间为了争夺对殖民地人民统治权的帝国主义大战。"为了欺骗人民，为了动员舆论，战争的双方都将不顾羞耻地宣称自己是正义的，而称对方是非正义的。其实，这只是一种欺骗。因为，双方的目的都是帝国主义的目的，都是为了争夺对殖民地半殖民地和势力范围的统治权，都是掠夺性的战争。"毛泽东明确指出："目前张伯伦、达拉第正在模仿德意，一步一步地反动化，正在利用战争动员将国家组织法西斯化，将经济组织战争化。总之，两大帝国主义集团正在狂热地准备战争，大屠杀的危险临到千百万人民的头上。"毛泽东还注意到了英美之间的区别，指出在资本主义世界，除了上述两大集团之外，还有第三个集团，这就是以美国为首的包括中美南美许多国家在内的集团，"美国帝国主义想在中立的名义之下，暂时不参加战争的任何一方，以便在将来出台活动，争取资本主义世界的领导地位。美国资产阶级暂时还不准备在国内取消民主政治和平时的经济生活，这一点对于世界的和平运动是有利益的"。②

不久，毛泽东在会见美国记者斯诺（Edgar Snow）时，进一步指出英法与德意之间没什么区别，"张伯伦正在组织世界战线，用以包围苏联、抗日的中国以及德国。他的目的是结束在中国的战争，推翻希特勒，孤立苏联，以便日后组织反苏的运动。张伯伦作为国际反动资本主义的领袖，懂得如果他不这样做，抗日战争就会胜利，德国就能收复它的殖民地，印度就会赢得独立，而张伯伦及其同僚的统治就会垮台"。斯诺似乎不太同意毛泽东的看法，认为张伯伦的胃口恐怕没有那么大，如果可能的话，张

---

① 《中共中央关于反对东方慕尼黑阴谋的指示》（1939年7月29日），《中共中央文件选集》第12册，第150—151页。
② 《关于国际新形势对新华日报记者的谈话》（1939年9月1日），《毛泽东选集》第2卷，第582—583页。

伯伦倒是想争取俄国的友谊,以便打败希特勒,这样做对他来说更合乎逻辑些。毛泽东坚持认为,张伯伦过去和现在都在策划着一条针对苏联的战线。毛泽东还指出,罗斯福想发战争财,他想赢得资本主义世界中的领导地位。毛泽东形象地说:"他要张伯伦做他的秘书,日本做他的一个卫士——他的后卫,希特勒和墨索里尼做他的前卫。但是他对斯大林直摇头,说斯大林对他毫无用处"。

斯诺追问,中国迄今一直呼吁资本主义民主国家支持中国反对日本,在新的形势下,中国过去的外交口号是否已经失效?毛泽东回答说,随着欧洲战争的爆发,世界政治关系发生了深刻变化。德国放弃了它的反苏和反共产国际的政策。所谓的民主国家也开始利用战争来结束民主制度,这些所谓的民主国家成了反苏、反共、反民主、反人民运动的中心,成了殖民地、半殖民地人民运动的敌人。毛泽东甚至指出:"现在英国成了世界反动势力的中心。张伯伦是世界的头号公敌。"因此,"各国共产党的政策必须作相应的改变,因为迄今执行的政策已经不合适了"。"现在,世界革命的口号已变为:反对帝国主义战争;用革命战争击败反革命战争;用革命战争支援人民革命战争;支援殖民地和半殖民地的人民革命战争"。① 中共这一将德、意、日与英、美、法不加区别的认识,明显是受到当时苏联与共产国际政策的影响。

二 从利用矛盾的策略到建立反日统一战线的战略

随着战事的进行,中共意识到,尽管战争是在两大帝国主义集团之间展开,但从策略上说,中国可以利用它们之间的矛盾。毛泽东在 1940 年 7 月指出:"帝国主义国家之间尚有可供革命利用之矛盾,因此,必须利用之。苏联必须利用之,印度必须利用之,中国必须利用之,一切其他国家的无产阶级及被压迫民族必须利用之。"②

1940 年 9 月,德意日订立军事同盟。10 月,英国解除了对滇缅路的三个月的封锁。随着英美援华制日的政策逐渐明确,以及日本南进的意图越来越

---

① 《毛泽东与斯诺谈话记录》(1939 年 9 月 26 日),《毛泽东自述》,人民出版社,2008,第 143—153 页。
② 《战争与革命问题》(1940 年 7 月 13 日),《毛泽东外交文选》,中央文献出版社,1994,第 28—31 页。

明显，中共逐渐意识到，英美不仅不应是中国所反对的对象，相反，它们还应是中国抗战所应借助的力量。中共开始改变将英美法集团与德意集团等同视之的看法，不再反对中国加入英美一边。毛泽东在1940年11月6日致周恩来电中指出："蒋加入英、美集团有利无害，加入德、意、日集团则有害无利，我们再不要强调反对加入英、美集团了……目前不但共产党、中国人民、苏联这三大势力应该团结，而且应与英、美作外交联络，以期制止投降，打击亲日亲德派活动"。① 这一电报显示中共对英美的认识开始转变。

1941年6月22日，德国进攻苏联，苏联卷入战争，成为中共对英美政策转变的重要契机。中共中央在次日下达的党内指示中提出三大任务，其第三项为"在外交上，同英美及其他国家一切反对德意日法西斯统治者的人们联合起来，反对共同的敌人"。② 此后，共产国际调整政策，向各国共产党发出了建立各国民族统一战线及国际反法西斯统一战线的指示。共产国际的政策转变，为中共政策的正式改变奠定了基础。

中共中央政治局于7月13日做出《中央关于凡是反对法西斯德意日者均应联合的指示》，指出："凡属反对法西斯德意日，援助苏联与中国者，都是好的，有益的，正义的。凡属援助德意日、反对苏联与中国者，都是坏的，有害的，非正义的。在此标准下，对于目前英国的对德战争，美国的援苏援华、援英行动及可能的美国反德反日战争，都不是帝国主义性质的，都是正义的，我们均应表示欢迎，均应联合一致，反对共同敌人。对于中国各党派各阶层的态度，亦以此为标准，对于一切抗日反德意与援助苏联者均欢迎之，对亲日亲德意及反苏分子均反对之。"③ 中共中央指出，现在已经进入法西斯与反法西斯两大阵线斗争的新的历史时期，过去关于帝国主义战争，关于世界分为社会主义与帝国主义两大阵营，关于帝国主义阵营中存在着两大集团的种种认识标准，统统取消。

1941年8月，英美首脑签署《大西洋宪章》。中国共产党就此发表声明，对《大西洋宪章》给予了高度评价，认为这是"具有世界历史意义的重大事件，从此开辟了世界历史的新阶段。罗丘宣言及其提议召集莫斯科会议，表示了英美打倒法西斯主义的决心，这种决心是完全有利于苏联，有利于英

---

① 中央档案馆编《皖南事变（资料选辑）》，中共中央党校出版社，1982，第81页。
② 《关于反法西斯的国际统一战线》（1941年6月23日），《毛泽东选集》第3卷，第806页。
③ 《中共中央文件选集》第13册，第164页。

美,有利于中国,有利于世界的"。声明表示:"全中国人民都欢迎英美宣言,欢迎行将在莫斯科召集的英、美、苏三国会议。中国人民相信,这不但是英、美、苏三国人民从法西斯威胁下获得解放的国际基础,而且是全世界人民获得解放的国际基础,而且是我们中国人民获得解放的国际基础。"①

太平洋战争爆发后,中共明确提出了与英美等国建立国际反日统一战线的方针。1941年12月9日,即珍珠港事件爆发的第二天,中共中央公开发布《中国共产党为太平洋战争的宣言》。与1939年欧战爆发时的判断截然不同,宣言确认了此次英美作战的正义性,"这一太平洋战争,是日本法西斯为了侵略美国英国及其他各国而发动的非正义的掠夺的战争,而在美国英国及其他各国起而抵抗的一方面,则是为了保卫独立自由与民主的正义的解放的战争"。宣言认为,世界由此而明确分为两大阵营,"全世界一切国家一切民族划分为举行侵略战争的法西斯阵线与举行解放战争的反法西斯阵线,已经最后地明朗化了"。"中国政府与中国人民应该继续过去五年的光荣战争,坚决站在反法西斯国家方面,动员自己一切力量,为最后打倒日本法西斯而斗争"。中共在宣言中呼吁:"中国与英美及其他抗日诸友邦缔结军事同盟,实行配合作战,同时建立太平洋一切抗日民族的统一战线,坚持抗日战争至完全的胜利。"②

同日,中共中央向党内发出《关于太平洋反日统一战线的指示》,指出:"英美及太平洋各国的抗日战争是正义的解放的战争,英美对日的胜利就是民主与自由的胜利。因此,我全国人员,全体海外侨胞,及南洋各民族在抗日战争中的中心任务,就是建立与开展太平洋各民族反日反法西斯的广泛统一战线。"中共中央认为,中国人民与中国共产党对英美的统一战线有特别重大意义,在英美合作下消灭日寇,是中国民族解放的必要前提,因此"中国共产党应该在各种场合与英美人士作诚恳坦白的通力合作,以增加英美抗战力量,并改进中国抗战状况"。指示主张建立中、英、美及其他太平洋各国的反日军事同盟,要求各有关方面"必须努力开展华南敌占区、海南岛、越南及日本在南洋一切占领区域的抗日游击战争,并应尽可能与各抗日友军及英美等抗日友邦的军事行动协同一致,及取得他

---

① 《中共中央关于最近国际事件的声明》(1941年8月19日),《中共中央文件选集》第13册,第193—195页。
② 《中共中央文件选集》第13册,第248—249页。

们在各方面的赞助。游击队所实施的各种政策应该符合于反日统一战线的要求，应该注意防止并纠正各种'左'的倾向"。①

三 争取美英牵制国民党

太平洋战争爆发前，中共便注意到英美与国民党政府在若干问题上的不同。从对日战争的共同利益考虑，英美期望中国国共双方团结抗日，不希望看到国共之间爆发冲突的局面。因此，在国共关系发生危机之时，中共力图利用英美之力对国民党进行制约。

1941年1月，皖南事变发生，国民党军队围歼新四军军部及所属部队7000余人，出现了爆发大规模内战的危险。周恩来在重庆积极争取国际各方的支持，揭露事件真相，以对蒋介石形成强大压力。苏联对国民党此举明确表示反对态度。苏联外交部对中国驻苏大使邵力子指出，苏联决不做可使敌人快心的事情。请问大使阁下，日本人对此事高兴否？苏方要求邵力子转告国民政府勿做敌人快心之事。苏联驻华外交官也向国民政府要员提出了质问及劝告。

英美对蒋介石发动反共军事行动表示了不满。英国驻华大使卡尔在与周恩来谈话后，便劝告蒋介石停止冲突。英国政府根据卡尔的报告，也致电蒋介石，指出中国的内战将会加强日本的攻击。1月下旬，美国国务院对中国的冲突表示关切，并暂时停止了已订立的对华贷款的实施。蒋介石在日记中写道："新四军问题余波未平，美国受共党宣传蛊惑更甚，其政府心理援华政策几乎动摇。"②

2月14日，周恩来进一步向来华访问的美国总统代表居里提供了国民党制造摩擦的材料。周恩来指出，蒋介石如不改变其反共政策，必将导致中国分裂，使抗战停止，而便于日军南进。居里遂对周恩来表示，美国支持中国统一抗日，如果中国分裂，美国将很难给予援助。此后，居里在会见蒋介石时声明，在国共纠纷未解决前，美国无法大量援华，中美间的经济、财政等问题也不可能有任何进展。③

---

① 《中共中央文件选集》第13册，第251—252页。
② 《蒋介石日记》，1941年2月1日。
③ 《新中华报》1941年3月9日；金冲及主编《周恩来传（1898—1949）》，中央文献出版社，1998，第491页。

在皖南事变引起的内战危机暂时缓和之后，中共中央的一份政治情报分析称："目前国内外的情势，已迫使蒋介石不得不暂时缓和一下这次反共高潮"。该文件列举了四个方面的原因，其第二条便是"国际的压力，不仅英美帝国主义不愿意蒋发动内战，放松抗日，还有苏联援华的力量及态度，也使蒋不能不慎重考虑"。①

太平洋战争爆发后，中共将美英作为国际统一战线的盟友，力图更进一步地争取它们的了解和支持。中共期望美国在中国的国内政治中也发挥某种作用，在一定程度上成为国共冲突的缓冲剂。

1943 年，共产国际宣布解散。利用这一时机，国民党制造反共舆论，宣称共产国际的解散表明了阶级斗争理论的破产，要求中共放弃政权和军队，服从一个政府、一个领袖。重庆政府并频频调动军队，加强对陕甘宁边区的封锁，陕甘宁边区面临着军事进攻的威胁。面对这一严重局面，中共在抓紧做好军事自卫准备的同时，积极展开外交活动，希望利用美、英、苏等国的影响，制止国民党的军事进攻。7 月 9 日，毛泽东在致彭德怀电中指示了应付危机的军事与政治两手，指出："目前此间除作军事准备外，极力进行政治动员，展开宣传战斗，并将此种宣传散播至西安重庆各地及英美苏各国，动员国内外舆论打击蒋之反革命企图。"② 同日，毛泽东会见了塔斯社驻延安记者孙平，希望他将国民党挑动内战的企图报告苏联领导人，请求他们出面干预。同时，中共中央指示驻重庆的代表团，将国民党军队准备进攻延安的消息向外界公开传播，特别要通告美英驻华官员。为防止国民党政府进行新闻封锁，此后中共中央又指示重庆代表团立即将有关材料直接送达美英驻重庆大使馆。

美、英、苏舆论界首先对此做出了反应，在报道这一消息之时，对重庆政府提出了强烈的批评。此时，苏联与重庆政府关系比较冷淡，故苏联政府未直接向重庆政府表示态度，但苏联驻华官员与美国驻华官员频繁接触，表示了不满，指出国民党企图以武力消灭共产党，是犯了一个严重的错误。美国也意识到了事态的严重性，担心中国的内战将会很快影响对日

---

① 《中央一九四三年三月政治情报》（1943 年 3 月 22 日），中国人民解放军政治学院党史教研室编《中共党史参考资料》第 8 册，编者印行，1979，第 488—489 页。
② 《关于对付国民党发动第三次反共高潮的军事准备问题的指示》（1943 年 7 月 9 日），《中共中央文件选集》第 14 册，第 73 页。

作战的大局。美国对重庆政府提出了警告。美国陆军参谋长马歇尔、国务院顾问亨贝克先后向正在访美的宋子文明确表示，如果中国内部爆发一场武装冲突，将给盟国的地位带来不良影响，希望中国避免内战。在重庆的美国外交官也向国民党当局表示："形成一个强大的统一的中国是美国对远东的一项基本政策，因此，我们非常关注中国人民之间存在的足以妨碍建立和维护强大而统一的中国的任何严重分歧"，美国认为这种分歧削弱了中国的战争努力。①

在各方的压力之下，国民党停止了以武力压迫中共的做法。对于各国在阻止国民党军事进攻计划方面的作用，中共给予了肯定。8月13日，毛泽东在致各中央局、中央分局的电中指出，国民党进攻边区的计划"因我们的揭穿、有准备、及外国人的干涉而暂时停止"。②

除了利用国际力量预防和制止可能发生的军事冲突外，在反对国民党专制统治、争取民主的斗争中，中国共产党也注意争取美英的支持。周恩来、林彪在1942年11月20日前后与美国驻华使馆参赞范宣德的谈话中便表示，外国对国民党的影响，是有可能改善目前中国局势的唯一力量。他们认为，外国对中国内部事务的建议要成功地产生影响确实颇有困难，但反映出外国官方或民众的明智意见，对于国民党领导层内一些更具远见的人物，对于蒋介石，还是会产生某些影响的。周恩来等并提议，美国在与国民政府来往时，在对中国的宣传中，要强调世界冲突的政治性质，强调这是一场民主反对法西斯主义的战争，经常重申美国希望看到民主在中国的真正进展，向国民党暗示美国对中国局势的了解和关注。

周恩来等还建议，美国应以某种形式承认中国共产党领导的军队是反法西斯战争的参加者。美国可以干涉到底，使国民党中止封锁，使国民政府对第十八集团军予以供应。他们并希望订立一个规定，使中共领导的军队得到一定比例的美国援华物资。③

要求美国加强对其援华物资的监督，以阻止国民党政府将这些资源用

---

① The Charge in China to the Secretary of State, Sept. 12, 1943, *FRUS*, *1943*, *China*, pp. 334 – 335.

② 《对击退国民党第三次反共高潮后形势的分析和关于党的政策的指示》（1943年8月13日），《中共中央文件选集》第14册，第87页。

③ Memorandum by the Third Secretary of Embassy in China, Jan. 23, 1943, *FRUS*, *1943*, *China*, p. 197.

于对付共产党,同时要求美国向中共军队也提供一定数量援助,也是中共对美活动的一项重要内容。1942年5月,周恩来委托斯诺将介绍中共军队抗战业绩的资料及一封信转交居里,希望盟国能将援华物资的一部分合理地分配给中共军队,这样,中共军队便能够更为有效地打击日本人。① 8月,居里访华期间,周恩来派人向美国驻华使馆二等秘书戴维斯(John Davies)送交了两封信件,请其转交居里。中共在信中提出,希望美国政府采取措施,以保证租借物资按照美国援助的目的使用。中共表示担心,除非美国政府在坚持坚定和经常的监督,否则这些租借物资将被贮藏起来,用于战后维持国民党统治集团的地位。②

1943年1月19日,周恩来会见了前来拜访的美国驻华使馆二秘庄莱德(E. F. Drumright)。周恩来向庄莱德通报说,中国共产党的军队在过去三年半的时间里没有从国民政府那里得到任何军事的或财政的援助。在中共军队与国民政府军队之间仍时有军事冲突发生。卫立煌将军由于被认为对中国共产党人过于友好,对抗击日本军队过于积极,这不符合在重庆的最高司令部的愿望,于是被解除了指挥权。③

联合英美,不只是一个政策变化,它还需要进行新的理论阐述。这一时期,中共开展了一场大规模的学习运动,以求提高全党尤其是党的高级干部的理论素养。在这一注重理论指导的背景下,中共中央所采行的联合英美的政策,还面临着一个向党内中下层进行新的理论解释的问题。在中共以往的理论中,民族资产阶级具有两重性,是可以团结的对象,而大资产阶级则是没有革命性的,如毛泽东在《中国革命和中国共产党》中便曾指出,大资产阶级在中国历史上从来没有革命性,"带买办性的大资产阶级,是直接为帝国主义国家的资本家服务并为他们所豢养的阶级……在中国革命史上,带买办性的大资产阶级历来不是中国革命的动力,而是中国革命的对象"。④ 于是,有人提出,中共现在要联合的英美大资产阶级是否

---

① 中共中央文献研究室编《周恩来年谱(1898—1949)》,中央文献出版社、人民出版社,1989,第532页。
② Memorandum by the Second Secretary of Embassy in China to Mr. Lauchlin Currie, Aug. 6, 1942, *FRUS, 1942, China*, p. 227.
③ Memorandum of Conversation, by the Second Secretary of Embassy in China, Jan. 20, *FRUS, 1943, China*, pp. 192-193.
④ 《中国革命和中国共产党》(1939年12月),《毛泽东选集》第2卷,第639页。

有革命性呢？如果没有革命性，"则没有联合或保持这种联合的可能与必要了"。学习运动中，这一问题引起了争论，双方各执一词，难以得出结论。为此，无法在理论上向党员做出权威解释的晋察冀分局致电中共中央，请求指示，并表明之所以如此专电请示，是因为这样的认识问题"是属于全国性的问题"。①

中共中央宣传部在致晋察冀分局的复电中，避免使用大资产阶级的概念，对英美资产阶级进行了分析，指出："反法西斯的美英资产阶级，在其反法西斯一点上均有革命性，以苏美英联盟为基础的世界反法西斯统一战线，乃是今日世界的基本革命战线，这是一九四一年以后，世界的决定变化。"该电并具体指出，美英资产阶级内部是分为许多派别的，各派别的性质各不相同，其亲德日的派别是反动的；其联苏而又反苏、反法西斯而又反民主的派别是革命性较小的；"而如美国的罗斯福、华莱士一派，则比较着重于联苏与民主，其革命性亦较大。故美国无产阶级亦积极支持之，以共同反对法西斯与国内的孤立派、顽固派"。

也许是担心出现过于拘泥于理论公式的倾向，该电进一步指出，在今天的中国与世界，阶级力量的分合变化极其复杂，有时并极其迅速而巨大，"套用战略策略的简单公式已往往不能解决问题"，但是，以人民群众（工、农、小资产阶级）为基础，根据各阶级对革命的具体态度，利用矛盾，争取多数，反对少数，对最反动分子各个击破的总方针则决不会错。②

第二节　美军观察组派驻延安

一　中共积极争取美国派出观察组

全国抗战前期，中国军民奋勇抵抗强敌的坚韧斗志和国民政府在一定程度上的政治开放，为国民政府及蒋介石本人在美国塑造了一个近似神话的英勇和开明的形象。在美国很有影响的《时代》杂志把蒋介石夫妇选为

---

① 《晋察冀分局关于大资产阶级有无革命性问题的请示》（1944年6月20日），《中共中央文件选集》第14册，第277—278页。
② 《中央宣传部致晋察冀分局电》（1944年7月13日），《中共中央文件选集》第14册，第275—276页。

"1937年伉俪"。但随着美国越来越深入地进入中国,他们逐渐了解到真相,过去的神话逐渐被打破。

近距离观察中国的美国驻华外交官最先意识到中国的现实,他们在对国民党和共产党的观察与评价方面提出了与以往不同的认识。其中,美国驻华使馆二秘戴维斯和三秘谢伟思(John Service)的观察最为仔细,也颇为深入。在1943年1月的一份备忘录中,谢伟思对国民党的专制、反共并危及抗日统一战线表示了失望。他认为,只要目前的趋势继续下去,只要目前的国民党文武领导层继续当权,对于统一战线的恢复,就不可能持任何乐观态度。在国民党统治下的中国,反对共产主义已越来越成为宣传、对军人和民众的政治思想灌输、秘密警察和宪兵活动的首要任务。国民党不仅对范围越划越大的"共产主义"的东西进行严厉镇压,而且已有舍弃政府的民主外壳的迹象。很大一部分训练有素装备精良的国民党军队被从对日作战前线调往封锁共产党的地区,而共产党军队被迫保持大部分兵力用于防备来自国民党的威胁。在南方一些地方,零星冲突已经持续了两年多,"这些冲突似乎都是由国民党军队发动的"。

在批评国民党的同时,谢伟思对中共军队表示赞许。他认为,美国不应忽视共产党军队对于战争的积极的军事价值。中共军队控制着通往内蒙古、东北和日军在华北各基地的地区,他们所处地位的战略重要性会因俄国加入对日作战而大大加强。根据最近的报告,山西在进行着艰苦的战斗,这表明共产党仍是一支强大的力量,迫使日本对其进行定期的"扫荡","山西的活跃与日军在那里的困难处境,与国民党和日本对峙的大部分地区相安无事形成了对照"。谢伟思还认为,一旦日本战败,中共将稳据华北大部分地区,并在进入日军撤退后所形成的真空地带时占有最有利的位置。再加上中共获得大批自由派知识分子的同情和俄国的支持,战后国民党要战胜共产党是不可能的。因此,美国不应忽视共产党的存在而片面支持国民党。谢伟思建议美国应该做出努力,阻止中国内部政治局势的恶化,并尽可能使其得到改善。①

戴维斯在1943年6月24日的备忘录中指出,美国对国民政府的支持

---

① Memorandum by the Third Secretary of Embassy in China, Jan. 23, 1943, *FRUS*, *1943*, *China*, pp. 194–195.

将可能使自己陷于与苏联的对抗。他认为，国民政府与中国共产党人之间的互不相容最终可能发展为一场内战。如果内战爆发，苏联很可能支持共产党一方，美国将发现自己处于与苏联对抗的地位。

戴维斯批评国民党歪曲了孙中山的政治理论。根据孙中山的理论，中国尚未做好民主的准备，必须经过一段训政时期。训政由中国国民党来实施。国民党把它变成了安插党员做官的机制，而不是准备让民众参加政府，"官职均为委派而不是选举产生。裙带关系和任人唯亲成为时尚，贪污受贿普遍盛行"。"一般国民党政府官员普遍缺少社会觉悟，得不到公众信任并缺乏责任感。这一点最近在河南省今春发生饥荒时政府对待该省灾民的态度上暴露无遗"。

对于中国共产党所实行的若干政策，戴维斯表示赞赏和肯定，他甚至认为，中国共产党并不是正统的共产主义者，"最近访问过共产党地区的外国观察家（包括美国人在内）都认为，共产党政权的当前政策与正统的共产主义相去甚远；它为政诚实清廉；已经实行了普遍选举；个人的经济自由相对而言未受限制，这一政权看来得到群众的大力支持，与其说它是共产主义的政权不如说它是农业民主的政权更为准确"。①

为了打破国民党对敌后根据地在军事、经济、对外交往及新闻报道各方面的封锁，也为了争取美国政府的同情，对国民党可能发动的反共行动有所遏制，中国共产党多次提出请美国政府派遣军事观察员到敌后根据地的建议。1942年5月，周恩来向随美国军事代表团来到重庆的美国记者斯诺表示，希望美国军事代表团和美国记者到延安参观访问。②

1942年8月，周恩来在致居里信中表示，中国共产党欢迎美国政府派遣代表访问共产党控制地区。美国有理由要求蒋介石同意这样的考察，因为考虑到日本进攻西伯利亚的可能性，美国政府需要掌握有关边区和共产党军队情况的第一手材料。中共并提出，美国陆军军官是最合适被派遣的官员。③

---

① Memorandum by the Second Secretary of Embassy in China, Jun. 24, 1943, *FRUS*, *1943*, *China*, pp. 260–261.
② 《周恩来年谱（1898—1949）》，第532页。
③ Memorandum by the Second Secretary of Embassy in China to Mr. Lauchlin Currie, Aug. 6, 1942, *FRUS*, *1942*, *China*, pp. 226–228.

1943年1月19日，周恩来会见美国驻华使馆二秘庄莱德时，向其发出访问延安的邀请，表示如果庄莱德愿意去陕北特区访问，并能获得重庆当局的同意，他将很高兴地为庄莱德去延安做出安排。庄莱德表示："如果那是可能的，我对去延安旅行会很感兴趣。"①

中共邀请美国派遣官方代表去延安的提议，得到了美国驻华外交官的支持。他们虽然获得了大量有关敌后根据地的资料，对中共有了一些初步的认识，但很想到共产党领导的敌后根据地去亲眼看一看，实地了解那里的实际情况。1943年1月，谢伟思提出，应派出美国代表访问共产党区域。这种访问将使美国获得很大好处，它可以为美国提供有关中共方面的全面可靠的情报。谢伟思表示，美国很想知道下列有关问题的答案：共产党人如何忠诚地履行他们对统一战线的诺言？他们的地方政府是什么形式？它"共产主义化"到了什么程度？它有否显示出一些民主的性质或可能性？它赢得人民的支持了吗？它与国民党政府的状况相比如何？与国民党统治地区相比较，共产党人在诸如征税、征粮、兵役和征用劳力等方面是如何对待人民的？共产党的军事和经济实力如何？它对盟国事业可能有何价值？他们是如何处理通货膨胀、价格管制、为继续抗战发展经济资源以及与敌方贸易等问题的？那些游击区的人民是否已经动员起来达到支持真正的游击战争所必须的程度？

谢伟思认为，没有这方面的第一手知识，很难对互相矛盾的报道进行评估，做出深思熟虑的判断。由于国民党的封锁，目前得不到有关共产党区域情况的消息。我们现在已有的消息也是过时了好几年的，其范围和可靠性也受到限制。谢伟思提出，最适合访问共产党区域的是会讲中文的外交官员，可以派一两个人去，他们应当既能长住延安或其周围地区，又能常去各游击区旅行。要紧的是不必要求他们根据短期的访问提出报告，那样他们会受官方向导的影响，而是要让他们有足够的时间熟悉情况，做到每日亲自观察。②

1943年2月，美国国务院远东司的一份备忘录也考虑了派员访问共

---

① Memorandum of Conversation, by the Second Secretary of Embassy in China, Jan. 20, *FRUS*, *1943*, *China*, pp. 192 – 193.

② Memorandum by the Third Secretary of Embassy in China, Jan. 23, 1943, *FRUS*, *1943*, *China*, p. 198.

产党控制区的问题。备忘录认为，目前这种局势，"不仅在目前的战争努力中而且在未来战后的重建努力中都将严重影响美国的利益"。因此，美国需要对这种形势加以认真研究，并考虑采取适当的行动。可能采取的行动之一是派遣美国官员访问共产党控制区。备忘录认为，此举可以使美国获取双重利益，既可以向中国人表明美国对整个问题的关切，又可以使美国得到各个方面更多的情报。但备忘录也意识到："中国政府将对我们在没有获得其同意的情况下派遣代表前往共产党地区抱有反感。而在目前情况下，中国政府是否欢迎我们提出这样的要求是很值得怀疑的。"[1]

1943年3月，在得知美国有派遣官方人员访问共产党控制区的想法后，周恩来又向戴维斯表示，欢迎美国政府派一批军官作为观察员到陕西等敌后根据地去。戴维斯支持向共产党控制区派遣美国人员，并提出了既派遣外交官员又派遣军官的想法。他在1943年6月提出："鉴于目前中国走向内战的趋势中所包含的对美国的危险，又鉴于我国完全缺乏来自中国共产党地区的有关政治军事的官方情报，我建议在中国共产党地区设立总领事馆，并向该地区派出军事观察团……任何对中央政府及中国共产党人采取更为积极的政策的决定，似应等待并基于政治及军事观察员的情报而做出。"

戴维斯认为，美国目前奉行的完全不干预中国内政的政策过于消极，应采取更为积极主动的政策。"我们承受不了我国目前这种对中国放手不管的政策的风险，这是一种听天由命的消极政策。我们需要一种更为积极的政策，一种在更大程度上掌握我们在亚洲的命运的政策。"但是，在美国能够制定出这一积极政策之前，在能准确地分析出美国在国共分裂的局面中所面临的危险之前，"我们必须在共产党地区有自己的官方情报来源。有关政策的最后决定有待于这种情报"。现在，美国全靠非官方的旅行者提供有关中国共产党人的情报，这些毕竟不是官方那样有保证的情报。如果中国共产党方面出现倒向苏联的情况，我们需要有及时准确的情报。而这种情报只能来自训练有素的身在中国共产党地区的美国政治观察员。戴

---

[1] Memorandum Prepared in the Division of Far Eastern Affairs, Feb. 11, 1943, *FRUS*, *1943*, *Chin*, pp. 207-208.

维斯提出，我们不仅需要来自共产党区域的政治情报，也需要军事情报，以对八路军和游击队力量做出正确估计，了解他们目前在抗击日军方面的潜力以及将来反抗中央政府的潜力。因此，"似应要求中央政府准许我们向共产党地区派出一个军事观察团"。

戴维斯也估计到，蒋介石可能不会对向共产党"首都"延安派遣政治观察员或开设总领事馆的要求表示热心。但是如果美国基于为了获得在华北日军占领区的美国人的消息以及为他们做可做之事而提出要求，并坚持这一要求，蒋介石是有可能同意的。戴维斯认为，在这个问题上美国有施加压力的能力："我们对蒋介石讨价还价的地位比我们看来愿意承认的要强得多。他要抛开我们，就不得不冒给他本人和他的大部分主要支持者带来灾难性后果的危险。而另一方面，没有他的帮助，我们也能达到当前在亚洲的目标——打败日本。"他还建议，提出派员访问共产党地区的最有效方式是由华盛顿的最高层向中国外交部部长提出，由美国在重庆的代表提出这一要求没有由华盛顿出面那样大的分量。①

1944年1月，戴维斯再次建议，应尽快与中共建立联系，"我们需要在还能受到欢迎之际，立即派遣一个军事的政治的观察团到中国共产党地区去搜集敌情，帮助并准备从该区发动某种有限度的作战，获取关于共军实力的精确估计，在设若俄国人攻击日本的时候，报告俄方在华北和满洲的作战情况，和估量华北和满洲发展成为一个分立的中国人的国家或甚至成为俄国卫星国的可能性"。②

考虑到中国共产党已经成为中国政治舞台上一支举足轻重的力量，敌后的中共军队在计划中的美军登陆作战中具有重要的军事价值，美国政府接受了驻华官员的建议，由华盛顿最高层向重庆提出要求。1944年2月，罗斯福致电蒋介石，提出为搜集华北和东北的日军情报，以为今后在这些地区的作战做准备，要求蒋允许"立即派遣一美国观察团至陕北、至山西，以及至华北其他必要之地区"。③该电虽未明说去共产党区域，但这些

---

① Memorandum by the Second Secretary of Embassy in China, Jun. 24, 1943, FRUS, 1943, China, pp. 265 - 266.
② 《戴维斯备忘录》（1944年1月15日），《中美关系资料汇编》第1辑，第587页。戴维斯的这一报告被转呈给了罗斯福总统。
③ 《罗斯福致蒋介石电》（1944年2月10日），秦孝仪主编《中华民国重要史料初编——对日抗战时期 第三编 战时外交》（1），第163页。

区域很大一部分是在共产党控制下的。蒋介石对此心知肚明，未予明确反对，而采取了敷衍方针，蒋回电称："对于阁下计划派遣美军事视察团，搜集有关敌军在华北与满洲集中正确情报一节，甚愿尽量协助进行，并已饬知军政部与史将军总部拟定此一视察团前往中央政府政治力量所及以及敝国军队驻扎各处。"① 所谓中央政府力量所及地区，自是不包括共产党控制区的。

蒋介石既不明说，罗斯福便顺水推舟。他于 3 月 1 日复电蒋介石称："你在 2 月 22 日的信中表示，已经采取措施协助我们实施派遣美国观察员进入华北，获取有关日军在华北和东北大规模集结的准确情报的计划，我对此表示感谢。华北和东北地区应是日本重要军事情报的最好来源。因此，我们拟于不久的将来派出观察组。"②

中共问题是抗战后期蒋介石的一块心病，中共的发展壮大引起蒋的极大不安。蒋极为关注美国对中共的态度，美国试图与中共发生关系的任何举动，都会引起蒋的猜忌。美国希望向中共控制地区派遣观察员的举动，被蒋视为美国将与中共调整关系的信号，并认为美国将会以此牵制国民政府。蒋认为："美国必期派员视察延安，实则联络共党，以为牵制我中央政府之计也，其心用甚险，余惟以照理力拒而已。"③ 这样的用词，在此前的日记中是不多见的。

由于重庆政府的敷衍，派出观察组之事迟迟没有进展。大约与此同时，1944 年 2 月 16 日，驻华外国记者联盟上书蒋介石，要求其允许外国记者到陕北共产党控制区访问。在各方压力之下，重庆政府终于有限度地解除了对中共根据地的新闻封锁，批准外国记者组团访问延安的申请。但是，为了便于控制，重庆政府将原定的外国记者团安排中国记者加入，并由国民党官员带队。

6 月 9 日，由 6 名外国记者、15 名中国记者组成的"中外记者西北参观团"访问延安。这是中共根据地与外部记者的第一次大规模接触，中共

---

① 《蒋介石致罗斯福电》（1944 年 2 月 22 日），秦孝仪主编《中华民国重要史料初编——对日抗战时期 第三编 战时外交》(1)，第 163—164 页。

② President Roosevelt to Generalissimo Chiang Kai-shek, Mar. 1, 1944, *FRUS, 1944*, vol. 6, p. 367.

③ 《蒋介石日记》，1944 年 3 月 24 日。

给予了热情接待，努力向世界展示根据地的真实情况。毛泽东亲自会见中外记者，回答他们提出的问题，并与一些外国记者进行深入的个别交谈，阐述中共的政治主张与外交方针。毛泽东在与美国记者斯坦因（Gunther Stein）谈话时便表示，中共主张中国与美国和苏联都保持友谊的关系，以便使中国在战后能成为美苏之间的一座桥梁。①

记者团不仅访问了陕北，还访问了晋绥根据地及其他地方。他们的访问，打破了长期以来的新闻封锁，向国内外广泛报道了根据地的情况，扩大了根据地的影响。如美国记者福尔曼（Harrison Forman）撰写的《红色中国的报告》、斯坦因撰写的《红色中国的挑战》等报道，便引起了美国民众的广泛兴趣，产生了较大影响。

同月，美国副总统华莱士访华。他向蒋介石一再表示了美国对国共问题的关切，明确提出美国希望派观察组到延安的要求，并最终迫使蒋介石同意了这一要求。由此，美国获得实地观察中共所领导的敌后区域的真实情况，了解中共最高层对于中国问题的看法的机会，中共也获得了直接向美国施加影响的机会。对于美国的这一举动，蒋介石深为不满，他在7月6日日记中叹曰："呜呼，二十年来共匪与俄国合以谋我，已不胜其痛苦，而今复即英美亦与共匪沆瀣一气，是世界帝国主义皆向余一人围攻矣。"②

6月28日，中共重庆代表团的林伯渠和董必武向毛泽东报告了美军军事人员赴延安之事已经确定的消息，并指出："美国之积极要求派人常驻延安与华北，不仅是为了今天轰炸日本的需要，必然还另有目的"；美方要"详细了解我与苏联的关系，现在是否受苏联支持"；"详细了解我们的建设方向，战后是否与美国合作，这是很多美国人心里的问题"。③

二 美军观察组的活动与报告

7月4日，在美军观察组来延安前夕，中共为美国国庆日举行了隆重的庆祝会，中共主要领导人都参加了这一会议。《解放日报》发表了《庆祝美国国庆日——自由民主的伟大斗争节日》，毛泽东亲自提出修改意见。社论肯定了历史上美国对世界自由民主运动的影响，肯定罗斯福总统现行

---

① 《胡乔木回忆毛泽东》，人民出版社，1994，第333页。
② 《蒋介石日记》，1944年7月6日。
③ 《胡乔木回忆毛泽东》，第337页。

的外交路线"符合于全人类利益",表达了中共希望与美国合作的愿望,"我们中国不但在战时要求国际反法西斯的团结,以求得民族的独立,而且在战后也要求国际的和平合作,以推进国家的建设"。社论并强调了中共的政治理念与美国民主的相通之处,指出:"民主的美国已经有了它的同伴,孙中山的事业已经有了它的继承者,这就是中国共产党和其他民主的势力。我们共产党人现在所进行的工作乃是华盛顿、哲佛逊、林肯等早已在美国进行过了的工作,它一定会得到而且已经得到民主的美国的同情。"社论表示"深望罗斯福总统和华莱士副总统的这个外交路线,能够成为美国长期的领导路线"。①

1944年7月22日及8月7日,美军观察组成员分两批先后飞抵延安。观察组具有政治和军事二重性质,其成员除16名军人外,还有2名外交官任政治顾问。已有20年在华经历的中缅印战场情报官包瑞德（David Barrett）上校担任观察组组长。中共对此非常重视,毛泽东亲自修改《解放日报》8月15日社论,将社论标题"欢迎美军观察组"加上"战友们"的字样,改为"欢迎美军观察组的战友们"。社论称赞这些美国人与中国共产党是同一战壕的战友,希望他们的到来能够使美军统帅部对于中共获得真实的了解,并据以决定正确的政策。社论高度评价中外记者团与美军观察组冲破国民党的封锁来到延安的意义,称:"这是关系四万万五千万中国人反抗日寇解放中国的问题,这是关系中国两种主张两条线路谁是谁非的问题,这是关系同盟各国战胜共同敌人建立永久和平的问题。"社论并在相当程度上对美国介入国共之争表示欢迎态度,希望形成对国民党的国际压力,指出国民党人说"国共争论问题是中国的私事",这不过是国民党人在抗日战争中所犯罪过的一块遮羞布。这块脏布应该扔到茅坑里去,现在已是中国人外国人的公论了。社论希望观察组的工作取得成功,使美军统帅部对于中国共产党始终坚持的政策和共产党领导下的敌后抗战力量"获得真实的了解,并据以决定正确的政策"。②

中共很快确立了与美国进行合作的方针。8月18日,中共中央专门发出《关于外交工作的指示》,这是中共历史上第一个专谈外交政策和外交

---

① 《解放日报》1944年7月4日。
② 《解放日报》1944年8月15日。

工作的文件，意义重大。中共中央将此前外国记者及此次美军人员的到来视为中共"外交工作的开始"。该文件把中共将要展开的这种外交称为"半独立的外交"，指出这是因为一方面重庆国民政府还是中国人（包括中共在内）及同盟国所承认的中央政府，许多外交来往还须经过它的承认；另一方面，国民党不愿意中共进行单独外交活动，中共只有冲破国民党种种禁令和约束，才能便于我们外交来往和取得国际直接援助，所以，中共现在的外交是半独立性的。文件还指出："外交工作正是我们工作中最不熟悉的"，"我们党的同志首先是高级领导同志，应该对于这项工作开始予以注意予以学习……如果国际统战政策能够做到成功，则中国革命的胜利，将必增加许多便利，这是可断言的"。

该文件中尤为值得注意的有两点，一是专门指出中美关系的重要性，强调要扩大中美合作的范围。文件指出："就国家言，美苏英与中国关系最大，而在目前美英与中国共同抗日，尤以美为最密……有了军事合作的基础，随后文化合作，随后政治与经济合作就有可能实现……因之我们外交工作中心，应放在扩大我们影响，争取国际合作上面。"二是指出，这种合作不只是战时的军事合作，还可以延续到战后去，进行更广泛的政治性的合作。文件指出："国际统一战线的中心内容，是共同抗日与民主合作，这不仅在抗战中有此需要，即在战后也有此可能。"① 可见，中共对与美国在战时和战后的合作颇怀期望。

该文件还提出了若干具体政策。在军事上，同意盟国的军事人员及其武装力量进入抗日根据地，执行共同抗敌的一切工作。在政治上，欢迎盟国在边区及主要抗日根据地派遣外交使节，或设立外交机关。在文化宣传上，欢迎盟国通讯社或其政府新闻处在延安设立分社，或派遣特约通讯员及记者来延，并给予至各地访问之便利。对通讯社的电讯，边区政府在原则上不放弃检查权，但在实际执行时，凡非泄露军机造谣生事破坏政府者概予放行，不予检扣，以示与国民党的区别。在宗教方面，实行政教分离，容许外国牧师神父来边区及敌后根据地进行宗教活动，并发还其应得之教堂房产。在经济方面，在双方有利原则下，欢迎国际投资与技术合

---

① 《中央关于外交工作指示》（1944年8月18日），《中共中央文件选集》第14册，第315—316页。

作，首先要求国际工业合作委员会的继续合作。

中共领导人在与观察组成员的谈话中，注意澄清外界对中共政策的误解，表示了愿意在战后与美国发展长期友好关系的愿望。毛泽东和周恩来在与观察组成员的多次谈话中表示，中国现在需要的不是社会主义，而是具有进步特点的资本主义。因此，中国共产党不仅不反对美国等国的在华利益，而且完全真诚地相信，中国的工业化必须要靠资本主义式的自由竞争和外国资本的帮助。为此，中共竭诚欢迎美国资本家来华投资，并准备在中国发展资本主义，最终通过一种渐进的方式向社会主义过渡。毛泽东指出，中共目前的政纲是民主主义，即在政治上实行民主，在经济上奉行自由主义的政策，实现工业化，"即使最保守的美国商人，也不会在我们纲领中发现可持异议的东西"。毛泽东强调，中共十分愿意与美国合作，"美国会发现我们比国民党更易于合作，我们不怕民主的美国的影响——我们愿意欢迎它"。[1]

中共领导人在与观察组成员的接触中一再呼吁美国政府敦促国民政府进行民主改革。毛泽东在与兼任观察组成员的美国驻华外交官谢伟思谈话时询问，美国政府是否关心民主在世界上的前途，是否认为民主在占世界人口四分之一的中国是重要的？毛泽东表示，中共现在并不要求实行充分的代议制度的民主，这不现实，但应该召集一个容纳一切团体的临时国民大会，政府须直接对国民大会负责。他希望"美国政府要努力引导国民党改革自己"，美国这样做"将受到广大中国人民群众的欢迎，因为他们要求民主，只有国民党反对它"。"中国人民理解民主并且要求民主。它无需经过长期试验，或者教育，或者'监护'"。[2]

谢伟思对此表示赞同。他向国务院报告说，如果不敦促国民党政府进行重大改革，不管美国提供多少武器，国民党军队都不可能有效地对日作战。谢伟思还认为，美国可以并且应当在中国民主化的进程中发挥积极作用。美国应当"向国民党和中国人民表示我们对民主的善意和严肃的关注"，只要美国谨慎地施加影响，是有可能达到这一目标的，因为"人民

---

[1] Memorandum by the Second Secretary of Embassy in China of a Conversation with Mao Tse-tung, Aug. 23, 1944, *FRUS*, *1944*, vol. 6, pp. 604–614；〔美〕约瑟夫·W. 埃谢里克编著《在中国失掉的机会》，罗清等译，国际文化出版公司，1989，第254页。

[2] 〔美〕约瑟夫·W. 埃谢里克编著《在中国失掉的机会》，第254—259页。

对民主的要求已很强烈"。"我们可以确信，随着我们态度明朗化，以及我们认为中国本身应该是改革的主要动力这种愿望日益明确，中国的民主改革将获得稳步发展"。①

中共为观察组组织了10场报告会，请军政各方面的负责人如彭德怀、叶剑英、聂荣臻、陈毅、贺龙、林彪、罗瑞卿、朱瑞、杨秀峰、甘泗淇等介绍军队和根据地的作战、训练和建设情况。中共主要领导人毛泽东、周恩来、朱德等亲自与观察组成员会谈，解答他们提出的问题。为了便于观察组更具体地了解情况和获得情报，中共还允准观察组成员到部队和地方做实地考察，对他们的旅行不加任何限制，并对其工作予以积极配合。8、9月间，毛泽东指示山东根据地迅速提供有关青岛、烟台、连云港等地日本海军的各种情报，指示在太行、山东、华中三地区各开辟一个飞机着陆场。中共还批准美军第十四航空队在新四军五师辖区内设立无线电网，因此，仅在最初两个月中，观察组便成功地发送了112份报告，其中大部分是重要的军事情报。

观察组看到了中共生机勃勃的活力。谢伟思感到，"这里到处都强调民主和老百姓的鱼水关系"。共产党之所以强大，其原因之一就是这里正推行着"民主化的进程"，"人民选举他们自己的地方政府，因而他们更关心保护它们，并且通过他们自己的力量更有力量去实施这种保护……人民选举也消灭了腐败的、暴虐的、不公平的政府"。② 这些观察家认为："共产党在中国扎下了根，中国的未来不是属于蒋介石的，而是属于他们。"③ 他们把关于中共真实情况的报告源源不断地发往美国，建议美国政府采取不偏不倚的支持国共双方的对华政策。

9月初，中共中央做出决定，放手与美军合作，同时向美方提出援助要求。毛泽东和刘少奇明确提出："放手与美军合作，处处表示诚恳与欢迎，是我党既定方针。"④ 9月8日，中共中央致电董必武，指示他向史迪威、赫尔利等提出援助要求。数日后，毛泽东又两次致电重庆代表团，说

---

① 谢伟思：《美国对华政策（1944—1945）——〈美亚文件〉和美中关系史上的若干问题》，王益等译，中国社会科学出版社，1989，第282—283页。
② 〔美〕约瑟夫·W. 埃谢里克编著《在中国失掉的机会》，第183—189页。
③ Memorandum by the Second Secretary of Embassy in China, Nov. 7, 1944, *FRUS*, *1944*, vol. 6, p. 671.
④ 《胡乔木回忆毛泽东》，第339页。

明中共主张按照抗战成绩分配盟国援华物资，美国援华军火至少应分 1/2 给八路军新四军。9 月 15 日，《解放日报》发表了经毛泽东修改的新华社电讯《延安有资格人士评论盟国援助物资分配问题》，要求盟国向积极抗日的中共军队提供援助物资。

观察组也主张对中共军队给予适当援助。观察组肯定中共军队在武器简陋的条件下坚持抗战的努力，认为他们最有资格要求得到所需要的合作与援助。包瑞德认为，只要给予一些简单的武器援助，中共军队便能大大提高战斗力，给日军造成极大的杀伤，"任何援助都可以使他们很快杀伤一批日伪军，破坏一批交通线，攻占一批孤立的据点"。包瑞德称，中共将领向他显示出了得到一点援助物资便可一显身手的急切心情，"我郑重建议给共产党一个机会，让他们显示一下他们能做些什么"。[1]

10 月初，谢伟思向史迪威建议，将美国缴获的德国武器运来援助中共部队，并以承认中共独立政府为条件，要求中共在江南地区发动攻势。10 月下旬，谢伟思前往华盛顿，就此直接提出建议和说明。此后美国军方人员先后与中共方面讨论了空投援助中共山东部队的"连云港计划"，装备和训练 2.5 万名中共游击队的"伯尔德计划"及在中共山东部队支持下建立美军登陆场的"麦克卢尔计划"等。包瑞德曾建议在延安装备共产党部队，这一计划拟装备 3 个步兵团，约 5000 名官兵，由 1 个美国军官配备 10 个联络官进行指挥，这支部队可以进入国民党统治的地区。[2]

第三节　赫尔利介入国共问题

一　美国与民主宪政运动

抗战后期，美国越来越深地卷入中国内政中去。长期以来，美国在中国比较关心的是其经济利益，而对于中国内政，对于中国政府是否民主是否有效率则并不在乎。美国参加对日战争后，开始关注中国内政，这既是

---

[1] 《共产党军队的力量与需要》（1944 年 9 月 30 日），陶文钊主编《抗战时期中国外交》下册，第 1932 页。
[2] 〔美〕卡萝尔·卡特：《延安使命：美军观察组延安 963 天（1944—1947）》，陈发兵译，世界知识出版社，2004，第 193 页。

出于共同作战的考虑,希望中国能在对日战争中坚持下去,牵制住日军主力,也是出于对战后世界格局的考虑,期望一个逐步采行西方民主体制的中国能在战后远东配合美国发挥积极作用。

1944年,大后方兴起了一场大规模的民主宪政运动,要求国民党放弃一党专政,建立民主宪政体制。这一运动便与美国有着难以切割的联系。美国舆论对国民政府及蒋介石的不断批评,对这一运动的兴起具有某种刺激作用。由于此时的美国为国民政府所倚重,美国舆论在若干人士眼中具有相当的权威性,它对中国国内的批评时政者便起到了某种鼓舞作用。对于这一点,美国驻华外交官并不回避,美国驻华大使高思在一份报告中就曾指出,尽管中国过去也不断有对国民党政策的批评,但"美国媒体对中国状况的批评也许为对国民党的压制政策的更为频繁的公开批评提供了最初的推动力"。① 美国人所说的"最初的推动力"大概有些言过其实,但作为助推力之一应是可以成立的。

国民党当局对美国舆论的这种批评非常恼火,曾一再向美国发出抱怨。外交次长吴国桢便曾向高思抱怨外国舆论对中国检查制度的批评,称其他国家的检查制度,尤其是苏俄,比中国更为严格,他不能理解为什么外国舆论在这方面"老是挑剔中国"。高思解释说,苏联的状况美国早已尽知,人们已经不相信他们。但中国不同,他所看到的美国媒体的批评,潜藏着的是对中国的友谊、善意与信心,它反映了美国人民对中国的真实态度。如果中国希望美国人民继续保持对中国的友谊和支持,就不应害怕让美国人民了解事情的真相。②

蒋介石认为,美国对国民党的片面看法是受了中共宣传的影响。他在1944年4月致驻美大使魏道明电中指出,共产国际及中共"在美国之宣传已奏大效矣",要求他向罗斯福指出这一情况。③ 根据蒋介石的意旨,魏道明于4月30日会见美国国务卿赫尔,指出:"中共在美宣传,意在企图争取同情及破坏我政府威信,此间一部分舆论不察,近时有对我不良批评,

---

① The Ambassador in China to the Secretary of State, Jun. 15, 1944, *FRUS*, *1944*, vol. 6, p. 458.
② The Ambassador in China to the Secretary of State, may 29, 1944, *FRUS*, *1944*, vol. 6, p. 437.
③ 《蒋介石致魏道明电》(1944年4月27日),秦孝仪主编《中华民国重要史料初编——对日抗战时期 第三编 战时外交》(1),第169页。

甚至涉及国家尊严及军队荣誉，此等批评出于友好美国社会，国人感觉尤敏，影响殊大。"魏道明请赫尔注意设法纠正，以增进两国人民间之友谊。①

不只是美国舆论对国民党发出了批评，美国官员在与国民党官员的接触中也表示出对现状的担忧，发出了要求其进行政治改革的信息。1943年9月，美国驻华代办艾切森在与国民党中央党部秘书长吴铁城的谈话中表示，中国对强化战争努力明显缺乏兴趣、国共之间的矛盾、中国显著发展着的法西斯倾向以及民主政治的削弱，都使美国感到担心。吴铁城比较详细地解释了国共之间的问题，而对法西斯倾向问题，只是笼统地声称，一些措施在战时是必要的，但中国绝不会成为法西斯。②

根据美国的政治理念和经验，美国人向国民党政府开出了实施民主以挽救危机的药方。美国总统罗斯福曾向蒋介石提出过三点建议，其中包括"中国宜从早实施宪政"和"国民党退为平民，与国内各党派处同等地位，以解纠纷"。③

第二次宪政运动兴起后，希望在中国实现西方民主制度的中间党派力图争取美国的支持。据美国外交官报告，昆明的民主人士便曾通过美国驻昆明总领事威廉·兰登（W. Landon）向美国政府发出请求帮助的呼吁。他们指出，中国在蒋介石政府的领导下前途暗淡，要求美国"向国民党政府施加压力，迫使其扩大政治基础"。否则，美国所提供的物质援助只能是加强国民党的反动政权。他们要求重组国民参政会和各级地方民意机关，保护思想、言论、集会和结社的自由。④

1944年6月，美国副总统华莱士访华，这给那些期望获得美国支持的人带来了新的希望。6月15日，民盟要员梁漱溟请美国驻桂林领事馆转交一封致华莱士的信。信中指出，中国目前的困境是国民党独裁的直接结果，现在的中央政府对消灭中共和各省的力量比对抗日更为关注。该信提议：（1）废除国民党的一党专政；（2）由各政党和团体的代表会议取代现在的立法机关，行使监督政府运作的权力。该信指出，尽管这些是中国的

---

① 《魏道明致蒋介石电》（1944年4月30日），秦孝仪主编《中华民国重要史料初编——对日抗战时期 第三编 战时外交》（1），第170—171页。
② The Charge in China to the Secretary of State, Sept. 12, 1943, *FRUS*, *1943*, *China*, p. 334.
③ 许汉三编《黄炎培年谱》，文史资料出版社，1985，第152页。
④ 〔美〕巴巴拉·塔思曼：《史迪威与美国在华经验》，第673页；The Cunsul General at Kunming to the Secretary of State, *FRUS*, *1944*, vol. 6, p. 469.

内政问题，但是，美国作为中国的盟友，有权期望获得中国的协调行动。中国的强大和统一也是全体盟国的利益所在。①

蒋介石当然不愿意看到美国过多地卷入中国内政，不愿意看到华莱士成为民主反对派人士的救星。华莱士到达中国后，蒋介石在 6 月 21 日的欢迎宴会上特地谈及民主问题，声称中国正在努力地改进自己，"但是以中国人口如此的众多，幅员如此的广阔，传统习惯如此的久长，而要使中国彻底现代化，其所包含的困难又是如此的复杂，我们要达此目标，当然需要很多的时间，而不是咄嗟可就的"。蒋表示，中国正在努力建设民主，"但是经验告诉我们，真正的民主不是一蹴可及的。民主不是一种口头禅，民主更不仅是纸上的条文；民主是一种制度、一种思想和生活的形式。正因为如此，我们国父孙中山先生主张在实施宪政以前，必须经过一个训政时期"。② 这样的欢迎词，无疑是要告诉美国人，中国与美国国情不同，不要跟中国谈复杂而远不可及的民主问题。

在华莱士访问昆明时，西南联大的 7 个学生组织贴出英文大字报欢迎华莱士来访。大字报批评国民党政府限制民主运动，使用秘密警察，称赞华莱士是民主的支持者，表示欢迎外国对中国缺点的批评，并指出中国不仅需要西方的技术，而且需要西方关于自由和民主的观念。复旦大学学生则向美国驻重庆的使馆官员递交了一封致华莱士副总统的信和一封致美国人民的公开信，要求美国支持中国的民主运动，反对法西斯主义。③

华莱士访华期间，曾建议蒋介石对政府做适当改组，希望国民党能避免俄国克伦斯基政府的命运，指出摆脱危机的出路，是实行民主改革，允许中共代表参加政府。他认为中共不过是要求实行土地改革的民主集团。华莱士并转述了罗斯福对国共两党的看法。罗斯福认为，共产党人和国民党党员终究都是中国人，他们基本上是朋友，"朋友之间总有商量的余地"。但蒋介石并不认同华莱士对中共的看法，他认为，美国很多人是受了共产党的宣传，中共正在苏联和共产国际的指使下企图夺取政权。而

---

① The Consul at Kweilin to the Ambassador in China, Jun. 15, 1944, *FRUS*, *1944*, vol. 6, pp. 458 – 459.
② 《蒋介石宴会讲词》（1944 年 6 月 21 日），秦孝仪主编《中华民国重要史料初编——对日抗战时期 第三编 战时外交》（1），第 862—864 页。
③ The Cunsul General at Kunming to the Secretary of State, July 11, 1944; The Ambassador in China to the Secretary of State, July 11, 1944, *FRUS*, *1944*, vol. 6, pp. 470 – 473.

且,"中国共产党人比俄国共产党人还更共产主义化"。①

国统区的民主人士也一再向美国驻华外交官强调,帮助中国实现民主是符合美国战略利益的。他们指出,美国现在有能力促使中国进行必要的内政改革,产生一个更为自由的更有代表性的政府。一个由更具代表性的政府领导的自由的中国,将是远东和平的一支重要力量,与现正处于反动政权高压措施控制下的中国比较起来,这个中国将更是美国的天然盟友。国民党内不满蒋独裁统治的人士也呼吁美国对蒋介石施加压力。一位未透露姓名的国民党党内人士指出,蒋介石现在正依靠美国,美国应该抓住这一时机对蒋施加压力,否则,战争结束后便有可能出现这样的前景:蒋会稳固他的权力,中国会有 20 年或 30 年的时期处于法西斯独裁统治之下。②

美国驻华外交官向国内发去了若干揭露国民党弊政的报告。驻华使馆三秘谢伟思指出:"空前规模的明目张胆的贪污腐化从上到下充斥并腐蚀着政府和军事机构"。"由于国民党实行自私的政策并拒绝接受进步的批评,它正失去人民对他的尊敬和支持。"谢伟思断言:"国民党在中国社会中不再是统一和进步的力量"。"国民党的现行政策看来必定要失败。如果这一失败导致中国崩溃,它将给我们在远东的近期军事计划和长远利益带来灾难。"他认为,国民党不依靠人民且得不到人民支持,已无法激起民众在战争初期曾经出现过的那种民族热情,解决的方案只有实行民主改革,"只有通过政治改革,才能恢复战斗意志、统一国家、消除地方军阀主义、解决共产党问题、制定避免崩溃的经济政策、出现一个真正得到人民支持的政府。民主改革是中国军事上、经济上和政治上所有重要问题的关键所在"。

美国对中国政局的发展一直十分关注。从维持抗战局面考虑,美国希望能调解国共关系,使双方团结起来,共同抗日,共同面对危机。因此,美国对联合政府之类的主张也颇感兴趣。

早在 1944 年 7 月上旬,即在美国向国民政府提出由史迪威统一指挥中国军队的建议之时,美国便产生了建立一个包括国共等各抗日党派的联合

---

① 《华莱士与蒋介石谈话记录》(1944 年 6 月 21、22 日),《中美关系资料汇编》第 1 辑,第 573、576 页。

② The Cunsul General at Kunming to the Secretary of State, July 14, 1944, *FRUS*, *1944*, vol. 6, pp. 475 – 477.

机构的想法。7月4日，美国驻华使馆参赞艾切森在与孙科谈话时，提出了如下经过美国驻华大使馆讨论的设想：由蒋介石召集包括中国共产党在内的各党派代表组织军事委员会或最高统帅部，共同承担战时国家的领导责任，大家与蒋介石一起承担责任，开展有效的军事行动，以拯救国家尚存地区；蒋介石同时向各党派保证，他不再企图以军事手段来解决国内政治矛盾，号召大家共同制定和实行一项军事行动计划，并呼吁人民重新恢复抵抗，重建统一战线。艾切森说，对于委员长来说，这将是一个有政治家气度的步骤，肯定会提高他作为中国领袖在国内外的声誉。孙科显然很热心地听取了这个建议。①

美国国务院对驻华使馆的这一建议表示支持。7月8日，赫尔致电高思，表示国务院认为，实行这一建议，"对于改善当前政治和军事形势，看上去应当是一个具有建设性的步骤"，要求高思"根据情况特别强调指出这一建议作为解决目前严重局势的一种方法所具有的好处"。②

7月11日，高思与宋子文谈话，再次提出了这一建议。宋子文认为，蒋介石不大可能接受改组政府的主张，他说，蒋介石最近曾对无党派报纸《大公报》的总编辑说："新闻界现在可以有极大的自由，可以讨论诸如宪法这样的问题，但它无论如何不得提出任何改变政府的主张。"对于美方提出的建议，宋表示需要时间考虑，他需要与现在正住在他家里的考试院院长戴季陶进行讨论，戴是委员长最老也最亲密的朋友，对蒋有影响力。

高思认为，中国局势正在迅速陷入绝境，"只能采取一些根本性的措施来改变局势，即建立一个由中国一切党派和团体的代表组成的统一战线，由他们与蒋共同负责制定和实行恢复抵抗与振奋人民及军队抵抗精神的计划。在蒋这一方面需要来一个彻底的转变"。高思认为，虽然目前还不能确认即使蒋同意后其他方面是否愿意参加进来，但这一步骤值得一试，并建议"应当由总统通过外交渠道提出来"。③

8月31日，高思在与蒋介石谈话时直接提出，应联合其他团体与党派

---

① The Ambassador in China to the Secretary of State, July 4, 1944, *FRUS, 1944*, vol. 6, pp. 116–117.
② The Secretary of State to the Ambassador in China, July 8, 1944, *FRUS, 1944*, vol. 6, p. 120.
③ The Ambassador in China to the Secretary of State, July 12, 1944, *FRUS, 1944*, vol. 6, pp. 124–125.

的领导人和资深代表组成军事委员会,人们在这一机构中为了进行抗日战争而共同分担责任,以找到解决中国基本的政治和军事困难的办法。然而,据高思报告,"委员长对建议甚至没有做出礼貌性的反应"。高思的感觉是,蒋"的态度和以前一样强硬,如果不是比以前更加强硬的话。唯一能够接受的解决办法就是中国共产党根据政府以及他和其他国民党领导人的要求与愿望而投降"。①

在驻华外交官数次以个人意见形式提出建议而毫无效果的情况下,1944年9月9日,赫尔致电高思,授权他向蒋介石转告美国总统和国务卿的如下看法:美国不只关切国共关系的不睦,而且关切中国其他地区非共产党人士的不满。美国不是出于关心中共或持不同意见者,而是为了盟国,为了美国自己,同时也为了中国,出于对"我们的利益、联合国家的利益和中国的利益"的"急切关注","我们十分希望中国人民在一个强有力的并具有广泛代表性和宽容精神的政府领导下,开发和利用他们所有的物质和精神资源,以继续进行战争并建立持久的民主和平……我们觉得,一个在蒋介石领导下代表着中国所有有影响的集团并拥有全权的委员会或某种机构将是实现这一目的的最有效的机构"。② 赫尔要求高思将此电通知赫尔利、史迪威和纳尔逊,并同意他邀请其中一位或数位一同去见蒋。

9月15日,在中共代表正式提出建立联合政府主张的当天,高思与艾切森一起拜访了蒋介石,进行了将近一个半小时的谈话。高思提出建立联合军事委员会或类似机构的问题,蒋介石显然不愿讨论这类问题,很快把话题转到国民参政会上,意图以此搪塞,并明确表示改变政府结构"不是在目前应该做的事"。高思则提醒说"国民参政会纯粹是一个咨询机构",他认为,目前吸收其他党派参加政府是可取的,各国在发生危机之时,组织全民政府乃常用之法。高思并解释说,他的建议并不是要现在立即改组政府,而是打算建立一个有其他政党和集团的军政领导人参加的联合军事委员会,以使各主要党派都能参与目前的危机解决并分担责任。当然,这一委员会应该"有权有责"。对此,蒋介石只是含混地表示,他将"考虑

---

① The Ambassador in China to the Secretary of State, Sept. 4, 1944, *FRUS*, *1944*, vol. 6, pp. 544–545.

② The Secretary of State to the Ambassador in China, Sept. 9, 1944, *FRUS*, *1944*, vol. 6, p. 568.

采取步骤"。高思对蒋颇为失望，他感到蒋"对共产党问题的态度没有任何基本的变化"，"有理由相信，按照他有限的经历和训练，不论是对民主的作用，还是对民主的运用，他都没有任何实际的概念"。[①] 蒋介石对美国的态度也深为不满，在当月的反省录中记曰："高斯十五日来见……令人心寒。"[②]

二　赫尔利与延安协定草案

在史迪威指挥权危机发生后来华的赫尔利，主要肩负两大任务，一是调解史蒋关系，二是调解国共关系。史迪威被召回后，其主要任务便为调解国共关系。

赫尔利认为，苏联的态度对他的使命至为重要。他在离开华盛顿前与国务卿的谈话中便表示："中国的共产党问题在我们确定苏联对于中共的真实立场之前，我看是不能获得解决的。"因此，赫尔利在来华途中取道苏联，拜会了苏联外交人民委员莫洛托夫，以探知苏联的立场。莫洛托夫显然对赫尔利打起了太极，他声称，苏联政府对于中国内部的事件和发展，不负任何责任。中国某些地区的人民很贫困，这些人民中，有人自称共产党人，但与共产主义不发生任何关系。这只是他们对其经济情况不满意的一种表示，一旦经济情况改善，就会忘记这种政治倾向。不应把苏联政府与这些"共产主义分子"联系起来，也不能因这种情况，而对苏联政府做任何谴责。莫洛托夫并表示，假若美国帮助中国人统一国家，改进军事和经济情况，并为这种工作选择他们最优秀的人物，苏联方面将至感高兴。[③]

1944年10月中下旬，赫尔利先后三次与中共驻重庆代表林伯渠、董必武会晤，称他是代表罗斯福来帮助中国团结的，决不对任何党派有所偏私；中国现政府不民主，中共应得到合法地位。他表示准备在国共两党之间进行撮合，蒋介石已同意他与中共接触，必要时他可去延安。中共代表对赫尔利访问延安表示欢迎。

[①] The Ambassador in China to the Secretary of State, Sept. 16, 1944, *FRUS*, *1944*, vol. 6, pp. 573–574.

[②] 《蒋介石日记》，1944年9月30日本月反省录。

[③] 《中美关系资料汇编》第1辑，第139—140页。

10月28日，赫尔利向蒋介石提出了一份国共协议草案，共5条：（1）双方共同合作，实现国内军队统一，以便迅速打败日本，解放中国。（2）双方均承认蒋介石为中华民国主席及所有中国军队的统帅。（3）双方拥护孙中山之主义，在中国建立民有、民治、民享的政府，双方采取各种政策，以促进政府民主程序的进步和发展。（4）国民政府承认中国共产党，并将给予合法政党地位；国内各政党，均给予平等、自由与合法之地位。（5）中国只有一个中央政府及一支军队，中共军队与政府军队官兵将依其职阶享受同等待遇，各部队在军火和给养分配方面亦享受同等待遇。①

蒋介石对赫尔利的这一方案并不满意，认为它实际上承认了国共双方的平等地位。国民党方面对这一方案进行了修改，更多地强调"政令军令统一"的思想。如将（2）改为中共军队应接受中央政府及军事委员会的命令，将（4）、（5）位置对调，有关军队同等待遇的条文，加上"被中央政府改组"的前提。

赫尔利带着如下提案于11月7日飞抵延安：

一、中国政府与中国共产党，将共同工作来统一在中国的一切军事力量，以便迅速击败日本与重建中国。

二、中国共产党军队，将遵守与执行中央政府及其军事委员会的命令。

三、中国政府与中国共产党将拥护为了在中国建立民有、民治、民享的孙中山的原则。双方将遵行为了提倡进步与政府民主程序的发展的政策。

四、在中国，将只有一个国民政府和一个军队。共产党军队的一切军官与一切士兵，当被中央政府改组时，将依照他们在全国军队中的职位，得到一样的薪俸与津贴，共产党军队的一切组成部分，将在军器与装备的分配中得到平等待遇。

五、中国政府承认中国共产党的政党地位，并将承认中国共产党作为一个政党的合法地位。中国一切政党，将获得合法地位。②

---

① Draft by Major General Patrick J. Hurley, Oct. 28, 1944, *FRUS, 1944*, vol. 6, p. 659.
② 《中共中央文件选集》第14册，第395—396页。

赫尔利与中共领导人进行了三天会谈。赫尔利首先表示，他此次延安之行受罗斯福总统委托，也得到了蒋介石的同意。他并声称，国共两党都是爱国的政党，蒋介石也是一个爱国的中国人。蒋介石希望统一中国的军事力量来加速打败日本的步伐，为此他准备承认共产党和各少数党派的合法地位，允许共产党以某种形式参加军事委员会。[①] 美国无意干涉中国的内部事务，美国希望中国军队能够统一起来与美军合作抗战。

毛泽东在与赫尔利的会谈中阐述了中共的一贯主张，反复强调改组国民党政府建立联合政府的必要性。毛泽东指出，当前国民政府在政治、军事、经济、社会各方面都面临着深刻的危机，这是由不民主造成的。政府要避免崩溃，就必须改组。对于军队改组问题，毛泽东把中共军队与国民党军队做了对比，指出一个是生气勃勃英勇善战，一个是丧失战斗力、不听命令、一打就散、腐败不堪，中国人民的公意是"哪个军队腐败，就应该改组哪个"。毛泽东对赫尔利方案逐条表示了意见。[②]

11月9日，中共提出了《中国国民政府、中国国民党与中国共产党协定》草案，其中包括改组国民政府成联合政府、改组统帅部成联合统帅部等内容。对中国情况所知甚少的赫尔利并不理解蒋介石所同意的让中共参加政府与中共提出的建立联合政府之间的区别，对建立联合政府的主张表示了赞同。10日，赫尔利与中共就新的协定草案达成共识。毛泽东在《五条协定草案》上签了字，赫尔利则以证人身份也签了字。

这一草案的主要内容为：

一、中国政府、中国国民党与中国共产党应共同工作，统一中国一切军事力量，以便迅速击败日本与重建中国。

二、现在的国民政府应改组为包含所有抗日党派和无党无派政治人物的代表的联合国民政府，并颁布及实行用以改革军事政治经济文化的新民主政策。同时，军事委员会应改组为由所有抗日军队代表所组成的联合军事委员会。

三、联合国民政府应拥护孙中山先生在中国建立民有民治民享之

[①] 金冲及主编《周恩来传（1898—1949）》，第571页。
[②] 《胡乔木回忆毛泽东》，第344—355页；Memorandum of Conversation, Nov. 8, 1944, *FRUS*, *1944*, vol. 6, pp. 674–687.

政府的原则，应实行用以促进进步与民主的政策，并确立正义、思想自由、出版自由、言论自由、集会结社自由、向政府请求平反冤抑的权利，人身自由与居住自由，联合国民政府亦应实行用以实现下列两项权利即免除威胁的自由和免除贫困的自由之各项政策。

四、所有的抗日军队应遵守与执行联合国民政府及其联合军事委员会的命令，并应为这个政府及军事委员会所承认。由联合国得来的物资应被公平分配。

五、中国联合国民政府承认中国国民党、中国共产党及所有抗日党派的合法地位。①

同日，毛泽东致信罗斯福，表示："这一协定的精神和方向，是我们中国共产党和中国人民八年来在抗日统一战线中所追求的目的之所在……今一旦得赫尔利将军之助，使我们有实现此目的之希望，我非常高兴地感谢你的代表的卓越才能和对于中国人民的同情。"毛泽东承诺："我们党的中央委员会已一致通过这一协定之全文，并准备全力支持这一协定而使其实现。"毛泽东并表示："我们中国人民和美国人民一向是有历史传统的深厚友谊的。我深愿经过你的努力与成功，得使中美两大民族在击败日寇，重建世界的永久和平以及建立民主中国的事业上永远携手前进。"②

此时的赫尔利对于顺利与中共达成五条协定也深感愉快。中共领导人表示继续承认蒋介石的领袖地位，更使他感到满意和放心。他向毛泽东表示，五条协定的条款是公平合理的，他将尽一切力量使蒋介石接受这一方案。赫尔利称赞毛泽东不仅有非凡的智慧，而且有公平的态度，他这次能和毛泽东一起工作，实为平生快事。他庆幸中国人民有了这样一位大公无私、一心为人民谋福利的领袖。赫尔利感觉非常乐观，在尚未知会国民党方面的情况下，认为蒋介石将会接受这个协定，也不给国民党方面做出修改和回应的时间，竟主动提出请毛泽东签字于五条协定之上，他本人也以证人身份签了字。包瑞德对此事亦甚表乐观："这五要点，在赫尔利将军见证之下，毛主席已予以接受，蒋如拒绝，赫尔利将军就可以很清楚地告

---

① 《延安协定草案》（1944年11月10日），《中共中央文件选集》第14册，第393—394页。
② 《中共中央文件选集》第14册，第397—398页。

诉罗斯福总统：这五要点，我认为很公平，毛同意了，蒋不同意。"①

赫尔利在致毛泽东信中高度赞扬了中共的合作精神："我感谢你的光辉的合作与领导。这种合作与领导表现在你率领你的政党提出协定上……请信赖我对于你用以解决一个最困难的问题的智慧和热忱的品质，深感愉快。你的工作，是对于统一中国的福利及联合国家的胜利的贡献。这一光辉的合作精神，不仅将继续于战争的胜利中，而且将继续于建立持久和平与重建民主中国的时期中，这是我们的恳切愿望。"② 赫尔利的这番话不应只视为恭维之词，而是他确实感到中共通情达理，所提要求与美国的设想并无太大区别。赫尔利在致罗斯福的报告中曾说，协定中"几乎所有的基本原则都是我们的"。③

尽管赫尔利此时对五条协定大加肯定，但中共还是清醒地意识到了赫尔利的幼稚之处及这一草案将会遇到的困难。在11月9日召开的中共六届七中全会上，毛泽东向会议报告了与赫尔利会谈的情况。周恩来在发言中指出，蒋介石认为我们参加政府和成立联合政府是有区别的，但赫尔利则将二者混而为一，所以以为蒋不至于为难，估计蒋介石必定会对这次会谈做出的协定提出修改。④

赫尔利兴冲冲拿回了这个他认为解决中国问题的比较理想的方案。这一要求国共双方都做出让步的将国家民主化和军队国家化同时实现的方案是比较符合美国的治国原则的。赫尔利曾对戴维斯说，他与共产党达成的协定是合理的，如果谈判失败，错误更多的是在国民党方面。然而，正如中共所料，国民党拒绝了这一方案。当赫尔利将《五条协定草案》交给宋子文时，宋当即指出赫尔利被"共产党的旧货单子骗了"，表示"国民政府永远不会答应共产党的要求"。蒋介石则表示，他不愿在中国造成南斯拉夫和波兰那样的局面。五条协定在美国和英国可以作为解决同类争端的办法，但在中国则意味着国民党被共产党彻底打败了，等于把政府的控制权交给共产党。他在没有看到国民党政府被彻底击败之前，决不会同意组

---

① 《胡乔木回忆毛泽东》，第 352 页。
② 《赫尔利致毛泽东的信》（1944 年 11 月 10 日），《中共中央文件选集》第 14 册，第 394—395 页。
③ 牛军：《从赫尔利到马歇尔——美国调处国共矛盾始末》，福建人民出版社，1992，第 39 页。
④ 《周恩来年谱（1898—1949）》，第 587 页；《胡乔木回忆毛泽东》，第 355 页。

织联合政府。不知所以然的赫尔利认为,联合政府只是个名称问题,但蒋介石认为这是个生死存亡的问题。赫尔利提议,如果蒋不喜欢"联合政府"这个词,那就换个说法好了,叫"两党政府、多党政府或党派政府"都可以。①

但蒋介石不为所动。赫尔利起初对国民党的顽固态度非常不满,在会见王世杰和张治中时,指责他们对谈判缺乏诚意。他甚至对周恩来表示,要与毛泽东站在一起同国民党斗。他在致罗斯福电中报告说,他与蒋介石及国民政府要员商讨了好几天,"情形非常困难。蒋介石看来认为,拟议中的协定最终将导致让共产党控制政府。我认为他的这种意见是不正确的。我几乎不断地找他和他的顾问们谈。我可能会使他们相信,和共产党达成一个合情合理的协定是必要的……我相信蒋介石本人是渴望与所谓共产党达成和解的,但国民党和蒋介石的国民政府中的大多数官员和他的私人顾问们强烈地反对"。②

国民党在11月15日和17日先后两次提出反建议,但赫尔利皆不满意,予以拒绝。11月19日,国民党提出新的三点反建议:

一、国民政府为达成中国境内军事力量之集中与统一,以期实现迅速击溃日本,及战后建国之目的,允将中国共产党军队加以整编,列为正规国军,其军队饷项军械及其他补给,与其他部队受同等待遇。国民政府并承认中国共产党为合法政党。

二、中国共产党对于国民政府之抗战及战后建国,应尽全力拥护之,并将其一切军队移交国民政府军事委员会统辖。国民政府并指派中共将领以委员资格参加军事委员会。

三、国民政府之目标本为中国共产党所赞同,即为实现孙总理之三民主义,建立民有民治民享之国家,并促进民主化政治之进步及其发展之政策。

---

① Major General Patrick J. Hurley to President Roosevelt, Nov. 16, 1944, *FRUS*, *1944*, vol. 6, p. 699; The Ambassador in China to the Secretary of State, Jan. 31, 1945, *FRUS*, *1945*, vol. 7, p. 195.

② Major General Patrick J. Hurley to President Roosevelt, Nov. 16, 1944, *FRUS*, *1944*, vol. 6, pp. 698–700.

除为有效对日作战之安全所必需者外，将依照《抗战建国纲领》之规定，对于言论自由、出版自由、集会结社自由、及其他人民自由加以保障。

在这三项原则外，国民政府并准备实行如下3项办法：一是在行政院设置战时内阁性质之机构（其人数为7人至9人），为行政院决定政策之机关，并将使中国共产党及其他党派之人士参加其组成。二是关于中共军队之编制及军械补给等事，军事委员会将指派中国军官2人（其中1人为现时中共军队之将领）暨美国军官1人，随时拟具办法，提请军事委员会委员长核定。三是在对日作战期间，军事委员会委员长将指派美国将领1人为所属中共军队之直接指挥官。①

在国民党方面的坚持下，有史迪威作前车之鉴的赫尔利退让了，他并没有向蒋施加压力迫其让步，而是很快倒向蒋介石。因为，美国政府给他的使命很明确，那就是支持蒋介石在中国的领导地位。赫尔利不愿冒与蒋介石对抗的风险，不想重蹈史迪威的覆辙，他转过头来竭力劝诱中共接受国民党的方案。赫尔利背弃了在延安的承诺。11月21日，赫尔利向中共代表周恩来转交了国民党的上述三点反建议。国民党的这一反建议完全回避联合政府问题，实际上成了让共产党交出军队的"招安"方案。周恩来当即向赫尔利指出这一仅仅让中共代表参加军事委员会的方案毫无意义：第一，军事委员会的委员徒有虚名，并无实权，而且从来不开会，冯玉祥、李济深便是例子；第二，中共代表只参加军事委员会而不参加政府，不能参与决策。②此后，赫尔利等人以向中共提供美援来劝诱其接受这一方案。

面对国民党方面的顽固态度，在重庆主持谈判的周恩来和董必武起初设想提出折中方案，不直接提出联合政府的要求，而要求改组国防最高委员会为各抗日党派参加的联合的国防最高委员会，改组行政院为各抗日党派的联合内阁，改组军事委员会为各抗日军队组成的军委会；承认中共和所有抗日党派为合法政党；中共军队编列为正规国军，将获得盟国物资公

---

① 《王世杰提国共协议之条件三项》（1944年11月21日），秦孝仪主编《中华民国重要史料初编——对日抗战时期 第五编 中共活动真相》（4），第293—295页。

② 牛军：《从赫尔利到马歇尔——美国调处国共矛盾始末》，第41页。

平分配。但估计到蒋介石仍不会接受这一方案，周恩来提议，如果国民政府一时不能改组上述三机构，中共将根据战争需要和人民的要求先成立解放区联合委员会。同时，在中国战场设立联军统帅部，由美国方面的代表担任统帅，中国所有抗日军队应有代表参加这一统帅部。这一方案仍期望利用美国来牵制国民党。

然而，经过反复权衡，毛泽东最后决定仍坚持五条协定。12月7日，美军驻延安观察组组长包瑞德与周恩来同机飞赴延安。次日，毛泽东在与包瑞德的长谈中指出，国民党的"三点"是要中共"完全投降"，"牺牲自己"。中共如果接受了这三点条件，就是被反绑了双手。那么，即使在军事委员会中"插进一只脚"，即使受到全世界的赞许，也没有任何用处。毛泽东亮出了中共的底线，表示中共在五条协定中已经做出了全部让步，此后不能再做进一步的让步。中共不能以牺牲自己的自卫手段来寻求援助，即使没有别的国家的支持，中共照样能够挺立，能够自由行走。①

12月12日，毛泽东与回到延安的周恩来向留在重庆的中共代表王若飞发出指示，指出："牺牲联合政府，牺牲民主原则，去几个人到重庆做官，这种廉价出卖人民的勾当，我们决不能干，这种原则立场我党历来如此。希望美国朋友不要硬拉我们如此做，我们所拒绝者仅仅这一点，其他一切都是好商量的。"②

12月20日，赫尔利电请周恩来返回重庆，重开谈判。周恩来复电表示，只有废除国民党的一党专政，组织民主联合政府，才能使中国走向民主，使人民开始走向自由。国民党一党政府内的个别人事变动并不能改变现在的国民政府及其政策。既然国民党不愿改变态度，继续谈判毫无意义。周恩来提出，国民党果然要革新政治，表示其与民更始的决心，应首先实现如下四条：释放全国政治犯，如张学良、杨虎城、叶挺、廖承志及其他大批被监禁的爱国志士；撤退包围陕甘宁边区及进攻华中新四军、华南抗日纵队的国民党大军；取消限制人民自由的各种禁令；停止一切特务活动。③

---

① 〔美〕包瑞德：《美军观察组在延安》，万高潮等译，解放军出版社，1984，第91—99页。
② 《关于同国民党谈判的原则立场的指示》（1944年12月12日），《中共中央文件选集》第14册，第412页。
③ 《周恩来致赫尔利电》（1944年12月28日），《周恩来书信选集》，中央文献出版社，1988，第252—253页。

三 赫尔利公开宣布扶蒋政策

中共认为，赫尔利的态度可能是其个人行为，美国政府可能并不了解中国的真相，遂产生了绕过赫尔利直接与美国政府联系的想法。1944年12月28日，毛泽东、周恩来在与美军观察组组长包瑞德谈话时指出，美国总统与美国人民对中国情况不会那么清楚，不会意识到蒋介石在多大程度上失去了中国人民的支持，是多么不得人心。1945年1月9日，中共通过观察组代理组长克罗姆利（Raymond Cromley）提出了派遣非官方代表团去美国，向美国公众和官员解释中国局势的建议。中共提出，希望派遣最高领导人访美，"如果罗斯福总统表示愿意在白宫把他们作为中国的一个重要党派来接待，毛泽东和周恩来愿意尽快地单独或同去华盛顿"。① 中共并强调，绝不能让赫尔利知道此事，因为中共不相信他的判断力。不幸，这一电报在转经重庆时还是落到赫尔利手中。赫尔利随即在致华盛顿的电报中对中共与美国在华人员的这种接触进行了猛烈抨击。

1945年1月，赫尔利又与国民党共同制定了一个新的方案，其主要内容有：在行政院下成立包括中共和其他非国民党人士参加的具有战时内阁性质的新机构；成立由政府代表、中共代表及美军军官组成的三人委员会，负责整编中共军队事宜；由一名美军军官统帅中共军队；承认中国共产党为合法政党。②

1945年1月24日，周恩来重返重庆。次日，赫尔利向周恩来提出了这一方案，周恩来当即表示拒绝，指出在问题还没有解决之前，"你们就要参加和指挥中共的军队，这岂非不公之至"，单独组织整编委员会用以整编中共的军队，这也不公平。对于这一方案，毛泽东更为尖锐地指出："将中国军队，尤其是我党军队隶属于外国军队，变为殖民地军队的恶毒政策，我们绝对不能同意。"毛泽东再次指示周恩来，今后"史迪威式之指挥全国军队，请勿强调"。③

由美军将领指挥中共军队的设想，并非赫尔利个人心血来潮时的提议，它反映了美国政府的意图。美国国务卿斯退丁纽斯（E. T. Stettinius）

---

① 〔美〕卡萝尔·卡特：《延安使命：美军观察组延安963天（1944—1947）》，第203页。
② FRUS, 1945, vol. 7, pp. 173–177.
③ 《胡乔木回忆毛泽东》，第361页。

曾在 1945 年 1 月 4 日向罗斯福提出，如果国共两党不能达成协议，"另一种办法便是由一名美国军官指挥所有中国军队，据认为这是蒋介石与共产党都会同意的"。这一举措的目的不只是着眼于战时，还着眼于战后，"这将为在临近共产党控制地区的登陆消除政治上的困难。如果俄国在远东参战，由美国军官统率中国武装力量较之中国分裂的军事指挥要有利得多"。"美国的军事指挥将在中国战事结束后的最初一段时期发挥一种政治上的稳定影响"。[1]

2月2日，周恩来向国民党提出召开党派会议的提议，要求国、共及民盟三方代表应参加这一会议，会议有权讨论和决定如何结束党治，改组政府，起草施政纲领。各方代表在这一会议上享有平等地位。13日，周恩来由赫尔利陪同会见蒋介石，但蒋介石傲慢地宣称："联合政府是推翻政府，党派会议是分赃会议。"[2] 这实际上是毫无余地地表明了对联合政府的拒绝态度。周恩来决定立即返回延安。3月1日，蒋介石在宪政实施协进会上发表演说时宣称，他不能结束党治，也不同意成立联合政府。蒋并宣布，将在11月12日召开"国民大会"。这一国民大会是战前由国民党一手包办而产生的，蒋介石此举无疑宣布国共有关联合政府的谈判到此终结。

对于赫尔利片面支持蒋介石的做法，美国驻华外交官和国务院远东司的官员都曾表示过不同意见。他们认为，从长远来看，美国对华政策应当"保持一定程度的灵活性，以便能与任何最有可能创建一个统一、民主、友好的中国的领导人合作"。[3] 赫尔利对持不同意见者采取严厉态度。1945年1月，主张对国共之争持灵活态度的戴维斯被调离中国。2月，赫尔利回华盛顿述职，利用这一机会，驻华使馆的政治官员经过集体讨论起草了一份报告，由代办艾切森签署后发往国务院。该报告指出，美国采取明确的只支持蒋介石的政策，将使蒋过高估计自己的力量，不愿做出任何妥协。这既不利于目前的战争，也不利于中国将来的和平与团结，如果这种局面持续下去，内战的爆发将可能加速。报告认为，应该继续与中共及其

---

[1] Memorandum by the Secretary of State to President Roosevelt, Jan. 4, 1945, *FRUS*, *1945*, vol. 7, p. 154.

[2] 《周恩来在中共六届七中全会主席团会议上的讲话记录》（1945年2月18日），转引自金冲及主编《周恩来传（1898—1949）》，第583页。

[3] Memorandum by the Chief of the Division of Chinese Affairs to the Acting Secretary of State, Jan. 29, 1945, *FRUS*, *1945*, vol. 7, pp. 37–38.

他抗日集团保持合作,建议"总统以明确的语言告诉委员长,军事上的需要要求我们向共产党人及其他能援助对日作战的适当集团提供补给并与之合作,我们将为此采取直接的步骤"。①

国务院中国科的官员们与驻华外交官持相同看法。中国科在3月1日、2日的两份备忘录中再次主张持灵活政策。他们认为,从短期来说,为了最有效地进行战争,应当继续推动中国所有军事力量的联合,至少是合作;从长期来说,对蒋介石保持一种灵活的政策显然是符合美国利益的,这样,一是可以在蒋衰败到不起作用时撤销援助,二是可以以提供援助为诱饵,促使蒋进行合作,改革其政府。②

但是,在这场赫尔利与职业外交官关于对华政策的争论中,罗斯福对赫尔利表示了支持。在赫尔利尚未返华之时,由于他的坚持,美国国务院发出了将与其持不同主张的外交官谢伟思调离中国的命令。稍后,艾切森也被调离。

4月2日,赫尔利在离开华盛顿前举行记者招待会,公开表明了支持国民政府的立场,并将共产党视同于封建军阀。赫尔利声称,美国的政策是"承认中国的国民政府,而不是中国任何武装的军阀和武装的政党"。"每一位熟悉中国事务的人都清楚,只要存在着武装的政党和军阀,并且他们的力量仍很强大足以向国民政府挑战,中国就不会有政治上的统一"。当记者问,武装政党与军阀何指时,赫尔利明确表示:"我是指中国共产党和中国南方的一些军阀。"共产党主张建立两党联合政府,而国民党是要"还政于民,而不是还政于政党的混合体"。赫尔利对蒋介石高度肯定,认为"在中国长期的抗日战争中,蒋介石使用了他所能使用的所有力量。然而,他并没有法西斯思想,他的抱负是把所有的权力转移给一个民有、民治、民享的政府。目前他正在采取步骤为在中国建立一个以民主原则为基础的政府打下基础,他认为在中国建立一个民主政府是他事业上的真正目标"。赫尔利并进一步声称,美国坚定地承认国民政府是中国的政府,

---

① The Charge in China to the Secretary of State, Feb. 28, 1945, *FRUS*, *1945*, vol. 7, pp. 242 – 246.

② Memorandum by the Chief of the Division of Chinese Affairs, Mar. 1, 1945; Memorandum by Mr. Everett F. Drumright of the Division of Chinese Affairs, Mar. 2, 1945, *FRUS*, *1945*, vol. 7, pp. 247 – 253.

"我们一直从经济上、军事上和政治上坚定不移地支持中国国民政府。据我看来，这个政策已在我们和中国政府间的互助条约中得到确认，在国务院其他各种的政策表述中得到确认。所以，我们确实承认了中国国民政府，而没有承认中国任何武装军阀或任何武装政党"。① 赫尔利的这一讲话，标志着美国对华政策从战时扶蒋容共政策到战后扶蒋反共政策的转变，当然，也标志着赫尔利调解国共关系使命的失败。

面对赫尔利公开偏袒国民党指责共产党的举动，曾有美方人士劝说中共不要公开批评赫尔利，为毛泽东所拒绝。毛泽东表示："赫尔利曾经批评中共，把中共和军阀并列，并且是当作整个党来批评的，为什么中共不能批评他？……只要美国政府的现行扶蒋反共政策有一天能改变，我们就将停止批评这个政策，否则是不能停止的。"②

7月，毛泽东亲自撰写了《赫尔利与蒋介石的双簧已经破产》、《评赫尔利的政策的危险》等文章，严厉批评赫尔利的政策。中共并放缓了与美国军事合作的脚步，提出了限制条件。中共向美军观察组表示，在美国未与中共确定军事合作之前，不得派人到前方去，特别不准在中共根据地建立通讯机关。美军曾经提出在灵丘、阜平、沂水等地建立机场，在各军分区建立通讯网，派人到山东降落，在敌后增加地上救护及气象工作人员，在晋绥根据地增加气象台，在南泥湾建立对日侦察电台等要求，但被中共拒绝。中共并对美军人员产生了警惕，中共中央在致各地电中，要求各地注意美蒋特务合作对根据地进行破坏的可能性。③

8月13日，毛泽东在延安干部会议上的演讲中，已经把美国作为敌对力量，指责蒋介石"完全是依靠美国帝国主义的帮助，把美国帝国主义作为靠山。独裁、内战和卖国三位一体，这一贯是蒋介石方针的基本点。美国帝国主义要帮助蒋介石打内战，要把中国变成美国的附庸，它的这个方针也是老早定了的"。④

---

① Transcript of Press and Radio News Conference by the Ambassador in China, Apr. 2, 1945, *FRUS*, 1945, vol. 7, pp. 317 – 322.
② 《不能停止对美国扶蒋反共政策的批评》（1945年7月30日），《毛泽东外交文选》，第50页。
③ 《中共中央文件选集》第15册，第179—180页。
④ 《抗日战争胜利后的时局和我们的方针》（1945年8月13日），《毛泽东选集》第4卷，第1132页。

第十三章
中苏关系的曲折发展

中国全国抗战前期，苏联一度是中国最主要的外援国，在中国最困难的时候提供了巨额贷款和军事物资，并派遣空军志愿人员参加对日作战，中苏关系有所好转。然而，随着苏联自身在欧洲面临的威胁逐渐增大直至爆发苏德战争，苏联对华援助逐渐减少。另外，随着中国国内国共矛盾的加剧，国民政府与被视为中共后盾的苏联的关系也更加冷淡。

太平洋战争爆发后，尽管苏联并未对日宣战，但中苏在一场全球性战争中成为战略上共同作战的盟国。然而，这一战略盟友关系未能促使中苏关系好转。国民政府利用盛世才异动之机，消除苏联在新疆的势力与影响，恢复了中央对新疆的控制。苏联则在战争行将结束之时，迫使中国订立了有损主权的条约。中苏两国间国家利益的冲突，使得两国关系仍在下行的轨道上运行。

第一节 新疆的内向与苏联势力的撤出

一 新疆当局与苏联关系发生突变

与国民政府所辖内地省份不同，地处西北边陲的新疆，在新疆边防督办盛世才的长期统治下，依靠苏联的支持，与中央政府保持着一种若即若离的关系。盛世才本人秘密成为联共（布）党员，甚至向苏联提出新疆加入苏联的主张。在盛世才的强力统治下，新疆实际上已成为苏联的势力范围，中央政府的号令无法进入新疆。苏联领导人与盛世才直接书信往来，苏联官员访问新疆直至双方签订贸易协定等均不通知中国外交部。在经济上，苏联实际控制着若干重要企业，并在与新疆的贸易中占据垄断地位。此外，苏联还在新疆驻扎了一个配备有坦克等重型武器的加强团——红八团，扼守着中原西去迪化的通道。

国民政府对于新疆的这一游离状态非常担心。1941年12月上旬，蒙藏委员会委员长吴忠信考察河西走廊，深切体会到新疆对西北国防的重要性。他对中央政令不及新疆的状况颇有感触和警醒，感叹道："人常云，不到西北，不知中国之大；可再加一句，不到西北，亦不知中国之危。"①

对于新疆的这一局面及新疆与苏联之间的特殊关系，蒋介石虽早有体会，但又觉无可奈何，只得暂时忍耐。蒋介石已将新疆与沦陷于日本的东北相提并论，"新疆已成为东北，当忍之"。② 对于新疆的辽阔和富饶，尚未涉足于那片土地的蒋介石在日记中流露出了一种心驰神往的思念："每闻友人为余述新疆天时地势与物产之丰富优容，辄为之神往心驰，梦深系之……新疆之于我中华民族存亡，实无异于我东北四省，而其资源之丰富与国防之重要，则尤过之而无不及也。能不令人梦魂萦怀乎？"③

在1941年的蒋介石日记中，时常可见其对新疆问题进行研究的记载，当不下十余次。蒋介石明白，在目前情势下，以重庆政府之实力，难以用强力解决新疆问题，唯有当新疆与苏联之间出现矛盾时，才有因势利导加以解决的希望。蒋介石对盛世才寄予着某种期望。

尽管盛世才与苏联之间的关系看起来非常密切，但其实并非亲密无间，双方的矛盾被彼此的需求掩盖着。苏德战争爆发后，苏联在西线面临着生死存亡的作战，一时无力东顾，盛苏之间的矛盾便显现出来。盛世才开始考虑调整新疆与苏联的关系，重建新疆与中央的关系。1941年12月，新任中国驻苏使馆武官郭德权赴苏途中经过新疆，盛世才予以热情款待，谈话中反复表示他个人对蒋介石的尊敬之情。郭德权抵苏后，即向蒋介石报告了这一动向，认为盛世才正在重新考虑其地位，有可能准备改善与中央政府的关系。

太平洋战争爆发后，中国与英、美、苏成为共同进行反法西斯战争的盟国。国民政府意识到对日作战的大局已定，在考虑收复东北、台湾等被日本占领地区的同时，也开始考虑恢复对已在相当程度上失控的主要受盟国影响的边疆地区的控制。战争爆发不久，在考虑与英苏等国订立同盟条

---

① 刀抱石编《民国吴礼卿先生忠信年谱》，台北，台湾商务印书馆，1988，第117页。
② 《蒋介石日记》，1941年3月20日。
③ 《蒋介石日记》，1941年9月30日本月反省录。

约时，蒋介石曾开出如下条件："甲、对英要求其承认西藏九龙为中国领土之一部；乙、对俄要求其承认外蒙、新疆为中国领土之一部……"① 蒋介石所设想的这一同盟条约最后虽未订立，但它反映了蒋期望利用这次世界大战解决新疆等问题的构想。这一点，蒋曾明确写道："对新疆与西藏问题，应乘世界战争期间解决为便。"② 在1942年1月的"本月大事预定表"中，蒋列入研讨收复新疆西藏的议题。1月底时，蒋在日记中写道："对新疆与西藏统一之方略已定"，同时表示实施方略尚需等待机会。③ 蒋介石认为，新疆问题极为重要，事关国家安全，其影响涉及各方面，"西北之后患与西北之国防当为战后第一要务，此题不能解决以前，则一切皆难生效也"。④ 1942年3月，第八战区司令长官朱绍良以蒋介石特使的身份访问迪化，与盛世才进行了秘密会谈。

盛苏矛盾公开爆发的起点，是盛世才四弟盛世骐的被杀。盛世骐曾被盛世才送往苏联陆军大学学习军事，1941年回新后，被盛世才委以重任，担任新组建的机械化旅旅长。然而，盛世才很快发现其弟比较亲苏，常常与自己意见相左。生性多疑的盛世才认为这是苏联所布之局，意在以其弟取他而代之。1942年3月19日，盛世骐被杀。⑤ 盛世才便以其弟遭人谋杀为借口，掀起逮捕浪潮，很快逮捕了一批机械化旅的军官、省财政厅厅长臧谷峰、省教育厅厅长李一欧等新疆省高官以及盛世骐之妻。经过酷刑，审出了一个准备在4月12日发动暴动的"阴谋组织"，而这阴谋组织的主犯便是苏联驻迪化总领事巴库林（I. V. Bakulin）、新疆督办公署苏联军事总顾问拉托夫、八路军驻新疆代表徐杰（陈潭秋）、民政厅厅长周彬（毛泽民）以及一批地方行政长官。盛世骐案中，盛世才逮捕了300多名涉嫌的苏联人员和中国共产党在新人员。5月10日，盛世才致信莫洛托夫，指控巴库林等苏联在新人员参与了对盛世骐的谋杀事件，并企图推翻现存的新疆省政府。该信还抱怨苏联在新疆的经济活动中留给新疆的利益太少。

重庆方面注意到了新疆突然发生的这一变化。据时任经济部部长的翁

---

① 《蒋介石日记》，1941年12月20日。
② 《蒋介石日记》，1941年12月29日。
③ 《蒋介石日记》，1942年1月31日本月反省录。
④ 《蒋介石日记》，1942年3月28日。
⑤ 盛世骐被杀有多种说法，有被苏方谋杀说，有自杀说，也有为盛世才所杀说，后一种说法认为盛世才通过清除其弟，借机削弱苏联的影响，清除中共在新疆的势力。

文灏记载，他在 4 月 15 日面见蒋介石商讨西北各事时，蒋介石便表示要"联盛世才"。① 5 月 17 日，蒋介石与刚从新疆回来的新疆驻重庆办事处主任张元夫讨论新疆局势，了解了苏联在新疆的强势存在及盛世才与斯大林的交往以及斯大林不让盛世才加入中共等情况。蒋看到了盛世才发动大逮捕背后的动机，感到"盛对俄甚危惧"。蒋决定因势利导，利用这一机会把盛世才拉过来，"盛思想与心理之转变已可概见，当不难导入正轨"。此后两天，蒋一直在思考"对盛世才之运用，如何使之彻底觉悟"。②

国民政府并积极进行应变入新的各种准备。河西走廊是中原通往新疆的通道。为了控制这一通道，国民政府采纳了吴忠信提出的在青海设立柴达木屯垦区的设想，将驻于河西地区的马步青调任柴达木屯垦督办。利用马家诸雄之间的矛盾，国民政府成功地实现了这一计划。1942 年 5 月，马步青的骑五军开始撤离河西，开赴青海。此举为中央军进入河西，从而打通西进的道路准备了条件。

对于国民政府的这一举动，苏联自然明白其目的何在。苏联驻华大使潘友新便对张元夫表示，重庆中央接防河西，对新疆不利。蒋介石知道这一谈话的内容后，对苏联大使的这一举动颇为愤怒，"该使在华为全毁灭中国，破坏政府威信，挑拨我内部意见，干涉内政，可痛极矣"。③

盛世才也在努力向重庆靠拢，探听中央对新疆的态度。5 月，盛世才派其五弟盛世骥以商讨西北交通问题为名去重庆晋见蒋介石，并在中央训练团受训。经过权衡，蒋介石向盛世骥做出了中央将继续承认盛世才在新疆地位的保证，给盛世才吃了定心丸。6 月 28 日，盛世才密电蒋介石，请派朱绍良入新，称："朱司令长官系职旧日长官，又系职之旧友，交谊甚厚，如能派朱司令长官同翁部长同时来新，对于交换意见与解决一切问题，更属容易。"

蒋介石决定派朱绍良、翁文灏、毛邦初等出使新疆。蒋并亲笔起草致盛函，表示对盛绝对信任。该函称："凡公私诸语，请与逸民长官开诚详谈。当此国家存亡绝续之交，更为吾人安危成败相共之时，吾弟之事业即

---

① 李学通、刘萍、翁心钧整理《翁文灏日记》，1942 年 4 月 15 日，第 762 页。
② 《蒋介石日记》，1942 年 5 月 19 日。
③ 《蒋介石日记》，1942 年 6 月 28 日。

为中之事业，故中必为吾弟负责，以解除一切之困难也。"① 此外，蒋嘱朱绍良"对盛一意信任之"。②

7月3日，朱绍良等飞抵迪化。次日，朱与盛世才进行密谈，盛世才在谈话中表示了维护中国主权的立场，同时又有分寸地表示，仍应维持对苏联的关系。据翁文灏记载，盛表示：（1）与苏应亲善；（2）为顾国权，使新疆永久为中国领土；（3）盼能有机会亲见委员长；（4）新疆人口四百万，内汉人仅四十万，应移民入新疆；（5）军队不到二万八，现仅一万数千人。当晚，翁便将这一情况密电蒋介石。作为姿态，盛慷慨地下达命令，此后，朱、翁一行人致中央电报可一律密发，不必送其审阅。③ 朱绍良等与盛世才进行了一个多星期的密谈，广泛了解了盛世才与苏联的关系。

苏联方面当然不相信盛世才的指控。6月27日，苏联副外交人民委员德卡诺佐夫（V. G. Dekanozov）亲赴迪化，带去莫洛托夫给盛世才的回信。莫洛托夫在信中表示，愿对盛世才在经济上做若干让步，如中苏合办独山子油矿等。苏联仍期望能够恢复局面，缓和盛世才的反苏情绪，阻止其投靠国民政府。同时，德卡诺佐夫在与盛世才的谈话中也施加了一定的压力，提醒他记住过去苏联对新疆和他本人的援助，告诫他不要忘记自己是一名苏共党员，而且是一名重要党员。苏联共产党绝不会让它的党员随意抛弃党的指示，攻击马列主义而不受惩罚。④

但盛世才不为所动，苏联政府终于意识到与盛世才的关系已无可挽回地完全破裂。7月3日，莫洛托夫再次致信盛世才，完全拒绝他对苏联总领事及军事顾问等人的指控，并严厉批评了盛世才的举动，称："阁下之压制政策在新省继续不断进行，对新省重要人员，非撤即捕，其性质已极为广泛而危险。此类行为正当与否，亦不能令人无疑，盖此类行为殊有消灭新省大部分行政与军事干部之危险也。"莫洛托夫指责盛世才这一举动已使其成为帝国主义破坏中苏关系及新省现状的工具。

值得注意的是，该信还列举了盛世才过去反对中央政府、企图分裂新

---

① 《蒋介石三函释文及注》，台北《传记文学》第53卷第2期，1988年8月，第24页。
② 李学通、刘萍、翁心钧整理《翁文灏日记》，1942年7月3日，第790页。
③ 李学通、刘萍、翁心钧整理《翁文灏日记》，1942年7月4日，第790页。
④ 向青等：《苏联与中国革命》，中央编译出版社，1994，第475—476页。

疆背叛国家的三件事实，表明苏联历来反对分裂新疆及支持中国中央政府。一是在1934年，盛世才建议苏联政府速于新疆境内实施共产主义，并逐渐向甘陕推行，声称推翻蒋介石所领导的中央政府是救中国救新疆的唯一途径。但苏联政府认为这一想法是错误的、有害的，声明"断不能同意在落后之新疆迅予实施共产主义之政策"，并劝告盛"对中央政府应矢诚拥戴"。二是1936年12月西安事变时，盛世才力主无条件地援张，公开宣布新省支持张学良。苏联政府"严斥张氏反对中国政府之暴乱行为"，劝告盛世才："不能与彼结合作乱"，"阁下始放弃援张及支持其反对中国中央政府暴动之意念"。三是1941年1月，盛世才向苏联提议，成立新疆苏维埃共和国，并加盟苏联，谓"时机已成熟，英帝国主义者及蒋委员长皆无能干预新疆事"。苏联对这一建议表示了"坚决反对"。[①] 显然，苏联的这封信不只是写给盛世才看的，是准备在盛世才仍不改悔的情况下提交给蒋介石看的。确实，莫洛托夫的这封信不久便转交给了蒋介石。

盛世才也估计到苏方可能会有挑拨离间断其后路的举动，为避免因此信陷入被动，他赶在苏方向重庆提交此信之前，于7月7日致书蒋介石，主动坦白过去亲苏亲共及加入苏共的种种事实，并说明其在新疆处境的困难及不得已之处。盛世才称他对马克思主义夙具信仰，相信苏联坚决执行马克思主义，努力援助落后国家与民族，"是以职主持新疆省政伊始，即树立反帝亲苏两大政策，又复在一九三八年赴莫斯科就医时，曾加入联共党，使苏联国家竭诚援助新疆"。也由于这一关系，他"对于中共不能不表示亲切"。盛世才称他"现已彻底觉悟，苏联国家确实离开马克斯主义，走上帝国主义侵略道路。尤有甚者，即挂着马克斯主义假招牌，以援助落后国家与民族为名，暗中进行其侵略伎俩，其用心较之其他帝国主义者尤为毒辣"。盛世才表示自己"过去实由学识与经验之不足，致被挂着马克斯主义假招牌的人们所愚弄欺骗"，"今后绝对不能再与此类假的马克斯主义者相合作，誓以至诚，拥护钧座与国民党之领导，效忠党国"。

盛世才在这封信中还解释了他要求加入中共、加入苏共、建议在新疆实施共产主义及建议苏联在新疆成立苏维埃政权等事情的原委，声称有的

---

① 《莫洛托夫致盛世才书》（1942年7月3日），秦孝仪主编《中华民国重要史料初编——对日抗战时期 第三编 战时外交》（2），第436—437页。

是因形势所迫，"新疆孤悬塞外，如向中央求援，不仅鞭长莫及，而且迫不及待，只有向苏联求其友谊之援助……为了国家民族，为了保持国家领土，不能不出此通权达变之措施，以维持当时之局面"；有的则是为了试探苏联真意，"其实并非职之真意请求，而正是职借以测探苏联政府对新疆是否有领土野心和是否真正执行马克斯主义"。①

蒋介石大概是不会相信盛世才的这类辩解的。然而，盛苏交恶，盛世才需要中央的支持，这便为恢复中央政府对新疆的控制提供了良机，蒋介石不会因盛世才所说是否属实而错过这一机会。7月9日，苏联驻华大使潘友新拜见蒋介石，转交了前述莫洛托夫致盛世才信。潘友新批评盛世才种种举措，"察其用意似非偶然，且可证明盛督办过去对于贵国政府种种作为，与今日对苏联政府之态度，似皆有敌人为其背景，其左右更不无敌人所派之间谍"。苏联转送信件之举，希望离间盛世才与中央关系的意图甚为明显。蒋介石对此未做反应，只是表示"俟余详阅此信后再行办理"。同时，蒋介石借机强调，今后"贵国政府对于凡关新疆之事应与敝国中央政府交涉，不可与盛督办径行谈判"，希望借机将新疆的对外交涉权收归中央。②蒋在当天的日记中写道："余对此函决置之不理，暂观其以后之变化何如"。③蒋介石的幕僚、时任侍从室一处六组组长的唐纵也看出了苏联的离间意图："苏联觉事已不可挽回，故将过去勾结经过和盘托出，使委员长不相信盛世才，其用心良苦！""而其最后之目的，在使破坏盛世才人格与信用"。④

二 国民政府确定扶盛方针

7月11日，蒋介石收到由朱绍良转来的前述盛世才来信，阅信后称："俄国在新疆全部阴谋根本暴露，而其新锡协定比之倭寇强逼袁世凯签订二十一条者为尤甚，此种举动实较倭寇昔日在东北时张作霖所不忍为者……若

---

① "中华民国外交部"编《苏联对新疆之经济侵略》，台北，编者印行，1950，第54—59页。
② 《蒋介石与潘友新谈话记录》（1942年7月9日），秦孝仪主编《中华民国重要史料初编——对日抗战时期 第三编 战时外交》（2），第435—436页。
③ 《蒋介石日记》，1942年7月9日。
④ 公安部档案馆编注《在蒋介石身边八年——侍从室高级幕僚唐纵日记》，1942年7月9、11日，群众出版社，1991，第290页。

不有此五年来对倭之血战,则今日之新疆决不有此盛世才之忏悔归诚。"蒋介石称盛世才此举为"浪子回头与破镜重圆之奇迹",实乃上帝赐予,由此亦可证明"公理与正义必能战胜一切"。①

蒋很快确定了解决新疆问题的原则:

甲、安定盛世才内向之心

乙、保障盛地位

丙、对俄好意之表示

丁、警告俄员勿在新倒盛

戊、对俄表示中央愿与俄重订新疆有关条约

己、准盛入国民党

庚、派朱常驻新疆

辛、派我外交次长赴新与俄外次相见

壬、新疆划入第八战区范围之明令时间

这9项原则概括起来分三大方面:一是安抚盛世才,继续保持其在新疆的地位;二是对苏既示好又示警,防止苏联在新疆策划动乱;三是加强中央对新疆的控制,把新疆纳入中央的外交和军事体制之中。②

7月13日,蒋介石与朱绍良研究新疆问题方针,在对盛对苏方面确定了两点,"第一保全盛之地位;第二使俄不恼羞成怒,留有回旋余地,切勿使之对盛绝望"。蒋介石担心苏联会鼓动新疆各地暴动,乘机驱盛,计划采取三个步骤:甲、派兵入疆助盛平乱,巩固省政;乙、划新疆归入第八战区,丙、与俄交涉彻底解决各案。③

面对新疆出现的新形势,国民政府军政部门紧急研究应对之策。7月中旬,军事委员会参谋总长何应钦、参谋次长程潜、军令部部长徐永昌、交通部部长张嘉璈、军事委员会委员长侍从室主任贺耀组、航空委员会主任周至柔等提出了一份《收复新疆主权方略》。该方略首先分析了新疆局势,判断苏联尚不会对新疆动武,而盛世才将会倒向中央。方略判断,苏

---

① 《蒋介石日记》,1942年7月11日。
② 《蒋介石日记》,1942年7月11日本星期预定工作课目。
③ 《蒋介石日记》,1942年7月13日。

联虽有吞并新疆的阴谋和足够的武力,但在目前的国际形势下,如公然以武力占领新疆,暴露侵华态度,在政略及战略上均属不利。苏联将莫洛托夫致盛函抄送中央的目的,便是想对中国表示其无领土野心,并企图挑拨离间盛世才与中央的关系,迫其铤而走险,加以孤立,嫁以罪名,日后将设法铲除,以便扶植另一傀儡。而盛世才在外临威胁内怵暴动的情况下,"势必依附中央,并望予以所要之支援,使苏联有所顾忌,不敢公然发动暴力行为,以苟延残喘"。

因此,该方略主张,中央政府应乘此之机,收复新省主权。但中央过去对新疆既缺少充分准备,现在尚无确实控制的实力,故目前应采取的政略是,"一面利用盛之地位及力量并扶之,使其逐渐中央化;一面敷衍苏联,迟缓其对新之策动并尽速加强我甘、青、藏边军备,及一切必要之准备,俟机再确实控制之"。

在确定了挺盛并促使其中央化的方针之后,该方略提出分两个阶段来实施恢复新疆主权的目标。第一阶段为"过渡时期"。这一阶段,在对苏部分,"仍本睦邻政策,并运用政略,遏止其对新采取断然之行动为主眼"。须对苏方说明,"苏联与我新省间演成复杂不快之现状,系由于以往苏联与我新省间直接交涉所惹起。今后关于我新省与苏联间之问题,我中央政府当随时予新省以指示及监督,并说明现中、苏系同盟国家,一切外交,均应循正规",以将外交权逐渐收归中央。在对盛部分,"以维持并利用其地位为主眼,在政治、经济、外交上,多方面以善意之扶助,俾增进其对中央之信赖,使逐渐中央化"。其拟采取措施包括:派遣军政大员前往新疆,与盛保持密切联系,使苏联对新阴谋有所顾忌,并巩固盛的内向信念;逐渐改组新疆省政府,并派遣优秀军政干部及特务人员,密入新疆工作,助盛加强组织;在经济上给予援助;派遣外交特派员驻迪化,以减轻苏联对盛的直接压力等。

在这一阶段,还要做好军事上的准备。其计划是:以保护油矿名义,向河西尤其玉门附近增派一师精锐部队;增辟南疆机场,以保护机场之名义,适时派遣一师以下的中央军于该地;以柴达木屯垦名义,催促骑五军尽速进驻该地;迅速实行控制西藏方案,奠定西南边防,以策应新疆;适时划南疆为一师管区,从事军备之建设。

在做好以上准备的基础上,如发生日寇北进攻苏,或苏对德军事惨败,或其他对中方更有利的事件,便将进入第二阶段即"收复主权时期"。在这一阶段,将向苏联提出解决两国外交悬案的要求,其内容包括:取消承认伪满、伪蒙,不得支持中共,撤退驻新之红军第八团及空军、战车等部队等。在此同时,"中央军有力部队开入新疆各要点,以武力确实控制之,肃清新省一切不稳份子,收复主权"。

该方略特别说明,收复新疆主权的步伐目前不宜迈得太快,"盛之地位,则岌岌不能自保,我又以鞭长莫及,尤以素鲜准备,暂时不能与以直接之支援,故上述外交要求,暂时未便提出,否则彼将置之不理。至于武力进入,亦属不利,盖我之余力及增援速度,均相形见绌,难期奏功,反有促成新疆现局迅速崩溃之虑,故以俟前述有利时机,乃能断然实施,以策万全"。①

7月17日,蒋介石亲笔复信盛世才,再次表示了安抚之意:"此时惟望吾弟特加保养,为国自重,只要吾人能肝胆相照,推诚相与,则国家前途、个人事业,皆有无限光明。对外诸事,中当负责主持,请勿过虑。"②7月20日,朱绍良等二次出关,向盛世才传达中央对新疆的立场。朱带去了蒋介石给盛世才的手谕,并转告盛,关于其既往一切,"委员长不但原宥,且均为之负责"。③盛世才对此甚为感奋。

苏方对中央要员的到来甚感不快,不愿他们加入相关的谈判中。盛世才告诉翁文灏,德卡诺佐夫曾责备他"独山油矿何以不照成议而报中央参加"。④翁文灏7月16日向中央报告:"盛督办面告,苏联代表坚言此来系商洽新疆重要问题,不愿与吾国中央人员商谈。"但盛表示"独山油矿问题,未得中央允准之前,决不由省与苏签订协议云"。⑤

7月30日,翁文灏到新疆督办公署讲堂演讲《经济建国》,听众960余人,历时两小时之久。讲堂上悬挂着中华民国国旗、中国国民党党旗、孙中山及蒋介石像,取代了过去新疆的六星旗。此时,新疆当局已令新省各机关及店铺制备国民党党旗。当日,朱绍良与翁共同致电蒋介石,报告

---

① 《何应钦致蒋介石》(1942年7月13日),秦孝仪主编《中华民国重要史料初编——对日抗战时期 第三编 战时外交》(2),第438—440页。
② 《蒋介石三函释文及注》,台北《传记文学》第53卷第2期,1988年8月,第24页。
③ 张大军:《新疆风暴七十年》第9册,台北,兰溪出版社,1980,第4906页。
④ 李学通、刘萍、翁心钧整理《翁文灏日记》,1942年7月21日,第795页。
⑤ 《在蒋介石身边八年——侍从室高级幕僚唐纵日记》,1942年7月19日,第292页。

此事，认为此是新疆拥护中央之正式表示。①

8月17日，盛世才、朱绍良致函蒋介石，就加强新疆国防提出诸多措施。外交方面，与苏联保持现存关系，以免其铤而走险，同时欢迎英国在迪化设领事馆，欢迎英美人力财力开发新疆；请中央交涉农具制造厂（实为飞机制造厂）。在政治方面，请中央派省政府秘书长、教育厅厅长、外交办事处处长及党务人员；在迪化设立监察使署；喀什、莎车、阿克苏、和阗四区地处要津，为使苏联活动有所避忌，该四区的行政长请中央派人接任；在军事上，向巴楚、莎车暗中增兵万人，向北疆派机械化旅；向新疆移民，今年雪前移民三五万人，日后期达移民百万以上。②

蒋介石对此做出批示，除了机械化部队数量有限，暂时不宜增派外，其他各项，基本同意了盛、朱来信的设想。蒋介石对处理新疆问题决定采取如下步骤："1.先派第四十二军由兰青驻安西、玉门，俾得控制哈密俄军之第八团；2.委派新疆外交特派员收回外交权，归中央，使俄在新之外交纳入正轨；3.肃清新疆共党；4.令俄军离新疆境；5.收回迪化飞机制造厂。"蒋介石计划陆续向新疆派遣外交特派员、省府秘书长、教育厅厅长等高级官员。③

8月15日蒋介石亲赴西北考察巡视，对新疆问题进行具体部署，先后巡视了西安、西宁、酒泉、嘉峪关、张掖、武威等地。蒋原计划飞赴迪化，或要盛世才来一见，但朱绍良等认为两种办法皆不妥，安全难以保障，最后决定由宋美龄持蒋致盛函代表蒋去迪化，朱绍良与吴忠信等同行。蒋称宋美龄此行"以壮盛胆，亦所以慰之也"。④

8月29日，宋美龄一行到达迪化，新疆当局给予了隆重的欢迎和接待，迪化全市都挂上了中华民国国旗。此一情景，吴忠信有诗曰："青天白日遍新疆。"⑤宋对盛世才表示，中央坚决信任盛氏，将来新疆各项工作需要中央协助与否，全由盛氏决定。宋对盛提出四点：一是调派甘肃境内政府军由兰州进驻安西、玉门，牵制在哈密俄军；二是委派新疆外交特派

---

① 李学通、刘萍、翁心钧整理《翁文灏日记》，1942年7月30日，第795页。
② 《在蒋介石身边八年——侍从室高级幕僚唐纵日记》，1942年11月28日本月反省录，第323—324页。
③ 《蒋介石日记》，1942年8月20日。
④ 《蒋介石日记》，1942年8月19日。
⑤ 刀抱石编《民国吴礼卿先生忠信年谱》，第119页。

员，将外交权归中央；三是肃清新疆共产党；四是着俄军退出新疆。盛则表示，蒋夫人此行，不仅带来了蒋委员长对新疆的重视、爱顾与信任，也将同样地把他十年来艰难困苦的情形及他"矢志拥护中央，尽忠党国，绝对服从领袖"的心情带给蒋委员长。① 8月31日，宋美龄携带盛世才致蒋介石专函返回嘉峪关。

9月1日，朱绍良与盛世才达成协定，借助盛世才加强中央在新疆的影响力。双方决定：成立国民党新疆省党部，发展国民党组织，盛世才担任国民党新疆省党部主任委员；遴选新疆干部进国民党中央训练团，盛世才担任中央训练团新疆分团主任、中央军校第九分校主任；在新疆传播三民主义，盛世才担任省政府主席；新疆在对外政策方面与中央一致，盛世才担任新疆边防督办；盛世才担任第八战区副司令长官，新疆由此纳入中央统一的战区体系中。

9月6—10日，蒋介石在西安主持召开了军事会议。9月14日，蒋自西安返回重庆。此次西北之行，历时一月。蒋介石对此次西北之行颇为满意，他自记曰："本月巡视西北，自觉心得非甚鲜，甲、马步芳、河西驻军大部已撤退，中央军接防完妥，此为抗战与建国开发西北大根据地之一重大事件也；乙、新疆对中央心理已完全悦服矣。""新疆盛晋庸对中央心理已无恐惧之心"。②

三 苏联势力撤出新疆

国民政府加强中央在新疆的影响与消除苏联在新影响的举措逐步展开。首先着手的是收回新省的外交权。1942年9月，国民政府指派吴泽湘为外交部驻新疆特派员，主持新疆外交事务。此前，新疆省府在苏联边境城市塔什干、阿拉木图、斜米、宰桑及安集延等五处分别设立了总领事馆或领事馆，这些领馆直接听命于新疆省府，而不是中国驻苏大使馆。吴泽湘到任后，经与盛世才多次会商，达成了解决该五领馆的四条办法：（1）新省府统一将苏联边境五领馆行政权交还中央，自本年10月1日起实行；（2）自本年10月1日起，所有各馆经费改由外交部径发；（3）各该馆首

---

① 张大军：《新疆风暴七十年》第9册，第4907—4908页。
② 《蒋介石日记》，1942年8月31日本月反省录、9月5日。

长及所属职员,如系隶属异党,将分期调渝受训,其他忠实首长、职员,经由外交部使领馆人员资格审查委员会审定后予以加委;(4)前项调训人员,如苏方探寻理由,均不予解释。据吴泽湘9月28日致外交部电透露,如此安排,是因为这些领馆的首长及职员多系中共或苏共党员,故借词调任,到重庆后再定任免。① 这样,国民政府首先在收回新疆外交权上取得了进展。

10月19日,经蒋介石同意,外交部就外交特派员权限发出指示,提出三项办法:一是地方之普通对外案件,由特派员遵照中央外交方针,商承省政府参照地方特殊环境,就地处理,随时报告中央备案;二是特派员与省政府对于处理某项对外案件之意见不能完全一致时,省政府与特派员应将各拟定处理之意见,会报中央核示;三是遇有原则或有关国家主权及经济利益之各问题,无论案件之巨细,应先请示中央核办。②

12月19日,外交部再次指示吴泽湘,以后有关地方案件的交涉,"最好不由省府径复,仍由该特派员商承省府意见,转复苏方,以留转圜余地,而维我国外交齐一之系统"。③

经过一段时期的交涉,盛世才渐知中央决心,决定交出外交权力。1943年1月,盛世才致电中央,提出新疆外交事务此后应由特派员全权处理:"职省地当边徼,外交问题频繁,须以外交人员统一办理,以一事权。"盛电称,吴特派员来新之初,对地方情形不太熟悉,故外交事务当由省府协助进行,有时省府亦直接办理相关事务,"现吴特派员驻新日久,地方情形之明了逐渐深刻,嗣后凡属外交问题似应由吴特派员全权处理,遇有英、苏领事提出问题时,须由地方协助者,可由省府竭力供给材料,俾臻妥善"。④

2月18日,外交部对此前的外交特派员权限三项办法加以修正,提出

---

① 原新疆省档案,转引自李嘉谷编《中苏国家关系史资料汇编》,社会科学文献出版社,1997,第420—421页。
② 《外交部致驻新疆特派员电》(1942年10月19日),"外交部"编《外交部档案丛书·界务类 第四册 新疆卷》(2),台北,编者印行,2001,第381页。
③ 《外交部致驻新疆特派员电》(1942年12月19日),《外交部档案丛书·界务类 第四册 新疆卷》(2),第382页。
④ 《国民政府军事委员会致外交部》(1943年1月24日),《外交部档案丛书·界务类 第四册 新疆卷》(2),第385页。

新疆特派员公署联系办法四条：

　　一、地方之普通对外案件，由特派员遵照中央外交方针，商承省政府，参照地方情形，就地处理，随时报告外交部备案。如遇有疑难案件或有关条约解释时，应呈请外交部核示。

　　二、遇有关原则或开先例或关国家主权及经济利益之各案件，无论巨细，应先请示外交部核办。

　　三、特派员处理对外案件，如遇省政府另有意见时，特派员应将该案连同省政府意见，呈报外交部核办。

　　四、特派员于承办地方对外案件时，应与省政府随时取得密切联系，同时省政府应尽力予以协助，并供给各项有关资料。①

2月28日，蒋介石核准了这一办法，并将此办法电发盛世才。

此前，苏联在新疆享有各种成文和不成文的特权及特别利益，中央政府决心对苏联的这些特权加以限制或取消。1942年10月21日，外交部向蒋介石报告了准备与苏方交涉的问题，广泛涉及军事、政治、经济各方面。主要内容包括：独山子油矿，中苏应商订合办合同；迪化农具制造厂（即飞机制造厂）此前并无中、苏合办约定，全由苏联人员主持，似应早日收回或与苏联合办；拆撤新甘省内苏联所设无线电台；新疆的归化军，实际上已成苏联军队，如苏联承认其为苏军，我方可请其全部撤出，如苏联认为系中国的归化军，中方自可分部调防，化整为零，予以遣散；对新苏商务经济协定，做好交涉准备；苏方人员在新省所享受的特殊待遇，苏联飞机、车辆入新境不受检查等各事，应予以纠正；中苏航空站应由华人主持或由中苏两方人员合办。外交部认为，苏方在新非法行动相沿已久，中方现在进行调整，苏方似不致公然表示拒绝。惟难免有色取行违情形。因此，外交部建议"先派兵入新以为我决心处置之表示"。外交部同时指出，对苏联不宜操之过急，应把握时机，规定计划，次第实行。②

---

① 《外交部致蒋介石》（1943年2月18日），《外交部档案丛书·界务类 第四册 新疆卷》（2），第385页。
② 《外交部致蒋介石电》（1942年10月21日），秦孝仪主编《中华民国重要史料初编——对日抗战时期 第三编 战时外交》（2），第445—446页。

与外交部的计划相比，盛世才则显得颇为激进。10月5日，盛世才向苏联驻迪化总领事普式庚递交了一份备忘录，要求除外交官员外，其他所有在新疆的苏联人，包括军事顾问、军事教官、财政顾问、技术专家、工程师、医生、锡矿人员与探测人员，以及驻扎哈密的红八团整个部队，在三个月内全部撤离新疆。

苏方对盛世才提出的撤员要求甚为不满，普式庚在10月16日转达了苏联政府的答复，表示所有军事人员及与锡矿有关的人员，均不同意撤退，只撤退那些在新疆服务已过两年的顾问、技术专家与医生等。对此，盛世才强硬地表示，无论是军人还是平民，所有人都必须在限期前离去。如果矿工与探测人员不撤，省政府将不给他们一切设备，也不给他们提供保护；如果军事顾问与教官不服从，他们将从名册上除名，以后再也得不到任何的补偿；如果第八团不撤退，边防委员会将不再提供一切服务，哈密人民也不再供给食物与粮秣，"如果有任何不幸事件发生，责任在苏俄军事顾问与军事教官身上，新疆省政府将完全不负责任"。①

在如何处理被捕的中共人员上，重庆与盛世才的想法也并不一致。从国共关系乃至中苏关系的大局考虑，蒋介石并不想剥夺这些被捕者个人的生命，主张"新疆共党百余人被盛拘禁事应即解决，使之归还延安，切勿杀害，更不宜久拘新疆境内，以防不测之变"。② 但盛世才显然没有接受蒋的意见，继续拘禁被捕的中共人员。

1943年2月上旬，驻苏大使傅秉常赴任途经迪化，传达蒋对新疆问题的指示，并与盛世才、朱绍良一起讨论了红八团撤退等问题。傅在事后给蒋介石的报告提议新疆交涉事权宜交中央。傅在报告中表示："惟默察国际局势及新疆情形，常及朱长官意见均以为不宜操之过急。至于其他新省一切交涉事项，似宜尽量移归中央办理较善，因苏联对盛督办似仍略存芥蒂，而对我中央态度则较为友善也。"③

在对盛世才抵制了一段时期后，苏联态度发生变化，决定将其人员与设备全部撤出新疆。1943年4月10日，苏联驻迪化总领事普士庚（Pushkin）

---

① 张大军：《新疆风暴七十年》，第5098页。
② 《蒋介石日记》，1942年10月6日。
③ 《傅秉常呈蒋介石报告》（1943年3月21日），秦孝仪主编《中华民国重要史料初编——对日抗战时期 第三编 战时外交》（2），第402页。

奉命正式通知新疆省政府：（1）所有在新疆的地质考察团（新锡）工作完全停止；（2）将所有考察团人员一律撤回及一切机器运回苏联；（3）在工作人员撤回及机器运回时，希望新省予以便利与协助。4月15日，普士庚奉命再次通报新疆省府，表示苏联政府已决定将驻扎哈密的红军第八团撤回苏联；苏联驻哈密飞行队亦完全调回，飞机制造厂亦决定取消，并于最近时间内将所有工人及技术管理人员、物资、机器等一并运回苏联。

中方原曾希望对迪化的飞机制造厂及独山子油矿等重要企业采取共同经营（中方股份占51%）的方式，使之继续运营下去，但苏方撤回所有机器及人员的做法，将使这些重要企业立即瘫痪。5月6日，中国外交部向苏方提出一份备忘录，表示"中国政府希望苏联政府能将飞机厂及油矿机件价让"，并进而表示"关于技术方面之设施及人员之雇佣，我方仍愿意与苏联合作"，似乎又表现出一定的和缓姿态。①

然而，尽管蒋介石也希望留下这些设备，但与驱除苏联在新影响比起来，这些设备又显得不那么重要了。蒋更愿看到苏联尽快撤出，即使付出经济损失的代价也在所不惜。他在5月7日致函盛世才分析说："如果国际或俄日无大变化，非万不得已，彼决不愿撤回此已装置之器材，故吾人不患其撤去之速也……至于其他各项，则静观其以后动作如何，若能早撤一日，则吾人应协助其早日撤回，不必强勉，亦不必有所顾忌，吾人所恃者，惟理与法而已，惟恐其对新锡机器不肯撤去耳。中意对新锡有关事件，总以根本撤销，不必以此区区机器而留一国家权利损失之病源耳。"②5月底，苏方完成了军队的撤出及设备的拆除，蒋介石对此颇感欣慰："俄国驻防我新疆哈密之第八团已完全撤退回俄，其在新疆所有霸占之工厂矿机皆亦全部拆回，此实我革命最大胜利，不啻补偿东四省失陷而有余矣。"③

随着苏联航空队的撤离，新疆境内已无苏联飞机。但此前苏方在迪化、伊犁、奇台、哈密等地设立的航空站尽管无物资可运，仍然存在着，其附设电台仍继续工作。中方认为，现在"航空站已无存在必要，且该站

---

① 《吴国桢致潘友新备忘录》（1943年5月6日），秦孝仪主编《中华民国重要史料初编——对日抗战时期 第三编 战时外交》（2），第449—450页。
② 《蒋介石致盛世才》（1943年5月7日），秦孝仪主编《中华民国重要史料初编——对日抗战时期 第三编 战时外交》（2），第450页。
③ 《蒋介石日记》，1942年5月31日本月反省录。

电台仍继续工作，对我主权尤不无影响"。1943年12月，中国外交部通知苏方，要求在本月内，苏联在新疆设立的航空站及各站的无线电台等一律结束工作，并要求以后苏联飞机入境内时，须依照外国航空器飞航国境统一办法办理。①

苏联人员的撤退工作，总的来说，比较迅速。至1944年春，除外交人员外，苏联在新人员已全部撤离回国。与此同时，中央势力逐渐进入新疆。1943年4月，朱绍良调6个徒手新兵团入新，交由盛世才训练。盛世才将这些士兵编入省军或淘汰，但带兵的下级军官则调到军事机关做文职工作，多少显示了其对重庆有所提防的心理。9月，胡宗南部第十八混成旅两个团进驻哈密。此后，大批中央军部队陆续入新，第二十九集团军司令部总部于1944年春移驻哈密。此外，国民党还陆续派遣党政干部入疆，渗透到新疆省政府的各个部门。

对于盛世才的倒戈，苏联非常愤怒，采取了在幕后支持新疆少数民族暴动的策略，使盛世才难以应付。苏联的这种压力，也为中央部队入新提供了机会。1944年3月，苏军甚至出动飞机进入新疆境内轰炸在中蒙边境的中国军队。国民政府一面对苏联的行为提出抗议，一面又看到了将更多中央部队开入新疆的机会。蒋自记曰："安知俄国今日轰炸我新疆，而非为我国军正式进驻新疆，收复我主权之良机乎？谋事在人，成事在天。"② 3月26日，蒋介石做出决定："派遣两个军进驻新疆，此乃收复主权一大事也。"③

国民党的党政、经济、文教等各方面人员也大量进入新疆。国民党中常会决定，重建国民党新疆省党部，以盛世才为主任委员，另派黄如今为书记长。1943年1月，国民党新疆省党部举行宣誓仪式。当年，成立区党部84个，区分部461个，小组808个，发展党员7224人。④ 国民党力图通过建立各级组织及发展党员来加强对新疆的控制。1943年3月，国防最高委员会通过决议，决定成立新疆省监察使署，罗家伦出任监察使。国民政府还制定了比较优厚的派新工作人员待遇办法，以鼓励内地工作人员入新。

---

① 《宋子文致蒋介石电》（1943年12月31日），秦孝仪主编《中华民国重要史料初编——对日抗战时期 第三编 战时外交》（2），第456页。
② 《蒋介石日记》，1944年3月22日。
③ 《蒋介石日记》，1944年3月26日。
④ 陈慧生、陈超：《民国新疆史》，新疆人民出版社，2007，第378页。

1943年9月上旬，国民党第五届中央执行委员会第十一次会议在重庆召开，盛世才离新赴会。这是盛世才在新疆建立半独立王国后首次来中央参会。另一地方实力派首领云南省龙云也来到重庆。蒋介石对盛、龙来渝与会甚为看重，他在日记中一再写道："此为国府成立以来未有之盛事，其一，本已加入俄共实际已为俄共之附庸，新疆全土已入俄共之囊中。其一，为汪伪所欺弄，三年以前几乎已陷于寇伪阴谋之中，而今皆能坦然应召遵命到会，对内对外中央无形之威声增加，不可以道里计……此为抗战以来最足自慰，且亦自豪之事也。""新盛滇龙应召到会，此为民国以来未有之盛事，可知国家与中央之威声比三十二年前不啻提高数倍矣。"①

对于新疆主权的收复，蒋视为国民政府的极大成功。在1942年的年度总反省录中，蒋如此评价道："新疆省主席兼督办于七月间公开反正归顺中央，效忠党国，而河西走廊马步青军队亦完全撤退于青海，于是兰州以西直达伊犁直径三千公里之领土，全部收复，此为国民政府成立以来最大之成功，其面积实倍于东北三省也。此不仅领土收回而已，而新疆归诚中央以后，我抗战之后方完全巩固，倭寇更无意消灭我政府。"在1943年的年度总反省录中，将再次记曰："内政则新疆行政与主权完全收复矣，此今年最大之成功也。"②

四　盛世才调离新疆

然而，新疆局势的发展，对盛世才来说却是并不乐见的。一方面，中央势力入新后，其往日的独尊地位不复在，他与国民党新疆党部人员的矛盾日益加剧；另一方面，他又面临着有苏联背景的新疆民族暴动。随着在西部战场度过危机并逐渐转入攻势，苏联开始在新疆展开动作。1943年5月，苏联做出了推翻盛世才而以忠于苏联的新疆民族代表组成的政府取而代之的决定，并决定在内务部和国家安全部的领导下成立行动小组，以推进这一计划。自1943年夏天始，新疆各地出现了反抗盛世才的组织，许多组织的背后都有苏联的身影，苏联为他们提供武器弹药，帮助组织武装暴动。在这种情况下，盛世才又开始考虑再次转向，以清除新疆的中央势

---

① 《蒋介石日记》，1943年9月4、5日。
② 《蒋介石日记》，1942年12月31日三十一年总反省录、1943年12月31日三十二年总反省录。

力，重新向苏联表示亲近。

而在重庆方面，鉴于苏联与盛世才的关系已经严重恶化，不可缓和，也开始考虑将盛世才调离新疆的问题。一贯主张联苏的立法院院长孙科对与苏联的武装冲突颇为担心，在4月4日的国民党中常会上激动地说出"中国外交非亲俄必亡国"的话语，力主立撤盛世才。邵力子也支持孙科的主张。① 尽管蒋介石对孙科在中常会上的"咆哮冲动"颇不以为然，但有孙科这样想法的在国民政府内并非少数。从唐纵日记的记载来看，军政各方均有持相同看法者："新疆事件发生后，党内同志对盛世才颇有责难，孙哲生、邵力子二先生持论至为显著。"②

而在唐纵更早一些的日记中可以看到，军方亦有这样的看法，"军令部意见仍应与苏联保持友谊，不可因小失大，应设法调整人事，盛世才须调离新省，另派他职"。唐纵并表示："（军令部）所见与我完全相同。"③ 其实，蒋介石本人也早在考虑新疆的人事变动问题。1944年3月12日的日记中，"本星期预定工作课目"便列有"新疆主席人选与准备"一条。

处于焦虑与疑惧中的盛世才重施故伎，1944年4—8月，炮制了一个阴谋暴动案，展开大规模的逮捕行动。4月，盛世才逮捕新疆省政府秘书长刘效黎、教育厅厅长程东白等十余人，罪名是受苏联和中共指使阴谋暴动。6月26日，大规模逮捕迪化150多名师生员工。8月11日深夜，盛世才以开会为名，诱捕国民党新疆省党部书记长黄如今、建设厅厅长林继庸等一批国民党在新要员，此后又逮捕了一批包括师长在内的高级军官。盛世才并声称，黄、林等人是混入国民党内的共产党，阴谋组织暴动的首脑是梁寒操（时任国民党中央宣传部部长）。梁与苏联驻迪化总领事串通，意图推翻新疆现政权。8月12日，盛世才向蒋介石报告了这一案情，称被捕者企图在新疆暴动，建立社会主义政权，并已买通其身边管理厨房的副官及厨师，准备毒杀；买通其身边卫士，准备谋刺等。④

同时，盛世才又向斯大林报告，称被捕者是日本间谍和蓝衣社成员。

---

① 《蒋介石日记》，1944年4月4日。
② 《在蒋介石身边八年——侍从室高级幕僚唐纵日记》，1944年4月13日，第424页。
③ 《在蒋介石身边八年——侍从室高级幕僚唐纵日记》，1944年3月29日，第415页。
④ 《在蒋介石身边八年——侍从室高级幕僚唐纵日记》，1944年8月27日上星期反省录，第455页。

盛密派亲信到苏联驻迪化总领事馆，请求苏联出兵解决中央部队，并许以阿山金矿、独山子石油等为酬劳。但苏联已不再相信盛世才，拒绝了盛的要求。① 6月，斯大林先后在会见美国驻苏大使哈里曼（Averell Harriman）及美国副总统华莱士时表示，将盛世才调离新疆是改善中苏关系的积极措施。华莱士抵达重庆后，将斯大林的这一谈话内容转告了蒋介石。

蒋介石当然也不会相信盛世才的借口，而苏方又把盛世才给斯大林的报告转给了重庆，盛的投机做法遂一目了然。重庆政府决定趁此机会解决新疆问题。8月初，蒋介石开始比较切实地考虑将盛世才调离新疆的问题，他在8月2日的日记中自问：“新疆省府改组之时间应速乎”？在8月11日夜盛世才大举逮捕中央要员之前，蒋在当日白天已与朱绍良、宋子文等多次讨论新疆人事问题与对苏联外交问题。大逮捕发生后的次日，蒋介石在与吴忠信谈话中明确提出了将盛世才调离的问题。蒋询吴以治疆方针，吴忠信答称，乃"和外安内"及"巩固中央在新之政权"。蒋对吴的回答显然比较满意，随即表示，盛世才近期内必须辞职，并拟请吴忠信接任。②

8月13日，蒋介石接连收到盛世才两电，盛通报了他在新疆的逮捕行动。当日，蒋介石与驻新疆外交特派员吴泽湘面谈新疆问题，吴报告说，在他看来，除盛世才五弟及其妹婿彭某以外，其他人皆有为其捕杀之可能云。蒋对盛之举动大为惊骇，在日记中写道："中央在新重要人员皆被其逮捕，并将其本身最亲信之文武干部皆一并逮捕，而其厨房与旧佣本家皆以受反动谋刺嫌疑逮捕云。殊堪惊骇。此种荒谬案件层出不穷，除为其本人有神经病发狂之外，另无其他之想象可言。"此时，蒋介石担心，在苏俄压力增强之下，盛世才可能又将重回旧路。当晚，蒋介石又与朱绍良商讨新疆问题，两人研究的结果是，盛世才前后所来各电皆为预定之设计，新疆局势"可危之至"。③ 国民政府其他要员也怀疑，盛世才如此近乎疯狂的举动，有可能意味着他将要倒向苏联。唐纵记载："盛忽捕中央人员与柳师长，情况特异。陈布雷推测，盛世才是否准备向苏联叩头。"④

对于盛世才的这一反复，蒋介石极为恼怒，他在日记中痛批盛世才

---

① 《在蒋介石身边八年——侍从室高级幕僚唐纵日记》，1944年8月2日，第448—449页。
② 丁剑：《吴忠信传》，人民出版社，2009，第325页。
③ 《蒋介石日记》，1944年8月13、14日。
④ 《在蒋介石身边八年——侍从室高级幕僚唐纵日记》，1944年8月15日，第451—452页。

"患得患失不明大义，有私无公，见利忘义之人，不可用也"。大概是联想到从前的张学良兵变，蒋甚至愤称"东北之军人多为害国害己之人也"。蒋与戴笠、何应钦等人反复研究盛世才的动态及处理此事方针，做了最坏的打算，"决定准备最后之军事行动"。① 8 月 15 日，蒋介石令胡宗南准备前赴哈密，准备军事。8 月 16 日，蒋介石考虑了采取军事行动时牵涉的若干方面："准备新疆军事行动。甲、空军，乙、传单，丙、部署，丁、车辆，戊、命令稿，己、外交通知俄英美"。② 次日，蒋与军政部次长林蔚商讨新疆军事与运输计划。

但蒋介石并未放弃和平手段。盛世才逮捕中央要员后，尚未遭逮捕的新疆监察使罗家伦紧急密电中央："如派朱一民前来，尚有挽救可能。"③ 为防剧变发生，蒋介石决定冒险派朱绍良再赴新疆。蒋 13 日召见朱绍良的情形，也反映了蒋对朱此次新疆之行的重视及其预计此行的风险。蒋遣其座轿下山迎朱到其住处，并亲自到客室门前迎客，皆为破例之举。两人商谈达三四小时之久。密谈时蒋忽以手放于朱绍良膝上，询问朱有儿女多少及年龄大小，意似在表示负责朱身后之事。朱绍良表示：甘冒不测危机，亲到迪化一行。④

朱绍良 8 月 14 日飞抵迪化，向盛世才提出了调其去重庆任职的要求，但盛世才并未轻易就范。他起初以新疆局势严重不能遽离为理由，企图拖延，后来又表示愿意让出省主席之位，但仍任边防督办，再后又请求留新 6 个月，布置军事善后事宜。至 19 日，朱绍良仍未能回渝复命。对此，远在重庆的蒋介石颇为焦虑，"朱逸民今日不能如期离迪回渝，盛之行动狂妄，甚为忧虑"。⑤

但盛世才并没有与中央对抗的资本。此时，盛世才可控制的部队只有两万人左右，中央军入新部队已有三个师，对迪化形成了大包围态势，后续部队亦可很快调入，空军也在酒泉布置了若干架飞机，可随时准备出击。盛世才再次起事的胜算很小。面对重庆方面将其调离的坚定态度，权

---

① 《蒋介石日记》，1944 年 8 月 14 日。
② 《蒋介石日记》，1944 年 8 月 16 日。
③ 朱绍良先生纪念集编辑委员会编《朱绍良先生年谱》，台北，编者印行，1964，第 35 页。
④ 张佛千：《安边儒将朱一民》，见《朱绍良先生年谱》，第 136—137 页。
⑤ 《蒋介石日记》，1944 年 8 月 19 日。

衡局势后，盛世才自知大势已去，不得不接受了重庆方面的要求，20日，朱绍良返回重庆。当蒋介石接获迪化机场来电，得知朱绍良的飞机已经起飞时，终于松了一口气，"此虑为之一慰，如释重负也"。①

8月22日，朱绍良向蒋介石报告了盛世才的情况。蒋认为："彼实处于众叛亲离及恐怖疑惧之中，而患得患失，恋栈侥幸之心犹未断也。彼犹不愿速离迪化之心理，必须先予打破也。"②蒋决定尽快确定新疆省主席人选，赴新接替盛世才。同日，蒋介石再次要求吴忠信接任新疆省主席，吴表示接受。吴忠信随后提出了改组新疆省政府意见，指出此次改组之目的，在求新疆安定，而安定之道，在能安盛氏部队之心，安地方人士之心，安苏联之心，因此对新疆省府厅委人选的遴配，要审慎进行。吴忠信在其拟定的用人标准中，还特别提出，与盛有恶感者不可用。这一意见反映了剧变之后力求稳定的方针。同日，苏联驻华武官罗申（N. V. Roschin）前来辞行，蒋透露了中央将把盛世才调离新疆的信息，"希望中俄外交，今后勿再生隔阂之意"。③

为消除盛的顾虑，避免其铤而走险，蒋介石还在8月22日会见盛世骥时，嘱其转告盛世才："其生命财产余必为之负责保护也。"④ 8月26日，蒋介石致电盛世才，通知他调任农林部部长，并要求他尽快来渝就职。同时，蒋也向盛做出个人保证："此后一切公私各事，中必为吾弟负其全责，主持一切，请勿顾虑。"⑤

8月29日，国民政府宣布：新疆省政府主席兼新疆边防督办盛世才呈请辞职，准免盛世才本兼各职；裁撤新疆省边防督办公署；任命盛世才为农林部部长；任命吴忠信为新疆省政府主席，吴未到任前由朱绍良暂代。国民政府并决定，此后所有驻新疆各部队归军事委员会直辖，原督办公署应办事宜由新疆省保安司令部接办。至此，盛世才在新疆11年多铁腕统治宣告结束，新疆长期游离于中央政令之外的局面被彻底打破，新疆重新回到中央的直接控制之下。

---

① 《蒋介石日记》，1944年8月21日。
② 《蒋介石日记》，1944年8月21日。
③ 《蒋介石日记》，1944年8月22日。
④ 《蒋介石日记》，1944年8月22日。
⑤ 《蒋中正三函释文及注》，台北《传记文学》第53卷第2期，1988年8月，第24页。

尽管蒋介石对盛世才个人品性多有微词，但对于盛世才最终服从中央而使新疆回到中央治下仍颇多肯定。9月18日，盛世才就农林部部长职，蒋介石亲临主持授印。蒋表彰盛世才的功绩曰：新疆有我东北四省之大，不费一弹而璧还中央，此为边疆大吏最大之功绩。① 自民国以来，由中央自主任命而不是被动追封新疆领导人，此为第一次，蒋介石颇有成就感。对于新疆问题的解决，蒋在此后的日记中曾一再提及，视为莫大成功。蒋称："盛世才到渝就职，新疆问题完全解决矣，此为内政最大之收获也。"②

盛世才的离新理顺了中央与地方的关系，也去除了苏联必欲去之而后快的人物，但是，它对中苏在新疆地区的矛盾并不能真正缓和。9月5日，中国驻苏大使馆参事刘泽荣与苏外交部远东司司长会晤，谈及新疆问题时，刘以私人资格告称："新疆边防督办已裁撤，省主席已易人，中央采此重要步骤，足以表示调整中苏关系之决心，希望苏方明了此意，加以协助。如双方能将全盘问题开诚协商，必得圆满解决。"然而，苏方对此反应并不积极，对盛世才离新后的中苏关系前景似乎并不乐观。该司长亦以私人资格答称："新疆各问题并非单独性质，而为全部不正常之环境所造成，如该省当局不改变态度，则无法解决一般之问题，须知新疆问题在中苏关系中已成为最痛苦而伤心之问题。"该司长称，自中国抗战以来，苏联即予以诚意协助，例如苏联耗千百万巨款建立飞机工厂，担负非轻，但有人不重视苏方好意，反而对此工厂及其他事业造成不可忍受之环境。当苏联对德抗战最困苦之际，居然以怨报德，实属痛心！此次中国政府更换新疆当局，如其动机在调整中苏关系，则可令人满意。但苏联对于新疆之评价，尚须视该省新当局之态度如何而定。③

第二节　改进中苏关系的设想与挫折

一　中方关于改善中苏关系的讨论

1944年夏，随着欧洲第二战场的开辟，盟国胜局已现。国民政府无疑

---

① 《在蒋介石身边八年——侍从室高级幕僚唐纵日记》，1944年9月18日，第460页。
② 《蒋介石日记》，1942年9月30日本月反省录。
③ 《宋子文致蒋介石电》（1944年9月14日）、《军委会侍从室抄转驻苏使馆刘参事与苏联外交部远东司长晤谈新疆问题呈致参事室函等》，二档馆：761/129。

意识到了中苏关系对于加快对日抗战胜利的到来及影响战后中国走向的重要性，对中苏关系的关注度大为提高。有关改善中苏关系的讨论颇为集中地在1944年7—8月展开。

宋子文于7月8日拟出一份《增进中苏邦交方案》，提出从9个方面着手增进中苏友好，如运用宣传政策，对苏表示好感；派遣专使或访问团访苏，以示我方好感，并与其交换意见；调整并增益中苏经济关系，互供所需；进行文化交流，以资联络；对中共问题商定一局部的暂行办法，以增加抗战力量等。其中，颇为值得注意的是，该案提出中苏以美加为例，"商洽中苏边界互不设防问题"；"仿英苏同盟协定之精神，加强中苏现有之互不侵犯协定"，其对中苏关系发展的乐观态度由此可见一斑。①

国民参政会秘书处提出的《增进中苏邦交意见书》，也有类似的乐观情绪。该意见书主张向苏联提议："改订军事互助同盟条约，其公布时间，可另由两国同意决定之。"如苏方对同盟条约不甚赞同，应提议延长《中苏互不侵犯条约》期限为20年或30年，"借以表示我国愿与苏联长期友好，决不参加任何以反苏为目的之国际集团"。意见书要求商请苏联继续向中国提供各种援助，并提出重新聘请苏联军事顾问。意见书判断欧战会在本年内结束，要求国民政府催促苏联参加对日作战，"倘仍不作此提议，或转不足表示中苏友谊之深切。故我宜断然向苏联提出商谈"。②

军事委员会参事室也提出了一份调整战后中苏关系方案。该方案认为，战后中国的对苏外交中，"应设法推行善邦政策"。因为战争结束后，中国的重要工作将是恢复建设，推动建国大业。因此，"吾人务须设法维持长期和平，俾于十年或二十年之内不使再有任何对外战争发生"。考虑苏联对中国的态度，"对我睦邻之善意虽无理由出以决绝，惟其战后之对华政策，或仍将采取强硬或冷淡之态度，亦未可知。我政府为解除此项困难起见，自应抛弃过去被动之外交方式而采用主动，目前或即应开始与苏方作一般试探性质之谈话"。③

冯玉祥也致函蒋介石，希望加强中苏关系。冯玉祥称："自开战以来，

---

① 宋子文：《增进中苏邦交方案》（1944年7月8日），胡佛图书馆藏宋子文文件，盒号53/16。以下简称宋子文文件，并径注盒号。
② 国民参政会秘书处：《增进中苏邦交意见书》（1944年7月10日），宋子文文件：53/16。
③ 《军委会参事室草拟调整战后中苏关系方案》（1944年7月10日），二档馆：761/128。

我国之外交路线非常正确，但是努力尚有不够的地方，尤其是中苏邦交。"冯玉祥认为，苏联与中国是患难之交。国家之交有如交友，患难之交可以长久，富贵之交颇不可靠。从策略上说，中苏关系的加强对推动与英美关系的发展亦有促进作用，"我与苏联邦交愈密切，则英美亦愈来的快；苏联同我们松懈下去，则英美对我们也就日渐松懈，尤其是英国最势利眼，对我们更不客气"。冯玉祥建议，应尽快把旧好恢复起来，"只要苏联同我们十分亲善，美国定然更同我们亲善。此事关系存亡至大"。冯玉祥建议蒋介石请孙科、于右任、邵力子诸先生来特别研究，相信定能找出很好办法，加强外援，渡此难关。①

蒋介石显然看到了宋子文与国民参政会秘书处所提出的方案，并向军事委员会参事室主任王世杰表示了某种赞同之意，要求王对此提出书面意见。王世杰在稍后的签呈中提出，在对苏交涉之前，应着重做好两件事，一是改善新疆的政治状况，调整人事；二是要"以适当方式发动中苏亲善言论"，希望指定三四人密主其事，"以期造成有系统有分际之舆论"。但王也提出了不同意见，"钧示两点：（一）两国边境互不设防；（二）仿英苏盟约成立中苏同盟，此两点目前均有障碍，不易实现"。一是外蒙古问题未解决，中苏边防无法确定；二是苏日仍处中立状态，订立中苏同盟无疑将使苏日破裂，"而苏联政策固显然不欲于破裂前予日方以任何借口或准备也"。②

对于未来中苏交涉不可避免要涉及的内容，各方已有所注意，在各自的方案中都准备向苏联做些让步，以作为苏联出兵参战的代价。如关于东北权益，国民参政会秘书处的意见书便提出，苏联已将中东路北段出售给日本，"苏联则实已自弃其权利矣，战后我国倘要单独管理中东路，苏联亦应无词"，但同时又表示："我国至少须给苏联以铁路运输之各种优待办法，及利用铁路港口之便利，以答谢苏联之援助我国收复东北。倘我国仍允苏联共同管理中东路，尤为对苏联之极大友谊，可用为其他重要谈判之交换条件。"即准备有条件地与苏联共管中东路。③ 也有人直接提出："战

---

① 《冯玉祥要求加强中苏亲善关系致蒋介石函》（1944年10月11日），二档馆：761/128。
② 《王世杰关于改进中苏关系意见签呈》（1944年7月10日），《民国档案》2006年第2期，第52页。
③ 国民参政会秘书处：《增进中苏邦交意见书》（1944年7月10日），宋子文文件：53/16。

后中东路似仍可归中苏两国共同管理，以表示我尊重苏联在东三省地位之意"；苏联在远东需要不冻港，中国不必专门提出这一问题，可在中苏经济合作中，给苏联以铁路港口利用的便利。①

宋子文曾试拟一中苏条约草案，除互助合作的各条款外，唯一准备向苏方让渡的权益是："为便利苏联东方运货起见，中国政府允诺依照国际公法之一般原则给予苏联政府在中国东三省境内有关铁路之商货过境便利。其详细办法由两国协商规定之。"此种铁路便利可使苏联货物由满洲里直达海参崴。宋子文担心苏联可能会以海参崴是冻港为由，要求利用大连港口，遂提议将韩国的三大港口之一划为国际港口，东三省则提供通往该港口的过境铁路运输便利。②军委会参事室的方案则较为强硬，认为："中东铁路，苏联即早将该路售与伪方，此问题当不复存在，我国进入东北后，可将该路及其附属财产全部收归我有，不容苏联有丝毫置辩之地。"③

关于外蒙古问题，所有的方案都认为目前直接收回外蒙古的可能性不大。有的提出，以搁置不提为宜；有的提出，可宣示这样的原则，一方面主张"保持我国领土主权，外蒙仍为中华民国之一部分"，另一方面，基于承认各民族自决权的国民党一大宣言，可以宣布承认外蒙古的高度自治权，国民政府绝不以兵力压迫外蒙古取消独立。④杭立武的提案，则将其简述为"在赋予外蒙以高度自治之原则下中国宗主权之确立"。⑤

军委会参事室案认为："过去苏联对外蒙种种措施，足见苏联有完全合并外蒙之准备。"战后中国应多方设法，挽回既失权利，惟图彻底解决外蒙古问题，势须外交内政两者并重。就目前而言，政府即应着手积极抚慰内蒙古蒙民，使其安居乐业，并宜广选内外蒙古优秀青年，招来内地予以教育或军事上之训练，借为将来收复外蒙古之用。战后，应首先加强中央在东北新疆之实力，同时要求苏联自外蒙古撤兵，并放弃非法获得之一切权利，纵或一时不能将外蒙古完全收回，亦坚决不使苏联推翻我国在外蒙古的领土主权。⑥

---

① 该文件无时间无具名，宋子文文件：53/16。
② 《宋子文拟调整中苏关系步骤签呈》（1944年7月17日），宋子文文件：53/16。
③ 《军委会参事室草拟调整战后中苏关系方案》（1944年7月10日），二档馆：761/128。
④ 国民参政会秘书处：《增进中苏邦交意见书》（1944年7月10日），宋子文文件：53/16。
⑤ 杭立武：《调整中苏关系方案》（1944年9月25日），宋子文文件：53/16。
⑥ 《军委会参事室草拟调整战后中苏关系方案》（1944年7月10日），二档馆：761/128。

总而言之，在1944年的讨论中，未来中苏交涉中将要出现的重大问题都已被提出，并有所讨论，准备在这些问题上做出一些让步。然而，人们还是大大低估了苏联的胃口，虽然已经提出了问题，但没有料到苏联在这些问题上的要价将远远超出中方的预想。各种方案中，似乎没有任何人提出较为严峻的预见，自然无从采取任何预防措施。

二 苏联的中国观与对中国权益的索求

在中国人眼中，苏联是一个必须小心翼翼应对的强邻；但在苏联人眼中，中国不是一个需要平等视之的大国。对于中国希望成为政治大国的努力，苏联始终持比较冷淡的态度。一方面，苏联是以实力而论，认为只有苏、美、英三国具有这一实力，中国还差得很远。在太平洋战争刚刚爆发后，苏联副外交人民委员洛佐夫斯基（Solomon Lozovsky）在致斯大林的一封绝密信函中展望战后时便称："四个大国（德国、日本、意大利和法国）将要消失，起决定作用的是苏联、英国和美国。"[①] 另一方面，苏联也不愿看到一个强大的对手崛起在东方，尤其是这个国家被一个持反共意识形态的政党所领导。因此，在一些重要关头，苏联对美国扶持中国成为四强的努力采取了消极态度。

1943年10月底，中、美、英、苏于莫斯科签署四国宣言。《莫斯科宣言》通常被认为是四强形成的标志性宣言。但是，中国得以签署这一宣言，却经历了一个曲折的过程。自10月19日起，美、英、苏三国在莫斯科举行外长会议。莫斯科会议主要讨论欧洲问题，美国总统罗斯福希望在这一会议上通过一个关于世界普遍安全的宣言，这一宣言最后将以四大国的名义发表，他希望把讨论这一宣言列为三国外长会议议程之一。但斯大林在回信中表示了异议，他对罗斯福来信的理解是，"莫斯科会议将要讨论的仅仅是涉及我们三国的问题，由此可以认为我们一致的意见是，四大国宣言问题不列入会议议程"。[②] 如果说苏联对美方的答复还比较婉转的话，那它在给英国的答复中则直白多了，莫洛托夫在给英国驻苏大使卡尔

[①] 《洛佐夫斯基致斯大林》（1941年12月26日），沈志华执行总主编《苏联历史档案选编》第16卷，第665页。

[②] 《斯大林给罗斯福的信》（1943年10月6日），沈志华执行总主编《苏联历史档案选编》第18卷，第43页。

信中表示："苏联政府认为，必须请英国政府注意那种情况，即正如已经商定的那样，此次会议是美国、英国和苏联三国会议。苏联政府看不出把四国宣言草案纳入会议议程的根据。苏联政府已经把类似的回答告诉了美国，因为把上述联合宣言草案列为会议第一项议程建议是它提出的。"① 在会议过程中，苏方一再表示倾向发表三国宣言的意愿，只是在美国国务卿赫尔的坚持下，中国才得以名列莫斯科宣言。②

此后不久，便分别召开了中、美、英首脑参加的开罗会议和苏、美、英首脑参加的德黑兰会议。之所以分别召开两次首脑会议，其主要原因也是因为苏联不愿与中国代表参加同一会议，理由是苏联尚未对日宣战，不宜与中国一起参加远东问题的讨论，以免刺激日本。苏联的这一立场一直延续下去，以致在讨论建立战后组织联合国的过程中，也采取了分别召开两个三国会议的形式来讨论问题。

苏联坚持不与中国代表同会的态度，从其对开罗会议的前后反应上可见一斑。对于开罗会议，罗斯福起初没有告诉斯大林将有中方参加，因此，斯大林曾同意莫洛托夫与军方代表与会。11月10日，斯大林还在致罗斯福信中表示："莫洛托夫和我国军方代表将于11月22日抵达开罗，并在那里同您商定有关我们在伊朗会晤的一切必要的事项。"③ 但当他得知中国也参加后，便取消了派莫洛托夫与会的计划，在13日致信罗斯福和丘吉尔，声称"由于某些重要的事情，很遗憾，莫洛托夫不能到开罗了"。斯大林并特意强调："毫无疑问，正如已经商定了的，应在德黑兰举行的只是三国政府首脑会晤，必须无条件地排除任何其他大国代表的参加。"④

面对《莫斯科宣言》及《开罗宣言》发表后中国在世界面前已跻列四强的现实，苏联副外交人民委员迈斯基（Ivan Maisky）1944年1月起草的《关于未来和平的最佳基本原则》的报告可以说反映了苏联政府的主流看法。该报告认为，中国作为四强之一并非名副其实，"其中最后一个，即

---

① 《莫洛托夫给卡尔的信》（1943年10月6日），沈志华执行总主编《苏联历史档案选编》第18卷，第44页。
② 参见本书第三章第一节。
③ 《斯大林给罗斯福的信》（1943年11月10日），沈志华执行总主编《苏联历史档案选编》第17卷，第379页。
④ 《斯大林给罗斯福的信》（1943年11月13日），沈志华执行总主编《苏联历史档案选编》第17卷，第385页。

中国，在最近第一代人的时间里将只是在名义上进入大国的行列。这样，国际政治领域中的决定权将掌握在苏联、美国和英国手中，而事态发展的进程在极大程度上将取决于这三大国之间相互关系的性质"。报告讨论了战后中国的状况，主张加强苏联对中国的影响，但同时表示苏联对中国援助的强度将取决于中国内部局势的发展，"今后，苏联应当力求尽可能深入地使苏联的影响进入中国，并同中国尽可能加强友好关系，但是，苏联把中国变成一个真正强国（在经济、政治和军事方面）的行动力度，基本上应当取决于中国内部发展的过程。如果这种发展的趋向有利于加强和巩固中国及其政府中真正民主的、民族进步的和同苏联友好的人士地位，那么我们的援助自然将比相反的情况下更为强化"。苏联不愿意看到国民党领导下的中国强大起来，"我们无意（至少在一定的时期内）促进中国的强大，因为在一定的情况下中国可能对苏联形成某种严重危险"。[①]

正是这种对中国实力的轻视和对自身利益的强烈追求，促使苏联在战争末期提出了有损中国国家利益的要求，并在雅尔塔会议上得到了急于获得苏联出兵远东承诺的美国和英国的支持。其时，根据美国军方的估计，如果只是依靠美军从海上对日本本土进攻，美军将耗费 18 个月的时间并付出 100 万人的伤亡代价才能打败日本。同时，美国也担心苏联在美国已付出重大牺牲而胜利在望时才出兵，轻而易举地占领东北亚。因此，美国希望在事先对苏联的出兵行动及其索要的代价加以明确，以限制苏联的扩张。

早在 1943 年 12 月的德黑兰会议上，斯大林便表示了对在远东取得一个不冻港的兴趣。他说，苏联在远东还没有一个完全不冻港，海参崴只是个半不冻港，而且还被日本所控制的海峡包围。罗斯福随即表示，可以考虑在远东设立自由港，并说大连有这种可能。但苏联的胃口绝不仅仅是一个自由港。1944 年 12 月 14 日，美国驻苏大使哈里曼奉命向斯大林探询苏联参加对日作战的条件。斯大林指着面前特意准备的地图，在中国辽东半岛南部画了个圈，表示苏联希望再次租借旅顺、大连及其周围地区。斯大林还表示希望租借中东路和连接大连的南满铁路。此外，苏联要求承认外

[①] 《迈斯基给莫洛托夫的〈关于未来和平的最佳基本原则〉的报告》（1944 年 1 月 14 日），沈志华执行总主编《苏联历史档案选编》第 16 卷，第 708、699 页。

蒙古现状，即承认外蒙古是一个独立的实体。这也是两个月后的雅尔塔会议上苏联所提出的条件。

在雅尔塔会议上，尽管罗斯福企图与斯大林讨价还价，表示他倾向于自由港方案而不是租借方案，但出牌权掌握在斯大林手中。斯大林表示，如果他提的这些条件不能得到满足，就很难向苏联人民解释，为什么苏联要参加对日作战。如果满足了这些条件，人民便会理解事关国家利益，他也易于向最高苏维埃解释参战的决定。美英在有求于苏联的情况下，只能接受苏联的条件。雅尔塔会议在苏联提议的基础上以牺牲中国权益为代价而达成协议。

1945年2月11日，斯大林、罗斯福与丘吉尔签订了《雅尔塔协定》。苏联同意，在击败德国结束欧洲战争后的两个月或三个月内参加对日作战。其条件除了日本须将库页岛南部及毗连岛屿和千岛群岛交与苏联外，有关中国的条件为："外蒙古（蒙古人民共和国）的现状须予维持"；"大连商港须国际化，苏联在该港的优越权益须予保证，苏联之租用旅顺港为海军基地须予恢复"；"对担任通往大连之出路的中东铁路和南满铁路应设立一苏中合办的公司以共同经营"。值得注意的是，苏联对旅顺、大连和东北铁路的要求，是在这样的名义下提出的，即"由日本1904年背信弃义进攻所破坏的俄国以前权益须予恢复"。[①] 苏联在这里已完全以旧俄帝国权益的继承人而自居。尽管该协定规定，有关上述问题的协定尚需征得蒋介石的同意，但这只是一个顾及各方脸面的措辞而已，签署这一协定的三巨头心中都明白，在三强的联合压力下中国无法拒绝这一协定的内容。

三 中国对《雅尔塔协定》的反应

《雅尔塔协定》是一个极为秘密的协定，既涉及苏联将调兵参加对日作战的军事机密，也涉及战后的领土和权利再分配，三国采取了严格的保密措施。罗斯福从雅尔塔返回华盛顿后，便将协定文件锁进保险箱，不让包括副总统杜鲁门、国务卿斯退丁纽斯在内的其他美国领导人知道。杜鲁门后来称，他也是成为总统后才得知《雅尔塔协定》的内容。中国曾想方设法向美英打听消息，但美英的回答吞吞吐吐。

---

① 《国际条约集（1945—1947）》，第8—9页。

会议尚在进行之时，蒋介石便对该会有一种不祥的预感："罗邱史会议宣言尚未发表，未知其结果究竟如何。惟此会于我国之影响必大，罗或不致与英俄协以谋我乎。"①尽管三国对有损中国的秘密协定秘而不宣，但蒋对雅尔塔会议所预示的国际发展态势已表现出相当担忧："美英俄三国领袖黑海会议宣言发表后，世界未来之局势仍陷入于此次大战前即第一次大战后之历史称霸与竞争之覆辙。呜呼，未知人类何日得有光明与安息。""罗邱史三头会议之结果，已造成第三次世界大战之祸因。美罗犹借此作其外交胜利之宣传，抑何可笑"。②

尽管美方迟迟不将《雅尔塔协定》的内容告知中国，但已有各种消息流传出来。蒋介石在2月21日似已听到有关消息，他判断："俄国对东北与旅大特权恢复之要求，当非虚传也。"③3月12日，罗斯福对中国驻美大使魏道明的回答含糊其词，好像三国对租借军港一事并未达成最后协议。到3月17日时，蒋介石已经知道了《雅尔塔协定》的大概内容，"以经国所得俄息与魏大使所得罗语之大意，已可想定今后美俄对我之轮廓及其主张与用意之所在。甲、外蒙古不能归还我国；乙、东北铁路共管；丙、旅顺无条件长期租借于俄；丁、新疆问题尚未提及"。蒋介石考虑，如为现实计，应顺应美国之政策，以求得二十年的建设时间。但事情并不会如此简单，如将旅顺对俄租借，"在此二十年内乃为美俄问题，远东祸乱永无穷期矣"。④

蒋介石对租借旅顺这一要求颇感愤怒。他在4月5日日记中表达了不计一时成败也要抵制的想法："关于旅顺问题，宁可被俄强权占领，而决不能以租借名义承认其权利。此不仅旅顺如此，无论外蒙、新疆或东三省，苟被其武力占领而不退，则我亦惟有以不承认、不签字以应之。盖弱国革命之过程中，既无实力，又无外援，不得不以信义与法纪为基础，而断不可稍予以法律上之根据……今日虽不能由余手而收复，深信将来后世之子孙，亦必有完成其恢复领土行政主权之一日。"⑤

---

① 《蒋介石日记》，1944年2月10日上星期反省录。
② 《蒋介石日记》，1945年2月17日，2月28日本月反省录。
③ 秦孝仪总编纂《总统蒋公大事长编初稿》卷5（下），第679—680页。
④ 《蒋介石日记》，1945年3月17日上星期反省录。
⑤ 秦孝仪总编纂《总统蒋公大事长编初稿》卷5（下），第692—693页。

1945年5月，罗斯福去世。杜鲁门继任总统后，要求军方回答这样三个问题：(1) 苏联尽早参加太平洋作战对美国是否具有重大意义？(2)《雅尔塔协定》中关于苏联对远东的政治要求，应重新考虑，还是同意全部实现或部分实现？(3) 如果苏联提出参与对日军事占领的要求，能否同意？对此，美国军方的回答与三个月前并无两样。他们仍然认为，苏联参加对日作战将大大缩短战争时间，减少美军伤亡。重新讨论已经商定的《雅尔塔协定》，对美国不会有太多的益处。而且，如果不能事先与苏联就远东事务取得谅解，以后一旦苏联推进到与中共接近的地区，中国的问题将变得更为复杂。①

4月29日，美国驻华大使赫尔利私下将《雅尔塔协定》的内容告诉了蒋介石。蒋介石深感不安，担心此前中国在国际上所依靠的美国这次将成为别国掠取中国主权的同谋。5月23日，蒋介石致电正在美国参加联合国成立大会的代理行政院院长兼外交部部长宋子文，指示他向杜鲁门表示，美国应向苏联表明态度，"美国必坚持其对远东一贯政策，使中国之领土、主权与行政完整不受损害，凡在华领土之内，不能再有任何特权之设置"。②

6月3日与12日，蒋介石两次会见苏联驻华大使彼得罗夫（A. A. Petrov），谈话的主旨是反对将旅顺租借给苏联。蒋介石表示，在苏联帮助中国收复东北、尊重中国领土主权完整及行政独立的情况下，中国考虑在东北的铁路和商港方面给苏联便利，如有需要，也可提供军港为双方共同使用。但蒋介石指出，条约中不能出现租借地一类的词语。他一再强调："中国人民咸认不平等条约、领事裁判权及租界等事为国家的耻辱，一致痛恨，吾人为革命党人，自应注意人民之心理与要求。""租借地一类的名义，我中国人民认为是国家的耻辱"；"条约无论在名义和内容上，都不好使用租借地一类的意思"。蒋介石所反对的，并不只是一个用词，而是实质性的租借方式。他希望能以共同使用的方式来代替租借。

对此，彼得罗夫辩称，租借地与租界不同，租界包含领事裁判权等特

---

① Memorandum by the Acting Secretary of State to the Secretary of the Navy, May 12, 1945; The Secretary of War to the Acting Secretary of State, May, 21, 1945, *FRUS, 1945*, vol. 7, pp. 869, 876 – 877.
② 《蒋介石致宋子文电》（1945年5月23日），秦孝仪主编《中华民国重要史料初编——对日抗战时期 第三编 战时外交》(2)，第547页。

权，而租借地却不包含这样的特权。蒋介石自然不能同意这样的解释。他指出："既有租借地，便是领土主权的不完整，因为中国的军港，自己不能管理，不能使用，便是领土主权不完整，所有租借地这种名义，切不可再用。"蒋介石要求彼得罗夫将中国政府的这一态度郑重报告苏联政府。①

尽管已经知道了《雅尔塔协定》的主要内容，但国民政府并没有拿出切实可行的应对方针。5月下旬，宋子文奉命与资深外交家顾维钧、王宠惠商讨对策。顾维钧即认为："苏联亦知此项要求不合世界潮流，不敢即提，而盼在相当时间由罗总统提出。"他判断："苏联此时亦未必敢提，我国最好佯装不知，尽量拖延，苏或不致提出。""如我国对苏表示可以合作，苏或不致提出东三省之要求"。②

顾维钧显然对国际环境做了过于乐观的估计。经过战争的洗礼，世界潮流固然在朝着更为尊重民族独立和国家主权的方向发展，但是，此时的世界仍然是一个凭据实力说话的世界，中国的实力还不能使其享有与美苏同等的发言权。苏联未向中国立即提出要求的原因并非"不敢"，而是在等待和选择更好的时机。《雅尔塔协定》形成之时，欧洲战争尚未结束。待欧战结束苏军移师远东即将对日作战之时再与中国摊牌，自是对苏联最为有利时机。对于苏联恢复旧俄权益的决心，中国也显然估计不足，苏联是不会因其要求不符合世界潮流而自动放弃的。

此前，在3月下旬，顾维钧便劝宋子文暂缓访苏之行。顾维钧判断苏联似乎还没有下定决心，因此主张在美国向斯大林再次提出此事之前，中方不要与苏方展开讨论。顾维钧认为："拖延会对我们有利，特别是如果美国和中国能最后抓紧，迅速打败日本的话。"顾维钧还向宋传授谈判之道——拖字诀，建议宋子文在将来非参加中苏会谈不可时，"唯一可行的就是拖延时间，在外交谈判中，这个策略是常常使用的，尤其是弱国"。他说他当年与日本进行二十一条谈判时，便用了这个办法。顾维钧并向宋子文传授了可用于拖延时间的各种办法。③

---

① 《蒋介石与彼得洛夫谈话记录》（1945年6月3、12日），秦孝仪主编《中华民国重要史料初编——对日抗战时期 第三编 战时外交》(2)，第550、559—561页。
② 《宋子文致蒋介石电》（1945年5月26日），秦孝仪主编《中华民国重要史料初编——对日抗战时期 第三编 战时外交》(2)，第548页。
③ 《顾维钧回忆录》第5分册，第537、564页。

在企望苏联有可能自行中止其要求的同时，中国还对美国对苏联的制约寄予了较大期望。4月下旬，宋子文与"美国外交负责当局某君"谈话，该官员这样一段话引起了宋的注意："罗总统以往对苏联态度委曲求全，盖希望苏联可渐去猜忌心理，与世界各国开诚合作，但苏反以美为软弱。罗总统在逝世前已知其政策之失败，改取坚决态度，此态度并非仇视，是系坚持美国对各问题之主张。因以往过于迁就，一旦改变对苏关系，自须经过长时期之困难。新总统必采坚决态度，英国亦然。"宋子文将这一动向向蒋介石做了报告。①

在此期间，宋子文曾与罗斯福总统的心腹人物霍普金斯会谈，询问中美有无建立同盟的可能性。霍普金斯表示，此事极值得考虑，美国与任何国家订立同盟条约都不如与中国订立更容易得到人民的欢迎，因为战后世界开发将集中在太平洋，而美国对中国的好感远远超过其他国家。霍普金斯表示将详细考虑如何推动。②

5月，霍普金斯访苏。行前，宋子文请他向苏方郑重表示，美国坚持维护中国东三省的领土完整，霍普金斯表示同意。宋并称"东三省问题，可为表示苏是否可与美真正合作之试金石"。5月25日，宋又与美国务卿斯退丁纽斯谈东北问题。斯氏表示愿意帮助中国，答应国务院将专电霍普金斯，请其将东三省问题特别向斯大林提出，言明美国认为此为美苏合作根本问题之一。③霍普金斯访苏期间，与斯大林多次会面。美驻苏大使哈里曼请傅秉常转告宋子文，说他们与斯大林多次会晤商谈后，"颇觉乐观"，希望宋子文能够在三国领袖波茨坦会议之前实现访苏。④

为了防止苏联独占旅顺，蒋介石提出了中、美、苏、英四国海军共同使用旅顺的设想。蒋设想，如果美国同意参加进来，"则余对俄仍作坚决态度，提出中、英、美、俄四国共同使用旅顺军港之方案于俄，如俄不允，即使交涉破裂，余亦所不惜也"。⑤6月15日，即在赫尔利奉命正式向蒋介石送交《雅尔塔协定》的文件时，蒋介石向美方提出建议：如果美国

---

① 《宋子文致蒋介石电》（1945年4月30日），宋子文文件：58/2。
② 《宋子文致蒋介石电》（1945年4月20日），宋子文文件：58/2。
③ 《宋子文致蒋介石电》（1945年5月26日），秦孝仪主编《中华民国重要史料初编——对日抗战时期 第三编 战时外交》（2），第548页。
④ 《傅秉常致宋子文电》（1945年6月1日），宋子文文件：58/2。
⑤ 秦孝仪总编纂《总统蒋公大事长编初稿》卷5（下），第726页。

对共同使用旅顺港有兴趣的话,中国就向苏联建议使旅顺成为中、美、苏、英四国共同使用的军港;美国应参加中苏谈判,成为中苏协定的当事人。蒋介石这样做的目的显然是要以美制苏,防止苏联在东北建立新的势力范围,并在谈判中帮助中国讨价还价。但美国不想卷入其中,拒绝了蒋介石的提议,中国只得单独地去面对苏联。

第三节　中苏订立友好同盟条约

一　中苏第一阶段的谈判

6月30日,行政院院长兼外交部部长宋子文作为中国政府的全权代表,率蒋经国、外交部次长胡世泽等一行14人抵达莫斯科,驻苏大使傅秉常就地加入中国谈判代表团。苏方以斯大林挂帅,其成员包括外长莫洛托夫、副外长洛佐夫斯基、驻华大使彼得罗夫等。至7月12日,双方共举行了6次会谈。

6月30日,双方进行了礼节性的会见,宋子文向斯大林递交了蒋介石给斯大林的亲笔信。蒋介石在信中表示,宋子文所陈述意见可以完全代表他本人。7月2日,中苏开始第一次正式会谈,斯大林亲自主持会谈。会谈开始时,斯大林首先将《雅尔塔协定》递给宋子文,问宋子文是否知道这个由苏、美、英三国首脑签署的文件。斯大林显然是在明知故问,其用意在先发制人,要中国接受由三巨头所做出的安排。

尽管中方早已知道《雅尔塔协定》的内容,对苏联将要提出的条件有所准备,但苏方的要求还是让宋子文大吃一惊,这就是苏方要求中国必须承认外蒙古独立。对于《雅尔塔协定》中的维持外蒙古现状一条,中国政府的理解是保持现状,即外蒙古仍然维持其事实上独立的状态,中国仍然保持对外蒙古的主权,将这一有争议的问题留待将来解决。因此,中国所理解的维持现状,即是保留双方存异的现状。但苏联对"维持现状"的解释,却是要求双方求同,要求中国接受外蒙古独立的事实,承认外蒙古的独立。苏联的这一解释,超出了《雅尔塔协定》的范围。

宋子文希望避免讨论这一问题,表示蒋介石此前已告诉彼得罗夫,外蒙古问题"非目前可以解决之问题,时间可以解决此问题,现在可予搁置"。但斯大林表示不能同意,声称外蒙古可能被他人利用来进攻苏联的远东,"如吾人在外蒙无自卫之法律权,苏联将失去整个远东"。日本现在虽已战败,但15—20年后,还将再起,"因此之故,苏联在外蒙领土应有自卫之法律权"。斯大林还表示,外蒙古人民不愿加入中国,他们要求独立,因此,"为中国计,割去外蒙,实较有利。如此问题不能实现,外蒙古将成为所有蒙古人团结号召之点,此对中、苏两国均属有害。外蒙将统一所有自内蒙至北蒙之蒙古人民。外蒙领袖认为外蒙以南尚有甚多之蒙古人民"。斯大林所说的这一理由,暗含着一定的威胁意味,如中国现在不舍外蒙古,以后内蒙古也将成问题。斯大林还强调,苏联已作战4年,流血甚多,"日本目前极为驯顺,且对苏联表示好感,如我攻日,人民将作何言?"他必须为主动发起对日作战而对人民有所交代。

宋子文表示,如果承认外蒙古独立的要求,中国政府实无法向人民交代,无法对人民说它将放弃一部分中国领土。如果这样,"中国政府将发生动摇,盖外蒙即系苏联屡次承认为中国领土之一部"。但斯大林不同意这一说法,声称蒙古人民不愿与中国共处,基于同样的原因,苏联曾放弃了芬兰与波兰,他深知中国的困难,但此种困难必须克服。谈判一开始便在外蒙古问题上陷入僵局。①

中国希望寻求美国的支持。7月3日,宋子文会见美国驻苏大使哈里曼,通报了与斯大林会谈的情况,尤其是双方在"维持外蒙古现状"这一条款上的分歧,他想知道美国政府对这一条款的解释。哈里曼立即向美国国务院请示,国务卿贝尔纳斯(J. F. Byrnes)在次日的复电中表示:"总统和我觉得,对《雅尔塔协定》与目前中苏双边谈判中这样或那样的问题,美国政府试图来充当解释者,这是不明智的。但是,你可以非正式地告诉宋你的理解:美国政府对《雅尔塔协定》中关于外蒙古状况的文句的解释没有进行过任何讨论,既然没有讨论,照字面意义应该是维持外蒙古目前实际上的法律地位。你应该让宋明白,美国政府不能为《雅尔塔协定》中的文字提供正式的解释。"这样的解释仍是非常含糊,美国政府显然不想卷入中苏的争论之中。该电在仅供哈里曼本人参考部分指出,美国

---

① 《斯大林与宋子文第二次会谈记录》(1965年7月2日),秦孝仪主编《中华民国重要史料初编——对日抗战时期 第三编 战时外交》(2),第577—586页。

理解的"维持现状"是,虽然外蒙古"在法律上"的主权仍属于中国,但这个主权"实际上"并没有实行。美国政府应避免表示外蒙古所处的状态与中国其他地方有所不同。①

在此后的谈判中,宋子文提出了与独立已相去不远的"高度自治"方案,承认外蒙古"对军事、外交可有自决之权,彼等可与苏联洽商必要时苏联军队进入之办法",中国"准备接受苏联军队之进入外蒙",中苏可订一条约,同意苏联在外蒙古驻军。②连军事、外交这种最基本的国家权力都给予了外蒙古,并承认苏联驻军,这实际上已是一个不提"独立"的独立案,中国所剩下的只是一个名义上的宗主权。但斯大林还是拒绝了这一方案,坚持外蒙古必须独立。在斯大林的强硬态度面前,宋子文感到难以继续谈判,甚至考虑中止谈判,率团回国。

考虑到二十多年来外蒙古实际上已脱离中国而处于苏联控制之下的现实,此时远在重庆的蒋介石准备做出妥协。7月6日,蒋介石致电宋子文,一方面表示"外蒙古独立问题关系我国前途之成败,实等于我东三省无异",同时又表示,如果包括东北和新疆在内的中国真能确实统一,所有领土、主权和行政真能完整无缺时,外蒙古的独立可以考虑。蒋介石是想和斯大林做交易,以承认外蒙古的独立来换取苏联在其他问题上的让步。蒋介石指示宋子文在苏联同意下列条件的基础上同意考虑外蒙古独立:一是东三省的领土、主权及行政必须完整,其中包括:旅顺军港的行政管理权归中国主管,军港供中苏共同使用而非共同管理;大连为自由港,行政管理权归中国;铁路干线可共同经营,但绝非共管。二是新疆伊宁及全疆各地被陷区域完全恢复,阿尔泰区仍应属新疆范围。三是中共对政令、军令必须完全归中央统一,政府改组时,当可容纳中共于行政院内,但绝不能称之为联合政府。③蒋介石放弃中国在外蒙古的主权而要求苏联给予的回报,实际上包括两个方面,一是换取苏联尊重中国在其他地方的主权,如在东北和新疆;二是换取苏联承诺不支持中共,而支持国民党在战后对

---

① The Secretary of State to the Ambassador in the Soviet Union, July 4, 1945, *FRUS*, *1945*, vol. 7, pp. 914–915.
② 《斯大林与宋子文第三次会谈记录》(1945年7月7日),秦孝仪主编《中华民国重要史料初编——对日抗战时期 第三编 战时外交》(2),第601页。
③ 《蒋介石致宋子文电》(1945年7月6日),秦孝仪主编《中华民国重要史料初编——对日抗战时期 第三编 战时外交》(2),第593—594页。

全中国的统治。蒋介石称，承认外蒙古独立是中国做出的最大牺牲，如果中国的要求不能达到，则这种牺牲毫无价值。

关于同意外蒙古独立的方式，苏方曾向中方递交了一份中苏承认外蒙古独立的共同宣言，声明两缔约国顾及蒙古人民共和国独立的宪法，注意到蒙古人民欲求国家独立及与中苏两邻邦建立关系的愿望，兹承认蒙古人民共和国为独立国家。宣言签字之日，将由两缔约国通知蒙古人民共和国总理。对于这一由中苏共同宣布外蒙古独立的方式，蒋介石表示反对。蒋介石指示宋子文："关于允许外蒙战后独立问题，不可由中、苏共同发表宣言。"如不得已同意外蒙古独立，应采取以下两个步骤：第一，中国政府于中苏互助协定批准后，自行发表宣言。宣言大意为，中国政府于对日战事结束后，将依照大西洋宪章与中国国民革命民族主义之原则，宣告外蒙古独立。并在宣告外蒙古独立以前，确定与外蒙古疆界。蒋介石强调应注意，这是中国自动宣告外蒙古独立，而不能用承认独立字样。第二，苏联政府于中国政府发表上项宣言后，应即照会中国政府声明外蒙古独立被承认后，苏联将永远尊重其独立。[①]

根据来自蒋介石的新的旨意，宋子文在7月9日与斯大林的第四次会谈中对外蒙古问题做出让步。宋子文在会谈开始时宣读了一份蒋介石来电，蒋电在东北、新疆及中共问题这三方面首先提出了要求。其一，东北问题。苏联尊重中国在东北的领土主权和行政完整。中国同意把旅顺作为两国共同使用的海军基地，并宣布大连为自由港，两者的期限都是20年。旅顺和大连的行政权归中国，"以期中国在满洲之主权行政真能完整"。中东铁路和南满铁路所有权属于中国，两铁路的干线可由两国共同经营，利润平分，期限20年。但铁路支线和铁路以外的企业不在共同经营范围内。其二，新疆问题。近年来，新疆发生叛乱，中苏之间的联系因而中断，贸易难以为继，希望苏联根据过去的约定帮助中国消灭这一叛乱，以尽快恢复中苏贸易交通。阿尔泰地区原属新疆，今后仍应归属新疆。其三，中共问题。中国共产党有单独的军事和行政组织，中国军令、政令未能全归中央统一。希望苏联将要向中国提供的所有军事、物质和道义上的援助只给

---

① 《蒋介石致宋子文电》（1945年7月9日），秦孝仪主编《中华民国重要史料初编——对日抗战时期 第三编 战时外交》(2)，第606—607页。

予中央政府。蒋电表示，外蒙古问题既为中苏关系的症结所在，为中苏共同利害及永久和平计，在击败日本及苏联同意接受上述三方面的要求后，中国政府"准许外蒙之独立，为避免将来纠纷起见，拟采取公民投票方式，投票以后中国政府当宣布外蒙之独立"。

尽管中方在外蒙古问题上做出了让步举动，但对于国民政府所提出的三点要求，斯大林只是在新疆和中共问题上做出让步。据宋子文报告，斯大林表示，中国政府关于政令、军令统一的要求极为合理，并承诺此后援助中国的一切武器及其他物资，均以中央政府为唯一对象，而不向中国共产党提供武器。但在东三省问题上，斯大林仍然坚持，旅顺军港和大连商港均应属于军事区，由苏联人管理。中东铁路和南满铁路及其一切产业，包括旧俄时代经营的铁路沿线的小煤矿，苏联至少应拥有一半的所有权。①

此后，7月11日和12日举行的中苏会谈便主要围绕着东北问题而展开。苏联对于旅顺、大连及东北铁路提出了许多超出《雅尔塔协定》的要求。关于旅顺，斯大林要求苏联有权驻扎陆海空军并建立军事设施，苏联不仅要占有军港，获得旅顺军港的唯一军事指挥权，且要将旅顺市区置于其行政管理之下，中方只能负责民政管理方面。关于大连，要求由苏联人主管该港，并可将港内海湾用作苏海军基地；要求将大连包括在旅顺军事区的范围内，从而接受旅顺军事当局的领导；又要求大连市政由中苏共管，由中苏各派5人合组大连市政委员会，市长和港口主任由苏籍人士担任。至于中东铁路和南满铁路，要求铁路及沿线所有工厂、矿产、森林的所有权属于苏联，苏联人主管铁路并负责铁路警卫。可见，苏方是在漫天要价。《雅尔塔协定》被作为一块敲门砖，打开了迫使中国谈判的大门后，便被搁在一边。苏联在已经损害了中国主权的《雅尔塔协定》的基础上又加了一层码。

宋子文坚持，军事区只限于旅顺港邻近地区，将建立中苏共管军事委员会，负责共同使用军港事宜，且旅顺港区的行政管理权仍属中国，行政人员由中方指派。大连为国际自由港，大连市政管理权应归属中国。苏联可以租用若干商用码头，但不能拥有海军基地。东北铁路的所有权属于中

---

① 《斯大林与宋子文第四次谈话记录》（1945年7月9日），秦孝仪主编《中华民国重要史料初编——对日抗战时期 第三编 战时外交》（2），第610—620页。

国，铁路可由中苏平等共管，铁路警卫由华人担任。此后，苏方在铁路问题上做了一点让步，同意铁路为中苏共有，铁路警卫由中方担任，但在铁路领导和管理人员的分配上，双方存在着严重分歧。①

由于斯大林于7月14日要离开莫斯科去波茨坦参加美、英、苏首脑会议，中苏谈判暂时休会，宋子文等人回国。

休会期间，蒋介石向美国总统杜鲁门发电通报中苏谈判的情况，寻求美国的支持。该电称，中国已在外蒙古独立问题上做出了重大让步，其条件是苏联不支持中共以便中国统一，支持中国平定新疆的叛乱和尊重中国在东北的主权。但苏联在东北问题上的要求，妨碍了中国恢复主权与行政统一的目标。蒋介石提出了中方的最低条件：中东铁路和南满铁路的董事长、南满铁路的经理应由中国人担任；大连的行政管理权应归中国，但可聘请苏联顾问；旅顺港的行政机构由中国组建，大连和长春至大连的铁路线必须在军事区之外，在此基础上，可将旅顺港的防务交与苏联，但应组织一中苏军事委员会来决定旅顺港的军事用途。蒋介石称，中国政府已经在退让的道路上走得很远，到达了公众舆论所能容忍的极限，"甚至已经超出了中国民众能够支持的界限"。他希望杜鲁门支持中国，促使斯大林不再坚持不可能实现的要求。②

但是，蒋介石的这一呼吁并未得到杜鲁门的积极响应。杜鲁门在回电中表示："我曾要求您履行《雅尔塔协定》，但并未要求您做出超出《雅尔塔协定》的让步。"③ 这只是表明，美国认为苏联的要求已超出《雅尔塔协定》，美国将不予支持，将不再要求中方让步，但对中方所需要的支持丝毫未予。蒋对杜鲁门如此复信的语气甚感愤怒，认为美方此电"可说侮辱已极。余对雅尔塔会议并未承认，并未参加，毫无责任，何有执行之义务。彼诚视中国为附庸矣"。④

7月底，美国获悉苏联又提出新的要求，即旅顺以南的大连及长春到大连的铁路线应当划在由苏军控制的军事区内，旅顺以南100公里半径以

---

① 《宋子文致蒋介石电》（1945年7月12日），秦孝仪主编《中华民国重要史料初编——对日抗战时期 第三编 战时外交》（2），第632—635页。
② The Ambassador in China to the Secretary of State, July 20, 1945, *FRUS*, *1945*, vol. 7, pp. 948–949.
③ President Truman to Ambassador in China, July 23, 1945, *FRUS*, *1945*, vol. 7, p. 950.
④ 《蒋介石日记》，1945年7月28日上星期反省录。

内的岛屿，非得苏方同意中国不得设防。如果中方答应这些要求，将使苏联把权利扩大到整个渤海湾，对平津的海上通道产生威胁。哈里曼认为，中国方面已经做了所能做的一切，但中国地位不强，"不能孤立无援地抗拒目前苏联扩大了的要求"，现在到了必须由美国出面的时候了。于是，美国国务卿于 8 月 5 日授权哈里曼转告斯大林："虽然美国无意撤回对《雅尔塔协定》的支持，但我们认为宋子文已经满足了《雅尔塔协定》的要求，我们非常希望大元帅（指斯大林）不再要求中国让步。""我们请求不要和中国签订要他们进一步让步的协议，这不利于我们的利益，特别是没有与我们商量就把大连港包括在苏联军事区内"。美方要求斯大林保证在东北遵守"门户开放"的政策。①

二　中苏第二阶段的谈判

8 月 5 日，斯大林返回莫斯科。次日，宋子文、蒋经国和刚上任的外交部部长王世杰等人离渝赴苏。宋子文在这一时刻辞去外交部部长的兼职而让新部长一同赴苏，显然有保全个人名声的意图。他已明白，中苏条约最终将以牺牲中国的部分权益而告签，希望由别人来代替他签署这一不得不签订的条约。

8 月 7 日，双方开始了第二阶段的谈判。在中苏第二阶段谈判开始前后，远东局势发生了急剧变化。8 月 6 日，美国向日本投下第一颗原子弹，其威力之大，令世人惊骇。苏联则于 8 月 8 日对日宣战，苏军于次日对日本关东军发起进攻。局势的发展对中苏两国的谈判态度发生了影响，加快了谈判的进度。苏联担心，有了原子弹的美国将会强硬起来，有可能迅速在日本、朝鲜和中国登陆，并干预中苏间的谈判。因此，苏联希望尽快达成协定，它放弃了中美都坚决反对的庞大的苏控军事区的设想和对大连拥有行政管理权、对港口设备拥有所有权等要求。另外，由于苏联军队已经挥师入境，斯大林发出警告，中国政府最好尽快与苏联达成协议，否则"共产党将进入东北地区"。蒋介石也担心苏联会收回承诺，转而支持共产党与国民党争夺东北。斯大林所警告的正是蒋介石最不愿意看到的，因此

---

① The Secretary of State to the Ambassador in the Soviet Union, Aug. 5, 1945, *FRUS*, *1945*, vol. 7, pp. 955–956.

蒋介石授权宋子文等人可"权宜处置"。①

参与第二阶段谈判的新任外长王世杰意识到达成协议的紧迫性,"苏联参加对日作战后,我如事前未与有所协定,则(一)苏联军进入东三省后,领土主权以及经济利益必更难取回;(二)中共与苏联或竟发生正式关系。凡此均使我无统一,亦且对内对外均无和平之可能"。② 及至苏联对日宣战后,中方代表更是被一种紧迫感所催促,正如宋子文等在8月9日电中所说:"苏已对日宣战,形势趋紧,不容过事迁延也。"③ 中苏谈判已经不可能在从容不迫的氛围中进行。

在中苏第一阶段的谈判中,中方已同意在外蒙古独立问题上做出重大让步,但在旅顺军事基地、大连自由港及东北铁路等方面上仍有若干问题有待讨论。第二阶段的会谈共进行了6次,双方围绕以下几个方面的问题反复展开交涉。

1. 旅顺军事领导机构、市政管理权及周围岛屿设防问题

为了体现中国对旅顺的主权,体现对军港的共同使用权,中方希望建立中苏军事委员会来决定有关旅顺的所有重大问题,以免出现旅顺苏联军事当局直接听命于苏联政府而中方无从交涉的局面。在8月7日进行的第二阶段第一次会谈中,宋子文提出了建立中苏军事委员会的问题,提议双方各自委派2—3人在委员会任职。斯大林表示这一问题需要考虑之后再做答复。

8月10日,宋子文再次提出这一问题。斯大林明确表示:"苏方不能接受组建军事委员会的提议。如果将来中苏在共同使用旅顺港问题上出现分歧,应该由政府来解决,而不是依照这一委员会的指示解决。"④ 斯大林力图维持苏联政府对旅顺苏军的垂直领导体系,而不容许在这之间插进一个中苏共管的委员会。

对于苏方所表示出的疑虑和反对态度,宋子文解释说,建立中苏军事

---

① 《蒋介石致宋子文电》(1945年8月13日),秦孝仪主编《中华民国重要史料初编——对日抗战时期 第三编 战时外交》(2),第649页。
② 《王世杰日记(手稿本)》第5册,1945年8月5日,第141页。
③ 《宋子文、王世杰致蒋介石电》(1945年8月9日),秦孝仪主编《中华民国重要史料初编——对日抗战时期 第三编 战时外交》(2),第644页。
④ 《斯大林与宋子文第八次会谈记录》(1945年8月10日),俄罗斯联邦总统档案馆藏档案:45-1-322。

委员会是为了中国的形象，这对苏方不会有任何损失。中方同意旅顺军港的实际领导权归于苏方。但斯大林仍不同意，声称苏联对建立这样一个委员会的目的很不了解，成立这样一个委员会毫无必要。他提议讨论在不设这一委员会的情况下共同使用旅顺港的规则。斯大林强调"在旅顺港只有一个指挥权"。① 在8月11日举行的第三次会谈中，莫洛托夫再次表示，苏方不同意建立军事委员会，声称"在军事基地，只能有一个政权"。②

为了说服苏方同意成立军事委员会，中方在8月12日的会谈中做出了实质性的重大让步。在中方原先的草案中，拟由中国人出任中苏军事委员会委员长。会谈中，宋子文表示，中方可以同意由苏联人出任委员长。但苏方仍不为所动，莫洛托夫表示，虽然由苏联人任委员长，"但苏方的权力是不完整的。在共管委员会，委员长也仅仅是一票"，而讨论和表决的优势在于成员的数量。

于是，中方再次做出让步，王世杰表示，中方同意在军事委员会中有两个中国代表，三个苏联代表。根据这一提议，苏方既拥有了军事委员会委员长的职位，也拥有了表决的多数票，这样，无论是从领导人选还是从人员构成上，这一委员会都已成为苏方能完全控制的机构。中方所获得的只是"面子"——中国对旅顺苏军有拥有名义上的部分领导权而已。但即便如此，莫洛托夫也没有立即答应，只是表示第二天给予回答。③

蒋介石对建立中苏军事委员会颇为坚持，他在8月12日致宋子文电中指出："吾人既同意共同使用，则无论在事实与名义上，旅顺必须有一中苏军事委员会，以为共同合作之枢纽，否则形式上实无异于旧日之租借地，此今日中国国民与政府皆无法承当也。"蒋还要求确定中国与外蒙古的边界线，称"以上二者乃为我中国立国条件之最低限度，过此则无以立国于世界，且违反国民革命之原则"。④

在8月13日讨论中，中方试图对上一次会谈时所做的让步做些挽回。

---

① 《斯大林与宋子文第八次会谈记录》（1945年8月10日），俄罗斯联邦总统档案馆藏档案：45-1-322。
② 《莫洛托夫与宋子文、王世杰会谈记录》（1945年8月11日），俄罗斯联邦对外政策档案馆俄罗斯联邦总统档案馆藏档案：45-1-32206-7-36-507。
③ 《莫洛托夫与宋子文、王世杰会谈记录》（1945年8月12日），俄罗斯联邦对外政策档案馆藏档案：06-7-36-507，第108—113页。
④ 《外交部档案丛书·界务类 第二册 中苏关系卷》，第47页。

宋子文称，蒋介石希望中苏军事委员会中双方人数相等，但是苏方委员长所投之票可作两票计算。这一提议既在表面上让中方拥有与苏方相同的人数，又在实际操作上保证了苏方拥有多数票。但斯大林断然拒绝这一提议，直截了当地表示："在军事委员会，相等数量的代表是不可能的。"①在苏方拒绝再议之下，中方只得退回原议，同意该军事委员会由三个苏联代表和两个中国代表组成。

旅顺市政权力也是双方争论的问题之一。苏方在第一阶段的会谈中坚持应由苏籍人员出任旅顺民政机关的领导。第二阶段会谈开始后，宋子文在第一次会谈中便表示，蒋介石认为这样做不合适，因为将破坏中国在该地区的主权。中方坚持由中国人出任民政机关领导，并保证说，中国政府将委派对苏方友好的人士任职。苏方对此未再坚持，斯大林只是强调，任民政机关领导职务的中国人要考虑苏方的利益。

此后，苏方又提出，旅顺的民政权应接受军权的领导。在8月11日的会谈中，莫洛托夫称，旅顺军事区的所有权力应归属基地的军权管理，权力应该掌握在军事指挥官的手里。8月12日，莫洛托夫再次强调："必须保证安全，为此，必须给予苏军适当的全权。"对此，王世杰指出，旅顺港是双方共同使用的基地，中方希望最好不要给人以旅顺市政在苏联管辖之下的印象。王世杰并提及，中国希望在战后从英国手中收回九龙，如果在旅顺港未能取得市政权，就无法在九龙问题上取得任何成果。王世杰同时也做出让步，同意在发生反对日本的战争时，旅顺港归军方管制。但莫洛托夫仍坚持"旅顺港不应该有两个政权"。②

中方又稍做变通。8月13日，宋子文提议，旅顺市政官员可由中苏军事委员会委派。斯大林强调，在旅顺港应该保障军权，因为那里驻有部队，旅顺的市政官员应由中国政府与苏军协商后任命。宋最终表示同意。③

关于旅顺以南半径100公里范围内岛屿的中方设防问题，显然已经远

---

① 《斯大林与中国代表团第九次会谈记录》（1945年8月13日），俄罗斯联邦总统档案馆藏档案：45-1-322。
② 《斯大林与宋子文第八次会谈记录》（1945年8月10日），俄罗斯联邦总统档案馆藏档案：45-1-322。
③ 《斯大林与中国代表团第九次会谈记录》（1945年8月13日），俄罗斯联邦总统档案馆藏档案：45-1-322。

远超出了《雅尔塔协定》的范围，甚至也超过了帝俄时代的特权。① 蒋介石曾在 8 月 4 日对彼得罗夫表示："除非将我国政府看作一个没有常识的政府，否则这种要求是决不可提出来的。"② 在 8 月 7 日的会谈中，宋子文表示，中方无论如何也不能同意苏方关于未经苏联同意中国便不得在此范围内设防的提议，因为那将会破坏中国的主权。苏方没在这一问题上做太多的坚持。斯大林表示，这个问题可以再讨论，苏联并不打算破坏中国的主权。他需要一份详尽的地图，指出哪些岛屿位于旅顺港的区域内。8 月 10 日，苏方放弃了这一显然过分的要求。

2. 大连归属、市政管理权、港口管理权及财产所有问题

苏联要求将大连及其附近的南满铁路置于军事区的管辖之下，中方表示反对。在 8 月 7 日的会谈中，宋子文指出，大连是自由港，它与南满铁路的支线应该置于军事区的管辖之外。斯大林表示，苏方并没有企图在大连建立如同旅顺口那样的军事区。

8 月 10 日，斯大林又表示，考虑到未来战争的可能性，苏联不能同意将大连排除在军事区之外。可以考虑从大连划出 2—3 平方公里的地方，和平时期这部分领土不属于军事管制。与大连相连的南满铁路路段也不应排除在军事区之外。斯大林说，大连的市政可由中国人担任，但在保障安全问题上应受制于军事指挥。

王世杰插话说，大连的性质很像九龙，中国政府希望战后英国会将九龙和香港归还给中国。如果现在中国放弃在大连的权利，那么将很难收回九龙和香港。斯大林指出，此时大连依然是中国的港口，在中国的行政管理之下，在中苏的共同管理之下。他完全没有想要中国放弃大连。斯大林反问，他应该做什么才能让中国人民满意呢？斯大林表示："苏联政府无论如何也不能将大连排除在军事区之外"。他承诺，在和平时期，大连不会出现苏联军队、大炮和军事法庭，只有在与日本处于战争时，苏军才会

---

① 1899 年订立的中俄《勘分旅大租界专条》第七款商定："所有辽东半岛以南庙各岛不归租界之内，而中国允认不能将该群岛或一、二岛让与别国或别国之人，或永远或暂行享用，并不能在此群岛开设通商口岸，亦不能在此各岛准予他国人民造铁路、开矿及工商利益各事。"（王铁崖编《中外旧约章汇编》第 1 册，第 855 页）此款仅为限制中国不得将这些岛屿的权益让与第三国，并未限制中国本身的防务权。

② 《蒋介石与彼得洛夫谈话记录》（1945 年 8 月 4 日），秦孝仪主编《中华民国重要史料初编——对日抗战时期 第三编 战时外交》（2），第 641 页。

出来保卫大连。①

关于大连市政管理权问题，在8月7日的会谈中，宋子文表示，中方坚持大连为自由港，其行政管理权完全属于中国。在中方拥有行政管理权的情况下，中方同意聘用苏联技术专家，甚至向苏方出租仓库、住所和码头。但莫洛托夫坚持苏方人员在大连市政委员会任职，并希望市长由苏方人员担任。

斯大林也强调，只有在这种情况下，苏联在大连的优先利益才能得到保障。斯大林并拿出《雅尔塔协定》来压中国，声称保障苏联优先利益的必要性在《雅尔塔协定》中已经规定了。宋子文反驳说，在《雅尔塔协定》中，苏方是承认中国在东北主权的。显然，大连港的行政权完全属于中国。斯大林问，那么，与其他国家相比，苏联享有什么样的优先权？宋答，苏方可以使用仓库和码头。莫洛托夫对此毫不领情，声称"大连的所有设施，甚至码头都是在沙俄时期建造的"。宋表示，大连的租期已满。斯大林则称，沙俄没有使用过大连，就不能认为该租期已满。

关于租期问题，斯大林随即发表一大通议论，将现在的苏联与过去的沙俄做了一番比较，以示苏联已是非常宽容大度了。斯大林称："我们现在的情况同沙俄比，是有天壤之别的。众所周知，旅顺港和大连曾经完全掌握在沙俄的手中，那时候是不可能谈租期问题的。"斯大林表示，苏联需要30年来建设和装备自己的港口，现在的苏联港口装备较差，需要重新装备，才能变成现代化的海军基地，为了严厉地控制日本，苏联必须在自己的领土上建立起强大的海军基地。这至少需要30年。期满后我们将不再需要中国的港口和铁路。斯大林称，沙皇在远东建立基地是为了深入中国，我们现在建立基地是为了防止未来战争的可能。苏联与中国在这个问题上利益是一致的。②

此后，宋子文提及1924年中苏订立的解决悬案大纲协定，在那一协定中，苏联放弃了在中国的特权。对此，斯大林表示，情况不同了，1924年苏联没有同中国一起对日作战，1945年的政策和1924年的政策便不一样

---

① 《斯大林与宋子文第八次会谈记录》（1945年8月10日），俄罗斯联邦总统档案馆藏档案：45-1-322。
② 《斯大林与宋子文第七次会谈记录》（1945年8月7日），俄罗斯联邦总统档案馆藏档案：45-1-322。

了。苏联很早就放弃了在中国的特权,在苏联同中国的谈判中,双方处于平等的地位,而此前,沙皇政府与中国的谈判是不平等的。

斯大林其实内心也明白,由苏联人担任大连市市长理由不足,既远远超过了《雅尔塔协定》,也不可能为中方所接受。他随后提出另一方案:大连市市长由中国人担任,港口主任则由苏联人担任。对此,宋子文表示,无论如何也不能将大连市政权力分离。大连主要是一个港口城市,这个港口应该隶属中国的行政管理之下。斯大林表示,我们不能在大连感觉到自己像不受欢迎的客人,现在需要明确解决大连的管理权问题。如果在大连实行中方的提议,将对苏联产生不利的影响,因此苏联不能接受中方的意见,苏方不可能继续做出让步。他提议,大连市政委员会由10个人组成,中方5人,苏方5人,其中市长是中国人,港口主任是苏联人。当然,港务隶属市政管辖。斯大林表示:"不可能再让步了。现在的情况是苏联正偏离协议的最初草案。"①

在8月10日的会谈中,王世杰指出,如果大连的市政管理允许苏联人参与,那么这个城市将变成一个半外国化的城市,他请求苏联重新考虑关于管理权的提议。斯大林与莫洛托夫稍做商量后表示,苏方可以同意大连的市政完全由中国人占据,但是港务的领导一定要是苏籍人士。②

8月11日,莫洛托夫建议,港口主任由铁路局局长委派。他声称,苏方放弃由苏联人出任市长的要求,继续要苏方再做让步是不可能的。宋子文要求港口主任隶属大连市市长管辖。莫洛托夫不同意,表示如果大连市政委员会是中苏共同组成的话,才有可能这样做。宋建议,港口主任由大连市市长从苏籍人员中委派,隶属大连市政府。莫洛托夫说,港口是商业化的企业,不应该直接归市政管理。对于大连港的财产和管理,应该考虑到苏联的利益。

关于大连港的财产问题,中苏亦有不同主张。苏联主张大连港的财产应归中苏共同所有。宋子文认为,财产问题已经超出了讨论范围,指出此前的讨论从没有涉及共同所有的问题,仅仅是讨论大连为自由港。莫洛托

---

① 《斯大林与宋子文第七次会谈记录》(1945年8月7日),俄罗斯联邦总统档案馆藏档案:45-1-322。
② 《斯大林与宋子文第八次会谈记录》(1945年8月10日),俄罗斯联邦总统档案馆藏档案:45-1-322。

夫声称："大连市是俄国人建造起来的。我们并没有要求获得全部的所有权，仅仅是要求共同所有而已。"斯大林已经同意大连市政归中国人，撤销了双方平等管理大连市政的要求，但必须保障苏联在大连的优先利益。

宋子文坚持大连港的设施是中方财产，但同时表示中方可以向苏方无偿出租。莫洛托夫不表赞成，称如果是出租，那苏联不会和其他国家有什么不同。宋说，中国提供的是无偿出租，这就是其他国家所没有的特权。莫洛托夫表示，中方这是将用俄国人的钱建立的部分港口出租给我们。宋指出，大连原来的租期已经期满。宋还指出，大连港的主要部分是日本人建的。①

尽管莫洛托夫一再声称港口是俄国人建设的，宋子文仍坚持，大连是中国的，港口的设施可无偿租借给苏联，这一租借会满足苏方所有的要求。8月13日，苏方做出让步，但同时提出附加条件，即中方不得将港口设施租借给第三国。宋同意中国将不把港口租借给任何其他国家，但希望不要将这一点写入条约，而是口头约定。斯大林表示同意，希望中国政府不要欺骗自己的盟友，不要破坏口头协定。宋保证，中国政府会言行一致。②

关于港口主任，双方最后同意，将由大连市市长同中东路及南满铁路局局长商议后从苏联人中委派。

3. 中长铁路的管理权问题

第二阶段会谈开始后，中方在铁路领导机构的组成问题上稍做退让，提出了铁路的领导权归中国，铁路的实际管理权则由中苏平分秋色的设想。在8月7日的会谈中，宋子文提出，中东路和南满铁路的领导权应归中国，因为这两条铁路位于中国境内。关于铁路的管理人员，可以考虑中东路的主管为苏籍，副手为华籍，而南满铁路的主管为华籍，副手为苏籍。

苏方反对这一设想，反对将中东路和南满铁路分开管理。8月10日，苏方提出，中东路和南满铁路应该置于一个统一的领导机构之下。根据平

---

① 《斯大林与宋子文第八次会谈记录》（1945年8月10日），俄罗斯联邦总统档案馆藏档案：45-1-322。
② 《斯大林与中国代表团第九次会谈记录》（1945年8月13日），俄罗斯联邦总统档案馆藏档案：45-1-322。

均分配的原则,铁路的理事长由中国人担任,铁路局局长由苏联人担任。宋子文坚持,应设立两个铁路局,中东铁路局局长为苏籍,南满铁路局局长为华籍。斯大林声称"这样的提议是不能接受的"。中东路和南满铁路是一条线路,应设置一个管理机构,铁路管理权分离将会不可避免地出现摩擦。

面对苏方的反对,中方再次做出退让,准备将领导机构也与苏方平等分配。王世杰建议,由苏联人担任南满铁路的理事长。这样,中东路的理事长是华人,铁路局局长是苏联人,南满铁路的理事长是苏联人,铁路局局长是华人。但斯大林坚持只组建一个统一的领导和管理机构。他对握有实权的铁路局局长极为看重,主张由中国人为全线的理事长,苏联人为全线的铁路局局长。王世杰指出:"这样解决问题是不公平的。"斯大林则回答说,众所周知,路是俄国人建的。

宋子文曾问斯大林,为什么苏方不愿意委派中国人掌管南满铁路的管理权?斯大林说,他顾虑那样会使南满铁路和中东路的联系有可能出现中断,和旅顺、大连的联系也可能出现不正常。王世杰认为,由中国人任南满铁路局局长比较合适,因为这条铁路的多条支线是由中国人在经营。但斯大林称,保持南满铁路与这些支线的联系也可以由任南满铁路副局长的中国人负责。宋向斯大林保证,中国政府会保障同旅顺港、大连线路的畅通。中国政府会永远和苏联保持亲密的合作和接触,如果华籍南满铁路局局长不执行政府的政策,就会被撤换。①

在8月13日的会谈中,宋子文转达了蒋介石的意见:考虑到南满铁路是该地区的工业部门,南满铁路的领导权应由中国人掌握。但考虑到斯大林同志的想法,在发生战争时,该路的领导权将由苏联人掌握。蒋介石同意在战时任命苏联人为南满铁路局局长。对此,斯大林表示,这个提议是不能接受的。唯一能使铁路管理更为有效的方式就是把两条路合并在一个管理机构之下,该机构须任命苏联人为主管。

在讨论建立统一的中长铁路理事会时,宋子文提出,如果中方放弃由中国人出任南满铁路局局长的要求,那么,在铁路理事会中就应该多加一

---

① 《斯大林与宋子文第八次会谈记录》(1945年8月10日),俄罗斯联邦总统档案馆藏档案:45-1-322。

个中国人，由6个中国人和5个苏联人组成理事会。斯大林表示，理事会应由5个苏联人、5个中国人组成，任理事长的中国人所投之票可作两票计算。在这种情况下，铁路局局长应由苏联人出任。宋子文同意这一提议。①

此后，双方就铁路监事会达成共识，同意监事会由3个苏联代表、3个中国代表组成，苏籍人士任监事长，监事长所投之票亦作两票计算。

此外，在铁路局内的重要人事任命权上，双方也展开了争夺。苏方主张由铁路局局长推举处长、副处长、科长及重要车站的站长，这样苏方便会垄断了铁路局的重要岗位。中方则提议，由铁路理事会推举处长和副处长。莫洛托夫表示，很难想象铁路局局长不能委任局内的领导职务。中方遂提议，理事会成员和局长一样有权推举领导职务的人选。莫洛托夫认为，这个提议不合适，因为在这种情况下，有时会出现铁路局局长甚至不知道被推举的候选人的情况。最后达成的妥协是，这些重要岗位人选由理事会委派，铁路局局长有推荐之权，理事在征得局长同意时亦有推荐之权。②

在铁路财产问题上，苏方也明显显示出恢复旧俄权益的趋向。苏方提出了要求获得铁路附属企业和支线的问题，提出将俄国控制时期创建的所有附属企业和支线都并入中长铁路，斯大林强调，这对中国是有利的，因为这条铁路现在是中苏共同拥有，30年之后它将完全属于中国。宋子文表示，中方同意所有俄国控制时期创建的企业并入路段，但不赞成将支线并入路段。③

4. 外蒙古疆界问题

在第一阶段谈判中，由于未想到苏方会直接提出外蒙古独立问题，中国最初并未准备与苏联讨论外蒙古的疆界问题。在外蒙独立的大局已定后，出于对未来中蒙疆界领土纠纷的担忧，中方在第一阶段谈判的后期提出了讨论确定边界线的要求。8月2日，拟定将参加第二阶段会谈的王世

---

① 《斯大林与中国代表团第九次会谈记录》（1945年8月13日），俄罗斯联邦总统档案馆藏档案：45-1-322。
② 《莫洛托夫与宋子文、王世杰会谈记录》（1945年8月14日），俄罗斯联邦对外政策档案馆藏档案：06-7-36-507。
③ 《斯大林与宋子文第八次会谈记录》（1945年8月10日），俄罗斯联邦总统档案馆藏档案：45-1-322。

杰向蒋介石提出："疆界之划定必须在承认之前，否则将为未来留无尽之纠纷"。① 蒋对此表示同意，将确定疆界问题与承认独立问题挂钩，并作为先决条件。

在8月7日的会谈中，宋子文拿出了中方绘制的外蒙古地图，也拿出了苏联红军军事地形测绘局出版的苏联亚洲部分南部边界线的地图，这两个地图对中蒙边界线的划分相同。宋要求在解决外蒙古的独立问题之前，先讨论外蒙古边界问题。斯大林表示，承认蒙古人民共和国的独立无可再议，边界问题可以商讨。

8月10日，王世杰再次提出外蒙古的边界问题。王说，边界问题不处理好，会引发许多摩擦。中方提出的边界线，依据的是已多次再版的中国地图，这些地图是很权威的。除此之外，中方提出的边界线与俄文的外蒙古地图也是一样的。但苏方不愿意讨论边界问题，斯大林表示："应该承认已经存在20年的现实边界，维持现状。没有任何理由从外蒙割去任何一块土地。"斯大林并称，中国代表团所提供的地图是不存在的，苏联红军并没有军事地形测绘局。

王世杰表示，外蒙古边界对于中国来说是个很困难的问题，不解决这一问题，很难向中国人民解释。王建议，在声明中就外蒙古问题这样表述："在承认外蒙独立之前，中蒙双方共同勘定界线"，这既满足了苏联的要求，公开表示中国准备承认外蒙古独立的意向，也照顾到中方的要求，须待边界勘定后再实施承认。斯大林颇不高兴地说，如果中国政府拒绝承认蒙古独立的话，可以直接坦陈。

宋子文提议，请苏联派遣地形测绘员同彼得罗夫大使一起去重庆，与中国的地形测绘员共同勘测边界。对此，莫洛托夫表示，边界问题在没有蒙古人的参与下是无法解决的。斯大林也声称，宋子文的提议是不适宜的，蒙古人将会抗议改变边界，最好不要再提出这个问题。斯大林并颇有深意地说："我们现在必须承认蒙古共和国的独立，这会涉及蒙古人希望内蒙并入其中的问题，这是需要预防的。不允许越过现存的边界线。"斯大林强调，不希望中方再提及蒙古共和国的边界勘测问题。②

---

① 《王世杰日记（手稿本）》第5册，1945年8月2日，第137页。
② 《斯大林与宋子文第八次会谈记录》（1945年8月10日），俄罗斯联邦总统档案馆藏档案：45-1-322。

但蒋介石对外蒙古疆界问题十分重视，8月12日两次电示中国代表团，指出："外蒙如希望独立，而对于疆界此不先有一基线之协定，则以往外蒙之症结，不惟不能消除，而且反增今后之纠纷，此决非吾人之本意，故外蒙界线此时必须有一基准之图，借以为将来勘界之依据"。① 蒋介石主张，对外蒙古疆界问题必须有一图底，在承认之前必须勘定界线；否则，"虽停止交涉，亦所不惜"。②

但中国代表团大多数成员已意识到"此事显然办不到"。此时，苏军已大规模攻入东三省，代表团担心，"倘再拖延交涉，或生根本变化"。因此，宋子文、蒋经国、傅秉常等人均主张不顾蒋介石的电报，径与苏方达成妥协。但王世杰表示不可，称此事如未经蒋介石同意，则未来国内意见分歧，即使签字了也未必能获批准。王建议暂停12日晚与苏方的会谈，同时电蒋说明情况，请其授权由他及宋权宜处理。③ 宋子文等接受了这一建议，停止了当晚与苏方的会商。

8月12日，宋子文、王世杰联名致电蒋介石，称"外蒙疆界问题，确已无法照钧示办到"。同时报告说，苏联拒谈疆界问题原因颇多，看起来并非故意为将来留一惹起纠纷的由头。二人建议"中苏条约必须缔立，倘再迁延，极易立即引起意外变化"，要求蒋授予他们"权宜处置之权"。④ 次日，觉得应尽快与苏方达成协议的宋子文又提出应立即与斯大林会谈，不必等候蒋的复电。但王世杰仍主张"正式接受外蒙问题解决方案须在蒋电到达并表示允许之后"。⑤

同时，王世杰单独致电蒋介石，要求授权。王世杰称，苏方不想提边界问题确有隐因，一是苏方的地图中包括新疆部分领土，自知无法让中国接受；一是唐努乌梁海等地方原属外蒙古，现已成为苏联的一部分，苏难以提出这一问题。总之，王世杰认为苏方"似非蓄意与我为难，其所借此

---

① 《蒋介石致宋子文电》（1945年8月12日），《外交部档案丛书·界务类 第二册 中苏关系卷》，第47页。
② 《蒋介石致宋子文、王世杰电》（1945年8月12日），秦孝仪主编《中华民国重要史料初编——对日抗战时期 第三编 战时外交》（2），第647—648页。
③ 《王世杰日记（手稿本）》第5册，1945年8月12日，第149—150页。
④ 《宋子文、王世杰致蒋介石电》（1945年8月12日），秦孝仪主编《中华民国重要史料初编——对日抗战时期 第三编 战时外交》（2），第648页。
⑤ 《王世杰日记（手稿本）》第5册，1945年8月13日，第150页。

次缔约改进中苏关系之心似属相当诚挚","若再停止谈判则形势势必立变,前途隐忧堪大"。现属新疆的阿尔泰地区是中方颇为担忧的一个问题,因为在外蒙古独立以前,该地区曾归其管辖,王世杰担心日后外蒙古根据民国8年前的版图对该地区提出领土要求。鉴此,王世杰提议,将在与苏方的谈判中"要求将外蒙疆界以现在疆界为限之字句列入换文中。盖有此一语在约文上,我国显然不承认民国八年以前属于外蒙之疆土为外蒙疆土"。①

蒋介石在这一问题上听从了代表团的建议,于13日给宋、王发来了授权其权宜处置的电报。当晚,中苏代表团举行会谈。宋宣布,蒋介石接受了斯大林的主张,同意承认蒙古人民共和国独立和其现实的边界。

经过最后的磋商,双方终于达成了妥协。8月14日,中国外交部部长王世杰与苏联外长莫洛托夫在莫斯科签署了《中苏友好同盟条约》及所附照会,以及关于东北铁路、旅顺、大连等问题的协定。② 条约的正文部分并无特别的内容,只是一般性地阐述了有关对日作战和中苏两国互相尊重及合作的原则,实质性的内容体现在双方互换的照会及分项协定中。

关于外蒙古的独立问题,中方在照会中表示:"兹因外蒙古人民一再表示其独立之愿望,中国政府声明,于日本战败后,如外蒙古之公民投票证实此项愿望,中国政府当承认外蒙古之独立,即以其现在之边界为边界。"

《关于中国长春铁路之协定》规定,长春铁路"归中华民国及苏维埃社会主义共和国联邦共同所有,并共同经营"。为此,中苏将共同组建长春铁路公司。中方人员将担任公司的理事长和总稽核的职务,苏方人员将担任监事长及铁路局局长的职务。协定并规定了中苏双方人员分任各级正副职的原则,即当处长、科长、重要车站的站长为华籍时,副职应为苏籍,正职为苏籍时,副职则应由华人担任。协定的有效期为30年。期满之后,铁路及铁路的一切财产"应无偿移转中华民国所有"。

《关于旅顺口之协定》及其附件规定:"两缔约国共同使用旅顺口为海军根据地",该区域陆上地面为,从辽东半岛西岸猴山岛湾以南,经石河站及邹家咀子至辽东半岛东岸划线,该线以南除大连市以外的全部陆地。

---

① 《王世杰致蒋介石电》(1945年8月13日),秦孝仪主编《中华民国重要史料初编——对日抗战时期 第三编 战时外交》(2),第650页。
② 实际签署时间为8月15日凌晨6时,但条约文本仍写着原定签约时间,即8月14日。

苏联有权在该区内驻扎陆海空军,并决定其驻扎地点。该区内将设立中苏军事委员会处理共同使用的问题。该委员会由苏籍代表三人、华籍代表两人组成,委员长由苏方派任,副委员长由中方派任。旅顺海军基地的防护,由苏联政府负责,区内的民事行政由中方负责。旅顺市主要民事行政人员的任免,应征得苏联军事指挥当局的同意。该区内苏联军事指挥当局为保障安全和防卫而向中国行政当局所做的建议,行政当局应予实行,倘有争议,应提请中苏军事委员会审议决定。

《关于大连之协定》规定,宣布大连为自由港,大连的行政权属于中国,港口主任由长春铁路局局长在苏籍人员中遴选,须征得大连市市长同意,港口副主任由华人担任。大连在平时不包括在旅顺海军根据地章程的效用范围之内,仅在对日作战时,受旅顺方面的军事统制。该协定所附议定书规定,中方将大连港口工事及设备的一半,无偿租与苏方,租期30年。港口的扩建,应得到双方的同意。经过旅顺区的由大连通往沈阳的铁路,不受旅顺方面的军事监督或管制。[①]

《中苏友好同盟条约》的不平等性质,在许多方面都是显而易见的。中苏会谈的最后结果,除了旅顺不使用租借名义这一点外,中国在其他各方面所做的让步都超出了《雅尔塔协定》。对此,英国外交大臣艾登表示不解,他对顾维钧说,他理解中国不得不参加中苏会谈,不过中国"并无必要放弃比罗斯福与斯大林协议之外更多的东西"。他认为中国过多的让步没有必要,感叹俄国人总是会去钻研对手脆弱到何种程度,以及他们可能将哪些东西弄到手。即便是作壁上观的美国,国务卿贝尔纳斯后来也询问中国为什么做出了不必要的让步。[②]

三 苏联出兵东北

在《中苏友好同盟条约》尚未签署之时,已经做好战争准备的苏联发起了对日作战。莫斯科时间8月8日下午5时(东京时间9日零时),苏联外交人民委员莫洛托夫召见日本驻苏大使佐藤尚武,向他递交了对日宣战书。宣战书称,在希特勒德国战败后,日本拒绝美、英、中三国的《波茨

[①] 王铁崖编《中外旧约章汇编》第3册,第1331—1338页。
[②] 《顾维钧回忆录》第5分册,第555—556页。

坦公告》，是继续进行战争的唯一强国。鉴于日本拒绝投降，"盟国建议苏联政府参加反对日本侵略的战争，这样使战争结束的时间更加接近，减少牺牲者的数目，并加速一般和平的最早恢复"。苏联接受盟国建议，决定参加《波茨坦公告》。苏联政府宣布："从明天即8月9日起，苏联将认为其自身已与日本进入战争状态。"① 与此同时，苏联驻日大使马立克（Y. A. Malik）也将苏联对日宣战书通知了日本政府。

苏联早在1945年4月就开始制定对日作战计划，确定了从东、西、北3个方向同时进攻日本关东军的方案。为此而成立的苏联远东军司令部下辖后贝加尔方面军、远东第一方面军、远东第二方面军共3个方面军及太平洋舰队与黑龙江区舰队，共有11个合成集团军、1个坦克集团军、1个骑兵机械化集群、3个航空兵集团军、3个防空集团军，计有陆军80个师，拥有火炮26000门、坦克5500辆、飞机5300架、海军各种舰船500余艘，总兵力达150万余人。

驻守东北的日本关东军有24个师团及12个旅团78万人，另有伪满、伪蒙军约20万人，总兵力近100万人，拥有火炮5000余门、坦克160辆、作战飞机150架（另有可用于作战的教练机约500架）。日军与苏军比起来，不仅火力装备差距很大，其作战兵员的素质也不可相提并论。关东军的原有部队已陆续抽调其他战场，现有师团大部分是新组建的部队，其中，8个师团是1945年2月新组建，8个师团及7个旅团是7月刚刚组建，成军时间最早的部队为1944年5月编成的第一〇七师团。这些部队的武器装备也严重不足。

8月9日零时，在远东军总司令华西列夫斯基（Aleksandr Vasilevsky）的指挥下，苏军在长达4000多公里的边界线上，分三路向关东军发起攻击，太平洋舰队在日本海积极活动，航空兵则对日军展开了空袭。作战进展顺利。在西线，后贝加尔方面军从外蒙古攻入中国东北中部和南部，多路并进，先后攻克满洲里、多伦、张北等地，在海拉尔与日军激战；在东线，远东第一方面军从滨海地区发起进攻，向吉林、哈尔滨推进，占领绥芬河，突入牡丹江，在东宁、虎头与日军激战；在北线，远东第二方面军强渡乌苏里江和黑龙江，先后攻占宝清、富锦等地。这样，在日本宣布投

---

① 《反法西斯战争文献》，第315页。

降前，西线苏军已越过大兴安岭，推进了450—500公里，前出东北平原；东线苏军推进了150—200公里，前出到牡丹江平原；北线部队推进了50—100公里，前出至对佳木斯的进攻方向。苏联空军也完全取得空中优势。关东军被割裂，关东军司令部失去了对部队的控制。

日本于8月15日宣布投降后，关东军仍继续抵抗。苏联红军发表公告称，只有当日本发布放下武器的命令且真正付诸实施时，苏军才认可日军的投降。因此，目前苏军将继续对日军的进攻。8月17日，关东军向苏军请求停止作战行动，并向所属部队下达了投降和停止军事行动的命令，但不少日军仍继续抵抗。苏军限令日军在8月20日中午12时前全部放下武器，就地向苏军投降。此后苏军编组空降分队，空降重要城市，控制机场和重要目标，接受日军投降。20日后，苏军陆续占领沈阳、哈尔滨、吉林、长春、大连等重要城市。驻守虎头、东宁的日军顽强抵抗，直至8月26日才放下武器。

苏军在东北作战中击毙日军8.3万人，俘虏60万人，彻底消灭了盘踞东北的日本关东军，形成对日本的致命一击，缩短了盟国对日作战的时间，大大加速了日本投降的进程。

第十四章
盟国间的受降之争

击败德国后，盟国敦促日本无条件投降。1945年8月，面临着毁灭性打击的日本宣布向盟国投降。战争结束了，但外交之争并没有停息。围绕着香港的受降权，中国与英国之间展开了艰难的交涉，最后以中方做出较大妥协而告终。在印度支那北部的受降问题上，中国拒绝了法国的要求，行使了受降权。对于战后日本，国民政府采取了"以德报怨"的方针，理性地处理战争善后问题。

第一节 日本宣布投降

一 盟国要求日本无条件投降

1945年7月，美、英、苏三国首脑在德国波茨坦举行会议，讨论对德处置和对日作战问题，起草了敦促日本投降的公告。中国虽未派员参加这一会议，但公告在发表前征求了中国政府的意见，中国政府列名公告。而参加这一会议的苏联政府因尚未对日宣战，未正式加入公告。7月26日，《波茨坦公告》以中、美、英三国名义发表。

公告表示，中、美、英三国将集中优势兵力，给日本以最后的打击，直至日本停止抵抗。日本如若继续抵抗，将难逃与德国同样的覆灭命运，"必将使日本军队完全毁灭，无可逃避，而日本之本土亦必终归全部残毁"。公告指出，摆在日本面前的有两条路，日本现在必须做出抉择："继续受其一意孤行计算错误使日本帝国已陷于完全毁灭之境之军人之统制，抑或走向理智之路？"

公告列举了盟国的条件，并表示这些条件不容更改，也不容有犹豫迁延。公告要求，"欺骗及错误领导日本人民使其妄欲征服世界者之威权及势力，必须永久剔除"，必须对日本实行占领，直到新秩序建立以及至日本制造战争之力量业已毁灭有确实可信之证据时。"开罗宣言之条件必将实施，而日本之主权必将限于本州、北海道、九州、四国及吾人所决定其他小岛之内"，"对于战罪人犯，包括虐待吾人俘虏在内，将处以法律之裁判，日本政府必须将阻止日本人民民主趋势之复兴及增强之所有障碍予以消除，言论、宗教及思想自由以及对于基本人权之重视必须成立"，"日本将被许维持其经济所必需及可以偿付货物赔款之工业，但可以使其重新武装作战之工业不在其内"。公告要求日本政府立即宣布所有日本武装部队无条件投降，"除此一途，日本即将迅速完全毁灭"。①

然而，日本政府错误地估计形势，拒绝了《波茨坦公告》。盟国决定对日本进行摧毁性的打击。8月6日和9日，美国分别向日本广岛和长崎投下了杀伤力巨大的原子弹。8日，苏联宣布加入《波茨坦公告》，向日本宣战。次日凌晨，150多万苏联红军突进中国东北，向日本关东军发起攻击。与此同时，中国军民也向在华日军发起了全面大反攻。

日本政府意识到，抵抗是徒劳的。8月9日，日本召开最高战争指导会议，讨论是继续抵抗还是投降的问题。海相米内光政提出可在四项条件下接受公告：（1）保证维护国体；（2）战犯由日本自行处理；（3）自主地解除武装；（4）避免盟军占领日本领土，如无法避免，则限于东京以外的较小范围，以较少兵力于较短时间实施占领。外相东乡茂德认为，这样的条件将导致谈判破裂，主张只提维护国体一个条件。双方争论相持不下，最后以天皇决定采纳外相的方案而做出决断。

8月10日，日本发出接受《波茨坦公告》的照会，向盟国方面表示："日本政府准备接受中美英三国政府领袖于1945年7月26日在波茨坦所发表其后经苏联政府赞成的联合公告所列举的条款。而附以一项谅解：上项公告并不包含任何要求有损天皇陛下为至高统治者的皇权。日本政府竭诚希望这一谅解能获保证。"②

为了争取日本尽早投降，对于日本提出的保留天皇制的要求，盟国虽未予明确接受，也未予拒绝，而是采取了留待日后日本人民决定的方针，

---

① 《美英中促令日本投降之波茨坦公告》（1945年7月26日），《反法西斯战争文献》，第298—299页。
② 《日本致盟国照会》（1945年8月10日），《反法西斯战争文献》，第317页。

给天皇制留下了继续保留的希望。美国政府在与中、苏、英政府协商后，由国务卿贝尔纳斯代表盟国向日本提出正式答复。该复文表示，日本投降之后，盟国将对日本进行占领，这一时期治理日本的最高权力是盟国最高统帅：

> 自投降之时刻起，日本天皇及日本政府统治国家之权力，即须听从盟国最高统帅之命令。最高统帅将采取其认为适当之权力，实施投降条款。日本天皇必须授权并保证日本政府及日本帝国大本营能签字于必须之投降条款，俾波茨坦公告之规定能获实施，且须对日本一切陆、海、空军当局以及彼等控制下之一切部队（不论其在何处）实施号令停止积极活动，交出武器，此外并须发布盟国最高统帅在实施投降条款时所需之其他命令。日本政府在投降之后，应立即将战俘及所扣侨民运至指定之安全地点，俾能速登同盟国之运输船只。按照波茨坦公告，日本政府之最后形式将依日本人民自由表示之意愿确定之。同盟国之武装部队将留于日本，直至达到波茨坦公告所规定之目的为止。①

二 日本决定投降

盟国答复文书未对天皇制问题做出明确承诺。日本政府内部对是否接受这一答复意见分歧，先后召开内阁会议、皇族会议、最高战争指导会议，对此反复讨论。8月14日，御前会议由天皇做出了投降决定。但日本给盟国的答复，避免使用无条件投降的词句。该答复表示："天皇陛下已经颁布关于接受波茨坦公告条款的诏书"，"天皇陛下授予其政府及大本营签署为实施波茨坦公告各项规定必要条款的权限，并有保障这种权限的准备。再者，天皇陛下准备命令所有日本国陆海空军官宪指挥下的所有军队，停止战斗行为，交出武器，准备发出为实施上述条款盟军最高司令所要求的命令"。②

---

① 《中苏美英对日本乞降照会的复文》（1945年8月11日），《反法西斯战争文献》，第319页。
② 〔日〕服部卓四郎：《大东亚战争全史》第4册，第1671页。

8月15日，日本播放了天皇宣读的投降诏书。同日，美国总统杜鲁门发布第一号总命令，命令日本大本营下令所有在日本和海外的司令官命令日本军队和在日本控制下的军队立即停火，放下武器，原地不动，无条件地向代表美国、中国、英国和苏联的司令官投降。各地日军今后须按照盟国最高统帅的指示和命令行事，立即与盟军司令官或其委派的代表联络，并立即全部执行他们的指令。第一号命令所划定的有关中国军队受降或中国领土上的受降有两项：（a）在中国境内（东北地区除外）、台湾和北纬16度以北的法属印度支那的日本高级指挥官及一切陆、海、空军和辅助部队向蒋介石委员长投降；（b）在东北地区，北纬38度以北的朝鲜、南库页岛和千岛群岛的日本高级指挥官和一切陆、海、空军和辅助部队向远东的苏军总司令投降。①

9月2日，在东京湾的"密苏里"号美国战列舰上，举行了日本正式投降的签字仪式。日本外相重光葵代表日本天皇和政府，参谋总长梅津美治郎代表日本大本营首先在投降书上签字。接着，麦克阿瑟以盟国最高司令官的身份签字，随后包括中国军令部部长徐永昌将军在内的各盟国代表依次签字，接受日本投降。9月3日，国民政府宣布放假欢庆一天。次年，9月3日被定为中国抗日战争胜利日。

9月9日，中国战区的日军投降仪式在南京举行。中国陆军总司令何应钦代表中国政府接受日本投降，日本中国派遣军总司令陆军大将冈村宁次解下所带佩刀，由其参谋长捧呈何应钦，以示正式向中国缴械投降。然后，冈村宁次在投降书上签字盖章。

南京受降后，中国战区划为16个受降区，分别接受各地日军的投降。10月25日，台澎地区日军投降仪式在台北举行。日本驻台湾总督兼第十方面军司令官安藤利吉向中国政府新任命的台湾省行政长官陈仪呈上所佩军刀，并在降书上签了字。陈仪在受降仪式上宣布："从今天起，台湾及澎湖列岛，已正式重入中国版图，所有一切土地、人民、政事皆已置于中华民国国民政府主权之下。"② 至此，日本在台湾的殖民统治正式结

---

① Instruments for the Surrender of Japan, General Order No. 1, *FRUS*, *1945*, vol. 7, pp. 530 – 531.

② 《陈仪正式宣布台湾日军投降广播词》（1945年10月25日），秦孝仪主编《光复台湾之筹划与受降接收》，台北，近代中国出版社，1990，第201页。

束，台湾在被割离祖国半个世纪之后又回到了祖国的怀抱。

第二节　中英香港受降权之争

在1943年初中英订立新约时，国民政府做了退让，新约未触及香港问题，但国民政府保留在战后提出这一问题的权利。而在蒋介石的私下考虑中，一再出现在战后以武力收回香港的想法。然而，尽管国民政府一直有此想法，但没有认真地去做实际的准备工作。

与国民政府相比，英国对战后香港问题的研究和准备则要积极主动得多，他们对战后问题做了仔细的研究和大量的准备工作。英国人意识到，问题不可能靠谈判解决，谁先占领香港谁便处于有利的位置。英国外交部提出的一份《远东备忘录》认为："最重要的问题是武力收复香港，用武力维系大英帝国的统一。英国国旗必须在不受阻碍、不受歧视的情况下在香港重新升起。"英国政府提出几种可能的方案进行仔细的比较分析，如联合国共管、中英共管等。1944年7月10日，英国政府排除这些共管方案，确定了"战后恢复英国殖民统治、绝对不允许半点讨论"的方针，并决定必须以英国军队独立收复香港。[①] 除了在军事上制定计划，准备不惜一切代价攻占香港外，英国还向香港派出大批间谍，以配合日后的军事行动。从1944年起，英国开始培训接管香港的行政人员。

英国还在盟国间广泛宣传，应由英国人首先占领香港。因为香港是在英国手中失陷的，此事关系到英国的国家荣誉，因此香港应由英军收回。在争取盟国支持的同时，英国展现出不容在香港问题上被他人左右的坚定立场。1945年4月，美国驻华大使赫尔利途经伦敦时，劝说丘吉尔放弃对香港的控制，但丘吉尔断然拒绝。丘吉尔以他特有的语气强调，将为香港斗争到底，"除非踩过我的尸体，否则休想把香港从大英帝国分离出去"，大英帝国不要求得到什么，也不放弃什么。对于丘吉尔的这一说法，生性直率的赫尔利毫不含糊地表示，美国已经使英国得到了很多，当美国加入战争的时候，大英帝国已经输掉了。说英国不想得也不想失，无论在逻辑

---

① 英国外交部档案，转引自李世安《1943年中英废除不平等条约的谈判和香港问题》，《历史研究》1993年第5期。

上还是在事实上都是不准确的。赫尔利又指出，如果英国不愿遵守大西洋宪章的原则，并继续占有香港，俄国人将有可能对中国的北部地区提出要求，使形势更加复杂化。盟国的领袖们尤其是罗斯福所提出的我们为之而战的原则，将大部分化为乌有。但是，丘吉尔不为所动，声称"英国根本不受大西洋宪章的约束"。①

1945年8月10日，日本表示接受《波茨坦公告》。在当天召开的英国内阁会议上，英军参谋总长报告了总参谋部拟订的向香港派遣舰队，接受日军投降和在香港建立军政府的计划。内阁会议纪要表明，英国意识到接受香港的不便，"香港不在英国军事作战区域内"，因此考虑在美军的军事行动扩展至香港附近时派遣一支英军前往香港。会议要求现在就制定应付紧急情况的计划，向香港派遣一支带有海军陆战队的海军力量，计划从英国太平洋舰队中抽调这支部队。② 英国关于重占香港的计划由此进入实施阶段。

8月11日，英国外交部致电薛穆，指示他设法与被日本囚禁在香港的前香港辅政司詹森（F. C. Gimson）取得联系，授权他一旦获释便立即行使权力，恢复英国的主权与行政，直到英国海军到达建立军政府为止。英军总参谋部8月13日提出的报告再次强调："我们在香港接受日军的投降至关重要。"该报告也承认，英国目前所控制的只是东南亚战区，"香港是英国属地中英军可能受阻的唯一地方，除非英军尽早到达该地"。该报告提出了先从英国太平洋舰队抽调一小股部队尽早到达香港实施占领，再从婆罗洲运送一旅澳大利亚军队于数日后抵香港，最后以随后开来的东南亚战区的一个旅及一个空军分队接替澳大利亚军队。③

8月14日，即在日本宣布投降的前一天，英国军方向东南亚战区最高统帅蒙巴顿发出命令，由英国太平洋舰队执行重新占领香港的任务。

对于利用日本战败之机，从日军手中收回香港，国民政府并非全无考

---

① The Ambassador in China to the Secretary of State, Apr. 14, 1945, *FRUS*, *1945*, vol. 7, p. 331.
② Extract from C. M. 20th Conclusion, Oct. 8, 1945, Prem8/34, 54651, 英国首相府档案, 复印件藏中国社会科学院近代史研究所中国近代史档案馆。
③ Surrender of Japan, Report by the Chiefs of Staff, Aug. 13, 1945, Prem8/34, 54651, 英国首相府档案, 复印件藏中国社会科学院近代史研究所中国近代史档案馆。

虑。外交部欧洲司在 1945 年 8 月提出的一份文件便主张收回香港，至少也应收回九龙租借地。该文件指出，1842 年英国割据香港的理由是为修船和贮料，如今这一理由已不复存在。为世界永久和平计，应该消除像香港这样可能导致国际摩擦的因素，因此，中英两国应对这一问题进行合理的调整。而九龙为租借地，英国既已宣布废除在华一切特权，就应将该地归还中国。现在各国租借地都已归还，唯独九龙不还，实属无理。英国当初租借九龙，说是为了保卫香港，太平洋战争已经证明此说毫无意义。因此，中国应立即与英国进行谈判，收回香港。文件还建议，中国军队应以精兵沿广九铁路直袭港九，捷足入据港九，先为外交谈判创造有利条件，再与英方交涉，至少要收回九龙租借地。文件起草者认为，只要举国一致，有计划有步骤地慎重推进，外交、军事、交通、经济、财政各部门互相配合，香港一定可以回归祖国。[①]

尽管蒋介石在 1943 年中英订立新约时，曾在日记中表示，要利用战争结束时不惜以武力收回香港，但当这一时机终于到来之时，蒋介石改变了他的初衷，他改而采取了通过外交途径来解决这一问题的立场。8 月 14 日下午，蒋介石在会见薛穆时声明，中国政府承认英国在香港的权利，但希望最终能解决香港问题。这意味着中国同意英国在战后回到香港，然后再以外交谈判来解决问题，近期内将不会在香港问题上采取极端措施，这无疑是给英方吃了一颗定心丸。

8 月 15 日晚，蒋介石召集张群、何应钦等来讨论对香港问题、越南问题的方针与政策，最后决定："对香港，不与英国竞争先后，免惹恶感。彼即对美言决派兵进占香港，如其不先与我战区统帅协商，则其自背言约，我当抗议其违约，而不与之争先进占也。但时间许可，仍须进占九龙也。对泰越问题，拟派滇军进驻北纬十六度以北地区，接收敌军投降也。"[②]

尽管国民政府放弃了在战后以武力接管香港的设想，但是坚持应由中国军队来接收香港日军的投降，由中国受降以后，再转交英方接收。英国政府则认为，如果由中国军队主持受降，英国再从中国手里接收香港，将

---

① 外交部欧洲司：《收回香港问题》（1945 年 8 月），转引自吴东之主编《中国外交史——（中华民国时期（1911—1949）》，河南人民出版社，1990，第 635—636 页。
② 《蒋介石日记》，1945 年 8 月 16 日。

会有很多麻烦。因此，英国力争在香港的受降权。

在受降问题上，英国人处于不利的地位。在杜鲁门发给盟军最高统帅的第一号总命令中，确定中方主持受降的范围是："中国境内（东北地区除外）、台湾和北纬16度以北的法属印度支那"，东南亚司令部的受降范围是："安达曼群岛、尼科巴群岛、缅甸、泰国、北纬16度以南的法属印度支那、马来亚、苏门答腊、爪哇、小巽他群岛（包括巴厘、龙目和帝汶）、博埃罗埃、塞兰、安汶、卡伊、阿罗埃、塔宁巴尔群岛及阿拉弗拉海的岛屿、西里伯斯群岛、哈马黑拉群岛和荷属新几内亚。"① 香港由何方受降，第一号总命令虽未明确列出，但从地理位置上看，中国受降范围包括中国全境和印度支那北纬16度以北地区，而英国人任统帅的东南亚司令部的受降范围则限于东南亚地区，香港显然应在中国军队受降区之内。

但是，英国人对这一命令有自己的解释。8月16日，英国先发制人，照会中国政府，通报英国政府正在安排英国军队重占香港，并恢复香港行政。中国政府当日复照，引述了第一号总命令中关于中国战区和东南亚战区受降范围的规定，指出："这表明香港不包括在向东南亚司令部盟军最高统帅投降的地区之内，而在日本军队应向中国战区总司令投降的地区之内"，英国的要求"与杜鲁门总统发给盟军最高统帅的受降命令不相符合"。照会表示，中国政府尊重英国一切合法利益，并准备给予充分的必要的保护。但是一项接受日本军队投降的协调一致的计划对于在亚洲重新恢复和平和秩序是至关重要的。中方要求英国政府按照盟国第一号命令的安排接受日本军队投降，避免在取得盟军最高统帅和中国战区最高统帅许可之前把军队送到中国战区任何地方。②

对此，英国的答复是："无论战区如何划分，只要是主权有效之地，英国政府都要恢复其权威，并在自己的领土内接收日本投降。"英方还辩称，一号总命令仅规定中国接受"在中国境内"的日军受降，"在英国政府看来，这不能解释为包括香港"。③

---

① Instruments for the Surrender of Japan, General Order No. 1, Aug. 15, 1945, *FRUS*, *1945*, vol. 7, pp. 530 – 531.
② The Ambassador in China to the Secretary of State, Aug. 16, 1945, *FRUS*, *1945*, vol. 7, pp. 500 – 501.
③ The Ambassador in China to the Secretary of State, Aug. 19, 1945, Aug. 20, 1945, *FRUS*, *1945*, vol. 7, pp. 506 – 507.

于是，中英双方都把目光转向一号总命令的发布人美国总统杜鲁门，要求美国做出有利于自己的明确解释。8月18日，英国首相艾德礼（Clement Attlee）致电杜鲁门，声称："我们不能接收任何把第一号总命令解释成含有把香港包括在'中国境内'的说法，香港是英国领土。"艾德礼担心"当地的日本司令官有可能认为香港是属于'中国之内'的，所以请你指示盟军最高统帅五星上将麦克阿瑟命令日本最高指挥部，保证在英国殖民地香港的日本司令官在英国舰队司令抵达时向他投降"。①

中国行政院院长宋子文也于同日致函美国国务卿贝尔纳斯，指出："由于香港位于中国战区之内，我认为，向英国人指出这一点是完全符合逻辑的，即香港的最终地位问题暂且搁置，那里的日军应向中国战区最高统帅或其代表投降。"②

在香港问题上，美国虽然在内心并不赞成英国恢复殖民统治的做法，对中国有某种同情，但这种同情远没有达到愿意为了中国而与英国公开对立的程度。美国的战略重点是欧洲，英国是其最主要的战略伙伴。因此，当涉及要在中英两国之间做出选择时，美国自然倾向英方。杜鲁门经过与国务卿及陆海军参谋长们的商量，决定把香港的受降明确划出中国战区之外。8月18日当天，杜鲁门就向英方表示了这一立场。他在致艾德礼电中表示："以美国观点我们不反对由一位英国军官接受香港的投降，只要英国和委员长对有关通过该地区帮助和支持仍在内地对敌作战或保障受降日军的中美两国军队的军事行动事先提供全面的军事协作。一旦实行上述协作，麦克阿瑟将军将接到指示安排香港向英国司令官投降。"杜鲁门表示，美国也将向中方表明这一立场，同时声明"这在任何方面都不代表美国对于香港未来地位的观点"。③

8月19日，英国大使薛穆向中国外交部提交备忘录，表示英国政府不能同意中国方面对受降总命令的解释。该备忘录称："总命令规定，中华民国主席阁下将接受'中国境内'日军指挥官的投降。英国政府认为，不

---

① The British Prime Minister to President Truman, Aug. 18, 1945, *FRUS*, *1945*, vol. 7, p. 504.
② The President of the Chinese Executive Yuan to the Secretary, Aug. 18, 1945, *FRUS*, *1945*, vol. 7, p. 503.
③ The Secretary of State to the Ambassador in China, Aug. 21, 1945, *FRUS*, *1945*, vol. 7, p. 509.

能把这一条解释为包括香港在内。正如8月18日英国大使致外交部代理部长的公函中所说，英国政府认为，撇开战区的界限不论，只要一个主权国家有足够的军队，它就应该在本国领土内恢复主权，接受日本投降。此外，英国政府相信，作为一名军人，主席阁下会理解此点：由于英国是被迫放弃香港于日本人的，所以在该地区接受日本投降事关英国政府的荣誉。"为显示大度，英方同时表示，英国政府欢迎中国委派代表出席英军接受香港日军的投降仪式。①

蒋介石得知美国态度有变的消息后，急忙于8月21日再电杜鲁门，认为不能由英国政府任意曲解一号命令。蒋介石要求，如果杜鲁门尚未电告英国同意其受降，则最好不要做任何事来改变以往的决定，"现在改动受降命令会造成不良先例，从而可能导致在香港以外地区产生更加严重的后果"。如果电报已经发出，则应要求香港的日军在受降仪式上向中国战区统帅的代表投降，美英军官也将受邀参加这一仪式。蒋介石同时保证："受降以后，我将授权英国军队登陆，重新占领香港岛"。②

此时，杜鲁门已不可能改变决定。他在同日给蒋介石的复电中转发了他8月18日致艾德礼的电文，表示美国不反对由一位英国军官在香港受降，但强调，受降在他看来只是一个具体操作性质的军事事务问题，"不涉及英国在该地区的主权问题，我理解你不希望提出这样的问题"。杜鲁门认为："日本军队向在该地区实施主权的当局投降看来是合理的。至于香港，英国和你之间在具体操作方面实行可行的军事配合，使日本在香港向英国军事当局投降，我认为这是相当现实的。"杜鲁门劝告蒋介石"以合作和谅解的精神"看待此事，同意与英国实行军事协作，以便他能向麦克阿瑟将军发出相应指示安排香港向一位英国司令官投降。③

由于美国改变了态度，蒋介石当然不想冒在香港受降问题上与美英对抗的危险，况且，中国军队也没有做好快速占领香港的准备，在这种情况下，蒋介石只得退让。中方遂通知英方，作为本战区最高统帅，蒋介石同

---

① The Ambassador in China to the Secretary of State, Aug. 20, 1945, *FRUS*, *1945*, vol. 7, pp. 506 – 507.
② The Ambassador in China to the Secretary of State, Aug. 21, 1945, *FRUS*, *1945*, vol. 7, p. 508.
③ The Secretary of State to the Ambassador in China, Aug. 21, 1945, *FRUS*, *1945*, vol. 7, p. 509.

意授权一位英国司令官接受香港日本军队的投降。蒋介石还将委派一名中国军官和一名美国军官参加那里的受降工作。蒋介石要求英国人在采取行动前与中国战区参谋长魏德迈将军以及中国军政部进行必要的军事协调。8月23日,蒋介石向杜鲁门通报了这一决定,并表示:"做出这些让步对我来说是很困难的,但出于在各方面与你合作的强烈愿望,我做了让步。"[1] 所谓授权,只是保持象征性的权力而已,在很大程度上是一种保全面子的说法。杜鲁门当即复电,对蒋介石的体谅表示感谢。次日,麦克阿瑟向日军发出命令,香港日军向英国军官投降。

然而,英国担心蒋介石授权英国军官受降会有损英国在香港的主权,不愿意接受这一办法。8月27日,蒋介石会见了英国驻华军事代表魏亚特(Carton de Wiart)将军。蒋介石对魏亚特表示,不理解英国为什么拒绝接受他授权英国在香港受降。蒋介石说,作为盟国委任的中国战区统帅,他当然有权决定在他辖区任何地方接受敌军投降的手段和方式。蒋指出,英国的态度严重损害了中英两国的传统友谊,特别是在他希望英国新政府能够进一步增进两国间的友好关系的情况下。他对目前的局面感到十分痛心。魏亚特在给英国国防大臣的报告中称:"在过去两年的各种商讨中,我曾多次见过蒋委员长,有时是在非常紧急的时刻。他一直十分坦率,但我从来没有看到他像今天这样激动。"魏亚特还报告说,在谒见蒋委员长之前,他见过魏德迈。魏德迈认为,如果英国坚持现在的态度,将严重损害英国对华关系,而且,英国的现行政策也与美国的观点不符,因为杜鲁门总统业已同意蒋委员长授权受降。[2]

是日,蒋介石又会见了薛穆。薛穆奉命口头告诉蒋介石,英国不能接受中方关于英国军官应作为蒋介石的代表在英国领土上受降的建议。当然,英国欢迎中国和美国军官作为中国战区最高统帅的代表参加受降仪式。他还通知说,英国政府已经任命海军少将夏悫(C. H. Harcourt)主持受降。蒋介石对英国的这一态度甚为不快,他坦率地告诉薛穆,不能同意英国政府对此事所采取的立场,"英国要恢复香港原状的愿望从未受到影

---

[1] The Ambassador in China to the Secretary of State, Aug. 23, 1945, *FRUS*, *1945*, vol. 7, p. 511.

[2] Personal for General Ismay from Carton de Wiart, Aug. 27, 1945, FO371/46253,英国外交部档案,复印件藏中国社会科学院近代史研究所中国近代史档案馆。

响,因为从一开始我就保证本政府无意派遣中国军队去占领香港。按照第一号总命令,香港不在英国受降区域之内。香港无疑处于中国战区之内。作为这个战区的最高统帅,我要履行职责,遵守与盟国的协定"。考虑到英国已经指定夏悫为受降官,蒋介石表示,他授权夏悫作为受降代表在香港接受日军投降。蒋介石力图让薛穆明白,他对此事极为重视,视其为检验两国关系的试金石。① 蒋在当天的日记中记曰:"如其不接受此委托而擅自受降,则破坏联合国协定之责任在英国,余决不能放弃应有之职权,且必反抗强权之行为。"②

英国外交部仍然一厢情愿,于8月28日致电薛穆,希望蒋介石不要公开提出授权英军将领受降的要求,甚至要求蒋介石单方面放弃授权。但是,英国外交部也考虑到蒋介石接受这一提议的可能性很小,鉴于战后香港对于中国的依赖性,英国也不想闹翻,在10分钟后再次发出的致薛穆电中,外交部提出了让步方案。该电提出了所谓领土受降与军事受降的概念,设想在夏悫之外增加一位受降代表,"可由夏悫海军少将代表英国政府,与另一位代表蒋介石的英国军官联合受降。其他盟国代表将作为证人出席受降仪式"。这样,夏悫的受降代表着英国的领土受降,而另一军官则代表着中国战区统帅的军事受降,以给蒋介石以一丝安慰。但英国外交部指示,应尽量争取前一结果,如蒋介石不愿意那么做,再提出后一方案。③

8月29日,薛穆拜访了中国外交部次长吴国桢,要求拜见蒋介石,向蒋解释英国希望他放弃授权的建议。吴以个人身份表示,坚决反对向蒋提出这一建议。蒋在这件事上决心已定,认为英国为了自己的脸面而让他丢面子。他已向杜鲁门总统和麦克阿瑟将军通报决定授权英军司令官受降。在这种情况下,他肯定不会放弃授权。英国外交部在获悉薛穆的报告后,当即回电表示:"不是我们在争面子,相反,我们在尽一切努力在征得蒋介石完全同意的情况下采取行动",在这一问题上,即使没有获得蒋的同

---

① The Ambassador in China to the Secretary of State, Aug. 27, 1945, *FRUS*, 1945, vol. 7, pp. 512-513.
② 《蒋介石日记》,1945年8月27日。
③ From Foreign Office to Chungking, Aug. 28, 1945, FO371/46253,英国外交部档案,复印件藏中国社会科学院近代史研究所中国近代史档案馆。

意，英国也可以在自己权力范围内，按盟国的安排行事。尽管如此，英国仍不想在不进行最后一次努力以争取蒋的同意的情况下采取行动。英国外交部指示薛穆，应立即亲自拜见蒋介石，提出第二种方案，并要求薛穆向蒋介石说明，"这一建议是英国政府所能做出的最大让步。我们之所以这样做，不仅因为他是中国战区统帅，而且因为他是在华英军的统帅。我们真诚希望他能接受这项建议"。①

次日，薛穆和魏亚特拜见了蒋介石，会谈并不顺利。蒋介石在当天的日记中记下了他的感受："本日最感触之事：英国对余指派其军官接收香港之口头指令，仍拒不接受。余告其大使曰：除非联盟国不承认余为中国战区之统帅，华盛顿之盟约无效，或尔英国脱离联盟，宣告单独自由行动，否则余之指令决不能改变，余决不能破坏盟约，违反公约，屈服于强权也。余令既出，必贯彻到底，希望英国恪守信约，保持国誉，如其最后仍加拒绝，则必宣布其恃强违约公告世界，以著其罪恶而已。"②

薛穆和魏亚特向英国外交部报告了与蒋会谈的情况："蒋介石认为我们践踏了他作为中国战区统帅的权力，他对此颇为愤慨。"他们认为蒋不会改变态度，因为蒋认为他已授权英军在香港受降，已按我们的意见做了各种让步。因此，薛穆和魏亚特表示："我们的意见是最好接受授权。"他们并指出，中英为此发生争端将对英国颇为不利，"除非矛盾得到解决，这个争端将可能损坏我们与中国人的关系，而且正是在对我们的利益至关重要的时刻——在重建我们在上海等地的利益之时，我们应当得到中国合情合理的合作。如因香港问题而使蒋介石留下极度恼怒之感，那么不但在现在这个紧要关头，而且在以后相当长的时期内我们都会遇到障碍和恶意"。③

面对蒋的强硬态度，经反复权衡，英国将受降方案再做调整，同意由英国政府和中国战区统帅同时授权夏悫主持香港受降。8月31日，薛穆奉命通知中方，英方同意夏悫同时代表英国政府和中国战区统帅蒋介石受降，同时欢迎中美两国各派一名军官出席受降仪式。对于英方这一双方授

---

① From Foreign Office to Chungking, Aug. 29, 1945, FO371/46253, 英国外交部档案，复印件藏中国社会科学院近代史研究所中国近代史档案馆。
② 《蒋介石日记》，1945年8月30日。
③ From Chungking to Foreign Office, Aug. 30, 1945, FO371/46253, 英国外交部档案，复印件藏中国社会科学院近代史研究所中国近代史档案馆。

权的方案，中方表示接受。蒋介石在 9 月 1 日的日记中写道："英国对余委派英军官接受香港敌军投降之指令，最后仍承认接受，是公义必获胜利之又一明证。"在无奈中略感安慰之时，蒋仍对此事难以释怀，称："惟英国侮华之思想，乃为其传统之政策，如我国不能自强，今后益被侮辱矣！"[①]

9 月 16 日，英国海军少将夏悫以英国政府代表和中国战区统帅代表的双重身份，接受香港日军的投降。中国政府并另派罗卓英将军参加了受降仪式。此后，香港又重新回到英国治下。

第三节 中国军队在越南主持受降

由于法国在欧战初期对德作战的糟糕战绩及后来在本土及殖民地与德日占领军的合作，盟国方面对战后恢复法国在东南亚的殖民统治持不赞成态度。在 1943 年 12 月的德黑兰会议上，罗斯福和斯大林曾经议论过这一问题。斯大林花了较长时间批评法国当局，指出"由于过去他们与德国勾结的记录，他们无权享有和平的好处"。他不赞成在盟国为解放印度支那流血牺牲后却在那里恢复法国的殖民主义统治，斯大林重申："法国不得回到印度支那，法国必须对勾结德国的罪行付出代价。"罗斯福表示百分之百地同意斯大林的意见，并且强调法国统治印度支那已达一百年之久，那里人民的状况比一百年前更糟。他说，他曾与蒋介石讨论过把印度支那置于托管制度之下的可能性，"这一托管的任务是使那里的人民在一个确定的时期（也许二三十年）内取得独立"。斯大林对此表示完全同意。[②]

随着战争结束的临近，考虑到战后秩序重建的各种因素，美国对旧殖民体系的反对态度逐渐软化。1944 年下半年，光复本土后的法国政府，开始筹划重新回到印度支那。对此，美国未持反对立场，而是采取了适度规劝的态度。1944 年 10 月 12 日，罗斯福在与法国驻美陆海军代表团团长菲纳德（Raymond Fenard）将军谈话时表示："在日本战败以后，白种人在太平洋地区的地位比过去更加危险了。独立的思想在所有这些一直被欧洲

---

① 《蒋介石日记》，1945 年 9 月 1 日。
② 《罗斯福与斯大林谈话记录》（1943 年 11 月 28 日），《开罗与德黑兰会议》，第 485 页。

国家统治的民族中越来越普遍了。在印度、印度尼西亚和印度支那都是如此。"罗斯福指出，如果我们不愿意让这些民族很快地把我们都赶走，必须寻求一个方法来解决白种人和黄种人之间的关系问题，"鉴于若干年后殖民地国家可能恢复独立，因此现在就应该制定一个所有殖民国家的共同行动总路线。至于独立期限的长短将随着不同国家的人民的进步程度而有很大差距"。实际上，罗斯福此前曾跟戴高乐讨论过这些问题。戴高乐直接问道："难道您不想叫我们回到印度支那吗？"面对如此直率的提问，罗斯福否认有此想法，同时表示："但是，您应该了解现实！"①

1945年3月24日，法国政府发表关于印度支那问题的声明，公开明确了法国对于印度支那的立场。声明指出，印度支那联邦将和法国以及法兰西共同体的其他部分组成"法兰西联邦"。法兰西联邦的对外关系将由法国代表。印度支那联邦的国民是印度支那的公民，也是法兰西联邦的公民。印度支那将建立自己的联邦政府，联邦政府由总督领导，由向总督负责的部长组成，各部长从印度支那人和居住在印度支那的法国人中选任。印度支那联邦应在宗主国的援助下和在法兰西联邦总防御体系内建立自己的陆、海、空军。印度支那联邦在法兰西联邦内应享有经济自治的权利。声明特别指出："依靠这种经济自治，印度支那可以不受任何歧视性的限制，同所有国家、主要同中国发展商业来往，印度支那和整个法兰西联邦一样，都愿意同中国保持密切的友好关系。"②

日本宣布投降后，根据盟国一号总命令，印度支那北部地区被划入中国战区受降范围。法国政府不愿看到中国军队进入印支并主持受降，担心中国军队的存在会助长越南的民族解放运动，因此展开交涉，希望尽快让法军进入印支并主持受降。

8月13日，即在日本尚未正式宣布投降前，法国驻华代办达里当（Jean Daridan）拜访中国外交部代理部长吴国桢，要求中国政府将几个月前从印度支那撤退到中国境内被安置在昆明近郊的大约5000名法军运去占领印支。此前，达里当访问了担任中国战区参谋长的魏德迈将军，要求由上述法国军队参与重新占领法属印度支那，并用飞机把他们送到那里。魏

---

① 〔法〕戴高乐：《战争回忆录》第3卷，陈焕章译，中国人民大学出版社，2015，第313—314页。

② 〔法〕戴高乐：《战争回忆录》第3卷，第464—466页。

德迈表示，他乐意在各方面帮忙，但运输有困难。他批准一架法国飞机在昆明—蒙自地区和河内之间飞行，运载法国人员，并同意就其所要求的其他合作事项和蒋委员长商量。

达里当对吴国桢表示，如果不允许这些法国部队进军印度支那将会引起"非常坏的影响"，可能"严重损害"中法关系。他认为，如果中国军队进入印度支那，会发生"严重纠纷"。达里当还提出要解救法国战俘问题，他估计有1万—1.2万名战俘在日本人手里。对此，中方解释说，根据盟军提出的日军投降条件，日本人将负责把法国战俘安全送到盟军指定的地方。中方强调，法属印度支那处于中国战区，蒋委员长是中国战区的最高统帅。

美国驻华大使赫尔利也看出了法国人的企图，他在向国务院的报告中指出："可以明显地看出，法国急迫地想尽早完全重新建立在印度支那的权力，它不赞成让任何中国军队开进印度支那。"他认为，法国希望通过他们自己接受日本人投降来挽回面子。赫尔利也知道，"《波茨坦公告》中没有条款说明印度支那的日本人可以向中国战区最高统帅委员长或他任命的代表之外的任何人投降。魏德迈将军或者本大使馆都没有权力来改变《波茨坦公告》或随后的投降条件"。赫尔利主张，应由中国和法国政府直接做出安排，让法国代表也参加受降。[①]

美国政府不支持对主持受降者做出改变。8月14日，美国国务院致电驻法大使卡弗里（Jefferson Caffrey），要求他向法国外交部表示，根据命令日本人投降的方案，日军在印度支那北部应向蒋介石投降，在印支南部向英国的蒙巴顿投降。国务院指示卡弗里："你应该强调这样划分完全是根据那个地区军队分布情况的纯军事行动，没有任何政治意义"，同时表明，美国愿意向英国和中国政府提出建议，邀请法国代表出席印度支那的日本投降仪式。[②]

法国政府在争取让中国境内避难的法国军队返回印度支那的同时，于8月17日做出了向印度支那大举增兵的决定，任命海军将军达让吕（G. T.

[①] The Ambassador in China to the Secretary of State, Aug. 13, 1945, *FRUS*, *1945*, vol. 7, pp. 498–499.

[②] The Secretary of State to the Ambassador in France, Aug. 14, 1945, *FRUS*, *1945*, vol. 7, pp. 499–500.

d'Argenlieu）为法国驻印度支那高级专员，勒克莱尔（J. P. Leclerc）将军为驻印度支那军队的最高军事司令官，并决定在此后三个月内分三批向印支派遣地面部队。命令要求马达加斯加旅立即做好开拔准备。而后，法国本土的六万部队将陆续跟进，其中第二装甲师和第九殖民师的一部分将首先出发。与此同时，法国组成了三个空军机队组成的第一批空军和三支海军舰队，向印支进发。①

法国尽力争取美国的支持。8月下旬，戴高乐访问美国，与美国总统杜鲁门进行会谈。戴高乐表示，亚洲和非洲那些带有"殖民地性质"的国家，新的时代将使它们走向独立，不过在手续方法上必须是多样的、渐进的，必须谨慎从事。西方应当知道这一点，甚至应当同意这样做，但必须把事情安排得符合西方的利益，而不是反对西方。要不然，这些还不健全的民族和不够稳定的国家的变化便会引起激烈的排外主义、穷困和无政府状态。戴高乐表示："对于我们的属国，我们已决定让它们自由处理自己的事务。有些国家可以快一些，有些国家不能太快，至于哪些国家快，哪些国家慢，应由法国自己来决定。在这方面，最不幸的莫过于西方国家之间的互相竞争。"杜鲁门表示，美国政府不反对法国军队和法国当局回到印度支那去。戴高乐回答说："我们是本着在那里建立一个符合当地人民愿望的制度的意愿回去的。但是我们在这方面也很不痛快，因为我们的盟国在那里不征求我们的意见，采取了片面的措施。"戴高乐表示，法国绝对不能同意英国军队在印度支那南部、中国军队在印度支那北部代替日本的地位。②

8月28日，法国驻美大使馆再次向美国提议，让印度支那成为一个单独的受降区，即英国受降区。如果不可行，则要求印度支那北部的日本司令官去中国向中国人投降，但日本军队则向获得英国司令官授权的法国人投降。对此，美国国务院8月30日答复说，印度支那分别由中英受降，纯粹是以该地区可使用的军力为根据的操作上的安排，美国政府仍然认为，军事考虑应占优先地位。但美国也不愿承担反对法国受降的责任，贝尔纳斯表示，如果法国政府能在这个问题上与英国政府和中国政府达成谅解，

---

① 〔法〕戴高乐：《战争回忆录》第3卷，第558—559页。
② 〔法〕戴高乐：《战争回忆录》第3卷，第205—206页。

并假定麦克阿瑟将军在军事方面没有反对意见，美国政府将乐于同意法国的建议。他指示赫尔利将美国的这一立场通知中国政府及法国和英国的驻华大使。①

根据赫尔利9月6日的报告，一直到那时，法国也未向中国政府提出改变受降区的要求，赫尔利预计，如果法国提出这一要求，中国政府也会声称，中国战区的法属印度支那的受降计划和军队部署完全按第一号总命令执行，从军事观点来看，进行到目前的程度再答应法国的要求是不切实际的。②

日本于8月15日宣布投降后不久，蒋介石便决定由卢汉的第一方面军负责越南北部的受降工作。9月2日，在云南开远的第一方面军司令部举行了初次洽降签字仪式，日军第三十八军司令官土桥勇逸派遣军参谋酒井干诚大佐作为洽降代表。双方签字完毕后，日方呈送其防区各项图表，中方向日方递交备忘录，分别指定了越南北部地区的日本海、陆、空军及其辅助部队的集结地点，令其转交土桥勇逸。

9月6日，蒋介石发布命令，将中国战区分为16个受降区，分别任命了受降长官，接受日本投降。第一方面军司令官卢汉担任印度支那北部的受降主官，日军受降部队为第三十八军，日军投降代表为部队长土桥勇逸，办理地点为河内。

9月28日上午，卢汉在第一方面军司令部（原河内总督府）接受日军投降。日军投降代表、第三十八军司令官土桥勇逸中将，率领日军十一师团师团长三国直福中将、第三十一旅团旅团长服部尚志少将、独立第三十四旅团旅团长永野修身少将等六人出席投降仪式。盟国方面参加及观察受降仪式者有越南临时政府高级官员、美军总部及英国联络部官员、各国新闻记者、第一方面军司令部少校以上军官及作战部队团长及参谋长以上军官。

卢汉用中文和越文发布了受降文告。文告声明：中国军队非为越南之征服者或压迫者，而为越南人民之友人及解放者。"凡越南北纬十六度以北地区之一切行政之监督、军事之管理，均归本司令官负责，各级行政机

---

① The Secretary of State to the Ambassador in China, Aug. 31, 1945, *FRUS*, *1945*, vol. 7, p. 513.

② *FRUS*, *1945*, vol. 7, p. 514.

构均一仍旧贯,互相发挥效能,保证和平,维持秩序。"本司令官对于任何破坏秩序的企图与行为,"将执法以绳,予以制裁,对于此种奸徒,不论其种族、宗教,均将一律严惩,毫不宽容"。"全体人民应服从本司令官所颁布之规章命令,遵守现行法律,并与中国军队切实合作。在日本侵略者尚未完全遣回、和平秩序尚未获得保障之前,本司令官实握越南北纬十六度以北地区之最高权力,如有必要,决不惜使用此最高权力,以期同盟军目的之能达到、本司令官任务之能达成"。①

受降仪式上,只悬挂了中、美、英、苏四国国旗,没有悬挂法国国旗。此前,法国代表曾数次提出悬挂法旗要求,但被中方拒绝。中方的回答是,日本是向《波茨坦公告》的发出国投降,故受降仪式只能悬挂参加《波茨坦公告》国家的国旗。此外,中方还坚持,法国代表亚历山德利将军不能作为受降代表,他和其他中方邀请的法国人只能以个人资格观礼。法方认为"为法国代表亚历山德利将军安排的位置也是令人不能接受的"。法国拒绝参加受降仪式。此后,法国要求其驻华大使向国民政府提出抗议,"指出在一个没有任何大国正式否认法国主权的地方举行盟国间的正式仪式上不悬挂法国国旗和不给法国代表位置的不合理"。②

至此,在法国的不满声中,中国完成了越南北部地区的受降任务。

---

① 凌其翰:《在河内接受日本投降内幕》,世界知识出版社,第132—133页。
② 〔法〕戴高乐:《战争回忆录》第3卷,第582页。

主要参考文献

一 档案

俄罗斯联邦总统档案馆藏档案
美国斯坦福大学胡佛研究所档案馆藏《蒋介石日记》、《宋子文文件》
台北"国史馆"馆藏档案
中国第二历史档案馆馆藏档案
中国社会科学院近代史研究中国近代史档案馆藏档案

二 报刊

《大公报》（重庆）、《东方杂志》、《国民政府公报》、《国闻周报》、《解放日报》、《民国档案》、《外交部公报》、《中央日报》（重庆）

三 资料汇编、日记、年谱、回忆录等

〔英〕安东尼·艾登：《艾登回忆录》，武雄等译，商务印书馆，1977。
安徽大学苏联问题研究所、四川省中共党史研究会编译《苏联〈真理报〉有关中国革命的文献资料选编》第3辑，四川社会科学院出版社，1988。
蔡德金编注《周佛海日记》（上、下），中国社会科学出版社，1986。
程天放：《使德回忆录》，台北，正中书局，1979。
复旦大学历史系编译《日本帝国主义对外侵略史料选编（1931—1945）》，上海人民出版社，1975。
复旦大学历史系中国近代史教研组编《中国近代对外关系史资料选集

辑（1840—1949）》，上海人民出版社，1977。

该书编辑委员会编《中华民国史事纪要》，台北，"国史馆"，陆续出版。

《顾维钧回忆录》第5分册，中国社会科学院近代史研究所译，中华书局，1987。

《胡乔木回忆毛泽东》，人民出版社，1994。

黄美真、张云编《汪精卫集团投敌》，上海人民出版社，1984。

《蒋廷黻回忆录》，谢钟琏译，台北，传记文学出版社，1979。

〔日〕《今井武夫回忆录》，天津政协编译委员会译，中国文史出版社，1987。

李嘉谷编《中苏国家关系史资料汇编（1933—1945）》，社会科学文献出版社，1997。

林泉编《抗战时期废除不平等条约史料》，台北，正中书局，1983。

〔美〕《罗斯福选集》，关在汉译，商务印书馆，1982。

《毛泽东外交文选》，中央文献出版社、世界知识出版社，1994。

秦孝仪主编《革命文献》第106、107辑，台北，中国国民党党史会，1986。

秦孝仪主编《先总统蒋公思想言论总集》，台北，中国国民党党史会，1984。

秦孝仪主编《中华民国重要史料初编——对日抗战时期》第三编《战时外交》、第五编《中共活动真相》，台北，中国国民党党史会，1981。

秦孝仪总编纂《总统蒋公大事长编初稿》卷4、5，台北，中国国民党党史会，1978。

〔英〕丘吉尔：《第二次世界大战回忆录》第4卷，北京编译社译，商务印书馆，1975。

〔日〕犬养健：《诱降汪精卫秘录》，任常毅译，江苏古籍出版社，1987。

荣孟源主编《中国国民党历次代表大会及中央全会资料》（上、下），光明日报出版社，1985。

世界知识出版社编《中美关系资料汇编》第1辑，编者印行，1957。

世界知识社编《反法西斯战争文献》，编者印行，1955。

《孙科文集》，台北，台湾商务印书馆，1970。

陶文钊主编《抗战时期中国外交》（中国史学会、中国社会科学院近代史研究所编《中国近代史资料丛刊》之十三，章伯锋、庄建平主编《抗日战争》第4卷），四川大学出版社，1997。

田体仁等编《全民抗战汇集》，上海民族书局，1937。

〔苏〕瓦·崔可夫：《在华使命——一个军事顾问的笔记》，万成才译，新华出版社，1980。

"外交部"编《外交部档案丛书·界务类》，台北，编者印行，2001。

外交学院编《中国外交史资料选辑》第3册，编者印行，1958。

万仁元、方庆秋主编《抗日战争时期国民党军机密作战日记》，中国档案出版社，1995。

王铁崖编《中外旧约章汇编》第3册，三联书店，1962。

吴景平、郭岱君编《宋子文驻美时期电报选（1940—1943）》，复旦大学出版社，2008。

〔美〕谢伟思：《美国对华政策（1944—1945）——〈美亚文件〉和美中关系史上的若干问题》，王益等译，中国社会科学出版社，1989。

许汉三编《黄炎培年谱》，文史资料出版社，1985。

叶惠芬编《中华民国与联合国史料汇编——筹设篇》，台北，"国史馆"，2001。

〔美〕伊利奥·罗斯福：《罗斯福见闻秘录》，新群出版社，1947。

〔美〕约瑟夫·C. 格鲁：《使日十年》，蒋相泽译，商务印书馆，1983。

张其昀主编《先总统蒋公全集》，台北，中国文化大学出版部，1984。

赵中孚、张存武、胡春惠主编《近代中韩关系史资料汇编》，台北，"国史馆"，1990。

中共中央党校中共党史资料室编《卢沟桥事变和平津抗战（资料选编）》，编者印行，1986。

中共中央毛泽东选集出版委员会编《毛泽东选集》，人民出版社，1991。

中共中央文献研究室编《毛泽东年谱（1893—1949）》，中央文献出版社，1993。

中共中央文献研究室编《周恩来年谱（1898—1949）》，中央文献出版社，1989。

中国藏学研究中心等合编《元以来西藏地方与中央政府关系档案史料

汇编》第 7 册，中国藏学出版社，1994。

中国第二历史档案馆编《抗日战争正面战场》，江苏古籍出版社，1987。

中国第二历史档案馆编《中华民国史档案资料汇编》第五辑第一、二编《外交》，江苏古籍出版社，1994、1997。

中国近代经济史资料丛刊编辑委员会主编《一九三八年英日关于中国海关的非法协定》（《帝国主义与中国海关资料丛编之十》），中华书局，1983。

中国人民解放军政治学院党史教研室编《中共党史参考资料》第 8 册，国防大学出版社，1979。

中国人民政治协商会议全国委员会文史资料研究委员会编《文史资料选辑》第 1 辑，中国文史出版社，1986 年合订本。

中国人民政治协商会议全国委员会文史资料研究委员会编《远征印缅抗战——原国民党将领抗日战争亲历记》，中国文史出版社，1990。

中国社会科学院近代史研究所中华民国史组编《胡适任驻美大使期间往来电稿》，中华书局，1978。

"中华民国外交问题研究会"编《中日外交史料丛编》第四编《卢沟桥事变前后的中日外交关系》、第五编《日本制造伪组织与国联的制裁侵略》、第六编《抗战时期封锁与禁运事件》，台北，编者印行，1966、1967。

中研院近代史研究所编《国民政府与韩国独立运动史料》，台北，中研院近代史研究所，1988。

中研院近代史研究所编《王世杰日记（手稿本）》，台北，编者印行，1990。

中央档案馆编《皖南事变（资料选辑）》，中共中央党校出版社，1982。

中央档案馆编《中共中央文件选集》第 11—15 册，中共中央党校出版社，1991、1992。

中央文献研究室编辑委员会编《周恩来选集》上卷，人民出版社，1980。

外務省編纂『日本外交年表並主要文書：1840—1945』上・下、原書房、2007。

Anthony Best ed., *British Documents on Foreign Affairs*, part 3, series E, vols. 5 and 6 (London: University Publications of America, 1997).

Donald B. Schewe eds., *U. S. Military Intelligence Reports*, *China*, *1911–*

1941（Microfilm: American University Publishing Company Inc. ）.

Paul Kesaris eds. , *Franklin D. Roosevelt and Foreign Affairs*, series 2（New York: Clearwater Publishing Company, 1969）.

Raymond J. Sontag, J. Marshall-Cornwall, Paul R. Sweet, Howard M. Smyth & other eds. , *Documents on German Foreign Policy*, *1918 – 1945*, series D（Her Majesty's Stationery Office, 1964）.

The U. S. Department of State ed. , *Foreign Relations of the United States*, *Diplomatic Papers*, *1937*, vols. 3 and 4（Washington, D. C. : Government Printing Office , 1954）.

– *1938*, vols. 3 and 4, GPO, 1955.

– *1939*, vol. 3, GPO, 1955.

– *1940*, vol. 4, GPO, 1955.

– *1941*, vol. 4, GPO, 1956.

– *1942*, vol. 1, China, GPO, 1956.

– *1943*, vol. 1, China, GPO, 1957.

– *1944*, vol. 6, GPO, 1967.

– *1945*, vol. 7, GPO, 1969.

W. N. Medlicott, E. L. Woodward & others eds. , *Documents on British Foreign Policy*, *1919 – 1939*, series 2, vol. 21（Her Majesty's Stationery Office, 1984）.

– series 3, vols. 8 and 9, Her Majesty's Stationery Office, 1985.

四 著作

〔美〕巴巴拉·塔奇曼：《史迪威与美国在华经验》，陆增平译，商务印书馆，1985。

陈慧生、陈超：《民国新疆史》，新疆人民出版社，2007。

〔美〕陈纳德：《陈纳德将军与中国》，陈香梅译，台北，传记文学出版社，1978。

陈谦平：《抗战前后之中英西藏交涉（1935—1947）》，三联书店，2003。

〔日〕重光葵：《日本侵华内幕》（原书名《昭和的动乱》），齐福霖等译，解放军出版社，1987。

〔日〕服部卓四郎：《大东亚战争全史》，易显石等译，商务印书馆，1984。

〔美〕赫伯特·菲斯：《通向珍珠港之路——美日战争的来临》，周颖如等译，商务印书馆，1983。

何应钦：《日军侵华八年抗战史》，台北，黎明文化事业公司，1982。

黄美真、张云：《汪精卫集团叛国投敌记》，河南人民出版社，1987。

黄鸿钊：《中英关系史》，香港：开明书店，1994。

黄玉生等编著《西藏地方与中央政府关系史》，西藏人民出版社，1995。

金冲及主编《周恩来传（1898—1949）》，中央文献出版社，1998。

军事科学院军事历史研究部编《中国抗日战争史》，解放军出版社，1994。

〔德〕卡尔·德雷奇斯尔勒：《第二次世界大战中的政治与战略》，军事科学院外军部译，军事科学出版社，1983。

〔美〕卡萝尔·卡特：《延安使命：美军观察组延安963天（1944—1947）》，陈发兵译，世界知识出版社，2004。

〔日〕堀场一雄：《日本对华战争指导史》，王培岚等译，军事科学出版社，1988。

李嘉谷：《合作与冲突——1931—1945年的中苏关系》，广西师范大学出版社，1996。

李世安：《太平洋战争时期的中英关系》，中国社会科学出版社，1994。

梁敬錞：《史迪威事件》，台北，台湾商务印书馆，1973。

〔美〕罗伯特·达莱克：《罗斯福与美国对外政策（1932—1945）》，伊伟等译，商务印书馆，1984。

罗志刚：《中苏外交关系史研究（1931—1945）》，武汉大学出版社，1999。

〔美〕迈克尔·沙勒：《美国十字军在中国（1938—1945）》，郭济祖译，商务印书馆，1982。

牛军：《从赫尔利到马歇尔——美国调处国共矛盾始末》，福建人民出版社，1992。

〔日〕日本防卫厅防卫研究所战史室：《中国事变陆军作战史》第1卷第1分册，田琪之译，中华书局，1979。

〔日〕日本防卫厅防卫研究所战史室:《中国事变陆军作战史》第1卷第2分册,齐福霖译,中华书局,1981。

萨本仁、潘兴明:《20世纪的中英关系》,上海人民出版社,1996。

〔美〕舍伍德:《罗斯福与霍普金斯——二次大战时期白宫实录》,福建师范大学外语系编译室译,商务印书馆,1980。

沈志华主编《中苏关系史纲》,社会科学文献出版社,2011。

石源华等:《近代中国周边外交史论》,上海辞书出版社,2006。

石源华:《中华民国外交史新著》,社会科学文献出版社,2013。

陶文钊、杨奎松、王建朗:《抗日战争时期中国对外关系》,中共党史出版社,1995。

陶文钊:《中美关系史(1911—1950)》,重庆出版社,1993。

王正华:《抗战期间外国对华军事援助》,台北,环球书局,1987。

〔苏〕维戈兹基等编《外交史》第3卷,大连外国语学院俄语系译,三联书店,1979。

吴东之主编《中国外交史——中华民国时期(1911—1949)》,河南人民出版社,1990。

吴孟雪:《美国在华领事裁判权百年史》,社会科学文献出版社,1992。

吴相湘:《第二次中日战争史》上、下册,台北,综合月刊社,1973、1974。

向青等:《苏联与中国革命》,中央编译出版社,1994。

〔日〕信夫清三郎主编《日本外交史》,天津社会科学院日本问题研究所译,商务印书馆,1980。

徐蓝:《英国与中日战争(1931—1941)》,北京师范学院出版社,1991。

杨奎松:《毛泽东与莫斯科的恩恩怨怨》,江西人民出版社,1999。

余绳武、刘蜀永主编《20世纪的香港》,中国大百科全书出版社,1995。

张大军:《新疆风暴七十年》,台北,兰溪出版社,1980。

张其昀:《党史概要》第3册,台北,中央文物供应社,1979。

中国社会科学院近代史研究所:《日本侵华七十年史》,中国社会科学出版社,1992。

"中华文化复兴运动推行委员会"主编《中国近现代史论集》第26

集，台北，编者印行，1985。

秦郁彦著『日中戦争史』河出書房新社、1961。

日本国際政治学会太平洋戦争原因研究部編著『太平洋戦争への道』朝日新聞社、1962 – 1963。

上村伸一著、鹿島平和研究所編『日本外交史』鹿島研究所出版会、1971。

原田熊雄述『西園寺公と政局』岩波書店，1950—1956。

Arthur N. Young, *China and the Helping Hand*, 1937 – 1945（Cambridge：Harvard University Press, 1963）.

Bradford A. Lee, *Britain and the Sino-Japanese War*, 1937 – 1939（Stanford：Stanford University Press, 1973）.

Charles F. Romanus. & Riley Sunderland, *Stilwell's Command Problems*（Washington, D. C., U. S. Government Printing Office, 1956）.

Charles F. Romanus & Riley Sunderland, *Stilwell's Mission to China*（Washington, D. C., U. S. Government Printing Office, 1953）.

Cordell Hull, *The Memoirs of Cordell Hull*（New York：Macmillan Company, 1948）.

Dorothy Borg, *The United States and the Far Eastern Crisis of 1933 – 1938*（Cambridge：Harvard University Press, 1964）.

James Butler, *History of the Second World War, the War against Japan*, vol. 2（London, 1958）.

John P. Fox, *Germany and the Far Eastern Crisis*, 1931 – 1938（New York：Clarendon Press, 1982）.

John W. Garver, *Chinese-Soviet Relations*, 1937 – 1945（New York：Oxford University Press, 1988）.

Sir Llewellyn Woodward, *British Foreign Policy in the Second World War*（Her Majesty's Stationery Office, 1971）.

Theodore H. White ed., *The Stilwell Papers*（New York：William Sloane Associates, Inc., 1948）.

William C. Kirby, *Germany and Republican China*（Stanford：Stanford University Press, 1984）.

人名索引

A

阿部信行　165，201
阿登堡（Felix Altenburg）　175
阿旺坚赞　400
埃利奥特（Walter Elliot）　36
艾德礼（Clement Attlee）　510，511
艾登（Anthony Eden）　23，26，28，32，34，39，44，46，47，90，180，236，238，239，243，274，280，281，284，285，289，293，295—298，306，307，310，317，390—392，403，499
艾切森（George Atcheson）　303，386，429，432，433，443，444
爱格斯登（Frederick Eggleston）　239
爱维诺（Joseph Avenol）　33，34，36
安藤利吉　505
奥德（Charles Orde）　32
奥特（Eugen Ott）　36，82，175

B

巴库林（I. V. Bakulin）　448
巴特勒（R. A. Butler）　165，168，203
白崇禧　18，66，86，151，378
白龙柏（Werner von Blomberg）　77，78，94
白鲁姆（Solomon Bloom）　135
包瑞德（David Barrett）　423，427，437，441，442
鲍格莫洛夫（Dmitri Bogomolov）　25，29，52—58，66，70
贝尔纳斯（J. F. Byrnes）　481，499，504，510，518
彼得罗夫（A. A. Petrov）　477，478，480，490，496
毕德（Bidder）　135，137，171
毕德门（Key Pittman）　135，137
宾厄姆（Robert Bingham）　26，28
波将金（Vladimir Potemkin）　49
伯利（Adolf Berle）　68，268，417
卜道明　241，242
布雷特（G. H. Brett）　238，239
布里南（John Brenan）　179，180，296
布鲁克（Alan Brooke）　337

C

蔡森　209
查特菲尔德（A. E. M. Chatfield）　104

长谷川清　19
陈布雷　159，261，316，349，465
陈超霖　206
陈诚　151，367
陈公博　200
陈光甫　124，133
陈果夫　251
陈介　65，83，151，152，175
陈立夫　52，54，328
陈纳德（C. L. Chennault）　3，60，79，223，224，370
陈仪　505
陈毅　426
程东白　464
程潜　453
程天放　25，45，76，77，81，82，95—97
程锡庚　112，113
重光葵　70，505
川越茂　177，178
船津辰一郎　177
崔可夫　160，162，241，242

D

达拉第（Edouard Daladier）　127，407
达让吕（G. T. d'Argenlieu）　517
大岛浩　82，102，175
大山勇夫　20
戴安澜　248，249
戴高乐　516，518，520
戴季陶　251，432
戴笠　208，466
戴尼斯（又译丹尼斯，L. E. Dennys）　216，239，258
戴维斯（John Davies）　414，416，417，419，420，438，443
戴维斯（Norman Davis）　42，44—49，84，361
道滋（James Dodds）　15，28，30
德尔博斯（Y. Delbos）　32，34，36，44，47
德卡诺佐夫（V. G. Dekanozov）　450，455
狄克逊（Herbert von Dirkson）　75，79，80，82，83，86—92，94
东条英机　207
东乡茂德　159，503
董必武　351，352，422，426，434，440
董道宁　190
董显光　258
杜鲁门（Harry S. Truman）　475，477，485，505，509—513，518
杜聿明　247，249
多德（W. Dodd）　82
多田骏　82，190，191，208

F

法肯豪森（Alexander von Falkenhausen）　74，79，97—99
范宣德（J. C. Vincent）　123，136，413
菲纳德（Raymond Fenard）　515
菲斯（Herbert Feis）　148，233，269
芬克（Walter Funk）　101
冯玉祥　18，328，440，469，470
冯治安　8，10
佛德（Hellmuch Woidt）　101
佛朗哥（F. Franco）　120
伏罗希洛夫（Kliment Voroshilov）　63，66—68，86，145，146，158
服部尚志　519

福尔曼（Harrison Forman） 422

傅秉常 304，318—320，460，479，480，497

傅斯年 42

G

甘地（M. K. Gandhi） 258—262

甘介侯 142，143

甘泗淇 426

冈本季正 106

冈村宁次 505

高思（高斯，C. E. Gauss） 227，235，253，268，269，428，432—434

高宗武 177—192，197，200

戈林（Hermann Goring） 77，78，100

格林（J. C. Green） 121

格鲁（J. C. Crew） 3，28，41，48，60，107，118，127，128，133，140，175，212，218，219，223，238，239，313

谷正鼎 196

顾维钧 32—38，42，45，46，49，50，56，62，65，84，90，104，124，143，153，165，166，172，203，274，275，308，309，311，336，344，347，348，350—352，393，397，478，499

顾祝同 86

广田弘毅 20，28，48，60，82，184

郭德权 447

郭泰祺 32，33，36，42，75，90，112，115，142，148，149，153，154，168，169，170，212—215，227，253，277

H

哈里曼（Averell Harriman） 465，474，479，481，486

哈利法克斯（Lord Halifax） 112，113，114，125，126，131，149，154，203，212，213，281，310

汉密尔顿（M. M. Hamilton） 278，279

杭立武 307，471

何世桢 208

何应钦 14，18，150，151，187，188，190，239，251，252，359，363，375，378，453，455，466，505，508

和知鹰二 9，188

河相达夫 70，110

贺龙 426

贺武（R. G. Howe） 106

贺耀组 453

赫尔（Cordell Hull） 24，26，27，38，41，48，91，121—124，135，137，168，221，225，228，230—233，269，271，277，284，285，286，289，293—296，298，299，317—319，330，345，429，432，473

赫尔利（P. J. Hurley） 351，376—378，380—384，389，404，426，427，433—437，438—445，477，479，506，507，517，519

亨贝克（S. K. Hornbeck） 22，23，46，47，49，130，136，181，269，271，279，413

洪立勋 111

胡敦（T. J. Hutton） 247，248

胡鄂公 208

胡霖 351

胡世泽 36，336，480

胡适 65，72，116，117，132—135，139，141，156，163，169，195，202，203，

217—219，230，231，240，351
胡宗南　367，462，466
华莱士（H. A. Wallace）　271，415，422，423，429—431，465
华西列夫斯基（Aleksandr Vasilevsky）　500
怀南特（J. G. Winant）　281，284—286
怀特（Harry White）　268
荒木贞夫　118
黄如今　462，464
霍普金斯（Harry Hopkins）　265，321，334，339，479

J

吉田茂　23，180
贾存德　184，186，187，209
贾德干（Alexander Cadogan）　23，32，33，153，180，181
贾米森（E. G. Jamieson）　112
建川美次　160
蒋介石　3，4，8，10—13，16，18，19，21，22，26—29，33，36，38，40，42，43，45，50，52—58，61—64，66—72，75，76，79，84，86—93，95—97，99—101，112，115，116，129—131，133，134，136，138—164，166，168，170，171，173—175，178，179，182—185，187—197，201—205，207—215，217，218，221—223，227，231—248，252—268，270—274，277，281，282，286—290，294，296，298，299，305，307—309，311—315，317—330，332—340，343—346，348—350，353—360，364—403，411—413，415，417，420—422，426，428—445，447—453，455—470，475—480，482，483，485—487，488—490，494，496—498，505，506，508，511—515，517，519
蒋经国　480，486，497
蒋廷黻　52，66—68，72，101，252
今井武夫　192，197，206，207
金九　250，251，253
金若山　250，253，254
近卫文麿　88，225
酒井干诚　519
居里（Lauchlin Currie）　221，222，256，266，268，326，366，369，395，411，414，417
居正　387

K

卡尔（A. C. Kerr）　111，112，125，130，131，145，156，213—215，217，235，236，238，239，258，273，274，277，361，411，472，473
卡尔森（E. F. Carlson）　119
卡弗里（Jefferson Caffrey）　517
凯洛尔（Knoll）　204
凯特尔（Wilhlm Keitel）　78，103，173
坎贝尔（Sir Ronald Campbell）　172
柯莱（G. Cora）　178，179
克拉克（Ashley Clarke）　285，286，296，306
克莱琪（Robert Craigie）　2，105，108，110，112，114，116，130，131，137，138，168—170，406
克兰伯恩（Salisbury Cranborne）　36
克里拜（Hermann Kriebell）　151

克罗姆利（Raymond Cromley） 442

孔庆宗 398

孔祥熙 22，52，65，67，75—77，85，86，89，90，92，99—101，124，132，133，141，150，151，171，185—187，189，209，275，346，348，349，374—377，381，386

堀内谦介 15，30，91

L

拉铁摩尔（Owen Lattimore） 231，233，314，315

来栖 233

莱热（Alexis Leger） 90，104，165，166

兰登（W. Landon） 429

劳（R. K. Law） 305

勒克莱尔（J. P. Leclerc） 518

雷平（M. E. Lepin） 54

雷嗣尚 187

李璜 351

李石曾 166

李特（Charles Little） 30

李惟果 240

李维诺夫（Maxim Litvinov） 42，44，52—54，68，70，243

李一欧 448

李宗仁 43，151

里宾特洛甫（Joachim von Ribbentrop） 75，77，93—95，98—103，151，175

里当（Jean Daridan） 516，517

梁寒操 464

梁鸿志 197，198，200

廖承志 441

廖耀湘 361，362

林彪 413，426

林伯渠 280，422，434

林继庸 464

林里斯哥（Lord Linlithgow） 259

林赛（Ronald Lindsay） 26

林森 18，19，200，250

林蔚 216，247，466

铃木卓尔 205，206

刘斐 359

刘广英 325

刘健群 13

刘锴 293

刘少奇 426

刘文辉 399，402

刘湘 18，19

刘效黎 464

刘泽荣 468

龙云 463

卢汉 519

罗福德（L. H. Lawford） 106

罗家伦 462，466

罗瑞卿 426

罗斯福（F. D. Roosevelt） 3，29，39，40—42，119—121，124，125，130，134—137，138，140，202，209，217—219，221—229，232，233，235—238，240，243—245，248，253—257，261—263，265—268，270—272，276，277，313—315，320—322，330，333—339，345，346，348，353—360，366，368，369，371—384，386，389—391，395，401，402，408，415，420—422，423，428—430，434，436—439，442—444，472—477，479，499，507，515，516

洛佐夫斯基（Solomon Lozovsky） 472，480

罗申（N. V. Roschin） 467

罗卓英 361，364，365，515

洛西恩（Lothian） 167

M

马伯援 187

马步芳 399，457

马步青 449，463

马格鲁德（John Magruder） 3，212，223，238，239，313

马柯迪（Aldrovandi Marescotti） 44

马立克（Y. A. Malik） 500

马奈木敬 82

马歇尔（G. C. Marshall） 355，356，360，368—379，382，385，413，438，440

马占山 325

迈斯基（Ivan Maisky） 473，474

麦克阿瑟（D. A. MacArthur） 264，360，505，510—513，519

毛邦初 223，449

毛泽东 302，404—409，412—414，422，423，425—427，436—439，441，442，445

梅津美治郎 505

梅拉美德（G. M. Melamed） 61

梅乐和（F. W. Maze） 106—108

梅思平 192

蒙巴顿（Louis Mountbatten） 358，359，372，378，507，517

米高扬（A. I. Mikoyan） 155

米内光政 503

缪澄流 325

摩根索（Henry Morgenthau, Jr.） 124，268—272

末次信政 88，118

莫洛托夫（V. M. Molotov） 65，152，153，156，157，160，161，163，317，318，434，448，450—452，454，472—474，480，488，489，491—496，498，499

墨索里尼（Benito Mussolini） 127，408

N

那齐雅（P. E. Naggiar） 56，107

纳尔逊（Donald Nelson） 376，433

尼赫鲁（Jawaharlal Nehru） 258—260，262

聂荣臻 426

牛拉特（C. F. Neurath） 25，76—78，80—82，94

P

潘友新（A. Panyushkin） 161，163，235，240，241，449，452，461

裴克（W. Peck） 29，101

彭德怀 412，426

平沼骐一郎 115，148

普拉特（John Pratt） 179，180

普士庚（Pushkin） 460，461

Q

钱泰 42，49

钱永铭 201，208—210

乔辅三 184，185，187

切列潘诺夫（A. I. Cherepanov） 71

秦德纯 8，10，11，18

丘吉尔（邱吉尔，Winston Churchill） 169，170，227，232，235—237，248，258，

259, 262, 264, 267, 270, 280, 307, 315, 321, 332, 333, 336—338, 345, 357—361, 390, 391, 393, 401, 402, 473, 475, 506, 507

R

日高信六郎 9, 13
阮海臣 256

S

赛克特（Hans von Seeckt） 74
三国直福 519
沙赫特（Hjalmar Schacht） 77
杉山元 16, 184, 208
商震 216, 239, 247, 336, 349, 350, 355
邵力子 159, 160, 163, 242, 243, 411, 464, 470
邵毓麟 252, 253
沈德燮 61
盛世才 4, 446—468
盛世骥 449, 467
盛世骐 448
石原莞尔 177
史迪威（史蒂华, J. W. Stilwell） 4, 27, 41, 123, 124, 245, 246, 248, 321, 337, 353—356, 358—361, 364—370, 372, 373—386, 389, 394, 426, 427, 429, 431, 433, 434, 440, 442
史汀生（H. L. Stimson） 29, 117, 233, 246, 271
水上源 362
司徒雷登（J. L. Stuart） 208, 209, 211
斯大林（J. V. Stalin） 63, 64, 67, 68, 86, 145, 146, 149, 159—161, 235, 237, 241—243, 320, 321, 336, 359, 360, 386, 408, 449, 464, 465, 472—475, 478—499, 515
斯诺（Edgar Snow） 407, 408, 414, 417
斯坦因（Gunther Stein） 422
斯退丁纽斯（E. R. Stettinius） 442, 475, 479
松本藏治 186
松本重治 192
松冈洋右 160, 175
松井久太郎 9
宋美龄 263, 278, 321, 330, 368, 370, 392, 456, 457
宋庆龄 280
宋哲元 8, 10—13, 15—18, 21, 22, 27
宋子良 205—207
宋子文 179, 205, 213, 214, 232, 238, 240, 244—246, 248, 252, 253, 261, 267, 269—273, 278, 297, 300, 302, 306—309, 311, 315, 320, 321, 329, 330, 336, 344, 351, 352, 357, 366, 368, 377, 378, 390, 391, 393, 400—403, 413, 432, 438, 465, 469—497, 510
苏清武 112
孙丹林 17
孙科 8, 53, 54, 56, 58, 59, 62, 63, 65, 66, 68, 69, 71, 145, 147, 152, 154—156, 173, 249, 250, 255, 328, 385—388, 432, 464, 470
孙立人 248, 361, 362
孙平 412
索尔登（Daniel Sultan） 384
索姆维尔（Brehon Somervell） 358, 359

T

泰克曼（Eric Teichman） 292

谭伯羽 25, 96, 97, 100, 101, 151, 152

谭绍华 302

唐生智 11, 86

唐纵 452, 455, 456, 464, 465, 468

陶德曼（Oskar Trautmann） 2, 45, 74—76, 79—87, 89, 91—95, 97—99, 178, 185

陶希圣 200

田代皖一郎 17

田尻爱义 209

畑俊六 206, 209

土桥勇逸 167, 519

托马斯（E. D. Thomas） 284

托马斯（George Thomas） 78, 100

W

万福麟 325

汪精卫 18, 19, 90, 172, 175, 179, 190—201, 203—205, 207—221, 299, 302

王宠惠 9, 29, 52—55, 61, 86, 92, 98, 99, 115, 131, 133, 138, 139, 147, 150, 151, 173, 183, 203, 251, 254, 257, 282, 308, 311, 337, 338, 346, 349, 351, 387, 403, 478

王克敏 197, 198, 200

王世杰 146, 150—156, 163, 173, 251, 261, 282, 332, 343, 349, 439, 470, 486—490, 492, 494, 496—498

王揖唐 200

王正廷 91, 120, 122

王子惠 208, 209

威尔基（W. L. Willkie） 263, 286, 287, 390, 395, 396

韦尔斯（Sumner Welles） 48, 121, 122, 135, 273

韦维尔（Archibald Wavell） 239, 355

维吉埃（Henri Vigier） 35

卫立煌 247, 414

魏道明 253, 289, 299, 336, 351, 428, 429, 476

魏德迈（A. C. Wedemeyer） 384, 512, 516, 517

魏亚特（Carton de Wiart） 512, 514

魏泽克（Ernst Weizsacker） 25, 78, 97, 152, 175

温宗尧 200

翁文灏 53, 171, 195, 203, 449, 450, 455

吴国桢 303, 306, 308, 428, 461, 513, 516, 517

吴佩孚 197, 198

吴铁城 251, 252, 387, 429

吴贻芳 351

吴泽湘 457, 458, 465

吴忠信 398, 447, 449, 456, 465, 467

武鸿卿 256

武者小路 25, 80

X

西蒙（John Simon） 29, 126

西义显 190, 191

希特勒（希脱勒, Adolf Hitler） 76—78, 81, 93—95, 100, 127, 145, 149, 240, 243, 244, 394, 407, 408, 499

喜多诚一 14

夏悫（C. H. Harcourt） 512—515

闲院宫金子 209

香月清司 17

肖文 256

萧毅肃 247

萧振瀛 184，188

小川平吉 186，187

谢伟思（John Service） 416，418，425—427，431，444

熊斌 16，17，151

熊式辉 281，282，364，365，371

徐恩曾 250，251

徐杰（陈潭秋） 448

徐谟 29，55，58，75，86，87，99

徐淑希 329

徐永昌 11，86，146，151，173，239，453，505

许阁森（H. M. Knatchbull-Hugessen） 27

许世英 14，20，59

萱野长知 186，187

薛穆（H. J. Seymour） 262，280，287，292，293，295，297，298，300，305—311，393，399，400，507，508，510，512—514

Y

亚历山德利 520

亚内尔（H. E. Yarnell） 117，118

岩奇清七 209

阎锡山 13，18，19

杨虎城 441

杨杰 61—64，66—69，71，72，142，147，152，153，157，158

杨秀峰 426

杨云竹 329

野村吉三郎 225

叶剑英 426

叶挺 441

殷汝耕 25

影佐祯昭 190，192，199，200

永野修身 519

有田八郎 110，114，128，129，133，167

于右任 90，387，470

余汉谋 18

宇垣一成 184

袁世凯 452

Z

臧谷峰 448

曾根益 107

曾仲鸣 197

斋藤博 41

詹森（F. C. Gimson） 507

詹森（N. T. Johnson） 28，117，123，129，137，138，183，222

张伯伦（Neville Chamberlain） 28，40，48，113，114，126，127，180，407，408

张冲 56，61，66，67，72，144，145，158，161

张道藩 258

张发奎 256

张季鸾 210

张嘉璈 453

张君劢 351

张佩公 256

张彭春 117

张群 74，90，91，150，184，185，190，

206，207，325，508

张学良　441，451，466

张元夫　449

张允荣　9

张治平　205，208

张治中　20，439

张忠绂　282

张自忠　8，9

张作霖　452

章友三　206

郑洞国　361

中村丰一　185，187

周彬（毛泽民）　448

周恩来　280，409，411，413，414，417—419，425，426，436，438—443

周佛海　191，192，195，198—210

周鲠生　343

周至柔　216，453

朱德　302，426

朱家骅　79，103，150，151，173，250—252

朱瑞　426

朱绍良　448—450，452，453，455—457，460，462，465—467

庄莱德（E. F. Drumright）　414，418

邹鲁　387

邹作华　325

佐藤尚武　499